Klajd Kapinova

Nëpër faqet e historisë së klerit katolik

(Figura, analiza, reçensione dhe këndvështrime)

Redaktor:
Tomë Mrijaj

Konsulent:
Bryan S. Ramirez

Designer:
Martin Ndoja

New York, 2024

PËRMBAJTJA:

"Fjala jeme e fundit asht kjo: Nuk shembet Shqipnija pse gjykohet per dekë padër Anton Harapi. Gjithashtu, nuk prishet Shqipnija, nëse nuk gjykohet per dekë padër Anton Harapi.

Kur përpara 40 vjetëve, në Shkodër u përpiqshim me ba Shqipninë, shumë gjysha na thojshin se "nuk duem Shqipni", por na nuk i kena vue këta n'litar.

Nuk kërkoj zotni Kryetar nji tolerancë: unë, simbas mundit, kam derdhë djersë me ba Shqipninë.

Franca e qytetnueme, qi asht shembulla e revolucioneve popullore, e gjykoi Petain-in dhe e fali, e kte nuk ja njoftën për të keq, por ja njoften për mirë.

Kujtoj, se edhe Shqipnija kur gjykon Regjentat, besoj se sikur t'i falin këta, nuk ka me kenë ligësi për Shqipninë, por besoj se ka me kenë mirë.

Unë që kurse kam hy në gojën e ujkut, jam përpjek me ba mirë e me pështue ndonji jetë prej egersinave. Por me kenë se ishin bisha t'egra, nuk kam mujtë me i zbutë, por prap, me mundin tem kam pështue mjaft.

Mue më shtyni marrija me shkue e me u përpjekë për me lehtësue vuejtjet e disa familjeve dhe kam ba mjaft punë morale.

Gja tjetër nuk kam me thanë: Rrnoftë Shqipnija!" - **Fjala e fundit e patër Anton Harapit o.f.m., para vendimit të pushkatimit**

"Isha në burg atë natë, kur mbarë bota e krishtenë përkujtonte lindjen e Jezu Krishtit me një festë shumë prekëse. Shefi i policisë më zvarriti në një nevojtore tanë handrak, në katin sipër. Aty më urdhnoi me u zhdeshë picak. Mandej lavari nji litar në tra, ma kaloi nën stjetulla e më detyroi me u çue në maje të gishtave. Më lidhi fort, në mënyrë që trupi të mos mujte me pushue, tue e prekë tokën me kambë. E ngrehi litarin e ndjeva një dhimbje të mprehtë. M'u duk se m'u thyen tanë eshtënt. Mbeta varë ndërmjet tavanit e dyshemes, të cilën e prekshe sapak vetëm me majet e gishtave të kambëve. Bota kremtonte Natën e Krishtlindjes. Ndërsa këtu ishte terr, shi, ftohtë. Mbeta varë, në heshtje të thellë. Një gjysëm ore, ndoshta. A një orë. Nuk më kujtohet sa. Mandej ndjeva se po më akulloheshin kam-bët e akulli ngjitej kadalë-kadalë. Ngjitej në gjuj, në stomak mandej… edhe pak, edhe pak, e do të mbërrinte në zemër. Më kapën të dridhuna të forta. Nuk isha ma në gjendje me e sundue trupin tem, varun në terrin e zi të natës ma të shndritshme të vjetës. Thashë me vedi: "Tashti do të des me siguri. Vjerrë mbi handrakun e nevojtores së palame qyshkur. Në vend që të isha pranë elterit, la me dritën e Natës së Madhe!". Ndjeva se akullina po më prekte zemrën. Atëherë nisa me bërtitë me

disprim. Shefi i policisë më ndigjoi e vrapoi në atë gjiriz, ku kalojshe, ndoshta, natën e fundit të Krishtlindjes, e të jetës. Më preku nën gju. E pa se po jepshe shpirt. Nuk i duhesha gja i dekun… Më zgjidhi, prandej, shpejt shpejt e më çoi në dhomën e tij. Aty ishte një stufë e ndezun. Më vuni aq pranë stufës, sa kjesh në rrezik me u djegë për së gjalli. Sepse trupi ishte ngri aq, sa nuk e ndiente ma nxehtësinë. Vetëm mbas një gjysë ore jeta nisi me u kthye në trupin e mardhun… Nata e Krishtlindjes… Isha gjallë!" - **Atë Anton Luli S.J. (1910-1998)**, "Nata e Krishtlindjes në nevojtore" (Cesare Giraudo, "Già dato per martire" (*Ne e dinim martir; Edizioni ADP, 1993*).[1]

---

[1] Atë Anton Luli S.J., lindi më 15 qershor 1910, në Lohe mbi Koplik të Sipërm (Malësia e Madhe). Më 1924 filloi Seminarin Papnor në Shkodër. Më 26 shtator të vitit 1929, hyri në Shoqërinë e Jezuit (Societta Jesus). Dy vitet e rishtarisë i kreu në Goricje. Aty kreu dhe liceun e studimet filozofike (1936). U kthye në Shkodër dhe në Seminar dha gjuhë italiane, gjuhë shqipe, histori e gjeografi. Pas tri vitesh mësuesie, njërin prej të cilëve në Tiranë, eprorët e dërguan për të kryer teologjinë në Shtëpinë e shën Antonit në Kieri, afër Torinos, ku dhe u shugurua meshtar më 13 maj 1942. Për arsye shëndetësore, vitin e fundit të teologjisë e kreu në Goricje. Në gusht 1943 u kthye përfundimisht në Shkodër. U emërua zëvendës-rektor i Kolegjit të shën Françesk Saverit në vend të Xhulio Andreinit, i cili qe fshehur në mal, sepse kishte qenë kapelan ushtarak i trupave italiane në Shkodër. Në janar 1946, Abati i Mirditës imzot Frano Gjini e emëroi rektor të Kolegjit Saverian dhe të Seminarit Papnor. Pas mbylljes së tyre, u caktua famullitar në famullinë e Shkrelit. U arrestua nga regjimi komunist më 19 dhjetor 1947 për agjitacion e propagandë. Në pritje të procesit gjyqësor, u mbajt për tetë muaj e gjysmë në burgun e Koplikut. Në procesin gjyqësor që u zhvillua në nëntor të vitit 1948 në Shkodër, u dënua me shtatë vjet punë të detyruar. Pjesën më të madhe të dënimit e vuajti në kampin e punës në Beden të Kavajës. Prej këtu, pas gjashtë vitesh u transferua në burgun e Burrelit, prej nga u lirua më 20 tetor 1954. Iu lejua të shërbente sërish, ndaj më 15 maj 1955 u caktua në Shënkoll të Lezhës, ku shërbeu deri më 6 dhjetor 1966, kur kisha u mbyll e u përdor ose kthye në stallë kulture për bagtitë frymorë komunistë. Kisha e tij ishte e para që mbyllej në Shqipëri. Për dhjetë muaj ndenji tek i vëllai në Lohe, ku punoi në koperativë me bashkëfshatarët e tij. Më 30 prill 1979 u arrestua për të dytën herë. Në pritje të gjyqit, u mbajt për nëntë muaj në burgun e Sigurimit të Shtetit në Degën e Punëve të Brendshme në qytetin Shkodër. Më 6 nëntor 1979 u dënua me vdekje, me pushkatim, por pas dy ditësh dënimi iu kthye në njëzetë e pesë vjet heqje lirie e pesë vjet internim. Dënimin e filloi në kampin e Ballshit, ku qëndroi për katër vjet. Pas Ballshit, u transferua në

"Qindroni, se s'kanë çka me ju ba! Qindroni! Unë, Simon Jubani, ba mos me i thanë këto fjalë mue s'më lejon vorri mbrendë. Jam kenë dënue me burgim të përjetshëm, me dekë mbrendë, por "Perestrojka" më nxorri jashtë prej burgut, 20 vjet përpara, mbas 26 viteve burg, e m'kanë lanë pa asnji dhamb në gojë. Dola prej burgut ma prift se hyna! Arsyeja: se 26 vjet kam ndejtë me krye mbi libra. E kam zgjanue horizontin tem të fesë, horizontin tem të kulturës, se deri n'vjetin 1967, janë kenë lejue të gjithë librat. Mbas 1967, kur u ba revolucioni kultural kinez e u suprimue feja, prap kena vazhdue me i mbajtë librat tinza. Në shkurt të 1989, papritmas m'u hapën dyert e burgut edhe m'thanë: "Na fal! Të kena mbajtë gabimisht 26 vjet… e kështu, mbas 26 vjetëve burg, kam dalë i pafajshëm! Në burg, ma shumë më kanë torturue të burgosunit se sa Drejtoria e Burgut, tue më paditë e tue më spiunue. Kam kalue ma shumë kohë në birucë se sa n'odë bashkë me të burgosunit e tjerët. Biruca ishte çimento me ujë e me lagshtinë. Vuejtja asht nji tra i madh që ka peshue mbi shpatullat e tanë shqiptarve. Po shumica, e kanë ulë shpatullën e ia kanë lanë barrën shokut. Në burg kam bërtitë: "Poshtë Enver Hoxha". Ky s'asht rracë shqiptari! Ky asht i shartuem me turq, me sllavë, me grekë, me serbë, me rusë me kinezë. M'ndigjo, se duhet me thanë të vërtetën! Komunistat kanë pasë bazë në Shkodër. Bazë ndër françeskanë e bazë ndër jezuitë. Kudo kanë pasë baza, si ndër katolikë edhe ndër myslimanë, kanë pasë baza kudo, ndër kisha e ndër xhamija! Kudo. Kur ata e kanë marrë pushtetin në 1944, spiunat nuk u arrestuen asnjeni! E pra ishin majora, ishin kryetarë komunash, ishin në pushtet! E kam pasë afër kolonel Shantojën, ishte njiktu afër, ishte bazë komunistësh, shtëpia e kolonelit. Kanë shkrue libër për Tuk Jakovën, edhe ai krahasohet me Nikodemin e Jezu Krishtit. Ia ka thanë haptaz

---

kampin e Shënkollit në Lezhë e prej këtu, pas katër muajsh, në Përparim të Sarandës, ku u mbajt për dy vjet. U lirua më 15 prill 1989. Meshën e parë e tha në varrezat e Bushatit, më 25 nëntor 1990. Pastaj u kthye vullnetarisht në famullinë ku kish shërbyer herën e fundit, pra në Shënkoll të Lezhës. Vdiq më 9 mars 1998, në Romë. Ai, në vitin 1991 figuronte martir në katalogun e përvitshëm të jezuitëve. E si martir paraqitej edhe në Buletinin Shqiptar Katolik (të botuar nga prof. Gjon Sinishta në Santa Clara Cruz, të shtetit të Kalifornisë), që botohej në SHBA, ku botohej fotografia e tij, me shënimin: "Martir për fe". Po jezuiti, autor i librit: "Già dato per martire" (Ne e dinim martir; Edizioni ADP, 1993). Atë Luli më 7 nëntor 1996 pati hirin të përshëndesë papën shën Gjon Pali II, në 50-vjetorin e meshtarisë. Episodi i parë i librit të atë Antonit, titullohet "Loja me top". Episodi i dytë që më vjen në mend, shkruan jezuiti shqiptar, është ai i "Natës së Krishtlindjes".

Tuk Jakova klerit katolik, i ka thanë patër Marin Sirdanit: "Qindroni, se s'kanë çka me ju ba! Qindroni!" At'herë, kur deshtën me e ba kishën vegël të shtetit, ia ka thanë vetë Tuku, po e përsëris Padër Marin Sirdanin: "Qindroni, e mos e bani kishen vegël të Sigurimit të Shtetit! Nuk kanë ç'ka me ju ba!" Persekutimi filloi kundra katolikëve. Me zhdukë vlerat e katolikëve, me zhdukë elitën katolike. Arrestimet u banë kryesisht ndër katolikë, gjysa e lagjeve katolike, u xunë prej partizanëve, u okupuen, u mbushën me oficera të ardhun prej jugut. Filluen me vra, me pushkatue! Ma të shumtët katolikë, po sigurisht edhe muslimanë. Shkonin n'shpi të Tuk Jakovës edhe i thoshin: "Po ju na keni premtue "Lugën e Arit" more! Ju na keni grabitë shpijat! Po ju na keni hy nëpër shpija e po na shnderoni vajzat, more, ju po na shnderoni edhe burrat… Këta na prunë tifon e morrit!! Këta prunë imoralitetin, këta prunë mizerjen, këta prunë injorancën, këta prunë tana të kqijat. **E kam pa unë vetë të parin ekzekutim. Asht ba në pjacë. Gjyq pa kurrgja. Ishin nja njizet vetë.** E mblodhën popullin që ishte nëpër pjacë. Ishin të lidhun të tanë. I mbështetën për mur, karshi fototekës "Marubi", edhe skuadra e pushkatimit na tha ne, krejt popullit aty: "Këta janë të tanë spiuna, këta i kanë shërbye okupatorit…" e prralla tjera ksisoji, edhe i pushaktuen pa gjyq, pa dokumente, pa kurrgja… **Për shembull, dom Pjetër Çunin e kanë mbytë tue e hjedhë të gjallë, lidhun kambësh e duersh në birë të nevojtores… aty ka dekë i shkreti. Dom Lekë Sirdanin gjithashtu. Dom Lazër Shantojën e kanë mbajtë në hetuesi nja dy vjet e herë i kanë sharrue, herë krahun e djathtë, herë të majtin herë e herë kambën…**

U grumbulluem me 4 edhe 11 nantor, edhe tundëm botën. *Tundëm qiellin edhe tokën. Tundëm qiellin, sepse martirët që janë vra na ndërmjetsuen pranë Zotit, na dhanë forcë për me shkrue datën ma të randsishme në historinë e Shqypnisë! Me thanë meshën e parë në epokën e terrorit, kur Ramiz Alia e vriste rininë që po ikte nëpër kufijtë e Shqypnisë e të Greqisë e Jugosllavisë. Ikte për me gjetë pak ma shumë liri, kurse Ramiz Alia i vriste e i lidhte kambsh e duersh me tela të istikamit dhe nëpër kamiona me sponde të rrëzueme i shetitte për me i pa krejt populli. Shkonte te nanat e tyne edhe u thote: "A e njef djalin tand?" e djali ishte njaty i vramë e i lidhun me tel istikami… E pra, midis atij terrori na kena thanë Meshën e Parë, e ajo meshë e parë, asht fundi i epokës ma terroriste që kishte pësue populli shqiptar. Populli e kishte ruejtë fenë nëpër shpia e nëpër katakombe, e me kishat e mbylluna, çdo shpi katolike ishte kthye në nji kishë, e aty i kena ba edhe pagëzimet, edhe rrëfimet, edhe kungimet, meshën e të tana. Ajo asht nji ngjarje puro shqiptare! Nuk e kena ba as me ndihmën e Jugosllavisë, as të Greqisë apo Venedikut, sepse në të gjitha ngjarjet e tjera historike ka gisht edhe i hueji. Austro-Hungaria, Turqia, këta na kanë prishë bazat! Na kanë prishë sportin aty ku ka mësue Loro Boriçi, na kanë prishë shkollat, aty ku ka mësue patër Gjergj Fishta, për me ndërtue të vetat! E kanë ndërtue nji Smajl Kadare! Smajl (Ismail) Kadareja antarët i parlamentit të Enver Hoxhës, Smajl (Ismail) Kadareja antar i partisë së Enver Hoxhës, Smajl Kadareja, shkrimtar i Oborrit, domethanë trubadur! Kurrë s'e ka folë nji fjalë në favor të popullit. Smajl Kadareja, kur ndodhi eksodi, në '90-91, ka deklarue botnisht: U lirue Shqipnia nga jashtëqitjet! E ka quejtë popullin, Jashtëqitje... e mandej u ba jashtëqitje adhe ai vetë, sepse hiku e ndejt në Francë. Ai nuk ka vlera, se vlera nis nga Morali, ai asht stilist! Poooo ai shkruen bukur. Po ma s'pari nuk asht miell i thesit të tij, se kërkush nuk guxon me ia ba analizën veprës se ku i ka kopjue e ku i ka marrë. Nuk guxon se asht Nomenklaturë. Heej, me folë kundra Smail (Ismail) Kadaresë asht si me folë kundra Komitetit Qendror...* **Unë ia kam thanë ndër sy: "Ti e ke ulë vedin kaq poshtë, sepse i ke dalë në gjyq shokut tem të burgut Petrit Karazit! Çfarë shkrimtarit je, me u ba vegël e Sigurimit e me i dalë dëshmitar Petrit Karazit. "Unë nuk e njof!" – më tha! "Të njëf ai ty!" i thashë, se asht dënue për agjitacion e propagandë. I ka dalë Petriti n'nji rrugicë atje në Tiranë edhe i ka thanë: "Ti mor qenbirqeni me na e sha Fishtën ne? – e pra Petrit Karazi, musliman e shoku jem, – A s'ke marre mor, po kush je ti more! Ti je klysh i Enverit, nji sahanlëpirës! Shqip ja thotë: Sahanlëpirës!!"** *Ai s'ka vlera morale, e njeriu matet prej vlerash morale: Sa i shërben së mirës kundra së keqes. Ai s'e ka hapë gojën kundra së keqes kurrë, po gjithonë ka marrë pjesë në të Keqen! Unë jam ba avokati i tanë katolikëve, i tanë shqiptarëve të ndershëm e më gjykim të shndoshë, që i din të tana këto që i di unë, po që s'ja mban me ia kallzue botës se ç'ka po ndodh në Shqypni..."* - **Dom Simon Jubani, Intervistë, 1992, Marrë nga TV Shkodra**)

"Populli shqiptar, është një ndër popujt që ka vuajtur më së shumti në Europë, ka vuajtur gjatë shumë shekujve, pasi mbrojti në mënyrë të mrekullueshme kri-shtërimin... Unë jam shqiptar... Jam në shërbim të kishës ortodokse, edhe më tepër, të Jezu Krishtit... Të jeni të bindur se sistemi ateisto-komunist i Shqipërisë do të kalojë, mirëpo krishtërimi do të mbes përgjithmonë." – **Atenagora I (1886-1972)**

Sipas disa hulumtuesve ndërkombëtarë dhe amerikanë, thuhet se gjatë jetës së Saj, shën Nënë Tereza e Kalkutës ishte në mesin e 10 grave më të mira në sondazhin vjetor të Gallup-it për burrat dhe gratë më të admiruara 18 herë, duke përfunduar e para disa herë në vitet 1980-1990.

"Nji komb që lind ka nevoj për fatosa që vdesin, por kta fatosa që vdesin nuk kan çfar të bajn në nji komb që i harron e i përbuz. Tjetërkund, njerëzit e idealit në u mbytshin për s'gjalli, nderohen për s'vdekuni, ndërsa te ne ata mbyten dy herë dhe harrohen." – **Atë dr. Gjon Shllaku o.f.m.**

"Imzot Vinçenc Prendushi mund të mbahet mend, si poeti i qytetit të vet, mbasi gjithçka të hijshme që gjeti në fjalë dhe frazeologji të këtij dialekti, e mblodhi si bleta dhe e vendosi me shije të madhe në shkrimet e veta". – **Atë Justin Rrota o.f.m.**

"Të Përndershmit **Rev. At Zef Oroshi**, *Tarrytown, New York. I Pëndershëm Atë! Si në gazetën "Dielli", ashtu edhe në revistën t'Uej "Jeta Katholike Shqiptare", kam parë nisjativën, që është marrë për themelimin e një Kishe Katholike Shqiptare dhe n aka ardhur shumë mire të gjithëvet. Pse sa më shumë Institute të jenë, aq më tepër i shërbehet Kombit. Prandaj Teqeja e jonë, pret me kënaqësi këtë çerdhe fetare kombëtare dhe në shenjë solidariteti dhuron ndihmën e modeste 50 dollarë. Kjo shumë e vogël, lus të gjej pëlqim, pse simbolizon solidaritetin reciprok dhe bashkëpunimin t'onë. Shtoj, se kemi dhënë këshillat e duhura, nëpër të gjithë besnikët bektashi të kryejnë detyrën kundrejt simotrës së re. Tash Ju shtrëngoj dorën, me urime të përzemërta për sukses. Teqe, më 20/11/1969.* **I juaj Rev. Baba Rexhepi.**"

PARATHËNIE

Autori shqiptaro amerikan, Klajd Kapinova në librin e ri: *"Nëpër faqet e historisë së klerit katolik"*, trajton temat e larmishme historike të Krishtërimit ndër shqiptarë, si: histori kishe, figurat e klerit katolik ndër vite, hulumtimin dhe analizën e disa prej tyre, reçensione mbi librat e klerikëve katolikë, shkruar ndër vite dhe këndvështrime të reja, në të gjithë veprën e tij të re voluminoze.

Ai e fillon librin me disa momente historike të persekutimit të hierarkisë kishtare, të prelatëve dhe klerit katolik, duke dhënë faqe pas faqeje episode shifra dhe fakte konkrete nga burime historike shqiptare dhe të huaja.

Më pas ai e fillon veprën hulumtuese shumëvjeçare, duke e përshkruar nënën humaniste në një këndvështrim të ri historik, sipas burimeve botërore dhe më së shumti amerikane, për shqiptaren etnike Gonxhe Bojaxhi.

Shkrimtari ynë, i shqetësuar nga historitë e pakëndshme që ndodhin shpesh me veprime te turpshme kontradiktore me realitetin në trojet shqiptare mbi figurën, jetën dhe veprën e Shenjtneshes, qysh kur ka lindur në qytetin e Shkupit të Maqedonisë Veriore, është rritur dhe është dorëzuar si murgeshë qysh në moshën e adoleshencës (në shërbim të Zotit dhe popullit të Tij), Ajo asnjëherë nuk ka mbajtur burqa, një veshje karakteristike e vendeve sheriatiste ekstreme islame otomane, arabe dhe në rajonin e Lindjes së Mesme.

Autori ynë i prekur nga fakti absurd mbi ngritjen e një statuje turpi, fatkeqsisht realizuar me qëllim ose aksidentalisht nga një "artist" shqipfolës, skulptori e paraqet turpërisht Gonxhen tonë para botës shqiptare dhe mbarë njerëzimit sikur Nënë Tereza nuk është shqiptare etnike, por arabe apo otomane, me etnicitete dhe veshje këto tipike dhe klasike orientale, që s'kanë asnjë histori lidhjeje me zakonet e lashta brenda territorit etnik iliro-arbëror-shqiptar.

Ajo ishte një person i dashtun për të gjithë, sepse ndihma e Saj me përkushtim për të sëmurët, nevojtarët, të pastrehët, hapja e shkollave dhe zhdukja e analfabetizmit, ndikuan që e gjithë bota të njohë shpirtin human të shën Nënë Terezës.

Shën Nënë Tereza e Kalkutës, përmes veprave pozitive, edhe njherë u tregoi të gjithëve, që përmes përkrahjes, vullnetit jemi më afër Zotit.

Pikërisht figurës brilante të kombit tonë dhe mbarë njerëzimit me emrin e shenjtë *shën Nënë Tereza*, autori i librit të ri Kapinova i ka kushtuar edhe një libër me titull: *"Engjëll vuatjeje dhe shprese"* (2002).

Autori, duke bërë paralelizëm mes Shqipërisë dhe SHBA-së, ai tregon faktin se *Nanë Teresa është "Qytetare Nderi" e SHBA-së* dhe ka marrë në Shtëpinë e Bardhë vlerësimin më të lartë, që jep shteti amerikan, me titull: *"Medalja e Lirisë" nga* Presidenti republikan Ronald Wilson Reagan.

Studiuesi shkruan: *"Duke shëtitur me kujdes në disa kisha katolike në Bronx, New York dhe shtete të tjera të SHBA-së, kam parë shumë piktura murale me tematikë shqiptaren e madhe të përmasave botërore, të cilat i kam fiksuar me aparat fotografik dhe ndoshta ka ardhur koha t'i bëj publike, për bashkatdhetarët tanë në vendlindje, lexuesit dhe biografët e shquar të humanistes së famshme shën Nënë Terezës etj."*

Butësia, buzëqeshja, identifikohen me devocion ndaj asaj shtrese më të varfër midis më të varfërve, më të përbuzur, midis të përbuzurve, më të uritur midis të uriturve, njerëzve të braktisur si mbeturina të mbeturi-nave nga familja, komuniteti, të afërmit e tyre dhe shoqëria në këtë planet.

Ajo, u shtriu dorën e ngrohtë të përjetshme të mirësisë kristiane dhe shpirtit të pastër human. Të varfërit e shumë shtetëve të botës së tretë dhe disa vendeve të zhvilluara, të braktisurit përgjithmonë në rrugë prej shumë vitesh, i mori në krahët e saj të ngrohtë human.

Por ajo që është interesante në vepër, është përshkrimi për herë të parë i vizitës së Saj të parë në Shqipëri *më 23 gusht 1989 dhe rrëfimi special i ish të persekutuarit politik shkodranit, Marçel Hila.*

Aty mësojmë se Ajo ku u prit nga e veja e diktatorit ateist diktatorit Enver Hoxhës, Nexhmije, ministri i Jashtëm Reis Malile, Ministri i Shëndetësisë Ahmet Kamberi, Kryetari i Kuvendit Popullor Petro Dode dhe zyrtarë të tjerë shtetërorë e partiakë, duke vendosur më pas një buqetë me lule në varrin e diktatorit Enver Hoxha si dhe vendosi një kurorë në statujën e Nënës Shqipëri, tek vorrezat e deshmorëve të kombit shqiptar.

Shumë shqiptarë dhe shtresa e ish të persekutuarve politikë asokohe protestuan dhe nuk kanë qenë dakord me këtë veprim të humanistes sonë Nënë Tereza.

Arsyeja mësohet se ka qenë fakti, se *varri i diktatorit Enver Hoxha lëkundej dhe toka dridhej* sikur të kishte xhind brenda tij. Kjo shpjegohet me faktin se edhe pse mbrohej nga ushtarë dhe një oficer (24/7 *për 365 ditë të vitit*) të gardës së Republikës së Shqipërisë, sërisht varri sikurse tregojnë ushtarët vibronte dhe dukej sikur nxirrte nga brendësia klithma të frikshme...

Mbas vizitës tronditëse të Nënë Terezës në Shqipëri mbi varrin e diktatorit Hoxha, *humanistja ka pësuar një goditje në zemër, e cila e ka shoqëruar gjatë gjithë jetës së Saj.*

"Ne kishim frikë se ai ishte spiun", thotë Hila. Megjithatë, një ditë ushtari i ardhur nga Garda e Republikës i rrëfeu arsyen e vërtetë përse e kishin ulur në gradë.

Poeti Kombëtar Atë Gjergj Fishta o.f.m., është një temë e preferuar e shumë studiuesve shqiptarë sot në vendlindje dhe diasporë, sepse ai ishte i pari që hapi klasat qytetëse, duke futur gjuhën shqipe në mësim, në kohën që ishte emëruar drejtor i shkollës fillore françeskane.

Më pas poeti i madh nacionalist Fishta, ishte kryetar i Komisionit të Alfabetit të gjuhës shqipe në Manastir (1908), si dhe themelon dhe drejton deri sa mbylli sytë revistën e njohur kulturore-shkencore "Hylli i Dritës" në Shkodër, në vitin 1913 si dhe hapi Shtypshkronjën Françeskane, nga ku nisën të dalin rregullisht periodikë cilësorë të shtypit fetarë katolikë dhe me përmbatje të mirëfillta kulturore në qytetin e Shkodrës, që asokohe dhe deri më sot mbahet si djepi i kulturës mbarëshqiptare traditë të cilën e ruajti vazhdimisht ndër shekuj, etj.

Kur eshtrat e tij, ishin pajtuar me lumninë e pasosun, ndodhi ai akti absurd më antinjerëzor, kur zhvarroset nga regjimi ateist dhe antishqiptar i Enver Hoxhës, ashtu sikurse kishin vepruar turqit me eshtrat e arqipeshkëvit *imzot Pjetër Bogdanit* autorit të *Çetës së Profetëve*, serbët me babain e grumbulluesit të zellshëm të kodifikimit të *Kanunit të Lekë Dukagjinit atë Shtjefen Gjeçovit o.f.m.* dhe së fundi përsëri komunistët shqipfolës eshtrat e Dedë Gjo' Lulit fatosit trim të Kryengritjes së Malësisë së Madhe (më 6 prill 1911), të cilat mizorisht dhe me përbuzje i hodhën menjëherë në ujërat e ftohta të lumit Drin.

Publiçisti ynë bashkëkohor, ka një pasion të veçantë për historinë si disiplinë humane dhe rrëfimin shumëshekullor të zhvendosjes së afreskut mrekullibërës të Zojës së Këshillit të Mirë nga qyteti antik i Shkodrës, në drejtim të dheut latin në Genazzano të Italisë.

Ai shkruan, se: *"Historia e saj, është vetë historia e katoliçizmit ndër shqiptarë, e cila, me vdekjen e Heroit Kombëtar Gjergj Gjon Kastriotit, më 1468, nisi udhën ose kalvarin e mundimeve në kryq. Duke mos parë asnjë rreze shprese nga këta njerëz pushtues barbarë islam otomanë, populli shqiptar iu drejtua qiellit: mbushte tempujt e shenjtë, shumëfishonte lutjet shpirtnore publike, mbante kreshmë të rreptë dhe i lartësonte Hyjit premtime të çdo lloji, që ta ndalte fatkeqësinë e zemërimit të tij."*

Si bashkautor me autorin e këtij libri në disa libra monografik kushtuar liderit fetar dhe atdhetar të komunitetit tonë shqiptaro-amerikan, dom Anton Kçira, sërisht në këtë vepër në disa tema të veçanta rreth kësaj figure, studiuesi e ka zbardhur me detaje gjithë jetën dhe veprën e madhe në shërbim të komunitetit tonë në SHBA të atdhetarit meshtar.

Asokohe mësojmë se familja e tij etnike shqiptare bënte një jetë mesatare ekonomike. Ajo ishte një familje shumë e përparuar katolike gjakovare për kohën, në të cilën gjithmonë kultivohej me traditë dhe krenari dashuria dhe respekti për Atdheun dhe devocioni tradicional fetarë shumë shekullor katolik.

Hulumtuesi Kapinova e përshkruan kështu ambentin atdhetar dhe fetar të familjes Kçira: *"Edukata atdhetare e fetare, të cilën prindërit i dhanë vazhdimisht Antonit të vogël dhe prirja e tij qysh fëmijë për t'i shërbyer thirrjes së Zotit, bënë që tek ai të lind dëshira e madhe dhe e përjetshme për t'i shërbyer Zotit, gjë e cila u bë realitet shumë vite më vonë…, në rininë e tij. Jeta dhe zhvillimi i ngjarjeve historike ecën me shpejtësi edhe për familjen e personazhit të studimit tonë dom Antonit.*

Sot, në shekullin XXI, në Kosovë janë më shumë se 100 shtëpi, të cilat mbajnë mbiemrin Kçira. Banorët e saj edhe pse ndodheshin 9 kilometra larg Shqipërisë deri në vitin 1990 kanë qenë të privuar të vizitonin tokat e të parëve të tyre."

Patrioti dhe bariu i mirë i grigjës së vet, ka ndihmuar me strehime dhe ushqime, me mijëra të shpëngulur dardanë, gjatë eksodit biblik të vitit 1999 drejt shtetit amë, për t'i shpëtuar makinës ushtarake shfarosëse serbe, ku, autori i këtij libri ka qenë dëshmitar okular, në shumë qendra të sistemit të tyre, pranë kishës katolike, në qytetin e Shkodrës.

Të gjithë ne, që jetojmë dhe punojmë prej shumë vitësh në Amerikë, e dimë se pa inisiativën dhe mbështetjen e pakufishme të këtij meshtari të përkushtuar, për Fe e Atdhe në Detroit, qysh nga viti 1989 dhe deri më 2011, nuk do të ishin bërë shumë mitingje, demostrata, grumbullime fondesh për çeshtjen shqiptare të Dardanisë, ndihmën e pakursyer direkte për Shqipërinë, popullin e masakruar martir dardan në vitin 1999, kur dihet, se ky klerik patriot, shumë kohë më parë ka qenë *"persona non grata"*, për ish Jugosllavinë titiste, si i përndjekur politikë, për ta vrarë dhe zhdukur me gjithë familje.

Një requiem të vonuar për mikun dhe studiuesin e kulturës dhe klerit katolik *Kolec Çefën (1937-2021)*, në shenjë mirënjohje dhe respekti, që i buron nga zemra e tij për njerëzit e kulturës studiesi Kapinova, i ka përkushtuar shkrimin studimor edhe kolegut të tij, i cili dy vjet më parë kaloi në amshim.

Kultura e madhe e studiuesit Kolec në zbardhjen e kontributit të klerit dhe elementit katolik, ishte një dhunti dhe talent, që u fik shpejt nga kalimi i tij para kohe në amshim.

Mons. Zef Simoni Ipeshkëv e kishte Kolecin si një këshilltar të sinqertë, me vizion, kulturë dhe njeri me zemër shumë të mirë, me cilësi dhe virtyte pozitive tipike të një shkodrani etnik shembullor.

Njohja e thellë e historisë, kultura e pasur dhe e thellë, letërsia dhe figurat brilante historike të klerit dhe elementit katolik ndër shekuj, ishin një pasion, që i buronte natyrshëm nga thellësia e pastër e shpirtit fisnik qytetar shkodran.

Personaliteti im i preferuar meshtari dhe lideri i shquar e i paharruar mons. dr. Zef Oroshi, rivjen mbas shumë viteve para komunitetit shqiptaro amerikan, me një libër origjinal të mirëfilltë atdhedashës, me titull kuptimplotë: *"Log Kuvendit në trinomin Fe-Atdhe-Perparim"* (New York, 2019).

Pikërërisht për këtë autori Kapinova, në librin e tij vlerëson se: *"Eshtë e rëndsishme të theksohet, se ndërsa në Shqipëri dhe në vendlindjen e tij Mirditë (Orosh), nuk është shkruar mbas viteve 1990 asnjë libër mbi historinë e tij plot kalvare vuajtjesh, që fill nga vendlindja e tij dhe deri në diasporë, këtu dhe më saktë në SHBA dhe shtetin e New York-ut, janë shkruar pesë libra, nga aktivisti i palodhur i komunitetit shqiptaro amerikanë Tomë Mrijaj, një studiues dhe publicist zemër mirë nga Klina e Kosovës, ku të gjitha i ka shkruar dhe botuar me shpenzimet e veta personale.*

Fatmirësisht, sot është ngritur në qytetin historik të Lezhës (e cila sot popullohet nga një komunitetit shumë i madh i ardhur nga krahina e Mirditës) dhe hijeshon krenar busti (përmendore) nderimi dhe respekti për jetën dhe veprimtarinë e bashkatdhetarit të tyre, më të shquar të botës shqiptare në vendlindje dhe diasporën e SHBA-së, i cili pa ndërprerje deri sa kaloi në amshim nuk e hoqi nga mendja, zemra dhe goja vendlindjen e tij të lavdishme dhe dashur të Oroshit, kur dihet se ai është figura më e madhe dhe e rëndësishme e klerit katolik në Mirditën e Derës së famshme të Kapidanëve, shumë shekullor, i cili, me pushkë në dorë iu prini çetave nacionaliste kundër komunizmit në malet e krahinës së tij, asokohe dom Zef Oroshi dhe më vonë prelati i shquar imzot dr. Zef Oroshi, ku ai bëri histori, duke themeluar Kishën e Parë Katolike Shqiptare në Amerikë "Zoja e Këshillit të Mirë" sot "Zoja e Shkodrës".

Ky libër voluminoz dhe shumë serioz, me shkrime të karakterit historik, kulturorë, shkencorë, enciklopedik, tradita, zakone, gjuhësorë e kulturorë etj., u botua në Jubileun e 50-vjetorit të kalimit në amshim.

Një tjetër studim interesant, është paraqitur me shumë kulturë dhe nivel të lartë përshkrimi nga autori në përkujtim të shkrimtarit geg *imzot Zef Simoni (1928-2008) Ipeshkëv*, që u dha dritë përjetësie vëllezërve të tij në Krishtin, përmes *refleksioneve për disa librat në vitrinën e botimeve shqiptare dhe jeta e bariut shpirtëror mes kalvarit të mundimeve.*

Monsinjor Zef Simoni Ip., i përket atij brezi klerikësh katolikë, i cili edhe pse vuajti jo pak në burgjet komuniste dhe u torturua në mënyrën më çnjerëzore, do të gjente forca të mbijetonte dhe pas ardhjes së demokracisë si hierark do të vihej në shërbim të kishës katolike të Shkodrës.

Për më tepër, portreti i tyre plot madhështi e merita konkrete njerëzore e devocioni të vazhdueshëm fetar zbresin në rreshtat e librit në mënyrë të natyrshëm, përmes pendës së shkrimtarit nga lartësitë qiellore, ku ato pushojnë për të biseduar me grigjën apo popullin e tyre, me brezat, që me dashurinë popullore i mbajtën përherë në gji.

Si mik i hershëm i familjes Simoni në qytetin e Shkodrës, shkrimtari Kapinova, po me këtë dashuri dhe respekt të thellë tregon edhe për vëllain e imzot Zef Simonit Ipeshkëv në jetë dhe Krishtin *dom Gjergj Simonin (1933-2022)*, cili ishte portreti i martirit të fundit të gjallë, duke rrëfyer për herë të parë episode të jetës së tij dhe ofron edhe një vështrim mbi librin me vjersha e poezi *"Lule dhe gjak"*, mbasi ishte edhe redaktori dhe shkruesi i parathënies së poezive të meshtarit të paharruar.

Dhe autori vlerëson, se: *"Frymëzimi apo fryma, që përshkon anë e tej vjershat dhe poezitë e dom Gjergjit, është sa e padukshme dhe aq e pranishme njëherësh, duke u përfshi natyrisht në letërsinë e traditës së shkrimtarëve klerikë katolikë gegë, treve të plleshme, që lëvruan me sukses në shumë gjini artistike shkrimore."*

Me shumë kënaqsi lexuesi mund të kundrojë analizën sintetike të autorit *mes dy intelektualëve disidentë brilantë shqiptaro amerikanë: Prof. Arshi Pipa dhe mons. dr. Zef Oroshi.*

Sikurse dihet këtu në New York, se *prof. Arshi Pipa (1920-1997) dhe mons. dr. Zef Oroshi (1912-1989), janë dy intelektualë gegë erudistë cilësorë të kalibrit europianë dhe amerikanë; njëri nga qyteti antik Shkodra, ndërsa tjetri gegë stoik dhe largpamës nga Mirdita zëmadhe e Oroshit, të Kapidanëve shtatë shekullorë të Mirditës (1416).*

Pipa-Oroshi, ishin miq të ngushtë të idealeve antikomuniste, patriotë konservatorë, për gjuhën, letërsinë e traditës së shkollës dhe kulturës zëmadhe gege, lëvrues pasionantë të palodhur të gjuhës së ëmbël shqipe gege, që flet me pak ndryshime nën dialektore nga ¾ e popullsisë shqiptare në trojet etnike iliro-dardane.

Duke ndjekur nga afër gjithçka që është shkruar dhe po botohet në anglisht për figurën e Nënë Terezës, autori, në këtë libër ka ofruar dy autorë amerikanë, që kanë shkruar një libër për humanisten e madhe botërore, duke analizuar *dhjetë parimet udhëheqëse të Të Lumes Nënë Tereza*, në një libër të ri nga *Ruma Bose & Lou Faust:* "*Nënë Tereza CEO*" (2011, Berrett-Kohler Publishers, Inc. San Francisco, California), f. 127.

Studiuesi Kapinova shtron pyetjen retorike se: *Si e ndërtoi një murgeshë, që kurrë nuk mori ndonjë arsim formal në biznes një organizatë kaq mbresëlënëse globale!!!?*

I sinqertë, realist dhe i bazuar në praktikë, stili i udhëheqjes së Nënë Terezës ndihmoi në frymëzimin dhe organizimin e njerëzve në mbarë botën.

Nënë Tereza, mund të ketë qenë një shenjtore, por suksesi i saj spektakolar nuk ishte produkt i Providencës Hyjnore. Gjeniu i Saj ishte në thjeshtësinë e vizionit të Saj dhe përkushtimin e Saj për zbatimin e Tij.

Kjo ishte në mënyrën shumë e mirë, se si Ajo i trajtonte njerëzit e Saj, duke refuzuar të distancohej nga puna e përditshme e një motre tipike të Misionarëve të Bamirësisë.

Autorët amerikanë, vijnë para publikut vendas me një libër shumë serioz dhe cilësor në përmbajtje, për të cilin kanë shkruar artikuj vlerësues gazetat e njohura amerikane *Finanacial Times, New York Post*, etj.

Sipas studiuesit Kapinova, është rast i vetëm, që një meshtari katolik shqiptar këtu në New York t'i përkushtohet një festival kombëtar tradicional shqiptar.

Dhe këtë histori, për herë të parë e zbardh shumë bukur autori dhe gazetari i palodhur i komunitetit tonë Klajd Kapinova, kur shkruan mbi *mons. dr. Zef Oroshin dhe sofrën e Festivalit të 30-të shqiptar të muzikës dhe valleve popullore në New York.,* duke riktheksuar se *prelati ynë Oroshi ishte themeluesi i Kishës së Parë Katolike Shqiptare në SHBA, duke kontribuar gjithë jetën plot devocion për kishën dhe grigjen e tij shqiptaro amerikane.*

Kisha dhe kleri shqiptar, do ta pësonte më shumë nga gjenocidi komunist dhe kalvarin e mundimeve me persekutime, duke i dhuruar sot kombit tonë mbi 38 martirë elterit të kishës.

Më 31 maj 2023, Qendra Kulturore Nënë Tereza, pranë kishës katolike Zoja e Shkodrës në New York, përkujtoi 45-vjetorin e krijimit të grupit të parë artistik Rozafati, në Qendrën Katolike Shqiptare Zoja e Këshillit të Mirë në vitin 1978 në New York.

Dihet se institucionet e hershme të artit dhe kulturës në Shqipëri e kanë pasur zanafillën e tyre nga kisha katolike, gjë që dëshmohet nga burimet e shumta historike ndër shekuj.

Sipas dëshmive historike, del se në diasporën shqiptare në SHBA dhe posaçërisht në shtetin e New York-ut dhe rrethina në këto përgatitje si gjithmonë rol të rëndësishëm kanë luajtur klerikët: *mons. dr. Zef Oroshi (1912-1989), imzot Rrok Mirdita (1939-2015), dhe dom Pjetër Popaj sot.*

Sofra muzikore dhe koreografike kulturore në vitin 2022, fatmirësisht iu përkushtua bariut shpirtëror brilant mons. dr. Zef Oroshit, që gjithë jetën punoi si misionar i Krishtit, pa u lodhur për komunitetin shqiptaro amerikan deri sa kaloi në amshim.

Kujtojmë, se ky shkrim me autor studiuesin Klajd Kapinova si editorial, është botuar në librin-broshurë të Festivalit XXX, që u mbajt në vitin 2022 në Bronx, New York, dhe më pas edhe në numrin special të revistës "Jeta Katolike"; kushtuar personalitetit të shquar të diasporës së SHBA-së prelatit katolik mons. dr Zef Oroshit, realizuar nga Shoqata "Trojet e Arbërit" me qendër në Prishtinë në vitin 2022, gjatë Simpoziumit Shkencor Historik, kushtuar figurës së prelatit imzot dr. Zef Oroshit, mbajtur në e qytetin historik të Lezhës në Shqipëri, si dhe në disa gazeta e revista në Kosovë dhe disa shtete dhe website në Europë dhe SHBA.

Tomë Mrijaj
New York

SHËN NËNË TEREZA NUK MBANTE BURQA
TË XHIHADIT ISLAMIK DHE NUK ISHTE OTOMANE E ARABE

"Nënë Tereza, përfaqësonte më të mirën tek të gjithë ne. Ajo ishte një grua e Shenjt dhe e devotshme. Unë mendoj, se është e mreku-llueshme, të shohësh katolikët në mbarë botën, që i bëjnë Asaj kaq shumë nderime."- **Donald J. Trump, President i 45-të i SHBA**

"Madhështinë e Saj e shikojmë në aftesinë e Saj për të dhënë pa marrë asgjë, për të dhuruar deri në dhimbje. Gjithë jeta e Saj ishte Ungjill i gjallë." - **Shën Papa Gjon Pali II (Karol Józef Wojtyła 1920-2005)**[2]

---

[2] **Papa Gjon Pali II** (latinisht: Ioannes Paulus II; italisht: Giovanni Paolo II; polonisht: Jan Paweł II; i lindur Karol Józef Wojtyła 18 maj 1920 - 2 prill 2005 ishte kreu i Kishës Katolike. nga viti 1978 deri në vdekjen e tij në 2005 dhe sovran i shtetit të qytetit të Vatikanit. Më vonë ai u kanonizua si Papa Shën Gjon Pali II. **Kardinali Wojtyła u zgjodh papë në ditën e tretë të konklavës së dytë papale të vitit 1978,** e cila u thirr pasi Gjon Pali I, i cili ishte zgjedhur në konklavën e parë papale të vitit 1978 në fillim të gushtit për të pasuar Papa Palin VI, vdiq pas 33 ditësh. Wojtyła miratoi emrin e paraardhësit të Tij në nderim të tij. I lindur në Poloni, Gjon Pali II ishte Papa i parë joitalian, që nga Adriani VI në shekullin e 16-të dhe Papa i tretë më jetëgjatë pas Piut IX dhe Shën Pjetrit. **Gjon Pali II u përpoq të përmirësonte marrëdhëniet e Kishës Katolike me Judaizmin, Is-lamin dhe Kishën Ortodokse Lindore.** Ai mbajti qëndrimet e mëparshme të kishës për çështje të tilla si aborti, kontracepsioni artificial, shugurimi i grave dhe kleri beqar, dhe megjithëse mbështeti reformat e Koncilit të Dytë të Vatikanit, ai shihej përgjithësisht si konservator në interpretimin e tyre. Ai i vuri shumë theks familjes, identitetit dhe vuri në dyshim konsumizmin, hedonizmin dhe kërkimin e pasurisë. Ai ishte një nga liderët botërorë më të udhëtuar në histori, duke vizituar 129 vende gjatë pontifikatës së tij. Si pjesë e theksit të tij të veçantë në thirrjen universale për shenjtëri, ai lumnoi 1,344, dhe gjithashtu shenjtëroi 483 njerëz, më shumë se numri i kombinuar i paraardhësve të tij gjatë pesë shekujve të mëparshëm. Deri në kohën e vdekjes së tij, ai kishte emëruar pjesën më të madhe të Kolegjit të Kardinalëve, shuguroi ose bashkëshguroi shumë prej peshkopëve të botës dhe shuguroi shumë priftërinj. Atij i është dhënë merita

për luftën kundër diktaturave për demokraci dhe për ndihmën për t'i dhënë fund sundimit komunist në Poloninë e tij të lindjes dhe në pjesën tjetër të Evropës. Nën Gjon Palin II, Kisha Katolike e zgjeroi shumë ndikimin e saj në Afrikë dhe Amerikën Latine dhe ruajti ndikimin e saj në Evropë dhe në pjesën tjetër të botës. Kauza për kanonizimin e Gjon Palit II filloi një muaj pas vdekjes së tij me heqjen dorë nga periudha tradicionale e pritjes pesëvjeçare. Më 19 dhjetor 2009, Gjon Pali II u shpall i nderuar nga pasardhësi i tij, Benedikti XVI dhe u lumturua më 1 maj 2011 (E diela e Mëshirës Hyjnore) pasi Kongregacioni për Kauzat e Shenjtorëve i atribuoi një mrekulli ndërmjetësimit të tij, shërimin e një francezi. murgesha e quajtur Marie Simon Pierre nga sëmundja e Parkinsonit. Një mrekulli e dytë u miratua më 2 korrik 2013 dhe u konfirmua nga Papa Françesku dy ditë më vonë. Gjon Pali II u shenjtërua më 27 prill 2014 (përsëri e diela e Mëshirës Hyjnore), së bashku me Gjonin XXIII. Më 11 shtator 2014, Papa Françesku i shtoi këto dy ditë feste në Kalendarin e Përgjithshëm Romak të shenjtorëve në mbarë botën. Ndërsa festat e shenjtorëve festohen tradicionalisht në përvjetorin e vdekjes së tyre, ajo e Gjon Palit II (22 tetor) festohet në përvjetorin e inaugurimit të tij papal, për shkak të datës së vdekjes së tij, 2 prilli, zakonisht bie në Kreshmë ose Pashkë. Pas vdekjes, ai është përmendur nga disa katolikë si "**Papa Shën Gjon Pali i Madh**", megjithëse titulli nuk ka asnjë njohje zyrtare. (**Wikipedia**) Më 6 mars 2023, një raport investigativ nga **stacioni televiziv polak TVN24** arriti në përfundimin se "**tani nuk ka dyshim**", se Gjon Pali II "**dinte për abuzimin seksual të fëmijëve nga priftërinjtë nën autoritetin e tij dhe u përpoq ta fshihte atë kur ishte një kryepeshkop në Poloninë e tij të lindjes**". Gazetari holandez *Ekke Overbeek publikoi* një libër mbi Gjon Palin II me pretendime të ngjashme. Në përgjigje të pretendimeve, Papa Françesku tha: "*Ju duhet t'i vendosni gjërat në kontekstin e epokës[...] Në atë kohë gjithçka ishte e mbuluar. [...] Vetëm kur shpërtheu skandali i Bostonit, kisha filloi ta shikonte problemin*". Konferenca Episkopale Polake deklaroi se "*do të nevojiteshin 'kërkime të mëtejshme arkivore' për të arritur në një vlerësim të drejtë të vendimeve dhe veprimeve*" të Wojtyła-s.[34] Për më tepër, gazetarë të tjerë kanë kritikuar raportin, veçanërisht interpretimin e burimeve. Nën Gjon Palin II, u hartuan dhe u vunë në fuqi dy kushtetutat më të rëndësishme të Kishës Katolike bashkëkohore: **Kodi i së Drejtës Kanonike**, i cili, midis shumë risive të tjera, filloi përpjekjet për të frenuar abuzimin seksual në Kishën Katolike dhe Katekizmi i Kisha Katolike, ndër veçoritë e saj, shpjegimi dhe sqarimi i qëndrimit të Kishës ndaj homoseksualizmit. **Shën Gjon Pali II**, lindur më 18 maj 1920, Wadowice, Poloni - **vdiq më 2 prill 2005, në qytetin e Vatikanit. Ai u lumnua më 1 maj 2011 dhe u shenjtërua më 27 prill 2014**. *Dita e perkujtimit të Tij si ditë feste shenjte është 22 tetori.* Ati i Shenjtë Gjon Pali II, ishte peshkop i Romës dhe **kreu i Kishës Katolike Romake në vitet 1978-2005**. Ai gjithashtu ishte **Papa i parë joitalian në 455 vjet** dhe i pari nga një vend sllav. *Papati i tij prej më shumë se 26 vitesh ishte i treti më i gjatë në his-*

"E veshur me një sari të bardhë me një kufi blu, ajo dhe motrat e Misionarëve të Bamirësisë u bënë një simbol i shpresës, për shumë njerëz, të moshuarit, të varfërit, të papunët, të sëmurët, për-fundimisht dhe ata të braktisur nga familjet e tyre!" - **Prathibha Devisingh Patil (1934), Presidente e 12-të e Indisë**[3]

---

tori. Si pjesë e përpjekjes së Tij për të nxitur mirëkuptimin më të madh midis kombeve dhe feve, ai ndërmori udhëtime të shumta jashtë vendit, duke udhë-tuar në distanca shumë më të mëdha se të gjithë papët e tjerë së bashku, dhe ai e shtriu ndikimin e tij përtej kishës duke bërë fushatë kundër shtypjes politike dhe duke kritikuar materializmin e perendimit. *Ai gjithashtu lëshoi disa falje të pa-precedentë ndaj grupeve, që historikisht ishin dëmtuar nga katolikët, **veçanërisht he-brenjtë dhe myslimanët**.* Nacionalizmi i tij polak dhe theksi i tij mbi aktivizmin politik jo të dhunshëm e ndihmuan lëvizjen e Solidaritetit në Poloninë komuniste në vitet 1980 dhe përfundimisht kontribuan në shpërbërjen paqësore të Bashkimit Sovjetik në vitin 1991. John Paul, përdori ndikimin e Tij mes kato-likëve dhe në mbarë botën, për avancimi i njohjes së dinjitetit njerëzor dhe për të penguar përdorimin e dhunës. Stili i tij i centralizuar i qeverisjes së kishës, megjithatë, i trembi disa anëtarë të klerit, të cilët e konsideruan atë autokratik dhe mbytës. Ai nuk arriti të kthente një rënie të përgjithshme në numrin e priftërinjve dhe murgeshave dhe interpretimet e tij tradicionale të mësimeve të kishës mbi moralin personal dhe seksual tjetërsuan disa segmente të laikëve.

[3] **Prathibha Devisingh Patil**, lindur më 19 dhjetor 1934, është një **politikane dhe avokate indiane, që shërbeu si presidentja e 12-të e Indisë nga viti 2007 deri në 2012**. Ajo është **gruaja e parë, që u bë presidente e Indisë**. Një anëtare e Kongresit Kombëtar Indian, ajo ka shërbyer më parë si Guvernator i Rajasthan nga 2004 deri në 2007 dhe ishte anëtare e Lok Sabha nga 1991 deri në 1996. Patil lindi në një familje Marathi më 19 dhjetor 1934 në fshatin Nadgaon në Jalgaon, Maharashtra. Ajo është e bija e Narayan Rao Patil. Ajo u arsimua fillimisht në qytetin R. R. Vidyalaya dhe më pas iu dha një diplomë master në Shkenca Poli-tike dhe Ekonomi nga Mooljee Jetha College, Jalgaon (atëherë nën Universitetin Poona), dhe më pas një diplomë Bachelor në Drejtësi nga Kolegji Juridik i Qev-erisë, Bombei, i lidhur me Universiteti i Bombeit (tani Universiteti i Mumbait). Patil më pas filloi të ushtronte ligjin në Gjykatën e Qarkut Jalgaon, duke u in-teresuar gjithashtu për çështje sociale si përmirësimi i kushteve me të cilat për-ballen gratë indiane. Patil u martua me Devisingh Ramsingh Shekhawat më 7 korrik 1965. Çifti ka një vajzë, Jyoti Rathore dhe një djalë, Raosaheb Shekhawat, i cili është gjithashtu një politikan.

"Unë gjeta tek Nënë Tereza drejtimin e jetës, që kam kërkuar gjithë këto vite." - **Princesha Diana**

PHOTO 1: *Çfarë është kjo shtatore e mbuluar me çarçaf të bardhë turpi në formë hije (ghost=fantazëm) në tokën amtare të lindjes!!!?*

Ku e ka ftyrën njerëzore humane dhe engjellore e përvuajtura shën Nënë Tereza!!!?

Ku e ka Kryqin simbolin e përvujtërisë dhe përkushtimit me devocion fetar gjatë gjithë jetës së Saj tokësore!!!?

Ku janë rruzaret e shenjta që Ajo mbante me adhurim gjithmonë me vete dhe nuk i hiqte asnjëherë nga dora dhe zemra duke thënë lutje shpirtërore për të varfërit e Saj me të cilët ajo ndau vuatjet e mundimet e kësaj bote!!!?

Ku janë këmbët e zbathura dhe sandalet e Saj të thjeshta si simbol i përvujtnisë së përjetshme nën shembullin pozitiv të Krishtit dhe shën Françeskut!!!?

Shqiptarja etnike **Gonxhe Bojanxhi**, kur ka lindur në qytetin e Shkupit (*sot Maqedonia Veriore*), është rritur dhe është dorëzuar si murgesh qysh në moshën e adolishëncës (*në shërbim të Zotit dhe popullit të Tij*), asnjëherë nuk ka mbajtur **burqa**, veshje karakteristike e vendeve sheriatiste ekstreme islame arabe dhe Lindjes së Mesme…

Për më tepër, edhe familja e saj e pastër etnike shqiptare, tradicionalisht ndër shekuj dhe brez pas brezi deri tek gjyshja dhe nëna e Saj, *asnjëherë nuk kanë pasur në shtëpinë e tyre veshje orientale me emrin burqa me ngjyrë të bardha apo zeza.*[4]

---

[4] **BURQA**, është një veshje e jashtme mbështjellëse e veshur nga disa gra muslimane e cila mbulon plotësisht trupin dhe fytyrën. I njohur gjithashtu si një **chadaree ose chaadar** (dari, urdu) në Afganistan dhe Pakistan, ose një paranja në Azinë Qendrore, kurse **versioni arab i burkës** quhet **boshiya dhe zakonisht është i zi**. Termi burka nganjëherë ngatërrohet me **niqab** edhe pse, në përdorim më të saktë, **nikabi** është një vello fytyre, që i lë sytë të pambuluar, ndërsa një burka mbulon të gjithë trupin nga maja e kokës deri në tokë, me një ekran rrjetë. e cila i lejon vetëm mbajtësit të shohë para saj. Burka, gjithashtu nuk duhet të ngatërrohet me hixhabin, një veshje e cila mbulon flokët, qafën dhe të gjithë ose një pjesë të gjoksit, por nuk mbulon fytyrën. **Mbajtja e burkës dhe llojeve të tjera të mbulesave të fytyrës, janë dëshmuar që nga koha para-islame.** *Mbulimi i fytyrës nuk është konsideruar si një kërkesë fetare nga shumica e dijetarëve islamë, as në të kaluarën, as në të tashmen.* **Burrat, para grave ulin kokë apo shikimin në**

Sikurse dihet qyteti i vjetër i Shkupi[5] është territor dhe popullsi etnike

---

drejtim të grave apo vajzave të mbuluara. Gratë mund të veshin burkën për një sërë arsyesh, duke përfshirë detyrimin, siç ishte rasti gjatë sundimit të parë të Talibanëve në Afganistan. *Kombet e mëposhtme me shumicë myslimane dhe kombet jomuslimane kanë ndaluar plotësisht ose pjesërisht burkat*: Austria, Franca, Belgjika, Danimarka, Bullgaria, Holanda (në shkollat publike, spitalet dhe në transportin publik), Gjermania (ndalime të pjesshme në disa shtete), Itali (në disa lokalitete), Spanjë (në disa lokalitete të Katalonjës), Rusi (në rajonin e Stavropolit), Luksemburg, Zvicër, Norvegji (në çerdhe, publike shkolla dhe universitete), Kanada (në vendin e punës publike në Quebec), Gabon, Çad, Senegal, Republika e Kongos, Kamerun (në disa lokalitete), Niger (në disa lokalitete), Sri Lanka, Taxhikistani, Azerbajxhani (në shkollat publike), Turqia (në gjyqësor, ushtri dhe polici), Kosovë (në shkollat publike), Bosnja dhe Hercegovina (në gjykata dhe institucione të tjera ligjore), Maroku (ndalimi i prodhimit, marketingut dhe shitjes), Tunizia (në institucionet publike), Egjipti (në universitete), Algjeria (në vendin e punës publike), dhe Kina (në Xinjiang).

[5] **Shkup** (maqedonisht: Скопје Skopje), është kryeqyteti dhe qyteti më i madh i Maqedonisë së Veriut. Territori i Shkupit ka qenë i banuar 4000 vjet para Krishtit. Mbetjet e vendbanimeve neolitike janë gjetur brenda Kalasë së vjetër, që mbikëqyr qendrën moderne të qytetit. Fillimisht një qytet paionian, Scupi u bë kryeqyteti i Dardanisë në shekullin e dytë para Krishtit. Në prag të shekullit të parë pas Krishtit, vendbanimi u kap nga romakët dhe u bë një kamp ushtarak. Kur Perandoria Romake u nda në gjysmën lindore dhe perëndimore në vitin 395 pas Krishtit, Scupi u pushtua nga sundimi Bizantinve nga Kostandinopoja. Gjatë pjesës më të madhe të periudhës së mesjetës së hershme, qyteti u kontestua midis Bizantinës dhe Perandorisë Bullgare, kryeqyteti i së cilës ishte midis 972 dhe 992. Në vitin 1392, qyteti u pushtua nga Perandoria Osmane që e quanin Üsküb. Qyteti mbeti nën kontrollin Osman, për më shumë se 500 vjet, duke shërbyer si kryeqyteti i pashasanxhakut të Üsküb dhe më vonë Vilajetit të Kosovës. Në atë kohë qyteti ishte i famshëm për arkitekturën e tij orientaliste. Në vitin 1912, ai u aneksua nga Mbretëria e Serbisë, gjatë Luftërave Ballkanike. Gjatë Luftës së Parë Botërore qyteti u pushtua nga Mbretëria e Bullgarisë dhe, pas luftës, u bë pjesë e Mbretërisë së sapoformuar të Jugosllavisë si kryeqyteti i Vardarska Banovina. Në Luftën e Dytë Botërore, qyteti u pushtua nga ushtria bullgare, e cila ishte pjesë e fuqive të Boshtit. Në vitin 1945, u bë kryeqyteti i Republikës Socialiste të Maqedonisë, si një shtet federal nën Jugosllavi. Qyteti u zhvillua me shpejtësi, pas Luftës së Dytë Botërore, por ky përparim u ndërpre

e pastër shqiptare dhe jo territor apo popullsi e përzier (konglomerate) e ish emigrantëve otomane apo arabe, të cilët u dynden ose u sollën me forcë si kolonë gjatë dhe pas pushtimit në trojet e Arbërit nga Perandoria Xhihadiste Islame Otomane.

Kjo statujë turpi, fatkeqsisht realizuar me qëllim ose aksidentalisht nga një "artist" shqipfolës ose arab a otoman, e paraqet turpërisht Gonxhen tonë para botës shqiptare dhe mbarë njerëzimit sikur *kjo shenjtëreshë (Nënë Tereza)* nuk është shqiptare etnike, por arabe apo otomane, etnicitete dhe veshje këto tipike dhe klasike orientale, që s'kanë asnjë histori lidhjeje me ato etnike vendase, si: arkeologjike, historike me territorin, popullsinë, gjuhën, traditat, veshjet, kulturën, pamjet antropologjike… dhe zakonet e lashta brenda territorit etnik iliro-arbëror-shqiptar...

Unë e kam parë shumë herë nga afër **Shenjtëreshën e gjallë**, në qytetin e Shkodrës, në fillim në ish Pallatin e Sportit (ish kisha kathedrale e shën Shtjefinit, në qytetin antik të Shkodrës)[6] dhe tek Shtëpia apo Misioni i Mo-

---

në vitin 1963, kur u godit nga një tërmet shkatërrimtar. Shkupi, ndodhet në rrjedhën e sipërme të Lumit Vardar dhe ndodhet në një rrugë të madhe Ballkanike veri-jug midis Beogradit dhe Athinës. Kjo është një qendër për përpunimin e metaleve, kimike, druri, tekstile, lëkurë, dhe industritë e shtypjes. Zhvillimi industrial i qytetit është shoqëruar me zhvillimin e sektorit të tregtisë, logjistikës dhe bankave, si dhe një theks në fushat e transportit, kulturës dhe sportit. **Lidhjet fetare janë të ndryshme**: maqedonasit, serbët dhe vllehët janë kryesisht ortodoksë, ndërsa shqiptarët, turqit dhe romët zakonisht janë muslimanë, ndonëse ekziston një sasi pothuajse e barabartë e romëve ortodoksë. **Shkupi gjithashtu ka një pakicë popuulsie katolike shqiptare, në të cilën i takonte sot shën (Nënë) Tereza e Kalkutës**. Sipas regjistrimit të vitit 2002, 68.5% e popullsisë së Shkupit i përkisnin Kishës Ortodokse Lindore, ndërsa 28.6% e saj përkisnin besimit te importuar islam otoman. **Qyteti gjithashtu kishte një minoritet katolikë (0.5%)** dhe protestant (0.04%). Deri në Luftën e Dytë Botërore, Shkupi kishte një minoritet të konsiderueshëm hebre. Për shkak të së kaluarës pushtuese barbare osmane, Shkupi ka më shumë xhami sesa kisha. Në kryqytetin e vendit, ka një katedrale dhe seminar ortodoks, disa medrese, **një katedrale katolike romake** dhe një sinagogë.

[6] **Më 7 mars 1991,** u rihap Katedralja nga *atë Aleks Baqli o.f.m.,* dhe mesha e parë u kryesua nga *dom Zef Simoni* (**me vonë imzot Zef Simoni Ipeshkev Ndihmës në Arqipeshkvinë Metropolitane Shkodër**), me meshtarë të tjerë **me praninë**

trave të Bamirësisë (në fillim në Piacë), të themeluar dhe drejtuar me përkushtim dhe përvujtëri nga vetë **Ajo**, duke u lutur në një kapele të improvizuar, pranë këtij qyteti. Tek Misioni i Bamirësisë çdo ditë vinte një prift katolik shkodran ose kosovarë, që çonte meshë për Misionarët e Urdhrit të Bamirësisë dhe aty ishin me shërbim 24/7 disa gra shkodrane, që shërbenin vazhdimisht falas dhe me devocion të madh.[7]

Ajo ishte një person i dashtun për të gjithë, sepse ndihma e Saj me përkushtim për të sëmurët, nevojtarët, të pastrehët, hapja e shkollave dhe zhdukja e analfabetizmit, ndikuan që e gjithë bota të njohë shpirtin human të shën Nënë Terezës. [8] [9] [10] [11]

E ndikuar nga forca e Shkrimeve të Shenjta, Dashuria e Hyjit dhe ndikimi i Tij në Terezën me shtatë-shkurtër, por me një zemër të madhe, Ajo arriti të thyej autoritetin e heshtjes globale ndaj varfërisë dhe skamjes, që mbizotëronte asokohe

---

edhe të Nënë Terezës së Kalkutës dhe të mijëra besimtarëve. Në Katedralen ende Pallat Sporti më 21 prill 1991, u shugurua meshtar **dom Gjergj Simoni** prej *imzot Nikoll Troshanit*. Selia e Shenjtë me *imzot Ivan Dias, Nuncin e parë Apostolik në Shqipëri*, vendosi dhe financoi restaurimin dhe rindërtimin e saj. Me rihapjen e Katedrales në vitin 1993, pasi përfundoi restaurimi i saj, u vunë përsëri në vendin e tyre shtatorja e shën Mhillit që shporon djallin, vepër e çmuar në dru e **Kolë Idromenos**, qoftë njëra prej dy kupave të mermerta të ujit të bekuar, *dhuratë e familjes Pema*, vepra këto të konfiskuara prej komunistëve). **Më 25 prill 1993, Ati i Shenjtë, shën Papa Gjon Pali II**, *në vizitën e tij historike, vizita e parë e një Pape në Shqipëri,* **në praninë edhe të së Lumes Nënë Tereza e Kalkutës**, kremtoi Meshën e Shenjtë dhe shuguroi katër ipeshkvijtë e parë të Kishës Katolike në Shqipërinë e ringjallur: Imzot Frano Illia, Kryeipeshkëv Metropolit i Shkodrës dhe Administrator Apostolik i Lezhës, i Sapës dhe i Abacisë së Oroshit, imzot Rrok Mirdita, Arqipeshkëv i Durrës-Tiranës, imzot Robert Ashta, Ipeshkëv i Pultit dhe imzot Zef Simoni, ipeshkëv Ndihmës i Shkodrës.

[7] Klajd Kapinova, "**Pranë çdo zemër që kërkon zemër është Nënë Tereza**", "Rrezja jonë", nr. 2, 1994, f. 4-5.

[8] Klajd Kapinova, "**Pranë çdo zemër që kërkon zemër është Nënë Tereza**", "**Rrezja e Jonë**", Nr.2/1994, f. 4-6.

[9] Klajd Kapinova, "**Kush është Nënë Tereza**", "**Liria**", E mërkure, 11 Shtator, 1996, f. 8.

[10] Klajd Kapinova, "Jeta dhe misionet e dashyrisë ndaj njeriut të vobekët", "**Liria**", E mërkure, 18 Shtator, 1996, f. 8.

[11] Klajd Kapinova, "Përkushtimi ndaj të vobekëve është qëllimi historik", "**Liria**", E mërkure, 25 Shtator, 1996, f. 7.

në mbarë globin.[12] [13]

Shën Nënë Tereza e Kalkutës, përmes veprave pozitive, edhe njherë u tregoi të gjithëve, që përmes përkrahjes, vullnetit jemi më afër Zotit. **Mbi të gjitha, Zoti është dashuri!.**[14]

Kësaj figure brilante të kombit tonë dhe mbarë njerëzimit me emrin e shenjtë *shën Nënë Tereza*, i kam përkushtuar me respekt dhe dashuri të madhe një libër monografik modest me titull: **"Engjëll vuatjeje dhe shprese"**.[15] [16]

Kjo "skulpturë" fyese-turpi e vendosur në kryeqytetin e vendit në Tiranë, në prani të klerikëve fetarë gjoja shqiptarë, është jashtë realitetit dhe një rifyerje e madhe e qëllimshme për të gjithë jetën e përvuajtur të veprimtarisë së madhe botërore humane të Saj.

Statuja ose shtatorja, është e ngjashme me përpikmëri sikurse rrobat apo veshjet për Halluin (**Halloween**)[17] e cila date dhe festë është e pëlqyer

---

[12] Klajd Kapinova, **"Një Nënë e dhimbjeve të botës është NëNë Tereza"**, Revista **"Rrezja"**, Kosovë, Shkurt, 1996, f. 24-27.

[13] Klajd Kapinova, **"Nënë Tereza – bijë e denjë e tokës së Ilirëve"**, **"Republika"**, E mërkure, 27 Gusht, 1997, f. 13.

[14] Klajd Kapinova, **"Nënë Tereza – njerëzim i ri"**, **"Liria"**, E mërkure, 4 Shtator, 1996, f.7.

[15] Klajd Kapinova, **"Engjëll vuatjeje dhe shprese"**, Shtëpia Botuese "Camaj-Pipa", Shkodër, 2002.

[16] Tomë Mrijaj, **"Historia e Nënë Terezës në një liber të parë në Shqipëri gjatë 100 viteve"**, Tangente, (Refleksione rretj librit: "Engjëll vuajtje dhe shprese' të studiuesit dhe publicistit Klajd Kapinova). **"Shkodra"**, 16 Korrik 2003,

[17] **Halloween** (*All Saints' Eve*), është një festë, që festohet në shumë vende **më 31 tetor, në prag të festës së krishterë perëndimore të Ditës së Gjithë Shenjtorëve.** Fillon respektimi i Allhallowtide, koha në vitin liturgjik kushtuar përkujtimit të të vdekurve, duke përfshirë shenjtorët (të shenjtët), martirët dhe të gjithë besimtarët që u larguan. **Etimologjia** e emrit Halloween (1785) është përdorur për herë të parë nga poeti skocez Robert Burns, i cili rrëfen në shkrimet e tij dhe poezi përmend legjenda të ndryshme të festës. Fjala Halloween ose Hallowe'en (quhet mbrëmja e shenjtorëve), është me origjinë të krishterë, një term ekuivalent me "All Hallows Eve", e cila është vërtetuar në anglishten e vjetër. Fjala hallowe['']en vjen nga forma skoceze e All Hallows' Eve (mbrëmja para Ditës së të Gjithë Shenjtorëve) **even** është

për femijët dhe festohet këtu në SHBA e gjetkë në botë çdo vit.[18]

Të njëjtën gjë (fyerje me para mendim), kanë bërë për herë të parë sërisht me ish shtatoren e vendosur me ceremoni apo zhurmë të madhe mediatike me përpara dhe tani në **Aeroportin Ndërkombëtare "Nënë Tereza" në Rinas** (Tirana, Albania), që për çudi mban emrin e Saj.[19]

---

termi skocez për **prag** ose *mbrëmje*, dhe është kontraktuar. to e'en or een; (Të gjithë) Hallow(s) E(v)en u bë Hallowe'en. Një teori thotë se shumë tradita të Halloween-it u ndikuan nga festat e korrjes kelte, veçanërisht nga festivali galik Samhain, të cilat besohet të kenë rrënjë pagane. *Disa shkojnë më tej dhe sugjerojnë se Samhain mund të jetë kristianizuar si Dita e Gjithë Hallow's, së bashku me vigjiljen e saj, nga Kisha e hershme.* Akademikë të tjerë, besojnë se Halloween filloi vetëm si një festë e krishterë, duke qenë vigjilja e Ditës së All Hallow's. **Ajo është festuar vazhdimisht në Irlandë dhe Skoci për shekuj, dhe më pas emigrantët irlandezë dhe skocezë morën shumë zakone të Halloween-it në Amerikën e Veriut në shekullin XIX, dhe më pas përmes ndikimit amerikan Halloween ishte përhapur në vende të tjera nga fundi i shekullit XX dhe fillimi i shekullit XXI.** Aktivitetet e njohura të Halloween përfshijnë mashtrimin (ose maskimin dhe shpirtërimin e lidhur), pjesëmarrjen në festa me kostume të Halloween, gdhendjen e kungujve ose rrepave në fenerë, ndezjen e zjarreve, kërcitjen e mollëve, lojërat e parashikimeve, duke luajtur shaka, duke vizituar atraksione të përhumbura, duke treguar histori të frikshme dhe duke parë filma horror ose me temë Halloween. Thuhet se disa njerëz praktikojnë ritet fetare të krishtera, në prag të të gjithë të shenjtëve, duke përfshirë pjesëmarrjen në shërbimet e kishës dhe ndezjen e qirinjve mbi varret e të vdekurve, edhe pse është një festë laike për të tjerët. **Disa të krishterë historikisht abstenuan mishin (mos konsumin e tyre) në prag të Shenjtorëve**, një traditë e pasqyruar në ngrënien e disa ushqimeve vegjetariane në këtë ditë vigjiljeje, duke përfshirë mollët, petullat me patate dhe ëmbëlsirat shpirtërore.

[18] **Halloween** *is a celebration observed in many countries on 31 October, the eve of the Western Christian feast of All Saints' Day. It begins the observance of Allhallowtide, the time in the liturgical year dedicated to remembering the dead, including saints, martyrs, and all the faithful departed.*

[19] **Përdhoset statuja e Nënë Terezës në Tiranë.** Statuja e humanistes shqiptare, Nëna Terezë në Tiranë është fotografuar në një gjendje të tmerrshme nga mediat shqiptare. Siç raporton **Reporter.al** Statuja e Nënë

Shalgjati (*Kryeministri komunist i Shqipërisë Edvin Kristaq Rama*) si çdo punë tjetër të mbrapsht *e përuroi sërisht fyerjen e dytë sot kundër shën (Nënë) Terezës së Kalkutës… mbas disa viteve të kalimit të Saj në amshim.* **Turp!!!** [20]

Terezës, punuar për 100-vjetorin e lindjes së Saj, që dikur u ekspozua në Aeroportin International Nene Tereza në Tiranë, gjendet e hedhur pa kujdes në një rrugë në Komunën e Parisit. Fotografia është bërë në Tiranë me 22 mars 2016 nga Ivana Dervishi. Nënë Tereza do të shpallet shenjtore më 4 shtator 2016. Papa Françesku I, shpalli ditën e Kanonizimit më 15 mars 2016, duke i hapur rrugën shpalljes shenjtore të murgeshës shqiptare që u kujdes për më të varfrit e më të varfërve. Nënë Tereza e Rinasit vendoset në Qafë Thanë. E kthyer në një objekt debati, për mënyrën se si u trajtua pas heqjes nga Aeroporti i Rinasit, më në fund statuja e shenjtores shqiptare, vepër e skulptorit Luan Mulliqi, ka gjetur një vendndodhje të re. E destinuar për t'u vendosur nëpër rrethrrotullime, si drejtuese trafiku, nga rrethrrotullimi i Rinasit, është vendosur në atë të Qafë Thanës. Dje, në orën 11:00, u organizua ceremonia e rivendosjes së statujës së Nënë Terezës, vepër e skulptorit Luan Mulliqi. Në ceremoni morrën pjesë zv./Ministri i Kulturës, (**shkodran i besimit katolik**) **Zef Çuni**, kryetarja e Bashkisë së Përrenjasit, Miranda Rira, autori i veprës dhe personalitete të fushave të ndryshme. Sipas Ministrisë së Kulturës, "Statuja e Nënë Terezës iu nënshtrua restaurimit nga QRVA, ku përfshihen të gjitha proceset teknologjike të pastrimit dhe restaurimit të veprës". Statuja, e cila i ngjan një shigjete që shkon drejt qiellit, por që për shkak të një përplasjeje automjeti ishte anuar, u hoq nga vendi ku qëndroi për disa vite, me rastin e vizitës së Papa Françeskut në 21 shtator të vitit 2014. Ajo u vendos në oborrin e Qendrës së Realizimit të Veprave të Artit, ku më shumë dukej si e braktisur sesa nën restaurim. Fotografi të statujës, në kushte jo fort të përshtatshme, bënë xhiron e rrjeteve sociale. Do të duhej një shpjegim nga ana e drejtuesve të QRVA-së dhe vetë Ministres së Kulturës, *Mirela Kumbaro*, për proceset nëpër të cilat do të kalonte vepra. Pas një heshtjeje disamujore, më në fund Nënë Tereza u vendos në Qafë Thanë. (**Reporter.al**)

[20] Përdhoset statuja e Nënë Terezës në Tiranë. Statuja e humanistes shqiptare, Nëna Terezë në Tiranë, është fotografuar në një gjendje të tmerrshme nga mediat shqiptare. **Siç raporton** Reporter.al Statuja e Nënë Terezës, punuar për 100-vjetorin e lindjes së saj, që dikur u ekspozua në aeroportin me të njëjtin emër në **Tiranë, gjendet e hedhur pa kujdes në një rrugë në Komunën e Parisit. Fotografia është bërë në Tiranë me 22 mars 2016 nga** *Ivana Dervishi.* **Nënë Tereza do të shpallet shenjtore më 4 shtator 2016.**

Por, skandalet dhe urretja ndaj Saj, nuk kanë të sosur kryesisht në vendin e origjinës në trojet etnike dhe kryqytetin e vendit Tiranë dhe Shkodër.

Kështu, rikujtojmë se para shumë vitëve Kryemyftinia Muhamedane në Shkodër, nuk ka dashtur, që të vendoset një statujë apo monument i shqiptares katolike Nanës Tereze, me baba e nënë shqiptare, kurse për vendosjen e bustëve të pushtuesve arabo-otomanë dhe përkujtimorëve të turpit (përmendore dhe emërimin e shumë objekteve të kultit islam si xhamive), në nderim të pushtuesve mizorë islam otomanë (*për të ribërë hap pas hapi dhe me fakte negative ri-otomanizmimin dhe de-shqiptarizimin*), ka qenë ajo që ka nxitur dhe insistuar vendosjen e turpit të tyre në trojet shqiptare dhe Shkodër edhe pse ato nuk ishin dhe nuk janë shqiptare...

Edhe ajo statujë zi si futa e turpit, që u lejua dhe vendos më pas dhe është edhe sot para PTT së Shkodrës (në Piacë e qytetit antik), është skandaloze dhe turpi i kulturës dhe respektit për vendasit etnik shkodranë, **që rrahin gjoksin tashmë grope 24/7, se janë "djepi i kulturës"** dhe besimin dominues katolikë atje...

Për tupin tonë si shqiptarë edhe sot shën Nënë Tereza paraqitet aty me fytyrë dhe trup me ngjyrë të zezë, **njësoj sikurse endacakët lypsarë egjipianë të rrugëve të botës**, të cilët me zor u sollën të popullojnë edhe trojet tona etnike si kolonë të ri ardhacakë, qysh nga koha e Perandorisë Xhihadiste Islame Otomane.

Kështu nga historia mesojmë dhe përforcojmë bindjen e faktit real, se sipas mësuesit, studiuesit, përkthyesit dhe hulumtuesit të foklorit, toponimisë dhe historisë shkodrane, pinjolli i familjes së famshme të Bushatlinjve entik **Hamdi Bushati (1896-1983)**, qyteti i Shkodrës, fatkeqsisht gjatë sundimit barbar otoman u popullua nga ardhacakët kolonë otomanë dhe të vendeve të tjera arabe islame e afrikanoveriore, që ishin në sundimin colonial të Perandorisë në fjalë.[21] [22]

Papa Françesku shpalli ditën e kanunizimit më 15 mars 2016, duke i hapur rrugën shpalljes shenjtore të murgeshës shqiptare që u kujdes për më të varfrit e më të varfërve.

[21] **Hamdi Bushati (1896-1983)**, ka qenë një arsimtar, përkthyes dhe hulumtues i folklorit, toponimisë dhe historisë. Vepra e tij kryesore në tre vellime: **"Shkodra dhe motet"**, mundëson informacion të dendur mbi vendlindjen, u botua pas vdekjes. Ka përkthyer disa vepra xhepi të Sami Frashërit nga turqishtja në shqipe, të botuara në vitin 2004; shumë përkthime

të tjera që ka bërë nga turqishtja në shqip janë ende dorëshkrim. Ai u lind në Shkodër më 1896, djali i tretë i Mehmet Reshit beut të oxhakut të kapidanit të kalasë nga familja e Bushatlijve dhe nip i familjes Gjylbegu. Mbeti jetim që kur ishte 3 vjeç dhe u rrit nga daja i tij, kryetari i ardhshëm i beledijes së Shkodrës, Muharrem Gjylbegu. Gjatë viteve 1902-1912 ndoqi shkollën fillore e më vonë në gjimnazin civil Ruzhdie, që u mbyll për shkak të rrethimit. Në vitet 1914-1916 ai plotësoi shkollimin në në Shkollën Tregtare Italiane deri kur u mbyll dhe më tej në Kolegjin Saverian. Në vitin 1917, me thirrjen që ua drejtoi të rinjve, Drejtori i Përgjithshëm i Arsimit, Luigj Gurakuqi, ndoqi kursin e shpejtë pedagogjik për përgatitjen e mësuesve, që drejtohej nga Gaspër Beltoja. Ai ishte sekretar i dytë pranë shtabit të forcave vullnetare në Luftën e Koplikut në gusht të 1920 si dhe një qëndrim disamujor në Vienë për arsye shëndetësore. Deri më 1921 dha mësim në shkollën fillore të lagjes Rus-Haslikej, pastaj vazhdoi në shkollën e Parrucës me drejtor Abaz Golemin. Në vitin 1922-1923 nisi të ndiqte një kurs pedagogjik në institutin "Scuole riunite" në Romë, për ngritjen profesionale dhe shkencore. Më tej kontribuoi në drejtimin e shkollës së mbrëmjes dhe shoqatës "Drita", pranë shkollës së lagjes Parrucë, ku mësuan të shkruajnë dhe lexojnë dhjetëra nxënës punëtorë e shegertë. Më 1925 ngarkohet të japë mësim në një shkollë plotore në Tiranë, duke dhënë njëkohësisht dhe frëngjishten në Medresenë e Lartë. U diplomua si nga instituti i Romës dhe ndoqi kurse të mëtejshme me korrespondencë në Ecole Supériore në Paris, ku u diplomua më 1929. Ndërkohë më 1927 e la mësimdhënien për të punuar në Zyrën e Vakufit si sekretar e mbikëqyrës i Bibliotekës së Pazarit dhe më vonë në Dhomën e Tregtisë, po në vendlindje, ku pati mundësi t'i kushtohej punëve intelektuale dhe përkthimeve të dokumenteve të bibliotekës nga osmanishtja. Më 6 gusht 1940 qe zv/sekretar federal i Sekretariatit të Federatës së Fasheve në Shkodër dhe më 1942 ishte sekretar federal regjent i Partisë Fashiste Shqiptare po në vendlindje. U rikthye në lëmin e mësimdhënies në periudhën 1940-44 dhe u caktua drejtor i shkollës fillore të lagjes Perash të Shkodrës. Pas marrjes së pushtetit nga komunistët, u arrestua më 1945 në bazë të akuzave të pathemelta, por gjyqi i dha pafajësinë. Më 1946-1950 u largua nga qyteti dhe banoi në fshat, më 1951-1954 qe punëtor krahu dhe më 1955-1960 pësoi internim politik në kampet e Kuçit, Shtyllasit dhe Gradishtës. Në vitet 1960-1983, vijoi punët studimore dhe pensioni iu mohua, ndërroi jetë më 10 mars 1983. Në vitin 1970 iu afrua tarikatit Tixhani në kushte fshehtësie të plotë. Dhjetë vjet pas vdekjes së tij dhe rënies së diktaturës, më 7 mars 1993 iu dha titulli "**Mësues i Popullit**". Në fillim të viteve '20, ishte ftuar nga **dom Ndoc Nikaj** për të marrë pjesë në *kolegiumin*, që do të drejtonte gazetën *"Besa Shqiptare"*. Gjatë viteve 1925-1944, bashkëpunoi me organet e shtypit të kohës si "Kalendari Kombiar", "Dituria" dhe "Leka", duke qenë gjithashtu korrespondent i gazetave "Besa" dhe "Tomorri". Botoi artikuj të rëndësishëm historik në të përkohshmet "Kalendari Kombiar" dhe "Dituria" e **Lumo Skëndos** (*Mit'hat Frashërit*), për të cilën edhe e propagandoi në Shkodër në 1927-1928. Në vitet 1933-1939, botoi në revistën "L.E.K.A." artikuj mbi toponamistikën e fshatrave të rrethinave të Shkodrës, si: Bushati, Melgushi, Kosmaçi, duke botuar afro 400 toponime, që tërhoqën edhe vëmendjen e Joklit dhe Taliavinit. Më 1927, botoi artikujt e parë me interes për historikun e familjes dhe më 1930 nisi hartimin e monografisë Bushatlijtë e Shkodrës, të cilën e përfundoi më 1950 dhe e ripunoi sërish në vitet '70. Mblodhi lëndë etnofolklorike të bollshme për trevën e Shkodrës, të cilën e mblodhi në një dorëshkrim prej më shumë se 1,000 faqesh që e titulloi Materiale ndihmëse etnografike, toponamistike, historike, folklorike e të tjera të ndryshme të qytetit të Shkodrës, të mbledhura gjatë viteve 1960-1968. Hapi i parë në këtë drejtim, ishte përkthimi i dokumentave zyrtare apo private, regjistra të ndryshëm, korrespondencë e çdo tipi, ditare, mbishkrime në objektet e kultit, etj. nga gjuha burimore osmane. Krahas këtyre, qëmtoi botime të karakterit historiografik me referencë ndaj Shqipërisë, duke përfshirë libra, enciklopedi, revista e gazeta, salname - vjetare. Përveç temës së parapëlqyer të Bushatlijve, përktheu pjesë nga çështje të gjerësishme rreth historisë shqiptare, si Jetëshkrimi i 30 vezirëve të mëdhenj shqiptarë në Turqi, Jetëshkrimi i veçantë i Abedin P. Dinos dhe ish-ministrit të Luftës, Rexhep P. Matja, materiale të panjohura për Pashko Vasën dhe Ismail Qemalin, Ngjarjet në Prizren, Shkaqet e ngjarjeve të Lumës, Kryengritja e malësorëve të Shkodrës, dokumente mbi luftën e Ulqinit, kapituj të librit Mbrojtja e Shkodrës, 1912-1913 të ushtarakëve Nazif e Kirametin, shkrime të Hasan Prishtinës e të Dervish Himës, etj. Të rrafshit të kulturës së përgjithshme përktheu nga veprimtaria e Sami Frashërit pjesët etnografike dhe gjeografike kushtuar Shqipërisë në fjalorin enciklopedik Kamus al-Alam; si dhe broshurat e divulgimit shkencore "Gratë", "Njeriu", "Qytetërimi Islam", "Mithet", "Qielli", "Toka". Materiale që kanë të bëjnë me jetëshkrimin e Hoxha Hasan Tahsinit dhe filozofit shqiptaro-turk Riza Teufik, si dhe veprën "Psikologjia" të Hasan Tahsinit. Në lëminë juridike, përktheu Kanunin e Xhibalit (Maleve) ashtu si zbatohej nga Komisioni i Xhibalit. Materiali kushtuar vezirëve u botua në një rubrikë më të veçantë në të përditshmen "Tomorri", dhe u përfshi në një antologji të Ministrisë së Arsimit. (**Marrë nga Wikipedia**)

[22] Mbi "Familjet shkodrane me prejardhje të huej!" të Hamdi Bushatit. Hamdi Bushati (1896-1983), që rrjedh nga një ndër familjet e nderueme dhe ma të njohtuna shkodrane, ka ba me shumë perkushtim, kambengulje dhe me ndershmenì shkencore e punë të palodhun, tue konzultue mijëra dokumenta dhe libra si dhe tue mbledhë të dhëna direkt nga goja e popullit, librin dyvolumsh me vlerë të madhe historike **"SHKODRA DHE MOTET"** – **"TRADITE, NGJARJE, NJEREZ"** – të botuem (mbas vdekjes se Tij) në Shkoder në vitin **1999**, me rreth 1200 faqe dhe me nji aneks 120 faqesh me titull "Pamje gjenealigjike familjesh shkodrane". I biri i tij, mësuesi i njohtun z. Nexhmi Hamdi Bushati në "Dy fjalë për botuesin" ndër të tjera shkruen: "Për botimin e kësaj vepre kanë treguar interesim të veçantë punonjësit e Muzeut Historik të Shkodrës dhe ata të Fototekes "Marubi" me në krye drejtorin, Z. Mentor Quku, që angazhoi dhe të ndjerin Vehbi Troshani per daktilografimin me cilesi të lartë të ketij doreshkrimi. Po kështu meritojnë mirënjohje Z. Ali Kazazi e Visar Bala që arritën të sensibilizojnë dashamirësit e nismave kulturore, duke mundësuar sponsorizimin e botimit të kësaj vepre. Me këtë rast e ndjej per detyrë të falenderoj Z. Prof. Dr. Zija Shkodra, Faik Luli, Islam Dizdari, Menduh Derguti, që me pergatitjen e tyre profesionale dhe me sugjerimet e tyre të kualifikuara ndihmuan që ky punim të dilte sa më serioz." **Në kapitullin e VI "Familjet shkodrane me prejardhje të huej" (faqe 283-312)** të volumit të dytë, studjuesi i njohtun shkodran Hamdi Bushati shkruen si ma poshtë vijon: **"Siç dihet historikisht, kur Sulltan Mehmeti II e pushtoi Shkodrën, shumë familje kristjane e lanë vendin dhe u larguan nga qyteti. Shtëpitë që lanë kristjant ua dhanë myslimanve."** *Nga kjo kuptohet mirë se ata mysliman, të cilëve iu dorëzuan shtëpitë e kristjanëve të ikur nuk ishin të gjithë shqiptarë të konvertuar në islam, ndër ato vitet e okupacionit, ata ishin turq ose me kombësi të tjera jo shqiptare. Instalime myslimansh me prejardhje të huaj kanë vazhduar të vertetohen deri në kohët e fundit të pushtimit osman të Shkodrës. Krahas myslimanëve erdhën edhe kristjanë. Nga pikpamja etnografike dhe historike duhet ditur prejardhja e familjeve të shqiptarizuara si myslimanë ashtu kristjanë. Me gjithë gjurmimet tona mbi këto familje që ekzistojnë sot në Shkodër, duhet të kenë mbetur pa u përmendur edhe të tjera, por shpresojmë t'i zbulojmë me vonë. Njëkohësisht kjo është një çështje politiko-komplekse, që meriton për t'u studiuar. Krahas interesit historik, ky proces paraqet edhe vlerë shoqërore, sepse evidenton psikologjinë e shkodranit, bujarinë e tolerancën e tij ndaj "jabanxhinjve".*

Duhet ditur se në Shkodër ka edhe familje të shuara, sidomos në periudhën e sëmundjeve epidemike, sikurse murtaja, kolera, etj., të shekujve 18, 19. Me rast edhe këto familje do të mundohemi t'i zbulojmë deri ku mundemi. Për prejardhjen e familjeve që jemi duke i përshkruar nuk kemi dokumente konkrete, përveç të dhënave tradicionale të vetë pjesëtarëve të atyre familjeve, të cilët kanë dëgjuar nga pleqtë e tyre."

Të ardhur nga Turqia, Egjypti, Arabia, Dardanelet, Maroku, Tunizia, Algjeria, Siria, Dagistani, Sudani: Familjet e ardhura nga këto vënde përbëjnë numrin më të madh të familjeve të ardhura në Shkodër. Në këtë studim nuk përmenden të gjitha familjet e ardhuna nga këto vende, por vetëm ato familje, që janë ma të njohtunat **si: familja Raxhimi (imam nga Egjypti), familja Djepaxhija (tregtar nga Konje e Anadollit), familja Berdicaj (të ardhun nga Anadolli qyshë në fillim të invazionit osman dhe të vendosun në fshatin Berdicë), familja Derguti (nga Vilajeti i Ajdinit në Anadoll, e vendosun në lagjen Dergut), Çukejt (artilier nga Turqia), Çakejt (personalitet zyrtar nga Çanak-Kalaja- Dardanele), Kashejt (nga Spanja mbas zhgatrrimit të dinastise islame), Sheh Muhamet Magribi (imam nga Maroku), Dilaverit (ushtarak nga Turkia), Bilanet (pregatites ilaçesh nga krahina Bilan e Anadollit), Kalajajt (oficer jeniçersh të ardhun që në kohët e para të invazionit osman), Abdurrahmanet (oficer turk nga Egjipti), Rust (nëpunës), familja Kalact, familja Shehi (shehler me origjinë arabe), familja e Nelit të Molla Dautit (origjinë egjiptjane), familja Dizdart (dizdar në kalà i ardhun nga Izniku i Bruzës së Anadollit), fisi i Sheh Qazim Hoxhes (ushtarak nga qyteti i Kastamonit të Anadollit), familja Axhemi (ushtarak nga Trabzuni i Azise së Vogel), familja Boksejt (ushtarak nga Anadolli), familja Muhamet Shehu (hoxhë nga viset e Azisë së Vogel), familja Jenishehri (nga qyteti i vilajetit Hudaveqindar të sanxhakut Ortugal), familja Hysejt (oficer nga Izmiri i Anadollit), familja Xhemil Tulejmani (tekstilist nga qyteti Humus i Sirisë), familja Mexhidi (me prejardhje nga Degistani), familja Behrej (ushtarakë që nga fillimi i pushtimit osman), familja Allajbegve (kolonel me origjinë turke), familja Hadrejt (mytevli-administrator kujdestar), familja Sala-Isuft (grek i bamë musliman).** Zezakët e shqiptarizuar **(të mbiquejtunit "Harapet ") në Shkoder, që formojnë nji numër të vogël, janë përgjithësisht me origjinë nga Sudani egjiptian. Janë të sjell si skllevër nga tregtarët, sidomos nga detarët ulqinakë.** Këto janë blerë nder tregjet e Algjerisë, të Tunizisë, të Sirisë etj. **Këto përmenden veçanërisht pranë vezirve Bushatllij. Familjet katolike dhe orthodhokse nuk kanë mbajtur kurrë harapë ose harapesha. Këto kanë shër-**

Ato sipas burimeve historike otomane dhe neo-otomanologëve të sotëm, shkruhet, thuhet dhe vërtetohet me fakte dhe prova, se u dyndën me shumicë, me dhunë (*shpatë, gjak dhe kur'an*) dhe paramendim nga otomanët kudo, ku ato kishin kufijtë e zotërimeve të tyre perandorake pushtuese, të cilat duhet thënë se asokohe ato fatkeqsisht shtriheshin deri në shtetet dhe kolonitë e shumta të kontinentit të madh me ngjyrë (të zi) të Afrikës Veriore etj.

Krejt ndryshe paraqitet pamja për nderimin dhe respektit e thellë, që amerikanët kanë treguar dhe shfaqin edhe sot për shën Terezën e Kalkutës.

Këtu në shtetin e New York-ut dhe më saktë në 5 qytete të mëdha, si: Manhattan, Bronx, Queens, State Island dhe Brooklyn, figura dhe respekti për jetën dhe veprën e Saj është në maksimum dhe me shembuj konkret...

Për më tepër, **Nanë Teresa është Qytetare Nderi e SHBA-së** dhe ka marrë në Shtëpinë e Bardhë vlerësimin më të lartë, që jep shteti amerikan me titull: **Medalja e Lirisë** *nga Presidenti Ronald Reagan...* Këtë titull vlerësimi të lartë e kanë marrë vetëm pak figura botërore jo amerikane.[23]

Në shumë kisha katolike në 50 shtete këtu, ka piktura, fugure dhe skulptura dhe të gjitha fatmirësisht janë me fytyrën e Saj, veshjen karakteristike sari, me kryqin dhe rruzaren e shenjt, sikurse edhe sandalet karakteristike të Urdhërit, që Ajo themeloi dhe drejtoi për shumë dekada me devocion...

Në broshurat e kishave katolike, që shpërndahen të dielave për besim-

---

byer vetëm ndër familjet borgjeze e aristokrate myslimane, të cilat i kanë trajtuar si bashkëfamiljar të shtëpisë ku kanë jetuar... *Në fund të pjesës së dytë jepen kumtesat vlersuese të kësaj vepre nga: Prof. dr. Jup Kastrati, prof. dr. Gazmend Shpuza të cilen e quen "Enciklopedi Albanologjike per Shkodren dhe shkodranët", As. Prof. dr. Artan Haxhi, As. Prof. dr. Simon Pepa, Islam Dizdari, Rektori i Universitetit "Luigj Gurakuqi" të Shkodres As. Prof. dr. Mahir Hoti, Mentor Kopliku, shkrimtari i njohtun Fadil Kraja, Nikolla Spathari, Ahmet Osja, Artes Llazani si dhe Nexhmi Hamdi Bushati. Ka pasë nji jehonë jo të vogël në shtypin shqiptare: "Gazeta Shqiptare" me 11.10.1998, "Rilindja Demokratike" 20.10.1998, "Rimbkambja" me 20.10.1998, "Drita Islame" tetor 1998, "Albania" me 21.10.1998, "Drita e Dijes" me shtator dhe tetor 1998, "Perla" ne nr. 4, 1998, "Klan" në nr. 84, 1998.* (Marrë me shkurtime **nga studiuesi Paul Tedeschini**, Itali)

[23] Klajd Kapinova, "**Engjëlli i vuajtjes dhe shpesës**" (Në 3-vjetorin e vdekjes së Nënë Terezës", "**ALBANIA**", E martë, 5 shtator 2000, f.10.

tarët katolikë, është e shënuar edhe origjina e saj etnike shqiptare e lindur dhe rritur pranë prindërve shqiptarë, në qytetin arbëror të Shkupit, sikurse njihet sot si Maqedonia e Veriut.

Gjatë bisedave të përditshme me disa miq meksikanë këtu në New York, kam mësuar se shteti i Meksikës, zë vendin e parë në botë për adhurimin ndaj figurës bamirëse dhe shenjtore të shën Terezës së Kalkutës, ku, kudo në kishat katolike atje gjenden skupturat, pikturat dhe fuguret e shumta me fytyrën e shën Nënë Terezës. Ata e kanë adhuruar dhe e adhurojnë ende sot, njësoj sikurse të ishte simbol i madh i nderuar dhe respektuar kombëtarë apo fetarë i tyre.

E njëjta gjë ndodh në disa shtete të Amerikës së Jugut (Latine) dhe në kontinentin e largët të Azisë, ku më së shumti Ajo është e mirënjohur në Kalkuta të Indi, shteti me popullsi më të madhe sot në botë, ashtu sikurse edhe në ishujt e bukur ekzotik Filipine etj...

PHOTO 2: Kjo skulpturë ndodhet në kishën e famshme *Kathedrale Katolike të shën Patrick-ut në Manhattan, New York.*[24]

---

[24] **Katedralja e Shën Patrikut**, është një katedrale katolike në lagjen **Midtown Manhattan** të qytetit të New York-ut. Është selia e Kryepeshkopit të New York-ut, si dhe një kishë famullitare. *Katedralja, zë një bllok të qytetit të kufizuar nga Fifth Avenue, Madison Avenue, 50th Street dhe 51st Street, drejtpërdrejt përballë Rockefeller Center.* E dizenjuar nga James Renwick Jr., *është katedralja më e madhe katolike e Rilindjes Gotike në Amerikën e Veriut.* **Ajo u ndërtua duke filluar nga viti 1858,** për të akomoduar Kryepeshkopatë në rritje të New York-ut dhe *për të zëvendësuar Katedralen e Vjetër të Shën Patrikut.* Puna u ndërpre në fillim të viteve 1860, gjatë Luftës Civile Amerikane. Katedralja u përfundua në vitin 1878 dhe u inagurua më 25 maj të vitit 1879. Shtëpia dhe rektorati i kryepeshkopit, u shtuan në fillim të viteve 1880, të dyja të *projektuara nga James Renwick Jr.,* dhe kunjat u shtuan në 1888. Një kishëz e Zonjës e projektuar nga Charles T. Mathews u ndërtua nga viti 1901 deri në vitin 1906. **Katedralja u shenjtërua më 5 tetor 1910,** pasi i gjithë borxhi i saj ishte shlyer. **Restaurimet e gjera të katedrales u kryen disa herë, duke përfshirë në vitet 1940, 1970 dhe 2010.** Katedralja e Shën Patrikut, është e veshur me mermer dhe ka disa dhjetëra dritare xhami me njolla. Është 332 këmbë (**101 m**) e gjatë, me një gjerësi maksimale prej 174 këmbë (**53 m**) në transeptet. Dyert prej bronzi, që formojnë hyrjen kryesore të katedrales në Fifth Avenue janë të rrethuara nga kulla me kunja që ngrihen 329.5 këmbë (100 m). Kulla veriore përmban nëntëmbëdhjetë kambana, dhe pjesa e brendshme ka dy or-

Kështu në New York City, të Shteteve të Bashkuara është vendosur më 24 shtator të vitit 2016 statuja e bukur e Nënë Terezës, në pagëzimoren e Katedrales së shën Patrikut në Manhattan, New York.[25]

Mentaliteti mohues i trashëguar otomano-arabë kundër jetës dhe veprës së Nanë Terezës bëri në këte "skulpturë" një **ghost** (fantazëm) **turpi**, sikurse kanë bërë 30 vite më parë në qytetin e "djepit" të kulturës otomane Shkodër, me gjoja monumentin ghost të **Poetit Kombëtar atë Gjergj Fishtës o.f.m. (1870-1940)**…

Është interesant fakti, se këto "monumente" fantazëm, nuk po bëhen asnjëherë për "figurat" e pashave, vezirëve, jeniçerëve, hoxhallarëve otomanë, arabë etj., apo për sulltanët turq në trojet e Arbërit, ku 99% e xhamive otomane dhe njerëzve apo banorëve islam (popullsia) sot të trojeve etnike shqiptare prej disa shekujsh fatkeqsisht mbajnë e trashëgojnë emnat e tyne dhe besimtarët otomanë për habinë e të gjithëve krenohen me kryepushtuesit dhe objektet e kultit pushtues otomanë në trojet tona, që fatkeqsisht nuk janë as mish as peshk.

Monumentet e sulltanëve vrastarë, si Muratit I, në Obeliq të Prishtinës etj., **asnjëra prej tyre nuk është bërë në skulpturë moderne si fantazëm** (*ghost*), **por kanë që të gjithë realizimet artistike për ndër të otomanëve kanë fytyrën e sulltanit mizor në fjalë dhe të tjerëve që kaluan dhe masakruan barbarisht me gjenocid trojet tona martire**…

Edhe sulltani pushtues mizor Fetih-u po në Prishtinë (*të cilit muslimanët kosovarë fatkeqsisht i kushtuan xhaminë më të Madhe në Ballkan*), nuk është realizuar artistikisht si ghost (*fantazëm*), por **ka fytyrën origjinale të sulltanit**

---

gane tubash. Brenda është një naos i rrethuar nga disa kapela; dy transepte; një kancelë dhe absidë; dhe një kripte. Në lindje të absidës janë rektori, kapelja e Zonjës dhe rezidenca e kryepeshkopit, përballë Madison Avenue. **Katedralja**, *është një pikë referimi e përcaktuar në qytetin e New York-ut dhe është e shënuar në Regjistrin Kombëtar të Vendeve Historike.* **Dioqeza e New York-ut, u themelua nga Papa Piu VII në 1808.** St. Patrick's u themelua pak më vonë për t'i shërbyer popullsisë së vogël, por në rritje, katolike të qytetit të New York-ut, e cila nuk mund të përshtatej më në kishën e shën Pjetrit. Një vend u zgjodh në Mulberry Street, në atë që tani është Lower Manhattan, dhe Katedralja e Vjetër e shën Patrikut u ndertua në vitin 1815. Në atë kohë, në dioqezë kishte 15.000 katolikë.

[25] New York City, United States - September 24, 2016: Beautiful statue of Mother Teresa in the baptistery of St. Patrick's Cathedral.

terrorist me shpatë dhe yll, flamurin otoman e kur'an, hënë e shpatë, që janë simbole tmerri horror të pushtimit dhe nënshtrimit të banorëve etnik të krishterë dardanë atje…

Ky sulltan xhihadist në fjalë e ka djegur, gjakosur dhe shkatërruar me themel, me shpatë dhe kur'an, gjatë ekspeditave terroriste barbare ndëshkuese mizore ushtarake dy herë kështjellën e lashtë Rozafa dhe qytetin antik të labeatëve ilir Shko-drën.[26]

Para disa viteve Kryemyftinia Islame "tolerante" e qytetit të Shkodrës, ka kundërshtuar me fanatizëm otoman e neo-otoman ndihmën bujare financiare prej **3.000,000 dollarë të Qeverisë Amerikane dhe Ambasadës sonë në Tiranë,** për të rindërtuar me ndihmen e ekspertëve amerikanë dhe restauruesve të talentuar dhe profesionistë shqiptarë monumentin e identitetit të pastër antik iliro-arbëror-shqiptar.[27]

---

[26] **Labeatët,** ishin fise ilire, qe banonin në rreth Liqenit të Shkodrës. Ata ia vendosen emri liqenit Palus Labeatia dhe epiqendra e tyre ishte kështjella antike e Shkodrës. Qytetet e tyre ishin Shkodra, që ishte edhe *kryeqendra* e Mbretërisë Ilire, dhe Meteoni (Meduni i sotëm në Mal të Zi. Fisi ilir i Labeatëve, ishin lundrimtarë dhe tregtarë të aftë. Në këtë kohë, qyteti merr një zhvillim ekonomik, gjë që dëshmohet nga prerja e monedhës në qytet që në vitin 230 para Krishtit. Nga monedha mësojmë emrin, që ka pasur qyteti në atë kohë, **SKOΔRIN□N.**

[27] **Shkodër, debati për objektin kishë-xhami në kalanë "Rozafa".** Dy komunitetet më të mëdha fetare në Shkodër, të krishterët dhe muslimanët, përmes përfaqësive të tyre zyrtare nuk po gjejnë qetësinë, paqen e harmoninë që pretendojnë mes njëra-tjetrës. Një fill i rrezikshëm që nëse stërzgjatet mund të çojë edhe në konflikt fetar ashtu siç për pak u rrezikua në vitin e luftës civile 1997 në qytetin e Shkodrës. Kësaj here debati i radhës por po aq i nxehtë ndonëse në largësi u bë monumenti i shpallur monument kulture kishë-xhami, që ndodhet në kalanë Rozafa. Katedralja e Shën Shtjefnit në Shkodër organizoi meshën e shenjtë në atë monument që pretendon se është një kishë për të nderuar pikërisht pajtorin që mban të njëjtin emër, shën Shtjefnin. Ai është i nderuar si nga kisha katolike, ashtu edhe ajo ortodokse, si martiri i parë i krishterimit, i pari që dha jetën për të dëshmuar fenë në Krishtin dhe për përhapjen e Ungjillit. Shën Shtjefni nuk është pajtor vetëm i kishës në kalanë Rozafa por edhe shumë qyteteve e katedraleve të tjera në botë. Edhe këtë vit kisha katolike pasi ka marrë lejen përkatëse në Ministrinë e Kulturës, objekt së cilës i përket ka kremtuar meshën e shenjtë që u kremtua

nga **patër Gazmend Tinaj o.f.m.** i njohur për qëndrime të forta të tij thuajse në të gjitha daljet publike apo kremtimet e meshave. Ceremonia solemne në kalanë "Rozafa" nga kisha katolike ka ngjallur reagimin e menjehërshëm të myftnisë së Shkodrës përmes faqes zyrtare të saj në **Facebook**. Cështja e kishë-xhamisë në kalanë "Rozafa" dhe ky debat po ndezet çdo vit e më shumë si dhe po ndikon jo mirë edhe në marrëdhëniet mes dy komuniteteve përkatëse. Kremtimi i meshës për nder të pajtorin Shën Shtjefni. Kremtimi i meshës për pajtorin dhe martirin e parë të krishtërimit, shën Shtjefni është kthyer në një traditë në kalanë "Rozafa" në qytetin e Shkodrës. Ky ishte viti i 11-të. Patër Gazmend Tinaj o.f.m. përpara besimtarëve të krishterë shënjestroi teksa tha se kisha së cilës i kanë mbetur vetëm rrënojat, është një simbol për të krishterët e madje aty afër sipas një harte të para 537 viteve kanë qenë edhe dy kisha të tjera. "**Në këtë kala të Krishterët e parë apo ata që na kanë paraprirë kanë dashur që të marrin këtë kishë si symbol të tyrin, si symbol pse jo ndoshta edhe të matirizimin sepse e dimë që të krishterët në vendin tonë janë maritrizuar shumë. Po kanë dashur që ta marrin edhe si symbol të gurit, gurit të fortë meqë është symbol edhe i shën Shtjefnit. Këtu nuk ka qenë vetëm kjo kishë, sipas një hartë të vitit 1478 kur është bërë rrethimi i Shkodrës këtu ka patur edhe dy kisha të tjera, jo larg nga këtu ka qenë kisha e shën Nikollës edhe kisha e Zojës së paqërlyeme, pra këtu nuk ka qenë vetëm një kishë. Kjo duket tani dhe ka mbijetuar në një farë mënyre e transoformuar deri dikund por sot ne kemi ardhur këtu për të nderuar Shën Shtjefnin**". Nga ana tij një fjalim mbajti edhe famullitari i katedrales së shën Shtjefnit në Shkodër **dom Artur Jaku**, i cili iu drejtuar besimtarëve të krishterë duke i thënë se prania aty është për të kultuar dhe për të mos harruar. "**Prania jonë në këtë vend është padyshim për të kujtuar dhe për të mos harruar e njëkohësisht për të vlerësuar të kaluarën tonë. Unë besoj se jemi një popull i vogël por një popull me shumë domethënie. Besoj e keni marrë shumë mirë vesh lajmin bija e këtij populli shumë shpejtë do jetë shenjtëresha Nënë Tereza e shumë shpejt do të jenë të shpallur martir edhe meshtarët, klerikët por jo vetëm të cilat në process janë kërkuar në Vatikan dhe Papa Françesku do t'i shpalli ata martir. Prandaj këto ngjarje na bëjnë krenar të gjithëve ne shqiptarëve**". Reagon Myftnia e Shkodrës. Myftnia e Shkodrës ka reaguar menjëherë vetëm pak orë pas kremtimit së meshës së shenjtë në kalanë "Rozafa" për nder të shën Shtjefnit. Në faqen zyrtare të facebook myftnia Shkodër monumentin e quan si Xhamia e Mehmet Fatihut (**Kujtojmë nga nëna historisë, se ky kriminel sadist me** emrin sulltan Fetih Pushtuesi, e ka djegur dhe pjekur qytetin masakruar me gjenocid popullsinë etnike katolike dhe Keshtjellen e tyre Rozafa dy herë, shënimi im K.K.) dhe se leja e dhënë nga Ministria e Kulturës nuk ia ndryshon dot identitetin. Në deklaratë myftnia është e qartë kur thotë se nuk duhen cënuar caqe e kufij, ndjesi e shenjtëri dhe se këto veprime janë të pa-përgjegjshme e madje çojnë në përçarje dhe ku asnjëherë nuk i dihet fundi kësaj pune. "Xhamisë së Mehmet Fatihut në kalanë e Shkodrës, nuk ia ndryshon dot identitetin leja e dhënë nga Ministria e Kulturës për ceremon-inë e sotme fetare! Ne kemi qenë, jemi dhe do të vazhdojmë të promovojmë kulturën e harmonisë ndërfetare, respektimin e lirisë së besimit dhe prak-tikimin e tij, pa cënuar caqe e kufij, ndjesi e shenjtëri, përtej këtij realiteti, ku dikush shfrytëzon shumëçka në dëm të një domosdoshmërie sociale! Ata që lejojnë këto veprime, janë të papërgjegjshëm, cinikë dhe nxitës të përçarjes, dëmet e së cilës, vetëm Një Zot e di se ku mund të çojnë! Njëkohësisht, dis-tancohemi nga kushdo që kalon cakun dhe nxit prishjen e ekuilibrave, në emër të Zotit dhe të fesë!"-thuhet në deklaratën e myftinisë në facebook. De-batet e hershme për kishë-xhaminë në kalanë "Rozafa"! Ky debat ka nisur që herët për objektin që ka shërbyer edhe si kishë por mësë shumti si xhami. Në fakt dy komunitetet fetare më parë kanë patur një pakt mes tyre që të zhvillohen ceremony të ndryshme fetare aty por pa u bërë publike dhe pa u trumpetuar në media. Vitet e fundit ky pakt u thye dhe nuk u respektua më. Kisha katolike nisi t'i bëjë publike ceremonitë dhe meshat fetare të përvit-shme të 26 dhjetorit në kremtimin e meshës për shën Shtjefnin gjë e cila më pas ka sjellë edhe reagimin, mospranimin dhe përplasjen në largësi përmes deklaratave të drejtuesve të dy komuniteteve siç është edhe ky rast. **Kohë më parë Ambasada Amerikane tentoi pagimin e një projekti për restau-rimin e atij objekti të lashtë që sot është monument kulture por menjëherë pati reagime të forta nga të dy komunitetet gjë e cila e bëri të pamundur realizimin e atij projekti.** Vitin e kaluar gjatë faljes së xhumasë në xhaminë e Parrucës imam Muhamed Sytari do ta quante provokim të rëndë meshën e kremtuar në kalanë "Rozafa". Sipas të dhënave mendohet se ai objekt është projektuar për kishë ortodokse nga kisha serbe dhe më pas Venediku e ktheu në kishë katolike dhe me ardhjen e osmanëve në shekullin e XV shërbeu si xhami për të vijuar e tillë deri vonë kur do të shpallej monument kulture pa iu lënë në administrim asnjërit pej komuniteteve pavarësisht pretendimeve dhe kërkesave të tyre. **Shën Shtjefni, i nderuar si nga Kisha katolike, ashtu edhe ajo ortodokse, është martiri i parë i krishterimit, i pari që dha jetën**

Nga faqet e përgjkshme të historisë kombëtare shqiptare, mësojmë, se **sulltan Fetih-u** ose i vetëquajturi si barbar kudo që shkeli si xhihadist **sulltan Pushtuesi**, shkatërroi dhe ktheu në xhami otomane kishën e lashtë katolike të **shën Shtjefnit protomartir vendas, e cila ndodhet brenda në kështjellën antike Rozafa, me një histori të lavdishme 3500-vjeçare** dhe Myftinia Islame e Shkodrës me kryeneçësi "arnaute" nuk lejoi rindërtimin e pasurisë kombëtare dhe lokale vendase, pra objektin etnik të kishës shumë të vjetër katolike shqiptare.

Natyrshëm, lind pyetja e logjikshme: *Pse monumentin e komandantit pushtues otoman Hasan Riza Pasha*[28] *nuk e kanë bërë artistët islamë në menyrë*

---

për të dëshmuar fenë në Krishtin dhe për përhapjen e Ungjillit. Rrëfimin mbi martirizimin e tij e gjejmë në 'Veprat e Apostujve', ku mësojmë se ai ishte thirrur për t'u shërbyer nxënësve të Krishtit e se u mbyt me gurë, në praninë e Palit të Tarsit (Saulit), para se të kthehej në fe të Krishtit. Sipas një gojëdhëne, në vitin 415 një meshtar me emrin Luçian, deklaroi se kishte gjetur trupin e shenjtit pranë Jerusalemit, pasi i qe treguar në ëndërr vendi i varrosjes. Tradita u përhap me shpejtësi në botën latine e greke, ashtu si edhe reliket e Shenjti të parë martir, shumë nga të cilat nuk kishin të bënin fare me të. Gjithsesi kjo ndikoi shumë mbi përhapjen e kultit. Historitë e ndryshme, që kanë të bëjnë me gjetjen e trupit të tij, rivarrosjen në Kostandinopojë e më pas në Romë, tregohen me hollësi në 'Legenda Aurea (kap. CXII). Shën Shtjefni, me shembullin e tij të jashtëzakonshëm, i kujton secilit nga ne se martirizimi i krishterë është thjeshtë akt dashurie për Hyjin e për njeriun. U mbyt me gurë në portat e qytetit e vdiq, si Jezusi, duke iu lutur Zotit t'i falte vrasësit e tij, duke dëshmuar se është dashuria hyjnore ajo që e lidh Krishtin me martirin e tij të parë. Festa e Martirit të parë të krishterimit kremtohet më 26 dhjetor, do të thotë menjëherë pas Krishtlindjes. Shën Shtjefni është Pajtor i shumë qyteteve, katedraleve e kishave nëpër botë. Vetëm në Shkodër i kushtohen dy katedrale: katedralja e Qytetit të Veriut e katedralja historike në Kështjellën Rozafa. **Shën Shtjefnit i kushtohen edhe një mori veprash arti, që e paraqesin duke pësuar martirizimin aq dramatik.** Ndërmjet tyre njihet botërisht një nga kryeveprat e Gjotos kushtuar pikërisht Shën Shtjefinit. (**Marrë me shkurtime nga websiti Shqiptarja.com**).

[28] **Hasan Riza Pasha (1871-1913)**, ishte ushtarak dhe vali i Perandorisë, si i tillë shërbeu në krye të Vilajetit të Shkodrës. Ai ishte i biri i valiut të Bagdadit Mehmed Namik Pashës, i cili ka vrarë me qindra njerëz atje, që nuk pranonin pushtimin otoman në Iraq. Dhe kjo cilësohet si meritë lavderuese ushtarake

nga historiografia e sotme islame. Në vitin 1897 mori pjesë në luftën pushtuese Osmano-Greke dhe mbas disa shërbimesh dhe ekspeditave ndeshkuese kudo brenda Perandorisë në fjalë në shtete të tjera të krishtera, fitoi gradën nënkolonel. Ai pasi shërbeu si komandant pushtues ose vali në Irak (1901-1911) iu dha grada e gjeneralit për besnikërinë e treguar në luftrat e përgjashme pushtuese të Perandorisë së tij. Ai asokohe nuk ndihmoj asnjë shtet të krishterë të fitonte pavarësinë nga Perandoria e tij. Në vitin 1911 u ngarkua komandant i divizionit të "pavarur" të Shkodrës dhe më 7 mars 1912 u emërua vali e komandant i sanxhakut në krye të 13.600 ushtarëve pushtues otomanë dhe 96 topave vrastate pushtuese otomane (!!!). Për interesa të veta politike ai kritikonte haptas partinë e xhonturqve që erdhën në pushtet nga lëvizjet nacionaliste të kohës, sepse ato nxorën menjëherë me dekrete jashtë Parlamentit Xhihadist Islam Otoman të gjithë kombet e tjera jo turke dhe midis tyre edhe arnautët mercenarë apo shqiptarët, që i kishin kthyer shpinën vendit të vet dhe po i shërbenin si qen besnik Perandorisë në fjalë. Ato kishin lënë mbas dore për shumë shekuj kombit e vet shqiptarë, si turqelitë e njohur: Ismail Bej Qemali, vëllezërit Naim, Abdyl dhe Sami Frashëri etj. Pasi ushtritë pushtuese osmane ishin mundur nga kryengritësit liridashës të shteteve të pushtuara nga ato në frontet e Kirkilisë, Manasitirit dhe Lule Burgas, më 3 dhjetor jo shumë larg Stambollit, u nënshkrua armëpushimi i Çatallxhasë me Lidhjen Ballkanike. Marrëveshja fatmirësisht pengonte Perandorinë Xhihadiste Islame Osmane që të dërgonte përforcime dhe furnizime në fortesat e rrethuara (njëra prej të cilave, Shkodra), për t'i detyruar otomanët të largohen nga trojet e Arbërit dhe kudo ku ata ishin në Ballkan dhe Afrikën e Veriut. Në janar të vitit 1913 komandanti turk Hasan Riza Pasha kërkoi që të mobilizonte shqiptarët e jashtërrethimit, shumica e të cilëve ishin katolikë, që po luftonin në krah të malazezve. Sikurse shihej asokohe shqiptarët luftonin me kryengritje të herë pas hershme shumëshekullore kundër Perandorisë Otomane, detyrë patriotike të cilën kishin bërë edhe më parë më 6 prill 1911, në Kalanë e Decicit, ku ngritën flamurin kombëtar shqiptar, me në krye fatosin e lirisë Dedë Gjon Lulin. Valiu i Shkodrës, i cili nuk luftonte për interesa të pastra shqiptare, por për të ruajtur dhe zgjatur edhe më shumë sundimin otomanë në trojet tona në veri të vendit dhe kudo që të ishte e mundur. Shtetet e krishtera, nën sudimin e gjatë barbarë otomanë, tashme kishin filluar zgjimin kombëtar të tyre për pavarësi. Së fundi, të gjithë shtetet e Ballkanit e fituan pavarësinë shumë më përpara se sa shqiptarët, të cilët i konsideronin otomanët vëllezër, meqenëse

abstraksioniste ose fantazëm si kub zbavitës për fëmijët, që me disa levizje me dorë dhe mend e qon në vend, por kjo fatkeqsisht po ndodh vazhdimisht dhe qëllimisht vetëm me figurat simbolike dhe krenare katolike dhe shqiptare të popullit etnik shqiptar!?

Edhe aty ku është ngritur munumenti i tij si pushtues otoman, ai është disa herë më i madh, se sa i **poetit kombëtar shqiptar atë Gjergj Fishtës o.f.m.,** i cili fatkeqsisht ndodhet jo shumë metra larg tij.

Si për të mos mjaftuar kjo fyerje turpi e qëllimshme, shohim se aty brenda monumentit kushtuar komandantit pushtues turk ndodhet edhe flamuri perandorak pushtues otoman, ku çdo vit pozojnë me krenari muslimanët "arnautë" pasues të ardhacakëve "shkodranë" të niveleve të ndryshme shoqërore, "kulturore", fetarë, politikanë, deputet, bisnesmen, letrarë, historianë, artistë, intelektuale etj.

Edhe në Tiranë, është ndritur me krenari nga vëllezërit "patriotë" muslimanë të kryeqytetit, monumenti tjetër i turpit përkushtuar komandantit barbarë otomanë me shpatë **Sulejmanit (Sylejman) Bergjini** *(Mulleti)*, **me genjeshtra neo-otomane erdoganiste, mbahet sot si "themelues" i Tiranës** (i cili fatkeqsisht, mban emrin e sulltan **Sulejmani I** ose **Sylejman Kanuniu** i njohur si *Sylejmani i Madhërishëm), që sikurse dhe shumë të tjera në të gjithë Shqipërinë nuk është bërë nga "artistët", sipas stilit të artit absurd apo abstraksionizmit, por statuja e pushtuesit është disa herë më i madh dhe i shtrenjt se sa i patriotit të flaktë prelati* **imzot Nikollë Kaçorrit (1865-1917), që ishte arkitekti i Pavarsisë së Shqipërisë dhe zv/Kryeministër i Atdheut tonë asokohe, në kabinetin e otomanistit Ismail Bej Qemalit, ish deputet për disa dekada i Parlamentit Xhihadist Islam Otoman.**

Për të nderuar turpin e madh historik dhe pushtimin shumë shekullorë të trojeve të Arbërit dhe komandantin e pamëshirshëm otoman Sylejmanin, **Qeveria Pro Otomane dhe Erdoganiste e Tiranës së kuqe** e ditëve tona duke ofruar gënjeshtra historike, ka shpenzuar mijëra dollarë nga fondi i taksapaguesve të varfër dhe fatkeqë shqiptarë, kurse për monumentin abstraksionist të patër Gjergj Fishtës o.f.m., Qeveria e Dullës *(alias diktatorit antishqiptar dhe antikatolik Enver Hoxhës)* në Tiranë dhe pushteti lokal i Shkodrës nuk ka harxhuar asnjë cent.

Kontributin për të ndërtuar një turp dhe anti-art përballë Bashkisë së qytetit e kanë dhënë bujarisht shqiptaro-amerikanët naiv në Detroit (shteti

shumica e popullsisë ishte islame, si pasojë e konvertimit të dhumshëm, i cili ka ndodhur ndër shekuj me shpatë dhe kur'an.

Michigan) ose më saktë besimtarët katolikë të kishës katolike shqiptare të shën Pjetrit dhe shën Palit dhe ato të kishës katolike shqiptare Zoja Pajtore (e Shqiptarëve) po në qytetin Detroit shtetit Michigan...

Fatkeqsisht, dihet se bujarët fisnikë dhe naiv malësorë shqiptaro-amerikanë nuk e kanë ditur se çfarë monumenti turpi dhe skandaloz antishqiptar po sponsorizojnë në vendlindjen e tyre.

Kryeakademiku i epokës së Dullës, njëfarë prof. Skënder Gjinushi lejon otomanologët shqipfolës të mbrojnë poshtërimin tonë, përmes tezës absurde se ky Shalgjati tjetër Sulejman si otoman është themeluesi i Tiranës... edhe pse në kryeqytetin gjoja otoman, arkeologët shqiptarë para shumë dekadave kanë gjetur gjurmë faktike dhe relike me objekte të lashta arkeologjike të murëve me relike të epokës apo periudhës së lashtë ilire, ç'ka hedh poshtë fatmirësisht me prova autentike idenë e çmendur të erdoganistëve islam otomanë sot, se Tirana u "themelua" nga dyndjet e tërbuara "liridashëse" barbare otomane.

Dhe për këtë na vjen në ndihmë nëna histori, me fakte dhe prova të shumta, shkrimi brilant faktografik, i shkruar me me përkushtim për zbardhjen e së vërtetës me saktësi nga **bashkautorët arbëror Ndoc Selimi e Xhevat Ukshini, në gazetën "Vatra"**[29]

---

[29] **Tirana,** vazhdon të interpretohet me shtrembërime e gabime të mëdha të realitetit historik. Për fat të keq edhe në literaturën europiane e më andej deri në periudhën e tanishme qytetin e Tiranës e njohin si një qytet që qenka themeluar nga një shqiptar i turqizuar i quajtur Sulejman Pashë Bargjini prej Mulleti. A ishte miss Edith Durham e saktë në përshkrimet e saj historike apo ishte thjeshtë si mbledhese e historive foklorike!!!? Ajo u bazua në atë se çfarë i thanë injoantët e pashkollë dhe kulturë vendase, punëtorë dhe zanatcinj të thjeshtë si ardhacakë hallexhinj apo ish kolonët e huaj të mirëfilltë, që asokohe erdhën bashkë me ushtrinë e pushtuesit islam otomanë, të cilët më pas i shkarkuan në trojet tona si njerëz të tyre besnikë. Vetë Miss Durham, le për të kuptuar për këtë gjë, kur shkruan, se: *"Tirana, është themeluar më 1600 nga një bej i pasur, i cili i vuri këtë emër për kujtim të një fitoreje të turqëve në Teheran të Persisë."*!!! (Edith Durham "Brenga e Ballkanit" Tiranë, 1991, f. 92.) E njejta genjeshter si gjoja "shpjegim" si zbulim mrekullues, është shkruar edhe te "Enciklopedia Europiane", botimi italisht, ku thuhet: "Tirane da Teheran, nome che le diede, quando la fondo al principio del secolo XVII, il generale turco Suleyman Pascià..." (*Tiranë prej Teheran, emër që thuhet i është vënë kur e themeloi princi i shekullit XVII, gjenerali turk Sulejman Pasha.*) ("Al-

bania" botuar në "Enciclopedia dei popoli d'Europa", Enciklopedia e popujve të botës, 1965 fq, 390.) Gjithashtu deri në ditët e sotme përmendet edhe një legjendë tjetër, sikur në bregun e Lanës po "tirej ranë" (po hidhej ranë), gjë që edhe kjo nuk ka asnjë bazë shkencore. Pa themel duket edhe interpretimi tjetër, sikur ky vend u popullua prej të ardhurve nga malet e spjegohet me "të ranët" të zbriturit në fushë. Së fundi është hedhur edhe një ide tjetër, që toponimi Tiranë vjen prej një kalaje me emrin Trikan të përmendur nga Prokop (shek VI), që shkruesit e tanishëm e lidhin me Tyros që në greqisht do të thotë bylmet (Theranda), që mund të ketë një lidhje me toponimin Tiranë. Le të japim disa ide më të qarta të këtij toponimi duke u nis nga literatura jonë dhe ajo botërore. E quajmë të pamundur që emri Tiranë të jetë pagëzuar nga S.P.Bargjini, pra të jetë huazuar prej emrit Teheran, sepse Tirana ka një histori shumë më të lashtë. Nëqoftëse është e vërtetë se jeniçeri S.Bargjini u kthye në shekullin e XVII në vendlindjen e tij si pasha turk dhe bëri disa ndërtime, ky fakt nuk dëshmon asgjë për themelimin e qytetit. Emrin Tiranë e përmend Marin Barleti mbi 14 herë tek "Historia e Skënderbeut" (Infobotues, Tiranë, 2005) qysh në shekullin e XV duke evidentuar faktin se kishte dy Tirana; e Madhja dhe e Vogëla. (shiko faqet 28,32, 47, 214, 217, 220, 231, 234, 250, …e deri te 480.). Po kështu edhe F.S.Noli në veprën e tij "Historia e Skënderbeut" thotë: "Fortesat e Gjon Kastriotit qenë Kruja, e cila ishte kryeqytet i principatës, Petrela afër Tiranës, Petralba…" (Noli vep. 4, Akademia e shkencave, Instituti i Gjuhësisë e Letërsisë, Tiranë 1989, f. 69). Në faqen 109 të po kësaj vepre thuhet: "*Skënderbeu …sapo mori lajmin që Ali pasha po afrohej, mblodhi ushtrinë e doli në fushë… pranë Kasharit një fshati afër Tiranës Vogël…*" dhe në shpjegim **Noli** vazhdon: "*Tirana e vogël ishte afër Krujës. Në këtë vend lindi Justiniani, perandori roman i Bizantit, i cili ndërtoi afro 20 kishë, në Shqipëri të Mesme*" (po aty f. 107). Sipas Biemmi-t, cituar nga Kristo Frashëri thotë: "**Ushtria turke e tërhoqi rrethimin në Fushën e Tiranës, tetë milje larg Krujës…**" dhe Biemi vazhdon, se Skënderbeu kaloi në rivistë ushtrinë e tij pranë Kasharit, fshat i Tiranës Vogël "Presso Cassar vilagggio di Tirana minore". (K. Frashëri "Historia e Tiranës" vol.I Toena, f. 63). Në rranzë të Dajtit, në anën e majtë të lumit dhe Grykës së Tujanit ngrihet një kala me të njëjtin emër, Kalaja e Tujanit, që sipas studiuseve i takon shekullit të IV para Krishtit dhe ishte si një portë hyrëse për koridorin Durrës-Tiranë-Dibër. Duke shtjelluar toponimin Tujan na çon deri në kohën e etruskëve dhe sipas "**Dizionario Illustrato della Civiltà Etrusca**" të Mauro Cristofani, f.304 thuhet: "Është një hyjni etruske e barabartë me Afroditë greke e Venere romake. Mund të ketë edhe një rrënjë paralele e quajtur "tyrannos" dhe "Tiranno"(që ka prejardhje ilire, shën. ynë) dhe sinjifikohet si thjeshtë me "signora" "zonjë". Kjo hyjni është nderuar qysh 480 vjet para Krishtit dhe ka pasë një përhapje të jashtëzakonëshme në Iliri e gjetkë duke krijuar edhe kult. Këtë e vërtetojnë edhe shumica e kishave me këtë emër. Jo rastësisht një e teta e kishave të vendit tonë kanë marrë emrin e Venerandes, që në popull është e Shëna Premtes (Prendës) e deri te emri i përgjithshëm europian e me andej Ana (Anna). Po kështu këtë emër e gëzon edhe dita e pestë e javës (venerdì, dita e venerandes te latinët) dhe e premte (e prende, gegnisht) te ne shqiptarët. Tujan ose Turan është hyjni e dashurisë dhe e pjellorisë dhe ishte e martuar me Laran, çuditërisht me një afrimitet me Lana (lumi që përshkon Tiranën). Duke u njohur me toponimet dhe objektet mbrojtëse dhe të kultit që mbështjellin Tiranën dhe rrethojat dalim në konkluzon se ky qytet e meriton plotësisht emrin "Zonjë" (sinjora) dhe mosha e kësaj zonje është mbi dymijë vjeçare. Përveç vendit të begatë fushor të lënë nga një gji deti prehistorik, Tiranën e rrethojnë mbi dymbëdhjetë kalà mbrojtëse si Kalaja e Ndroqit, e Petrelës, e Tujanit, e Prezës, e Lalmit, e Dorësit, e Dajtit, e Presqopit, e Shën Gjergjit, e Berzhitës, e Priskës, e Tiranës etj. (që i takojnë shek VI të kohës Justinianit I) e deri te Kalaja e Krujës ("që ndodhet përballë Tiranës Vogël" – thotë Barleti). Tirana dhe rrethinat e saj janë të mbushur me emra shënjtorësh të krishterë duke qenë kështu dëshmitare e përqafimit të Krishtërimit menjëherë pas shpalljës zyrtare të kësaj feje. Kështu kemi fshatrat Shën Pal, Shën Mëri, Shën Gjergj, Shën Gjin, Përroi i Shën Mëhillit, qafë Kishë, Shën Ndoi i madh dhe Shën Ndoi i Vogël (dy maja shkëmbinjësh), qafë Shmark, Fushë Kishë si dhe mozaiku i Tiranës me vlera të mëdha historiko-arkeologjike në Shqipëri e më andej. Kisha e Shen Merise, Brar. Si më e përmendura kishë është ajo e Shën Mërisë në fshatin Brar që datohet e vitit 1201. Në këtë kishë gjatë gërmimeve është gjetur një varr me pesë harqe që i takon pjestarëve të një familje me një epitaf dhe mbiemrin Sguro. Të pesë harqet kanë nga një kryq dhe përfaqesojnë pesë të vdekurit e familjes, ku e sqaron edhe epitafi në greqisht që thotë: "Kujto o Zot shërbëtorin tënd sevastin Mihal Sguron me bashkëshorten e fëmijët". Këtu ndodhen edhe 8 varre të tjerë të besimit katolik dhe sipas specialisteve Tirana ka vazhduar me këtë rit fetar deri në shekullin e XV, kur fillon konvertimi i banorëve të saj në fe tjetër. Me keqardhje mësuam se ky objekt i një rëndësie të veçantë u shkatërrua këtë vit nga punimet ndërtuese të eskavatorëve. Pukevil na bën të ditur se "Justiniani rindërtoi Tyranen, Aulonen, Musionin" dhe më poshtë në spjegimin që u bën thotë "Tyrana – Turkana, fortesë në Epirin e Ri" (Pukevil, "Udhëtime" vëll. 1, f. 373). Në testamentin që Gjon Muzaka u le të bijëve në vitin 1510 thotë: "Karl Topia ishte zot i dy Shkurive, i Fizines dhe Plevishtit në Taransen e Vogël, Kanabi, Forka.."(pra Tirana e Vogël, Krraba dhe Farka). (Emanuelo Polito, "I Musachi di Berat" Muzakajt e Beratit, Paris – Lecce – Pergola Mansavium, 1996, f. 126). Në relacionin e vitit 1570 një autor anonim venedikas shkruan: "…fushat e Tiranës, që ndodhen midis kështjellës së Petrelës dhe qytetit të Krujës". (…le pianure della Tirana, che sono fra il castello di Passrella e la citta di Croia) sipas I. Zamputit "Dokumente te shekujve XV-XVI për historinë e Shqipërisë" vëll I, Tiranë, 1989. Në vitin 1431-1432 bëhen disa regjistrime prone nga venecianet dhe rezulton se Tirana kishte 60 qendra të banuara, 1000 shtëpi dhe 7300 banorë. Po ashtu në regjistrin e kadastrës turke të vitit 1583, treva e Tiranës rezulton me 110 qendra banimi, 2900 shtëpi dhe 20000 banorë. Të gjitha këto statistika dhe të tjera që ekzistojnë, por mungojnë në këtë shkrim, u takojnë viteve para 1614, që na serviren si themelimi i qytetit të Tiranës. Duke u kthyer te Sulejman Pashë Bargjini rrezulton se ai në shek. e XVI kishte shkuar jeniçer në ushtrinë turke, arriti gradë madhore deri te Pashà dhe me vonë kthehet në vendlindjen e tij Mullet (o fshatin Bargjin afër Tiranës, që tani nuk është më). Në vitin 1614, u jep parat një grupi tregtarësh tiranas për të ndërtuar po në Tiranë një xhami, një furrë dhe një hamam. Sami Frashëri në Enciklopedinë Osmane të Shkencës së Përgjithëshme thuhet se objektet e ndërtuara prej tij (S.P.Bargjinit, shën i aut) "si një trashigimi përkujtimore e historisë së Tiranës" (Saimir Lolja artikull "Tirana e lashtë dhe përvjetorët e tij si kryeqytet", 02/2014). Këto statistika flasin për një popullim të mjaftueshëm edhe për një qytet para se të vinte Pasha Bargjini dhe ndërtimi i këtyre objekteve nga ana e tij u bë për shkak se kishte popullim Tirana. Ky nuk dëshmon asgjë për themelimin e Tiranës si qytet. Përkundrazi, fakti se ai paratë për ndërtime ua dha tregtarëve flet më së miri për ekzistencën e mirëfilltë të qytetit, të cilit tani iu shtuan tre objekte që nuk i kishte më parë. Pas mbarimit të këtyre objekteve mund të flitet për një qytet i formës osmane me xhami e hamam. Sulejman Pashë Bargjini me një mbiemër kristian, tregon që edhe ai vetë i përkiste dikur ashtu si gjithë rajoni besimit të krishterë, por që e kishte braktisë përballë raprezaljeve turke kundër shqiptarëve. 400 vjet më vonë për këtë shërbim shteti shqiptar i sotëm i bën përmendore, i thurë lëvdata, i atribon themelimin e Tiranës e aq me tepër zhbën historinë duke i ndërruar emrin Tiranës Ilire me Teheranin aziatik. Në vazhdim të disa të dhënëve po mundohemi

New York City dhe shën Tereza e Kalkutës

Për shumë vite këtu në shtetin e madh të New York-ut, dhe metropolin

---

të tregojmë në stil telegrafik ritet e ngadalëshme të ecjës së qytetit tashmë gjysëm anadollak në kohën e mëpastajme. Dy shekuj më vonë, Tiranën e sundojnë Toptanët të ardhur nga Kruja. Më 1780 ndërtohet kisha e Shën Prokopit dhe 9 vjet më vonë nis punimet xhamija në qendër e financuar nga Et'hem Beu e përfundon me 1821 .Kulla e sahatit ndërtohet me 1830 dhe është e lartë 35 m. Ndër lagjet më të vjetra të Tiranës janë lagja e Pazarit dhe Bami. Vite ma parë kjo lagje është quajtur "Vorri i Bamit", që është varri i Ibrahim Kokonozit, por në të folmen tiranese është quajt Bim e pastaj Bam. Sipas statistikave Tirana si qytet më 1703 kishte 4000 frymë, më 1909 kishte 15.000 frymë, më 1938 kishte 38.000, më 1945 kishte 60.000 frymë. Theksojmë se popullimi i Tiranës është bërë sipas përiudhave të sundimtarëve jo tiranas të këtij qyteti e krejt vendit. Toptani solli në Tiranë krutanë e zonën përreth, Mbreti Zog solli dibranët e matjanët, Enver Hoxha e komunizmi sollën gjithë jugun dhe së fundi ndërrimi i sistemeve solli malësoret e të gjitha krahinave. Sot Tirana gëzon 830.000 banorë. Tirana shpallet kryeqytet i Shqipërisë më 8 shkurt 1920, sipas vendimeve të Kongresit Lushnjës dhe merr statusin përfundimtar më 31 dhjetor 1925. Deri në kohën e pushtimit italian dhe koncesioneve të dhëna këtij shteti, Tirana kishte ritmin e zhvillimit shumë të ngadalshëm. Ndërtimet moderne italiane që shihen sot e kësaj dite u takojnë marrëveshtjeve me Italinë dhe kjo e fundit jo se do të bënte një qytet modern shqiptar, por i interesonte për idenë e një bashkimi të mundëshëm e aneksimit të saj më vonë. Më 17 nëntor të vitit 1944 forcat partizane hynë në Tiranë duke zhvilluar dy ditë beteja me gjermanët në ikje e sipër, ku morën pjesë brigada e parë e katërta dhe e gjashta. Tirana është i vetmi kryeqytet i Europës lindore e juglindore që nuk u ndihmua nga ushtria e kuqe për tu çliruar, por për fatin e zi të kombit tonë, më pas u inkuadrua në kampin komunist. Në fund shtojmë se historianëve tanë dhe shkencës sonë shqiptare i bie detyrë urgjente të inicojnë përmes ndërhyrjeve në institucinet përkatëse që të bëhen korigjimet e nevojëshme për sa i përket shpjegimit të drejtë të prejardhjës së emrit të Tiranës, për heqjen përfundimtare nga "Enciklopedia Europiane" e çfardo lidhje me Teheranin dhe vënien e identitetit iliro-shqiptar të qytetit mijëravjeçarë të Tiranës në vendin që i takon sipas të vërtetës historike. **(Nga Ndoc Selimi e Xhevat Ukshini-Gazeta "Vatra")**

e New York City (*Bronx, Manhattan, Brooklyn, Queens, Staten Island*), kam ndjekur me kujdes se qytetarët amerikanë e vlerësojnë shumë gonxhen e shqiptarëve dhe shën Nënë Terezën e Kalkutës dhe botës.

Presidenti amerikan republikan **Ronald Wilson Reagan** e adhuronte shumë për punën e Saj fisnike, në shërbim të vijueshëm ndaj të të varfërve amerikanë dhe kudo nëpër botë. Ajo vetëm në New York, me përkushtim ka ngritur disa shtëpi bamirësie, për të varfërit të etnicitetëve dhe racave të ndryshme (me shtetësi amerikanë) dhe më së shumti në qytetet e lënë mbas dore si Bronx dhe Brooklyn.

Duke shëtitur me kujdes në disa kisha katolike në Bronx, New York dhe shtete të tjera të SHBA-së, kam parë shumë piktura murale me tematikë shqiptaren e madhe të përmasave botërore, të cilat i kam fiksuar me aparat fotografik dhe ndoshta ka ardhur koha t'i bëj publike, për bashkatdhetarët tanë në vendlindje, lexuesit dhe biografët e shquar të humanistes së famshme shën Nënë Terezës etj.[30]

Ajo ishte dhe mbeti një Nënë e Shenjtë

"E veshur me një sari të bardhë me një kufi blu, Ajo dhe motrat e Misionareve të Bamirësisë u bënë një simbol shprese për shumë njerëz, domethënë, të moshuarit, të varfërit, të papunët, të sëmurët, të sëmurët përfundimisht në prag të vdekjes dhe ata që ishin të braktisur përfundimisht nga familjet e tyre". - **Navin Chawla Pratibha Patil, Presidenti i Indisë** (2010)

Tek figura e Saj, evidentohet si element plot vlerë unisimi mes filozofisë së saj humane, e ndërthurur mjeshtërisht me përkushtimin shpirtëror, duke dhuruar vazhdimisht dhe në çdo kohë dhe rrethanë kompleksin e ndjejave që quhet mirësi njerëzore si veprim, ku, karakterizohet gjithçka si përkushtim, ndjenjë dhe mesazh filozofik, shoqëror dhe rrezatues.

Kjo strukturë shpirtërore vlerash, projekton Atë, jo si moralizuese, por si objekt human, që mishëron diçka më shumë. Ajo si **Nëna, krijoi një filozofi sociale, me një kurs tokësor, me qëllim; kujdesin tokësor dhe jo pranimin e vuajtjes në emër të shpëtimit të shpirtit me një botë tjetër.**

---

[30] Klajd Kapinova: **"New York: Revista "Jeta Katolike", një numër special kushtuar Nënë Terezës"**, "**Illyria**", 28-30 Dhjetor 2010, f. 25.

I shtrenjtë është ai njeri, i thirrur nga Zoti, në gjithçka që Ajo bënte derisa Zoti e mori përjetësisht bijën e vet në krahët e Tij mikpritës.

Butësia, buzëqeshja, identifikohen me devocion ndaj asaj shtrese më të varfër midis më të varfërve, më të përbuzur, midis të përbuzurve, më të uritur midis të uriturve, njerëzve të braktisur si mbeturina të mbeturinave nga familja, komuniteti, të afërmit e tyre dhe shoqëria në këtë planet.

Ajo, u shtriu dorën e ngrohtë të përjetshme të mirësisë kristiane dhe shpirtit të pastër human. Të varfërit e shumë shteteve të botës së tretë dhe disa vendeve të zhvilluara, të braktisurit përgjithmonë në rrugë prej shumë vitesh, i mori në krahët e saj të ngrohtë human, duke u thënë: **Mos u merzisni, se unë do t'ju mbaj me ngrohtësinë prindërore.**

Buzëqeshje, lumturi shpirtërore dhe ngrohtësi shoqërore, u fali me dashuri prindërore dhe dhembshuri përherë e përkushtuara si një shembull i pastër humanizmi e shenjta në të gjallë Nënë Tereza.

Si një mesazhere bashkëkohore humane biblike, shenjtore e gjallë dhe e prekshme në mirësi të vazhdueshme, Ajo sillte e përhapte atë gonxhe jete të mrekullueshme si vetë emri i Saj, atë dashuri njerëzore kaq të zbehur dhe shpesh humbur gjatë shekullit XX, kur përbuzja njerëzore e ditëve tona, mjerimi i pakufi, luftrat e pakuptimta mes shteteve të nxitur nga politikanët trushpërlarë dhe diktatorët brutal dhe të papërgjeshëm, kërcenin valle non stop ndër vite si në shtëpinë e tyre.

Mrekullia dhe Lumnimi i shumë pritur për Nënë Terezën

Më 5 shtator 1997, kaloi në amshim shqiptarja fisnike me zemër të madhe humane Gonxhe Bojaxhiu. Pas vdekjes fizike të Saj, Selia e Shenjtë në Vatikan filloi menjëherë proçesin e shumëpritur të Lumnimit të murgeshës së devotshme katolike Nënë Terezës.

Ky proçes, ishte hapi i dytë drejt **Kanonizimit**. Pikërisht, për këtë çështje (*Lumnimin*), u emërua Kolodiejchuk, Postulator nga Dioqeza e Kalkutës.

Pas emërimit të tij, Kolodiejchuk u shpreh kështu: *"Ne nuk kemi pse të vërtetojmë se Ajo ishte e përsosur ose nuk bëri ndonjë gabim. **Veprat dhe vyrtytet e Nënë Terezës ishin heroike.**"*

Po ashtu, *Kolodiejchuk* përgatiti dhe dorëzoi një dosje hulumtimi me **76 dokumente origjinale**, të shkruara në mbi **35.000 faqe**.

Të gjitha këto dokumente, bazoheshin në intervista të ndryshme, ku ishin **113 dëshmitarë nga vende të ndryshme të botës.** Këtyre të fundit, u kërkohej që të përgjigjeshin rreth **263 pyetje** të ndryshme, të hartuar me kujdes nga ekspertët me kombësi të ndryshme, që merren me këte tematikë në fjalë.

Nga ana e tjetër, asokohe vetë zyrtarët e lartë të shtetit të **Vatikanit**, *me shumë kujdes i **studiuan të gjitha kritikat pozitive dhe negative të botuara dhe të pabotuara,*** që u shkruan për jetën, veprën dhe mrekullitë e shën Terezës, ku **Hitchen & Chatterie**, botuan **një libër kritik për Nënë Terezën**, ku edhe në gjykatë ato kundërshtuan çdo gjë, që kishte të bënte me këto çështje.

Mirëpo akuzat dhe pretendimet e ngritura u hetuan pa-anshmërisht me shumë kujdes dhe seriozitet të lartë nga Kongregacioni për Akuzat e Shenjtorëve.

Theksoj, se asokohe grupi i caktuar për këto çështje, **nuk gjeti asnjë pengesë të vetme** për nisjen e proçesit normal të Kanonizimit të Nënë Terezës. Kështu që, ky Kongrekacion lëshoi apo hapi dritën jeshile, sikurse njihet ne gjuhën fetare edhe obstetrin e saj *NIHIL, më 21.04.1999.*

Nga ana e tjetër, asokohe disa shkrimtarë të tjerë nihilistë katolikë, ateist dhe të besimeve të tjera kudo në botë, kundërshtuan ashpër dhe vazhdimisht në media përmes një fushate agresive përmes intervistave dhe shkrimeve të ndryshme non stop mbi Kanonizimin e Gonxhes, duke e quajtur se ishte një Shenjtë Kundërshtie.

*Duke anashkaluar kritikat, dhe bazuar vetëm në prova, fakte dhe argumente, një **komunitet i veçantë mjekësor vendosi që të njohë të gjitha mrekullitë** e shën Nënë Terezës.*

Kanonizimi i Nënë Terezës

Kanonizimi si proçes në vete, **kërkon një dokument, një dëshmi të një apo më shumë mrekulli**, që vijnë nga ndërhyrja e atyre që do të bëhen, për një Shenjëtore të ardhshme të kishës katolike.

Mirëpo ***Nënë Tereza, ishte shembulli më i mirë i dashurisë, dhembshurisë, përvujtërisë dhe ndihmës konkrete dhe të vijueshme për të varfërit e mbarë njerëzimit pa dallim feje dhe ideje.*** *Shpirti i Saj human, dhe ndihma e pakursyer non stop, që iu dha Ajo vazhdimisht njerëzve në nevojë, pasqyron pastër rolin dhe rëndsinë e femrës në shoqërite e sotme njerëzore.*

E tillë ishte Ajo, që përveç përkrahjes morale dhe shpirtërore, arriti që të shëroi shumë njerëz të tillë në mbarë rruzullin tokësor. Sikurse mësojmë nga burimet historike dhe librat e shumtë përkushtuar Asaj, theksoj se shumë të sëmurë asokohe janë vërtetuar se u shëruan mrekullisht nga veprat dhe dora e Saj.

Më poshtë, do të përmendim vetëm disa prej tyre, që **e dërguan Nënë Terezen drejt Kanonizimit, Lumnimit dhe Shenjtërimit të Saj, duke u futur kështu denjësisht në xherdanin e artë të historisë së shenjtorëve të Kishës Universale (Katolike) Botërore**. *E mirënjohur ndërkombëtarisht, për veprat e Saj, theksojmë se vetë Nënë Tereza bëri mrekulli.*

Rasti i parë, ishte një grua nga qyteti i madh Bengali i shtetit të Indisë. Gruaja me emrin **Monica Besra**, kishte kohë që vuante nga një tumor në bark dimension rreth 17 centimetër. Pas shumë shërbimeve mjekësore dhe gjëra të tjera popullore (jo shkencore), që papushim kishte provuar familja e saj, asgjë për shërimin e gruas të sëmurë asgjë nuk funksiononte. Mirëpo, asokohe Monica po vdiste pak nga pak nga sëmundja e cila po ia brente trupin e sfilitur në maksimum.

Më 5 shtator 1998, në përvjetorin e parë të vdekjes së Nënë Terezës, një motër mori *Medaljen e Marisë*. Kjo ndodhi për shkak se gjatë funeralit të Nënë Terezës (ajo kishte prekur trupin e Saj) dhe e vendosi në stomakun e Monica-s dhe bëri një Lutje të thjeshtë: *"Nënë, sot është dita jote. Ti i ke dashur të varfërit. Bëj diçka për Monica-n".*

E gjithë kjo ngjarje ndodhi në orën 17:00, pasdite. Ndërsa në orën 1 në mesnatës, Monica u ngrit që të shkoi në banjë. Aty mbasi vuri dorën në barkun e saj, zbuloi që barku i saj ishte i rrafshtë dhe nuk ndiente dhimbje.

Shenojmë, se **lidhur me këtë mrekulli, janë konsultuar gjithësej 11 mjekë nga shtete dhe fe të ndryshme të botës.** *Duhet theksuar faktin, se vetëm njëri prej tyre ishte i besimit katolik.*

Ishte viti 2008, kur shën Nënë Terezës iu njohë dhe **mrekullia e dytë**. Ajo, kishte shëruar një brazilian, që vuante nga disa tumore në tru. Rasti ishte shumë delikat dhe një mrekulli tjetër e Saj.

Marcilio Haddad Andrino, kishte deklaruar që mjekët nuk i kishin dhënë asnjë shpresë të vetme, për shërimin e tij nga sëmundja. E vetmja shpresë për të jetuar ishte Fernanda, gruaja e tij. Kjo lutej vazhdimisht për shërimin ose një mrekulli nga Zoti.

Pas lutjeve të shumta, gruaja e tij beson që ishte ndërhyrja e Nënë Terezës në shërimin e burrit të saj, në kohën sa ishte nën kujdesin intensive.

Me lutjet e shumta që drejtoi Fernanda, për bashkëshortin e saj dhe ndërmjetësimin e shën Nënë Terezës, tregohet edhe një mrekulli e saktë për motrën, që sot është Shenjëtore, për mbarë njerëzimin.

Gjithashtu vlen të përmendet që, më 17.12.2015, Zyra e Shtypit në Selinë e Shenjtë konfirmohet se *papa Françesku I, njohu mrekullitë e Nënë Terezës*: **Shërimin e gruas nga India dhe Shërimin e burrit nga Brazili, ku që të dy vuanin nga tumoret e pashërueshme shkencërisht deri më sot në mjekësi.**

Mrekullitë e Saj së pari erdhën në vëmendjen e kujdeshme të posulacionit. Kjo ndodhi kur Ati i Shenjtë, ndodhej në Brazil në muajin korrik të vitit 2013, kur festohej Dita Botërore e Rinisë.

Pas kësaj ngjarje, u bë edhe një hetim tjetër po në Brazil nga data 19 deri më 26.06.2015, që më pas u transferua në Kongrekacionin për **Kauza të Shenjëtorëve**, ku asokohe u lëshua një dekret i kishës. Përmes këtij dekreti, u pranua apo ra dakord, që hetimet të përfundojnë.

Kanonizimi i Të Lumes Nënë Terezës, u bë në një ceremoni në Sheshin shën Pjetrit në Vatikan të Romës, me datën 04.09.2016. *Kjo ngjarje u dëshmua nga pjesëmarrja e dhjetëra mijëra njerëz nga e gjithë bota, duke përfshirë këtu 100 delegacione qeveritare, mbi 100.000 njerëz nga Europa, Shqipëria, Kosova, Italia dhe mijëra njerëz nga e gjithë bota.*

E gjithë ngjarja e madhe dhe e rëndësishme në shkallë botërore u transmetua direkt edhe nga mediat e fuqishme më të mëdha të botës, sikurse edhe në gjuhën shqipe, që është gjuha e atdheut të lindje së Saj.

Po ashtu, në qytetin e lindjes së Nënë Terezës në Shkup, festimet ishin masive dhe pambarimisht në qytete, fshatra dhe diasporë. *Në shtetin e madh të Indisë, në një meshë të veçantë u festua kanonizimi i Saj nga Minsionarët e Bamirësisë në Kalkulta.*

Papa Emeritus, papa Benedikti XVI dhe shën Nënë Tereza

Papa Benedikti XVI (*Joseph Aloisius Ratzinger; 1927-2022*),[31] Nënë

---

[31] **Papa Benedikti XVI,** lindur **Joseph Aloisius Ratzinger;** 16 prill 1927 - 31 dhjetor 2022), ishte kreu i Kishës Katolike dhe sovran i shtet-qytetit të Vatikanit, nga data 19 prill 2005 deri në dorëheqjen e tij më 28 shkurt 2013. Zgjedhja e Benediktit si papë ndodhi në konklava papale të vitit 2005, që pasoi vdekjen e Papa Gjon Palit II. Benedikti zgjodhi të njihet si **Papa emeritus** pas dorëheqjes së Tij dhe ai e mbajti këtë titull deri në vdekjen e Tij në dhjetor 2022. I shuguruar si **prift në vitin 1951** në Bavarinë e tij të lindjes, Ratzinger filloi një karrierë akademike dhe u vendos si një teolog shumë i vlerësuar nga fundi i viteve 1950. **Ai u emërua profesor i rregullt në vitin 1958 në moshën 31-vjeçare.** Pas një karriere të gjatë si profesor i teologjisë

Terezën dhe jetën e Saj, e kishte përmendur 3 herë në veprën e tij: *"Deus*

---

në disa universitete gjermane, ai **u emërua Kryepeshkop i Mynihut** dhe Freising dhe **u bë kardinal nga Papa Pali VI në 1977**, një promovim i pazakontë për dikë me pak përvojë baritore. Në vitin 1981, ai u emërua **Prefekt i Kongregatës për Doktrinën e Besimit**, një nga dikasteret më të rëndsishme të Kurisë Romake. **Nga viti 2002 deri sa u zgjodh Papë, ai ishte gjithashtu Dekan i Kolegjit të Kardinalëve.** Para se të bëhej papë, ai ishte "një **figurë kryesore në skenën e Vatikanit për një çerek shekulli"**. Ai kishte një ndikim *"të pakënaqur kur bëhej fjalë për përcaktimin e prioriteteve dhe drejtimeve të kishës"* si **një nga të besuarit më të ngushtë të Gjon Palit II**. *Shkrimet e Benediktit ishin kualitative, pjellore dhe në përgjithësi mbronin doktrinën, vlerat dhe liturgjinë tradicionale katolike.* Ai ishte fillimisht një teolog liberal, por miratoi pikëpamje konservatore pas vitit 1968. *Gjatë papatit të tij, Benedikti mbrojti një kthim në vlerat themelore të krishtera, për të kundërshtuar sekularizimin në rritje të shumë vendeve perëndimore.* Ai e shihte mohimin e relativizmit të së vërtetës objektive dhe mohimin e të vërtetave morale në veçanti, si problemin qendror të shekullit të 21-të. Benedikti gjithashtu **ringjalli disa tradita, duke përfshirë Meshën Tridentine.** Ai *forcoi marrëdhëniet midis kishës katolike dhe artit, promovoi përdorimin e latinishtes dhe rifuti veshjet tradicionale papale, për këtë arsye u quajt papa i estetikës.* Ai **u përshkrua si "forca kryesore intelektuale në Kishë"** që nga mesi i viteve 1980. Më 11 shkurt 2013, Benedikti njoftoi dorëheqjen e tij, duke përmendur një *"mungesë të forcës së mendjes dhe trupit"*, për shkak të moshës së tij të shtyrë. Dorëheqja e tij ishte e para nga një papë që nga Gregori XII në 1415, dhe e para me iniciativën e një Pape, që nga Celestine V në 1294. Ai u pasua nga Françesku I (Francesco I) më 13 mars 2013 dhe u transferua në Manastirin e sapo rinovuar Mater Ecclesiae, në qytetin e Vatikanit, për daljen në pension. Përveç gjuhës së tij amtare gjermane, **Benedikti zotëronte njëfarë niveli edhe në frëngjisht, italisht, anglisht dhe spanjisht. Ai dinte gjithashtu portugalisht, latinisht, hebraisht biblike dhe greqisht biblike.** Ai ishte anëtar i disa akademive të shkencave sociale, si Akademia Franceze e Shkencave Morales et Politiques. Ai luante në piano dhe kishte një preferencë për Mozartin dhe Bach. Trajtimi i rasteve të abuzimit seksual nga Benedikti brenda Kishës Katolike dhe kundërshtimi ndaj përdorimit të prezervativëve në zonat me transmetim të lartë të HIV-it çoi në kritika të konsiderueshme nga zyrtarët e shëndetit publik, aktivistët kundër AIDS-it dhe organizatat për të drejtat e viktimave. **(Wikipedia)**

Caritas Est" *(Enciklika e Parë e tij)* Në pikat kryesore të kësaj vepre shkruhet kështu: *"Në shembullin e Terezës së Bekuar të Kalkutës kemi një ilustrim të kjarte të faktit, se koha kushtuar Zotit në Lutje, jo vetëm nuk e privon nga shërbimi efektiv dhe i dashur ndaj fqinjëve tanë, por në fakt është një burim i pashtershëm i këtij shërbimi. Vetëm Lutja mendore dhe leximi shpirtëror, mund t'a kultivojnë dhuratën e Lutjes sonë."*

Shën Tereza e Kalkutës ishte një ushtri e vërtetë dashurie

Thjeshtësia, ishte bashkëudhëtare në jetën e palodhur në shërbim të të varfërve, të sëmurëve me lëbrozë, antikapatëve, jetimëve, të moshuarëve, që padrejtësisht ishin braktisur përjetësisht nga paraardhësit e tyre, fakirëve të Indisë, me të cilët gjithë jetën ndau vuajtjet e kësaj bote.

E donte thjeshtësinë, sepse njerëzit me të cilët punonte u dhuronte mirësinë pa kufi me përkushtimin mbinjerëzor, duke ua dhënë me ëmbëlsi aq të dashurën fjalë të nënës - *Dashurinë.*[32]

Ajo fatmirësisht sot është lart në Qiellin e pavdeksisë së përjetshme, në atë banesë që e ëndrronte drejt lumturisë së pasosur në paqe. Ajo është ulur denjësisht në tryezën e shenjtorëve të lavdishme të historisë së krishtërimit dhe po kuvendon vazhdimisht për jetën tokësore, me të cilën Ajo u shkëput me dëshirë.

Dje dhe sot

E gjithsesi, bota e krishtërë dhe kisha në veçanti, gjatë kësaj periudhe ballafaqohet edhe me herezi të shumta, që të parë në prizmin njerëzor, kanë mundur të jenë edhe fatale.

Por, historia është e lavdishme, sepse të tillë e bëjnë njerëzit në Tokë, duke kulmuar më tej me një nga prelatët më të mëdhenj të krishtërimit **papa Klementi XI (Gjon Albani),** i lindur nga prindërit me origjinë të trungut të mirëfiltë arbëror - shqiptar në Urbino, duke qenë kësisoj i 250-i papë në Selinë e Shenjtë në Vatikan.

Kësaj radhe, *Zoti me fisnkëri për Shqipërinë dhuroi plot bujari një Nënë të Madhe,* që shquhej për nga forca shpirtërore deri në kufijtë e shenjtërisë.

Ajo u bë e famshme sa trimëria dhe vendosmëria e Heroit Kombëtar

---

[32] Klajd Kapinova, **"Nënë Tereza anëtare e denjë e familjes së shenjtorëve të krishtërimit shqiptar dhe botëror"**, "Illyria", #1179, 1-3 tetor 2000, f. 23.

arbëror Gjergj Gjon Kastriotit legjendar, që si *Atlet i Krishtërimit*, u bë *mburoja e civilizimit evropian*, ndërsa *Nënë Tereza e Kalkutës së mjerë, u bë mburojë dhe histori e gjallë feje, përkushtimi, duke ndryshuar fytyrën e botës së mjeruar.*

Nëna, jetoi në varfëri, me të varfërit midis më të varfërve, duke përjetuar tërësisht filozofinë e Krishtit. *A nuk u shndërrua Ajo si e tillë se qe shqiptare?*

Të gjitha këto janë pyetje me përgjigje shembullore të popullit shqiptar. Një Nënë prej gjak shqiptari, që do të lindte trupvogël e imët dhe shëndetlig, do të vinte një ditë që të shpërthente si një trëndafil i mrekullueshëm, të kthehej në trëndafil të dashurisë botërore, duke u dhuruar skamnorëve dashuri të përjetshme.

Gonxhja tronditi dhe mahniti botën, duke i apeluar, se kjo substancë e shformuar është pjesë dhe produkt i shoqërisë së sotme, që kontraston fuqishëm me qytetërimin.

Në fund të shekullit XX, Ajo rizgjon imazhin e Jezusit të Nazaretit dhe aksioni i Saj human mori sendertim real, duke shpalosur tipare krejt unikale universale.

Ku t'a dinte babai i Nënë Terezës, ky tregtar i thjeshtë shqiptar, se para thjeshtësisë së bijës së tij, do të përuleshin me respekt të thellë mbretër, presidentë, prelatë të kishës dhe të gjithë besimeve fetare në botë!

Ajo kërkonte me ngulm dritën dhe dashurinë. Ajo është një dhuratë e Zotit, për t'i shërbyer me përvujtëri vetëm Atij. Me jetën dhe veprën e Saj, na tregoi, se çdo gjë është e mundur me Zotin. *"Mbani qetësinë e zemrave, meditoni, sepse atje do të takojmë Krishtin, sepse edhe ne mund të ecim të takojmë Zotin tonë"*, i porosiste vazhdimisht bashkudhëtarët e **Misionit të Bamirësisë** kryemurgesha **Nënë Tereza**.

Nënë Tereza në Harlem (Bronx) dhe Brooklyn, New York

Në dy qytetet e mëdha të New York City, Bronx me 2.2 milion banorë dhe Brooklyn me 2.4 milion banorë, ka disa shtëpi të motrave të Nënë Terezës, që shërbejnë edhe sot për të varfërit, të pastrehët, të sëmurët, të braktisurit, jetimët etj.

Përkujdesi i motrave, është i madh e i vazhdueshëm. Ajo ka udhëtuar disa herë nga New York në Romë dhe anasjelltas edhe pse shpesh nuk ishte mirë me shëndet, sikurse tregon mjeku i Nënë Terezës, **dr. Patricia Aubanel**. *"Pra, ne e konsiderojmë këtë si një mrekulli"*.

Ajo rrezikonte shëndetin e Saj të dobët, duke fluturuar nëpër botë, për të vizituar njerëzit e varfër në Harlem, të cilët i donte shumë.

Një herë Nënë Tereza po ecte me Princeshën Diana në rrugët e Bronx-it. Këtu ajo hapi Misionin e Saj të parë në vitin 1970, në East 145 Street në jug të Bronx-it.

Në vitin 1997, Nënë Tereza qëndroi në Misionin e Bronx-it për disa javë dhe gjatë muajve maj - qershor të vitit 1997, Ajo u takua për herë të fundit me Princeshën Diana. *Disa muaj më vonë, bota do të mbante zi për dy ikonat, të cilat vdiqën vetëm pesë ditë larg njera - tjetrës.*

Misioni, më vonë i zgjeroi shërbimet e tij **në Harlem,** ku, aktualisht drejton një strehë për gratë dhe në Brooklyn, ku, ka një shtëpi për nënat e pamartuara.

Në vitin 1985, Urdhëri i Nënë Terezës hapi një shtëpi në **Greenwich,** për pacientët me AIDS dhe një shtëpi tjetër për të pastrehët në Newark (New Jersey). *"Në ato ditë nuk mund t'i tregoja askujt që po merrej me njerëzit me AIDS"*, kujton **Gene Principe, 85 vjeç**, i cili, ka qenë vullnetar me misionet e Nënë Terezës, që nga viti 1983.

Principe, kujtoi një vizitë që Nënë Tereza bëri në Harlem, disa vjet para se të vdiste. Ishte pas një stuhie të madhe dëbore, dhe pastrueset e borës kishin ende shumë punë hapur rrugën në West 127th Street.

"Dy djem të rrugës (pa strehë) vrapuan në makinë," tregon Principe. *"Ata e kapën nga krahu dhe e shoqëruan atë. Ajo që më bëri përshtypje më shumë ishte se këta djem kishin kaq shumë dashuri dhe respekt për të…"* (James Keivom, **"Daily News", New York**)

Në vitin 2010, me rastin e ditëlindjes së 100-të, të Nënë Terezës, mbështetësit kërkuan të nderonin ikonën e ndjerë me një shfaqje të dritës së **Empire State Building** (ESB), por zyrtarët ndërtesës gjigande nuk dhanë aprovimin e tyre. Kjo ndezi kritika të ashpra në mëdia. Refuzimi, asokohe preku shumë komunitetin e madh katolik në SHBA dhe shtetin metropolitan të New York-ut.

"Si një ndërtesë në pronësi private, ESB ka një politikë specifike kundër ndriçimit të figurave fetare ose kërkesave nga fetë dhe organizatat fetare", tregon **Anthony Malkin,** CEO i ndërtesës dhe presidenti i saj.

Në ambientet e disa kishave katolike (përveç atyre shqiptare) janë vendosur shumë fugure, piktura të dimensioneve të ndryshme apo vazhdojnë të shpërndahen medaljone me fytyrën e Saj, botohen broshura javore, në faqet e disa gazetave dhe revistave amerikane, me anë të së cilës çdo vit perkujtohet jeta dhe vepra e Saj si humaniste e përmasave botërore.

Po ashtu në qytetin e madh të Bronx-it New York, ndodhen varrezat e vjetra katolike romane të shën Raymondit, të cilat ndodhet edhe një monument i madh i bardhë me truporen dhe një pllakë e madhe, në të cilën është gdhendur (shkruar) në gjuhën angleze Lutja e Përshpirtme e shën Nënë Terezës së Kalkutës.[33]

Historia e shkurtër e Misionarëve të Bamirësisë

"S'mund të jetë një popull i vogël, derisa ka dhënë një person aq të madh sikur Nënë Tereza. Gonxhe Bojaxhiu, u bë urë ndërlidhëse e njohjes së Shqipëtarëve dhe Botës." – **Cardinal, Pascal**

Misionarët e Bamirësisë (*The Missionaries of Charity*), është një institut fetar i centralizuar katolik i jetës së përkushtuar të së Drejtës Papnore, për

---

[33] Varrezat e Shën Raymondit janë varreza katolike romake të cilat ndodhën në 2600 Lafayette Avenue, në seksionet Throggs Neck dhe Schuylerville të Bronx, New York City, Shtetet e Bashkuara. Varrezat përbëhet nga dy vende të ndara: seksioni më i vjetër (hyrja kryesore ndodhet në 1201 Balcom Avenue), dhe seksioni më i ri (ku ndodhin shumica e varrimeve të sotme), të dyja në lindje të lumit Hutchinson Parkway. Ura Bronx–Whitestone ndodhet ngjitur me seksionin më të ri të varrezave, ndërsa Ura fqinje Throgs Neck Bridge mund të shihet nga një distancë. Ato janë në pronësi dhe administriohen nga Kryedioqeza e Nju Jorkut. Ato janë të vetmet varreza katolike në Bronx dhe janë një një nga zonat e varrezave më të ngarkuara në Shtetet e Bashkuara me afro 2500 varrime çdo vit. Varreza ofron varrime në tokë, varrime kripte në tokë në seksionin e ri të Kryqit të Shenjtë, varrime mauzoleu dhe kamare për kremra dhe varrime në bazën e Kryqit gjigant të granitit, që ndodhet në seksionin e Kryqit të Shenjtë. Ekziston edhe një Kopsht i veçantë i të Pafajshmëve, ku prehen foshnjat e lindura dhe të vogla. Një pjesë e seksionit të shën Pjetrit u nda në vitin 1964, për varrimin e klerikëve të Kryedioqezës. Nëse shikojmë historinë e varrezave del se toka e tyre ishte fillimisht "Underhill Farm of Throgg's Neck". Ajo u ble dhe u shenjtërua nga Rev. Michael B. McEvoy, pastor në vitet 1875-1885 i Kishës së shën Rajmondit, i cili bleu tokën dhe e përdori atë për qëllime varrimi si Varreza e shën Rajmondit. Nëpërmjet lidhjes së saj me kishën e shën Rajmondit, varrezat iu kushtuan për nder të shën Rajmond Nonnatusit, një shenjtor i shekullit XIII.

gratë i themeluar në vitin 1950 nga Nënë Tereza, e njohur tani në mbarë Kishën Katolike si **shën Tereza e Kalkutës**.

Që nga viti 2020, Misioni përbëhej nga 5281 anëtarë motra fetare. Anëtarët e Urdhërit caktojnë përkatësinë e tyre, duke përdorur inicialet e porosisë, "M.C.".

Sikurse dihet është normale, që një anëtar i Kongregacionit në fjalë, duhet t'u përmbahet premtimeve të dëlirësisë, varfërisë, bindjes dhe zotimit të katërt, për t'i dhënë **"shërbim falas me gjithë zemër më të varfërve të të varfërve"**, në disa vende të botës.

Sikurse dihet, misionarët motra dhe vëllezër në fjalë, kujdesen për ata që përfshijnë refugjatë, ish-prostituta, të sëmurë mendorë, fëmijë të sëmurë, fëmijë të braktisur, lebrozë, njerëz me AIDS, të moshuar dhe shërues.

Ata kanë shkolla, që drejtohen nga vullnetarë, për të mësuar fëmijët e braktisur të rrugës dhe për të drejtuar kuzhina të thjeshta me supë si dhe shërbime të tjera, sipas nevojave të komunitetit. *Këto shërbime u ofrohen, pa pagesë, njerëzve pa dallim feje, kombi apo statusi social.*

Misionarët e Shtëpisë së Nënës së Bamirësisë me seli në Kalkuta

Më 7 tetor 1950, Nënë Tereza dhe komuniteti i vogël i formuar nga ish-nxënësit e saj u etiketuan si Kongregacioni Dioqezan i Dioqezës së Kalkutës, dhe kështu ato morën lejen nga Dioqeza e Kalkutës, për t'u identifikuar si një organizatë katolike.

Misioni i tyre ishte të kujdeseshin për (në fjalët e Nënë Terezës) *"të uriturit, të zhveshurit, të pastrehët, të gjymtuarit, të verbërit, lebrozët, të gjithë ata njerëz që ndihen të padëshiruar, të padashur, të pakujdesshëm në të gjithë shoqërinë, njerëz që janë bërë një barrë për shoqërinë dhe i shmangen të gjithëve"*.

Kështu, ajo filloi me një komunitet të vogël me 12 anëtarë në Kalkuta, dhe **në vitin 2020 kishte 5,167 anëtarë, që shërbenin në 139 vende në 760 shtëpi, me 244 prej këtyre shtëpive në Indi.**

Sot motrat në fjalë drejtojnë jetimore, shtëpi për ata që vdesin nga SIDA, qendra bamirësie në mbarë botën dhe kujdesen për refugjatët, të verbërit, të paaftët, të moshuarit, alkoolistët, të varfërit dhe të pastrehët dhe viktimat e përmbytjeve, epidemive dhe urisë në Azi, Afrikë, Amerikën Latine, Amerika e Veriut, Evropa dhe Australia.

Ata kanë 19 shtëpi vetëm në Kalkuta, të cilat përfshijnë shtëpi për gra, fëmijë jetimë dhe shtëpi për të vdekurit; një shkollë për fëmijët e rrugës dhe një koloni lebrozësh.

Në vitin 1963, vëllai Andrew (ish Ian Travers-Ballan) **themeloi Vëllezërit Misionarë të Bamirësisë në kontinentin e Australisë, së bashku me murgeshën e palodhur Nënë Tereza.**

Në vitin 1965, duke dhënë një Dekret Lavdërimi, **papa Pali VI (1897-1978)**, pranoi kërkesën e murgeshës së përkushtuar Nënë Terezës, për të zgjeruar kongregacionin e Saj në vende të tjera. Kongregacioni, filloi të rritet me shpejtësi, me shtëpi të reja, që u hapen vit pas viti në të gjithë globin.

Shtëpia e parë e Kongregacionit (Urdhërit) jashtë Indisë ishte në Venezuelë (Amerikën e Jugut), të tjera pasuan në **Romë** (Itali, Europë) dhe **Tanzani** (Afrikë) dhe me shtrirje gjeografike në mbarë botën.

Në vitin 1979, u shtua dega soditëse e Vëllezërve dhe në vitin 1984 u themelua një degë meshtarësh, **Misionarët e Bamirësisë së Etërve**, nga motër Nënë Tereza me *Fr. Jozef Langford*, duke kombinuar thirrjen e Misionarëve të Bamirësisë me **Priftërinj Shërbyes**.

Ashtu sikurse me Motrat, Etërit jetojnë një mënyrë jetese shumë të thjeshtë pa televizor, radio ose sende të përshtatshme. Ata nuk pinë duhan e as alkool dhe lypin ushqimin e tyre. *Ata bëjnë një vizitë në familjet e tyre çdo pesë vjet, por nuk bëjnë pushime vjetore.*

Katolikët laikë dhe jokatolikët, përbëjnë Bashkëpunëtorët e Nënë Terezës, Bashkëpunëtorët e Sëmurë e të Vuajtshëm dhe Misionarët Laikë të Bamirësisë.

Shtëpia e parë e Misionarëve të Bamirësisë në SHBA u krijua në Bronksin e Jugut (South Bronx), në shtetin e madh New York, ku në vitin 2019 ata kishin manastir si për degët e tyre aktive dhe kishin vendosur 108 motra në provinçën e tyre, që shtrihet nga Quebec (Canada) në Washington, DC.

Misioni i tyre i parë rural në Shtetet e Bashkuara, u krijua në vitin 1982, në një nga zonat më të varfra, ish-minierat e qymyrit të Kentakit, ku ata shërbejnë ende.

Në SHBA, Misionarët e Bamirësisë janë të lidhur me Këshillin e Kryesuesve Kryesor të Grave Fetare, një organ fetar femrash, që përfaqëson 20% të motrave fetare amerikane.

Ata identifikohen nga veshja e zakoneve fetare dhe besnikëria ndaj doktrinës kristiane të kishës. *Deri në vitin 1996, organizata po operonte 517 misione në më shumë se 100 vende.*

Në vitin 1990, kryemurgesha Nënë Tereza kërkoi të jepte dorëheqjen si kryetare e misionarëve, por shpejt u votua përsëri si Eprore e Përgjithshme.

Më 13 mars 1997, gjashtë muaj para vdekjes së Nënë Terezës, Motra Meri Nirmala Joshi u zgjodh Eprore e re e Përgjithshme e Misionarëve të Bamirësisë.

Në prill 2009, Motra Meri Prema u zgjodh për të pasuar motrën Nirmala, gjatë një Kapitulli të Përgjithshëm të mbajtur në Kalkuta.

Cilësia e kujdesit të ofruar për pacientët me sëmundje terminale në Shtëpinë që Vdesin në Kalkuta ishte objekt diskutimi në mesin e viteve 1990.

Disa vëzhgues britanikë, në bazë të vizitave të shkurtra, bënë krahasime të pafavorshme me standardin e kujdesit të disponueshëm në bujtinat në Mbretërinë e Bashkuar.

Vërejtjet e bëra nga dr. Robin Fox në lidhje me mungesën e personelit të trajnuar mjekësor me kohë të plotë dhe mungesën e analgjezikëve të fortë u botuan në një kujtim të shkurtër në një numër të **The Lancet** në vitin 1994.

Këto vërejtje u kritikuan në një numër të mëvonshëm të *The Lancet*, me arsyetimin se ata nuk morën parasysh kushtet indiane, veçanërisht faktin që rregulloret e Qeverisë në mënyrë efektive përjashtonin përdorimin e morfinës jashtë spitaleve të mëdha.

Në Phoenix, Arizona, strehimi i motrave për 40 burra të pastrehë financohet nga një rrobaqepëse, e paraqitur në **Vogue**, e cila u rrit brenda disa bllloqeve të shtëpisë origjinale të Nënë Terezës për të varfërit, që po vdesin në Kalighat, Kalkuta.

Princesha Diana, e cila ishte shumë e afërt me Nënë Terezën, shkruante se: *"Unë gjeta tek Nënë Tereza drejtimin e jetës, që kam kërkuar gjithë këto vite."*

Motrat Misionare të Bamirësisë u goditën veçanërisht rëndë nga shpërthimi i Covid-19 në vitin 2020, pasi në vende ato vazhduan të shpërndanin ushqim dhe t'u shërbenin të varfërve, që ishin prekur nga epidemia botërore e virusit kinez...

Në prill 2022, Motra Meri Jozef u zgjodh për të pasuar motrën Mary Prema si Generale Superiore të Urdhërit në fjalë, me motrën Mary Christie të zgjedhur si asistente eprore e përgjithshme.

Dhuna kundër misionarëve katolikë të bamirësisë

Në korrik 1998 në Al Hudaydah, *Jemen, tre Misionarë të Bamirësisë, dy indianë dhe një filipinase, u qëlluan dhe u vranë ndërsa po dilnin paqësisht nga një spital.*

Në mars të vitit 2016 në Aden, Jemen, gjashtëmbëdhjetë persona u qëlluan dhe u vranë në një shtëpi për të moshuarit e drejtuar nga Misionarët e Bamirësisë. Midis të vdekurve ishin katër motra misionare: Motrat Marguerite dhe Reginette nga Ruanda, Motra Anselm nga India dhe Motra Judit nga Kenia. Sipas peshkopit Paul Hinder i Vikariatit Apostolik të Arabisë Jugore, eprori i tyre i shpëtoi dëmit duke u fshehur.

Peshkopi Hinder e përshkroi sulmin si **"të motivuar nga feja"**. Një prift salezian Siro-Malabar që jetonte në objekt, Fr. Tom Uzhunnalil nga Bangalore, Indi, u kap rob nga sulmuesit.

Të Premten e Madhe, më 25 mars 2016, disa media amerikane raportuan se **Fr. Tom Uzhunnalil ishte kryqëzuar nga Shteti Islamik i Irakut dhe Levantit.** Megjithatë, Peshkopi Hinder tregoi se ai kishte indikacione të forta se prifti ishte gjallë dhe ende mbahej nga robëruesit e tij.

Në fillim të shtatorit 2017, Fr. Uzhunnalil u shpëtua pas 18 muajsh në robëri dhe u dërgua fillimisht në Vatikan, për t'u takuar me papa Françeskun I.

Për tu bërë një Misionar i Bamirësisë me të drejta të plota duhen 9 vjet. Ekziston një periudhë fillestare afatshkurtër **"eja dhe shih"**.

Ata që konsiderohen kandidatë të mundshëm nga Kongregacioni, mund të hyjnë në **Aspiranci,** të fokusuar në mësimin e anglishtes (e cila është gjuha e komunitetit), për ata që nuk janë nga vendet anglishtfolëse dhe studimet fetare. Pasohet nga Postulancia (*Hyrje në studimin e Shkrimit, Kushtetutat e Shoqërisë, historinë e Kishës dhe teologjinë*). Nëse gjenden të përshtatshëm, ata hyjnë në Novitiate, fillimi i jetës fetare.

Fillestarët, mbajnë veshje të bardha pambuku me brez, dhe sari të bardha pa tre vija blu. Në vitin e parë (të quajtur kanonik), ata ndërmarrin më shumë studim fetar dhe mësojnë për jetën si Misionar i Bamirësisë, viti i dytë është më i fokusuar në trajnimin praktik për jetën misionare.

Pas dy vjetësh, ata bëjnë zotime të përkohshme, për një vit, të cilat rinovohen çdo vit, gjithsej për pesë vjet. Ata marrin gjithashtu një kryq metalik dhe një sari, tre shiritat blu të të cilit qëndrojnë për betimin e tyre të varfërisë, dëlirësisë dhe bindjes.

Në vitin e gjashtë, ata udhëtojnë në Romë, Kalkuta ose Uashington D.C për **Tertianship**, studime të mëtejshme fetare, në fund të të cilit bëjnë profesionin e tyre përfundimtar.

Pasuritë e pakta të një motre (murgeshe) përfshijnë: tre sari (*një për t'u veshur, një për t'u larë, një për të korrigjuar*), dy ose tre zakone pambuku, një brez, një palë sandale, një kryq dhe një rruzare.

Ata kanë gjithashtu një pjatë, një grup takëmesh, një pecetë, një çantë pëlhure dhe një libër lutjesh. Në vendet e ftohta, motrat mund të kenë një triko dhe artikuj të tjerë të përshtatshëm për klimën lokale, si pallto, shall dhe këpucë të mbyllura.

*"Zoti jem, po më vjen keq me gjithë zemër për gjith mkatet që kam ba, se kam bjerr Parrizin, kam meritue ferrin, por ma fort se t'kam fye Ty, o e mira e pam-barueme, që kaq fort m'ke dasht. M'shirë, o Zot! M'fal, o Zot! Po t'nap fjalën, me ndihmen Tande, mos me t'fye ma kurr". - **Shën Tereza e Kalkutës.** Kjo ishte kjo **Lutja e Shenjtëreshës**, që çdo herë i drejtohej Zotit, Hyj.*

Cili është imazhi publik i shën Nënë Terezës sot në botë!?

Murgesha apo motra dhe misionarja katolike **Anjeze Gonxhe Bojaxhiu**, e njohur zakonisht si Nënë Tereza dhe e mirënjohur në ditët tona si **shën Tereza e Kalkutës** që nga viti 2016, ka një imazh të komplikuar publik.

Ajo është e admiruar gjerësisht nga shumë njerëz në mbarë botës pavarësisht nacionalitetit dhe besimit fetarë, për punën e saj bamirëse, e cila çoi në dhënien e çmimit **Nobel për Paqe**, me motivacionin: *"Për punën e ndërmarrë në luftën për të kapërcyer varfërinë dhe ankthin, që gjithashtu përbën një kërcënim për paqen".*

Gjatë gjithë jetës, Ajo u vlerësua shumë, duke marrë çmime të shumta dhe grada nderi, si dhe duke u renditur vazhdimisht si një nga njerëzit më të admiruar V.I.P. në botë. Ajo është gjithashtu e nderuar nga *shumë katolikë, të cilët e konsiderojnë atë një shenjtore dhe kërkojnë ndërmjetësimin e Saj.*

Sipas kritikëve dje dhe sot thuhet se Ajo, gjatë jetës tokësore, ka qenë gjithashtu subjekt i kritikave të ashpra, duke përfshirë kundërshtimet për cilësinë e kujdesit mjekësor, që **Ajo ofroi, sugjerimet se disa pagëzime në shtratin e vdekjes, përbënin konvertime të detyruara dhe lidhje të supozuara me kolonializmin dhe racizmin dhe marrëdhëniet e supozuara me figura publike të dyshimta.**

Këto kritika janë hedhur poshtë nga disa biograf, studiues, gazetarë dhe komentues nëpër botë, me një temë të dukshme që është pretendimi se **kritikët nuk i kuptojnë motivimet e Saj** dhe se Ajo po mbahet padrejtësisht larg ndaj standardeve *vlerësuese dhe rivlerësuese* perëndimore.

Nga qeveria indiane, nën emrin **Mary Teresa Bojaxhiu**, Nënë Terezës **iu dha pasaporta diplomatike**. Ajo mori vlerësimin indian **Padma Shri në 1962** dhe **Çmimin Jawaharlal Nehru,** për Mirëkuptim Ndërkombëtar në vitin 1969. Ajo më vonë mori çmime të tjera indiane, duke përfshirë **Bharat Ratna** (*çmimi më i lartë civil i Indisë*) në 1980. Kështu 12 vjet më vonë biografia zyrtare e Nënë Terezës u botua nga *Navin Chawla në vitin 1992*. Në Kalkutë, **Ajo adhurohet si një Hyjneshë nga disa hindu**.

Për të përkujtuar 100-vjetorin e lindjes së Saj, qeveria e Indisë lëshoi një monedhë të veçantë **5 rupee** □ (**indian money rupee,** *sasia e parave që kishte Nënë Tereza kur mbërriti në Indi p*ër herë të parë dhe nisi Misionet e Motrave të Bamirësisë), më 28 gusht 2010.

Shën Nënë Tereza mori çmimin **Ramon Magsaysay për Paqe** dhe **Mirëkuptim Ndërkombëtar**, dhënë për punë në Azinë Jugore ose Lindore, në vitin 1962. Sipas citimit të vlerësimit thuhet: **"Bordi i Administratorëve njeh njohjen e Saj të mëshirshme për të varfërit e tmerrshëm të një toke të huaj, në të cilin shërbim ajo ka udhëhequr një Kongregacion të ri bamirësie"**.

Gjatë fillimit të viteve 1970, shqiptarja trupvogël, por me zemër të madhe Nënë Tereza ishte një personazh i famshëm ndërkombëtar. Ajo ishte bërë edhe më e famshme në saj të një dokumentari të agjencisë ndërkombëtare britanike së lajmeve në radio dhe televizion BBC-së të vitit 1969 të Malcolm Muggeridge, me titull: **"Diçka e bukur për Zotin"**, përpara se ai të nxirrte një libër në vitin 1971 për Nënë Terezën me të njëjtin titull.

Gjatë xhirimeve të dokumentarit, pamjet e xhiruara me ndriçim të dobët (veçanërisht në Shtëpinë e Vdekjes), mendohej se nuk mund të përdoreshin nga ekuipazhi, i cili kishte përdorur film të ri fotografik, të paprovuar asokohe.

Në Angli, filmimi u zbulua të ishte jashtëzakonisht i ndriçuar dhe **Muggeridge** e quajti atë një mrekulli të **"dritës hyjnore"** nga motër Tereza. Anëtarë të tjerë të ekipit të tij thanë se kjo ishte për shkak të një lloji të ri filmi ultra të ndjeshëm të kompanisë së famshme japoneze Kodak. (*Sikurse dihet producenti Muggeridge më vonë u konvertua në katolicizëm.*)

Asokohe dhe më vonë bota katolike filloi t'a nderonte publikisht edhe më shumë Nënë Terezën. Kështu Ati i Shenjtë në Vatikan, **papa Pali VI i** *dha Asaj çmimin përurues të Paqes* **"Papa Gjon XXIII" në vitin 1971**, duke përgëzuar punën e Saj me të varfërit, shfaqjen e Saj të bamirësisë së krishterëve dhe të besimeve të tjera, pikërisht për përpjekjet e vazhdueshme në promovimin e Paqes kudo nëpër botë.

Gjithashtu Ajo mori çmimin "**Pacem in Terris**" **në vitin 1976**. Nderimet dhe vlerësimet vijnë njera pas tjetrës për Nënë Terezën dhe Misonin e Motrave të Bamirësisë ndaj njerëzve më të varfër midis të varfëve etj.

Ajo u nderua nga qeveritë dhe organizatat civile dhe u emërua një shoqëruese nderi e "**Urdhrit të Australisë**" në vitin 1982, me motivacionin: *"Për shërbim ndaj komunitetit të Australisë dhe njerëzimit në përgjithësi"*.

Mbretëria e Bashkuar dhe Shtetet e Bashkuara dhanë një sërë çmimesh, duke kulmuar me "**Urdhrin e Meritës**" **në vitin 1983** dhe "**Qytetare Nderi**" e SHBA-së, më 16 nëntor 1996.

Atdheu i Saj Shqipëria, i dha Nënë Terezës "**Nderin i Artë i Kombit**" në vitin 1994, por pranimi i kësaj dhe "**Legjioni i Nderit Haitian**" ishte asokohe i diskutueshëm.

Sikurse mesohet del se asokohe *Nënë Tereza u kritikua për mbështetjen e nënkuptuar të Duvaliers dhe biznesmenëve të korruptuar si Charles Keating dhe Robert Maxwell, ku personalisht ajo i shkroi gjykatësit të gjyqit të Keating, duke u kërkuar faljen e tyre.*

Universitetet në Indi dhe Perëndim të Europës, Kanada dhe SHBA, i dhanë Asaj disa **"Diploma Nderi"**. Çmime të tjera civile përfshinin **"Çmimin Balzan"**, për promovimin e humanizmit midis njerëzve, Paqes dhe Vëllazërisë midis Popujve (**1978**) dhe **Çmimin Ndërkombëtar "Albert Schweitzer" (1975)**.

Në prill të vitit **1976**, Nënë Tereza vizitoi **Universitetin e Scranton-it** në Pensilvaninë verilindore, ku mori "**Medaljen La Storta**", për Shërbimin Njerëzor nga presidenti i universitetit *William J. Byron*.

Asokohe murgesha shqiptare sfidoi universitetin dhe doli para një audiencë prej 4500 vetash, duke thënë që të *"njohin njerëzit e varfër në shtëpinë tuaj dhe në lagjen tuaj lokale"*, duke ushqyer të tjerët ose thjesht duke përhapur gëzim dhe dashuri.

Po ashtu Nënë Tereza vazhdoi misionin e Saj, duke thënë shpesh: "**Të varfërit do të na ndihmojnë të rritemi në shenjtëri, sepse ata janë Krishti në maskën e ankthit**".

Në gusht të vitit **1987**, Nënë Tereza mori titullin "**Doktor Nderi i Shkencave Sociale**" nga universiteti në shenjë mirënjohjeje për shërbimin dhe shërbimin e Saj, për të ndihmuar të varfërit dhe të sëmurët. Sërisht Ajo foli para 4000 studentëve dhe anëtarëve të Dioqezës së Scrantonit, për shërbimin e Saj ndaj **"më të varfërve të të varfërve"**, duke u thënë atyre **"të bëni gjëra të vogla me dashuri të madhe"**.

Në vitin 1999, **Ajo drejtoi, pra kryesoi listën e sondazheve të Gallup-it të njerëzve më të admiruar të shekullit të 20-të,** duke tejkaluar të gjitha përgjigjet e tjera vullnetare me një diferencë të madhe. Ajo ishte e para në të gjitha kategoritë kryesore demografike, përveç shumë të rinjve.

Në vitin 1979, Nënë Tereza mori çmimin **"Nobel për Paqe"** me motivacionin: *"Për punën e ndërmarrë në luftën për të kapërcyer varfërinë dhe shqetësimin, që përbën gjithashtu një kërcënim për paqen"*. **Ajo edhe pse fitoi vler**ësimin u tregua modeste. Sikurse dihet askohe Ajo asokohe **refuzoi banketin ceremonial konvencional për laureatët, duke kërkuar që kostoja e banketit luksoz prej 192,000 dollarësh t'u jepej të varfërve në Indi.**

Kritika non stop kundër shën Nënë Terezës

Tre autorë të shquar botëror: **Aroup Chatterjee, Christopher Hitchens dhe Tariq Ali**, kanë bërë kritika të vazhdueshme ndaj shën Nënë Terezës, shpesh duke përsëritur ose duke u mbështetur në pretendimet e njëri-tjetrit.

Kështu autori (shkrimtari) dhe mjeku indian *Aroup Chatterjee*, i cili punoi për një kohë të shkurtër në një nga shtëpitë e Misionit të Nënë Terezës, *hetoi dhe analizoi në shkrimet e tij praktikat e urdhrit të murgeshës katolike Nënë Terezës.*

Në vitin 1994, dy gazetarë britanikë, **Christopher Hitchens dhe Tariq Ali**, realizuan një dokumentar shumë kritik të Channel 4 britanik, **"Hell's Angel"**, bazuar në punën e Chatterjee.

Në vitin 2003, pasi Nënë Tereza u Lumturua nga papa Gjon Pali II, Hitchens vazhdoi kritikat e tij, duke e quajtur atë *"një fanatike, një fundamentaliste dhe një mashtruese"*.

Ai më tej kritikoi Kishën Katolike, *për atribuimin e shërimit të një pacienti me një mrekulli dhe për injorimin e dëshmisë së mjekut të pacientit, i cili ia atribuoi shërimin e pacientit mjekësisë moderne.* Të dy britanikët e njohur **Chatterjee & Hitchens,** *u thirrën nga Vatikani, për të paraqitur prova kundër Nënë Terezës, gjatë proçesit të kanonizimit të Saj.*

Në librin: **"Engjëlli i Ferrit"** dhe **"Pozicioni Misionar"**, *Hitchens kritikoi* *atë që ai e perceptonte si miratimin e Nënë Terezës për presidentin shqiptar diktatorin Enver Hoxha, i cili në vitin 1967 mbylli me forcë të gjitha objektet fetare, duke përfshirë ato katolike të besimit të Saj dhe gjithashtu nxori jashtë ligjit kultin privat dh e sanksinoi në ligj, pra Kushtetutë suprimimin e fesë në Shqipëri.*

Vizita e parë e Nënë Terezës më 23 gusht 1989 dhe rrëfimi special i shkodranit Marçel Hila

Ajo vizitoi Shqipërinë më **23 gusht të vitit 1989**, ku u prit nga *e veja e diktatorit ateist Enver Hoxhës, Nexhmije,* ministri i Jashtëm *Reis Malile,* Ministri i Shëndetësisë *Ahmet Kamberi,* Kryetari i Kuvendit Popullor *Petro Dode* dhe zyrtarë të tjerë shtetërorë e partiakë, duke vendosur më pas një buqetë me lule në varrin e diktatorit Enver Hoxha si dhe vendosi një kurorë në statujën e Nënës Shqipëri, tek vorrezat e deshmorëve të kombit shqiptar…

Shumë shqiptarë dhe shtresa e ish të persekutuarve politikë asokohe protestuan dhe nuk kanë qenë dakord me këtë veprim absurd të humanistes Nënë Tereza.

Asokohe thuhet, se e veja shtrig e diktatorit Enver Hoxha, Nexhmija i ka bëtë ftesë personale Nënë Terezës, që të vizitonte varrin e burrit të Saj dhe jo të shkonte dhe shihte mizerjen e popullit të varfër shqiptarë, ku mbijetonte dhe punonte si skllevër.

Arsyeja mësohet se ka qene fakti, se **varri i diktatorit Enver Hoxha lëkundej dhe toka dridhej** sikur të kishte xhind brenda tij. Kjo shpiegohet me faktin se edhe pse mbrohej nga ushtarë dhe një officer (*24/7 për 365 ditë të vitit*) të gardës së republikës shqiptare, sërisht varri sikurse tregojnë ushtarët vibronte dhe dukej sikur nxjerrte nga brendësia klithma të frikshme…

Mbas vizitës tronditëse të Nënë Terezës në Shqipëri mbi varrin e diktatorit Hoxha, **humanistja ka pësuar një goditje në zemër, e cila e ka shoqëruar gjatë gjithë jetës së Saj…**[34]

Ditën e shenjtërimit të Nënë Terezës, disa media angleze, rikthyen në vëmendje kritikat e shumta që i bëheshin Asaj, sidomos nga **britaniku Christopher Hitchens.** Mes këtyre kritikave është se ajo ka mbështetur regjime totalitare, duke theksuar vizitën tek varri i diktatorit antishqiptar

---

[34] KOJSHIA SHOW: Rojat e Varrit të Enver Hoxhës rrëfejn tmerrin qe e pan aty. Ja çfarë na ndodhi! https://www.youtube.com/watch?v=s3_H1SBT_s

dhe antikatolik Enver Hoxhës.

Por cila është e vërteta e kësaj vizite!!!?

Prifti katolik, që ka përgatitur rastin e shenjtërimit të Nënë Terezës thotë se Ajo është dërguar tek varri i diktatorit Hoxha pa e ditur, pasi kështu ishte protokolli i asaj kohe. Por, një faqe e lajmeve katolike në internet ka një tjetër teori origjinale, e cila është shumë më afër realitetit.

Alessandra Nucci nga "**Catholic World Report**", shkruan se shkrimtari shqiptar **Marçel Hila** ka rrëfyer historinë e patreguar më parë të vizitës së shën Nënë Terezës në Shqipëri.

Gjithçka nis në shtator të vitit 1985, kur Marçel Hila ishte ushtar i paarmatosur në regjimin komunist, grada më e fundit në ushtrinë shqiptare (reparti i xhenierëve për ndërtimin e bunerëve absurde prej betoni, shënimi im K.K.), aty ku vendoseshin ata që konsideroheshin të rrezikshëm për regjimin komunist.

Asokohe diktatori i tmerrshëm Enver Hoxha, kishte vdekur dhe një ditë në repartin e tyre mbërrin një ushtar i ri, i ulur në pozitë, *për arsye të një grindje personale që kishte pasur po me një ushtar tjetër të gardës së republikës shqiptare*. Ai kishte shërbyer si i privilegjuar e i përzgjedhur me kujdes më parë nga regjimi për të shërbyer në Gardën e Republikës.

"Ne kishim frikë se ai ishte spiun", thotë Hila. Megjithatë, një ditë ushtari i ardhur nga Garda e Republikës i rrëfeu arsyen e vërtetë përse e kishin ulur në gradë.

"Ne ruanim varrin e Enverit. Nuk ia ke idenë se si është aty natën. Dëgjon zhurma, ulërima, britma, toka dridhet poshtë këmbëve të tua, duket sikur rënkimet vijnë nga humnera. Është një torturë. Mbi 20 njerëz nga njësia jonë kanë përfunduar në psikiatri. Duke ardhur këtu, unë shpëtova nga e gjitha kjo. Sigurisht punoj më shumë, por të paktën nuk e dëgjoj atë ferr", ka thënë ai.

Katër vite më vonë, në gusht të vitit 1989, Nënë Tereza, e shoqëruar nga vejusha e diktatorit, mbërriti tek varri i Enverit. Po ashtu katër vite më vonë, në vitin 1993, Hila thotë se ka dëgjuar më shumë për këtë histori nga historiani dhe studiuesi dardan **dom dr. Gjergj Gjergji**, një prift nga Kosova që shoqëroi Nënë Terezën, gjatë udhëtimit në Shqipëri.

Ai thotë se Nënë Tereza ishte ftuar personalisht nga Nexhmije Hoxha (Xhunglini) e cila shpresonte se ndërmjetësimi i Saj mund të zhdukte dukuritë e mbinatyrshme, që kishin pllakosur varrin e të shoqit.

Pasi mbërriti tek varri i Enver Hoxhës, Nënë Tereza u lut aty, duke thënë uratë për pak kohë. Më pas Ajo u lejua të vizitonte varrin e nënës dhe motrës që Saj, që kishin vdekur në vitin 1971… mbasi dihet se Ajo me gjithë kërkesën e disa viteve të mëparshme drejtuar asokohe Ambasadës shqiptare në Romë, nuk ishte lejuar të shikonte dhe merrte pjesë në varrimin e tyre...

A morën përgjigje lutjet e Nënë Terezës!!!? A u zhduk fenomeni i tmerrshëm në varrin e diktatorit!!!?

Duket se po. Hila thotë se prej asaj kohe gjithçka ka qenë e qetë aty!

Sërisht kritika ndaj shën Nënë Terezës në mediat botërore dhe autorë të veçantë

Në **"The Missionary Position"**, Hitchens pretendon se Nënë Tereza dhe motrat e Saj kryenin pagëzime të detyruara; megjithatë, kjo është kontestuar.

Sipas Hitchens, Nënë Tereza inkurajoi anëtarët e urdhrit të Saj që të pagëzonin fshehurazi pacientët që po vdisnin, pa marrë parasysh fenë e individit.

Simon Leys, duke mbrojtur misionarët në një letër drejtuar **"New York Review of Books"** *(që bohet në SHBA)*, argumentoi se pagëzimet e ofruara nga motrat ishin ose të dëshiruara nga pacienti ose një shprehje e *"shqetësimit dhe dashurisë së sinqertë"* dhe thotë se pagëzimi i detyruar është ose i dobishëm ose të pakuptimta.

Akademiku i Universitetit Seton Hall Dr. Ines Murzaku, thotë se akuzat për konvertim të detyruar nga Misionarët e Bamirësisë **janë të pabaza dhe përdoren nga Partia nacionaliste hindu Bharatiya Janata (BJP), për të persekutuar të krishterët indianë.**

Në kohën e kalimit në amshim të Nënë Terezës, Misionaret e Bamirësisë kishin mbi 4000 motra dhe një vëllazëri të lidhur prej 300 anëtarësh që operonin 610 misione në 123 vende. Këto përfshinin bujtina dhe shtëpi për personat me HIV/AIDS, lebër dhe tuberkuloz, kuzhina supë, programe këshillimi për fëmijë dhe familje, jetimore dhe shkolla. Misionarët e Bamirësisë u ndihmuan nga bashkëpunëtorë që numëronin mbi 1 milion vetë deri në vitet 1990.

Emri dhe përkujtimet e Nënë Terezës nëpër botë

Po fillojmë të përmendim vetëm disa sipas hulumtimeve të mediave amerikane dhe botërore, si: Aeroporti Ndërkombëtar i Tiranës (Albania) merr emrin Nënë Tereza. Ajo është përkujtuar nga muzetë dhe është quajtur patronazhja e një numri kishash. Ajo ka pasur ndërtesa, rrugë dhe komplekse me emrin e Saj, përfshirë aeroportin ndërkombëtar të Shqipërisë. Dita e Nënë Terezës më 5 shtator, është një festë publike në Shqipëri. Në vitin 2009, Shtëpia Përkujtimore e Nënë Terezës u hap në qytetin e saj të lindjes në Shkup, Maqedonia e Veriut. Katedralja e Bekuar me emrin Nënë Tereza në Prishtinë, Kosovë, është emëruar për nder të Saj.

Kujtojmë se asokohe prishja e një ndërtese historike të shkollës së mesme në kryqytetin kosovar, për t'i hapur rrugë ndërtimit të ri fillimisht ngjalli polemika në komunitetin musliman lokal, por shkolla e mesme u zhvendos më vonë në një kampus të ri, më të gjerë.

E shenjtëruar më 5 shtator 2017, ajo u bë katedralja e parë për nder të Nënë Terezës (*Katedralja e Shën Nënë Terezës, Prishtinë*) dhe e dyta ekzistuese në Kosovë dhe një tjetër Katedrale të shën Nënë Terezës ndodhet në qytetin e vogël Vau Dejës të prefekturës së Shkodrës. Në kryeqytetin e vendit në Tiranë (Albania) përballë Universitetit Shtetëror shqiptar, një shesh i madh aty ka marrë emrin **Sheshi Nanë Tereza**.

Një përjetim tjetër i emrit të shenjëreshës shqiptare është, **Universiteti i Grave Nënë Tereza**, në Kodaikanal (Indi), u krijua në vitin 1984 si një universitet publik nga qeveria e Tamil Nadu. Instituti Pasuniversitar dhe Kërkimor i Shkencave Shëndetësore Nënë Tereza, në Pondicherry, u krijua në 1999 nga qeveria e Puducherry.

Organizata bamirëse Sevalaya drejton Shtëpinë e Vajzave Nënë Tereza (Indi), duke u siguruar vajzave të varfra dhe jetimore, pranë fshatit të varfër të Kasuva në Tamil Nadu ushqim, veshje, strehim dhe arsim falas.

Një numër homazhe nga biografi i Nënë Terezës, Navin Chawla, janë shfaqur në gazetat dhe revistat indiane.

Indian Railways prezantoi "**Mother Express**", një tren të ri i quajtur sipas emrit të shën Nënë Terezës, më 26 gusht 2010, për të përkujtuar 100-vjetorin e lindjes së Saj. Qeveria e Tamil Nadu (Indi) organizoi festimet e 100-vjetorit, duke nderuar Nënë Terezën më 4 dhjetor 2010 në Chennai, të kryesuar nga kryeministri M Karunanidhi.

Duke filluar nga 5 shtatori 2013, *përvjetori i vdekjes së Saj është caktuar si Dita Ndërkombëtare e Bamirësisë nga Asambleja e Përgjithshme e Kombeve të Bashkuara.*

Në vitin 2012, Nënë Tereza u rendit e pesta në sondazhin e Outlook India për Indianin më të Madh.

Universiteti Ave Maria në Ave Maria, Florida është shtëpia e Muzeut të Nënë Terezës.

Ajo është subjekt i filmit dokumentar të vitit 1969 dhe librit të vitit 1972, **"Diçka e bukur për Zotin"**, nga Malcolm Muggeridge. Filmi është vlerësuar se ka tërhequr vëmendjen e botës perëndimore ndaj Nënë Terezës.

Dokumentari i Christopher Hitchens i vitit 1994 **"Engjëlli i Ferrit"**, argumenton se Nënë Tereza i nxiste të varfërit të pranonin fatin e tyre; të pasurit janë portretizuar si të favorizuar nga Zoti. Ishte pararendësi i esesë së Hitchens, **"Pozicioni Misionar"** *Nënë Tereza në Teori dhe Praktikë.* **"Nëna e Shekullit"** **(2001)** dhe **"Nënë Tereza"** **(2002)**, janë filma dokumentarë të shkurtër, për jetën dhe veprën e Nënë Terezës, mes të varfërve të Indisë, me regji të *Amar Kumar Bhattacharya*, të cilat u prodhuan nga Divizioni i Filmit i Qeverisë së Indisë. **"Mother Teresa: No Greater Love"** **(2022)**, është një film dokumentar, që paraqet akses të pazakontë në arkivat institucionale dhe sesi vizioni i Saj, për t'i shërbyer Krishtit mes të varfërve po zbatohet nëpërmjet *Misionarëve të Bamirësisë.*

Nënë Tereza u shfaq në Biblën Ki Kahaniyan, një serial televiziv i krishterë indian i bazuar në Bibël, i cili u transmetua në DD National gjatë fillimit të viteve 1990. Ajo prezantoi disa nga episodet, duke theksuar rëndësinë e mesazhit të Biblës.

Geraldine Chaplin luajti Nënë Terezën në **"Mother Teresa: In the Name of God's Poor"**, e cila mori një çmim në Festivalin e Filmit Art në 1997. Ajo u luajt nga Olivia Hussey në një miniserial televiziv italian të vitit 2003, Nënë Tereza e Kalkutës. Ri-lëshuar në 2007, ai mori një çmim CAMIE.

Nënë Tereza u luajt nga Juliet Stevenson në filmin e vitit 2014 **"The Letters"**, i cili u bazua në letrat e Saj drejtuar priftit të Vatikanit Celeste van Exem.

Nënë Tereza, e luajtur nga **Cara Francis the Fantasy Grandma, rap** luftoi me Sigmund Freud në, një seri komedi **"Epic Rap Battles of History rap"** në YouTube e krijuar nga Nice Peter dhe Epic Lloyd. Repi u publikua në YouTube më 22 shtator 2019. Në filmin e animuar të vitit 2020 **"Soul"**,

Nënë Tereza shfaqet shkurtimisht si një nga mentoret e kaluara të vitit 2022.

Referencat:

"Mother Teresa of Calcutta". *vatican.va. Vatican.*

"Mother Teresa - Biography". *Nobelprize.org. Nobel Media AB.* Retrieved 9 June 2011.

"Missionaries of Charity Fathers website: Who we are". *Archived from* the original *on 1 October 2011.* Retrieved 7 December 2011.

"Cardinal Prays at Burial of Two Missionaries of Charity". *Catholic New York.* Retrieved 15 May 2020.

Kenning, Chris. **"37 years after Mother Teresa came to Appalachia, her nuns return to help the poor"**. *The Courier-Journal.* Retrieved 15 May 2020.

German Elected to Lead Missionaries of Charity". Zenit News Agency. *25 March 2009. Archived from* the original *on 16 May 2015.* Retrieved 26 March 2009.

Goldberg, Michelle (21 May 2021). **"Opinion/Was Mother Teresa a Cult Leader?"**. *The New York Times.* ISSN 0362-4331. Retrieved 21 May 2021.

AsiaNews.it. **"Sister of Mother Teresa dies from coronavirus giving food to the infected"**. *www.asianews.it.* Retrieved 15 May 2020.

"Southern Arabia bishop: MC nuns killed for religious motives". *Vatican Radio. 5 March 2016.* Retrieved 29 March 2016. *In July 1998, a gunman shot and killed three Missionaries of Charity, as they left a hospital in the city of Al Hudaydah. Two of them were Indians while the third was a Filipina.*

Thomas, Prince Matthews. **"Pointing Fingers At Mother Teresa's Heirs"**. *Forbes.* Retrieved 22 November 2018.

By Gjon Sinishta, **"Mother Teresa, Missionari of Carity"**, **"The Fulfilled promise"**, A Documentary Account of Religious Persecution in Albania, Santa Clara, California, U.S.A., 1976, Library of Congress Catalog Card numer: 76-57433, **f. 230-234.**

Malcolm Muggeridge, "Samenting Beautifulfor God" New York, 1973, p. 114.

"Mather Teresa Bojaxhiu në Kishën tonë shqiptare", Jeta Katholike Shqiptare (Albanian Catholic Life), Organ i Lidhjes Katholike Shqiptare Amerikane, New York, Vjeti VII, #3, (27), Qershuer-Gusht, 1972, f. 5-8.

At dr. Zef Oroshi, **"Madre Tereza Bojaxhiu"**, Jeta Katholike Shqiptare (Albanian Catholic Life), Organ i Lidhjes Katholike Shqiptare Amerikane, New York, Vjeti VII, #1, I/1966, f. 16-19.

"Mather Teresa Bojaxhiu në Qendrën tonë katholke shqiptare", Jeta Katholike Shqiptare (Albanian Catholic Life), Organ i Lidhjes Katholike Shqiptare Amerikane, New York, Vjeti XI, #3, (43), Tetuer-Dhetuer, 1976, f. 5.

Vendosja e bustit fantazëm (ghost) për festën e Halluinit (Halloween) në Aeroportin International "Nënë Tereza" në Tiranë, si fyerja më e madhe zyrtare e Saj nga kryeministri komunist i vendit Edvin Kristaq Rama dhe kleri musliman, ortodoks dhe katolik në Shqipëri.

Statuja fantazëm në Tiranë dhe statuja kushtuar shën Nënë Terezës në kishën katedrale të shën Patrick-ut (St. Patrick's Cathedral is a Catholic cathedral in the Midtown Manhattan neighborhood of New York City), ku çdo ditë sot thotë meshë Kardinali i New York-ut Timothy Michael Dolan në Manhattan, New York.

Statuja fantazëm në Tiranë dhe statuja kushtuar shën Nënë Terezës në kishën katedrale të shën Patrick-ut (St. Patrick's Cathedral is a Catholic cathedral in the Midtown Manhattan neighborhood of New York City), ku çdo ditë sot thotë meshë Kardinali i New York-ut Timothy Michael Dolan në Manhattan, New York.

Studiuesit shqiptaro amerikanë Tomë Mrijaj & Klajd Kapinova, pranë varrezave Saint Raymond's Cemetery (Bronx, New York), ku ndodhen memoriali dhe statuja e shën Nënë Terezës si dhe pllaka e madhe, ku është e shkruar në anglisht një Lutje e Saj.

Ballina e libri të autorit Klajd Kapinova kushtuar Nënë Terezës, botuar në Shtypshkronjën "VOLAJ", 2002, Shkodër, Albania.

Busti i Nënë Terezës i braktisur dhe hedhur në mbeturinat e rrugëve të Tiranës nga Qeveria komuniste e Edi Ramës.

ATË GJERGJ FISHTA O.F.M. (1871-1940)
- UNGJILL I NGROHTË ATDHEDASHURIE

"Shqipnia pat nji fat t' madh e t'jashtzakonshem, shka nuk e paten popujt e tjer, veçse mbas qindra vjetsh të nji jete letrare, pat të madhin, të naltuemin përmbi t'gjith, atë, qi u pshtet në popull t'vetin e n' gjuhen e tij e qi me vjersha t'veta ndezi flak zemrat n'popull, pat zhenin poetike t'At Gjergj Fishtes" - **Maksimiliam Lamberc (1882-1963)**[35]

---

[35] **Maksimilian Lamberci** (*Maximilian Lambertz* 1882-1963), ishte albanolog austriak. Ai ka lënë rreth 60 dorëshkrime, në të cilat paraqet të dhëna mbi folklorin e folkloristikën, mitologjinë, etnologjinë, gjuhësinë, letërsinë, historinë etj. Publikimi i tij i parë në fushën e studimeve shqipe ishte një libër gjuhe dhe leximi shqip më 1913. Më pas shkoi Italinë e Jugut, për të shqyrtuar të folmet shqip atje, për të studiuar dialektin verior arbëresh në Abruzzo dhe Molise, sidomos dialektit në Badhesas (Villa Badessa). Studiuesi prof. dr. Lamberc ishte profesor universitar dhe albanologu i njohur austriak, që nga viti 1906 kur dëgjoi gjuhën shqipe në Atikë të Greqisë, e deri më 1963, kur vdiq, nuk iu nda punës për t'i çuar përpara studimet albanologjike në fushë të folkloristikës, e sidomos të epikologjisë e të poetikës së përrallës, të mitologjisë, e në veçanti të demonologjisë, të së drejtës zakonore, sidomos të Kanunit të Lekë Dukagjinit, të morfologjisë, të sintaksës, të dialektologjisë, të leksikologjisë, të drejtshkrimit, të historisë së gjuhës, të letërsisë, të historisë së letërsisë, të dramës, të përkthimit, sidomos të atë Gjergj Fishtës o.f.m. etj. Ai në qershor të vitit 1916, shkoi në Shqipërinë Veriore dhe Qendrore, duke regjistruar për herë të parë mbi baza shkencore gjuhën dhe folklorin shqiptar. Ai vizitoi Grudën, Shkodrën, Lezhën, Krujën, Tiranën, Durrësin, Luginën Kir, Shoshin, Shalën, luginat e Drinit dhe të Valbonës dhe sidomos Mirditën. Në dhjetor 1916, ai u kthye në Shqipëri, me trupat perandorake austriake që kishin pushtuar Shqipërinë veriore dhe qendrore në kuadër të Luftës Botërore. Ai ishte ngarkuar për krijimin e sistemit arsimor shqiptar dhe ishte anëtari i vetëm i huaj i Komisisë Letrare Shqipe që autoritetet austriake kishin formuar per krijimin e një sistemi shkollor të njësuar për mbarë Shqipërinë. **Në Shkodër, Lamberc ishte me atë Gjergj Fishtën**

Një "curriculum vitae" e shkurtër e patër Gjergj Fishtës o.f.m.

Mësohet nga burimet familjare, se kishte lindur pas tre vëllezërve dhe një motër të cilën e donte shumë. Në moshën 7-vjeçare, nis mësimet e para të edukatës në qytetin e lashtë të traditës kulturore Shkodër në vitin 1878. Dy vjet më pas, vijon mësimet e rregullta në Seminarin e Troshanit (shkollë e klerikëve katolikë).

Ai 6 vjet më vonë shkon për të ndjekur studimet në Bosnje (në Kuvendin e Sutieskës), ku, merr dijet e qendrushme në degën filozofike, ndërsa në Kuvendin e Livnos, mëson me adhurim në linjën teologjike.

Në një ndër ditët e ftohta të 25 shkurtit të vitit 1894, në kishën e Troshanit çon meshën e parë, duke qenë i veshun me zhgunin e sandalet e zbathura të shën Françeskut të Asizit.

Në vitet në vijim, ishte kapelan në famullinë e Lezhës, mësimdhënës e meshtar në Kolegjin e Troshanit dhe për 12 muaj gjendet në Gomsiqe të Pukës. Në bashkëpunim me **abatin e Mirditës, imzot Prenk Doçi**, i jep jetë tek themelon Shoqninë Letrare dhe Kulturore **Bashkimi**, boton artikuj të rëndësishëm e të mprehtë, duke përhapur të vërtetën në një numër sa më të madh njerëzish.

Ishte i pari që hapi klasat qytetëse, duke futur gjuhën shqipe në mësim, në kohën që ishte emëruar drejtor i shkollës fillore françeskane. Më pas poeti i madh Fishta ishte **kryetar i Komisionit të Alfabetit të gjuhës shqipe në Manastir (1908)**, si dhe themelon dhe drejton deri sa mbylli sytë revistën e njohur kulturore-shkencore **Ylli i Dritës (Shkodër, 1913)**.

---

o.f.m. botues i gazetës *Posta e Shypnisë*, në të cilën botoi edhe disa studime të vetat. Pas Luftes I Boterore Lambertz u kthye në Austri, dhe shkroi disa libra dhe artikuj mbi aspekte të ndryshme të kulturës shqiptare, veçanërisht folklorit. Fundi i Luftës Dytë Botërore e gjeti prof. dr. Lambercin në Gjermaninë Lindore nën kontrollin sovjetik. Në qershor të vitit 1945, ai u emërua drejtor i shkollës së gjuhëve të huaja në Lajpcig dhe në tetor 1946, bëhet profesor i Gjuhësisë Krahasuese. Deri sa doli në pension, më 1957, Maksimilian Lambertz drejtoi edhe Institutin e gjuhëve indo – evropiane. Vepra albanologjike e M. Lambertz-it është e pasur dhe e shumanshme. Ai është marrë me me shumë çështje të gjuhës shqipe e të dialekteve të saj, me mësimin e shqipes si lëndë universitare, me letërsinë shqipe, me folklorin shqiptar dhe me përkthime nga letërsia shqipe në gjermanishte.

Ai, hapi Shtypshkronjën Françeskane, nga ku nisën të dalin rregullisht periodikë cilësorë të shtypit fetarë katolikë dhe me përmbatje të mirëfillta kulturore në qytetin e Shkodrës, *që asokohe dhe deri më sot mbahet si djepi i kulturës mbarëshqiptare traditë të cilën e ruajti vazhdimisht ndër shekuj.*

Fishta si mendje e begatë dhe brilante, krijoi lidhje dhe ura bashkëpunimi me të gjithë albanologët e njohur evropian asokohe (në faqet e shtypit periodik të drejtuar me autoritet dhe profesionalizëm nga kleri katolik dhe intelektualë të shquar laik të kohës), duke i pasur vazhdimisht si bashkëpunëtorë dhe bashkëtrajtues të shumë temave interesante mbi Shqipërinë (albanologjinë), gjuhën shqipe, dialektet dhe nëndialektet e pasura të saj, visaret e kombit, traditën e pasur dhe të bukur shumë shekullore etnike shqiptare, letërsinë dhe rrymat e saj të larmishme dhe krishtërimin si pasuri dhe vlerë kombëtare dhe kulturore e hershëm ndër shqiptarë.[36]

Në bashkëpunim me të madhin liberator **Luigj Gurakuqin** (*të cilit i kishte venë në ambientet e Kuvendin Françeskan në Shkodër një dhomë përsonale në dispozicion, ku shpesh Gurakuqi strehohej, sa herë që nga kundërshtarët politikë vihej në rrezik jeta e tij, shënimi im K.K.*), themelon "**Komisien letrare**" (1916) të Shkodrës dhe paralelisht me këtë drejton gazetën e rëndësishme "*Posta e Shqypnisë*".

Përvoja e tij e gjërë në zotimin për çështje nacionale shqiptare bëri të mundur që ai me veshjen e fratit, të përfaqësojë Atdheun e vet, në **Konferencën e Paqes në Paris, ku me meritë kryeson delegacionin diplomatik.**[37]

Duke përfaqësuar denjësisht alternativën e opozitës të kohës, atë Gjergj Fishta o.f.m., **ishte deputet i Shkodrës dhe zgjidhet nënkryetar i Parlamentit.** Me dorën e vet, përuron hapjen e gjimnazit të njohur "*Illyricum*" në qytetin Shkodër, që pas vdekjes me të drejtë do të marrë emrin e tij, por komunistët e suprimojnë (*në shenjë urretje ndaj klerit katolik shqiptar dhe aitj personalisht, i heqin emrin atë Gjergj Fishta o.f.m. shkollës që ai themeloi*) menjëherë me të ardhur dhunshëm në pushtet. Ky ishte vetëm fillimi i urrejtes patetike antikatolike dhe antishqiptare, që komunistët kishin ndaj tij, luftë

---

[36] At Zef Oroshi, "**Tue kujtue Fishtën**", (Me rasën e 90-vjetorit të lindjes), "**Shejzat**" (le pleiadi), Fruer, 1962, f. 21-27.

[37] Klajd Kapinova, "**Fishta këndohej pa dijtë se si i thojshin emnit, këndohej përse në këngët e tij ishte shqiptari**", "Liria", Shkodër, E Premte, 2 Nëntor 2001, f. 8.

totale e cila filloi dhe vazhdoi kudo për disa dekada, kundër personalitetit të madh të tij, figurës dhe veprës amtare të tij në dobi të kombit dhe kulturës shqiptare.

Në vitin 1924, merr pjesë aktive në lëvizjet politike të kohës, duke qenë përkrah opozitës liberale noliste (shpesh me ide dhe qëllime komuniste, mbasi dihet se peshkopi i kuq komunist Noli sapo ishte kthyer nga Bashkimi Sovjetik, që ishte kundër fesë dhe kishës në Bashkimin e Republikave Sovjetike Socialiste).

Duhet thënë, se asokohe peshkopi boshevik-leninist pop Fan Stilian Noli si tinxar dhe manipulator, keqpërdori besimin gjoja të opozitës kundër zogiste, për të përhapur dhe manipuluar të rinjtë shqiptarë të kohës në Shqipërinë e Jugut dhe në Tiranë, ku **fatkeqsisht shumë shqiptarë me tru të shpërlarë, përqafuan idetë e tij të mbrapshta të Internacionales Komuniste (Kominternit)**, që ishin ide propagandistike të mirëfillta absurde bolshevike, revolucionare marksiste, terroriste komuniste, duke i shkaktuar dëm të madh Shqipërisë së mjerë dhe vetë ndjekësve naivë dhe të verbër të tij.

Leninisti fanatik Noli i kuq, duke perdorur petkun e priftit ortodoks, bëri aktin kriminal dhe të ulët, duke impunuar të gjithë deputetëve të Parlamentit të Shqipërisë, që në vitin e mbrapshtë *1924 të mbaj një minut zi, duke u ngritur në këmbë në shenjë respekti për ngordhjen e kriminelit më të madh të popullit rus, terroristit të sëmurë dhe marksistit manjak të tërbuar* **Vladimir Iliç Lenini (1870-1924)**.

Për kulturën e gjerë që kishte, atë Gjergj Fishta o.f.m., **emërohet Lektor Jubilar në Teologji e Filozofi**. Më pas patër Fishta, dy herë është **përfaqësues i delegacionit shqiptar në Athinë dhe Stamboll**.

Gjithashtu Fishta ynë për 3 vjet me radhë zgjidhet si **Provinçial i Urdhërit të shën Françeskekut në Shqipëri** *(ky urdhër është ndër më të vjetrat në vendin tonë, së bashku me benediktinët, të cilët janë vendosur për herë të parë në shekulli XII-XIII, shënim im K.K.)* dhe një vit para se të mbyllte sytë ishte akademik i Italisë, një ndër titujt më të mëdhenj, që ende se ka fituar asnjë njeri i nacionit të vet deri më sot.

Pikërisht për këtë fat dhe nder historiografia komuniste, e anatemoi poetin kombëtar mbarëshqiptar atë Gjergj Fishtën o.f.m. deri në përbaltje të turpshme për gjysëm shekulli, duke mos thënë asnjëherë arsyen, se ai ishte dhe mbeti deri sa kaloi në amshim një atdhetar stoik dhe kundër shovinizmit pushtues barbar sllav asokohe të vëllezërve serbo-malazez.

Nga burimet historike, mësojmë se 5 ditë pas Krishtlindjeve, Fishta ynë më 30 dhjetor **1940 mbylli sytë, ai, që i hapi sytë gjithë popullit shqiptar për shumë dekada.**

Asokohe Fishta varroset në qytetin e Shkodrës, mes lotëve dhe pikël-limit të madh të bashkëqytetarëve, bashkëluftëtarëve të idealeve të shenjta të lirisë dhe demokracisë perëndimore, vëllezërve të dashur në Krishtin dhe Atdheun.

Kur eshtrat e tij, ishin pajtuar me lumninë e pasosur, ndodhi ai akti më antinjerëzor, kur zhvarroset nga regjimi ateist dhe antikatolik i Enver Hoxhës, ashtu sikurse kishin vepruar turqit me eshtrat e arqipeshkëvit **imzot Pjetër Bogdanit** autorit të *Çetës së Profetëve*, serbët me babain e grum-bulluesit të zellshëm të kodifikimit të *Kanunit të Lekë Dukagjinit* **atë Shtjefen Gjeçovit o.f.m.** dhe së fundi përsëri komunistët shqipfolës eshtrat e Dedë Gjo' Lulit fatosit trim të Kryengritjes së Malësisë së Madhe (më 6 prill 1911), të cilat mizorisht dhe me përbuzje i hodhën menjëherë në ujërat e ftohta të lumit Drin…

Pushtuesit e huaj dhe komunistët trathtarë me gjak e gjuhë shqiptari, kishin një emërues të përbashkët: **të shkatërronin me themel, çdo vlerë dhe figurë të ndritur të trojeve amtare shqiptare.**

E vërteta triumfoi mbi gënjeshtrën dhe mashtrimin e përkohshëm pro-pagandistik mediatik dhe politik të komunizmit të zi, që fatkeqsisht mbisunoi mizorisht në tokën martire të popullit të lashtë të shqiponjave.

Kështu 6 vjet pas vendosjes së demokracisë, për vlerat e së cilës ai punoi e jetoi gjithnjë, më 28 dhjetor 1996, pas 56 vjetësh rivarroset me një ceremoni, ku, merr pjesë gjithë hierarkia e klerit katolik, populli i qytetit të Shkodrës, duke i bërë edhe një herë nderim relikeve të rigjetura të es-htarave të tij.

Para atyre pak eshtrave, që Zoti deshti t'i ruante, u bënë nderime e hu-mazhe në qendër të kishës françeskane në qytetin e Shkodrës dhe filloi pa humbur më kohë menjëherë puna e madhe për të riabilituar jetën dhe vepën e madhe të poetit brilant atë Gjergj Fishta o.f.m. dhe për të ribotuar serinë e veprave të tij letrare dhe kombëtare të anatemuar dhe përbaltur pa të drejtë nga regjimi komunist asokohe…

Pa Fishtën historia e letrave shqipe do të ishte e mangët

Esencialisht, për të gjithë françeskanët e përvujtur, Fishta, ishte një in-telektual dhe klerik i madh. Ai ishte një njeri me vizione të kjarta për të ardhmen e kombit të tij. Vepra e tij e madhe dhe e shumëanshme, u bë burim frymëzimi dhe dashurie për Fe e Atdhe dhe përparim, ç'ka asokohe në mendjen e Fishtës, ato jetonin në një unitet të pandarë, duke e ngritur gjeniun në nivele të reja cilësore, që i kanë qendruar me dinjitet kohës edhe sot.

Vlerësime pozitive kishte vazhdimisht sipas këndvështrimeve të ndryshme, për patër Fishtën e letrat shqipe, si njohës i kthjellët i tërësisë së kulturës së tabanit të lashtë autentik dhe përtej tij.

Opinione dhe konsiderata të larta positive, kanë shprehur përmes pendës dhe mendjes në kohë dhe në rrethana të ndryshme shumë intelektualë të shquar, albanologë evropianë ashtu dhe bashkatdhetarët e tij në Veri dhe Jug të Shqipërisë, shkrimtarë dhe studiues të kulturës shqiptare në atë kohë dhe sot.

Kështu **Karl Shtainmes** e krahason Fishtën me *Gëten e Shilerin*, ndërsa francezët e thërrasin **"Tirteu i Shqipërisë"**.

Albanologu i njohur italian **atë Fulvio Kordinjano S.J.**, që punoi dhe jetoi për një kohë të gjatë në Shqipëri, radhiti këto fjalë të ngrohta zemre: **"Pak kush kujtoj, në letërsi të mbarë botës, ia del at Fishtës si poet satirik, si i tillë me nji fuçi të çuditshme ther e pren aty ku djeg"**.

Ndërsa 5 vjet më vonë, albanologu i shquar italian, **prof. Gaetano Petrotta**, me pendën dhe mendjen e tij ka lënë të gdhendur këtë vlerësim shumë domethënës: **"Ndër veprat e këtij është shprehur e pasqyruar në mënyrë më të kthjellët shpirti i popullit shqiptar. Këto vepra kanë për të mbetur të pavdekshme e kanë për t'u bërë poezia e kombit të Skënderbeut…"**.

I madhi për të madhin **Domenik (ose Faik) Konica** për atë Gjergj Fishtën o.f.m., në shenjë nderimi dhe respekti të thellë, ka lënë si dëshmi të tij vlerësimin konçiz: **"Kot së koti përpiqen grekët e sotëm të kërkojnë në letërsinë e tyre një vepër më të plotë se "Lahuta" e Gjergj Fishtës"**.

Ministri i Kulturës së Shqipërisë dhe shkrimtari brilant apo prozatori i shquar modern geg **prof. Ernest Koliqi**, thotë: **"Fishta, ishte vravashka e shqiptarizmës, e bashkimit në gjakun dhe gjuhën e përbashkët"**.

Për poetin e pendës, që ka luajtur një rol të rëndësishëm në Rilindjen Nacionale, nacionalisti **prof. Abaz Ermenji (1913-2003)**,[38] shkruan: **"At**

---

[38] **Profesor Abas Ermenji (1913 2003)** ka qenë arsimtar, veprim i Ballit Kombëtar dhe publicist shqiptar. Ai kishte qëndrime social demokrate dhe gjatë jetës së tij kundërshtoi monarkinë, fashizmin, komunizmin dhe çdo formë të totalitarizmit. Ai shkollen fillore e kreu në Berat, kurse studimet e mesme

Gjergj Fishta, është ndoshta m'i madhi poet shqiptar gjer më sot. Edhe ky pjesën më të rëndëishme të veprave të tij, ia pat kushtuar çështjes nacionale".

Në vitin 1989, **atë Daniel Gjeçaj o.f.m**. (që këto ditë ndërroi jetë), studiues i afërt, (botues i *"Lahutës së Malcis"* në Itali), jep esencialisht këtë formulim: **" ...Fishta, këndohej pa dijtë se i thojshin emnin; këndohej përse në këngët e tija ishte shqiptar; shqiptari në doke, në kanu, në mitologji, në folklor, në aspirata, në jetë, në luftë e në ngallnime"**.

Poeti i madh i valëve të liqenit të Pogradecit dhe miku i tij i ngushtë **Lasgush Poradeci**, e pati cilësiar bukur meshtarin françeskan, si: **"Shkëmbi i tokës dhe shkëmbi i shpirtit shqiptar"**.

Gjykim të mirë dhe fjalë të përzgjedhura, ka hartuar me mendje dhe zemër edhe **albanologu i shquar italian dr. Antonio Baldacci**, ku midis të tjerave sintetizon: **"At Fishta mund të thirret apostull i Atdheut të vet..."**.

Shkurt e saktë, duke bërë paralelizëm në historinë shumëshekullore

---

në gjimnazin e Shkodrës. Gjatë viteve 1934-1938 kryen në Sorbonë, Paris, Fakultetin e Letërsisë me specializim Historinë. Kthehet në Shqipëri në vitin 1938 dhe emërohet profesor në Liceun e Korçës, ku jep mësim deri në muajin nëntor të vitit 1939. Arrestohet nga italianët si një nga organizatorët e rinisë korçare në manifestimet e 28 nëntorit të vitit 1939 kundër pushtimit fashist dhe internohet në ishullin e Ventotenes, nga ku lirohet në vitin 1941. Sapo kthehet në Shqipëri merr pjesë në organizimin e anëtarëve të armatosur, kundër pushtimit të huaj në vazhdimësi Skrapar-Berat dhe arrin të mbajë Beratin të lirë nga italianët. Ishte një nga organizatorët e Ballit Kombëtar dhe anëtar i Komitetit qendror të tij. Pas ardhjes së komunizmit në Shqipëri, detyrohet të largohet nga adheu dhe të marrë rrugën e gjatë të mërgimit. Vendoset në Paris, ku drejton Komitetin Kombëtar Demokrat "Shqipëria e Lirë", i cili ka një rol të madh në veprim për një Shqipëri të lirë nga komunistët si dhe për çlirimin e Kosovës nga shtypja dhe tirania e Serbisë. Pas rikrijimit të Ballit Kombëtar në Shqipëri në vitin 1991, zgjidhet i kësaj partie dy herë radhazi në vitet 1994 dhe 1998. Gjatë kësaj periudhe, me të gjithë njerëzit e tij të madh, ka dhënë një kontribut të madh në ngritjen e ndjenjave kombëtare të shqiptarëve. një seri konferencash në të gjithë Shqipërinë. Ermenji ka qenë një mbrojtës i flaktë i çështjeve dhe kombësisë shqiptare, me artikuj të shumtë, të botuar tek "Flamuri", tek "Balli i Kombit", tek përmbledhja "Albania" etj. Por kryevepra e tij është studimi "Vendi që zë Skënderbeu në Historinë e Shqipërisë" - një apologji madhështore e kombësisë shqiptare.

shqiptare ka lënë të shkruar edhe **atë Augusto Gemelli o.f.m.**, kur vlerë-son: *"Në historin e Shqypnis, emni i at Fishtes do të rrijë krahas me atë të Gjergj Kastriotit. Dy emna këta, të cilat janë e do të mbesin nji flamur i vetëm, nji nxitje e vetme e nji lumni e vetme"*.

Shkrimtari gegë nga Gjermania *ish i arratisur nga regjimi komunist në moshë të re malësori stoik dhe shkrimtari i shquar gegë* **prof. Martin Camaj**, shkruan: "**...Mua më ka bërë përshtypje një gjë në seleksionimin e shkrimtarëve të vendit, janë ndalur shkrimtarë që ishin krejtësisht të talentuar është edhe Fishta, që ishte shumë i kulturuar në pikëpamjet e letërsisë"**.

Kritiku i sotshëm bashkëkohorë **dr. Aurel Plasari**, midis shumë kon-sideratave për jetën dhe veprën e patër Fishtës, ka dhënë edhe vlerësimin e tij të veçantë: **"Gjysmëshekulli që ka kaluar prej vdekjes së tij fizike, e ka vërtetuar jetëgjatësinë e veprës së tij letrare, me gjithë kushtet speci-fike të vështira në të cilat i është dashur asaj të gjallojë"**.

Studiuesi i shquar kosovar dr. Sabri Hamiti, një ndër njohësit më të mirë të letërsisë së traditës dhe bashkëkohores, mbi lirikën dhe poetikën nacionale, renditë edhe këto fjalë në parathënien e lirika fishtiane: **"... zotërojnë figurat ambientale dikund edhe figurat historike, por gjithnjë më të freskëta janë krahasimet që dalin nga një botë elementare shqiptare e shkëmbit, malit, fushës, lules, erës; pra një botë e tërë konkrete që don të pavdeksohet e të përgjithësohet në art"**.

Mbi korpusin e botuar të veprave të patër Gjergj Fishtës o.f.m. në Dar-daninë martire, të ndara në katër vëllime, shquhet edhe shkrimi hyrës që shoqëron kryeveprën **"Lahuta e Malcis"**, shkruar me art nga studiuesi i shquar i ditëve tona **dr. Anton Nikë Berisha**, ku mund të kundrohet me endeje parathënia me titull kuptimplotë: **"Vepër e qenësisë së botës dhe shpirtit shqiptar"**, ku ndër të tjera autori dr. Berisha sintetizon: **"Rëndësia dhe vlera e "Lahuta e Malcis" dëshmohet pos tjerash edhe me aktu-alitetin që ka kjo sot, qoftë si tematikë, qoftë si pasuri gjuhësore shpre-hëse dhe si kuptimësi: – ruatja e qenësisë shqiptare, forcimi dhe pasurimi i vetëdijes dhe vetëdijësimit kombëtar, për atë qëllimin e fun-dit thelbësor që del nga gjithë vepra letrare e këtij krijuesi madhor – për mirëqënien tonë të sotme dhe të nersërme"**.

Vepra e Fishtës një ungjill i ngrohtë atdhedashurie

"Mireqënia kombëtare, nuk m'varet nga përkatësia fetare e secilit individ shoqnor, por sjellja e shumës së këtyne individëve ndaj Atdheut." - **Atë Gjergj Fishta o.f.m.**

Mund të thuhet hapur, se kontributi i Fishtës, është simbol i shqiptarizmit të kulluar dhe gjithë vepra e tij madhore përbën një ungjill të ngrohtë atdhedashurie.

Si meshtar i përvujtë i popullit të vet që e donte dhe e respektonte aq shumë, u nderua, u respektu si bari shpirtëror shembullor nga delet e veta dhe bashkëkohësit, mbasi si një shqiptar i vërtetë ruante besë e burrëri, kishte guxim e trimëri, për të cilat gdhendi me pendën e fuqishme magjinë e madhe të veprave që krijoi mendja e begatë, duke ia bërë dhuratë krenarie gjithë Shqipërisë.

Pikërisht për këto virtyte të çmueshme, vepra e *"poetit nacional"* shpaloset me vizione mjaft të gjëra, me vlera të shumta e të një rëndësie të madhe për letërsinë shqipe.

Ajo që e dallon më së shumti poetin si gjeni origjinal, midis shumë të tjerave është arsyetimi bindës se: *Homeri shqiptar nuk është aspak transplantim i teologjisë a i parimeve të Urdhërit Françeskan, të cilit me devocion ai i përkiste, por ndryshe, ishte më shumë se kaq, sepse ishte gjithnjë një vlerë e re që ripërtërihej e ridimensionohej në një sistem origjinal vlerash, që asnjëherë nuk i kundërvihej kuptimit esencial kristian, në veprat e të cilit identifikohet si një lloj bagazhi i pasur me vlera ripërtëritëse bashkëkohore.*

Për me tepër, kjo dëshmohet në tërësinë e kulturës solide që kishte pasur fatin e mirë të merrte Fishta, duke përthithur ajkën kulturore botërore e në veçanti atë evropiane dhe e transmetoi nektarin si një trashëgim të denjë brez pas brezi përmes puplës së shkrimtarit.

Pohimi i thjeshtë i autorit, shpjegon dukshëm mesazhin filozofik të tij të shprehur në veprat, si: *"Odisea"*, *"Shën Françesku i Azisit"*, *"Kryepremja e Shën Gjonit"*, të cilat janë respektivisht: ngallnjimi i lirisë, vëllazërimi dhe inifikimi sipas vështrimit të kthjellët të doktrinës kristiane.

Gjithsesi mund të pohohet me të drejtën e qytetarisë shqiptare, se kryevepra aq shumë e adhuruar nga shumë breza si një margaritar brilant shkëlqen brenda universit që shpalosë mendja dhe dora e palodhur e shkrimtarit të përkushtuar tërësisht interesave të nacionit shqiptar.

Ky prodhimtar i begatë i fushës së letrave shqipe, asokohe me të drejtë **ishte përfshirë me të drejtë vlerësimi, në listën e Çmimit Nobël**, si i ngjashëm në pendën artistike, ç'ka në këtë mënyrë kishte kaluar kufijtë etnikë dhe i përkiste tashmë edhe fondit të artë të letërsisë botërore.

Si një intektual universal, eruditi i gjërë e i thellë atë Fishta, ka lënë gjurmë në fusha po aq të vështira sa ajo e letërsisë, ku në mënyrë të dukshme, është shquar si arkitekt shqiptar me shije të hollë.

Disa nga projektet e realizuar nga mendja krijuese e Fishtës janë: balli i kishës së Rubikut, qela e Lezhës. Ndërsa në Dukagjin (Malësi e Madhe), ka mbetur si gjurmë e freskët dora mjeshtërore e tij, që e skicoi në kartë kishën e Prekalit, kishën e Zojës Rruzare në qytetin e Shkodrës, ashtu sikurse projektoi kishën e katundit Troshan.

Po ashtu Fishta organizon me vetë insiativë ekspozitën simbolike me titull kuptimplotë **"Rozafat"**, ku për vizitorët e shumtë artdashës, **ofroi 25 punime të nënshkruara nga dora** e frymëzimit të padër Gjergjit.[39]

Kraharori i poetit ruajti tituj nderi e fisnikërie

Fishta i madh, nuk mbeti pa u vlerësuar nga qarqet e interesuara të kancelarëve të kulturës dhe të civilizimit evropian dhe nga bashkëkohësit e vet.

Ai është nderuar me kurora dafinash argjendi nga Klubi *Gjuha Shqype* i Shkodrës në vitin 1911, **Penda e Artë** dhënë për merita të spikatura në cilësi shkrimore dhënë nga qyteti po aq i Beratit në vitin 1917. Medalja **Mearif e Klasit II**, dhënë nga shteti i Turqisë më 1912, **Rihter-Kreuz** të dorëzuar nga Austro-Hungaria në vitin 1912, **"Benemerenza"** dhuruar nga Selia e Shenjtë në Vatikan më 1925, medalja me emrin e një zogu mitologjik **Phoenix**, dorëzuar nga shteti i Greqisë në vitin 1931, etj.[40]

Atë Gjergj Fishta o.f.m., duke u vlerësuar, ka sot një trashëgimi, një mal të tërë me emrin dhe rrymën e pastër të vlerësuara sa dhe si duhet.

---

[39] Klajd Kapinova, **"At Gjergj Fishta o.f.m. – një ungjill i ngrohtë atdhedashurie"**, *Fokus*, **"Bota Sot"**, New York, 4 Janar 2003, f. 14-15.

[40] Klajd Kapinova, **"In memoriam: "At Gjergj Fishta o.f.m. (1870-1940) - 5 ditë pas Krishtlindjes, më 30 dhjetor 1940 mbyll sytw, ai, që I hapi sytë gjithë popullit shqiptar"**, Gazeta **"55"**, e Pavarur Politike, Shoqërore, Kulturore, Tiranë, Viti V, 27 dhjetor 2002, f. 13-14.

Ekzistenca e plotë e botimit të tij, do të nxisë kërshërinë e studiuesve letrarë që t'i qasen kësaj vepre dhe t'a vështrojnë atë mbi bazën e studimit të kohës në mënyrë sa më komplekse e më të gjithanshme.[41]

Nxënësi atë Daniel Gjeçaj o.f.m. dhe mësuesi i tij patër Fishta

Një ndër nxënësit adhurues të mësuesit, poetit dhe burrit të madh të kombit shqiptar Fishta, që u përkujdes më së shumti për jetës dhe pasurinë e madhe dhe të larmishme të gjithë krijimtarisë apo veprës letrare të poetit kombëtar atë Gjergj Fishta o.f.m. ishte meshtari i përvuajtur **atë Daniel Gjeçaj o.f.m.** (1913-2002), *që ishte gjithashtu vlla apo frat françeskan në Krishtin (me patër Gjergjin), studjues, publiçist dhe shkrimtar shqiptar.*

Emri me të cilin e pagëzuan në kishë ishte Mark, i biri i Prenkë dhe Kate Vatës. Ai mësimet e para të gjuhës dhe cultures shqipe dhe të fesë katolike i mori prej famullitarit, patër Dedë Bërdicës o.f.m. Në vitin 1924 shkon në Shkodër, ku hyn në Kolegjin e Françeskanëve, dhe më pas vijoi në liceun Illyricum ku midis të tjerëve ai kishte mësues Fishtën, Harapin, Prennushin, Shllakun, etj. Frati i ri me 23 tetor të vitit 1932 vesh zhgunin, me 1933 kryen rishtarinë, me 1936 studimet liceore.

Në vitin 1936, ai dërgohet nga eprorët e vet në Kuvendin e shën Bernardinit në Sienë dhe qëndron aty deri me 1939, kur më 25 korrik shugurohet meshtar. Vitin akademik që vijoi u dërgua në Fuld të Gjermanisë, por ai zgjodhi të kthehej.

Me të kryer studimet vjen dhe mban meshën e parë në fshatin e lindjes, emërohet drejtor i Bibliotekës Françeskane deri më 1941 dhe më vonë zëvendës drejtor i Kolegjit Françeskan.

Më 1942 Provinca e dërgon në Itali, për të ndjekur me korrespondencë studimet për shkenca biologjike, por u kthye vitin e ardhshëm në vjeshtë me të kapitulluar Italia.

Asokohe gjithnjë e më tepër ndihet era dhe stuhia shkatërruese bolshevike komuniste, e cila kishte pllakosur fatkeqsisht vendin arbëror martir të shqiponjave. Jeta e thjeshtë e qytetarëve dhe fshatarëve shqiptarë dhe insitutucionet fetare në Shqipëri dhe Shkodër e cila ndër shekuj ishte qëndra apo bërthama positive e rrezatimit të kulturës kombëtare dhe kristianizmit ndër shqiptar ishte në nen gijotinë apo në epiqendër të termetit

---

[41] Klajd Kapinova, "**At Gjergj Fishta o.f.m. – një ungjill i ngrohtë atdhedashurie**", *Fokus*, "**Dielli**", New York, August 22, 2016.

shkatërrimtar barbar komunist (*që të kujton shumë mire pushtimin e gjatë barbar otoman 7 shekullor...*), përmes goditjeve të mirë organizuar nga rregjimi i diktatorit injorant dhe homoseksualit përvers të Enver Hoxhës (i cili gjithashtu ishte nip i një hoxhe me origjinë të pastër otomane e arabe, një ish kolon otomano-arab i ardhur dhe vendosur forcërisht në tokat etnike shqiptare, në qytetin gjysmturk të Gjinokastrës**), goditjeve antishqiptare dhe antikatolike nga sistemi të ri komunist (*i Ali Kelmendit dhe peshkopit të kuq leninist Fan Stilian Nolit*), që lindi e u rrit si fara e ithrave, në saj të hurit dhe litarit.**

Me mbylljen e instituteve fetare në Shkodër frati ynë shkon në vitin 1946 si famullitar në katundin Plan të Dukagjinit. Duke e parë se çdo ditë e më tepër gjendja po vështirësohej në Shqipëri dhe Shkodër, ai në vitin 1948 arratiset në Jugosllavi së bashku me prof. Martin Camajn, rapsodin Gjergj Pllumi dhe mbi 30 nacionalistë të udhëhequr nga Kapiten Gjon Destanishta (1903-1950).[42] [43]

Patër Daniel Gjeçaj o.f.m., nuk pranoi për të bashkëpunuar me UDB-në për ketë arsye u dërgua në hekurudhën në Barashumanoviq dhe më vonë asistent i inxhenierit gjerman Vogel, rob lufte, në Fushë të Zezë afër Podgoricës. Kaloi në Herzegnovi e Surdulicë, ku iu bë e mundur të ushtrojë profesionin e mësuesisë në katundin e Preshevës, ku mësues Marku u prit mirë.

Më 1955 i ndihmuar nga miku i tij i hershëm prof. Ernest Koliqi kalon në Itali, ku vendoset në qytetin Toskanë (Toscana), në një provincë minoritike.

Asokohe kur shqiptarët në emigracion nisën të organizaohen për t'iu kundërvenë komunizmit të zi politikisht dhe kulturisht, mësojmë se Komiteti Shqipëria e Lirë e thërret si përgjegjës për kulturën dhe i jep detyrë të ribotonte eposin fishtjan Lahuta e Malcís, dhe kështu patër Danieli

---

[42] Fatbardha Saraçi (Mulleti): Kalvari i grave në burgjet e komunizmit, Botimi i Dytë: ISKK, Tiranë 2013, f. 42; F. 1, Viti 2013, Dosja 4, f. 789.

[43] **Kapiten Gjon Destanishta,** oficer i lartë xhandarmërie në kohën e Mbretit Leka Zogu. Gjoni lindi në qytetin e Shkodrës në vitin 1903 dhe vra pa gjyq në qytetin Pejës më 1950. Me vendosjen e diktaturës komuniste, largohet në malet e Dukagjinit, për të organizuar qendresën kundër regjimit të sapovendosur. U pushkatua pa gjyq për **motive të pastra politike** në burgun e Pejës, Prishtinë. Në lidhje me datën e vdekjes, Gjykata përcakton 31 dhjetor të vitit 1950. Atij ende sot nuk i është gjetur varr.

sëbashkë me Petro Vuçanin e korrigjon dhe boton atë të plotë në vitin 1959. Ai shkruan edhe një parathënie brilante kushtuar Lahutës kryevepër të gjeniut patriot patër Gjergj Fishtës, e cila kundrohet me andje edhe sot.

Para se të zinte vend më 15 korrik 1970 në famullinë e shën Gregorit VII në Romë, ka qenë sekretar i Át Angelico Lazzari në Kurien e përgjithshme (1961-1965), ndërsa nga 1965-1970 jeton në shën Pjetër në Montorio.

Ai bashkëpunon dendur me shkrimtarin dhe prozatorin e shquar geg prof. Ernest Koliqin, për të botuar tek Shêjzat artikuj, dhe iu dëgjua zëri shpesh ndër programet e Radio Vatikanit në gjuhën shqipe bashkë me dom Zef Shestanin.

Frati ynë asokohe shpesh zhvillon konferenca për lirinë e popullit shqiptar në Europë dhe ShBA.

Ai këtu (New York, Detroit, California, SHBA) vjen shpesh dhe takohet me bashkatdhetarët e shumtë malësorë dhe të tjerë nacioanlsitë, klerikët e komunitetit tonë, si: eruditin e shquar dhe prelatin shumë të ngritur kulturisht dhe fetarisht mons. dr. Zef Oroshin (1912-1989), dom dom Prek Ndrevashaj (1928-2004), dom Lazër Sheldijën (1928-1988),[44] dom Anton Kçirën, prof. Gjon Sinishtën (1930-

---

[44] Klajd Kapinova, **"Kush është seminaristi i arratisur nga komunizmi dom Lazër Sheldia (1928-1988)?"**, Gazeta **"Dielli"**, New York, 20 Dhjetor 2017. "Ai ka lindur më 15 janar 1928, në fshatin Sheldi, jo shumë kilometra larg nga qyteti i Shkodrës. Poeti i embëlsisë, martiri i shenjtë dom Ndre Zadeja, duke pikatur talentin dhe zellin për libra të Lazrit të vogël e ndihmon për të vijuar studimet për meshtari në Shkodër.Në vitin 1941, ai filloj jetën studentore si seminarist jezuit, ku del me rezultate shumë të mira në mësime. Me mbylljen e seminarit, pas ardhjen në pushtet nga komunistët ateist, studenti Sheldia rregjistrohet në gjimnazin e shtetit dhe më vonë bëhet mësues. Meqenëse në shkollë ai fliste për vlerën pozitive të doktrinës kristiane, ai bie në sy të forcave të Sigurimit të shtetit komunist, të cilët e kishin futur në rreth të kuq për ta arrestuar. Duke e nuhatur rrezikun që e priste, ai mendoi të arratisej nga Shqipëria. Dhe një ditë ëndrrën e bëri realitet, duke shkuar drejt botës së lirë në ish Jugosllavi dhe më pas në vitin 1954 shkon në Vjenë (Austri). I riu Lazër për tu bërë meshtar shkon në Itali, ku regjistrohet në Universitetin e Urbinos, Propaganda Fide. Në vitin 1960 ai bëhet meshtar. Duke parë nevojën e emigrantëve për meshtarë Selia e Shenjtë e emron meshtarë kapelan i shqiptarëve për Europën Perëndimore. Tre vjet më vonë, në vitin 1963 ai dërgohet si misionar i Krishtit në arkidioqezin e Rio De Janeros në

1995) etj.

Patër Danieli më vonë u emërua prej Selisë Shenjte si përfaqësues i katolikëve shqiptarë në mërgim. Shërbesën e tij meshtarake e zhvilloi pranë famullisë së shën Gregorit VII, ndërsa ishte edhe asistent i U.F.SH. të famullisë Santa Maria Mediatrice dhe të famullisë Santa Maria della Perseveranza. Në këtë gjysmë shekulli që jetoi në Perëndim, së bashku me dy fretën tjerë shqiptarë, prof. Jakob Marlekajn në Bari e prof. dr. patër Paulin Margjokajn në Vjenë, mblodhën libra, dorëshkrime, dokumenta duke formuar rishtas atë që u bë bërthama e bibliotekës së ré françeskane në Gjuhadol. Shuhet në qytetin e amshuar më 30 gusht 2002. kulturore.

Përveç botimit të lartpërmendur të Lahutës, nevoja lypi që ta ribotonin më vitet 1989 dhe 1991, botime të cilat u bënë me një aparat komentimi të detajuar. U kujdes për ribotimin e veprave të françeskanit patër Anton Harapi o.f.m., si: Andrra e Prêtashit (1959) dhe Valë mbi valë (1994). Botoi Kujtimet e veta për atë Gjergj Fishtën o.f.m. (Shêjzat, 1957, nr. 4-5), Proza fishtjane (Shêjzat, 1961, nr. 11-12) duke u nënshkruar në të dyja rastet me pseudonimin 'Gjin Duka'.

*At*ë Danieli, u dallua edhe në fushën e përkthimeve, duke sjellë në shqip Mesharin e të kremteve (1966), Rendori i meshës (1973), Psalmet dhe krejt Shkrimin e Shenjtë. Ndërkohë panë dritën e botimit edhe vepra të tijat origjinale kryesisht duke trajtuar argumenta të jetës malësore e figura reale të atij ambient.

Kështu ai botoi veprat **Prel Tuli i Salcës** (Romë, **1988**), **Mehmet Shpendi dhe Mark Sadiku i Shalës** (Romë, **1996**), **Te del Kiri** (Shkodër,

---

Brasil, ku punoi deri në vitin 1973. Në muajin mars të vitit 1973 dom Lazri vjen në Californi (SHBA), ku qëndron 6 muaj dhe më pas udhëton drejt New York. Nga viti 1973-1988, qëndroi në New York, ku për 15 vjet i shërbei komunitetit amerikan dhe shqiptarë, në kishën Holy Rossary, në Eastchester Road, Bronx, New York. Më 22 nëntor të vitit 1988, ai gjendet i vdekur në shtëpinë e tij nga Policia e shtetit të New York. (NYPD). Ai varroset me nderime dhe respekt nga komuniteti shqiptaro amerikan, në varrezat katolike në Saint Raymond's Cemetery, Bronx, NY. Në rrasën e varrit të misionarit të Krishtit dom Lazër Sheldia gjendet e shkruar në shqip ky epitaf: "**Në Përkujtim të Përjetshëm të Misionarit Katolik**." Më 30 qershor 2005, në fshatin e lindjes në Sheldi të Shkodrës, u përurua monumenti i martirëve, që kanë shërbyer në Sheldi, ku tre pëllumba të bardhë simbolizojnë tre meshtarët: Dom Ndre Zadeja, dom Dedë Maçaj dhe dom Lazër Sheldia.

2000) dhe la në dorëshkrim një vepër me titull: **Dikur në Dukagjin**.

Më 1992 doli në dritë një punim të cilit i kishte kushtuar vite, Gjergj Fishta: **Jeta dhe vepra**, *një monografi shterruese, me pseudonimin* **Pal Duka-Gjini**.[45][46][47][48]

Poeti Kombëtar Atë Gjergj Fishta o.f.m. (1871-1940) në bibliotekën e famshme të Kuvendit Françeskan në Gjuhadol, Shkodër.

---

[45] Kurti D., Provinca Françeskane Shqyptare (lidhje e vdekur) (E ripertrime në vj. 1906), Cokesë (Skicë historike). Shkodër 1965. f. 32-44. Shënim: Primi et Catharinae Vatja shënohet në latinisht, emra të cilët gjejnë formën gjegjëse në truallin ku personi i artikullit leu në Prenkë e Kate Vatës - emër ky i fundit që mund të ketë pasë edhe trajtën tjetër vendore, Tringë.

[46] Ndreca A., Gjurma e pashlyeshme e një frati të madh shqiptar: P. Daniel Gjeçaj, Theth 14 tetor 1913 - Romë 30 gusht 2002, Illyria. - V. 12 Nr. 1175, 17-19 shtator, 2002, f. 25.

[47] Kamsi V., Vdekja e një françeskani dhe shqiptari të madh: [At Daniel Gjeçaj], Phoenix. - Nr. 1 - 3, 2002, f. 13 - 17.

[48] Marrë nga Atë Daniel Gjeçaj, Vepra 1, 2012, Botime Françeskane, Shkodër.

SHQIPTARËT NË SINTEZËN
E KRISHTËRIMIT PERËNDIMOR DHE LINDOR

"Ne ju shohim me kënaqsi, pse e dijmë se shpirti me të cilin ju e kujtoni këtë ditë është ai i gjithmonëshmi i fisit tuaj, i cili gjithëherë, mbi çdo interes ka vendosur vlerat e trashëguara të Besës, të Nderit e të Burrënisë. Fatosi Skënderbeg, ka qenë personifikimi i gjallë i këtyre cilësive: ai ua ka lënë si trashëgim, bashkë me miqësinë e miqëve të vjetër të Atdheut tuaj, ndër të cilët kjo Seli Apostolike gëzohet që bën pjesë, mbasi e numëron veten ndër ata që kurrë s'i dolën fjale. Këto virtyte Gjergj Kastrioti, ua ka lënë në roje trashëgim të shënjtë në Atdhe dhe në megrim. Uroj, që kjo trashëgimi të japë mundësi dhe meritim, që të jeni element kuptimi dhe paqeje ndërmjet fisesh e gjuhësh të ndryshme. Këso dore do të rindërtohet testamenti i Skënderbeut dhe Atdheu i juaj do të shkëlqejë me meritime të reja, Atdheu i juaj, të cilin na e kemi aq fort për zemër dhe që e bekojmë me dashuri atënore." - **Papa Pali VI, Vatikan, 1968.** *Ai mori pjesë aktive, gjatë manifestimit katër ditor, në nder të 500-vjetorit të kryetrimit Gjergj Gjon Kastriotit - Skënderbeut.*

"Së këndejmi, shikuar nga aspekti politiko-juridik, kisha e krishterë është bartëse e institucioneve dhe normave shtetërore romake, zbatimi i të cilave nënkuptohet në sintagmën-unitas et libertas, gjegjësisht uniteti dhe liria, në të cilën shprehet funksionimi i pragmatizmit politik të Perandorisë Romake ndaj popujve të nënshtruar dhe kulturave të ndryshme. Ky unitet dhe liria në të, janë korelativ i fuqisë shpirtërore përmes së cilës ruhet identiteti dhe entiteti i bartësve të një kulture. Kjo është dëshmuar me plotëkuptimin e fjalës në krijimtarinë intelektuale, politike e kulturore, filozofike e shkencore, në art, letërsi, muzikë dhe veprimtaritë tjera shpirtërore të njeriut të botës së krishterë." - **Akademik Prof. Zef Mirdita, Kroaci**[49]

---

[49] Prof. dr. Zef Mirdita (Akademik), **"Historia e Kishës në popullin shqiptar"**, nga **"Kisha dhe historia e saj"**, Vëllimi I-X, "Drita", Ferizaj dhe KS-Zagreb, 1982.

Shkurt lindja, përhapja dhe evolucioni i krishtërimit dje dhe sot

Në menyre telegrafike po oftojmë një përshkrim esencial i krishterimit nëpër botë nga shekulli e parë dhe deri me sot. Historia e Krishtërimit ka të bëjë me fenë e krishterë, vendet e krishtera dhe të krishterët me emërtimet e tyre të ndryshme, nga shekulli parë e deri më sot. Krishtërimi filloi me shërbesën e Jezusit, një mësues dhe shërues hebre, që shpalli Mbretërinë e afërt të Perëndisë dhe u kryqëzua shekulin e parë apo vitin 30–33 pas Krishtit në Jerusalem në provincën romake të Judesë.

Ndjekësit më të hershëm të Jezu Krishtit ishin të krishterë apokaliptikë hebrenj. Përfshirja e johebrenjve në kishën e hershme të krishterë në zhvillim shkaktoi ndarjen e krishterimit të hershëm nga judaizmi gjatë 2 shekujve të parë të epokës së krishterë. Kështu në vitin 313, **perandori romak me origjine ilire Konstandini I** nxori Ediktin e Milanos duke legalizuar adhurimin e krishterë.

Mirëpo në vitin 380, me Ediktin e Selanikut të shpallur nën Theodosius I, Perandoria Romake miratoi zyrtarisht krishterimin trinitar si fenë e saj shtetërore dhe krishterimi u vendos si një fe kryesisht romake në kishën shtetërore të Perandorisë Romake. Debate të ndryshme kristologjike rreth natyrës njerëzore dhe hyjnore të Jezusit e konsumuan Kishën e Krishterë për 3 shekuj dhe 7 këshille ekumenikë u thirrën për të zgjidhur këto debate. Arianizmi u dënua në Këshillin e Parë të Nikesë (325), i cili mbështeti doktrinën Trinitare siç shpjegohet në Kredon e Nicesë.

Në mesjetën e hershme, veprimtaritë misionare përhapën krishterimin drejt perëndimit dhe veriut midis popujve gjermanikë; drejt lindjes midis armenëve, gjeorgjianëve dhe popujve sllavë; në Lindjen e Mesme mes sirianëve dhe egjiptianëve; në Afrikën Lindore midis Etiopianëve; dhe më tej në Azinë Qendrore, Kinë dhe Indi. Gjatë Mesjetës së Lartë, krishterimi lindor dhe ai perëndimor u ndanë, duke çuar në skizmën Lindje-Perëndim të vitit 1054. Kritikat në rritje të strukturës kishtare katolike romake dhe korrupsionit të saj çuan në Reformën Protestante dhe lëvizjet e lidhura me të reformat në shekujt XV-XVI, e cila përfundoi me luftërat evropiane të fesë që shkaktuan ndarjen e krishterimit perëndimor. Që nga epoka e Rilindjes, me kolonizimin evropian të Amerikës dhe kontinenteve të tjera të nxitura në mënyrë aktive nga kishat e krishtera, krishterimi është zgjeruar në të gjithë botën.

Sot, ka më shumë se 2 miliardë të krishterë në mbarë botën dhe krishterimi është bërë feja më e madhe në botë. Brenda shekullit të kaluar, ndërsa ndikimi i krishterimit është zbehur në mënyrë progresive në botën perëndimore, krishterimi vazhdon të jetë feja mbizotëruese në Evropë (përfshirë Rusinë) dhe Amerikën, dhe është rritur me shpejtësi në Azi, si dhe në Jug dhe në të tretën globale. Vendet e botës, veçanërisht në Amerikën Latine, Kinë, Korenë e Jugut dhe pjesën më të madhe të Afrikës Sub-Sahariane. (**Wikipedia dhe Enciklopedia botërore.**)

Shqipëria *(Iliria, Albania), është një nga vatrat më të hershme të familjes së madhe të kurorës së lulëzimit të krishterimit botëror.* Në këtë pikëvështrim pozitiv fatmirësisht janë edhe autorët europianë dhe amerikanë.

Ato me kohë në studimet dhe përfundimet analitike, duke argumentuar eksplorimin e substratit e përhapjes së Krishtërimit nëpër botë (institucion më me prestigj dhe autoritet në botë, që i ka rrënjët 2024 vjet më parë, në kufi të dy epokave), ripohojnë vërtetësinë e faktit biblik, se *feja e re e Krishtit depërtoi në Iliri, që në shekullin e parë të përhapjes së Tij.*[50]

Duhet theksuar, se ajo u bë tërësia e fakteve dhe ngjarjeve, të mëvonshme që karakterizuan specifikisht jetën e gjithë njerëzimit.[51]

Historiani shquar i Mesjetës së Ballkanit, albanologu kroat **dr. Milan Shuflaj**, në veprën: **"Serbët dhe shqiptarët"** (1926), është shprehur se: *"Fillimi i Krishtërimit ndër këto vise (Iliri) bën pjesë në historinë e shekullit të parë të këtij besimi"* (**Shuflaj**, f. 12).[52]

---

[50] Teodoro Minisci, **"Appunti di Storia Ecclesiastica Albanese"**, **"Le Pleiade"** (Rome, October-December, 1966), p. 311.

[51] **BIBLA**, perktheu dhe shtjelloi Mons. Simon Filipaj, "Drita", Ferizaj, 1994.

[52] **Milan von Šufflay (1879-1931)**, ishte politikan, historian dhe nacionalist kroat. Ai themeloi Insitutin e Albanologjisë, autor i të parit roman fantashkencor të letërsisë kroate. Vepra letrare **Kostandin Balsha,** është roman i parë **historik, me tematikë shqiptare**. Si nacionalist kroat u përndoq nga Mbretëria Jugosllave, dhe vrasja e tij shkaktoi jehonë ndërkombëtare. U lind në vitin 1879 në Lepoglavë të Mbretërisë së Kroaci-Slavonisë. Shkollën fillore e kreu në vendlindje, ndërsa gjimnazin klasik në Zagreb, ku laureohet si nxënësi më i mirë i gjeneratës së tij. Studion shkencat shoqërore në Universitetin e Zagrebit. Doktoron në vitin 1901. Menjëherë pas doktoratës, Shuflaj i futet punës për sistematizimin, mbledhjen dhe përshkrimin e dokumenteve mesjetare nga arkivat e qyteteve bregdetare dalmatinase për "Codex Diplomaticus". Ai mori kontaktet e para me lëndën e vëllimshme dhe të pahulumtuar asokohe, që i takonte Shqipërisë. Në vitin 1902, Shuflaj mbron me sukses

provimin për profesor në shkencat ndihmëse të historisë, në Universitetin e Zagrebit. Në vitet 1902-1903 ai specializohet në Vjenë, në "Österreichische Institut für Geschichtsforschung", në fushat e paleografisë latine, diplomacisë, kronologjisë dhe notariatin. Në këtë vit, regjistron te Jireçeku "Studimet albanologjike në Kolegjin e Vjenës", të cilat nuk ka arritur t'i përfundojë. Në vitet 1904-1908, dr. Shuflaj punon si asistent në bibliotekën kombëtare "Szeczeny" të Budapestit. Këtu thellon njohuritë në fushën e ballkanologjisë dhe sidomos albanologjisë. Ai vendos kontakte të shumta me intelektualë dhe shkencëtarë me famë botërore, kontakte këto që do t'i shfrytëzojë më vonë, gjatë gjithë punës së tij shkencore. Në Budapest (Hungari), Shuflaj botoi në revista dhe gazeta të ndryshme një numër të madh punimesh shkencore me vlera të jashtëzakonshme. Në revistën "Szazdok", *boton dy punime për mesjetën kroate*, ku me argumente shkencore tregon se dokumentet e Rabit të shekullit XI dhe XII, për Mbretin kroat Zvonimir, ishin falsifikat. Kjo gjë më vonë do t'i kushtojë shumë, sepse do të shpallet tradhtar i popullit kroat, dhe studentët e tij do t'ia bojkotojnë leksionet! Në vitin 1908 emërohet profesor i rregullt, për shkencat ndihmëse të historisë në Universitetin e Zagrebit. Së bashku me Talocin dhe Jireçekun. **Në vitet 1913-1918, boton në dy vëllime kryeveprën "Acta et diplomata res Albaniae mediae aetatis illustrantia".** Në vitin 1918, me kërkesën e tij pensionohet, e pastaj **boton pjesën e tretë të Historisë së Shqipërisë**, të cilën kishte planifikuar ta shkruante në tetë vëllime, me titull: **"Die kirchenzustände im vortürkischen Albanien. Die ortodoxe Durchbruchszone im katolischen Damme"**, për të vazhduar, pastaj në vitin 1920 me romanin me temë nga mesjeta shqiptare, **"Konstantin Balsha"**, të firmosur me pseudonimin Alba Limi. Në dhjetor të vitit 1920, burgoset dhe me tre vjet e gjysmë burg, të cilat i bën në Mitrovicën e Sremit. Në vitin 1925 boton studimin: **"Srbi i Arbanasi, njihova simbioza u srednjem vijeku"**. Në vitin 1928 botoi librin me ese: **"Hrvatska u svijetlu svjetske historije i politike"**. Po këtë vit emërohet profesor i rregullt në Universitetin e Budapestit. Për shkak se nuk kishte pasaportë, detyrohet ta refuzojë këtë emërim. **Në vitin 1929**, Akademia Vjeneze e Shkencave i propozon dr. Shuflajt që të vazhdonte vjeljen e lëndës arkivore për vazhdimin e botimit të **"Acta et diplomata res Albaniae mediae aetatis illustrantia"**, **vëllimet III-V**. Këtë iniciativë e përkrahu edhe qeveria e Mbretërisë Shqiptare, e cila shprehu gatishmërinë e saj që të hiqte shpenzimet për një ndërmarrje të tillë kaq serioze dhe të vlefshme. Dr. Milan Shuflaj ftohet të vizitojë Shqipërinë. Pas shumë peripecish rreth pajisjes me pasaportë, ai arrin në

Historia e krishtërimit ndër shqiptarë, është e hershme. Kjo nuk është thjeshtë një shprehje frazeologjike, por rrjedhoj e logjikshme e burimeve të pasura historike.[53] [54]

Apostulli shën Pal (*Paulus*), si këmbësor i përmendur, bën të ditur, se në vitin 65, dimëroi në trojet e Shqipërisë së sotme, në Prevezë e Nikopol, ku do të dalë më vonë në Nikopol (Preveza e Vjetër) një dëshmor feje me emrin papa Eleuterin (182-193), duke predikuar krishtërimin: "*Kështu, qysh prej Jerusalemit e përqark në Iliri e kam përhapur Ungjillin e Krishtit*" (Rom. XV, 19), "Athenis non diu commaratus sedem fixit corinthi, qua in urbe florentissimam ecclesian fundavit. Turba a Indacis excitateae cum permovisse."[55]

Gjatë historisë me humbje dhe fitore, udha e gjatë e krishtërimit në trojet tona kaloi 5 etapa kryesore në Shqipëri:

Etapa I, prej viteve të para apostolike (shek. I) deri në vitin 731 mbas Krishtit;

Etapa II, prej 731 deri në fillim të shek. XI;

Etapa III, shek. XI – 1767;

Etapa IV, 1767 – 1937;

Etapa V, 1937- sot…

Jo një histori e gjatë përshkruese akademike, por një sintezë esenciale serioze e krishtërimit shqiptar, është mirë të thuhet esencialisht në formë të përmbledhur, shkurtër dhe saktë.[56]

Kësisoj telegrafikisht, duhet thënë, se epoka e krishtërimi në Shqipëri (*Illyricum, duke përfshirë të gjithë trojet etnike shiptare*), kishte tre karakteristika

---

Shqipëri më 12 janar të vitit 1931. **Ai vritet më 18 shkurt 1931, një ditë pas kthimit nga Shqipëria, duke lënë pas shumë studime të papërfunduara në dorëshkrim, një pjesë e mirë e të cilave ruhet në Arkivin Shtetëror të Kroacisë në Zagreb**. Për vrasjen e dr. Shuflajt kanë reaguar shumica e intelektualëve të kohës, në mesin e të cilëve edhe shkencëtari i njohur ebrej me banim në SHBA Albert Ainshtain.

[53] Don Lush Gjergji, "**Europa e bashkuar dhe shqiptarët**", "Drita", Ferizaj, Nr. 6, 1991, f. 8.

[54] Prof. Zef Valentini, S.J., Appunti di Storia Culturale Albanese (Universita di Palermo, 1956, Palermo).

[55] Rom. XV, 19), Cornely, Intred. Compend. in S. Scripturas, pag. 453.

[56] "**Historia e Popullit Shqiptar**", Tiranë, 1994, f. 20.

dalluese themelore në krahasim me shtetet e tjera përreth saj.[57] [58] [59]

E para, *ishte një krishtërim perëndimor, bazuar në latinicitet;*

e dyta, *ishte një krishtërim lindor ortodoks, bazuar në greqizicitetin bizantin;*

e treta, *ishte një krishtërizëm, që u përpoq për një kohë të kthehet në krishtërizëm unik, bashkues i Kishës Perëndimore me Kishën Lindore.*

Në periudha të caktuara kohore ndër shekuj, krishtërimi si besim i ri dhe i mirëseardhur u përputh në mënyrë të plotë me forcën e karakterit dhe humanizmin të një populli të vogël, të lashtë dhe fisnik në trojet e veta etnike.

Në këtë mënyrë, burimet e hershme historike përputhen tërësisht me deshmitë biblike, si p.sh., dëshmia e shkrimtarit pagan *Plinit të Ri (111-113 mbas Krishtit)*, dhe mbas vijnë shkrimtarët e krishterë asokohe, si **Tortuliani** (200-206 mbas Krishtit), duke u pasuruar vazhdimisht nga hulumtimet e shumë autorë të tjerë.[60]

Kjo është konstatuar edhe këtu (SHBA), kur Kryepeshkopi i Kishës Orthodokse Autoqefale të shën Gjergjit (1908) imzot Fan S. Noli e kleriku katolik mons. dr. Jozef Oroshi (themelues dhe drejtues si famullitar i Kishës së Parë Katolike Shqiptare Zoja e Kshillit t'Mirë në Bronx, New York) në Boston e New York, janë përpjekur disa herë të bëjnë takime ndërfetare (ekumenike), për të ngushtuar dallimet e krijuara (pas shkizmës së vitit 1054) dhe rilindur premisa afrimi, mdis Kishës Perëndimore e Kishës Lindore ndër shqiptarë në emigracion.[61] [62] [63] [64]

---

[57] Klajd Kapinova, "**Kohët e histories ndahen në periudhën para Krishtit dhe mbas Krishtit**", "**Kumbona e së diellës**", Nëntor 11/1993, f. 16-17.

[58] Klajd Kapinova, "**Në preludin e 2000-vjetorit të përhapjes së Krishtërimit në trevat e Ilirisë**", Revista "**Rrezja e Jonë**", Numër i veçantë (Nr.11) 1994, f. 10-15.

[59] Klajd Kapinova, "**Tre vjet shtyp katolik i rinisë 1991 Nëntor 1994**", "**Mbas Teje**", Dhjetor 12/1994, f. 5-8.

[60] Mons. Frano Illia, "**Jezusi**", 1992, f. 242.

[61] Tomë Mrijaj: "**Monsinjor Dr. Zef Oroshi – Një Jetë e Shkrirë për Fe e Atdhe**", New York, 2009

[62] Tomë Mrijaj dhe Leonora Laci: "**Abati i Mirditës - Imzot Frano Gjini - Martir i kishës katolike**" Shkodër, 2018.

[63] Mons dr. Zef Oroshi: "**Long Kuvendit - në trinomin Fe-Atdhe-Perparim**", New York, 2019.

[64] WadhamPeacock, **Albania**, *The Foundling State of Europe* (D. Appletonand

"Nga tërë kjo që u tha më sipër, shihet se krishtenizmi në trevat shqipfolëse jo vetëm që është i kohës së apostujve, por edhe i mbijetoi me stoicizëm shembullor të gjitha furtunave dhe kataklizmave të qytetërimit antik, e të cilat u shkaktuan nga invadimet e huaja barbare të kohës.

Për më tepër, bartësit e krishtenizmit të kësaj treve, kanë qenë jo vetëm faktor civilizues, por edhe krishtenizues i ardhacakëve barbarë, madje edhe përkundrejt devijimeve doktrinare, që kohë pas kohe shpreheshin në qëndrimet e prelatëve kishtarë të Dardanisë dhe të provincave latine të Ilirikut Lindor, ndaj papës së Romës, të cilat në të vërtetë nuk ishin vetëm vendime dhe qëndrime intelektuale e teologjike, individuale e të pavarura, por ishin edhe pasojë e presioneve dhe përndje-kjeve politike që perandorët bizantinë i ushtronin ndaj tyre, ata prapëseprapë i mbetën besnikë papës së Romës.

Kjo është me rëndësi të theksohet, posaçërisht kur dihet se kufiri midis Lindjes dhe Perëndimit kalonte pikërisht përgjatë luginës së Bunës te Shkodra, i cili kufi ishte jo vetëm kufi administrativo-politiko-provincial, por ishte edhe kufi gjuhësor e kulturor dhe atë si në kohën e Oktavianit dhe Mark Antonit ashtu edhe në kohën e Bizantit.

Mund të thuhet, se vija e tillë politiko-kulturore, përputhet edhe me vijën kishtare, gjegjësisht atë të ritit. Në veri të kësaj vije fiktive, ritet dhe ceremonitë janë të karakterit romak apo perëndimor, kurse në jug janë të karakterit bizantin, përkatësisht prej vitit 1937, kur u njoh autoqefalia e Kishës Lindore Shqiptare, e cila kurrë nuk ka qenë skizmatike, të karakterit bizantino-shqiptar.

Kjo vijë, ishte kufiri në mes Ilirikut Lindor dhe Ilirikut Perëndimor, gjegjësisht ishte kufiri midis Lindjes dhe Perëndimit.", vlerëson esencialisht historiani **Akademik prof. dr. Zef Mirdita**

Kësisoj, kemi të bëjmë me probleme doktrinare teologjike, por që kanë ndikuar në historinë nacionale shqiptare. Në rastin konkret, qytetërimi shqiptar ishte dhe është një fragment, pra, pjesë e spirales së madhe dhe kompakte historike të qytetërimit botëror. [65]

Në këtë vështrim, mendoj se krishtërimi në vetvete merr prej pasurisë tradicionale të fesë së Krishtit epërsinë e zakonit të vet juridik, dhe pasurinë e parimeve dalluese e gjallëruese të qytetërimit të vet.[66]

Company, New York, 1914), p. 241.

[65] Klajd Kapinova, **"Lavdia e rrënjëve tona të krishtera gjatë 2000 vjetëve histori"**, **"Kumbona e së dielës"**, Nr.12, 1999, f. 15-18.

[66] Klajd Kapinova, **"Kombi është i përjetshëm"**, **"Balli i Kombit"**, E dielë 21.4.1996, f. 5-7.

Ky nuk është një kufizim etnik, sesa një lloj përcaktimi shkencor i domosdoshëm, ku, e pjesshmja shpjegon përherë të përgjithshmen, e veçanta universalen. Atdheu ynë, është një ndër vendet me krishtërim gjenetik, sintezë e një fermetimi të brendshëm historik, aq sa i mençuri i lartë Shuflaj, ka thënë, se dy qendra ilire, Salona (Dalmaci) e Durrësi, janë djepe të krishtërimit nga më të vjetrit në Evropë.

Kujtojmë, **shën Albanin** nga Iliria, i cili, në vitin 286 në hapësirën gjermane kishte përhapur kristianizmin dhe kisha gjermane e kishte shpallur të shenjtë.

Megjithatë, është e nevojshme të bëhet *dallimi midis krishtërimit në Shqipëri dhe krishtërimit mes shqiptarësh* (sikurse duhet dalluar historia e Shqipërisë dhe historia e shqiptarëve), duke interpretuar me objektivitet saktë dhe drejtë historinë e krishtërimit dhe se jo gjithçka i përket shekujve të kaluar i duhet venë identiteti shqiptar, ç'ka do t'a dëmtojë shumë seriozitetin e shkencës shqiptare.

Ungjillin e predikuan në Iliri martirët e fesë, midis të cilëve kishte ilirë dhe të huaj. Gjatë kohës së përndjekjeve të **Perandorit romak Trojan** (sundoi viti 98 para Krishtit 117 mbas Krishtit), shumë të krishterë u arratisën në Iliri, për t'i shpëtuar përndjekjeve në dheun latin (Itali).

Feja e Krishtit u përhap nga: *Apostulli **shën Pali**, Apostulli shën Qesari, Apostulli shën Ndre (Andrea), Peshkopi i Durrësit shën Asti (Astius), shën Lefteri (me prejardhje nga Roma dhe u bë Peshkop i Mesinës dhe i Ilirisë në moshën 20-vjeçare.*[67]

Ai ka jetuar në Vlorë), shën Therini (Therinus), Shën Isavri, shën Trifoni (shek. III nga Sheqishtja), shën Donati (Donat) episkopi i Evoresë ose Eurias (nga qyteti Paramithisë në Çamëri, vdiq në vitin 387), shën Joan Vladimiri (shek. XI), Oshënar Nifoni (shek. XV, nga Lukova), Oshënar Nikita shqiptari (shek. XIX), Martiri Kristo Kopshtari (shek. XVIII) shën Nikodhimi i Beratit (shek. XVIII), shën Kozmai (shek. XVIII) etj.

Merita e madhe konkrete e krishtërimit ndër shqiptarë, është ndër të tjera tek ndihma e madhe që ka dhënë në lëmin e gjuhës shqipe, historisë, kulturës, artit, etj., zhvillimin e muzikës dhe të kulturës muzikore, vepra të karakterit teologjik, por edhe studimor kritik.

E gjithë kjo, mund të merret si një kurorëzim i asaj veprimtarie heroike të zhvilluar nga Kisha Katolike, Kisha Ortodokse dhe Protestane, gjatë tërë

---

[67] **"Përhapja e Krishterimit në Shqipëri"**, **"Historia e popullit shqiptar"**, Tiranë, 1994, f. 23-2411.

historisë së kombit tonë, e cila, duke qenë e frymëzuar nga Jezu Krishti, me sakrifica të mëdha jete, ruajti me një fanatizëm të jashtëzakonshëm, përveç fesë, edhe komponentet më të shenjta të kombit: gjenezën etnike; zhvillimin e gjuhës, shkrimit dhe letërsisë shqipe; zhvillimet e artit dhe kulturës muzikore; zhvillimet studimore, shkencore, politike etj.[68]

Pesë papë (ose më shumë) *në Selinë e Shenjtë në Vatikan (Shën Piu (Pius) I (140-155), shën Lefteri (Eleutherus) (175-189), shën Caius (Kaji) (283-296), Gjoni (Johannes) IV (640-642), Sisti V (Pareti) (1585-1590), Klementi XI (1700-1721), Klementi XII (1730-1740)), kanë qenë me origjinë të mirëfilltë ilire, sikurse edhe disa patriarkë ortodoks të mëdhenj* (**Atenagora I (1886-1972)**),[69][70] që re-

---

[68] Markus W. E. Peters, "**Përballjet e historisë së kishës katolike në Shqipëri: 1919-1996**", Qendra Botuese Shoqata Jezuite "Ylber", Tiranë 2010

[69] Mons dr. Lush Gjergji "**Atenagora – profet i bashkimit,** (1995); ribotimi në Shtëpinë Botuese "55" në Tiranë (2000 dhe ribotuar sërisht në vitin 2015).

[70] **ATENAGORA I (1886-1972).** Ai u lind në Tsaraplanë, tani Vassilikon, me 25 mars 1886, në Greqinë e sotme, në zonën kufitare me Shqipërinë. Emri i tij i pagëzimit ishte Aristokle, kurse emri famijiar Spyrou. Patriku Atenagora I kujton: "*Kur vinte nata të gjithë mblidheshim rreth vatrës, të ulur në tokë, "këmbëkryq" "alla turka". Babai im ishte mjeku i fshatit; mendoj se ishte mjek i mirë, iu jepte njerëzve shpresë. Gjithnjë udhëtonte me kalë, sepse e ftonin prej fshatit në fshat."*. Babai i tij ishte mjek, kurse nëna Helena ishte bijë e një këpuctari të njohur, i cili kishte disa punëtorë. Ajo u shkollua privatisht në Greqi, ku dhe diplomua. Ajo ishte nga Konica rrëfen djali saj Atenagora "*nga një mes i shqiptarëve që ishte më i rëndësishëm dhe me ndikim se sa Tsaraplana dhe më shumë përparimtarë…Në Tsaraplanë të krishterët dhe muslimanët jetonin në harmoni të madhe. I vetmi polic turk, ende e kujtoj emërin e tij, Ali Bey, nuk kishte fare punë. Asnjë përlamje, konflikti, procese gjyqësore. Fëmijtë e krishterë dhe ata muslimanë luanin sëbashku. Gjatë pagëzimeve të fëmijëve ishin të ftuar dhe të pranishëm edhe miqët muslimanë, edhe ata na ftonin për rrethprerjen e fëmijëve të tyre. Ishte kjo jetesë biblike, ku të gjithë ne ndiheshim fëmijtë e Abrahamit. Babai im ishte fetar, por në mënyrë diskrete, ishte më tepër i mbyllur. S'fliste për fe. Mirëpo, para bukës bënte kryq dhe shkonte për çdo të diell në kishë. Ndaj nesh ishte njeri i rreptë, por jo edhe zemërgur. Unë isha djali i parë, pastaj vëllau im i cili vdiq në vitin 1948, kurse e treta ishte motra e jonë… S'kam asnjë fotografi të nënës sime. Në atë kohë, nëpër fshatëra s'kishte fotografi… E dimë nga dëshmitë e kohës që Helena ishte e bukur. E quanin 'hylli i mbrëmbjes'. Ishte e gjatë, e hollë, kishte pamje mbretëreshe… Edhe sot në Vassilikon flitet si ajo ishte bëmirëse… Nëna e jonë ndezi në ne fenë. Feja e*

saj ishte e flakët, tërheqëse. Në mbrëmbje për të na vënë në gjumë, na këndonte me zë të ulët himne fetare..." Patriku Atenagora I, është me prejardhje, gjuhë, kulturë, edukatë shqiptar. Dëshminë e drejtpërdrejt mbi këtë e shkroi **atë Giuseppe Ferrari**, *italo-shqiptar: "Me prejardhje jam nga një vend i vogël në veri të Epirit, në afërsi të kufirit shqiptar... Duke i hapur duart nga unë, me një buzëqeshje të gjatë, klithi në gjuhën shqipe 'Mirë se erdhe"! Edhe unë jam shqiptar si ti. Shqipëria ka qenë vazhdimisht në mes të Lindjes dhe Perëndimit. Në vende tjera kanë luftuar në mes veti, por në Shqipëri ortodoksët dhe katolikët kanë bashkëpunuar mirë. Ju, pra, mund t'i kuptoni më mirë problemet ekumenike. Ndoshta Provania hyjnore iu ka transferuar në Itali për ndonjë rol të dobijshëm për planet e tija."* Krishtërimi në popullin shqiptar ndahet në dy Kisha: Katolike dhe Ortodokse. I riu Aristokle Spyrou mendon seriozisht për jetën, lutet, kërkon, jeton me fe, mirësi, me përshpirtërinë e nënës së tij të ndjerë Helenës. Ai lexonte shumë, lutej, kërkoi rrugën e vërtetë. Në vitin 1908 papritmas vdiq edhe i babai Mateu, duke zbritur prej kalit. Aristokli ishte 22 vjeçar, pra, në moshën më të mirë...Pas shumë meditimesh dhe uratash kishte vendosur: do t'i kushtohem krejtësisht Zotit dhe Kishës së tij, si mug – xhakon. Studimet teologjike i vijoi në qendrën e rëndësishme kulturore dhe fetare në Halki. Në vitin 1910 shugurohet xhakon, pas përfundimit të studimeve dhe përgaditjes së thellë shpirtërore. E zgjodhi edhe emrin e ri rregulltar - Atenagora. Pas shugurimit për xhakon ishte në shërbim të Kishës dhe popullit së bashku me ipeshkvin Stefani në Manastir në Maqedoni që nga viti 1910. deri 1919. Atëherë Manastiri ishte qendër e rëndësishme politike, ekonomike, fetare dhe kulturore...Manastiri ishte një mozaik i vërtetë popujsh, religjionesh, gjuhësh e kulturash. Atenagora ishte apostull i vërtetë i gjithë atyre që vuanin, pa farë dallimi. U flijua për të mirën e përgjithshme dhe shpeshherë qe edhe në rrezik jete duke mbrojtur jetën dhe të drejtat e të tjerëve. Ai kujton: *"Në Manastir i njoha mirë sllavët. Kam vështruar edhe gjermanët dhe austiakët. Me françezë kam jetuar dy vite. Të gjithë popujt janë të mirë. Çdo njeri meriton nderimin dhe dhe përbindjen. Kam parë vuajtjen e njerëzve. Të gjithë kanë nevojë për dashuri. Nëse janë të këqij, janë të tillë sepse nuk kanë takuar dashurinë e vërtetë, atë dashuri e cila nuk shpenzon shumë fjalë por rrezaton me dritën e jetës... Dashuria e Krishtit është më e fortë se Ferri. Në dashurinë e tij hasim guximin që të duam njerëzit dhe me këtë zbulojmë se të tjerët janë domësdoshmërisht të nevojshëm për të pasur mundësi të qëndrojmë dhe të jemi të krishterë..."* Në vitet 1912-1919 Manastiri ishte bërë epiqendër e luftimeve të ashpëra. Në vitin 1909 ai braktis Manastirin shkon në Malin Atos (Greqi), ku atëherë kishte 7.000 murgj. Ai emërohet sekretar i Sinodit të Shenjtë të Athinës, që ishte pozitë me rëndësi dhe ndikim të madh për jetën dhe veprimtarinë e Kishës Ortodokse. Në moshë 37-vjeçare emërohet ipeshkëv dhe metropolit i Korfus-it dhe Paksosit (1923-1930). Në rezidencën e vet hapi një qendër shëndetësore falas dhe një shërbim për strehimin e tyre, ku gjeti vend e zgjeroi shkollat për fëmijtë e të ikurve. E pret edhe një befasi, ndërrimi, ndryshimi. Arqipeshkëvi në Amerikë (Sinodi) emëroi Atenagoren argjipeshkëv në SHBA (1930) për besimtarët greko-ortodoksë. Gjatë 17 viteve të punës dhe shërbimit pastoral pati suksese të jashtëzakonshme në Amerikë në çdo lëmë. Ai organizoi 400 famulli ortodokse, me afro 10 ipeshkëvij ndihmës, afro 500 meshtarë, dy shkolla teologjike, 300 shkolla për fëmijë dhe nxënës grekë. Ai punoi suksesshëm edhe me pushtetet politike, në veçanti me presidentët demokratë, si: **Franklin Roosweltin dhe Harry Trumanin.** Zoti edhe një herë kishte planin e tij me Atenagoren. **Më 1 nëntor 1948 Atenagora I u zgjodh Patrik i Gjithëmbarshëm i Konstatinopojës.** Ai arriti në Konstatinopojë (Stamboll) më 26 janar 1949 me aeroplanin personal të kryetarit Truman dhe qe intonizuar një ditë më vonë. Antenagora I, ka bashkuar ortodoksinë, duke bërë primatin e Konstantinopojës jo pushtet juridik për të sunduar apo qortuar, por në stilin e Ungjillit, primat dashurie dhe shërbimi ndaj kishave simotra. Në vitin 1950 Atenagora e shpalli encikliken e parë të gjitha kishave ortodokse në botë, ku i fton në bashkim të fesë *"për t'a përgatitur bashkimin e të gjitha kishave të krishtera në botë"*. Në vitin 1957 filloi takimet e para me Kishën katolike nëpërmes Delegatit Apostolik në Konstantinopojë, mons. Giacomo Testa-s, që vite me radhë ishte sekretar i posaçëm i imzot Angelo Roncalli-t, papës së mëvonshëm Gjoni XXIII. Gjithë jeta dhe veprat e Atenagora I, ishin të udhëhequr nga dashuria ndaj Zotit, Kishës, ndaj njeriut dhe botës bashkohore. **Papa Gjoni XXIII, ishte mik me Atenagora I, ku sëbashku krijuan mundësinë të punojnë për bashkimin e të gjithë të krishterëve.** Bashkëpunimi vazhdoi edhe më vonë e u konkretizua me **papa Pali VI.** Me rëndësi histori janë tre takimet mes Palit VI dhe Atenagora I: në Jerusalem (5 shkurt 1964), në Konstantinopojë (15 qershor 1967) dhe në Romë (27-28 tetor 1967). Në Jerusalem mes të tjerash **Atenagora I** tha: *"Duke shqyrtuar këtë takim si një ngjarje të jashtëzakonshme në historinë dhe në jetën e Kishës së Hyjit…, dëshirojmë qëllimet e mira…të bëhen parahyrje e bashkimit të ndërsjelltë të vullneteve dhe nënshtrimit i plotë të Vullnetit të Shpirtit Shenjt të Zotit… Me shekuj bota e krishterë jetoi në natën e ndarjes. Sytë e tyre janë të lodhur duke shikuar në errësirë. Dhashtë Zoti që ky takim të jetë agim i ditës së lume dhe të bekuar, kur*

spektivisht në të dy kishat Perëndimore e Lindore, kanë dhënë traktate teologjike të nivelit evropian, si dhe një radhë studimesh për muzikën parakristiane, sikurse më vonë kontribuan në krijimin e perlave për muzikën gregoriane e bizantine...

Shqiptarët katolikë dhe ortodoksë, janë përpjekur për shekuj me radhë të sjellin në Shqipëri frymën civilizuese të Evropës, mendjet e ndritura të kontinentit, arritjet e pakrahasueshme në fushën e mendimit njerëzor, krijimtarisë letrare artistike, shkencës e teknologjisë, organizimit politik të shtetit modern, që siguron zhvillimin e përparimin e njeriut të lirë.

Por nga ana e tjetër, s'duhet harruar kurrë koha tragjike e pushtueve barbare, në veçanti degradimet, që u shkaktuan nga sllavët dhe osmanët, të cilët na hodhën në humnerën e shkatërrimit të pafund.

Gjurmët e pashlyera negative të këtyre pushtuesve, mbetën me përmasa tragjike, në shpirtin e këtij populli fisnik, deri sot e kësaj dite, në të gjitha trajtat e jetës: **duke filluar nga mënyra e të menduarit dhe të kuptimit të botës, dokeve e zakoneve, veshmbathjes, artit muzikor, arkitekturës, mënyrës së banimit, mirëmbajtjes së shtëpisë, ushqimeve, jetës shoqërore etj.**

Vlera qenësore më e rëndësishme, që kemi trashëguar ne shqiptarët është gjuha shqipe. Një nacion i ndarë politikisht, gjeografikisht e fetarisht, ka ruajtur të paprekur pasurinë e përbashkët të gjuhës shqipe.

---

breznitë e ardhshme, duke u ushqyer nga i njejti kelk i Korpit të Shenjtë dhe i Gjakut të paçmueshëm të Zotërisë, do të lavdërojnë dhe lumturojnë në dashuri, në paqe dhe në bashkim të vetmin Zotëri dhe Shëlbuesin e botës...Ja, duke kërkuar këtë takim të përbashkët ne e kmei gjetur së bashku Zotërinë. Të vazhdojmë, pra, rrugën e shenjtë që hapet para nesh..." Në takimin e tretë mes Atenarorës I dhe Palit VI në Romë iu dha ekumenizmit një nxitje dhe inkurajim. **Patriarku ekumenik Atenagora I vdiq më 7 korrik 1972**. Me 9 korrik papa Pali VI duke iu folur besimtarëve në Sheshin e shën Pjetrit, tha: "*Ju e dini pse Ne e përkujtojmë këtë njeri të madh të Kishës së nderuar, por ende jo tërësisht të bashkuar me Kishën Katolike; e porosisim në kujtime dhe uratë tuaja:sepse ai ishte mjeshtri i gjithëanshëm dhe apostull i bashkimit të Kishës greko-ortodokse me atë të Romës, si dhe Kishat dhe bashkësitë tjera të krishtera, ende të pabashkuar në të vetmin bashkim të Korpit mistik të Krishtit. Ai e ka pasur vetëm një shpresë të lartë:atë që të mund të pinte së bashku me Ne „nga i njejti kelk". Kjo dëshirë e pazbatuar duhet të jetë trashëgimia e tij dhe kujdesi ynë*". Atenagora I ishte dhe mbeti jetë, porosi, dëshmi të cilën ia vlenë ta zbulojmë. (**Mons. dr. Lush Gjergji**)

"Ky visar i paçmueshëm u ruajt nga klerikët katolikë me edukim perëndimor. Kurtershja: Buzuku, Budi, Bardhi, Bogdani, katër apostujt e shqipes së shkruar, kanë dalë nga gjiri i shqiptarëve katolikë, nga kleri katolik që me Formulën e Pagëzimit nxori në dritë shkrimin shqip, e mbajti të gjallë dhe e kultivoi atë deri në ditët e Pavarësisë më 1912...

Ishte e natyrshme që dy figurat më të shquara të historisë sonë, Skënderbeu, kalorës i krishtërimit perëndimor dhe Nënë Tereza, mishërimi i idealeve të krishtera, Shenjtorja e ardhshme, të dalin nga gjiri i Kishës Katolike, sepse atje kanë marrë ata frymëzimin dhe kanë gjetur mbështetjen për punën e tyre në fushën e heroizmit ushtarak dhe shenjtërisë.[71]

Përmes Gjergj Gjon Kastriotit, fisin apo shtetin e Arbërit e njohi bota.[72] Atë e nderuan mbretër e gjeneralë të koshës, e nderuan papët e Romës, e paten frikë armiqtë, u përmend në veprat e shumë shkrimtarëve dhe poetëve, si peshkopi ortodoks imzot Fan Stilian Noli dhe atë Gjergj Fishta, duke mos munguar as të huajt, si **shkrimtari amerikan Henry Longfellow i cili i kushton 173 vargje, kroati fra Andria Kaçiq Mioshiq, me 17 poema epike, kroati tjetër nga Dubrovniku, Ivan Mazhuraniq, i cili gjithashtu në veprën "Osman", nuk e lë pa e përmendur atë, etj.**

Kryetrimi i Kastriotëve shkoi pas mendjes së trimave arbëror e ata mbas tij. *"Gjergj Kastrioti, asht fatosi i lirisë dhe i pamvarësis së kombeve, tue qenë që dëshira e lirisë qe ajo që ma s'pari e shtyni at burrë të përmendun me rrok armët për Shqipnin. Prandaj të gjith shqiptarët e vërtet, pa ndikim partie a besimi, do t'a nderojnë Skënderbeun, si nji fatos të kombit e do t'u bahet nam me kremtue emnin e punën e tij. Skënderbeu, asht ideali i liris e i pamvarsis së Shqipnis."* - **At Gjergj Fishta o.f.m.**

Gjergj Gjon Kastrioti, ishte modeli i Atit të kombit, një shenjt i shqiptarisë. Është e rëndësishme që bota shqiptare të mirë informohet se **komuniteti ynë në SHBA dhe veçanërisht në New York, kryeqytetin metropolitan të kulturës botërore, asnjëherë nuk e ka harruar kryetrimin e Arbërisë, i cili, me të drejtë është përfshirë ndër 4 (katër) strategët, më të mëdhenj ushtarakë të të gjithë kohërave në historinë e njerëzimit.**

Në akademitë ushtarake amerikanë, mësohet arti i luftës së tij me ushtri të vogla shumë praktike, duke i rezistuar Perandorisë Xhihadiste

---

[71] Menduh Derguti, **"Konsiderata historike mbi kristianizmin në Shqipëri në mijëvjeçarin e parë (shek. I-IV)"**, Buletini Shkencor, Instituti i Shkodrës, Nr. 2, 1989, f. 107-115.

[72] F.S.Noli, **"Gjergj Kastrioti-Skënderbeu (1405-1468)"**, Tiranë, 1967, f. 43.

Islame Otomane, e cila kishte shpallur zyrtarisht përmes sulltanit kalifatin (xhihadin), kundër trojeve të Arbërisë dhe shteteve të tjera të krishtera të Ballkanit.

Ai ishte Kalorësi i Krishtërimit, Atletit të Krishtit, Mbrojtësit të Krishtërimit dhe të popullit shqiptar. *"Që nga Viti i Ri 1468, Skënderbeu, bashkë me Fisnikët e Arbërit, që i kishte ftuar, sikur kishte bërë më 2 mars 1444, filluan këshillimet për t'u përgatitur për të sulmuar kështjellën turke të Elbasanit.*

Edhe pse me ethe të rënda, kur i thanë se turqit do të sulmonin Shkodrën afër lumit Kir, ai u çua në këmbë, u vesh me rrobat luftarake, por nuk mundi të hyp mbi kalin e tij. U kthye në shtrat për mos t'u ngritur më. I rrethuar nga fisnikët dhe familja, Gjergj Kastrioti-Skënderbeu vdiq, para 550 vitesh, më 17 janar 1468. Ai ra i sëmurë nga një ethe e fortë… Më në fund, duke ndjerë vdekjen fare pranë, thirri rreth vetes kapedanët dhe pati me ta një bisedë të gjatë. Ata u përlotën…" (**At Dhimiter Frangu**, f. 63).

Në këtë orientim dhe marshim që jemi angazhuar sot, shqiptarët katolikë janë seksioni më perëndimor i shoqërisë shqiptare për hir të traditës së tyre 2000-vjeçar, besnikërisë së tyre ndaj kësaj tradite, si dhe përpjekjeve e sakrificave të bera për ruajtjen e kësaj tradite.

Shqiptarët katolikë, mbetën pararoja e hyrjes shqiptare në Evropë…", vlerëson **prof. Sami Repishti**, ish i burgosuri politik (1946-1956) në Shqipëri dhe aktivist për të Drejtat e Njeriut në New York.[73]

Selia e Shenjtë në Vatikan dhe papët e Romës, tradicionalisht kanë ndihmuar Arbërinë dhe ndanë ndër shekuj me popullin shqiptar vuajtjet e tij.

Të tillë ishin: Papa Eugjeni (Eugenius) IV (1431-1447), Nikolla (Nikolaus) V (1447-1455), Kalisti (Calixtus) III (1455-1458), Piu (Pius) II (1458-1464), Pali (Paulus) II (1464-1471), Papa Klementi (Clements) VIII (1523-1534), Gregori (Gregor) XIII (1572-1585) Pali (Paulus) V (1605-1621), Urbani (Urban) VIII (1623-1644), Klementi (Clements) XI (me anë të Venedikut ndihmoi malësorët e Kelmendit në luftën kundër turqve), Klementi (Clements) XII (1730-1740), Benedikti (Benedict) XV (1914-1920) ndërhyri pranë ShBA-së, që të shpëtojnë qytetet shqiptare Korça e Gjirokastra, që donin t'ia dhuronin grekëve; Gjoni (Johannes) XXIII (1958-1963), Pali (Paulus) VI (1963-1978), Gjon Pali (Johannes Paul) II (1978-2005), Benedikti (Benedict) XVI (2005), në procesin e kanonizimit dhe shpalljes

---

[73] Prof. Sami Repishti, **"Krishtërimi-pararojë e hyrjes shqiptare në Evropë"**, revista "Drita", #2-3 (149-150), Viti I (XXIII), Ferizaj-Kosovë.

së 40 martirëve të Kishës katolike në Shqipëri, të cilët, janë masakruar barbarisht në kohën e inkuizicionit komunist. [74]

Kujtojmë nga historia e papatit në Romë, se papa Aleksandri (Alexander) VIII (1689-1691), e emron prelatin e lartë Gjon Françesk Albanin me origjinë shqiptare si Cardinal. Mbas vdekjes së papa Inocentit (Innocenz) XIII, Gjon Francesk Albani (1649-1721) u zgjodh njëzëri si pasardhësi i 245-të në Selinë Apostolike si papa Klementi (Clements) XI në Vatikan (23.XI.1700-19.II.1721)…

Nga ana e tjetër është fakt shumë domethënës historik, se qyteti-shtet i **Vatikanit, ishte vendi i parë në botë, që e njohu Pavarësinë e Shqipërinë e nga nata e gjatë e errët e kolonizatorëve mizorë të Perandorisë Xhihadiste Islame Otomane, më 12 nëntor të vitit 1920,** duke emëruar menjëherë ambasadorin apo sikurse njihet me terminologjinë fetare **Delegatin e vet Apostolik Shkëlqësinë e Tij Ernesto Cozzi.**

Së fundi, klerikët shqiptarë, si apostuj të vërtetë të fesë së Krishtit e të jetës së popullit, lindën, u formuan, jetuan e punuan në vende e institucione të ndryshme, me ideale e qëllime të shumta, prap se prapë mbetën bijtë e popullit dhe tokës arbërore.

Në historinë dramatike shqiptare ajka e komunitetit të madh të barinjve shpirtërorë s'e ka ndarë kurrë fenë nga atdheu, duke vepruar në dy binome: në adhurimet shpirtëror dhe në atë patriotik.

Krishtërimi, është një fe e përbotshme e hershme, që me ndërgjegje (vullnet të lirë) ka ardhur tek shqiptarët, mbasi fatmirësisht, ka në thelb Jezu Krishtin e mrekullueshëm, të njësuar me Zotin.[75]

---

[74] **"Profiles of some albanian martyrs: Msgr. Nikoll Deda, Benard Nikoll Gazulli, Reverend Peter Cuni (Chuni), Reverend Ded Macaj (Machaj), Father Anton Muzaj, Father Mark Gjani, Father Jak Bushati, Elena Shllaku, Bianca Krosaj, Marie Shllaku",** (By Gjon Sinishta, **"Fallen for Faith Justice, and Liberty, Roman Catholic Hierarchy", "The Fulfilled promise",** A Documentary Account of Religious Persecution in Albania, Santa Clara, California, U.S.A., 1976, Library of Congress Catalog Card numer: 76-57433), **p. 157-171.**

[75] Klajd Kapinova, **"Në preluding e 2000 vjetorit të përhapjes së Krishterimit në trevat e Ilirisë"**, në librin: **"Me Kryq dhe Pendë"**, Shtëpia Botuese "Cama-Pipa", Shkodër, 1997, f. 10-42.

Pushkatime, burgje, gjak, dhimbje, vuajtje, anatemim, martirizimi dhe shënjtërimi

"Në vitin 1952 bilanci i përndjekjeve të klerit katolik që nga viti 1944 ishte si më poshtë: nga mbi 180 klerikë janë denuar me vdekje ose janë vrarë pa një proces gjyqësor rreth një e pesta, gati gjysma janë të burgosur, torturohen ose bëjnë punë të detyruar, 5% kanë vdekur ndërkohë nga arsye natyrale si dhe një e pesta jeton relativisht e pakufizuar dhe ushtron veprimtarinë e vet për përkujdesjen shpirtërore." – **Don dr. Markus W. E. Peters**[76]

Nga burimet dhe hulumtimet historike reziulton se ishin vetëm 160 klerikë, të cilët kishin kryer 450 vjet studime në 24 universitetet më të njohura të Europës. Duke filluar nga viti 1944, kur u shënua vala e parë e spastrimit radikal të tyre pas vendosjes së komunizmit në Shqipëri e duke vazhduar me fazën e dytë në 1967, ata bënë, mjerisht, 881 vite, gati 9 shekuj burg në tokën e tyre. Ata që u pushkatuan bënë 250 muaj tortura e hetuesi, rreth 21 vite. Ata klerikë që vdiqën gjatë torturave të tmerrshme, bënë 68 muaj hetuesi të dhunshme.

Didier Rance *shkruan: "Nga 6 ipeshkvinjtë dhe 156 priftërinj shqiptarë, të cilëve u duhet shtuar edhe nje grusht priftërinjsh të shuguruar, 65 kanë vdekur si martirë, 30 janë ekzekutuar dhe 35 janë mbytur gjatë torturave. 64 kanë vdekur pasi kanë provuar burgjet dhe kampet e përqendrimit"*. Më poshtë, është lista e plotë e të pushkatuarve, të dënuarve, të internuarve në vitet 1944-1990.[77]

Viti 1944-1990: Të pushkatuar me gjyqe, pa gjyqe dhe gjyqe të fshehta, ishin:

Imzot Frano Gjini (1886-1948), imzot Gjergj Volaj (1904-1948),[78] imzot

---

[76] **Don dr. Markus W. E. Peters, "Përballjet e historisë së kishës katolike në Shqipëri: 1919-1996"**, Qendra Botuese Shoqata Jezuite "Ylber", Tiranë 2010.

[77] Simon Shkreli: **"Kleri katolik 450 vjet studime në Europë dhe 881 vjet burg në Shqipëri"**,
https://albemigrant2011.wordpress.com/2017/04/15/simon-shkreli-kleri-katolik-450-vjet-studime-ne-europe-dhe-881-vjet-burg-ne-shqiperi/

[78] By Anton Gaspri, **"Mother, do not weep for what you see now. Weep for**

Nikoll Deda (1890-1948), imzot Nikoll Noga (Tusha) (1895-1946), atë Mati Prennushi o.f.m. (1882-1948), atë Çiprian Nika o.f.m. (1900-1948), atë Lekë Luli o.f.m. (1908-1944), atë Leonard Targaj o.f.m. (1910-1945), dom Lazër Shantoja (1892-1945), dom Ndre Zadeja (1891-1945), dom Mark Gjani (1909-1945), atë Papa Pandi (1909-1945), atë Anton Harapi o.f.m. (1888-1946), atë Giovani Fausti S.J. (1899-1946), atë Danjel Dajan S.J. (1906-1946), atë Gjon Shllaku o.f.m. (1907-1946), dom Nikollë Gazulli (1893-1946, dom Alfons Tracki (1892-1946), dom Luigj Pici (1907-1946), dom Zef Maksen (1901-1946), atë Benardin Llupi o.f.m. (1894-1946),[79] dom Luigj Pren-

---

what is no come." – *A Testimony of Bishop George Volaj of Sappa – His Sufferings amd Death"* (By Gjon Sinishta, **"Fallen for Faith Justice, and Liberty, Roman Catholic Hierarchy"**, **"The Fulfilled promise"**, A Documentary Account of Religious Persecution in Albania, Santa Clara, California, U.S.A., 1976, Library of Congress Catalog Card numer: 76-57433), **p. 95-98.**

[79] **Në vitin 1941, rajoni i Kosovës**, i cili po i nënshtrohej shkombëtarizimit nga autoriteti mbretëror jugosllav, që nga viti 1918, **u bë sërish pjesë e Shqipërisë**. **Marie Shllaku** nga Shkodra, ishte një nga vullnetaret e para, që shkoi në Kosovë dhe ndihmoi banorët e varfër të rajonit, të përshtateshin me administratën e re shqiptare. Ajo ishte shumë e admiruar dhe e dashur nga njerëzit, për shkak të miqësisë dhe vetëmohimit (përkushtimit) së saj të hapur. Në vitet 1944-1945, forcat e bashkuara komuniste shqiptaro-jugosllave hynë në Kosovë, pas tërheqjes së ushtrisë gjermane, e cila për hir të së vërtetës historike, duhet thënë se lejuan që trojet etnike shqiptare të ishin të bashkuar. Ata (komunistët shqiptaro-serbë) filluan një fushatë të pamëshirshme të arrestimeve me vrasje masive dhe frikësimit të të gjithë atyre që dyshoheshin se ishin anti-jugosllavë ose anti-komunistë. Pasi u mor në pyetje në hetuesi dhe u keqtrajtua barbarisht nga autoritetet e reja komuniste jugosllave, Maria iu bashkua nëpër male kryengritjes së kosovarëve nacionalistë në Drenicë e gjetkë. Ajo u plagos rëndë dhe u strehua nga një familje fshatare. Fatkeqësisht, streha e saj u zbulua (me trathti) nga **NAZMI KURSANI**, kapiten në shërbim të forcave kriminale të Sigurimit Jugosllav. Policia, nuk kishte marrë parasysh gjendjen e saj të plagosur. Ajo u rrah mizorisht dhe u poshtërua dhe duhej të çohej në gjyqin e saj. Prokurori trathtar pro serb **ALI SHUKRIJA**, asokohe një nga anëtarët e Këshillit Qeverisës të Republikës Jugosllave, kërkoi dënimin me vdekje për Marien dhe shokët e saj me këto fjalë: **"Vdekja me pushkatim, për këta kriminelë nuk është asgjë! Ata duhet të digjen ngadalë të gjallë në hi."** Në fjalët e fundit Marie Shllaku,

nushi (1896-1947), dom Dedë Maçaj (1920-1947), dom Anton Zogaj (1905-1948), dom Ejëll Kovaçi (1920-1958), dom Dedë Malaj (1920-1959), dom Zef Bici (1919-1968), dom Mark Dushi (1920-1968), dom Marin Shkurti (1933-1969), dom Shtjefën Kurti (1898-1971),[80] dom Mikel Beltoja (1935-1974), seminaristi Mark Çuni (1919-1946).

Të vdekur në torura mizore ishin:

Atë Lorenc ORENC Mitroviç o.f.m. (1872-1943), atë Brnardin Palaj o.f.m. (1894-1946), atë Serafin Koda o.f.m. (1915-1947), papa Josif Papami-hajli (1912-1948), dom Aleksandër Sirdani (1892-1948), dom Pjetër Çuni (1914-1948), dom Dedë Plani (1889-1949), dom Jakë Bushati (1890-1949), imzot Jul Bonati (1874-1951), vlla Gjon Pantalia (1887-1947).

---

hodhi poshtë akuzat e prokurorit. Ajo dhe shoqëruesit e saj nuk ishin krim-inelë, por ishin asokohe të përkushtuar për çështjen e drejtësisë dhe lirisë së Shqipërisë dhe Kosovës nga kthetrat e komunizmit jugosllavo-shqiptar. **"Një ditë."** ajo tha: **"Do të turpërohen bijtë dhe bijat tuaja, ose tradhtia juaj dhe veprimet tuaja njerëzore, kundër nesh dhe popullit shqiptar"**. **Profesor Jeh Vela**, që tani jeton në Shtetet e Bashkuara, ishte në të njëjtin burg në atë kohë dhe kujton kjartë sesi shkodranja heroine Marie Shllaku këndonte çdo natë, këngë popullore shkodrane, sikur të ishte duke u përgatitur për një festë dasme, në vend të ekzekutimit të saj. Në një mbrëmje vjeshte të vitit 1946, Marie Shllaku u mor nga qelia dhe u ekzekutua, në një vend të pashënuar (të panjohur), së bashku me të, u ekzekutuan edhe **patër Benardin Llupi, O.F.M., mësuesi Gjergj Martini** dhe të tjerë. Maria Shllaku ishte vetëm 28 vjeç. (By Gjon Sinishta, **"Maria Shllaku"**, **"The Fulfilled promise"**, *A Documentary Account of Religious Persecution in Albania*, Santa Clara, California, U.S.A., 1976, Library of Congress Catalog Card numer: 76-57433, **f. 167-168**).
[80] **"Is Baptism a Crime." (Father Stephen (Shtjefen) Kurti" was sentenced to death in late 1971 by the Albanian government..."** (By Gjon Sinishta, **"Fallen for Faith Justice, ded and Liberty, Roman Catholic Hierarchy"**, **"The Fulfilled promise"**, A Documentary Account of Religious Persecution in Albania, Santa Clara, California, U.S.A., 1976, Library of Congress Catalog Card numer: 76-57433), **p. 150-157.**

Të vdekur pak kohë mbas torturash
nga Sigurimi i Shtetit ateisto-nazi-komunist ishin:

Imzot Frano Gjuraj (1893-1947), dom Anton Muzaj (1921-1948), dom Kolec Prennushi (1902-1950), dom Lazër Jubani (1925-1982).

Të vdekur në burgje dhe kampe përqendrimi nazi-komunist:

Imzot Vinçenc Prennushi o.f.m. (1885-1949), imzot Errnesto M. Çoba (1913-1980), dom Mark Bicaj (1911-1946), dom Nikoll Shelqeti (1892-1947), dom Ejëll Deda (1917-1948), dom Nikoll Laskaj (1898-1948), atë Gaspër Suma o.f.m. (1897-1950), atë Pal Dodaj o.f.m. (1880-1951), atë Karlo Serreqi o.f.m. (1911-1954), atë Klement Miraj o.f.m. (1882-1956), atë Rrok Gurashi o.f.m. (1894-1965), dom Rrok Frisku (1892-1956), dom Pjetër Noga (Tusha) (1873-1958), dom Anton Doçi (1920-1973), dom Mark Hasi (1920-1981), dom Lec Sahatçija (1906-1986), dom Nikoll Gjini (1911-1987), dom Pjetër Gruda (1922-1989).

Vdiqën mbasi vuajtën dënimin:

Imzot Gjergj Haberi (1874-1950), dom Zef Shtufi (1879-1950), dom Ndoc Nikaj (1864-1951),[81] dom Mark Shllaku (1865-1951), imzot Bernadin Shllaku o.f.m. (1875-1956), atë Buon Gjeçaj o.f.m. (1870-1957), atë Pal Çi-urçija o.f.m. (1878-1957), atë Pashko Gjadri S.J. (1877-1960), dom Nikoll Kimza (1878-1960), dom Ndoc Suma (1887-1962), dom Tomë Lacaj (1898-1962), atë Marin Sirdani o.f.m. (1885-1962), dom Vlash LASH Muçaj (1918-1963), atë Leonard Shajaku o.f.m. (1887-1964), dom Mehill Çuni (1871-1965), atë Çiril Cani o.f.m. (1875-1967), dom Lazër Dedi (1919-1967), dom Prenkë Qafalia (1900-1967), dom Nikoll Shllaku (1886-1967), dom Ndre Lufi (1878-1969), atë Florian Berisha S.J. (1897-1970), atë Mark Harapi S.J. (1890-1974), atë Marjan Prela o.f.m. (1885-1974), atë Gjon

---

[81] **Dom Ndoc Nikaj,** i lindur në qytetin e Shkodrës në vitit 1865, do të shkruante romanin e parë në prozën shqipe "**Marcja**" (**1899**). Një epikë mistike, ku bota reale gërshetohej në mënyrë fantastike me atë hyjnore. Meshtari shkodran, **do të shkruante mbi 30 vepra**, mes të cilave do të spikaste me librin "**Historia e Shqypnis**" (**Bruksel, 1902**).

Karma S.J. (1896-1975), Dom Pal Gjini (1905-1975), atë Alfons Çuni o.f.m. (1900-1976), dom Ndue Soku (1922-1976), dom Lekë Dredhaj (1899-1976), atë Mëhill Miraj o.f.m. (1909-1978), dom Injac Gjoka (1916-1979), atë Gegë Lumaj o.f.m. (1904-1980), atë Donat Kurti o.f.m. (1903-1983), atë Mëhill Troshani S.J. (1904-1983), atë Sebastjan Deda o.f.m. (1916-1984), atë Filip Mazrreku o.f.m. (1913-1984), atë Frano Kiri o.f.m. (1902-1986), atë Ferdinand Pali o.f.m. (1907-1986), dom Marian Arta (1905-1986), atë Augustin Ashiku o.f.m. (1906-1986), atë Pjetër Meshkalla S.J. (1901-1988), dom Kolec Toni (1932-1992), dom Ndoc Sahatçija (1904-1993), atë Petraq Isak (1914-1997), atë Gaspër Jubani (1920-1992).

Klerikët që u zhdukën fizikisht nga
Sigurimi i Shtetit nazi-komunist ishin:

Dom Matish Lisna (1924 – helmatisë 1958), dom Prekë Nikçi (1921 – aksidentalisht 1974), dom Lazër Sheldija (1928-1988), vrarë barbarisht në New York, nga bashkatdhetarët e tij këtu në SHBA, sipas Departamentit të Policisë New York (**NYPD**).

Vuajtën dënimin dhe sërisht
ishin në shërbim të fesë, mbas vitit 1991:

Imzot Frano Illija Argjipeshkëv i Shkodrës (1918-1997), imzot Nikoll Troshani (1915-1996), imzot Zef Simoni Ipeshkëv (1928-2009), **Eminenca e Tij imzot Mikel Koliqi Kardinali i Shqiptar (1902-1997)**, atë Zef Pllumbi o.f.m. (1924-2008), atë Aleks Baqli o.f.m. (1918-1993), atë Jak (Giacoma) Gardini S.J. (1905-1996),[82] dom Zef Gila (1916-2000), atë Konrrad Gjolaj o.f.m. (1918-2000), dom Simon Jubani (1928-2011), atë Leon Kabashi o.f.m. (1906-1998), dom Luigj Kçira (1925-2008), dom Ndre Krroqi (1922-1996), atë Anton Luli S.J. (1910-1999), atë Dioniz Maka o.f.m. (1910-2004), dom Nikoll Mazrreku (1912-1996), dom Pashko Muzhani (1915-1993), dom Ndoc Ndoja (1914-1996), dom Loro Nodaj (1918-1996), dom Ndoc Nogaj

---

[82] **"The Diary of Father Jak Gardini S.J."** (By Gjon Sinishta, **"Fallen for Faith Justice, and Liberty, Roman Catholic Hierarchy"**, **"The Fulfilled promise"**, A Documentary Account of Religious Persecution in Albania, Santa Clara, California, U.S.A., 1976, Library of Congress Catalog Card numer: 76-57433), **p. 141-149.**

(1926-2011), dom Gjergj Simoni (1935-2023), Kardinal (Dom) Ernest Troshani (**1928- sot Kardinali II në historinë e kishës katolike në Shqipëri**), dom Martin Trushi (1933-1998), atë Gjergj Vata S.J. (1915-2000), atë Viktor Volaj o.f.m. (1910-1995), dom Jak Zekaj (1906-1995).

Motrat që vuajtën dënime në burgjet nazi-komuniste:

Motër Maria Tuci (1928-1949), motër Gjerogjina Bulgareci (1928-?), motër Liljana Radovani (1925-2002)

40 Martirë të Lumnuem të Kishës Katolike të Shqipërisë

"Ne vritshin komunistët Dom Simon Jubanin, meshën e vazhdoj unë deri sa t'më vrasin edhe mua!" - **Imzot Robert Ashta (1918-1998), Ipeshkëv i Pultit (Malësi e Madhe)**, më 11 Nandor 1990

Më 5 nëntor Kisha Katolike Universale i përkujton dhe kremton Martirët e Lum shqiptarë, kujtohet jeta, qëndresa, virtytet njerëzore dhe shpirtërore me mesazhin e tyre për realitetin e sotëm.

Martirët pishtarë drite, që ndriçojnë në qiellin e njerëzimit si shembull pozitiv ndër katolikët e shumtë shqiptarë, që gjatë regjimit komunist u burgosën, u torturuan e iu nënshtruan proçeseve të rreme, në përpjekjen për t'a çrrënjosur **Ungjillin** nga kultura e një populli të tërë.

Kështu në listën e këtyre martirëve të Lumë janë: **dy ipeshkvij, 21 meshtarë dioqezanë, 7 meshtarë françeskanë, 3 jezuitë, një seminarist dhe katër laikë** (ndër ta edhe probandja Marie Tuci, e vetmja femër në grup).

Këta martirë nga diktatura komuniste në Shqipëri 1944-1990, u persekutuan u gjykuar, u dënuar, ndonëse të pafajshëm, u torturuar dhe u vrarë, e ndjenin praninë e Krishtit. Ato u shpallën të lum në Shkodër, më 5 nëntor të vitit 2016, me një meshë solemne kremtuar në kishën katedrale të shën Shtjefnit, kryesuar nga prefekti i atëhershëm i Kongregatës së Vatikanit për Çështjen e Shenjtorëve, *kardinali Angelo Amato*.

Papa Françesku I, nënshkroi, më 26 prill 2016, **Dekretin zyrtar**, që u njihte martirizimin atyre, të cilët i pati parë në fotografitë e varura mbi bulevardin e kryqytetit **Dëshmorët e Kombit**, më 21 shtator 2014, gjatë vizitës së tij papnore njëditore në Tiranë.

Gjatë regjimit komunist në Shqipëri u vranë pesë ipeshkvij, 60

meshtarë, 30 rregulltarë françeskanë e 23 jezuitë, dhjetë seminaristë dhe tetë motra rregulltare a murgesha, pa llogaritur laikët e shumtë.

Akuzat me të cilat arrestoheshin, torturoheshin dhe dilnin para gjyqit, i cili e kishte gjithnjë gati paraprakisht vendimin e dënimit, ishin kryesisht dy: *spiunë të Vatikanit dhe bashkëpunëtorë të nazizmit a të fashizmit, në varësi nga kontaktet, që kishin me Evropën.*

Shumë meshtarë katolikë shqiptarë dhe misionarë ishin mësuar, me metodat komuniste të asgjësimit të tyre, duke i zhdukur fizikisht, sipas një plani të parapërgatitur (sipas modelit bolshevik dhe revolucionit trushpëlar kultutor kinez) i jepte një goditje të rëndë edhe vetë identitetit kombëtar, në formimin e mbrojtjen të cilit ata, pa dyshim, kishin kontribuar shumë.

Në natën e ringjalljes së kishës katolike në Shqipëri, në atë 4 nëntor 1990 në qytetin e Shkodrës, në varrezat e vjetra të Rrmajit u bë kremtimi i meshës së parë, pas komunizmit, nga ish i burgosur politik për shumë vite meshtari **dom Simon Jubani**, me një pjesëmarrje masive nga të gjithë komunitetet fetare dhe zonat e tjera periferike të qytetit të Shkodrës, në shenj mbeshtetje të besimtarëve katolikë shkodranë dhe proteste kundër komunizmit, e cila shënoi kthesën drejt lirisë së fesë për të gjithë qytetarët e Shqipërisë.

Si dhe pse u pushkatuan?

Ndër *40 martirët shqiptarë* të shpallur nga **papa Françesku I**, të Lumtun, 38 prej tyre janë ipeshkvë u vranë; 20 u pushkatuan dhe trupat e tyre u hodhën dhe mbetën pa varre; 18 prej tyre vdiqën nga torturat dhe nga persekutimi.[83]

Nëna e njërit prej tyre (priftit Lazër Shantoja), iu lut vrasësve të tij t'ia vrisnin djalin se ua paguante ajo plumbat. Ky ishte rasti më ekstrem, më tragjik... Djalit të saj i kishin thyer krahët, këmbët dhe e kishin hedhur në një qeli. Nëna që e shihte djalin e saj për të vetmin shkak se ishte prift, iu lut katilit ta vriste, edhe duke ia paguar plumbin.

Të gjithë martirët u torturuan, me korrent elektrik 220 volt, duke u hedhur kripë në gojë, zhytur kokën në ujë të ngrirë për ditë të tëra, por as-

---

[83] By Gjon Sinishta, **"The Fulfilled promise"**, A Documentary Account of Religious Persecution in Albania, Santa Clara, California, U.S.A., 1976, Library of Congress Catalog Card numer: 76-57433.

njëri prej tyre nuk u përkul. Persekutimi më i madh kundër të krishterëve të shekullit XX në Shqipëri ka qenë më i egër dhe më e pashpirtshmja.

Ka figura martirësh, që u referohen persekutimit nazist, atij spanjoll dhe atij meksikan, por deri kur u mbyll ky proces, nuk kishin parë dhe nuk e kishin idenë, se çfarë ka ndodhur në Shqipërinë tonë, ku ishte kapërcyer krimi nazist, stalinist e të tjerë, që ka njohur historia. Natyrisht, kjo ka ndodhur nga një mendje diabolike, që ka krijuar këtë vuajtje të tmerrshme të papërshkrueshme për të cilën është folur pak, edhe gjatë këtyre 25 vjetëve, pavarësisht se në vitet e para, Presidenti i asaj kohe, zoti Berisha, i ka shpallur "Pishtarë të demokracisë" disa prej tyre. Dërrasa ku e kishin shtrirë ishte plot me gozhdë dhe gozhdë filluan të ngulnin mbi trupin e tij.

Imzot Vinçenc Prendushi,[84] françeskan i qytetit të Durrësit, u burgos dhe u torturua, sepse nuk pranoi të mohojë besimin e tij. Ai dha shpirt më 19 mars 1949 në birucën e burgut, i shtrirë këmbëzbathur në dheun e lagësht e të ftohtë.

Imzot Frano Gjini, Ipeshkv, martirizimi i të cilit ia kaloi çdo fantazie kriminale e njerëzore. I papërkulur para torturave, sepse nuk pranoi ta shkëpuste kishën nga Vatikani. U dënua me vdekje dhe u pushkatua më 11 mars 1948.[85] kujton **ish bashkëvuetsja e rregjimit komunist dhe e perndjekur politik Jozefina Topalli ish Kryetare e Parlamentit të Shqipërisë.**[86] [87]

---

[84] By prof. Arshi Pipa, **"It is Difficult to believe that everything comes to and with the body when we see how men die for ideals"** – *In Memory of Archibishop Vincent Prennushi* (By Gjon Sinishta, **"Fallen for Faith Justice, and Liberty, Roman Catholic Hierarchy"**, **"The Fulfilled promise"**, A Documentary Account of Religious Persecution in Albania, Santa Clara, California, U.S.A., 1976, Library of Congress Catalog Card numer: 76-57433), **p. 79-87.**

[85] Jozefina Topalli, **"Moment i shenjtë për 40 martirët e Kishës dhe Shqipërisë"**, Gazeta **"Telegraf"**, 3 Nëntor 2016, Tiranë.

[86] **Jozefina Çoba Topalli (1963)**, është politikane shqiptare, e cila shërbeu si kryetare e Parlamentit të Shqipërisë në vitet 2005-2013 dhe ish-zëvendëskryetare e Partisë Demokratike. Lindi në Shkodër, në një familje qytetare, e bija e Filip Çobës, i biri i Gjon Çobës dhe mbesë e ish-të përndjekurit, Ejëll Çoba. Ajo është gruaja e parë kryeparlamentare në gjithë historinë parlamentare në vend dhe e gjashta Kryetare e Kuvendit të Shqipërisë

në historinë parlamentare pluraliste, që nga viti 1991. Ajo u rizgjodh si Kryetare e Kuvendit në dy mandate. Në fillim ajo ishte në postin e Nënkryetares së Kuvendit në vitet 1997-2001, 2001-2005. Ajo kreu studimet e larta në dy fakultete; në atë të Matematikës dhe të Drejtësisë në Universitetin "Luigj Gurakuqi", Shkodër. Studioi për Marrëdhënie Ndërkombëtare në Universitetin e Padovës, në Itali dhe u diplomua për master "Administrim publik" në Universitetin e Tiranës. Aktualisht është master-kandidate në "Studime europiane". Jozefina (Çoba) Topalli është njohëse mjaft e mirë e gjuhëve angleze, italiane, frënge dhe ruse. Në vitet 1992-1995 ajo punoi në Dhomën e Tregtisë në qytetin e Shkodrës dhe në vitet 1995-1996 ishte kancelare dhe pedagoge në Universitetin "Luigj Gurakuqi". Viti 1996 shënon fillimet e karrierës së saj politike. Si kandidate e Partisë Demokratike, bashkëqytetarët e saj e zgjodhën përfaqësuesen e tyre në Kuvendin e Shqipërisë për katër legjislatura radhazi, ndërsa strukturat e Partisë Demokratike, në vitin 1997, e zgjedhin atë Nënkryetare të kësaj partie, detyrë të cilën e mban në vijimësi. Gjatë gjithë veprimtarisë së saj si drejtuese e lartë e Kuvendit dhe përfaqësuese e lartë e Partisë Demokratike, gjithashtu edhe si anëtare e Këshillit të Europës, që nga viti 2002, Jozefina Çoba Topalli është angazhuar maksimalisht në ecurinë e reformave në vend për anëtarësimin e Shqipërisë në BE. Si anëtare e Komitetit të Punëve Sociale, Shëndetit dhe Familjes dhe si Zëvendëspresidente e Komitetit të Fëmijëve, ajo vazhdon të japë një kontribut të vyer në çështjen e mbrojtjes së grave dhe fëmijëve, në reduktimin e varfërisë, në luftën kundër punës së të miturve, si dhe në luftën kundër trafikimit të qenieve njerëzore. Si një ndër figurat më në zë të parlamentarizmit dhe të politikës shqiptare, ajo është në krye të nismave për reforma në rrugën e integrimit të Shqipërisë në strukturat euroatlantike. Ndër veprimtaritë jashtë vendit, gjatë viteve 2004-2005, janë: pjesëmarrja në grupin e monitoruesve të KE-së në zgjedhjet në Ukrainë; pjesëmarrja në grupin monitorues NDI/ Qendra Karter për zgjedhjet në Palestinë. Jozefina Topalli shquhet për marrëdhëniet miqësore dhe bashkëpunimin aktiv me shoqërinë civile e veçanërisht me median, ku çmohet për kontributin e saj opinionist jo vetëm për çështjet politike.

[87] By Jeh Vala, **"Bishop Frano Gjini – Dignified defender of his flock"** (By Gjon Sinishta, **"Fallen for Faith Justice, and Liberty, Roman Catholic Hierarchy", "The Fulfilled promise",** A Documentary Account of Religious Persecution in Albania, Santa Clara, California, U.S.A., 1976, Library of Congress Catalog Card numer: 76-57433), **p. 91-94.**

Imzot Jul Bonati, meshtar i madh intelektual, i cili pasi u mbyll për torturë në çmendinë, provoi tmerre të padëgjuara nëpër qelitë e ndryshme të Sigurimit famëkeq, nga Vlora në Durrës, vdiq në burgun e Durrësit pranë imzot Prendushit, i cili i jepte shujtën në kodin kristian.[88]

Dom Alfons Tracki, **prifti gjerman**, më shqiptar se shqiptarët, bir i Breslau-t, u torturua dhe u pushkatua më 25 qershor 1946, në moshën 50 vjeç.

Dom Anton Muzaj, u torturua në mënyrë çnjerëzore, vetëm se nuk pranoi të mohonte besimin e tij. Si i thyen këmbë e duar, e liruan nga burgu dhe e nisën në shtëpi, ku vdiq mes dhimbjeve të tmerrshme pas pak ditësh, në moshën 29 vjeçare.[89]

Dom Anton Zogaj, famullitar i Durrësit, sekretar i imzot Prendushit, meshtar jashtëzakonisht i përgatitur në të gjitha drejtimet, u burgos e u torturua mizorisht. E lanë të mbyllur disa ditë në një banjë të qelbur, teksa priste ditën e pushkatimit, 31 dhjetorin e vitit 1946.

Dom Dedë Maçaj, i akuzuar si spiun i Vatikanit, u torturua, u gjykua dhe u pushkatua për rezistencën e tij heroike fetare, në moshën 27-vjeçare.

Dom Dedë Malaj, mbetet i paharruar në kujtesën e popullit për mbrojtjen heroike, që i bëri besimit të tij në gjyqin që e dënoi me vdekje. U pushkatua në breg të Liqenit të Shkodrës më 12 maj 1959, në moshën 39 vjeçare.[90]

Dom Dedë Plani, dha shpirt në spital më 30 prill 1949, pasi nuk pranoi asnjë akuzë dhe u bëri ballë heroikisht torturave çnjerëzore.

Dom Ejëll Deda, famullitar i Bushatit, i arrestuar vetëm pse ishte prift, vdiq më 12 maj 1948 në spitalin e burgut, mbas torturave çnjerëzore.

Dom Jak Bushatin e akuzuan se ndihmonte diversantët, se bënte agjitacion e propagandë, pretekste për të cilat u pushkatua pa gjyq më 12 shkurt 1949.

---

[88] By Gjon Sinishta, **"The Fulfilled promise"**, A Documentary Account of Religious Persecution in Albania, Santa Clara, California, U.S.A., 1976, Library of Congress Catalog Card numer: 76-57433.

[89] By Gjon Sinishta, **"Fallen for Faith Justice, and Liberty, Roman Catholic Hierarchy"**, **"The Fulfilled promise"**, A Documentary Account of Religious Persecution in Albania, Santa Clara, California, U.S.A., 1976, p. 68-72, Library of Congress Catalog Card numer: 76-57433.

[90] **Jozefina Topalli**, "Moment i shenjtë për 40 martirët e Kishës dhe Shqipërisë", **Gazeta "Telegraf"**, **3 Nëntor 2016, Tiranë.**

Papa Josif Mihali, njeri i Zotit, e arrestuan dhe e torturuan veç me këtë akuzë. U mbyt për së gjalli në baltën e kënetës në kampin e shfarosjes të Maliqit.

Dom Zef Maksen (meshtar gjerman), u pushkatua në vitin 1946 duke shqiptuar fjalët: "Des i lumtun, tue mendue se do të kujtohem prej shqiptarëve, si meshtar i fesë së Krishterë".

Dom Lazër Shantoja (meshtar i ndritur, njeri i kulturës, i letërsisë dhe i artit), u masakrua deri në atë gradë, sa vetë e ëma kërkoi nga xhelatët komunistë ta pushkatonin një orë e më parë, gjë që nuk munguan ta bënin në fushat e shkreta të Tiranës në moshën e tij 54-vjeçare.

Dom Lekë Sirdani (personalitet i shquar i Kishës Katolike, prift, patriot, shkrimtar), u torturua mizorisht dhe u mbyt për së gjalli në një gropë ujërash të zeza.

Dom Luigj Prendushi, u arrestua, u torturua dhe u pushkatua si spiun i Vatikanit më 24 janar të vitit 1947.

Dom Martin Shkurti, u shugurua meshtar më 1961, shërbeu pak kohë në Kishën me dyer të hapura, në atë të heshtimit dhe guxoi të vijojë heroikisht shërbimin meshtar në kohën e terrorit. U arrestua, prej andej u torturua dhe u pushkatua në vitin 1969.

Dom Mark Gjani, u arrestua për veprimtarinë e tij meshtare dhe u shua gjatë torturave të tmerrshme në duart e katilëve në qeli në vitin 1945.

Dom Mikel Beltoja, u pushkatua më 10 shkurt të vitit 1974 pasi mbrojti heroikisht dhe haptazi idealet e tij fetare, gjyqin që iu bë pas gjashtë muaj torturash i cili e dënoi me vdekje.

Dom Ndoc Suma vdiq dy vjet pasi ishte liruar i shkatërruar nga burgu, ku u torturua me akuza për të cilat thoshte: "*Vetëm kur dola në gjyq e mora vesh pse isha arrestuar*".

Dom Ndré Zadeja (prift, poet) i pushkatuar pa gjyq në qytetin e Shkodrës, duke u bërë kështu martiri i parë viktimë e diktaturës komuniste.

Dom Pjetër Çuni (prift) vdiq i varur me kokë poshtë mbi gropën e ujërave të zeza.

Dom Shtjefën Kurti (prift) u pushkatua para banorëve të Gurzit. Sigurimi e akuzoi se deshi të helmatiste popullin duke shfrytëzuar për këtë furrat e bukës.[91]

At Bernardin Palaj o.f.m. (frat e poet i madh) do të vdiste në Kuvendin

---

[91] Jozefina Topalli, **"Moment i shenjtë për 40 martirët e Kishës dhe Shqipërisë"**, Gazeta **"Telegraf"**, 3 Nëntor 2016, Tiranë.

e Françeskanëve në Shkodër, shndërruar në burg për 700 të burgosur të pafajshëm. Nën torturat e Sigurimit mori tetanosin. Ishte mbledhësi i parë i eposit të kreshnikëve, mitolog i shquar, por edhe muzikant, pianist i talentuar, gjeni i letrave shqiptare, pasardhës i denjë i Fishtës së madh; i mbytur, por edhe i harruar.

At Çiprian Nika (françeskan), vdiq nën akuzën e rëndë dhe shpifëse se kishte fshehur armë në altarin e Shën Ndout në kishën françeskane të Gjuhadolit.[92]

At Gaspër Suma (rregulltar pinjoll i një familjeje, që u shua nga komunistët), u arrestua në vitin 1947 dhe vdiq në burg.

At Gjon Shllaku (frat i madh, filozof), u pushkatua së bashku me jezuitët *At Giovanni Fausti*, misionar italian, dhe At Daniel Dajani, po ashtu, italian, si dhe me seminaristin Mark Çuni, djalë i ri. Në fillimet e masakrës komuniste kundër klerit katolik u akuzua për tentativë arratisjeje dhe për formimin e Partisë Demokristiane. Që të katërtëve shteti shqiptar u ka dhënë dekoratën *Martir i demokracisë* në vitet e para të '90-ës. Për sa i përket atë Gjergj Gjon Shllakut: *"Në mëngjesin e zymtë, të vrenjtur dhe me shi Shkodre të 4 marsit 1946, zemrat e shkodranëve u dridhën nga breshëritë e automatikëve dhe jehonat që vinin nga Zalli i Kirit, vendi i namun, ku pushkatoheshin "mëkatarët" e kohës së kuqe. Nën plumbat e skuadrës ekzekutuese ranë njëri pas tjetrit përdhe trupat e shtatë të dënuarve me vdekje, ndër të cilët katër ishin klerikë katolikë. At Gjon Shllaku, ishte njëri ndër ata. Nuk ishte hera e parë që në të zbardhur të dritës në qytet të dëgjoheshin të shtime të tilla me ushtimë të "xanun", si ato që bien në mish njeriu. Në zakonin e fituar rishtazi, pushkatimet e heretikëve bëheshin në orët e para kur njerëzit ishin ende në shtroja. Pas pushkatimit zakonisht trupat e të vdekurve liheshin ashtu njëri mbi tjetrin sikur të ishin thasë plehu në dispozicion të qytetarëve për tërë ditën. Në muzg, ashtu grumbull siç ishin, hidheshin në një gropë të përbashkët që mbulohej mirë, që mundësisht të mos mund të dallohej më". Ky qe edhe fati që e la pastaj edhe gjatë kësaj periudhe në harresë At Gjon Shllakun."* Por kush ishte *At Gjon Shllaku?* Ai kreu shkëlqyeshëm liceun dhe kursin e filozofisë në atdhe. Më vonë u dërgua, si shumë stu-

---

[92] By Illir Bali, **"The Suffering, my son, makes the victory more noble"** – *Remembering Father Cyprian Nika, O.F.M.* (By Gjon Sinishta, **"Fallen for Faith Justice, and Liberty, Roman Catholic Hierarchy"**, **"The Fulfilled promise"**, A Documentary Account of Religious Persecution in Albania, Santa Clara, California, U.S.A., 1976, Library of Congress Catalog Card numer: 76-57433), **p. 118-121.**

dentë të tjerë, përjashta e pikërisht në Holandë, ku kreu teologjinë. Më 15 mars të vitit 1931 u shugurua meshtar, por në këtë vit u dërgua nga Provinciali i atëhershëm, Vinçens Prendushi, në Louvaine të Francës. Atje Patër Gjoni ndoqi degën e Shkencave, më vonë atë të historisë dhe të filozofisë, duke u lauruar me tezë të shkëlqyer në filozofi në vitin 1936.

At Karl Serreqi, frati që nuk pranoi të kallëzojë rrëfimin e një të plagosuri në ndeshjet me komunistët në mal, e kaloi jetën burgjeve. Vdiq në Burrel më 4 prill të vitit 1954. Ai është një ndër martirët e rrallë të sekretit të rrëfimit në historinë e kishës universale.

At Mati Prendushi o.f.m. (frati që mori pjesë në ngritjen e flamurit në Deçiq më 6 prill 1911 sëbashku me fatosin e lirisë Dedë Gjon Luli) u përndoq dhe u fal nga Mbreti Nikolla dhe nga mbreti Zog, por u dënua me vdekje nga i ashtuquajturi "gjyq komunist". Nuk i dihet as varri.

At Serafin Koda (frat françeskan) dha shpirt pasi hetuesit komunistë, duke mos u ngopur me torturat e zakonshme, ia shqyen fytin me thonj.

Vëlla Gjon Pentalia (jezuit), u arrestua ndër të parët dhe vdiq në spital pasi vuajti tmerre të papërshkrueshme.[93]

Fran Miraka, Qerim Sadiku dhe Gjelosh Lulashi (të rinj që edukoheshin ndër jezuitë) u vranë për besimet e tyre. Edhe një vajzë e re, **Maria Tuci, u torturua** duke e mbytur, e futën në thes dhe e hodhën.

At Luigj Paliqi dhe dom Gjon Gazulli janë të vetmit martirë që i takojnë kohës para komunizmit.

At Luigj Paliqi u vra në atentat nga serbët, ndërsa **dom Gjon Gazulli** u var nga Zogu në një shesh të Shkodrës në vitin 1927.[94] [95]

---

[93] By Msgr. Zef Shestani, **"Brother Gjon Pantalija, S.J. the man and the martyr"** (By Gjon Sinishta, **"Fallen for Faith Justice, and Liberty, Roman Catholic Hierarchy"**, **"The Fulfilled promise"**, A Documentary Account of Religious Persecution in Albania, Santa Clara, California, U.S.A., 1976, Library of Congress Catalog Card numer: 76-57433), **p. 130-137.**

[94] By Ernest Koliqi, **"Desperate Prayer"**, *Translator by Prof. Zef Nekaj* (By Gjon Sinishta, **"Fallen for Faith Justice, and Liberty, Roman Catholic Hierarchy"**, **"The Fulfilled promise"**, A Documentary Account of Religious Persecution in Albania, Santa Clara, California, U.S.A., 1976, Library of Congress Catalog Card numer: 76-57433), p. 74-75.

[95] By prof. Zef Valentini, S.J., **"The Spirit of The Martyrs"** (By Gjon Sinishta, **"Fallen for Faith Justice, and Liberty, Roman Catholic Hierarchy"**, **"The Fulfilled promise"**, A Documentary Account of Religious Persecution in Al-

Proçesi i Lumnimit

Që atëherë, me durim e punë, Kisha Katolike e Shqipërisë, mblodhi pak nga pak, dëshmitë gojore e të shkruara, dokumente e proçesverbale, që tregonin për martirizimin e bijve të vet, për t'ua paraqitur krejt besimtarëve të globit si dëshmi për Krishtin e për kombin.

Kështu, më 10 nëntor 2002, në kishën katedrale të Shkodrës, në praninë e Prefektit të atëhershëm të Kongregatës së Vatikanit për Ungjillëzimin e Popujve, *kardinalit Crescenzio Sepe,* u hap faza dioqezane e procesit të lumnimit për 38 martirët e parë, për imzot Vinçenc Prennushin me shokë.

Njëkohësisht, por veç prej të parëve, u hapën proceset e lumnimit edhe për françeskanin, atë Luigj Paliq, vdekur më 1913, dhe për meshtarin dioqezan dom Gjon Gazulli, vrarë më 1927.

Dekreti dhe mesha e Lumnimit

Hetimet dioqezane përfunduan më 8 dhjetor 2010, gjithnjë në Katedralen e Shkodrës, në praninë e Prefektit të nderit të Kongregatës së Vatikanit për Klerin, *kardinalit Claudio Hummes,* dhe u miratuan me dekretin e 9 marsit 2012.

Jo shumë larg nga kjo datë, në korrik të vitit 2015, dy vëllimet e *"positio super martyrio"* u paraqitën në Kongregatën vatikanase për Çështjen e Shenjtorëve.

Më 17 nëntor 2015, teologët këshilltarë u shprehën pozitivisht, duke pohuar se këta 38 martirë të kishës katolike në Shqipëri kishin vdekur vërtet për shkak të urrejtjes së vrasësve ndaj fesë së krishterë.

Më 26 prill 2016, duke pritur në audiencë *kardinalin Angelo Amato,* Papa Françesku I autorizoi botimin e dekretit zyrtar, që i shpallte të Lum 38-tët martirë.

Ceremonia e Lumnimit të tyre u kremtua, siç e përmendem, më 5 nëntor 2016, në katedralen e Shkodrës, në praninë e një populli të madh, që i kishte lartuar me kohë në altar. Aty qëndrojnë, për t'u kujtuar brezave, që do të vijnë, si dëshmohet feja në Krishtin, por edhe ç'është diktatura, në mënyrë që ajo të mos përsëritet më.

---

bania, Santa Clara, California, U.S.A., 1976, Library of Congress Catalog Card numer: 76-57433), **p. 77-78.**

Martirët e Lumnuem të Shqipërisë janë një grup prej 38 shenjtorësh të vrarë përgjatë diktaturës komuniste në Shqipëri nga 1945 deri më 1974, ku përpos pesë prej tyre, shumica u vranë 1945 deri më 1950.

Të gjithë kishin lindur në periudha të ndryshme nga 1874 deri më 1935; grupi përfshin shqiptarë e italianë dhe një gjerman. Secili prej tyre, përveç katër vetëve, ishin pjesë e jetës fetare si priftërij ose si të devotshëm dhe shërbyen si misionarë ose edukatorë me një mbrujtje shkollore nga qytetet italiane e austriake.

Hapja e proçesit dioqezan u shpall më 10 nëntor të viti 2002, nga prefekti i asokohshëm i Kongregatës për Ungjillëzimin e Popujve, kardinali Kreshencio Sepe, gjatë kremtimit të Eukaristisë, në katedralen e Shkodrës. U lumnuen dhe shpallën shenjtorë të kishës katolike më 5 nëntor 2016, në sheshin para katedrales në Shkodër.

Këto 40 martirë shqiptarë në lule të rinisë, derdhën gjakun për Krishtin në trojet shqiptare, kryesisht gjatë diktaturës komuniste.

U munduan e u mbytën mizorisht nga shkaku i urrejtjes për Kryqin e Krishtit, prej kriminelëve të pandëshkuar. Disa vjet më vonë sa e sa të krishterët shqiptarë presin ditën fatlume kur do t'i shikojnë në nderimet e altarit.

Shënim:

I nderuari zoti Klajd Kapinova!

Uroj që të jeni shumë miirë. Ky është një shkrim/studim, që vë në dukje të vërteta të krishterimit, që duhet t'i dijë çdo shqiptar.

Studimi deshmon për një punë kërkimore serioze, por që ia vleu mundimit, sepse dha fruta.

Studimi shquan dhe për një sërë shprehjesh të goditura, si nga ana gjuhësore, ashtu dhe për të vërtetat shkencore, që pasqyrojnë.

Me pak fjalë, është një studim, që ka zgjeruar njohuritë e mia për historinë e krishterimit në botën shqiptare.

Mendoj, se ai meriton përhapje të gjerë, në forumet e publicitetit të diasporës sonë, që të përfitojnë edhe të tjerë, ashtu siç përfitova unë.

Prof. Peter Prifti[96] San Diego California

---

[96] **Prof. Peter Prifti (1924-2010)**, ka qenë studjues dhe akademik shqiptar në SHBA, anëtar i Departamentit të Gjuhësisë në Universitetin e Kalifornisë, San Diego. Veprimtar i organizimeve dhe shtypit shqiptar në Amerikë, si editor i Diellit dhe sekretar i Vatrës. U lind në Rehovë dhe shkollimin fillor e ndoqi dhe kreu në Ersekë. Më 1940 emigroi drejt SHBA-së ku kishte të atin dhe vëllanë e

Martirët e Kishës Katolike Shqiptare

madh, në Filadelfia. E filloi punën e tij akademike më 1969, me studimin monografik: "**Kosovo in Ferment**" (*Kosova në tronditje*)., ndërsa punonte në Institutin Teknologjit të Masaçusets (MIT). Më pas ai do të radhitej krahas studiuesve anglisht-folës me libra të tjerë të shkencave politike si: "**Socialist Albania Since 1944**" (**1978**) (*Shqipëria Socialiste që nga viti 1944*), "**Confrontation in Kosova: The Albanian-Serb Struggle, 1969-1999**" librin e vetëm në shqip: "**Mozaik shqiptar**", botuar në vitin 2003 dhe ribotuar më 2005, monografinë në anglisht "**Unfinished Portrait of a Country**" një portret rreth të kaluarës, së tashmes dhe të ardhmes së Shqipërisë Prifti erdhi në Amerikë në vitin 1940, në moshën 15-vjeçare për të banuar me të atin dhe vëllain e madh, të cilët për arsye ekonomike kishin emigruar nga Shqipëria vite më parë. Në vitin 1949, Peter Prifti diplomohet nga Universiteti i Pensilvanisë, në degën **Arts & Letters**, dhe vendoset në Boston. Aty njihet personalisht me Fan Nolin dhe fillon të punojë si sekretar i Federatës Pan shqiptare "Vatra" (1912), dhe si redaktor i gazetës "Dielli" (1909), së bashku me e editorin Qerim Panariti (G. M. Panarity). Profesor Prifti ka shkruar e bashkë-punuar në fusha të ndryshme, si çështja e Kosovës, demokratizimi i Shqipërisë, dhe studime rreth historisë dhe letërsinë shqipe. Ai kishte lidhje me intelektualë, si: Prof. Arshi Pipa, Nicholas Pano, Stavro Skendi, Gjon Sinishta, si dhe me Prof. Safete Juka. (autore e librit: "The Albanians in Yugoslavia in Light of Historical Documents"). Ai përkthen në anglisht poezia dhe proza shqipe, përkthime këta që janë botuar faqe-për-faqe me tekstet origjinalë. Është fjala për poema të Naim Frashërit, Nënë Terezës, etj., dhe pjesë nga proza klasike e letërsisë shqipe.

ZHVENDOSJA E AFRESKUT TË ZOJËS SË KËSHILLIT TË MIRË NË GENAZZANO

"U ka pa sot Shkodra e u ka marrë mrapa. U ka pa, distinktivin e Zojës në parzëm, dritën e hirit shenjtnues në ballin e hapet, zjarmin e atdhedashtënisë në gji. Me hapa të përvuejt por të sigurtë u ndaltë te kambët e Rozafës, u pame tuj hi në Shejtnoren e Zojës, n'at monument shejt feje dhe kombësije." - **Dom Ndre Zadeja (1891-1945)**, *në fjalimin e tij drejtuar një grupi besimtarësh me rastin e festës së Zojës së Shkodrës.*

"Kush do të më ndalojë t'i shfaros të krishterët shqiptarë!? Ata kanë humbur shpatën dhe mburojën (Gjergj Kastriotin) e tyre." - **Sulltan Murati II, Viti 1467**

Në qytetin e lashtë të Shkodrës, prej kohësh nderohej me përkushtim të veçantë, një figure e mrekullueshme e Zojës së Bekuar, e cila ndodhet edhe sot në Gjenacan të Italisë.

Historia e saj, është vetë historia e katoliçizmit ndër shqiptarë, i cili, me vdekjen e Heroit Kombëtar Gjergj Gjon Kastriotit, më 1468, nisi udhën ose kalvarin e mundimeve në kryq.

Gjatë gjashtë shekujve të robërisë të kohës së barbarisë dhe persekutimit sistematik të shqiptarëve katolik të Shkodrës nga *Perandoria Xhihadiste Islame Otomane*, një pjesë e madhe e banorëve autokton, në saj të dhunës me motive të pastra fetare, sepse ishin të krishterë katolik, do të detyrohej të ndërronte fenë e të parëve, kurse një pjesë tjetër e popullsisë për të mos u nështruar dhe asimiluar si popull nga barbarët otomanë do të merrte rrugët e vështirë të mundimeve të mërgimit, në dheun latin, duke kaluar detit Adriatik dhe gjetkë.

Asokohe nga burimet historike mësojmë, se vetëm një pakicë e vogël e popullsisë autoktone të krishterë shqiptare, do të mbetej besnike, duke vuajtur kalvarin e mundimshëm për shekuj e shekuj me radhë.

Ata fatkeqsisht dhe pa asnjë dëshirë do të iknin (braktisnin me dhimbje në shpirt) nga qendrat e banimit në qytete dhe zona të tjera fushore dhe do të shkonin drejt zonave të thella malore për të bashkëjetuar me shqiponjën simbolin kombëtar të flamurit shqiptar.

Shqiptarët emigruan kryesisht në Itali, *Zarë të Kroacisë* etj. Valët më të fuqishme të emigracionit, gjatë kësaj periudhe ishin për arsye të pastra politike dhe mbijetese kundër gjenocidit të përgjakshëm asimilues ushtarak otomano-islamik.

Kjo valë madhe e emigracionit zuri fill në fund të shekulli XIV (në vitet 1415-1417), gjatë pushtimit të disa kështjellave të viseve bregdetare, në vitet 1466-1467 gjatë Rrethimit të II dhe III të Krujës, pas vdekjes së **kryetrimit të Arbërisë Gjergj Gjon Kastriotit** (1468), dhe pas rënies fatkeqe të kështjellës së Krujës, të kështjellës Rozafa të qytetit antik të Shkodrës (1478-1479) etj.

Rreth vitit 1467, kur një ushtri e re e madhe barbare otomane xhihadiste islame e sulltanit u dynd mbi Shkodër, sipas gojëdhënës, *Figurja e Zojës së Shkodrës, u shkëput nga muri i Shenjtorës rrëzë kështjellës Rozafa, për të mos u dhunuar nga hordhitë islame primitive anadollake.*

Zoja e bekuar e qytetit e mbartur nga engjëjt, mbështjellë prej një reje, *vijon gojëdhëna,* u ndalua në Gjenacan, afër Romës në Itali.

Gojëdhëna historike, tregon edhe se Figurën e mrekullueshme e përcollën dy shkodranë, rojtarë të shenjtërores, e ndërsa ecnin me sytë lart, pa u kujtuar as ata vetë, e kaluan në këmbë detin Adriatik. Ata sapo arritën në Romë, figurja në fjalë u zhduk nga sytë e tyre.

Por nuk vonoi e në të gjithë Italinë u hap zëri se një figure e mrekullueshme kishte zënë vend në muret e Shenjtërores së Gjenacanit, ku me ndërmjetësinë e saj po kryheshin mrekulli të panumërta.

Në histori, kjo ka mbetur e shënuar si data **25 prill 1467**. Qysh asokohe, *nisën shtegtimet e besimtarëve pelegrin drejt Gjenacanit,* e Zoja e Këshillit të Mirë, Pajtorja e Shqiptarëve, nisi të nderohej edhe në Itali, Gjermani, Austri e më vonë edhe në kontinente të tjera, me të njëjtën figure dhe veneracion, që vijon të nderohet në Gjenacan.

Kjo figurë, nderohej në kishën katolike dy herë të rrënuar të Zojës së Shkodrës, rrëzë Kështjellës Rozafa, si më e vjetra në të gjithë Shqipërinë, e cila *në këmbët e saj prej shekujve ka pritur me qindra dhe mijëra besimtarë të krishterë dhe të besimeve të tjera.*

Nuk ka besimtar shkodranë, që duke kaluar andej, edhe pas vitit 1967, kur kisha u rrënua për herë të dytë nga diktatura komuniste ateiste enveriane, të mos jetë lutur në heshtje, për ditë më të mira me një lutje tradicionale, që i qëndroi kohës, më shumë se muret:

"*O Zoja e Bekueme,*

Nana e Këshillit të Mirë,
po të thërrasim Ty,
që je Bija e zgjedhuna e Zotit Atë,
Nana e Jezu Krishtit,
Nusja e Shpirtit Shenjt,
Tempull i së Shenjtnueshmes Trini:
ndërmjetëso për ne në qiell!".

E kur kisha u rindërtua, Lutja u pasurua me fjalët:

"Ndër duert tua të fuqishme, o Nanë e Mëshirës, po e lëshojmë të dashtunin kombin tonë, megjithsè jemi mëkatnorë të mjerë e të padenjë.

Po të falënderojmë, se na je gjetë e na ke ndihmue me kujdesin e një Nane të vërtetë në dimnin e gjatë e të vështirë të persekutimit, i cili na shkaktoi viktima të panjehuna, martirë që tash ndërmjetësojnë për ne në qiell.

Po të falenderojmë, që na e nxore nga Zoti hirin e rikthimit të pranverës së lirisë fetare e qytetare, e cila i hapë rrugën ndërtimit të një shoqnie ma të drejtë e ma vëllaznore".

Kjo figurë e famshme murale e Zojës së Shkodrës e quajtur ndryshe si *Drita e Shqypnis*, u zhvendos mrekullisht nga kisha bri kalasë së Shkodrës, për në vendin e shenjt Gjenacano në vitin 1467. Për fat të mirë, *Ajo u shpall figurë mrekullibërëse nga Selia e Shenjte dhe vetë* **papa Pali II (1464-1471)**, duke u vlerësuar si një ngjarje me përmasa të rëndësishme botërore.

Historia e figurës së Zojës së Bekuar, rikthen si kujtesë lashtësinë e Arbërisë, dhe në veçanti në qytetin antik të Shkodrës, e cili me Dioklenë, ishin qytete të rëndësishme ilire, të cilat luanin një rol shumë të madh në rrafshin gjeopolitik, të zhvillimit kulturor e pagëzimor në kohën romake.

Historikisht, dihet se **qyteti antik dhe katolik europian Shkodra,** *ishte një nyje e rëndësishme e lidhjeve në mes qytetërimeve të kohës midis Lindjes dhe Perëndimit, si vijimësi e rëndësishme në periudhën historike veneciane.*

Prifti françeskan atë Marin Barleti[97], ndër të tjera shkruan, *se në qyteti*

---

[97] **Patër Marinus Barletius** (Marin Barleci ose Barleti **(1450-1513)**, ka qenë historian dhe prift katolik nga qyteti i Shkodrës. Barleti u lind dhe u rrit në Shkodër, atëherë pjesë e Republikës së Venedikut. Në veprat e tij e quan veten scodrensis (shkodran), ku më pas barazon të qenit shkodran me të qenit epirotas. Ai ishte historiani i parë dhe i vetëm shqiptar prej dëshmisë okulare të rrethimit të Shkodrës nga Perandoria Xhihadiste Islame Otomane në vitin 1478. Barleti njihet më shumë për veprën e tij të dytë, një biografi e Gjergj Gjon Kastriotit -Skënderbeut, përkthyer në disa gjuhë prej shek. XVI

deri XX, që popullarizoi figurën e kryekomandantit arbëror së bashku me biografinë e Frangut. Për nevojat historiografike termi epirotas nëpër përkthime dhe tekste të thjeshta është bërë arbër ose shqiptar. Në vitin 1474 atë M. Barleti mori pjesë në mbrojtjen e Shkodrës në rrethimin e parë nga ushtria xhihadiste islame osmane, ashtu si edhe në të dytin po nga otomanët barbarë, për të cilin shkroi edhe një libër. Prindërit e tij u vranë gjatë rrethimeve nga ushtria islame otomane. Kur Venediku ia lëshoi Shkodrën Perandorisë Xhihadiste Islame Osmane në vitin 1479 me **Traktatin e Kostandinopojës**, atë Marin Barleti shkoj në Venedik, ku u bë studjues i historisë, letërsisë klasike dhe i gjuhës latine. Me të mbërritur në atje, iu dha një pension prej dy dykatësh dhe një tezgë kasapi në mishtoren e Rialtos si një burim i përkohshëm të ardhurash. Meqë kjo tezgë u pretendua nga Andrea Pezaro po atë vit, *"noteri i gjykatës së lartë"*, Ludovik Xukoli, ndërhyri dhe këshilloi *"djaloshin e sjellshëm"* atë Marin Barletin, që të kërkonte *"një punë tjetër të përshtatshme për të"*. Më 1494 u bë prift pas përfundimit të studimeve teologjike filozofike në Venedik dhe Padova, dhe u emërua famullitar në kishën e shën Shtjefnit në Piovene në Itali. Vepra e parë e Barletit është **"Rrethimi i Shkodrës"** e shkruar në gjuhën latine (*De obsidione Scondrensi, ad Serenissimum Leonardum Lauretanum aristocratiae Venetae principem, conciones variae Meumethae Turearum principe et ex aliis militae praefectis artificiose Compositae*), botuar në Venedik për herë të parë në vitin 1504. Ai u rishtyp disa herë në gjuhën italiane, frënge, polake dhe angleze. Në shqip u përkthye nga *latinisti Henrik Lacaj*. Vepra e dytë dhe më e plotë e Barletit, me të cilën u bë i famshëm, është **"Historia e Skënderbeut"** po në latinisht, me titullin e plotë **Mbi sjelljet e jetës dhe punët, veçanërisht kundrejt turqve, bëmat e Gjergj Kastriotit, princi i shkëlqyer i epirotëve, i mbiquajtur Skanderbeg për veprat e tij, ndryshe Aleksandri i Madh.** Shkruar prej Marin Barlet Shkodranit. Vepra u bë burim i një literature të gjerë, të shkruar në gjuhë të ndryshme të botës si portugalishtja, spanjishtja, gjermanishtja më 1533, frëngjishtja, anglishtja, serbishtja, greqishtja e deri në japonisht. Ndryshe prej Rrethimit, për këtë vepër Barleti u mbështet tek dëshmitë e të tjerëve. (**Lit**eratura: Zija Xholi, **"Pesë mendimtarët më të vjetër të kulturës sonë kombëtare: M. Barleti, Gjon Buzuku, Pjetër Budi, Frang Bardhi, Pjetër Bogdani"**, Tiranë 2003.; Zamputti, Injac (2011). **"Barleti apo Barleci?"**. ceeol.com; Osmani, Tomorr (2007). **"Humanisti Marin Barleci"**, *bibliotekashkoder.com*; Winter, Susanna (2006), **"Venezia, l'altro e l'altrove: aspetti della percezione reciproca (në italisht). Edizioni di storia e**

dhe përreth e qark, që më parë kanë funksionuar kishat në kala: kisha katedrale e shën Shtjefnit, e shën Nikollës, e shën Gjergjit përreth kalasë, shën Aponalit, shën Teodorit, shêjtes Krygjë, shën Pjetrit e shën Palit dhe shën Vlashit.

Pikërisht, përhapja e rregulltarëve në Mesjetë në këtë zonë, si: *Bendediktinët, Domenikanët, Françeskanët, Karmelitanet* etj., tërhiqte me vete, pos të tjerave, nderimin e madh që kishin ndaj Nënës së Krishtit, të lumes Mari, e cila në krishterim ka një rol tejet të rëndësishëm, sikurse perëndesha Vesta, që kishte për Pellazgët e më vonë për Ilirët pagane, shkruan ndër të tjera studiuesi dhe pedagogu bashkohorë **dr. dom Nikë Ukgjini.**[98]

---

letteratura". f. 31; Babinger, Franz (1964), **"Barlezio, Marino"**. *treccani.it*; Clough, Cecil H. (1970), **"Becichemo, Marino"**, *treccani.it*; Karanxha, Ilia (2 gusht 2018). **"Beçikemi larg gabimeve e fallsifikimeve"**, *radiandradi.com*; Omari, Jeton (2014), **"Scanderberg tra storia e storiografia"**, *thesis.unipd.it*; Hosaflook, David (2012). **"Reader's orientation"; The Siege of Shkodra: Albania's Courageous Stand Against Ottoman Conquest, 1478**, Onufri, f. xxix. ISBN 9789995687779; Dani, Doan (2016), **"Shpikja e Mesjetës"**, Tiranë, Pika pa sipërfaqe, f. 41, 45; Bartl, Peter (1974), **"Barletius, Marinus"**, **Biographisches Lexikon zur Geschichte** Südosteuropas, 1, 138-139; Cordignano F., **L'Albania a traverso l'opera e li scritti di un grande Missionario italiano: il P. Domenico Pasi S.I. (1847-1914),** Roma, Instituto per l'Europa Orientale, 1934, f. 26; Nadin, Lucia (2008), Mërgim e integrim: **"Shqiptarët në Venedik 1479-1552"** (*Migrazioni e integrazione: il caso degli Albanesi a Venezia (1479-1552),* Përkthyer nga Pëllumb Xhufi, Tiranë, 55. f. 40; Thalloczy, Ludwig (2004), (shtypur për herë të parë në vitin 1916); **"Vëzhgime iliro-shqiptare"** (Illyrisch-Albanische Forschungen), Shkodër: Camaj-Pipa. f. 22; Barleci M., **"Rrethimi i Shkodrës"**, Tiranë, Universiteti Shtetëror i Tiranës, Instituti i Historisë dhe i Gjuhësisë, 1967; Prifti, Stefan (1967), Lacaj, Henrik (red.). **"Hyrje: Disa shënime për jetën, veprën dhe vlerën e Barletit si historian"** (*Marin Barleti, Historia e Skënderbeut*), Tiranë, Shtëpia Botuese "Naim Frashëri", f. 6.

[98] **Dom dr. Nikë Ukgjini (1957),** u lind në Dugojevë të Klinës, Kosovë. Shkollën fillore e ndoqi në vendlindje gjatë viteve 1964-1972. Mësimet e mesme në gjimnazin klasik fetar 4-vjeçar, në Paulinum në Suboticë të Vojvodinës në vitet 1972-1976. Studimet filozofike dhe teologjike, 5-vjeçare i ndoqi në Zagreb (Kroaci) gjatë viteve 1976-1982. U shuguruar meshtar në Podgoricë më 20. 06. 1982. Si klerik i kishës katolike shërbeu në famullinë malore të Gucisë (pjesa veriore e Malit të Zi) në vitet 1982-1995; pastaj shër-

beu si famullitar në kishën e Shkrelit dhe administrator i famullisë së Bogës dhe Reçit të Malësisë së Madhe, gjatë viteve 1996-2000; më pas në vitet 2000-2003, famullitar në kishën e shën Gjergjit, buzë lumit Buna. Nga 3 tetori 2006 është famullitar në kishën e Kuklit, Njesia administrative Bushat, Bashkia Vau i Dejes. Në vitin 2003, pranë Universitetit të Zagrebit, në Fakultetin e Teologjisë, dega e historisë, mbrojti temën e doktoraturës me titull "**Shqiptarët katolikë në Shqipërinë e Veriut dhe të Malit të Zi të sotëm gjatë shek. XV-XIX**". Ai është autor i librit, "**Shkreli**", Shkodër, 1989, dhe "**Shqiptarët katolikë në Shqipërinë e Veriut dhe në Malin e Zi të sotëm gjatë pushtimit osman shek. XV-XIX**", Universiteti i Zagrebit, (gjuhën kroate) Zagreb, 2002; "**Kisha katolike në trevat shqiptare (nga shek. XI- deri sot)**", Shoqata e Jezuitëve, Tiranë, 2016. Ai është redaktor i librave dhe përgatitës i botimeve: dr. Nevila Nika, "**Dioqeza e Shkodrës në shek. XVIII sipas dorëshkrimeve arkivore**", Phoenix, Shkodër, 2001"; Dom Ndoc Nikaj, "**Kujtime të nji jetës së kalueme**", Plejad, Tiranë, 2003; Zef Mark Harapi, "**Dit e trishtimit n`Pejë e nder rrethe, 1912-1913**", "Dukagjini", Prishtinë, 2004; Dom Mark Dushi, "**Tirana dhe Rrethinat e saj**", Toena, Tiranë, 2005; At Benedit Dema, "**Fjalë të rralla në gjuhën shqipe**", Toena, Tiranë, 2005; Lovro Mihaçeviq, "**Nëpër Shqipëri**", Tiranë, 2006. Ai botoi Revista, "**Mjedologji**", I-IV; Ndoc Nikaj, "**Historija e Shqypnis**" Vel.I-II, Lezhë, 2015; Ndre Miedia, "**Juvenilia**", botim anastatik, Gjergj Fishta Lezhë, 201; Dom Ernesto Cozzi, "**Studime Etnologjike të Shqipërisë S 'Epërme**", Gjergj Fishta, Lezhë, 2017. Dr. Ukgjini është gjithashtu bashkëredaktor i librave: "**Krishterimi ndër Shqiptarë**", Shkodër, 2000, dhe "**Bibla Shqip**" dhe "**Tradita**", Instituti i Gjuhësisë dhe Letërsisë, Tiranë, 2004, si dhe bashkërecensent i librit: Romeo Gurakuqit, "**Kryengritja e Malësisë së Mbishkodrës 1911**", Shkodër, 2002; Gjekë Gjonaj, "**Prekë Cali, piramidë e gjallë e kufijve**", Gjergj Fishta, Tiranë, 2005; Tonin Çobanit, "**Frango Bardhi dhe relacioni i tij**", Zagreb, 2006. Dr. Ukgjini, është autor i shumë artikujve studimorë dhe pjesëmarrës i dhjetave Konferencave Shkencore, brenda dhe jashtë vendit. **Është docent i lëndës së historiesë**, pranë Institutit Filozofik dhe Teologjik në Shkodër dhe *kryeredaktor i revistës* "**Kumbona e së Dielës**". Është themelues i Qendrës Muzeore "**Ndre Mjeda**", në Kukël, Bushat. Dom dr. Ukgjini, është producent i filmave dokumentar-artistik të shfaqur në, TVSH si dhe në Televizionin e Kosovë: "**Dorarti gojëmbël**", 2003 (*kushtuar dom Simon Filipaj, përkthyes i parë të plotë të biblës në shqip*); "**U doni Gjoni**", 2005 (Gjon Buzukut); "**Pak dritë në errësirë**", 2006 (Franga Bardhit); "**Misioni i ringjallur**", 2007 (Jezuitet ndër shqiptar);

Arbëria u pushtua fatkeqsisht nga Perandoria Xhihadiste Islame Osmane në vitin 1434. Në krye të ekspeditave të përgjakshme ndëshkimore, kundër arbërorëve mosbindës dhe rezistentë, ishte venë vetë fanatiku islamik (perandori) asokohe **sulltan Murati II**.

Qëllimi i Perandorisë, ishte nënshtrimi i vendeve dhe kryengritjeve të shpeshta të armatosura të të krishterëve të Ballkanit dhe konvertimi apo islamizimi i domosdoshëm i tyre, përmes shpatës së përgjakshme, masakrave kolektive, djegies së shtëpive, marrja peng e fëmijëve djem.

Ngjarjet, që kanë lidhje me zhvendosjen e afreskut të Zojës së Këshillit të Mirë për në Gjenecano, ishte fushata e egër xhihadiste otomane islamizuese e asimiluese (de-shqiptarizimi) e ndërmarrë në Arbërinë e Mesme dhe Veriore nga **sulltan Mehmeti II**, në vitet 1466-1467.[99]

"**Heronjtë e Librit**", 2008 (Përkthyesve të përkthimeve biblike nga shën Jeronimi deri tek dom Simon Filipaj). "**Andrra e Jetës**", (kushtuar poetit Ndre Mjeda), Shkodër, 2009. "**Çeta e Profeteve**", kushtuar Pjeter Bogdani, 2011; "**Në Gjurmët e Fishtës dhe Gjeçovit**", (Rreth vizitës studimore, në Bosnje), qershor 2011; "**Pasqyra e te Rrefyemit**", kushtuar, Pjeter Budit, 2013. Shkodër, Janar, 2017.

[99] **Mehmeti II (1432-1481)**, i njohur zakonisht si **Mehmed Pushtuesi**. (turqisht: **Fâtih Sulltan Mehmed**), ishte dy herë sulltani i Perandorisë Osmane nga gushti 1444 deri në shtator të vitit 1446 dhe më pas nga shkurti 1451 deri në maj të vitit 1481. Në mbretërimin e parë të Mehmedit II, ai mundi kryqëzatën e udhëhequr nga trimi hungarez **John Hunyadi** pasi inkursionet hungareze në vendin e tij thyen kushtet e armëpushimit, sipas Traktateve të Edirne dhe Szeged. Kur Mehmeti II u ngjit përsëri në fron në vitin 1451, ai forcoi marinën osmane dhe bëri përgatitjet për të sulmuar Konstandinopojën. Në moshën 21-vjeçare, ai pushtoi Kostandinopojën dhe i dha fund Perandorisë Bizantine. Pas pushtimit, **Mehmeti pretendoi titullin Cezar të Romës,** bazuar në faktin se Kostandinopoja kishte qenë selia dhe kryeqyteti i Perandorisë Romake Lindore të mbijetuar që nga shenjtërimi i saj në 330 pas Krishtit nga Perandori me origjinë ilire Konstandin I. Pretendimi u njoh shpejt nga Patriarkana e Kostandinopojës, megjithëse jo nga shumica e monarkëve evropianë. Mehmeti II e shikoi shtetin osman si një vazhdimësi të Perandorisë Romake për pjesën e mbetur të jetës së tij, duke e parë veten si "vazhdues" të Perandorisë në vend që t'a zëvendësojë atë. Ai vazhdoi pushtimet e tij në Anadoll me ribashkimin e saj dhe në Evropën Juglindore deri në perëndim deri në Bosnje. Në vend, ai bëri shumë reforma

politike dhe sociale. Ai inkurajoi artet dhe shkencat dhe në fund të mbretërimit të tij, programi i tij i rindërtimit e kishte shndërruar Kostandinopojën në një kryeqytet të lulëzuar perandorak. Ai konsiderohet një hero në Turqinë e sotme dhe pjesë të botës më të gjerë myslimane. Ndër të tjera emri i tij janë lagjja Fatih e Stambollit, Ura Fatih Sulltan Mehmet dhe Xhamia Fatih (**në Prishtinë të Kosovës, fatkeqsisht ndodhet xhamia ma e madhe në Ballkan**). Kur Mehmeti II u ngjit përsëri në fron në 1451, ai iu përkushtua forcimit të marinës osmane dhe bëri përgatitjet për një sulm ndaj Kostandinopojës. Në ngushticën e ngushtë të Bosforit, kalaja Anadoluhisarı ishte ndërtuar nga stërgjyshi i tij Bajaziti I në anën aziatike; Mehmeti ngriti një fortesë edhe më të fortë të quajtur Rumelihisarı në anën evropiane dhe kështu fitoi kontrollin e plotë të ngushticës. Pasi përfundoi kështjellat e tij, Mehmedi vazhdoi të vendoste një taksë për anijet që kalonin pranë topit të tyre. Një anije veneciane që shpërfillte sinjalet për të ndaluar u fundos me një të shtënë dhe të gjithë marinarëve të mbijetuar iu pre koka, me përjashtim të kapitenit, i cili u shty në shtyllë dhe u ngjit si një dordolec njerëzor si një paralajmërim për marinarët e tjerë në ngushticë. Pas pushtimit, Mehmeti ndërtoi Xhaminë Eyüp Sulltan në vend, për të theksuar rëndësinë e pushtimit për botën islame dhe për të theksuar rolin e tij si gazi. Në vitin 1453, Mehmedi filloi rrethimin e Kostandinopojës me një ushtri midis 80,000 dhe 200,000 trupash, një tren artilerie prej mbi shtatëdhjetë pjesësh të mëdha fushore, dhe një marinë prej 320 anijesh, pjesa më e madhe e tyre transportuese dhe depo. Qyteti ishte i rrethuar nga deti dhe toka; flota në hyrje të Bosforit shtrihej nga bregu në breg në formën e një gjysmëhëne, për të kapur ose zmbrapsur çdo ndihmë për Kostandinopojën nga deti. Ai transportoi anijet e tij luftarake më të lehta në tokë, rreth kolonisë gjenoveze të Galatas dhe në bregun verior të Bririt të Artë; tetëdhjetë galeri u transportuan nga Bosfori pasi shtruan një rrugë, pak më shumë se një milje, me dru. Kështu, bizantinët i shtrinë trupat e tyre mbi një pjesë më të gjatë të mureve. Rreth një muaj më vonë, Kostandinopoja ra, më 29 maj, pas një rrethimi pesëdhjetë e shtatë ditësh. Pas këtij pushtimi, Mehmeti e zhvendosi kryeqytetin osman nga Adrianopoja në Kostandinopojë. Kur ai hyri në rrënojat e Boukoleon, i njohur nga osmanët dhe persët si Pallati i Cezarëve, i ndërtuar ndoshta mbi një mijë vjet më parë nga Theodosius II, ai shqiptoi vargjet e famshme të Saadiut. Pas pushtimit të Kostandinopojës, Mehmeti pretendoi titullin e Cezarit të Perandorisë Romake, bazuar në pohimin se Kostandinopoja kishte qenë selia dhe kryeqyteti i Perandorisë Romake që nga viti 330 pas Krishtit dhe kushdo që zotëronte kryeqytetin perandorak ishte sundimtar i perandorisë. Pretendimi nuk u njoh nga Kisha Katolike dhe shumica, nëse jo e gjithë, e Evropës Perëndimore, por u njoh nga Kisha Ortodokse Lindore. Perandori Konstandin XI Palaiologos vdiq pa lënë asnjë trashëgimtar dhe nëse Kostandinopoja nuk do të kishte rënë në duart e osmanëve, ai ka të ngjarë të ishte pasuar nga djemtë e vëllait të tij të madh të vdekur. Ata fëmijë u dërguan në shërbimin e pallatit të Mehmedit pas rënies së Kostandinopojës. **Djali më i madh, u otomanizua dhe mori emrin Has Murad, u bë i preferuari personal i Mehmedit dhe shërbeu si bejlerbej i Ballkanit.** Djali i vogël, i quajtur Mesih Pasha, u bë admiral i flotës osmane dhe sanxhak-beu i Galipolit. Ai përfundimisht shërbeu dy herë si Vezir i Madh nën djalin e Mehmedit, Bajazitin II. Sulltani 10 vjet pas pushtimit të Kostandinopojës, **Mehmeti II vizitoi vendin e Trojës dhe mburrej se ai u hakmor ndaj Trojanëve, duke pushtuar grekët (bizantinët).** Një ushtri osmane nën drejtimin e Gedik Ahmed Pashës pushtoi Italinë në 1480, duke pushtuar Otranton. Për shkak të mungesës së ushqimit, Gedik Ahmed Pasha u kthye me shumicën e trupave të tij në Shqipëri, duke lënë pas një garnizon prej 800 këmbësorësh dhe 500 kalorësish për të mbrojtur Otranton në Itali. Supozohej se ai do të kthehej pas dimrit. U bënë plane që Papa dhe qytetarët e Romës të evakuonin qytetin. **Papa Sixtus IV përsëriti thirrjen e tij të vitit 1481 për një kryqëzatë.** Disa qytet-shtete italiane, Hungaria dhe Franca iu përgjigjën pozitivisht ankesës. Megjithatë, Republika e Venedikut nuk e bëri këtë, pasi kishte nënshkruar një traktat të shtrenjtë paqeje me osmanët në vitin 1479. **Dy vjet më vonë, në vitin 1481, mbreti Ferdinand I i Napolit ngriti një ushtri që do të drejtohej nga djali i tij Alphonso II i Napolit.** Një kontigjent trupash u sigurua nga mbreti Matthias Corvinus i Hungarisë. Qyteti u rrethua duke filluar nga 1 maji 1481. Pas vdekjes së Mehmedit më 3 maj, grindjet që pasuan për pasardhësin e tij ndoshta i penguan osmanët të dërgonin përforcime në Otranto. Pra, pushtimi turk i Otrantos përfundoi me negociata me forcat e krishtera, duke i lejuar turqit të tërhiqen në Shqipëri dhe Otranto u rimor nga forcat papale në 1481. Ai mblodhi artistë italianë, humanistë dhe studiues grekë në oborrin e tij, lejoi që Kisha Bizantine të vazhdonte të funksiononte, urdhëroi patriarkun Gennadius të përkthente doktrinën e krishterë në turqisht dhe thirri Gentile Bellini nga Venecia për të pikturuar portretin e tij si dhe afresket veneciane, që sot janë zhdukur. Pas pushtimit të Bosnjës në vitin 1463, ai u dha françeskanët boshnjakë Ahdname-n e Milodrazhit, duke u dhënë atyre lirinë për të lëvizur lirshëm brenda Perandorisë, për të

Duke dëgjuar për sëmundjen e **kryetrimit të pamposhtur Gjergj Kastriotit**, në fillim të vitit 1467, sulltan Murati do të shprehej: *"Kush do të më ndalojë t'i shfaros të krishterët shqiptarë? Ata kanë humbur shpatën dhe mburojën e tyre."*

Kërcënimet e sulltanit otoman islam pasuan ngjarjet e pranverës së vitit 1467, si: *Rrethimi i Dytë i Krujës, Lezhës, Drishtit, Shkodrës dhe pushtimi i Danjës*.

Me këto djegie masive, perdhunimeve, barbarizmave, torturave e vrasjeve kolektive të shqiptarëve nga Mehmeti II, populli ynë ishte trullosur dhe u mendua së mbërriti dita e gjykimit të Hyjit, ku e gjithë Shqipëria do të përfshihej në shfarosjen e sigurtë.

Hakmarrja primitive otomane islame, i bëri arbërorët, që të parashikonin jo vetëm humbjen e menjëhershme të pasurive të tyre, **konvertimin me shpatë, dhunë, gjak dhe kuran, por edhe shtypjen më brutale, shfarosjen e plotë të shumë qyteteve e fshatrave, shfarosjen e besimit dhe të qytetërimit.**

Pushtimi i Shqipërisë (1466–1478). Gjergj ynë ose sipas titullit otoman *Skënderbeu*, ishte një pjesëtar i fisnikërisë shqiptare dhe një ish-anëtar i elitës sunduese osmane, i cili asokohe udhëhoqi rebelimin e Skënderbeut kundër zgjerimit të Perandorisë Osmane në Evropë.

Skënderbeu, ishte i biri i Gjon Kastriotit (i cili i ishte bashkuar revoltës së pasuksesshme shqiptare të viteve 1432–1436).

Gjergji ynë me t'u kthyer në trojet e veta të Arbërisë, bashkoi të gjithë principatat shqiptare në një aleancë ushtarake dhe diplomatike, formoi Lidhjen e Lezhës, në vitin 1444.

Sulltan Mehmeti II, nuk pati kurrë sukses në përpjekjet e tij për të nënshtruar Shqipërinë, sa kohë që kryetrimi i pamposhtur, heroi kombëtar arbëror (Skënderbeu) ishte gjallë, edhe pse dy herë (1466 dhe 1467) sulltani otoman i udhëhoqi vetë ushtritë osmane kundër qytetit stoik dhe heroik të Krujës.

---

kryer adhurim në kishat dhe manastiret e tyre dhe për të praktikuar fenë e tyre pa përndjekje zyrtare dhe jozyrtare, fyerje, ose shqetësim. Megjithatë, ushtria e tij e përhershme u rekrutua nga Devshët, një grup që merrte fëmijë të krishtera në moshë të re 8-20 vjeç i konvertonin pa vetëdije në islam, më pas I bënë jeniçerë ushtarakë të rrezikshëm dhe të pashpirtë në ekspeditat ushtarake. Ato ishin njësoj sikurse SS e Gestapos së kohës së Gjermanisë Naziste të Adolf Hitlerit…

Pas vdekjes së Skënderbeut në vitin 1468, shqiptarët nuk mundën të gjenin një udhëheqës për ta zëvendësuar atë dhe Mehmeti II përfundimisht pushtoi Krujën dhe Shqipërinë në vitin e zi 1478.

Në pranverën e vitit 1466, Sulltan Mehmeti marshoi me një ushtri të madhe kundër Skënderbeut dhe shqiptarëve.[100]

Gjergji ynë kishte kërkuar vazhdimisht ndihmë nga Italia, dhe besonte se Lufta e vazhdueshme osmane-veneciane (1463-1479) ofronte një mundësi të artë për të ripohuar pavarësinë e Shqipërisë; për venecianët, shqiptarët siguruan një mbulesë të dobishme për zotërimet bregdetare veneciane të Durrësit (Durazzo) dhe Shkodrës (Scutari).[101]

Rezultati kryesor i kësaj fushate ishte ndërtimi i kalasë së Elbasanit, gjoja brenda vetëm 25 ditëve.

Kjo kështjellë me vendndodhje strategjike, në ultësirën afër fundit të Via Egnatia-s së vjetër, e preu Shqipërinë në mënyrë efektive përgjysmë, duke izoluar bazën e Skënderbeut në malësitë veriore nga zotërimet veneciane në jug. Megjithatë, pas tërheqjes së Sulltanit mizor, vetë kryetrimi i Arbërisë heroi ynë Skënderbeu e kaloi dimrin në Itali, duke kërkuar ndihmë.

Në kthimin e tij në fillim të vitit 1467, forcat e tij u hodhën nga malësia, mundën Ballaban Pashën dhe hoqën rrethimin e kalasë së Krojës (Krujë); sulmuan edhe Elbasanin por nuk arritën t'a pushtonin.

Mehmeti II u përgjigj duke marshuar sërish kundër Shqipërisë. Ai ndoqi me energji sulmet kundër bastioneve shqiptare, ndërsa dërgoi detashmente për të bastisur zotërimet veneciane për t'i mbajtur të izoluara.

Osmanët barbarë islam, nuk arritën përsëri të merrnin Krujën dhe nuk arritën t'a nënshtronin vendin. Megjithatë, dimri solli një shpërthim të murtajës, e cila do të përsëritej çdo vit dhe do të shuante forcën e rezistencës lokale.[102]

---

[100] Nicolle, David (2000). **Constantinople 1453: The End of Byzantium**. Osprey Publishing. ISBN 1-84176-091-9.

[101] Pulaha, Selami. **Lufta shqiptaro-turke në shekullin XV**. Burime osmane, Tiranë, 1968, Universiteti Shtetëror i Tiranës, Instituti i Historisë dhe Gjuhësisë, f. 72.

[102] **The Encyclopedia of World History (2001)** – Venice Archived 5 July 2007 at the Wayback Machine "**The great war against the Turks (See 1463–79). Negroponte was lost (1470). The Turks throughout maintained the upper**

Vetë kryetrimi ynë Gjergj Kastrioti vdiq nga sëmundja epidemike e malaries në kalanë veneciane të Lissus (Lezhë), duke i dhënë fund aftësisë së Venedikut, për të përdorur zotërit shqiptarë për përfitimin e vet. **Shqiptarët**, u lanë në duart e tyre dhe u nënshtruan gradualisht gjatë dekadës së ardhshme.[103] [104]

Pas vdekjes së Skënderbeut, Mehmeti II udhëhoqi personalisht rrethimin e Shkodrës në 1478-1479, për të cilin kronisti i hershëm osman Aşıkpaşazade (1400-1481) shkroi: **"Të gjitha pushtimet e Sulltan Mehmedit u përmbushën me pushtimin e Shkodrës."**[105]

Venedikasit dhe shkodranët i rezistuan sulmeve dhe vazhduan t'a mbanin kështjellën derisa Venediku ia dorëzoi Shkodrën Perandorisë Xhihadiste Islame Otomane në Traktatin e Konstandinopojës si kusht për t'i dhënë fund luftës.[106] [107]

Duke mos parë asnjë rreze shprese nga këta njerëz barbarë, *populli shqiptar iu drejtua qiellit: mbushte tempujt e shenjtë, shumëfishonte lutjet publike, mbante kreshmë të rreptë dhe i lartësonte Hyjit premtime të çdo lloji, që ta ndalte fatkeqësinë e zemërimit të tij.*

Mes këtyre mërgimtarëve, dalloheshin për mëshirën e tyre dy vëllezër katolikë, të cilët ishin të pikëlluar dhe dëshpëruar thellë, për fatet e ardhshme të Atdheut arbëror të tyre.

Njëri prej tyre ishte **familja De Sklavis**, dhe shqiptari tjetër, me mbiemër **Gjergji**. *Nëse i referohemi aspektit teologjik, afresku i Zojës së Shkodrës,*

---

hand and at times raided to the very outskirts of Venice. In the Treaty of Constantinople (1479), the Venetians gave up Scutari and other Albanian stations, as well as Negroponte and Lemnos. Thenceforth the Venetians paid an annual tribute for permission to trade in the Black Sea."

[103] Finkel, Caroline (2005). **Osman's Dream: The Story of the Ottoman Empire, 1300–1923.** New York: Basic Books. ISBN 978-0-465-02396-7.

[104] Finkel, Caroline (2007). **Osman's Dream: The Story of the Ottoman Empire, 1300–1923.** Basic Books. ISBN 978-0-465-02396-7.

[105] Setton, Kenneth M. (1978). The Papacy and the Levant (1204–1571), Volume II: The Fifteenth Century. Philadelphia: The American Philosophical Society. ISBN 0-87169-127-2.

[106] Setton, Hazard & Norman (1969), p. 327

[107] Setton 1978, p. 278

në mënyrë të mrekullueshme, ishte shkëputur nga muri, duke u paraprirë dy rojeve, Gjergjit dhe Sklavis, dhe kishte kaluar detin e Adriatikut dhe kishte zënë vend afër Romës në Gjenacano, më 25 prill, 1467.

Zëri i një shfaqjeje të mrekullueshme të Virgjëreshës, në Gjenacano vjen deri në Romë, dhe papa Pali II, në vitin 1467, ngriti një **Komision Ver-ifikimi**, i cili në bazë të studimeve të kryera, shprehet se, Figura e Zojës është mrekullibërëse.

Këtë figurë, si të tillë, e kanë konsideruar edhe papë të tjerë në vazhdim: Siksto IV, 1475; Urbani VIII, 1630; Benedikti XIV, 1753; Pio IX, 1854; Leoni XIII 1883; Gjoni XXII 1959; **e deri tek shën papa Gjon Pali i II, më 25 prill 1993, me rastin e ardhje së tij në Shqipëri.**

Pas ikjes së saj, kohë të errëta mbërritën dhe banorët mjerimin, që i pushtoi fatkeqsisht, pas shpërnguljes së Zojës së Shkodrës, do e përjetë-sonin në vargje, *"Qysh at ditë që na u largove, t'tana t'zezat na kan ra"*.

550 vite më parë, afresku i Zojës së Shkodrës, u shpërngul nga qyteti i rrënuar totalisht, që po binte nën pushtimin xhihadist islam otoman dhe u vendos në Genacano (pranë Romës, Itali), *në një kishë të etërve agostini-anë.*

Në 557 vite, legjendat për të, mrekullitë e saj e kanë rrethuar Figurën e Zojës me një vel mistik dhe i kanë shtuar asaj më shumë misterin. Në shekuj, besimtarë të shumtë kanë bërë pelegrinazhe.

Megjithatë, gjithçka nisi një ditë prilli të vitit 1467, në kishën rrëzë ko-drës, ku ngrihet ende sot shtatlartë **kështjella e lashtë Rozafa**. *Mbi atë imazh, që iku në kohë rrebeshi, në shekuj me radhë, janë krijuar riprodhime të fig-urës së Zojës së Shkodrës.*

Ndërsa Këshilli i IV i Peshkopëve Shqiptarë, i mbajtur në vitin 1895, e shpalli *Zojën e Shkodrës si Pajtore të Shqipërisë.*

Pas më shumë se 600 vjetëve, studimet që i janë bërë në Romë, kanë treguar, se Figura ose Fugurja e Zojës (në të folmen e qytetarëve të Shko-drës), është më e madhe se ç'dihej në përmasa. **Imazhi i plotë i afreskut,** u zbulua nga studiuesit bashkëkohrë, gjatë konferencës shkencore ndërkombëtare kushtuar Asaj, në Tiranë në vitin 2018.

Historia e afreskut të Zojës së Këshillit të Mirë, është një histori mes legjendës së mrekullisë dhe historisë së përshpirtërisë. Shpërnguljes së Zojës së Këshillit të Mirë, është një histori sa fatkeqe aq edhe frymëzuese, sa e ngjashme me historinë kombëtare aq edhe e veçantë, sa është legjendë aq është edhe historike.

Duke u mbështetur në legjendën, që është transmetuar brez mbas brezi ndër shekuj dhe sipas një tradite të shenjtë, ajo u largua nga kisha që e strehonte, duke shpëtuar kështu për mrekulli nga pushtimi turk i vitit 1467.

Në vitin 1467, fillon pushtimi i Shqipërisë, nga fuqia mizore shkatërruese dhe barbare e Perandorisë Xhihadiste Islame Otomane.

Kjo përkon, me vdekjen apo kalimin në amshim të Atletit të Krishtit, siç është quajtur kampioni i mrekullueshëm i krishtërimit të kohës së tij, Heroi ynë Kombëtar Gjergj Gjon Kastrioti.[108]

Të krishterët etnik vendas, ikën gjithnjë e më në veri të Arbërisë, mes malëve prane shqiponjave dhe jashtë vendit të shqipes, për t'i bërë ballë mbijetesës nga pushtimi barbar otoman.

Në këtë situatë të vështirë për popullin shqiptar, piktura e Zojës së Shkodrës, u shkëput për mrekulli nga muri dhe e mbajtur nga engjëjt u largua nga ndërtesa dhe mori fluturimin drejt Perëndimit, mbi detin Adriatik, për në gadishullin italik. *Në këtë largim atë e ndoqën dy shtegtarë shqiptarë, Gjergji dhe De Sclavisi.*

Pelegrinazhet në Genazzano, u bënë të shpeshta, sa që papa Pali II dërgoi atje dy ipeshkvij që të merrnin një informacion mbi situatën, siç rezulton nga një biografi e shkruar në vitin 1478, pranë Arkivit të Vatikanit.

Në vitin e "ardhjes" së Zojës, siç e përshkruajnë gjenacanasit faktin, u redaktua nga një noter *"kodi i mrekullive"*, që përshkruan 161 mrekulli të ndodhura në kapele në periudhën 25 prill deri më 14 gusht të vitit 1467, vlerëson studiuesi *dom dr. Nikë Ukgjini.*

Figurja e Zojës, është e pikturuar mbi një copë suvaje muri katrore, me teknikën e afreskut. Është e lartë 45 centimetra dhe e gjërë 40 centimetra. Duket sikur qëndron e varur në ajër, duke u mbështetur vetëm paksa në pjesën e djathtë të bazamentit. Koka e Krishtit Fëmijë është pikturuar pa flokë.

Thuhet se është pikturuar kështu, mbasi në Shqipëri aso kohe ishte zakon që fëmijëve t'u qetheshin flokët. Koha, kur u krijua kjo vepër arti dhe autori i saj nuk dihet me siguri.

Kjo figure, pra, nderohej në kishën legjendare, dy herë të rrenuar të

---

[108] At Zef Oroshi, "**Log Kuvendit: Me 17 Kallnduer 1468: nji popull vajton e ban gjama nji shtet i krijuem me gjakun e këtij populli kalon nder terrsinat e shekujvet.**"(*Fjalimii At Zef oroshit në meshën perkujtimore të 500-vjetorit të vdekjes së Skanderbegut*), Jeta Katholike Shqiptare (Albanian Catholic Life), Organ i Lidhjes Katholike Shqiptare Amerikane, New York, Vjeti III, #4, (12), Tetuer, Nanduer, Dhetuer, f. 3-6.

Zojës rrëzë Kështjellës Rozafa, një nga më të vjetrat në Shqipëri. **Në këmbë apo gërmadhë, kisha mbeti gjithnjë cak shtegtimi.**

Duke marrë parasysh se Zoja e Këshillit të Mirë, e njohur si Zoja e Shkodrës, është edhe Pajtorja e Shqiptarëve, Misioni Katolik në Luzern të Zvicrës dhe kisha katolike Zoja e Shkodrës në Hartsdale, New York, SHBA, vendosën që t'a zgjedhin si Pajtore të veten, duke i kushtuar të gjitha familjet nën mbrojtjen e Saj.

Në këtë aspekt, **kisha e jonë në New York, me në krye Të Përndershmin dom Pjetër Popaj, falë edhe bashkëpunimit të mirë me besimtarët, vazhdon të jetë oazë pranë së cilës ata organizohen në aktivitete fetare e kulturore, duke shuar sado pak etjen dhe mallin për vendlindje, mbi të gjitha duke ushqyer jetën shpirtërore në gjuhën e vet amtare.**

Sikurse mësojmë nga historia del se **Kuvendi i III i Arbrit (1895)**, *propozoi si Mbrojtëse e Pajtore të Shqipërisë Virgjërën Nënë të Këshillit të Mirë, e mirënjohur përgjithësisht si Zoja e Shkodrës.*

Ky vendim me rëndësi historike, u mor njëzëri dhe iu parashtrua Atit të Shenjtë, **papës Leoni XXIII**, prej të cilit u mor pëlqimi dhe me **26 prilli u shpall si Ditë Kremte, për dioqezat e Shqipërisë.**

Vetëm pas shpalljes së Pavarësisë së Shqipërisë prej zgjedhës otomane barbare (**më 28 Nëntor 1912, që është Festë Kombëtare e vendit**), mundi të niste rindërtimi i Shenjtërores, kushtuar Zojë së Shkodrës. Punimet nisën pikërisht në vitin 1917, gjatë Luftës së Parë Botërore.

Më 23-26 prill 1917, u kremtua me madhështi 450-vjetori i shpërnguljes prej Shkodrës i Figurës së Shenjtë.

Toka, mbi të cilën gjendeshin gërmadhat e shenjtërores së lashtë, i dhurohej prej Komandës së Lartë të Korparmatës XIX austriake, Arqipeshkvisë Metropolitane të Shkodrës.

Për t'a ligjëruar këtë akt, u hartua një dokument pronësie që, më 7 korrik të vitit 1917, i cili iu dorëzua arqipeshkvit të Shkodrës, **imzot Jak Serreqit (1861-1922)**.[109] Pastaj më 31 korrik u bekua guri i parë.

---

[109] **Arqipeshkvi I Metropolitan i Shkodrës imzot Jak Serreqi (1861-1922)**, u lind në katundin Nënshat të Zadrimës. Kur ishte 10 vjeç hyri në Seminarin Papnor në Shkodër, ku mbaroi studimet e nevojshme në Filozofin e Teologjisë, dhe u shugurua meshtar në qershor të vitit 1884. Ai shërbeu si famullitar në Dajç, në Kllezen, Rrencë, etj.. Emri dhe kontributi i tij fetar dhe atdhetar nisi të bëhej popullor, në Shkodër dhe gjithë Shqipërinë. Papa Piu X në vitin 1905 e emroi Ipeshkëv në Zadrimë. Me 29 të prill 1910 Selia e Shenjtë e emnoi Arqipeshkev Metropolitan të Shkodër. Kur kaloi në amshim u

Në vitin e zi 1944, erdhën kohë të errëta komunisto-atesite, për kishën dhe kombin shqiptar. Shteti komunist, marksist-leninist ateist, u sul me furi kundër gjithçkaje, që përfaqësonte katoliçizmin dhe kulturën tradicionale fetare dhe kombëtare në Shqipëri.

Me kthimin e ligjshmërisë në Shqipëri, me shembjen e regjimit komunist dhe vendosjen e demokracisë aq të pritur, filloi një punë e vazhdueshme dhe e dendur, për të rindërtuar gjithçka, që mund të shpëtohej. Do të rilindte kështu edhe Shenjtërorja e Zojës së Shkodrës.

Thuhet në relacionet e vjetra se kur kjo kishë u shkatërrua nga perandoria osmane, shkodranët dilnin përtej Bunës tek kisha e shën Marisë Magdalenë (që asokohe varej (administrohej) nga Republika e Venedikut) nga aty i drejtoheshin Nanës së Këshillit të Mirë për t'i mbrojt nga fatkeqësitë e shkaktuara nga pushtuesi i kohës.

Jehona e mrekullisë së Zojës, detyroi Papën e kohës, të formojë një komision të posaçshëm, i cili në bazë të studimit të kryer do të shprehej se "Figura e Zojës" është mrekullibërëse.

Kjo figurë e Zojës, historia e saj mrekullibërëse ka nxitur pasardhësin e Pjetrit, Papa Gjon Palin e II i shoqëruar nga Nanë Tereza të vizitojë Shqipërinë dhe të lutën të gjunjëzuar në këtë truall të shenjtë.

Shkodra e krejt Shqipëria e ruajnë kishën e Zojës si visar të çmueshëm, si strehë dhe ngushëllim i shpirtit. Edhe kur ky vend ishte vetëm një rrënojë, besimtarët si gur të çmueshëm e vishnin këtë kodër deri në kala për ti kërkuar Nanës mbrojte e bekim.

Në kohë të mjerimit besimtarët i drejtoheshin me fjalët: *"E kur mbi Shkoder xu m'u muzgun qielli, e per te t'veshtira m'u endun stine e mote, me ty shkodrani zemren prap e kthielli, kah gurt e lterit t'and me lot rigote."*

Populli jonë e dinte dhe ishte i bindur se edhe në kohe të martirizimit sa të kenë Zojën këmbët dhe rruga e tij ishin të sigurta.

Nga kjo përvoje ka dal edhe shprehja, **"Me Zojën Shkodra e ka orën çuet"**.

Sa herë është ndërtuar kjo shenjtërore ka gjallëruar zemrat e besimtarëve, sepse e kanë ndjerë veten të mbrojtur dhe të sigurtë.

Sot, pas shumë shekujsh dhune ndaj kësaj kishe, kemi fatin të gjithë t'a gëzojmë këtë tempull feje përshpirtnije e shprese.

Mos të harrojmë, Provania hyjnore ka dashtur që tempulli kushtuar

---

varrosur tek Zoja e Shkodrës, sipas amanetit të tij, dhe fatkeqsisht më vonë u zhvarros nga komunistët, ku eshtrat e të cilit u hodhën në lumen Drin.

Zojës të jetë pikërisht në hyrje të qytetit, gati-gati si me dasht me na thanë se **kush hyn e del në këtë qytet duhet të kalojë nën mantelin e Nanës për të marrë bekimin e Saj. (Dom Artur Jaku, 26 gusht 2023)**

Për Nanën (Zojën) e Këshillit të Mirë, papa Benedikti i XIV në bulën e tij **Iniunctae Nobis**, me 2 korrik 1753, do të shprehej se: *"Figura siç thotë gojëdhëna e devotshme, me sherbesë të ëngjejve, ishte bart prej qytetit të Shkodrës e çua në Gjenecano"*.

Shën (Nënë) Tereza e Kalkutës, do t'ia thoshte Nanës Hyjnore ato fjalë përshpirtërie duke pritur e dashur të gjejë tek **Ajo** mbështetjen e mirëkuptimin mes tyre si dy Nëna, që kërkonin të ndërmjetësonin për të mirën e bijve shqiptarë.

Figura e Zojës së Shkodrës në New York

Festa e *"Zojës së Shkodrës"* ose e njohur si *"Nana e Këshillit të Mirë"*, mbledh çdo vit besimtarët bashkëatdhetarë, në një mbrëmje festive të organizuar nga kisha katolike shqiptare *Zoja e Shkodrës, për të përkujtuar 27 prillin si Dita e Pajtores së famullisë të kishës katolike, me të njëjtin emër në Hartsdale, New York.*[110] □

Qendra Katolike Shqiptaro Amerikane Zoja e Këshillit të Mirë, është themeluar nga i ndjeri **mons. dr. Zef Oroshi (1912-1989)**.

Në vitin 1973, si rezultat i bashkimit të këtyre dy qendrave, u formua ajo që sot quhet krenaria e të gjithë besimtarëve katolikë shqiptaro-amerikanë, kisha e Zojës së Shkodrës, në qytetin me komunitetin më të madh shqiptaro-amerikan në Bronx në fillim dhe më vonë në Hartsdale, New York.

Qendra Katolike Shqiptaro Amerikane **Zoja e Këshillit të Mirë**, është themeluar me formimin e Lidhjes Katolike Shqiptaro Amerikane me 16 qershor të vitit 1962, me nismëtarët e përkushtuar meshtari shqiptar *mons. dr. Zef Oroshi* i mbështetur nga një grup i vogël besimtarë katolikë shqiptarë, të porsa ardhë nga kampet e emigracionit të Italisë dhe Austrisë.[111]

---

[110] Klajd Kapinova, **"Zoja e Shkodrës", një nënë mbrojtëse e kujdeshme për bijtë e vet"** (Darkë madhështore e kishës "Zoja e Shkodrës" në Eastwood Monor në New York, organizuar nga famullitari dom Pjetër Popaj dhe Këshilli i Kishës), Fokus, **"Illyria"**, 1136, 3-6 maj, 2002, f. 20-21.

[111] **Zodiacus "Tue kujtue 500-vjetorin e Zojë s së Shkodrës"**, Jeta Katholike Shqiptare (Albanian Catholic Life), Organ i Lidhjes Katholike Shqiptare

Përgëzime, letra, telegrame, mesazhe mons. dr. Zef Oroshi do të marrë vazhdimisht nga bashkatdhetarët e tij dhe shumë klerikë dhe laikë, personalitete të larta të botës shqiptare dhe të huaj, gjatë suksesit të tij, të arritur në kohën e blerjes së Qendrës (dhe më vonë Kishës) Katolike Shqiptare, menjëherë pas thirrjeve që iu bë asokohe me shkrim dhe gojë bashkatdhetarëve.

Ato menjëherë shprehen bujarinë dhe humanzimin, për të ndihmuar financiarisht ngrijen e një qendre të parë fetare dhe kulturore të tyre në SHBA dhe veçanërisht në shtetin e New York-ut, ku komuniteti shqiptaro-amerikanë po rritej si pasoj e ardhjeve rishtas të emigranëtëve të rinj politikë nga Europa dhe më së shumti nga kampet e refugjatëve të Italisë dhe ish Jugosllavisë.

Dhe Monsinjoi ynë, duke qenë shumë korrekt dhe mirënjohës për urimet e tyre, u kthen përgjigje falënderuese gjithsecilit prej tyre. Ai ndër të tjera thekson, se: *"Kombsitë e vendeve të tjera të botës së lirë kanë përkrahjen e qeverive të vendeve të tyre të prejardhjes së tyre për vepra të tilla me mundsi, kurse na diaspora shqiptare, mjerisht, nuk kemi salvime, shamje e përbuzje nga regjimi i sotshëm në Shqipni, për vepra ndërtuese në dobi të Mergatës sonë kombtare. Kendej nevoja paraqitet edhe ma e madhe për nji bashkëpunim solidar e vllaznuer, në gjithçka na ka hije si shqiptar të vendosun."*[112]

Në letrën e tij aktivisti i komunitetit tonë **Halim Begeja,** asokohe Sekretar i Përgjithshëm i Ballit Kombëtar, me banim në New York City, ndër të tjera shkruan: *"Me kënaqsi kemi lexue zakoren e Z. s'Uej, drejtue bashkatdhetarëvet shqiptarë, për blemjen e Qendrës Katholike Shqiptare këtu në Neë York. Në bisedimet që kam pasë me Komitetin Qendor të Organizatës Balli Kombëtar, kam konstatue se sejcilli prej nesh do të jetë i lumtun, që të shofi nji ditë realizimin e themelimit të Qendrës Katholike Shqiptare. Jo vetëm Ju, por jam i sigurtë të gjith shqiptarët e kanë parasysh kontributin e madh që katholikët shqiptarë i kanë dhanë çështjes shqiptare.*

*Në bisedimin që kam pasë me Kryetarin e Organizatës B.K., z. **Kadri Cakrani**, kemi mbetë në fjalë, se do të bajmë ç'mos, që të gjithë shokët t'onë kudo,*

Amerikane, New York, Vjeti II, #3/1967 (43), Tetuer-Nanduer-Dhetuer, f. 20-22. (**Shënim**: *Autori i shkrimit përkujtimor është në të vërtetë drejtuesi i revistës mons. dr. Zef Oroshi, K. Kapinova)*

[112] At dr. Zef Oroshi, **"Falënderje dhe Thirrje"**, *"Jeta Katholike Shqiptare"* (Albanian Catholic Life), Organ i Lidhjes Katholike Shqiptaro Amerikane, Neë York, Vjeti IV, #2 (14), Prill-Qershuer, 1969, f. 27.

që të ndodhen, të dërgojnë ndihmat e tyne për blemjen e nji qendre katolike.

Këtu brenda, poi u dërgoj nga ana e eme nji çek prej 30 dollarësh. Jam i sigurtë se z. Cakrani do iu shkruej personalisht."

Në të njëjtën linjë, është edhe mesazhi i dërguar nga distrikti Washington D.C. nga bashkatdhetari tjetër i komunitetit tonë **Xhevat Kallajxhiu**, i cili ndër të tjera nënvizon: *"U gëzova fort për nisjativën, që ka marrë Lidhja e Katholikëvet Shqiptarë, për të blerë një Qendër të saj në New York. Besoj, se shqiptarët e Amerikës, pa dallim feje e krahine, do të japing ndihmën e tyne morale dhe material, për këtë Qendër Fetare Kombëtare të Vëllezërve Katolikë.*

*Brenda në këtë letër, ju dërgoj një **money order** prej 50 dollarësh, për Qendrën T'uaj dhe, duke ju përgëzuar për këtë inisjativë. Ju uroj të delni me sukses."*

I nderuem At dr. Zef Oroshi, e fillon letrën e tij përshëndetëse bashkatdhetari **Ibrahim Kulla**, ku, më poshtë ai thekson, se: *"Në këtë letër do gjeni tre çeqe me nga 100 dollarë, d.m.th. treqind dollar për ndihmen e ngritjes së nji Qendre Katholike n'Amerikë. Sipërmarrja e Juej dhe e gjithë vëllezërve katolikë shqiptarë është për t'u lavdërue, mbasi ky Institut është i dobishëm në aspektin fetar e kombëtar.*

Le t'i lutemi Zotit fuqiplotë, që të plotësohet sa ma shpejt dëshira e vëllezërvet tanë katolikë. Ju lutem, t'u transmetoni të falat e mija personale dhe ata të gjithë vëllazërisë Kulla n'Amerikë dhe Canada, besnikëvet t'Uej katolikë."

Patër Daniel Gjeçaj o.f.m., me banim në Itali, në letrën e tij shkruan: *"Kam marr vesht, për themelimin (blemjen) e Kishës për shqiptarë të New York-ut e jam gëzue në zemër. Me gjith vshtirsi (e mendoj, se s'dot jen ken të vogla) ia dole njaj pune të madhe, pasojat e së cilës ka për t'i ndie e çmue koha e breznitë e ardheshme. Të lumtë, të lumtë! Tashti mbasi asht ba e madhja, të voglat vijnë tuj u perfekcjonue, për kadalë e me ndihmen e Zotit e me zellin Tand edhe ato do t'plotsohen. Shpresoj, se bashkë me Kishë e lokale, ka për t'u krijue në mes shqiptarve dhe njifarë bashksije së krishtenë, gja kjo aq e nevojshme per ne. Bashk me Fra Pashkun, përsrisim urimet e mbesim vllazën në Krishtin."*

Lidhja Katholike Shqiptare, u formua në një mbledhje, të mbajtur në kishën katolike sllovene të Shën St, në Manhattan, New York. Ky tubim inkurajoi të gjithë besimtarët dhe barinjtë shpirtërorë, që të fillojnë kishën e parë katolike shqiptare në SHBA dhe në përkujtim të Zojës së Shkodrës.

Që prej vitit 1973, tradicionalisht filloi të përkujtohet edhe festa e Pajtores së famullisë Nana e Këshillit të Mirë ose Zoja e Shkodrës, e cila si një nënë e kujdeshme i ka mbrojtur e i ruan gjithnjë të gjithë besimtarët katolikë shqiptarë, në vendlindje dhe diasporë. [113]

Që nga ajo kohë e deri më sot, festa e shoqëruar me darkë të madhe, ka 50 vjet, që festohet në New York nga të gjithë besimtarët katolikë, të kishës shqiptaro-amerikane.

Ata vijnë nga shumë shtete të Amerikës, për të gëzuar së bashku, me famullinë e parë të kishës shqiptaro-amerikane. ☐

Figura e Zojës së Shkodrës, që është e realizuar në pikturë edhe në kupolën e kishës me të njëjtin emër, ka një histori të hershme.

Ajo ka qenë e vendosur në lterin e kishës, në qytetin e vjetër të Shkodrës dhe nderohej me një devotshmëri të posaçme, sikurse një engjëll i gjallë.

Shtegtarët shkodranë, po i luteshin Zojës së Shkodrës, për ndërmjetësinë e Saj dhe se si figura në një mënyrë të mrekullueshme shkëputet nga muri i kishës së Shkodrës, duke kaluar brigje, kodra e lumenj dhe më pas detin Adriatik dhe u vendosën në Itali.[114]

Që prej vitit 1467, kur iku nga Shkodra, figura origjinale e Zojës së Shkodrës, sot pushon në Bazilikën e Gjenacanit, disa kilometër afër Romës. Në atë kohë ushtria pushtuese barbare otomane e rrethoi kështjellën antike Rozafa në qytetin e Shkodrës, ku figura gjendej.

Shqiptarët, i bënë rezistencë ushtrisë islame barbare otomane, por edhe përballë rezistencës qyteti ra nën sundimin e pushtuesve. Forcat xhihadiste islame otomane, praktikonin shkatërrimin me themel të kishave antike dhe qytetërimin e lashtë të popullit të pamposhtur të Arbërisë. Ata për dy javë e kthyen kishën kushtuar shën Shtjefnit protomartir në xhami, por që më vonë ajo iu rikthye fatmirësisht besimtarëve të mëparshëm etnik katolikë shqiptarë.

Sot, gërmadhat e kishës gjenden në mënyrë fragmentare si rrënoja me disa faqe muri, në kalanë 2400-vjeçare Rozafa. Qyteti, zhvendoset nga

---

[113] Klajd Kapinova, **"Përkujtohet nëna pajtore e famullisë "Zoja e Shkodrës"**, Fokus, **"Illyria"**, #1236, 29 Prill – 1 Maj 2003, f. 16.

[114] By Prof. Karl Gurakuqi, **"Madonnaof Shkodra – Holy Legend"**, By Prof. Rexhep Krasniqi **"Religious persecution in Albania a graveviolation of Human Rights: Ndoc Nikaj, Vincent Prennushi, Rev. Lazer Shantoja, Fr. Anton harapi, Rev. Ndre Zadeja, Fr. Benardin Palaj, Fr. Gjon Shllaku"**, "By Gjon Sinishta, **"The Fulfilled promise"**, A Documentary Account of Religious Persecution in Albania, Santa Clara, California, U.S.A., 1976, Library of Congress Catalog Card numer: 76-57433, **f. 206-211.**

kodra rreth kalasë, në drejtim të zonës fushore, ku edhe vendoset popullsia e lashtë etnike e krishterë qytetëse.

Për qytetarët shkodranë, dita e 7 prillit e vitit 1858, është një nga ditët fatlume, që ka mbetur e gdhendur thellë në kujtesën e paharruar të historisë sonë shqiptare dhe shkodrane.

Vetë fjala aq e njohur në Kisha e Madhe Katedrale, siç e thërrasin ende sot të gjithë, kishte si synim të rëndësishëm, që në gjirin e saj të jenë të pranishëm sa më shumë besimtarë, të përkushtuar me lutje të përshpirtshme. Nga arkitektët italianë ndërtues, ishte menduar që kisha të zënte mbi 7500 besimtarë.

Edhe pse u largua prej Shkodre, prania e saj si nënë mbrojtëse ishte gjithnjë për të gjithë shqiptarët. Ajo i ruajti dhe ndihmoi popullin shqiptar, gjatë shumë çasteve të vështira, që të mbajnë gjallë fenë e shenjtë katolike.

Termeti i vitit 1905 dhe bombardimi i qytetit më 1913, shkatërruan vetëm një pjesë të vogël të qytetit dhe objektet kishtare. □Edhe gjatë regjimit të ashpër komunist, është përdorur një barbarizëm i madh ndaj fesë dhe meshtarëve të popullit shqiptar.

Në pjesën ballor të kishës, në lter ka qenë figura e Zojës së Shkodrës, e cila u ripikturua më 1958 nga një sërë piktorësh të njohur, të qytetit të krishterë dhe muslimanë.

Në vitin 1995, meshtari dom Ndoc Noga, me një grup piktorësh të rinj të talentuar si *Jozef Martini, Zef Paci, Adrian Paci* i rikthyen buzëqeshjen besimtarëve të devotshëm katolikë, kur ato ripikturuan Zojën e Shkodrës, në kupolën e Kishës katedrale të shën Shtjefnit.

Në dekadën e fundit Zoja e Shkodrës e adhuruar nga të gjithë besimtarët katolikë kthei lirinë e besimit popullit tonë, ku u ngritën dhe u rihapën kishat e reja. Pas vizitës së papa Gjon Pali II në kishën Zoja e Shkodrës në Shkodër

Të gjithë ata që kanë patur rastin të udhëtojnë për vizitën si turistë në hyrje të qytetit të Shkodrës, kanë venë re një kishë të re të ndërtuar më 1995. *Kjo kishë, është rrënuar me themel dhe lëndë plasëse nga sistemi ateisto-komunist i dikattorit antishqiptar dhe antikatolik Enver Hoxha, duke zhdukur dhe vrarë me dhe pa gjyq një pjesë të madhe të klerikëve katolike, që kanë shërbyer me devocion dhe përvujtëri edhe në këtë kishë shenjte.*

Skicë idea e ndërtimit të kishës, për herë të parë, është bërë nga poeti kombëtar **atë Gjergj Fishta o.f.m. (1870-1940)**, që është pjesë e 25 punimeve, të cilat si gjurmë ruhen në Kuvendin Françeskan në Gjuhadol Shkodër.

Më 25 prill 1993, *Ati i Shenjtë papa Gjon Pali II bekoi gurthemelin e ndërtimit të kishës së re si dhe shuguroi katër ipeshkjëvij të rinj të hierarkisë së re të kishës katolike pranë katedrales shën Shtjefni.*

Papa i Shenjtë, solli dhe i dhuroi Katedrales së Madhe Kathedrale në Shkodër një kopje të figurës së Zojës së Shkodrës, që sot gjendet në Gjenacan afër Romës.

Si përputhje historike të përkushtimit shpirtëror edhe ipeshkëvijtë e shuguruar të ndjerët imzot Frano Illia, imzot Robert Ashta dhe Shkëlqësinë e Tij imzot Zef Simoni ipeshkëv ndihmës i Arqipeshkëvisë Metropolitane të Shkodrës dhe Shkëlqësinë e Tij imzot Rrok Mirdita Arqipeshkëv në Arqipeshkëvinë Tiranë-Durrës, kanë pasur figurën e Zojës së Shkodrës.

I HARRUARI I PAHARRUESHËM: ATË ANTON HARAPI O.F.M., MARTIR I FESË E ARBËROR I KULLUAR

"A e dini se çdo ndërtese i vihen temelet n'dhe? Edhe pse n'varr, ne hijshem duhet t'jemi gurt e temelit t'njiasaj binaje t'cillin sot e quajm Shqypni"- **Atë Anton Harapi (1888-1946)**

Një sqarim i "vogël" për lexuesit arbëror

"Shqipnia e torturueme, më dukej e transformueme në nji altar të madh, të ngritun për Meshën Solemne, ku rolin e korit kishtar e luejshin ata që mbulojshin fytyrën me duer kur vajtojshin, ata që himnizojshin me lotë, fshamje, e lutje të pambarim, Krijuesin... e Lirinë që kishin humbë. Ishte kjo botë që unë dashunojsha pa rezerva!

Shqipnia e njimendtë ishte nën dhè! Aty ishte vuejtja e ushqyeme me sakrifica, aty ishte nderi, aty ishte fara e fitores. Vargjet e gjata të grave barkthata e të veshuna në zi ishin aty me deshmue.

Shqipnia ishte nën dhè, por fitimtare mbi errësirën që e mbulonte për hir të peshqesheve të ofrueme Hadesit të pangopun, në atë shpellë pa dritë, të ftohtë e të pashpirt. Shqipnia e njimendtë ishte nën dhè, si nji familje e vetme.

Ata që ulën me frikë në tryezën ne vende të boshatisuna përjetë, e ata që nuk hanë fare në qelitë pa shpresa; ata që flejnë me zemër të ngrime e ata që pa gjumë ngrihen akull në bodrumet nëntokësore; ata që jetojnë përjashta për nji copë bukë të thatë e, ata që barkthatë punojnë e copëtohen në kampet e mbylluna; ata që kanë frikë me kja e ata që derdhin lotë kryenaltësie për shokët që durojnë vuejtjet pa u lëkundë, të gjithë sëbashku, të lidhun si vëllau me vëlla, i jepshin madhnisht rezistencës kundër çnjerëzimit, justifikimin e përhershëm moral." - **Dr. Sami Repishti (1925)**, *Ish i Burgosun Politik në Shqipni 1946-1956.*

Kam lexuar para disa kohe me një kujdes të veçantë një shkrim kuptimplotë të publiçistit dhe studiuesit të mirënjohur shqiptaro amerikan zoti **Mërgim Korça**, në gazetën *"Illyria"* në Manhattan, New York e *"Shkodra"*[115] në Shkodër.

Ju përgëzoj, i dashur bashkatdhetar, që jeni shumë i shqetësuar për mosfutjen e emrit të veprës martire të atë Anton Harapit O.F.M. në fazën e kanonizimit, që Selia e Shenjtë në Vatikan aplikon për meshtarët e Krishtit nëpër botë.

Dhe pikërisht për këtë Ushtar e Dishepull, besnik të Urdhërit të shën Françeskut, që i zbadhur dhe me sandale mes varfërisë të ulur këmbëkryq, qëndroi pranë e mes popullit të vet, ku, si gjithnjë për *te Shqipnia ishte NJI në Veri e Jug.*

U privua nga kjo e drejtë e merituar, pikërisht françeskani i përvujtë deri në madhështi, që u pushkatua barbarisht me fjalët e Krishtit në gojë: *"Fali o Zot, se nuk dijnë ç'ka bajnë"*, *"Rrnoft Krishti Mbret!"*, *"Rrnoft Shqipnia edhe pa ne!".*

Keni shumë të drejtë i nderuari zoti Mërgim Korça, kur thoni, se me atë Antonin, do të ndodhë njësoj sikurse i ngjau *shën Padre Pio*-s nga Pietrelcina (Saint Pio of Pieltrecina)[116], i cili, kur ishte në jetën tokësore thoshte: *"La Benedizione del Signore scenda su di te, sulla tua casa e su tutte le persone a te care".*

Atëherë ç'vlerë ka pendesa, kur veprimi i padrejtë, për mos shënimin e emrit në listën e martirëve shqiptarë është bërë me dëshirën e një individi apo *"komisioni"* shqiptarësh. Askush nuk ka drejtë t'i jap të gatshëm në tabaka Selisë së Shenjtë, se ky meshtar e meriton apo jo, që të bëhet martir

---

[115] Mërgim Korça, **"Procesi i kanonizimit të disa Martirëve si dhe dy fjalë për Patër Anton Harapin, Martirin e Madh të harruar"**, "Shkodra", E përjavshme kombëtare e pavarur, #143, Viti V, E Mërkurrë, 22 Tetor 2003, f. 4.

[116] Renzo *Allegri*, shkrimtar, ka shkruar një libër përkushtuar **Padre Pio**-s. Ai, ka skalitur mendimin sinjifikativ, se: *"Padre Pio, është njëri nga personalitet fetare më të njohura të botës, mistiku nga më të mëdhenjtë…"*. Avokati i famshëm Bruno *Cassinelli*, ka thënë: *"Padër Pio, është gjeniu i ndjenjave, siç ka qenë Giusepe Garibaldi i aksionit e Leonardo da Vinçi i intelektit…"*. Dekreti i Atit Provincial Bernardo d'Apicella, drejtuar Kuvendit të San Giovanni Rotondos, më 29 busht 1936, lajmëron: *"…Që sot e tutje, u ndalohet të gjithë besimtarëve civilë të hyjnë në qelën e Padre Pios në Kuvend. Cilido nga priftërinjtë, i cili, do të shpërndajë jashtë Kuvendit gjëra që i përkasin Padre Pios, ipso facto do të pezullohen a divinis (automatikisht, çvishen nga petkat kishtare përgjithmonë)…*

i lterit![117]

Me sa di unë, Komisioni i Rishqyrtimit të Dosjeve para aktit të martirizimit të klerikëve katolik, në kohën e masakrave të komunizmit (sikurse në të gjithë vendet diktatoriale e komuniste të ish Evropës Lindore) nga Vatikani, ka kërkuar prej Konferences Ipeshkvnore të Kishës Katolike në Shqipëri dokumentet (aktet e gjyqeve, të marra nga Arkivi Qendror i Shtetit), dëshmi me deklarata autentike nga përsona, që dëshmojnë vërtetësinë e faktit të kërkuar, dhe jo të paragjykohet nga *gjyqi i dytë shqiptar absurd*, etj.

"Komisioni" apo individ, kushdo kjoftë, duhet t'i ketë parë pikturat ose arkivat, që i kushtohen pushkatimit të klerikëve katolikë, një prej të cilëve është edhe atë Anton Harapi O.F.M.

Frati i pushkatuar e i anatemuar pa mëshirë, ka nevojë që të qitet në shesh me dokumente autentike dhe jo të marrë të gatshme nga zyrat e ekzekutorëve etërit dhe bijtë e të cilëve ende drejtojnë Shqipërinë. Ata deri më sot ende nuk kanë bërë *"mea culpa"*, për krimet mostruoze me ndërgjegje sipërore, që kanë bërë kundër njerëzimit e popullit të vet.

Veprimi i njëanshëm dhe me tendenca diskriminuese, që kanë përdorur sot servilët e sistemit, qofshin këto dhe me petk meshtarak, është një shkelje e së drejtës, me një paragjykim, ndaj martirëve të krishtërimit, që e kanë derdhur gjakun e tyre, për ungjillizimin e popullit dhe dashninë e besimtarëve shqiptarë.

Sikurse po vihet re rëndom, shpesh po abuzohet, pa të drejtë, përmes një fotografie, ku ka dalë frati atë Anton Harapi o.f.m. (që ka kaluar në amshim), me një ushtarak të lartë gjerman të quajtur **general Fitstum**, në periudhën e Luftës II Botërore.[118]

Mirëpo, kushdo e di, se e gjithë hierarkia e lartë kishtare, që ka 11 vjet pushtet shpirtëror në Shqipëri (25 Prill 1993-2004), mbas vitit 1993 me përjashtim të Shkëlqësisë së Tij imzot Zef Simoni Ipeshkëv (që ka vuajtur kalvarin komunist për 12 vjet në Spaç, Burrel, Sarandë, etj.), përsa i përket historisë së martirizimit të prelatëve tanë, nuk i njohin, dhe mendoj se nuk kanë të drejtë të vendosë apriori.

---

[117] Klajd Kapinova, **"Kujtesë: Jo gjyq të dytë për At Anton Harapin!"**, Dossier, "Shkodra", 11 shtator 2003, f. 6-7.

[118] Klajd Kapinova, **"Kush ishte dhe pse u pushkatua Atë Anton Harapi?"**, Speciale, Gazeta **"Panorama"**, Tiranë, VitiII, #333, E Diel, 7 Shtator 2003, f. 12 - 13.

Mendoj, se nuk është vonë rivlerësohet siç i takon realitetit dhe sa më shpejt të bëhet dorëzimi i materialeve për fratin Anton Harapi në Vatikan, mbasi drejtësia herët ose vonë do të triumfojë...

Në këtë kontekst, shkruan profesori i gjuhës shqipe (Instructor of Albanian Language State University) pranë Universitetit Wayne State (Detroit, Michigan) zoti Mërgim Korça, jam skajshmërisht i dëshpruar, që kjo trysni psikologjike, vazhdë e politikës mashtruese të diktaturës, arrine ndikon edhe ne Konferencën Ipeshkvnore të Kishës Katolike Shqiptare, e cila, për hir të mosndeshjes, stepet dhe pranon t'a sakrifikojë ndojë kokë të shquar martiri të madh veç mos të bëhet zhurmë!

Jo të nderuar klerikë, kjo nuk është e drejtë. Unë e kuptoj fare mirë pozitën tuaj. Ju jeni mes dy zjarresh. Por kijeni parasysh se as diplomacia e Selisë së Shenjtë, e as opinioni komunist, nuk janë asgjë para zjarreve, me të cilët u ndeshën patër Anton Harapi o.f.m. me shokë dhe të vetëdijshëm për atë që bënin, zgjodhën vetëflijimin e tyre! Selia e Shenjtë, është po ajo që ka qenë po në vitin 1944.

Njerëzit drejtues të saj janë ndërruar, por principet që ata mbrojnë presupozohet të jenë të njajta! Ajo Seli, ishte që ndaj Padre Pio-s, mbajti qëndrim nga më të rreptit, duke i ndaluar Atij meshën publike si edhe rrëfimin. E tashti, po ajo Seli, po e shenjtnon Padre Pio-n. Dhe shumë mirë bën, që më në fund e nxori në dritë të vërtetën e Tij!

E pra kësaj Selie i duhet thënë, se patër Anton Harapi ofm, nuk e pranoi detyrën e Antarit të Këshillit të Naltë të Regjencës, pa lejen e Selisë Shenjtë. Kur Asaj, iu shpiegua, sesi antarët potencialë të Këshillit të Naltë të Regjencës e kishin vendosur, që Gjermanisë t'i vinin disa kushte të forta pronacionale, atëherë Ajo, u konformua me situatën dhe e lejoi patër Antonin të flijohej (siç e konsideronte Ai vetë), dhe vetëm kur erdhi miratimi zyrtar me nënshkrimin e papës nga Vatikani, pasues i bindur dhe i përvujtur i shën Françeskut, mbajti atë fjalim të vertetë shembullorë[119] (*që mund t'a lexoni në fund të punimit*).

Nga ana e tjetër Selia e Shenjtë, duhet t'a mësojë edhe dëshminë e kryetarit të skuadrës së pushkatimit të Antarëve të Këshillit të Naltë të Regjencës, ish partizanit Pjetër Sinishta, i cili, ua ka pohuar shumë vetëve, ndërmjet të cilëve edhe dom Prek Ndrevashajt, se:

---

[119] Mërgim Korça, **"Procesi i kanonizimit të disa Martirëve si dhe dy fjalë për Patër Anton Harapin, Martirin e Madh të harruar"**, **"Shkodra"**, E përjavshme kombëtare e pavarur, #143, Viti V, E Mërkurrë, 22 Tetor 2003, f. 4.

"I rreshtuem Patër Anton Harapin, Lef Nosin edhe Maliq Bushatin, para gropave të çiluna ma parë dhe gjuejtëm n'ta me breshni. Rane të tre.

Shkova me u dhanë edhe nga nji plumb kresë, veç kur gropa ku duhej të kishte ra Patër Anton Harapi u mlue prej nji reje të dendun qi shtrihej prej gropet e nalt.

N'Atë fillim, nuk i dhashë shum randësi e shkova e u rashë kresë dy tjerëve, e kur u ktheva mandej kah gropa e Patër Antonit, pashë se reja vazhdonte e mbante pështjellë e s'lente m'e pamun.

U deshtne disa minuta derisa u zhdavarit reja e veç njat'herë e kreva detyrën partizane."[120]

Do të vijë një ditë, që madhështia e patër Anton Harapit o.f.m. të lartë-sohet, ashtu sikurse ngjau mbas shumë dekadash me Shenjtin e ri, shën Pader Pio-n.

Faqet e historisë, të mbushura me male kufomash të pafajshme nga kmerët e kuq të polpotit të Tiranës së kuqe të diktatorit gjirokastrit largkjoft, me heshtjen e tyre stoike po flasin e kërkojnë drejtësi.

Opurtiniteti e konformizmi me xhelatët ekzekutorë, që janë sot në pushtet, pas revolucionit bolshevik neokomunist të vitit të zi 1997, do të shkrihet si kripa në ujë...

Në një natë të errët e të vranët, u hapën gropa të mëdha kolektive. U gjakosën qielli e toka, u thanë trungje shumëvjeçare. U vranë nga komu-nistët, bijtë e kësaj toke, që shquheshin për nga lartësia shpirtërore, për nga zgjuarësia e trimëria.

Shumë klerikë katolikë u pushkatuan me gjyq fars dhe pa gjyq, u bur-gosën, internuan dhe zhdukën pa lënë asnjë gjurmë.

U vranë mizorisht 8 kryeipeshkëvij, 4 ipeshkëvij, 53 priftërinj dioqezanë, 25 françeskanë, 10 jezuitë, 10 seminaristë. Ata sëbashku kishin bërë 881 vjet burg ose gati 9 shekuj vuajtje. Gjithashtu, ata kishin kryer 450 vjet studime akademike në 24 universitete të ndryshme botërore.[121]

Këtë fat të zi, kishte edhe atë Antoni. Në këtë mënyrë, historia njerëzore mbetet një meteor, që shndritë përjetë veprën e prelatëve të kishës e na-

---

[120] Mërgim Korça, **"Procesi i kanonizimit të disa Martirëve si dhe dy fjalë për Patër Anton Harapin, Martirin e Madh të harruar"**, në librin **"Histori të pashkruara"**, Biblioteka **"Kumti"**, Botoi **"Media Enter"**, Tiranë 2005, f. 203 - 206.

[121] Shpend Shpata, **"Andrra e Pretashit - kryeveper e Harapit"**, në librin: **"Martirizimi i Kishës Katolike Shqiptare 1944 - 1990"**, Shkodër, 1993, Shty-pur në Shtypshkronjën **"Atë Gjergj Fishta"**, Tiranë, f. 51 - 53.

cionit shqiptar të mbisalvuar, për ideale të larta e të pastra shqiptare e fetare.

Asnjë përkujtimore shkencore, letrare, pedagogjike dhe kristiane, nuk është bërë për përkujtimin e veprës e jetës së tij në dobi të shqiptarizmës së kulluar.

Tash 14 vjet në Shqipëri, e për më tepër në vendlindje në qytetin e Shkodrës, nuk është bërë asgjë, as nga Urdhëri Françeskan, që e ka për detyrë të përkujtojë pararendësit martirë të shën Françeskut, një shembëlltyrë e të cilit ishte edhe frati mbarshqiptar atë Anton Harapi o.f.m.

Kujtoj me respekt, se vetëm në Prishtinë, revista letraro-kulturore *"Jeta e Re"*[122], nën drejtimin e shkencëtarit të mirënjohur prof. *Anton Nikë Berishës*, profesor në Kozenca të Italisë, se në vitin 1997, i ka përkushtuar një numër të veçantë atë Anton Harapit o.f.m.

Asnjë pendesë, nuk ka nga ata autorë, që dje e mallëkuan me shkrime turpi dhe sot përsëri po rishkruajnë me metodën e ideologjisë së *"socialrealizmit komunist"*, *"Historinë e Letërsisë Shqipe"* (Antologji) dhe të ashtëquajturën *"Histori e Populli Shqiptar"* (2002-2004), ku, domonojnë *"Prof. dr."* e komunizmit, që vijojnë të ndajnë të njëjtin mentalitet të mykur komunist, për një ndër personalitetet e larta e të rralla të shekullit XX.

---

[122] **"Atë Anton Harapi"**, *"Jeta e Re"* Revistë Letrare, #1, Viti XLIX, Janar - Shkurt. Këtu mund të lexohen shkrimet: *"Patër Anton Harapi, atdhetar, dijetar e krijues i rrallë"*, nga Dr. Anton Nikë Berisha, i cili, redaktuar e përgatur gjithë numërin special. Një shkrim shumë interesan nga vetë Patër Harapi, me titull: *"T'a bajmë monumentin kombëtar:bashkimin e shqiptarvet"*, Pal Duka - Gjini (alias Atë Daniel Gjeçaj O.F.M.) *"Si e njoha unë Atë Anton Harapin"*, Anton Harapi *"Me dijtë me qenë të zotë me durue shqiptarin, jo si të huej, por si vlla"*, Dr. Aurel Plasari *"Anton Harapi redimensues"*, Anton Harapi *"Kultura e krishterë"*, Gjin-Duka (Atë Daniel Gjeçaj) *"Personaliteti i Atë Anton Harapit dhe vepra e tij "Andrra e Pretashit"*, Anton Harapi *"Buka, miku, besa (Pjesë nga romani "Andrra e Pretashit)"*, Dr. Anton Nikë Berisha *"Shqiptim thellësor i botës dhe i shpirtit shqiptar"*, Bardhyl Matraxhiu *"Realja është e vërtetë kur është e bukur"*, Bajram Olloni *"Një vepër jo fort e njohur e letërsisë sonë"*, Anton Harapi *"Lundrimi nëpër liqen (pjesë nga vepra "Valë mbi valë")*, Prend Buzhala *"Poetika e kontemplacionit"*, Ardian Marku *"Anton Harapi filozof"*, Tringë Dukagjini *"Mbi veprën "Valë mbi valë"*, Anton Harapi *"Dy lot e nji betim"*, Dr. Anton Nikë Berisha *"Çështje e porosi të qënësishme"*, Klajd Kapinova *"Atë Anton Harapi, martir i shqiptarizmit"*, Anton Harapi *"Babuni e Bepini"*.

Kush ishte e mbeti atë Anton Harapi o.f.m.?

"Me fjalë të tjera, vepra e tij letrare, aq sa të motivon në ripërtrit-jen dhe kultivimin e cilësive pozitive të qënësisë shqiptare, që nuk i vjetron koha, po me aq forcë e ngulm sugjeron nevojën e frenimit të destruktivitetit që individi e ka brenda tij, e që herë-herë qet krye e shprehet në forma të ashpra e të egra e që është me pasoja të mëdha. Pra, ajo shenjëzon nevojën e mësimit nga pësimet dhe ndërgjegjësimin për veprim të arsyeshëm, të ndershëm e të denjë, së pari brenda vetes e pastaj dhe në marrëdhënie me të tjerët." -
Dr. Anton Nikë Berisha, studiues

Ai lindi në Shirokë të Shkodrës, më 5 janar 1888. I biri i Loros e i Çiles, shtoi gëzimin e familjes që jetonte buzë valëve të Liqenit piktoresk. Babai merrej me peshkim, të cilin e kishte traditë. Në fëmijëri bashkmoshatarët e thërrisnin Gaspër, sepse ishte i pagëzuar me këtë emër.

Që në moshë të re, hyri në Kolegjin e Jezuitëve dhe më pas në Kolegjin Françeskan[123] që ishte dhe mbeti shtylla e traditës së mirëfilltë kombëtare

---

[123] **Urdhri Françeskan në Shqipëri 1220-2022**, duke e radhitur atë në Urd-hërin më të vjetër në vendin tone, me një histori perkushtimi atdhetarë e fe-tarë **802-vjeçarë.** Një traditë gojore thotë se vetë shën Françesku, së bashku me disa shokë, ishte ndalur në tokën shqiptare, në Lezhë, në vitin 1220, në kthimin nga udhëtimi në Tokën e Shenjtë. Kështu në Lezhë ne vitin 1240 (pra 40 vjet mbas ardhjes se tyre) shohim ndërtimin e kishës françeskane më të vjetër të Shqipërisë, që ende sot ekziston, dhe në këtë kishë është edhe mbishkrimi në gjuhën latine, mbi traun e derës, që thotë: *"Hoc Templum Fratrum Minorum aedificatum est AD MCCXL"* (*Kjo kishë e Fretërve Minorë, është ndërtuar në vitin 1240*). Në të njëjtën kohë, në vitin 1248, papa Inocenti IV e ka emëruar arqipeshkëv të Tivarit françeskanin fra Giovanni nga Pian del Carpine, i cili ishte ipeshkvi i parë i Urdhrit françeskan dhe me siguri ka sjellë me vete bashkëvellezërit e vet për t'i ndihmuar në veprën ungjillëzuese. Në këtë periudhë të parë prania françeskane zhvillohet mbi të gjitha në qytete më të mëdha të bregdetit shqiptar, pa përjashtuar Shkodrën, dhe ju-ridikisht është e lidhur përpara me Provincën Kroate (Provincia Sclavoniae), e pastaj me Kustodien e Dubrovnikut. Provinca Françeskane Shqiptare para pushtimit turk kishte mbi 30 kuvende; 12 prej tyre ishin vetëm në Luginën e

Matit. E në regjistrin e provincave të Urdhrit gjendej në vendin nr. 31. Pushtimi turk (gjysma e shek. XV), që ka si pasojë shkatërrime dhe islamizim, sheh një shkurtim drastik të jetës së krishterë në përgjithësi dhe të vetë Provincës françeskane, megjithatë pa e shkaktuar krejtësisht zhdukjen e saj. Mbijetuan vetëm pesë kuvende dhe Provinca ra në rang të Kustodies. Në vitin 1593 është themeluar prapë "Provinca Epirotike", me të gjitha të drejtat e mëparshme. Pak më vonë Kongregata e posalindur de Propaganda Fide (1622) promovon një dërgim të vazhdueshëm të misionarëve nga Provinca të tjera të Urdhrit, mbi të gjitha të Reformatëve italianë. Pasi në vitin 1719 vdiq provinciali i fundit shqiptar, fra Martin Gjonmi, Ministri gjeneral i Urdhrit françeskan, fra Lorenci nga San Lorenzo, me nxitjen dhe me përkrahjen e papës shqiptar, Klementit XI, e mori Provincën françeskane shqiptare në drejtimin e vet personal dhe vendosi ta përkrahë Provincën me misionarë të jashtëm, kryesisht nga Italia. E emëroi provincialin e parë, fra Lorencin M. nga Santa Croce. Kjo provincë e ripërtërirë e vazhdoi jetën deri në vitin 1832 dhe kishte 37 provincialë, të emëruar nga Ministri Gjeneral. Në këtë kohë shërbimi misionar, i zhvilluar në mes të njëmijë vështirësive, numëron dhjetëra martirë, ndër të cilët mund të përmendim: fra Paolo nga Mantova dhe fra Salvatore nga Offida, të vrarë me shpatë, buzë lumit Cem, në Kelmend, më 14. 12. 1644. Pastaj edhe fra Ferdinando nga Albisola dhe fra Giacomo nga Sarnano, të ngulur në hu në Pazar të Shkodrës, me 28. 02. 1648; si edhe fra Antonio da Sora, të varur në afërsi të Shkodrës, më 09.05.1718. Me të gjitha këto persekutimet, kjo Provincë ekzistonte deri më 09. 10. 1832, kur u shndërrua në Misionin Apostolik, të ndarë në pesë Prefektura Apostolike: **Prefektura e Epirit**, e cila shtrihej në Dioqezën e Durrësit, të Lezhës dhe të Sapës (me famullitë: Bizë, Laç-Kurbin, Lezhë, Rubik, Troshan), e prej vitit 1895 edhe në Dioqezën e Shkupit (me famullinë e Pejës – me 62 fshatra). Në të njëjtin vit u shtuan edhe këto famulli të Sapës: Iballe, Berishë, Fierzë, Kryezi e Gomsiqe. **Prefektura e Pultit**, në Dioqezën e Pultit (me famullitë: Shalë, Shosh, Toplanë, Dushman, Plan, Kir e Nikaj-Mertur). **Prefektura e Kastratit**, në Arqidioqezën e Shkodrës (me famullitë: Kastrat, Rapshë, Traboinë, Bajzë, Grudë, Selcë e Vukël). **Prefektura e Maqedonisë**, kryesisht në Dioqezën e Durrësit (me famullitë: Lurë, Baz, Pëshkash, Janinë dhe Prevezë), e një pjesë edhe në Dioqezën e Lezhës (famullia Pëdhanë). **Prefektura e Serbisë**, në Arqidioqezën e Shkupit (me një famulli në Zym dhe me Shenjtëroren e Shna Ndout në Gjakovë). (**Krh. Schematismus almae Provinciae missionariae Albaniae, Sarajevo, 1908, fq. 24-30; Donat Kurti, Prov. Fr. Shq., 16-17**).

shqiptare, duke qenë përherë një pikë e mirëfilltë referimi, për të gjithë gjeneratat e mëvonshme, që dolën nga kjo *qendër e rrezatimit të fortë të gurrës së pashtershme popullore fetare e atdhetare.*[124]

Vocërraku, aty mori njohuritë elementare të teologjisë, rriti cilësinë e mendjes së vet, duke fisnikëruar zemrën me kulturë fetare, u mëkua me dashurinë e thellë për Atdheun. Si fëmijë dallohej për mirësi, butësi, përshpirtëri, duke qenë një dashamirës, me vepra të lloj-llojshme mëshire.

Rezultatet e larta në shkollë i mundësuan adoleshentit të mençur, të vijojë studimet e larta në disa qytete të rëndësishme të Austrisë, që njihen si metropole të rrezatimit të kulturës së lashtë e bashkëkohore botërore.

Këtu rregullisht studio në Villach të Tirolit, Salezburg dhe Shvarc për degën adhuruese të tij *teologji*. **Ai ishte një enciklopedi, që ecte me dy këmbë** mbasi, preferonte shumë të ishte në kontakt me bibliotekat, si një frekuentues shumë i rregullt dhe i azhurnuar me të gjithë median e huaj evropiane, që vinte në bibliotekë.

Pranë profesorëve të mirënjohur austriakë dhe të traditës fetare vendase, ku studioi për degët e adhuruara *teozofi e filozofi*. Ai, menjëherë përfitoi një kulturë të shëndoshë oksidentale, dije të qëndrueshme, përpikmëri të dalluar të stilit gjerman, qendresë të shpirtit të hekurt françeskan.

Duhet vënë në dukje, se pikërisht nga ky element i vlefshëm françeskan, rezulton, se françeskanët në tërësi, pa kursim derdhin energjitë e tyre në kulturë, dije, përparim, *cilësi me vullnet pune dhe inisiativë të lirë personale të spikatur në tërë Shqipërinë.*

Kësisoj, mbi të gjitha në unitet dominoi bashkimi i të gjithë virtyteteve pozitive, duke plotësuar më tej shpirtin e pastër françeskan, me të cilin frati ynë ishte i edukuar qysh në fillim.

Gaspëri i ri, bëhet atë Anton Harapi o.f.m. në Shqipëri. Dijet e thella akademike, që kishte akumuluar gjatë viteve të studimeve, nuk do ta tulatshin kujtesën e tij të freskët, por do të shpërthenin vale-valë, gjithnjë në nivele të reja rritjeje, me një dinamikë për t'u pasur zili, të cilat, falë aftësive personale, do t'i reflektonte me finesë.

Argumentet, që buronin në mënyrë të natyrshme, në çdo kohë dhe rrethanë, do t'i parashtronte me një logjikë të hekurt gjermane. *Kjo ishte af-*

---

[124] Klajd Kapinova, **"I harruari i paharrueshëm: Atë Anton Harapi O.F.M., martir i fesë dhe shqiptarizmës së kulluar shqiptare"** (Kujtesë), Revista **"Kuvendi"**, E përmuajshme kombëtare, informative dhe kulturore, Viti IV i botimit, Michigan, USA, #1, Janar, 2004, f. 142 - 165.

tësi profesionale vetëm e një gjeniu të rrallë sikurse ishte ai.

Dhe një njeri i tillë, dy herë nuk do të përsëritet në tokën shqiptare. Mbi freskinë dhe mendimin e gërshetuar filozofik, për stilin e matur karakteristik, të lidhur me rrjedhshmëri, dom Kolec Prenushi, na ofron para 68 vjetëve këto rradhë vlerësimi: *"... mendje dialektike, qi shkruen kryeartikuj, nder cillt disa janë kryvepra. Dija e thell, arsytimi i lidhun, analizimi i holl, stili i peshuem, dallojn gjith shkrimet e tija. Mund të jetë i thatë, i ftoht, por ai asht i drejt e i pafajshem".* [125] [126] [127] [128] [129] [130] [131] [132]

Atë Anton Harapi o.f.m., *ishte një teolog, filozof, sociolog dhe prozator, autor i një "Lahute Malcie" në prozë, "Andrra e Pretashit", që teksa shpalon virtytet shqiptare, i bashkëngjit dhe ato gjuhësore, që do të përthellohen te "Vlerë shpirtnore", "Shqiptari dhe bota e tij"* dhe *"Valë mbi valë"*, vleresohet në një emision radiofonik special, përgatitur nga Radio Vatikani në Itali, në shenjë përkujtimi më 20 shkurt të vitit 1946, kur ai pushkatohet mizorisht nga toga e zezë e dikturës ushtarake komuniste në Shqipëri. [133]

Problemet dhe mënyra se si ky françeskan i shtron, stili i vrullshëm, etika e lartë evropiane, apeli për një rimëkëmbje të vlerave shpirtërore, kulturore, kombëtare të breznive, të kombit e të unitetit, edhe sot e kësaj dite i japin vlerë aktuale, madje do të shërbenim si një program themelor për të gjithë.

---

[125] Kolec Prenushi, "**Hylli i Dritës**", Vjeti XXIII, 1936, f. 583.

[126] Enver Hoxha "**Vepra 3**", Tiranë 1968, f. 236.

[127] Enver Hoxha **"Vepra 6"**, Tiranë 1971, f. 282-283.

[128] Ramiz Alia në librin: **"Enveri ynë"**, Tiranë, 1988, f. 19.

[129] Hulusi Hako, "**Akuzojmë fenë**", Tiranë, 1968, f. 79.

[130] Ragip Beqja, "**Veprimtaria kundërkombëtare e klerit katolik shqiptar**", Pjesa I, Tiranë, 1969, f. 126-127, 203, f. 221.

[131] **Akademia e Shkencave e Republika Popullore Socialiste e Shqipërisë**, me librin: "**Historia e Shqipërisë**", Pjesa III, Tiranë, 1984, f. 553-554, f. 556-557.

[132] Hulusi Hako, "**Toward the creation of a totally atheistic society**", *The Road of the Party*, XXXIII, March, 1986, pp. 61-73.

[133] By Prof. Michael Marku, "**The martyrdom of father Anton Harapi, O.F.M. 1888-1946**" (By Gjon Sinishta, **"Fallen for Faith Justice, and Liberty, Roman Catholic Hierarchy", "The Fulfilled promise"**, A Documentary Account of Religious Persecution in Albania, Santa Clara, California, U.S.A., 1976, Library of Congress Catalog Card numer: 76-57433), **p. 99-103.**

Për të gjithë ata që hodhën vrerë, për jetën dhe veprën e fratit atë Antonit, që vraponte shpejt, për të përhapur paqen, dashurinë për njeri-tjetrin, e drejtësinë midis njerëzve, do të ishte me vend, që nga thellësia e shekujve, t'u përgjigjemi me një fjalë të urtë të skalitur nga Paskal: *"Ndërgjegja, është libri më i mirë moral që kemi dhe me të cilin, duhet të këshillohemi më shumë".*

Kujtojmë, se posaçërisht, për të ulur dhe përbaltur me fanatizëm figurën e madhe të martirit stoik shqiptar françeskanit atë Anton Harapit o.f.m., *pseudoshkrimtari i diktatures komuniste dhe dktatorit Enver Hoxha shkodrani musliman i socialrealizmit komunist* **Skënder Drini**, për të përfituar poste dhe *"merita"*, zhgarravitë me urretjen e tij latente, shkruan me porosi romanin: **"Shembja e hidhujve"**, e më pas libretin e dramën përverse, me të njëjtin titull.

Autori shkodran si servil i diktaturës dhe diktatorit antikatolik dhe antishqiptar E. Hoxha, për personazh kryesor, ka të ashtëquajturin **"Harapi i Shkodrës"**, duke fyer edhe më tej me skenarin e filmit me të njëjtin titull pervers.[134]

Tërë këto mashtrime dhe shpenzime marramndëse propagandistike në letra, bojë dhe të holla, bëhen vetëm e vetëm kundra përsonalitetit të mirënjohur asokohe, martirit të shqiptarizmës së kulluar atë Anton Harapit o.f.m.

Si intelektual model, njeriu i ndritur me veladon pader Harapi, sillte me vete mentalitetin e misionarëve përparimtarë europianë, që në shumicë asokohe kishin në zotërim shartet e Provincës Françeskane (shek. XII-XIII), që po hidhte shtat me palcë e fizionomi shqiptare, tërësisht me taban solid, e cila gradualisht kishte çelur gonxhe, që shpërthyen në të ardhmen lulëzimin e kulturës amtare shqiptare, ku, në rezonancë dominonte fryma e ngrohtë françeskane *"lutu e puno".*[135]

Lëvizja mendore fetare e atdhetare e fratit tonë

"Atë Anton Harapi o.f.m., nji nder njerez ma të kulturuem të Shqipnis." - **Prof. Ernest Koliqi, shkrimtar gegë, shkodran dhe Ministër i Kulturës së Shqipërisë**

---

[134] Skënder Drini, **"Shembja e hidhujve"** Roman, Tiranë, 1975.

[135] Klajd Kapinova, **"Kujtesë: Jo gjyq të dytë për Atë Anton Harapin O.F.M."** revista fetaro - kulturore - informative **"Jeta Katolike"**, Botues: Kisha Katolike *"Zoja e Shkodrës"*, Hartsdale, New York, Tetor - Dhjetor 2002, Viti 7, #28, f. 28 - 31.

Në vitin 1910, i riu meshtar atë Antoni kthehet në Shqipëri dhe shugurohet meshtar, duke qenë deri në flijim një meshtar besnik i zhgunit të shën Françeskut e popullit, që e donte dhe e respektonte me veneracion. *Ai punon si mësues* (mësimdhënës) *në Kolegjin e Fretënve, ku ai kishte mësuar qysh i vogël.*

Si i ri, kishte ide e objektiva të veçanta e të kthjellta përparimtare, duke i kanalizuar në një bosht të vetëm, formimin dituror të rinisë së ardhshme, me metoda të tilla, ku, dallohet universaliteti i dritës perëndimore, për t'i ndriçuar të gjitha sëbashku pa dallim bindjesh, përkatësish, krahinash, origjinë edukimi, lloje shkollash, duke nisur që të edukoj kësisoj njerëz me virtyte, ku, *mirësia, dashuria, feja, nacioni të jenë bashkudhëtarë të pandashëm tek shqiptarët gjatë gjithë jetës.*[136]

Gjatë tetorit të vitit 1912 deri në prill 1913 (vite të trazimeve të mëdha të Luftës së Parë Botërore), i përkushtohet shërbesave fetare në kishën Zoja Rruzare në Arrën e Madhe në Shkodër, ku ishte edhe Kuvendi Françeskan.

Në këtë lagje shqiptare të komunitetit të madh katolik, u njoh dhe ballafaqua me varfërinë e tejskajshme epidemike, të cilën e përjetonte çdo ditë vetë, mes banorëve pa dallim feje.

Viti 1916, për banorët malësorë të Dukagjinit, ishte një vit i vështirë, vit i sëmundjes epidemike të kolerës, ku, njerëzit njeri pas tjetrit vdisnin dhe askush nuk u gjendej pranë nga frika e lëngatës. Por meshtari karizmatik, me shpirt të pastër fisniku, u gjend si shërbetor i grigjës pranë tyre, për t'i ngushëlluar dhe ndihmuar.

Ai kishte zgjedhur udhën e vetëflijimit nga sëmundja e mundshme, duke iu gjendur të lënduarve, që kishin mungesë ngrohtësie prindërore dhe ilaçe mjekësore asokohe.

Dashurinë dhe humanizmin për njerëzit pa dallim feje, si vlera të larta dhe të pastra të doktrinës e jetës kristiane, ai kërkonte t'i zbatonte në ditë të vështira me të gjithë të prekurit nga sëmundja dhe varfëria e kohës së vështirë, që shqiptarët jetonin në ato vite.

Si një vëlla i përkushtuar në Krishtin në Kuvend, përkrah murgeshave të heshtura dhe stoike në misionin e Krishtit, ai lidhi plagë, pastroi me duart e tij trupat e mjerë, që ishin buzë vdekjes së sigurtë, u mëkoi dashuri dhe

---

[136] Klajd Kapinova, "**Atë Anton Harapi, martir i shqiptarizmit**", në librin: "**Me Kryq e Pendë**", (*studime - intervista*), Shtëpia Botuese "**Camaj - Pipa**", Shkodër, 1997, f. 66.

humor të ngrohtë shkodran besimtarëve të vet, që çdo ditë e falënderonin, për kurajon dhe respektin, që ushqente në çdo kohë e ditë për malësorët.

Frati 25 vjeçar, me ndjenja të holla të humanizmit, ecte në këmbë, nëpër katunde të thella e të ashpra malore, në të gjitha shtëpitë e bjeshkëve të thepisura të Dukagjinit (Malësia e Mbishkodrës), për të shpëtuar nga vdekja e sigurtë malësorët, duke i ndihmuar drejtpërdrejtë nga ana profilaksike kundër kolerës, kësaj murtaje të fillimshekullit XX, që kishte përpirë miliona jetë njerëzish nëpër botë...

Viti 1918, fratin e Urdhrit të shën Françeskut (vendosur në Arbëri në shek. XIII), e gjeti famullitar në katundin Grudë.

Binomi "Fe e Atdhe", qe aorta e zemrës së tij, e Gruda ishte terreni, ku, edhe një herë shpalosi zgjuarësinë dhe dituritë e thella enciklopedike, të cilat, spikaten sipas mendimit tim, në dy rrafshe:

së pari, në fushën e gjërë politike, ku, për interesat e larta të nacionit pranonte të flijohej, për të mirën e përbashkët;

së dyti, spikat me sukses në lëmin e letrave shqipe, duke pasur pendë e mendim të mprehtë, të cilat admiroheshin nga qarqet preferuese të sferës së letrave albanologjike.

Për të tillë mendimtar aktiv, publicist prodhues e cilësor arbëror, me polemikë rezultative dhe mendime të reja përparimtare, pohohet me të drejtën e qytetarisë, se epoka e njerëzve të mëdhenj vulos me gjurmët e veta të pashlyeshme, ku, këtu dallohen mirë njerëzit e ndritur, që denjësisht i përfaqësojnë, në paradën e së cilës, bën pjesë edhe emri i ndritur i atë Anton Harapit o.f.m.[137]

Pa hyrë në hollësira e zgjatje të tepërta, në kontekstin e këtij shkrimi modest, dua të nënvizoj idenë e ndonjë mediokri, që e trajton apo vlerëson si sakrilegj bashkëpunimin e Kishës Katolike në Shqipëri me problemet nacionale, kur dihet historikisht, se në shekuj kemi të përcaktuar parimet kryesore të këtij uniteti nga etërit dhe dijetarët e shquar të kishës.

Në kushtet kur populli ynë jetonte errësirën më të gjatë mesjetare dhe njëkohsisht të shoqëruar me plot kalvare përsekutimi, nën pushtimin më të egër të barbarëve otomanë, në veçanti klerikët katolik (në trojet etnike shqiptare dhe shtetin amë), kanë qenë sistematikisht, gjatë shekujve vetëdija e nacionit shqiptar, duke sjellë përherë zgjimin e ndërgjegjës së mirëfilltë nacionale.

Në këtë kohë, shekull pas shekulli, kultura shqiptare u ngrit në nivele të reja,

---

[137] Klajd Kapinova, **"Atë Anton Harapi, martir i shqiptarizmit"**, Revista Letrare **"Jeta e Re"**, #1, Viti XLIX, Janar - Shkurt 1997, f. 196 - 201.

brenda kishës sonë, por që gjatë përbuzjes së gjatë, zëvendësoi me dinjitet Akademinë e Parë Shqiptare brenda universit shqiptar.

Sa për ilustrim, po sjellim një shembull, të cilin esencialisht po e trajtoi më poshtë. Në veprën më të përkthyer në shumë gjuhë të botës: *"Angazhimi ynë shoqëror"*, në mënyrë filozofike, autori i saj, **prof. Giorgio La Piera (1904-1977)**, nënvizon: *"Nga pikëpamja katolike, politika, është veprimtaria udhëheqëse e jetës njerëzore, që ushtrohet nga shteti, gjinia ose nga klasat me plotësinë e problemeve shpirtërore dhe materiale të individit e komunitetit".*

Këto dije të kohës, i kishte si vizione të kjarta atë Anton Harapi o.f.m. dhe po udhëtonte në rrugë të sigurtë. Ai, përherë mendonte e vepronte nën shembullin e idealeve, që i kishte si pika referimi, se *"... njerin e ban shpirti dhe ndergjegja, e paraqet sjellja, e vlerson puna; apostullin e rrit ideali, qendresa e guximit; bamirsin e krijon zemer-gjansija e vetmohimi. Para plumbit, qi e rrzoi perdhe, shqiptoi pa za: "Lumnin e ep deka kunoren e ven varri"*, - shkruan në parathanien e veprës *"Andra e Pretashit"*, studiuesi i afërt i tij **Gjin Duka** (alias atë Daniel Gjeçaj o.f.m.).

Ai njohu me të gjitha përmasat e saj zonën e Grudës së Malësisë së Madhe, koloritin e gjallë të zakoneve, vajet, dasmat, epikën, psikologjinë origjinale të trevave kreshnike të moçme malësore të marra në studim, pra tërësinë klasike të kulturës së pasur nacionale ende të palëvruar asokohe.

Në këtë mjedis të ri dhe të përshtatshëm për mendjen dhe punën e tij me pasion lindi dhe u rrit romani *"Andra e Pretashit"*, që vlerësohet nga vetë biografët më të afërt të autorit, si një ndër kryeveprat e dorëshkrimeve, që i la si pasuri të paçmuar Atdheut të vet. *Ai ruajti me mjeshtëri kompozimin unik të një vepre letrare.*[138]

Midis malësorëve të zonës së Bajzës së Kastratit (Malësi e Madhe), spikat njohja e hollë e psikologjisë së njerëzve, kultura e pasur dhe e gjerë fetare, si bari i popullit, duke qenë përherë në shërbim të tij, për t'i pajisur ata me nivele të reja të civilizimit përparimtar.

Zelli për kulturë qytetare, ishte pjesë e edukatës, falë aftësive të lindura dhe të kultivuara në fushën pedagogjike, për rininë shqiptare brenda famullisë, ku, ai posaçërisht kontribuoi çdo ditë në formimin e të krishterëve katolikë të ndërgjeshëm, tek e ktheu atë në qendër të rëndësishme të akumulimit të diturive të reja perëndimore.

---

[138] Klajd Kapinova, **"Atë Anton Harapi, martir i shqiptarizmit"**, në librin: **"Me Kryq e Pendë"**, (*studime - intervista*), Shtëpia Botuese **"Camaj - Pipa"**, Shkodër, 1997, f. 70.

Në rrafshin politik, mbeti një zbulues i gjallë i fatit të popullit shqiptar. Në kujtesën e historisë, kanë mbetur të pashlyera shumë ngjarje, që gjithsesi kanë emrin e kontributit të meshtarit të shqiptarizmës.

Në kohën e turbullirave politike, midis të cilave ishte mbërthyer kontinenti i Europës, Fuqitë e Mëdha, hartonin harta të reja, ku, pa të drejtë, Shqipërisë së vogël gjeografikisht, i cungoheshin arbitrarisht, njëra pas tjetrës disa treva të trungut amë.

A mund të heshte frati i urtë, përballë kësaj masakre, që u bëhej ditën për diell tokave shqiptare!? Normalisht, që jo.

I veshur me zhgun, me nismën e vet, organizon menjëherë tre bajrakë, si: Gruda, Hoti e Triepshi dhe përmes tyre, i dorëzon Memorandumin e përgatitur nga ai vetë në vitin 1918, komandantit francez në Shkodër (*asokohe në Shkodër, kishin zyren e tyre konsullore 7 përfaqësi të huaja*).

Në bashkëpunim me liberatorin dhe patriotin e madh Luigj Gurakuqin dhe "Poetin Nacional" atë Gjergj Fishta o.f.m., harton një **Peticion,** të nënshkruar nga 200 përfaqësues të tre bajrakëve, drejtuar përkatësisht Konferencës së Paqes në Paris, Ministrave të Jashtëm të ShBA-së, Anglisë, Francës e Italisë.

Asokohe gazeta *"Ora e Maleve"* (ku dolën gjithësej 51 numëra), u kthye në një tribunë e flaktë e mendimit përparimtar e atdhetar arbëror, duke botuar njeri mbas tjetrit artikuj informues, analitik dhe protesta patriotike, për të drejtat e popullit arbëror. Këtu spikasin shkrimet e bashkëqytetarëve prof. Ernest Koliqit, Anton Logorecit, patër Benardin Palaj o.f.m., dom Lazër Shantoja, Luigj Gurakuqit, atë Gjergj Fishtës o.f.m. etj.

Kështu më datë 18.IX.1924, në faqe të parë shohim artikullin *Komisioni i Kufijve*, në të cilën analizohet çështja e Vermoshit, të cilën, qeveria jugosllave kërkonte t'a gllabëronte me një kafshatë për vet.

Gjatë dy muajve rresht tribuna e shkruar *"Ora e Maleve"*, ku bënte pjesë edhe atë Anton Harapi o.f.m., i kishte vënë gjoksin me pendë dhe kushtrim të gjithë arbërorëve, se asnjë pëllmbë e tokës së të parëve nuk do t'i lihet këlyshëve sllavë të Rusisë, mbasi Malësia, është e do të mbetët një dhe e pandarë.

Sërisht në editorialin e saj, në faqe të parë, në shtypin e lirë me tharm të thekshëm atdhetar, shohim me gërma kapitale titullin: **"Pse po digjet Vermoshi!?"**

Më poshtë, për mitingun, që u zhvillua nga qytetarët e Shkodrës, thuhet: *...gjithashtu populli i Shkodrës i zemruem kundra aktit të shtetit fqi ka mbajtë nji miting, me të cillën pa protestue rrepsisht kundra këtyne sjelljeve ilegale* *të shtetit fqi. U mbajtën ligjerata të flakta prej Z.zev./Prefekt Mustafa Krusë e atë Anton Harapit o.f.m."*[139]

Në përkrahje të negociatave diplomatike, përfaqësuesit e Grudës, Hotit e Triepshit në Shkodër, organizuan demostratën te Ura e Maxharrit, duke brohoritur:

"Hot e Grud kekan betue
Pa gjak malet mos me i l'shue..."

Frati ynë, kishte miq e dashamirë, duke bashkëpunuar ngushtë me historianin **atë Marin Sirdanin o.f.m. (1885-1962)**, studiuesin e shquar të foklorit tonë kombëtar **atë Shtjefën Kryeziu Gjeçovin o.f.m. (1874-1929)**, **Çerçiz Topullin (1880-1915)**, **Isa Boletinin (1864-1916)**, imzot Fan Stilian Nolin (1882-1965), atë Gjergj Fishtën o.f.m., Provincialit Françeskan **imzot Vinçenc Prennushin o.f.m. (1885-1949)**, **atë dr. Donat Kurtin o.f.m. (1903-1983)**, **atë dr. Gjon Shllakun o.f.m. (1907-1946)**, **dom Ndre Zadejën (1891-1945)**, **Hilë Mosin (1885-1933)**, **Mehmet Shpendin (1889-1915)**, etj., në Jug dhe Veri të Shqipërisë.

Patër Antoni ishte Cicëroni i oratories nacionale në ligjeratat fetare e atdhetare

"Kjo ishte edukata harapiane. Ai ishte i kryqzuem n'Kryq per Fe e Atdhe" - **Atë Daniel Gjeçaj o.f.m.**

Në ligjeratat e tij të famshme, të mbajtura në "Parisin e vogël", sikurse njihej nga intelektualët asokohe qyteti kulturdashës zoti Korça, ndër të tjera atë Anton Harapi o.f.m., u shpreh: *"Jam fetar, por kam tager dhe detyr shoqnor"*.

E rëndësishme, për antarin e **Organizatës së Fretënve Minorë** (*O.F.M.*), ishte fati i nacionit dhe i martirëve, të cilët, për vëmendjen që i kushtonte rëndësisë së tyre, ishin pjesë e jetës së tij.

Populli i Shkodrës, kurrë s'do ta harrojë përshëndetjen e fundit të titulluar: *"Dy lotet e nji betimi"*, si shembull i oratorisë klasike shqipe, në përcjelljen e eshtrave të martirëve nacionalë *Mustafë Qullit dhe Çerçiz Topullit*, shtrënguan duart në shenjë betimi nacional: *"Për nji Shqipni të bashkueme e*

---

[139] Gazeta **"Ora e Maleve"**, Shkoder, Vjeti II, 04.X.1924.

të lidhun me idealin e herojve".

"Shqiptarët katolikë, janë përpjekë për shekuj me rradhë të sjellin në Shqipni frymën civilizuese të Europës, mendjet e ndrituna të kontinentit, arritjet e pakrahasueshme në fushën e mendimit njerëzor, të krijimtarisë letrare e artistike, të shkencës dhe teknologjisë, dhe të organizimit politik të shtetit modern, që siguron zhvillimin e përparimin e njeriut të lirë.

Repozitori qenësor dhe ma i rëndësishëm që kemi trashëgue na shqiptarët ashtë gjuha shqipe. Nji komb i ndamë fetarisht, ka ruejtë të paprekun pasuninë e përbashkët të gjuhës shqipe.

Ky visar i paçmueshëm, u ruejt nga klerikët katolikë me edukim perëndimor. Kuarteti: imzot Gjon Buzuku (1460-1570), imzot Pjetër Budi (1566-1622), imzot Frang Bardhi (1606-1643) dhe imzot Pjetër Bogdani (1625-1689), katër apostujt e shqipes së shkrueme, kanë dalë nga gjiu i shqiptarëve katolikë, nga kleri katolik, që me Formulën e Pagëzimit, nxorri në dritë Shkrimin Shqip, e mbajti të gjallë dhe e kultivoi ate deri në ditën e Pavarësisë, në 1912...", vlerëson **dr. Sami Repishti.**[140]

Ajo që i jep konture të plota portretit të tij, është se ishte e mbeti si teolog, konferencier me mendim të freskët e cilësi të spikatur, ku, në mënyrë të dukshme *shquhet në drejtime parësore fetare e nacionale.*

Gojëtaria e tij, ishte përherë e kjartë në mendimet e shprehura, arsyetimin e lidhur mbi bazën e një logjike të kristalizuar e të ngjeshur mirë, ku, çfarëdo që të lexosh nga erudicioni solid, të bie në sy tema e kuptueshme dhe e përshtatshme e veprave që shkroi dhe kumtesave historike, që ligjëroi para njerëzve me nivel përgatitjeje e dije të ndryshme kulturore.

Frati stoik, vazhdimisht ishte i pritur për një bashkëjetesë paqësore, vëllazërore në katër besimet fetare (*bektashi, myslimanë, ortodoksë dhe katolikë*), ashtu sikurse ka vlerësuar me të drejtë biografi i pasionuar atë Daniel Gjeçaj o.f.m., ku, nënvizon: *"Kjo ishte edukata harapiane. Ai ishte i kryeqzuem n'Kryq për Fe e Atdhe".*

Viti 1920, mbetët për meshtarin e shën Françeskut, kohë e përfshirjes me lëvizjen atdhetare shqiptare, në kushte e rrethana të reja, falë enërgjive të pashtërshme të prelatit, mori një shtytje dhe organizim të ri.

---

[140] Dr. Sami Repishti, ish i burgosuri politik në Shqipëri (1946-1956) dhe Profesor i Universitetit Adephi (N.Y.), gjatë celebrimit të konsekrimit të Kishës katolike shqiptare "Zoja e Shkodrës" më 25 Prill 1999 në Hartsdale, New York.

Françeskani diturak Harapi, më 1921-1924, bëhet drejtues i grupit të njohur atdhetar *"Ora e Maleve",* sëbashku me poetin e njohur *atë Gjergj Fishtën o.f.m. (1870-1940), demokratin liberator Luigj Gurakuqin (1879-1925), dom Lazër Shantojën (1892-1945),* duke qenë njëkohsisht themelues, drejtues e botues i aftë i fletores *"Ora e Maleve"* (1923), që rregullisht filloi të nxirrte grupi në fjalë.[141]

Mbas rinjohjes së Pavarësisë së Arbërisë, shtetit arbërorr dhe kufijve politikë të vitit 1913, doli në plan të parë domosdoshmëria e rindërtimit të shoqërisë sonë, mundësisht, mbi parimet nacionale, me moral të shëndoshë e me frymëzim të pastër perëndimor.

Studiuesi Kolec Çefa, sintetizon kontributin e madh konkret të atë Antonit në fushën e mendimit përparimtar, për krijimin e *Grupit "Ora e Maleve",* si një zë i shëndoshë e i fuqishëm i demokracisë shqiptare asokohe:

"Në Shkodër zhvillonin veprimtari kulturore e patriotike edhe shoqni të ndryshme, si: Shoqnia "Rozafat" e Shoqnia "Bogdani".

Edhe këto ndienin nevojën për një organizim, për një drejtim për një udhëheqje. Kështu, "Në fillim të marcit, Atë Anton Harapi, Ernest Koliqi prej Shoqnisë "Rozafat" e Zef Harapi prej Shqnisë "Bogdani", u mblodhën për të bisedue mbi themelimin e njjë fletores të re dhe caktuene: I.

Fletorja me pasë natyrë kulturore. II. Emni do t'i ngjitet "Ora e Shqipnis". III. Shoqnia "Bogdani" e "Rozafati", do t'u kujdesshin me paraqitë secilla ka 200 pajtimtarë. IV. Tre themeluesit e fletores do të kujdeseshin me i dhanë me kohë shkrimet. Për drejtuer shenjuen z. Ndoc Çobën, të cillit shkrue të tre me iu lutë qi t'a pranonte.

Ky zotni desh të këshillohej edhe me z. Emzot Lazër Mjedjën mbi këtë çështje, e cilla muer ma të hapët, pse kjenë thirrë të gjithë krenët e Shkodrës, qi ma vonë u quajtën **"Grupi i Orës së Maleve",** *e danë që fletorja e re të thirrej* **"Ora e Maleve"** *e të kishte për qëllim të drejtat e popullit shqiptar… Rreth tij një brumë kombëtar: Fishta, Gurakuqi, P. Anton Harapi, Dom Lazër Shantoja, P. Benardin Palaj, Shuk Gurakuqi, dr. Luigj Gurakuqi, poeti Ernest Koliqi, ma i riu etj.*

Pra, esencë intelekti shkodran e kombëtar: edhe mendje të shëndetshme e prodhuese, edhe vullnete të forta e të mira, edhe me qëllime të pastra e kombëtare, edhe me mjete demokratike e prendimore.

---

[141] Klajd Kapinova, **"Atë Anton Harapi, martir i shqiptarizmit"**, në librin: **"Me Kryq e Pendë"**, (*studime - intervista*), Shtëpia Botuese **"Camaj-Pipa"**, Shkodër, 1997, f. 71.

Njerëz që nuk u tërhoqen nga joshjet e premtimet, nuk u frikësuen nga kërc-nimet e përndjekjet, nuk ndërruen rrugë nga burgosjet e vrasjet. ..."[142]

Për më tepër, liberatorit të madh Luigj Gurakuqit, i përkushton veprën e vet të titulluar: *"Andra e Pretashit"*, ku shkruhet: *"Luigj Gurakuqit - burrit vërtetë burrë"*.

Më 1924, u zhvilluan zgjedhjet e para në Shqipëri, ku, gjendet mes *"opozitës"* së kohës përkrah Luigj Gurakuqit, atë Gjergj Fishtës o.f.m., Bajram Currit, *atë Benardin Palaj o.f.m. (1894-1946)*, Nolit etj., që ishin pararoja e kësaj lëvizjeje, duke sjellë një mendim të epërm e veprim më të përshpejtuar racional, për nacionin shqiptar.

Mbas rrëzimit të Qeverisë së Nolit, për shkaqe, që tashmë dihen mirë, sikurse shumë të tjerë, frati demokrat arrestohet 3 herë dhe burgoset sëbashku me patër Benardin Palaj o.f.m., **patër Pal Dodaj o.f.m. (1880-1951)**, **patër Ciril Cani o.f.m. (1875-1953)**, **patër Klement Miraj o.f.m. (1882-1956)**, vëllezër në Krishtin të Urdhërit të shën Françeskut, mbasi kishin përkrahur alternativën e demokracisë liberale të popullit, *"Për një Shqipni t'Lir e t'Perparueme"*.

Inati dhe hakmmarja shqiptare ishin në rendine ditës. Shumë prej nëpunësave shqiptarë ikën jashtë atdheut e një pjesë u burgosën. Këtij rrëbeshi nuk i shpëtoi edhe Provinca Françeskane në Shkodër.

Ushtarët *"shqiptarë"*, atë natë që do të bëhej arrestimi i atë Anton Harapit o.f.m. me meshtarët e tjerë, shpërthyen barbarisht dyert e gjimnazit françeskan e rrënuan e prishën çfarë u erdhi për doret.

Sipas një dorëshkrimi të *"Provinçës Françeskane Shqiptare"*, të autorit pader dr. atë Donat Kurti o.f.m., (të cilën kam pasur fatin t'a përgatisim për shtyp sëbashku me studiuesin Kolec Çefa, shënimi im K. K.), shënohet, se:

"...Provinciali kje lirue mbas tri ditësh, por sëbashku me Arqipeshkvin e Shkodrës, Emzot Lazër Mjeden kjenë internue kah Jugu; mbas pak kohe veç kjenë lanë lirshëm me shkue në Itali.

P. Ambroz Marlaskaj, që ishte fshehë gjatë kësaj kohe nëpër katunde të Zadrimës, mujt me ikë, tue dalë jashtë Shqipniet i veshun katundar.

Në amnistinë që kje ba në vjetin 1926 kthyen në Shqipni P. Provinciali e P. Ambrozi... edhe revista "Hylli i Dritës" u pezullue... u zu lokali e shkolla prej

---

[142] Kolec Çefa, **"Grupi "Ora e Maleve" za i fuqishëm demokracie"**, **"Illyricum"**, E përmujshme, kulturore, shoqërore, informative e Shoqnisë Kulturore "Illyricum", Miq të Shën Françeskut, Viti II, #6, f. 6 - 8.

bashibuzukëve: Çka nuk kje ba në atë rasë në shkollat tona!

U thyen xhamat, u prishën dyer e dritare, u damtuen kabineti i fizikës e veglat e bandës etj., etj. P. Martini tue i pa veglat e bandës të shtypuna e copëtueme, gati sa nuk kjate.

Për do kohë shkollat kjenë mbyllë faret, pse shumë profesora kjenë kapë ose ishin me droje e drejtori kje largue…".[143]

Mbasi lirohet nga burgu, me vendosmëri dhe kjartësi ideore, vijon pa ndërprerje misionin e shenjtë, duke predikuar doktriminën e krishtërë. Si i Derguari i Françeskanëve të Veriut, i kërkon Qeverisë së Tiranës haptazi: *"Flamurin Kuq e Zi, Gjuhën Nacionale, Lirin e Pavarsin e plot t'popullit".*

Edhe pse kishte detyren e rëndësishme të Provinçialit, nuk e shkëpuste për asnjë çast veprimtarinë adhuruese shpirtërore atdhetare.

Më 1933, ishte drejtues i Kolegjit Françeskan (Rektor), drejtor i Liceut *"Illyricum"* dhe pedagog në Shkollën Normale Femrore të Motrave Stigmatine, në qytetin e Shkodrës (Gjuhadol).

Në harkun kohor të viteve 1930-1936, është drejtori i së përkohshmes prestigjioze revistes së mirënjohur në Ballkan *"Hylli i Dritës"* (1913-1944, 1994-1996, 2006), bashkëdrejtues i gazetës *"Posta e Shqypnisë"* (1916), revistës fetaro-kulturore *"Zani i Shna Ndout"* (1912) etj.

Me pendën e fuqishme në lëmin e letrave shqipe

"Grupi i Orës së Maleve", e danë që fletorja e re të thirrej "Ora e Maleve" e të kishte për qëllim të drejtat e popullit shqiptar… Rreth tij një brumë kombëtar: Fishta, Gurakuqi, P. Anton Harapi, Dom Lazër Shantoja, P. Benardin Palaj, Shuk Gurakuqi, Dr. Luigj Gurakuqi, poeti Ernest Koliqi, ma i riu etj.

Pra, esencë intelekti shkodran e kombëtar: edhe mendje të shëndetshme e prodhuese, edhe vullnete të forta e të mira, edhe me qëllime të pastra e kombëtare, edhe me mjete demokratike e prendimore.

Njerëz që nuk u tërhoqen nga joshjet e premtimet, nuk u frikësuen nga kërcnimet e përndjekjet, nuk ndërruen rrugë nga burgosjet e vrasjet. Mblodhi rreth vetës forcat ma të afta për punë, vullnetet ma të mira: Fishta e Gurakuqi që ngjanin si një shkronjë dyshe, që jepnin një tingull të ri, por ma të fortë, ma melodioz, ma me ton; Atë Anton Harapin impulsiv e Shantojën që merrte flakë, gojtarë fjalimesh e konferencash të paharrueshme. Pater Ambrozi, eshkë e ndezun për drejtësi e Ndre Mjedja, i papërkulshëm e i pathyeshëm; dy financierë të pastër: Shuk Gurakuqi e

---

[143] Pader Atë Kurti O.F.M., **"Provinçës Françeskane Shqiptare"** (*Dorëshkrim*).

Ndoc Çoba; P. Benardinin e Vermoshit e Dom Loro Cakën e Prekalit, njohtësit e mbrojtësit e maleve tona; dy Koliqët: Ernestin, poetin e stinëve të reja shkodrane e Luigjin…

Aty edhe Luigj Mjeda e Kolë Mirashi, ndër themeluesit e shqonisë patriotike "Bogdani"; aty Pjerin Simoni, që solli "Pinokun" në vendin tonë e Zef Muzhani i meçëm, për këshilla të urta. Aty Kolë Kamsi, profesori, P. Paulin Margjokaj, muzikanti e Angjelin Suma, sekretari i Gurakuqit…"[144] - **Kolec Çefa, studiues**

Frati, krahas përkushtimit fetar dhe vlerave të çmueshme sociale të komunitetit, dallon me po atë madhështi, në filozofi, teologji, pedagogji, sociologji, publicistikë dhe letërsi artistike.

Homelitë e këndshme, që mbajnë peshën e fjalëve frymëzuese të atë Antonit, si vlerë autentike zbukurojnë letërsinë e pasur fetare të traditës gegë, ku, në tërësi kulmoi erudicioni esencial plot elokuencë elegante e me një diksion të kjartë.

Në mënyrë të rregullt, ndiqte rrymat e letërsisë botërore, lexonte në origjinal autorët e famshëm të pedagogjisë moderne të kohës, si: *Pestaloc, Hergert, Frobel, Herbart, Forster* etj.

Midis librave dhe përherë pranë librave, mendonte se mendja e tij dhe e çdo njeriu, në përgjithësi, duke lexuar bën një gjimnastikë të mirë, sepse zgjeron dritaret e diturisë njerëzore, të cilët përherë duhet të jenë të interesuara, për të lejuar depërtimin e njohurive të reja bashkëkohore.

Shpesh, atë Antoni porosiste: *"Gjimnastika e mendjes, me ushtrimin e vullndeses, duhet të shkoj krahas me penden, si krahet e shqipes, qi ket e naltojn n'ajer dhe e mbajn n'drejtpeshim".*

Si pasojë e një akumulimi të dijeve dhe të përvojës si pedagog, në vitin 1925 boton veprën e parë pedagogjike, e cila njiherazi mund të cilësohet, një përshtatje të leksioneve të *pedagogut A. Hergert*, një punim i mirëfilltë shkencorë, të cilin e kishte pagëzuar me emrin: *"Edukata ose mirërritja e fëmijëve".*

Nga analiza e leksioneve me dije të thella shkencore, shohim se synimi fisnik dhe final i tij, ishte që brënda lëvizjeve të reja reformatore, të krijohen hapësira për modernizimin e metodave mësim dhënëse, didaktika e shkollës së re shqiptare.

---

[144] Kolec Çefa, **"Grupi "Ora e Maleve" za i fuqishëm demokracie", "Illyricum"**, E përmujshme, kulturore, shoqërore, informative e Shoqnisë Kulturore "Illyricum", Miq të Shën Françeskut, Viti II, #6, f. 6 -7.

Në veçanti, këtë rrymë të kohës, kërkonte ta shpërndante me pasion në veçanti midis moshës së re, duke i pajisur në këtë mënyrë, me një kujdes e maturi, me parimet progresiste të shkollës së traditës së hershme demokratike e kulturore të Evropës Perëndimore.

Për çudi, sot ende studiohen në universitetet e vendlindjes autorët e pedagogjisë sovjetike (pedagogë pedantë komunistë rusë) dhe jo pedagogët e traditës shqiptare në trojet etnike shqiptare.

Siç pohojnë biografët, meshtari shkrimtar e studiues i vëmendshëm, nuk harronte të ishte i kujdeshëm, kur analizonte, se më e rëndësishme në shpirtin e shqiptarit është bindja, si akti më cilësor dhe fryt dhënës, sesa dajaku e frika.

Pikërisht për këtë edukatori atë Anton Harapi o.f.m., duke qenë më pranë rinisë e kuptonte krejt mirë, se *forca fizike e thyen shqiptarin, por nuk e lakon, porsi butësia, si një mirësi e përhershme.*

Duke qenë drejtues për shumë vjet me radhë i disa revistave, me dorën e vet nënshkruan mbi 50 artikuj, editoriale, që të ndara në disa tematika i përkasin disa lëmive shkencore.[145]

Ajo që e lartëson më shumë martirin atë Anton Harapin, sipas mendimit tim, është *elokuenca në gojëtari dhe filozofi*, aftësi të cilën, në mënyrë të merituar e shfaqi në qytetin e Korçës, ku, spikati dukshëm para intelektualëve.

Me anë të 6 ligjeratave të mprehta të kohës, analizoi të gjitha dukuritë e kohës, që e shqetësojnë shqiptarin. Sot për fat të mirë, dhe falë vullnesës së Zotit, ata gjenden të ruajtura në veprën *"Vlerë Shpirtnore"*.

Duhet vënë në dukje, se shtysë për autorin e kësaj nisme të guximshme, ishte çasti i një krize shpirtërore në Shqipëri, dukuri kjo me rrjedhime negative dhe shkatërrimtare.

Aty autori referues, analizoi me hollësi shkaqet e kësaj krize, duke bërë gradualisht njohjen me etilogjinë dhe terapinë e sindromes kanceroze, ku, si epidemi e rrezikshme kishte nderhyrë ideologjia shterpe dhe vdekjeprurëse e marksizmit (*Karl Marx*) edhe në vendin tonë, shenjat e së cilës u importuan në Shqipëri nga Rusia dhe revolucioni bolshevik i Tetorit të vitit 1917...

Tashmë ndërgjegja shqiptare, ishte paralajmëruar nga frati atë Anton

---

[145] Klajd Kapinova, **"Atë Anton Harapi, martir i shqiptarizmit"**, në librin: **"Me Kryq e Pendë"**, (*studime -intervista*), Shtëpia Botuese **"Camaj - Pipa"**, Shkodër, 1997, f. 64 - 79.

Harapi o.f.m., që ndiqte me kujdes vërshimet marramendëse të reve të zeza komuniste, që mbillnin obskurantizëm, gjak, dhunë e ateizëm histerik të shfrenuar. Me deklaratën e tij, françeskani shkodran, zbuloi se: *"Por u pa n'Rusi, se si parimi i komunizmit, në vend që të zhdukte të zezat, u ba burim mjerimi"*.

Duke nuhatur dhe studiuar me kujdes rrezikun e shtrirjes së kësaj epidemie asfikësuese në Shqipëri, shpejt e kuptoi se Ballkani, i lodhur nga luftrat do të pushtohet, mbasi po vëzhgonte lajmet, që vinin me shpejtësi nga Evropa Perëndimore, si alarme të kobshme, se çfarë po ndodhte në stepat e Siberisë Lindore në Rusi, ku, miliona rusë të pafajshëm, atdhetarë, filozofë e kundërshtarë të regjimit të sovjetëve po rezistonin si antikomunistë, klerikë të besimeve të ndryshëm, po përsekutoheshin pa mëshirë nga gijotina e armëve të vdekjes, që ishte ateizmi dhe diktatura e proletariatit me hekur dhe litar...

Atë Antoni, kërkonte të ndërtonte godinën e re të mendimit më përparimtar nacional shqiptar. *"Një frat i thjeshtë, renditet përkrah mendimtarëve të mëdhenj nacionesh të tjera"*, vlerësin studiuesi e kritiku bashkëkohor **prof. Aurel Plasari.**

Frati ynë kishte shumë pasion letërsinë e traditës dhe atë bashkëkohore të shkruar nga atë Gjergj Fishta, Naim Frashëri, dr. Lasgush Poradeci etj. Ai shkruante në prozë të ëmbël, në gjuhën e bukur dhe tingëlluese gegë, me një stil të këndshëm, të latuar e fin, ku shquhet larmia e argumenteve që parashtronte.

Kushdo sot kundron me kënaqësi thjeshtësinë e të shkruarit. Vepra e dytë *"Andra e Pretashit"*, si roman u botua pjesë-pjesë prej vitit 1933-1942, në revistën e njohur kulturore *"Hylli i Dritës"*, në nëntituj: *"Urti e Burrni nder banorët e Cemit"* dhe *"Valë mbi valë"*.

Ajo u dërgua për botim në mërgim, sëbashku me veprat e tjera të letërsisë së kohës, pranë Insitutit të Studimeve Shqiptare, në Shtëpinë Botuese *"Valecchi"* të Firencës (Itali), por shkaku i Luftës së Dytë Botërore, bëri që kjo nismë qëllim mirë të mbetet e paplotësuar.

Disa vjet më vonë, në vitin 1959, veprat në fjalë u botuan në Romë, në saj të kujdesit të drejtpërdrejtë të albanologut të shquar italian **atë prof. Zef Valentinit S.J.** (*Societta Jesus*) dhe nga prozatori i famshëm e modern, shkrimtari i shquar i traditës ish Ministri i Kulturës prof. Ernest Koliqi dhe françeskani i përkushtuar kulturës shqiptare atë Daniel Gjeçaj o.f.m.

"Hylli Dritës" një Shujtë Shpirtërore dhe dritë
në votrën e kulturës arbërore

Mbas Mëvetësisë së Arbërisë shpallur në Vlorën historike, më 28 nëntor 1912, Urdhëri i shën Françeskut i dha jetë pagëzimit të revitës me jetë të mbarë kuptimplote **"Hylli i Dritës"** (1913-1944).

Kuvendi i Françeskanëve në Shqipëri, doli me një tribunë të shkruar të mendimit përparimtar alternativ, në momentet më delikate të udhëkryqit të nacionit tonë, mbas një zgjedhe të stërgjatë aziatike 5 shekullore.

Françeskanët, të pranishëm në vendin tonë tetë shekuj më parë, duke ruajtur traditat e kulturës universale që predikonte kisha katolike, ditën të shkrijnë binomin e tyre esencial *"Lutu e Puno"*, tradicionalisht e kultivuan atë me sukses edhe në Arbëri dhe përmes buletinit të përkohshëm mujor *"Hylli i Dritës"*, i kthyen fletët e saj në një vatër të kulturës së pasur arbërore.

Një meritë ka bashkëthemeluesi dhe drejtuesi i së përkohshmes zëmadhe *poeti nacional atë Gjergj Fishta o.f.m.*, i cili, si një bletë punëtore e palodhur, diti të mbledhë nektarin shekullor të gurrës së pashtërshme burimore popullore.

Gjatë 20 viteve të jetës së saj revista prestigjioze për kohën u ndërpre tre herë, por sërisht ridoli me një zë të fuqishëm, mbasi në stafin e saj bënin pjesë drejtues e përsonalitete të nderuar françeskanë, të mirënjohur për zotësi në fushën e letrave shqipe, si: *Atë Gjergj Fishta o.f.m. (1913-1914), atë Vinçens Prennushi o.f.m. (1921-1924),* **atë Anton Harapi o.f.m. (1930-1936)***, atë Antonin Fishta (1936-1938), atë dr. Gjon Shllaku o.f.m. (1938-1939), atë Benedikt Dema o.f.m. (1939-1944).*

Duket, pra kjartazi dhe më sëmiri kishte kjo revistë. Ndërsa *"Historia e Letërsisë Shqiptare"* e vitit 1983, botim i Akademisë së Shkencave të R.P.S.Sh-së, do të shkruante për te, se revista "Hylli i Dritës", "...**përfaqësonte reaksionin katolik dhe interesat politike të Austro-Hungarisë, e pastaj të Italisë...**"[146]

Për 6 vjet patër Antoni, do të bashkëpunonte me shumë shkrimtarë, studiues, albanologë vendas dhe të huaj, kritikë të artit, shkrimtarë të traditës dhe të rinj, intelektual e laikë, që vinin mbas një përvoje të pasur nga shkollat dhe katedrat universitare botërore dhe të Europës Perëndimore

---

[146] **"Historia e letërsisë Shqiptare"**, Botim i Akademisë së Shkencave të R.P.S. të Shqipërisë. Instituti i Gjuhësisë dhe Letërsisë, Tiranë, 1983, f. 460.

në veçanti, pa dallim feje, krahine e ideje, por me qëllim dhe detyrë fisnike nacionale, për të mirën e përparimin e vendit të shqiponjave.

Vargu i bashkëpunëtorëve është i gjatë në kohë dhe hapësirë, duke trajtuar probleme të ndryshme të historisë, artit, letërsisë së kultivuar dhe bashkëkohore, kulturës, gjuhës amtare, traditës, foklorit, zakoneve, traditave, visareve etnike, studime albanologjike, mendime, hipoteza, polemika, analiza, komente, debate me një hapësirë të gjërë këndvështrimi, të një niveli të lartë shkencore të bazuar në parametrat estetikë e metodologjikë të ndryshme etj.

Midis tyre mund të përmendim: *Atë Gjergj Fishtën, atë Vinçenc Prennushi, atë dr. Donat Kurti, atë Justin Rrota, atë Shtjefen Gjeçovi, atë Benedikt Dema, atë Fulvio Cordignano, Mustafa Kruja, atë Marin Sirdani, Domenik (Faik) Konica, prof. Ernet Koliqi, dr. Eq'rem Çabej, Mit'hat Frashëri, prof. Kolë Ashta, prof. Pashko Gjeçi, prof. Kolë Prela, dom Lazër Shantoja, atë dr. Jakob Marlekaj, dom Ndre Mjedja, dom Ndoc Nikaj, atë Anton Zanoni, atë Antonin Fishta, atë Benardin Llupi, prof. Gaspër Gurakuqi, Mustafa Kruja, Konstadin Konaj, Pashk Bardhi, Zef Mark Harapi, Gjergj Pekmezi, Gjon Gazulli, atë dr. Gjon Shllaku etj.*

Revista, edhe në vitet që drejtues ishte atë Anton Harapi, kishte rubrika të veçanta ku bënte paraqitjen e botimeve të reja letrare dhe të lëmëve të tjera shoqërore, shkencore, historike etj., të autorëve vendas dhe të huaj, që merreshin me çështjen arbërore në shumë plane.

Kjo letërsi në Veri të vendit e institucionalizuar në Shkodër, falë infrastrukturës së ngritur në këtë qytete prej kishës katolike, do t'i çonte më tej vlerat letrare të konturuara nga ky kryqark i letërsisë shqipe, që me të drejtë prej *prof. Eqerem Çabejt*, u quajt Qarku Katolik i Shqipërisë Veriore.

Pra, siç edhe shihet, kemi të bëjmë me vepra të cilat, zënë kryet e vendit në trashigiminë tonë letrare dhe të gjitha këto u shoqëruan me paraqitje dinjitoze prej kritikës, që në fakt edhe ajo ishte çfarë ishte në të vërtetë letërsia asokohe. Meqë kishte përparime, një rritje cilësore të nivelit komunikues estetik të veprave letrare, duhej patjetër t'i përgjigjej edhe një mendim i kualifikuar i kritikës.[147]

Krahas shkrimeve të tjera, me shumë interes mund të kundrohet një shkrim kritik i atë Anton Harapit, për vëllimin e dytë me tregime të prozatorit e tregimtarit modern prof. Ernest Koliqit *"Tregtar flamujsh"*, me titull:

---

[147] Kastriot Marku, **"Kritika dhe studime letrare në revistën "Hylli i Dritës" (1913-1944)**, Studim, Shtëpia Botuese **"Camaj-Pipa"**, Shkodër, 2000, f. 26-27.

"Harti letrar dhe morali", në të cilin thekson për stilin e Koliqit, se: *"…asht vetëm i tij, e çdo lexues edhe i zakonshëm, pa mundim natyrisht do të mund të plotësojë vetë novelën dhe vështrimin e saj…"*[148]

Shqipëria dhe 72.000 izraelitët, që u mbrojtën nga merita e atë Anton Harapit

Populli paqedashës izraelit (ebrej), ka kaluar një udhë të gjatë plot vuajtje, përndjekje, masakrime gjatë shekujve, por falë përpjekjeve, kundër pushtuesve të ndryshëm (që kanë pasur lakmi pozitën gjeografike strategjike), ka mbijetuar si popull e nacion, duke ruajtur gjuhën, kulturën e pasur materiale e shpirtërore si vlerë e përhershme e identitetit të vet.

Nuk ka popull në botë, që të ketë vuajtur aq shumë, dhe të ketë patur aq përndjekje dhe shpërngulje masive, sa populli izraelit. Shumë herë ai ka qenë i detyruar të braktisë Atdheun e vet, e të emigrojë në të katër anët e rruzullit tokësor.

Emigrimet e izraelitëve, janë të pashembullta në histori. Para 2000 vjetësh, izraelitët, kanë qenë skllevër të faraonëve, por me luftra e përpjekje të vazhdueshme u çliruan prej tyre dhe krijuan shtetin e vet me kryeqendër Jerusalemin.[149]

---

[148] Atë Anton Harapi, **Harti letrar dhe morali**, tuj lexue librin *"Tregtar flamujsh"* të Ernest Koliqit, **"Hylli i Dritës"**, Vjeti XX, 1935, #12, f. 559.

[149] **Izraeli (1948)**, fillimisht ra nën sundimin e Perandorisë Babilonase prej vitit 538 - 142 para Krishtit. Me tjetërsimin e Perandorisë, shumë hebrej të larguar u kthyen në Guidea e ndërtuan Tempullin e Shenjtë në Jerusalem, ku vendi mori një lulëzim. Sërisht, ata ranë nën sundimin Persian dhe Helenik e përreth 100 vjet deri në vitin 63 para Kr., ata fituan e jetuan pavarësinë. Të lodhur nga luftrAtë sërisht, ranë nën sundimin e Perandorisë Romake të Jul Çesarit. Prej viteve 66 - 70 mbas Kr., me gjithë luftrAtë liridashëse romakët nënshtruan popullin hebraik të Guidesë, morën shumë skllevër e i nisën në Romë, ndërsa shumë të tjerë i detyruan të shpërngulën. Njëra nga anijet me skllevër hebrej u përplas nga futuna në brigjet e detit Jon dhe zbtitën e u vendosën në tokën ilire në Ftere të Sarandës, ku sot gjenden gjurmë të emrave hebraike e një sinagoge në qytetin e Sarandës. Sundimi romak zgjati deri në vitin 313 mbas Krishtit. Më mbas ranë nën sundimin e Perandorisë Bizantine deri në vitin 636. Në shek. VII - XI (për 400 vjet) sundoi Mbretëria Egjyptiane e më vonë gjatë viteve 1516 - 1917 sundoi Perandoria

Dr. Apostol Kotani, duke përkujtuar 58-vjetorin e fitores së Pavarësisë (14 maj 1948) dhe krijimin e shtetit të pavarur të Izraelit, ndër të tjera shkruan:

"Hebrejtë e Hungarisë ndihmuan edhe Heroin Kombëtar të Shqipërisë dhe të qytetërimit evropian Gjergj kastriotin Skënderbeu për të ardhur në fuqi. Në përku-jtim dhe nderim të kësaj ndihme, ai vendosi në krye të shqiponjës Yllin e Davidit...

Ishte me origjinë hebraike edhe Leo Aleksandri, me shtetësi austriake, që më 1913, botoi një libër të posaçme mbi barbaritë serbe dhe malazeze kundër shqip-tarëve, të ilustruar me shembuj konkretë...

Mbi 550 familje, me mijëra pjesëtarë të përndjekur nga inkuzicioni spanjoll e portugez, më 1492, erdhën gjithashtu në Shqipëri dhe u vendosën në Vlorë, Berat dhe Elbasan, që u pasuan më vonë me ardhje të tjera të dhjetra e dhjetra familjeve në gjysmën e dytë të shek. XIX dhe gjysmën e parë të shek. XX.

Pritja dhe trajtimi i mirë, marrëdhëniet e mira të ndërsjellta, që erdhën gjithnjë duke u forcuar, lanë gjurmë të thella, jehona e të cilave i kapërceu kufijtë e Shqipërisë.

Është kjo arsyeja, që në vitet 1933-1934, kur në Gjermani filloi një përndjekje e egër nga nazistët, kundër hebrejve të atjeshëm, një sërë komunistësh hebreikë të Evropës dhe Komisariati i lartë për Refugjatët, pra O.K.B-ja, sytë i drejtuan nga Shqipëria, si vendi më i sigurtë për strehimin dhe mbrojtjën e tyre, dhe i propozuan qeverisë shqiptare sjelljen këtu të mijëra familjeve, duke ofruar edhe investime për bonifikimin e Drinit dhe të Bunës.

Otomane. Shumë hebrej u shpërngulën me forcë e u shpërndanë në vise të ndryshme të Perandorisë përfshi edhe shtetet e Amerikës. Kryengritja Mesiane e vitit 1665 e drejtuar Zabataj Zevi, si Apostull i Izraelit, u bë shumë e njohur. Turqit e denojnë me vdekje, udhëheqësin e hebrejve, me shpresë që kryengritjet të pushonin, por më kot. Sulltani u detyrua t'i falë jetën, por e internoi përjetësisht me gjithë familje në *Ulqin*. Ai u transferua në Sanx-hakun e Beratit (ku bënin pjesë: Vlorëa e Saranda). Lëvizjet kundërturke vi-juan deri në shek.XVII. Prej rrëzimit të Perandorisë Turke 1918 deri më 1948, Izraeli, u bë protektorAtë i anglezëve, ku iu dha Pavarësia. Hebrejtë që i mbi-jetuan inkuizicionit spanjol e portugez të dhjetë ditëshit të fundit të shek. XV, e sidomos ata që mbijetuan nga Holokausti nazist gjatë Luftës II Botërore u kthyen në Atdheun e tyre dhe *më 14 Maj 1948, krijuan Shtetin e Pavarur të Izraelit, me kryeqytet Tel-Avivin...* Marrëdhëniet diplomatike, midis Shqipërisë e Izraelit, u vendosën më 19 gusht 1991. Shumë familje hebreje, mbas vitit 1991 u riatdhesuan në shtetin amë Izrael.

Por kur tratativat ishin në përfundimin pozitiv, ndërhyri qeveria fashiste italiane, e cila kishte qëllim të sillte këtu kolonë italianë, kësisoj marrëveshja nuk u arrit...

Më pas, me shtimin e rrezikut nazist, gjatë viteve 1934-1942 dhe 1943 në Shqipëri, me rrugë e forma të ndryshme erdhën 1000 hebrej edhe nga Austria, Hungaria, Bullgaria, Jugosllavia, Greqia etj., dhe u strehuan në Berat, Kavajë, Krujë, Durrës, Tiranë, Burrel, etj.

Populli shqiptar, duke parë se po ndiqeshin e masakroheshin njerëz të pafajshëm, u zgjati dorën e miqësisë, u hapi dyert e shtëpive, u hapi zemrat, u dha besnë e shqiptarit, i strehoi dhe i mbrojti nga çdo rrezik që iu kanos...

Populli shqiptar, nuk lejoj, që të keqtrajtohej dhe përsekutohej asnjë hebre, në një kohë kur në vendet e tjera të Evropës së pushtuar, u shfarosën 6 milion (ku 1.5 milion ishin fëmijë) nga të 11 milionët e vendosur në këto vende...[150]

Shpesh servilët të ashtëquajtur as profesorë dhe as doktorë të regjimit të polpotit të Shqipërisë, Enver Hoxha, i kanë ofruar e vërbuar sytë brezave të tërë shqiptarësh, me një foto, ku, shquhet një takim i atë Antonit me gjeneralin gjerman *Fitsum*, si ndër *"trathtitë"* më të mëdha që paska bërë kleri katolik dhe prelati i lartë françeskan dhe prandaj të gjithë duhet të përshkohen në litar e të kalben nëpër burgje.

Gjatë seancave të gjyqit, pas shumë dekadave, duke biseduar me njerëz, që e kanë njohur nga afër patër Anton Harapin o.f.m., dëshmojnë sot, një pjesë e *"prof. dr."*, përveç se përvetësuan shumë dorëshkrime origjinale të klerikëve katolikë françeskanë në kohën e kataklizmave të tyre (morën gradat e pamerituara shkencërisht nga *"veladonët e zi"*, siç i quanin këta), filluan në ish kinema "Rozafat", të lëshonin britma, për gjak e litar, me thirrje histerike: *"Trathtar!"*, *"Të gjithë në litar!"*, *"Plumbin ballit!"*, *"Hakmarrje - Hakmarrje!"*.

Ish i dënuari dy herë me burgim një herë me burgim të përjetshëm që iu kthye me 30 vjet burg dhe për herë të dytë 10 vjet e iu ulën në 5 vjet burg **Gjovalin Kolë Zezaj,** në librin me kujtime: **"Gjenocid Mesjetar në shekullin XX"** (2001, 2008), ndër të tjera, kujton qëndresen stoike atë Mark Harapit (vëllai i patër Anton Harapit), gjatë monentit që forcat e policisë sekrete komuniste në Shkodër po bënin kontrollin e Kuvendit të Jezuitve:

"Nuk mund të rri pa vënë në dukje, një aspekt të vogël, por kuptimplotë. Një

---

[150] Dr. Apostol Kotani, **"58 vjet nga fitorja e Pavarësisë dhe krimit të shtetit të pavarur Izraelit"**, **"Illyria"**, The Only Albanian - American Newspaper, Volumi 16, #1545, 12 maj - 15 maj 2006, f. 25.

natë në Komunitetin e Jezuitve si shumë herë, futën policë të armatosur për kontroll.

Një major i drejtohet Pader Mark Harapiit e me ironi i thotë: **"He çfarë keni kundra nesh ju jezuitët? Ti e di se Krishti ka qenë komunist i parë! Po i përgjigjet Pader Mark Harapi, vërtetë ishte Jezusi komunisti i parë... por ai nuk kishte armë.**

Kjo shkatoi duatrokitje spontane ndër seminaristët, e mbasi ai mbeti i fyer, një goditje me tytën e pushkës e oficerit partizan, hodhi priftin përdhe, që u pasua me shkelmat e goditjet e të tjerëve."[151]

Me një terror të shfrenuar, sikurse vlerëson pedagogu i universitetit të Shkodrës **prof. dr. Simon Pepa (1936-2002)** për komunistët, që erdhën dhunshëm në pushtet në vitin e zi (28 nëntor 1944) dhe pushteti i pushtave të kuq (1944-1990) nga gjaku i derdhur i njerëzve të pafajshëm, *me një urretje patologjike dhe ashpërsi të pashembullt, nisën të shkatërronin në pak vite ato gjëra që kishin dashur shekuj të ndërtohen.*

Me dhjetra kuvende u mbyllën, me dhjetra kisha u shkatërruan, bibliotekat e famshme u hodhën në zjarr ose u groposën. Mbi të gjitha nisi martirizimi i klerit katolik, që ishte shtylla e ndërtesës së dijës dhe të fesë.

Dhe dihet, se kur bijnë shtyllat, ndërtesa rrëzohet vetvetiu. Ne po përmendim vetëm atë çka u bë te jezuitët: u pushkatua: Atë Daniel Dajani (Rektori i shkollës), Atë Gjon Fausti (Zv. Provincial), Mark Çuni (seminarist).

Që të tre u dënuan me vdekje në një gjyq të përbashkët nga prokurori kriminel, Aranit Çela. Nga ish nxënësit e kësaj shkolle, më vonë klerikë, u pushkatuan: Dom Mark Dushi, Dom Dedë Maçaj, Dom Zef Bici (famullitar i Tiranës), **Dom Pjetër Çuni (e mbytën në gropën e zezë të një WC-je, duke e shtyrë me cfurk),** *Dom Mark Gjani (pasi e mbytën kufomën e tij ia hodhën qenve të katundit Shën Pal Mirditë, për ta hangër).*

Ato bënë sa e sa vite burg Atë Anton Luli, Pader Gjergj Vata etj. E duke vazhduar sado pak me fretër e famullitar: u pushkatuan filozofët Atë Gjon Shllaku (i lauruar dy herë, në Belgjikë dhe në Francë) etj. Vdiq në tortura Atë Benardin Palaj.

Atë Serafin Koden e mbytën duke ia zhgulur gabzherin me thonj. *Pader Gjon Karmen e lanë 25 ditë të mbyllur në arkivol (merrte frymë vetëm nga një vrimë e që ai s'e dinte) e sa e sa tmerre të tjera...".*[152]

---

[151] Gjovalin Kolë Zezaj, në librin me kujtime: **"Gjenocid Mesjetar në shekullin XX"**, kujtime, Shtëpia Botuese **"Camaj - Pipa"**, Shkodër, 2001, f. 56.

[152] Prof. Dr. Simon Pepa, **"Gjurmime kulturore"**, studime, artikuj, kumtesa, Shkodër, 2000, f. 219 - 221.

Sot, këta të *"rinj"* militantë komunistë, që kanë kryesuar edhe të ashtëquajturin *"revolucioni kulturor kinez"* në Shqipëri, shtypin komunist, si: *"Zëri i popullit"*, *"Bashkimi"*, *"Puna"*, *"Drita"*, *"Hosteni"* etj., dhe si kryetar komisionesh, për sekuestrimin e Bibliotekave të Kuvendit Françskan e Jezuitëve, Seminarit të Troshanit (janë përvetësuar pa të drejtë mbi 60.000 ekzemplarë libra dhe shumë prej tyre antikuare të rrallë me vlera historike, për popullin e Arbërit) dhe *"luftën kunder fesë dhe zakoneve prapanike"*, janë në pension dhe gëzojnë të gjitha të drejtat dhe privilegjet, si shërbestorë besnik të regjimit, që i lindi e i rriti për vete...

Asnjëherë, sikurse vë në dukje studiuesi dhe publiçisti z. **Mërgim Korça,** pseudoshkenca historiografike komuniste dje e sot, nuk flet dhe shkruan, se çfarë i ka thënë gjeneralit gjerman atë Anton Harapi o.f.m., ku, ai i kujtoi ushtarakut të lartë pushtues se: *"Marrëveshja me Reichun, ishte që trupat gjermane do të kishin territorin shqiptar vetëm si urë kalimi për në Greqi, pa i cënuar dhe pa ndërhyrë në çështjet e brendshme shqiptare!"*.

Është e drejtë të mendohet, se vetëm Shqipëria (72.000 çifutë) dhe Danimarka, janë dy shtet në botë, që nuk kanë dorëzuar asnjë çifut (izraelit) në duart e shumë kërkuesve gjermanë.

Pse heshtet për ketë aspekt të rëndësishëm dhe si një meritë e Këshillit të Lartë të Regjencës Shqiptare, ku, një meritë ka edhe antari i saj Atë Anton Harapi!?

Po sa jetë shqiptarësh nuk janë shpëtuar në këtë rast!?

Sigurisht që shumë dhe historia herët ose vonë do ta ndriçojë këtë aspekt të rëndësishëm human të fratit shqiptar e nacionalist.

Komunistët gjithnjë e përherë, sipas profesionit të tyre leninist *"shpif shpif, se diçka do të mbijë"*, përhapën një propagandë të shfrenuar vetëm në klishenë zi, për të justifikuar dashurinë, që ata kanë për simotrën e saj Jugosllavinë komuniste asokohe, e cila porosiste polpotin e kuq të Tiranës, se *"nëse doni që të qeverisni gjithnjë, pa asnjë ferrë në këmbë, duhet të zhdukni me rrënjë çerdhen e saj, klerin katolik dhe besimtarët e saj besnik në Shkodër e gjetkë"*.

Atë Anton Harapi o.f.m., shprehet hapur, pse e pranoi detyrën e regjentit: *"E pranova detyrën se nuk mujshem m'e pamun Shqypninë të pushtueme prej anarkijet... nuk dojshem të krijohej nji Babiloni shqyptare me luftë vllavrase qi zhgatrronte katundet, të humbej bagtija e të zhgatrroheshin familjet... ndjeva mëshirë, si për popull e gjithashtu edhe për Shqypni...*

Si mund të preferojshem m'e pshtue jetën t'eme për çashtjen e perbashket? Le të ndodhë ajo qi ka me ndodh, thashë, me vedi, rrnoftë populli edhe pa mue, rrnoftë Shqypnia!...

E fillueme me nji poezi e po e perfundojmë me nji tragjedi me iu dhimbtë kujdo... e vetmja gja m'u bamun asht m'e pshtuemun Shqypninë edhe popullin.

Mjafton t'i paralizojmë fajtorët të mos bajnë ma dame... Nuk duhet të ekzistojnë filogjerman, anglofila apo italofila. Duhet t'jena veç shqyptarë...".

Atë Anton Harapi O.F.M. martir i shqiptarizmës të kulluar

"Shqipnia u fitue me gjak; me gjak dhe po mbahet e robnueme. Do të vij dita e me Paqe e Drejtsi do t'fitohet" - **Atë Anton Harapi o.f.m.**

Martirizimin e klerikut të nderuar, veçse Shekspiri i madh do të gjente forcë për ta përshkruar në mënyrë më dramatike, si një tabllo e vërtetë e një historie të trishtuar, të shkaktuar nga komunistët, të cilët, nuk deshtën fjalën e lirë të klerikëve katolikë.

Në një çast të caktuar të historisë, për ridimensionimin e lirisë dhe të drejtave të njeriut në tërësi, burri i shquar amerikan George Washington, u shpreh haptas para bashkëkombasve të vet: *"Një komb, duhet të jetë i virtytshëm, po të dojë të jetë i lirë".*

Studiuesi dhe publiçisti bashkëkohorë shqiptaro-amerikanë Mërgim Korça, duke shfletuar 55 vitet e kujtesës së tij shkruan: *"Edhe sot mendja ime shikon nëpërmjet flakësh si të ferrit, ecjën e kolonës së të burgosurve nga konviktiburg për në Kinemanë "Rozafat", ku do të zhvillohej gjyqi. Atë Dr. Gjon Shllaku O.F.M., Atë Danjel Dajani S.J. si dhe Atë Gjon Fausti O.F.M., të lidhur me pranga i prinin kolonës së fatzinjëve.*

Mbas tyre seminaristi Mark Çuni me shokë si edhe Qerim Sadiku. Dy anëve të rrugës e intoksinuar dhe n'ekstazë rinia komuniste ulërinte: Hakmmarrje! Hakmmarrje!

E ky kor t'ekzaltuerish, i mbështetur edhe më fuqishëm akoma nga kategoria e servilëve, (shumë fytyra dhe emra të cilësh jo vetëm që i mbaj mend qartë edhe sot por edhe dij sesi u katandisën më vonë gjatë viteve), e përcillnin atë kortezh, për tek salla ku i priste ajo pjell' e mbrapsht' e natyrës, që më të përçudnuar, ajo s'kishte sesi ta kish rravijëzuar, prokurori Aranit Çela!

Sa e skajshme diferenca ndërmjet gjykatësve dhe të gjykuarve. Prokurori - bishë ulërinte për gjak mbi t'ashtëquajtur fakte, që as ekzistonin. Kryetari i trupit gjykues Mustafa Iljaza, vuloste dënimet me vdekje, duke i lexuar me ngulç, rrokje pas rrokjesh, fjalët e tekstit, leximi i të cilave për të dukeshin shkencë e madhe."

Ndërsa *atë dr. Gjon Faustin O.F.M. (tre herë i lauruar), të cilin, në* seancën e 19-të e sollën përkrahësh se shkatërruar e kishin në tortura, i drejtohet trupit gjykues, në fjalën e fundit e u thotë: *"Ju nuk do të ma besoni, se nuk arrini as t'a kuptoni, por mbrëmë tërë natën i jam lutur Zotit, për shpirtrat tuaj mëkatarë. Zoti, ju faltë juve që nuk dini se ç'bëni."*[153]

Por koj fjalë *"liri"*, aq e shtypur dhe e nëpërkëmbur në Shqipëri, gjatë monizmit kishte njohur veçse barbari.

Kësisoj, frati atdhetar e largpamës, analizonte ngjarjet e historisë sonë: *"Vllavrasja, asht rrënimi ynë fizik, moral, ekonomik dhe politik... Të dhunoj shqiptari-shqiptarin nuk asht zakon...".*

E ashtëquajtuna lufta *"Nacional-Çlirimtare"* e internacionalistëve partizanë, në vend që të bënte çlirimin e vendit, u kthye në një luftë të kobshme vllavrasëse, ku skenaristët e tragjedisë ishin projektuesi e drejtuesi i drejtpërdrejtë Enver Hoxha me klikën e tij sadiste.[154]

Mirëpo martiri ynë, shtronte kushtrimin, që çdo shqiptar i çdo krahine, besimi ose shkalle civilizimi, t'i thërrasin arsyes, të mos humbasim si komb e shtet, por të ndiejmë me zemër, se jemi vëllezër të një gjaku e gjuhe, miq, dashamirës, shokë. *Ne, duhet të na bashkojë një shpirt i vetëm, shpirti shqiptar: një vend, një zakon, një interes dhe një flamur.*

Gjuetinë më të madhe diktatori Enver Hoxha e filloi me meshtarët katolikë dhe intelektualët shkodranë.

Albanologu i mirënjohur italian **atë prof. Giussepe (Zef) Valentini S.J.**, shkruan: *"Duke kenë të kulturuem me arsim, shumë të ngritun, katolikët shqiptarë gjithmonë u patën ngjallë zili disave... Vranësi antikatolik Hoxha e pranonte këtë, duke i ba nder katolicizmit, por katolicizmi dhe në veçanti kleri katolik, ishin pengesa ma e madhe për triumfin e komunizmit".* - **Anton Harapi***

I ka mbetë Shqiptarit se âsht gjakmârrës, e se këjo âsht prova mâ e kjarta e egërsis së tij. Vrasja e njerit në parim e në punë âsht imorale e antinjerzore, sidomos kur bâhet për inád. Këjo âsht e vertetë, as s'luen ndryshej.

Çashtja âsht kur Shqiptari qet pushkë për nevojë d.m.th. kur i cenuem prej tjetrit në jetë, në nderë a në gjâ, as mos të ketë nji organ publik ligjuer qi t'a mbrojë

---

[153] Mërgim Korça, **"Procesi i kanonizimit të disa Martirëve si dhe dy fjalë për Patër Anton Harapin, Martirin e Madh të harruar"**, "Shkodra", E përjavshme kombëtare e pavarur, #143, Viti V, E Mërkurrë, 22 Tetor 2003, f. 4.

[154] Klajd Kapinova, **"Atë Anton Harapi, martir i shqiptarizmit"**, në librin: **"Me Kryq e Pendë"**, (*studime - intervista*), Shtëpia Botuese **"Camaj - Pipa"**, Shkodër, 1997, f. 73.

mjaftueshëm ndër të drejta të veta njerzore, shka do të bâjë? ...

M'e falë bâkeqin për hatër të Zotit, si mbas fjalës së Krishtit qi tha: "Po të rá kush në njanë anë të fytyrës, sjelli edhe tjetrën", moralisht e krishtenisht kështu âsht mirë.

Por në themelin juridik të drejtësís, për me dashtë me e gjikue Shqiptarin mbas këtij fenomeni të kobshëm qi tfaqë, thue parimisht do të dënohet Shqiptari për vrasje si barbár e antinjerzuer?

Qe kur thotë ai: "Ka qit pushkë për nevojë, e ka pasë rrezik me rá në gjak etj." don me thanë se Shqiptari, parimisht, nuk âsht për vrasje. Po t'u gjindshin njerzë të qytetnuem ndër rrethana shoqnore e politike si u gjet Shqiptari, lidhem me krye, se do të kishin bâ mâ zí.

Vertèt se shum herë Shqiptari e tepron edhe e shpërdoron të drejtën e mbrojtes së vetvetit, por këta ndodhë ndër të gjitha ligjët e ndër të gjitha çetat njerzore.

- Kur i rásh njanit për me e falë për hatër të Zotit, gjakun qi kishte në mend m'e marrë, a e din shka më tha?

- Ju meshtarët doni me na qitë fare.

- Po si, morè Sokol, burrë i ndershëm si jé, m'a thue këtë fjalë se na meshatërt orvatemi për të keqe të juej, e jo për të mirë e juej?

- Po, tha, zontí, se e treta herë qi falim për hatër të Zotit, e qe tash janë çue e më kanë vrá nipin e pa - babë, tue thanë: Do t'a vrasim dé t'a qesim fare Sokolin, se tash na falë prap për hatër të Zotit.

Mos kujtò, zotni, më tha, se mirakande due të qes vetin në mal e të marr në qafë njizet e dy rob qi kam: jo, se më dhimbet vehtja e më dhimben robt, por, po nuk e mora gjakun as këso here, janë në kuti me ardhë e me më djegë mbrendë me gjith rob.

- Nuk due t'a justifikoj vrasjen, due të merret vrasja e Shqiptarit me të gjith ata elementa, e ndër të gjitha ato rrethana, të cilët dishmojnë se malsori ynë, parimisht nuk vret për egërsi, por për nevojë.

Vertèt se Shqiptari ka shum ignorancë në këtë pikë morale, vertè se pasjoni e zotnon shum herë, vertè se edhe qet pushkë për namë e nemuz, por me pasë për t'a pvetë, gjithmonë ka për të gjegjë se, âsht mëkAtë me rrxue binán (njerin) e Zotit, por si me bâ.

- Kaq sa për dijení t'atyne qi nuk e dijnë ase nuk duen me dijtë se si âsht vertè palci i shpirtit të Shqiptarit.

** Pjesë prej librit të Pater Antonit,*
***"Andrra e Prêtashit"**, Romë, 1959.*

Si e zbuluan komunistët se ku strehohej pader Anton Harapi!?

Gajtë një bisede të zhvilluar në qytetin e Shkodrës në vitin 1996 me malësorin **Gjon Verri**, ish banor në katundin Plan të Dukagjinit, mësova shumë detaje të tjera të jetës dhe misionit të patër Anton Harapit o.f.m.

Ai, në fillim të kujtimeve të tija, për mysafirin e ri të shtëpisë së tyre, kujton portretin e tij, që i ka mbetur në kujtesë kur nuk ishte më shumë se 15 vjeç.[155]

Ndër të tjera, ai kujton: *"Mbaj mend shumë mirë, se atë Antoni, gjithnjë mbante me vete një* **"Ditar personal",** *ku, çdo ditë shënonte, por pa treguar asnjëherë, se çfarë kishte në faqet e shkruara të shënimeve të tij. Një ditë, si fëmijë që isha e pyeta: "- Çfarë të duhen këto shënime atë Anton?!"*

Ai m'u përgjigj: *"- Se mund të vijë një ditë e mund të duhen".*

Bashkëbiseduesi vazhdon: *"Pikërisht, këto shënime të përditshme të meshtarit nga Shkodra, i kisha ruajtur me kujdes në shtëpi, mbasi ai m'i kishte dhënë që t'i ruaja.*

Komunistët, të cilët, erdhën në shtëpinë tonë, e dogjën tri herë banesën dhe se këtë fat të keq ka patur edhe blloku i shënimeve të atë Anton Harapit o.f.m.

Në dimër, ai mbante të veshur një gozhup (triko te leshtë), kurse në krye një kapuç dhe se në dorën e vet kur delte në mal kishte një këmesë. Lexonte shumë dhe librat i kishte miq të vërtetë".

I zhytur në vorbudhen e kujtimeve të shkruara Gjoni, pasi pushon pak e rinisë bisedën, sikur ngjarja të ketë ndodhur dje. Ai shton, se: *"Një ditë, më kujtohet si sot, ishte ditë e premte dhe në faqet e tij pashë lot mallngjimi dhe keqardhjeje. Duke e parë në këtë gjendje si asnjë herë tjetër gjatë gjithë kohës, që qëndroi në shtëpinë tonë e pyeta: " - Pse po merzitësh?"*

Në atë gjendje të thellë shpirtërore siç ishte më tha:

" - Dëgjo këtu: - Kjo nuk asht punë ditësh, as muajsh, as vjetë, por nji kohë e gjatë. Unë kam ndjet me vdek si shqiptar, se si kam ba keq kujt. Nji gja më shqetson ma shum për ty, se ke me vujt tan jetën dhe se djali yt, ka me u rrit dhe kan me ta vu edhe yllin".

Malësori bujar Verri, shton për patër Antonin, se: *"Ai kurrë nuk ka dëgjuar për të ikur jashtë Atdheut, me gjithë kërkesën këmbëngulëse të miqve e*

---

[155] Klajd Kapinova, **"Atë Anton Harapi, martir i shqiptarizmit"**, në librin: **"Me Kryq e Pendë"**, (*studime -intervista*), Shtëpia Botuese **"Camaj - Pipa"**, Shkodër, 1997, f. 74-79.

shokëve të vet."

Ai, shpesh më përshpëriste, se: *"Gjithçka të mirë e kam ba vetëm për Shqip-nin""*.

Megjithsë, kanë kaluar shumë vjet dhe ju po më pyesni, se kur ka ardhë për herë të parë në shtëpinë tonë. E kam shumë të freskët në mendje, se atë Anton Harapi, për herë të parë në shtëpinë tonë, ka ardhur më 5 dhjetor, e cila, përkon me ditën e shën Kollit dhe ne, si shtëpi, ishim përgatitur për ta festuar.

Ishte viti 1944. Unë kam punuar si ekonomist pranë Kuvendit të Motrave Stigmatine, në rrugicën e njohur Gjuhadol të Shkodrës. Kjo punë më ka krijuar shansin e mirë, që të njihem nga afër me përsonalititetin e shquar klerikal e inteleaktual të vendit të paharruarin atë Anton Harapin.

Shumë muaj me vonë më 8 qershor të vitit 1945, ai është arrestuar. Përpara se të vinte në shtëpinë tonë, ka kaluar një natë në katundin Prekal e një natë tjetër në katundin Kir, derisa me 5 dhjetor të vitit 1945 erdhi në shtëpinë tonë.

Françeskani ose Frati ynë, ka qëndruar pranë nesh vetëm nën dijeninë e disa banorëve, siç ishte në asokohe katundari malësor Prek Ndou, asokohe me detyrën e Kryetarit të Këshillit dhe Bajraktari i katundit Mark Kola, që ishte dhe kushëriri i Kryetarit e ne të gjithë antarët e familjes.

Pra, rrethi i njerezve që ishte në dijeni, për vendin, se ku ishte strehuar Françeskani i nderuar ishte shumë i ngushtë dhe konspiracioni në këtë rast ishte shumë i madh.

Ishte koha, kur në shtëpitë e çdo katundari shpërndaheshin për të bujtur partizanët. Kryetari, që merrej me organizimin e tyre, asnjëherë nuk caktonte partizanë në shtëpinë tonë, mbasi e dinte se tek ne ishte pader Antoni.

Në këtë rast, ai ruante veten, detyren, fratin mik dhe familjen tonë, që ishte berë një streh e sigurtë e meshtarit që përndiqej nga forcat e Sigurimit komunist për ta arrestuar me çdo çmim, porosi kjo që kishte ardhur drejtpërdrejtë nga gjeneral Enver Hoxha dhe ushtaraku shumë i lartë Mehmet Shehu.

Kishte raste, që për të mos rënë në sy të shtëpive të tjera të katundit dhe të banorëve që bënin vizita mes njeri tjetrit, përpara se të sillte partizanë në shtëpinë tonë, Preka, në fillim na vinte në dijeni e ne menjëherë merrnim masat, për t'a ruajtur ose fshehur në podrum atë Antonin, që të mos diktohej nga partizanët.

Podrumi ishte i tillë, ku poshtë fshihej françeskani dhe sipër shtronim sanë dhe lidhnim lopën, e cila kulloste e qetë. **Në shtëpinë tonë kanë bërë kontroll mbi 15 herë partizanët, e Frati, nuk është zbuluar asnjëherë.**

Në katundin tonë, në Plan të Dukagjinit (Malësi e Madhe), si famullitar ishte atë Daniel Gjeçaj o.f.m., dhe se ai e dinte shumë mirë se frati tjetër ishte strehuar tek ne. Shpesh organizonim takime dhe vëllezërit e Urdhërit Françeskan shkëmbenin korrespondenca.

Gjatë bashkëbisedimit me Gjon Verrin, dëshmitar okular i mbetur gjallë nga pjesëtarët e familjes së tij, për të saktësuar edhe më tej pyetjen se cilat janë rrethanat, që sollën zbulimin dhe më pas arrestimin e Fratit, dëshmitari kujton me hollësi:

"Kam mendimin, se atë Anton Harapi, nuk është arrestuar për shkak të pretenzën së dhëmbëve, por se ngjarja është zhvilluar ndryshe nga sa shkruhet në një sërë artikujsh që janë botuar kohët e fundit për jetën e përsonalitetit në fjalë.

Me kujtohet se asokohe me një mision të veçantë batalioni i partizanëve, është nisur nga qyteti i Shkodrës për të arrestuar patjetër atë Anton Harapin.

Mbaj mend, se nga ora 11:00 e natës, shtëpia e jonë ka qenë e rrethuar nga ndjekësit komunistë. Ata, mbasi kanë qëlluar qenin në oborr, kanë hyrë në shtëpinë tonë dhe menjëherë më kanë kapur mua dhe të gjithë antarët e tjerë të familjes.

Më kanë pyetur, se ku është prifti? Unë u thashë, se këtu nuk kemi prift dhe menjëherë kanë nisur të qëllojnë pa mëshirë mbi mua.

Nëna e vëllai, që ishin në dhomën tjetër, mbasi kanë dëgjuar përplasjen e derës së shkelmuar janë habitur. Më pas, kanë thyer derën tjetër dhe kanë arrestuar vëllanë e madh, duke i vënë menjëherë në duar prangat. Ata e kanë pyetur edhe atë, se ku është prifti?

Në këtë mënyrë, kanë filluar të veprojnë, duke kontrolluar tërë shtëpinë, por jo në mënyrë të imët. Kështu, për vëllanë e madh kanë nisur torturat, ndërsa mua më kanë arrestuar, duke më lënë në pyll, kurse nënën e kanë lënë në shtëpi.

Komandanti partizan i ndjekjes, i pohoi me gojën e vet Kryetarit të Këshillit të katundit tonë, se atë Anton Harapi është i paditur (spiunuar) dhe se nuk shkojmë në Shkoder pa e gjetur atë kudo që të jetë futur. Kështu ata kërkonin, që të na detyronin të flisnim ne, mbasi Frati ishte i paditur prej dikujt tjetër.

Unë e kam nxjerrë priftin në një pyll, por pasi mua më arrestojnë, siç tregova më lart, frati gjatë rrugës më tha: "E kam llogarit kur kam ardh ktu".

Kemi shkuar në pyll dhe ata e kanë marrë meshtarin dhe e kanë hypur në një mushk dhe në një mushk tjetër kanë hypur Prekën. Kështu sëbashku i kanë çuar deri në kishën e Planit.

Të nesërmen e kanë dërguar në Kodrën e Shën Gjergjit. Me datën 10 kanë ndalur edhe nanën time, Mark Kolën dhe Prek Ndoun (ku të dyve ua morën edhe armët), motrën dhe vëllanë tim. Më pas komunistët nga inati kanë djegur shtëpinë tonë, kanë marrë me vete lop, dhi dhe gjithçka tjetër që gjendej në shtëpinë tonë.

Në hetuesi kemi qëndruar rreth 5 muaj, pra e gjithë familja ime, Kryetari i Këshillit dhe kushëriri ynë, që sëbashku me nënën kanë dalur në gjyq në vjeshtën e vitit 1945.

Pretenca e prokurorit, ka qenë e menjëhershme dhe me dënim kapital, pra me vdekje, kurse vendimi për dy burrat e mësipërm ishte 101 vjet burg, ndërsa nëna jonë 60 vjet.

*Françeskani Atë Anton Harapi, hetuesinë speciale e ka bërë në Tiranë. Atë e kanë pyetur për armët, se ku i ka fshehur e Atë Antoni, mënjeherë është përgjigjur, duke nxjerrë librin e Urat - ve (sikurse quhet sot "Shujtja Shpirtnrore", shënimi im K. K.), ka thënë: "**Këto janë armët e mia…**".*

Portreti i tij fizik, ka qenë ky: i gjatë, i thatë, zeshkan, me ballë të gjërë dhe hundën pak të madhe. Pëlqente shumë të vishej me kostum malësorësh, njësoj sikur kishte lindur mes këtyre malëve të ashpra të Alpeve. Nuk rruhej shpesh.

Ai ka pasur dhomen më vete dhe kënaqej kur prehej i qetë në botën e tij në vetminë ëndrrimtare, duke shkruar shpesh deri në orë të vona nën dritën verbuese të kandilit. Ishte i mërzitur dhe përherë mbante një heshtje.

Ai me sa dukej merzitej për çorrsokakun, ku e kishte futur ideologjia komuniste dhe ateiste vendin e qytetin e tij të dashur Shkodren e vlerave të larta të qytetërimit perëndimor.

Prifti meshën e thoshte shpesh në shtëpi, në prani të njerëzve tanë të familjes. Për më tepër, letërkëmbimin e kryente shtëpia e jonë si nga Kuvendi Françeskan në Shkodër në vendin ku ishim ne dhe anasjelltas…"

Historia e vrasjes së atë Anton Harapit, është sa e dhimbshme, aq edhe e lavdishme. Fratin e shën Françeskut deri në flijim, e këshillojnë që të ikë nga Shqipëria, sikurse bënë shumë njerëz kundërshtarë të rregjimit të diktatorit stalinist Enver Hoxha, që dhunshëm e me mashtrime erdhi në pushtet.

Fakti është, se Frati, këtë këshillë dashamirësie e hodhi poshtë prerazi, duke thënë me krenari: *"Kam punue për Shqipni ballfaqas. Nuk pres shpërblim, por as denimi nuk ka pse m'pret. Bashkatdhetart e dinë fort mir se kurr nuk i trathtova. Me ta vuajta, me ta punova, me ta qindrova, me ta gzova. Me ta edhe do des. Eshtent e mi, n'token e t'parve t'jen testamendi em".*

Në muajt e fundit të jetës së tij, ai u strehua në katundin Kir (Malësia e Mbishkodrës), më parë, duke u shoqëruar nga martiri i nacionit *Lef Nosi* dhe pastaj në katundin Plan, nëpër malet e ashpra të Veriut, në mes të të cilave kishte punuar gjatë viteve, kur ishte meshtar në famulli.

Kështu i ndjekur nga kriminelet e kuq të veshur me ngjyrën e barit dhe një yll në ballë, frati ynë atë Antoni, u strehua nëpër shpellat e maleve, për një kohë të gjatë, duke qendruar me uratë në duar dhe me një bllok ditari me shënime... Befasisht u zbulua... në një shtëpi nga *"pretenza e dhëmbëve"*, që ishin vendosur në një gotë me ujë të pastër ...

Epilogu...

"...kujtoj me nderim e dhimbje të gjithë klerikët shqiptarë katolikë, që njoha gjatë vitëve të vështira të burgjeve dhe kampeve të terrorit komunist. Atje ku janë sot, përkrah Zotit të Madh, që shërbyen me bindje dhe krenari deri në vdekje..." - **Dr. Sami Repishti**[156]

Ai i gjykua e u dënua nga Gjyqi Ushtarak në Tiranë, ku, kryesonte procesin gjyqësor kryetari i saj *Koli Xoxe* e si Prokuror Përgjithshëm ishte *Bedri Spahiu* (të cilët, e pësojnë nga bisha komuniste, që hante këlyshët e vet).[157]

Kjo u realizua në mënyrë të përpiktë, me porosi të drejtpërdrejtë të kryexhelatit kundërshqiptar E. Hoxha, që çdo ditë jetonte mes ekstanzave të urretjës kundër të krishterëve, malësorëve të Veriut e sadizmit përves.

---

[156] Prof.Sami Repishti, **"Shqiptarët katolikë mbeten pararoja e hymjes së shqiptare në Europë"**, (Fjala përshëndetëse në celebrimin e konsekrimit të Kishës Katolike Shqiptare "Zoja e Shkodrës", 25 prill 1999, Hartsdale New York), Revista fetaro-kulturore-informative **"Jeta Katolike"**, Botues: Kisha Katolike *"Zoja e Shkodrës"*, Hartsdale, New York, Prill - Shtator 1999, Viti 4, #14, f. 6-7.

[157] **Bedri Spahiu (1908-1998)**, ishte i zgjedhur në komandën e ushtrisë partizane, në të cilën hartoheshin plane për luftë civile kundër nacionalistëve dhe familjeve intelektuale në Shqipërinë e Jugut e posaçërisht në Gjirokastër. Duke qenë një ndër papagallët më besnik të ideve të çmedura terroriste të pushtave, kur komunistët morën pushtetin, ishte Prokuror i Përgjithshëm i Shqipërisë, mbi të cilin rëndon akuza e krimeve kundër njerëzimit. Në gjyqin special kundër krenave të inteligjencës shqiptare, prokuror ishte ish-miku i tij i ngushtë Koçi Xoxe. Mbas 3 vitësh, në gjyqin e Koçi Xoxes (1917 - 1949), Bedriu ishte prokurori që kërkoi pushkatimin e mikut të tij. Në vijim diktatori paranokaj Enver Hoxha (1908 - 1985), e kalbi në bugje shërbestarin e tij besnik, që kur u lirua nga burgu në deklaratAtë e tij mbas viteve mbajti një qëndrim besnik ndaj ideve absurde të majta.

Ai kishte vënë shuma të mëdha të hollash, për ta kapur të gjallë ose të vrarë pa dalur jashtë Shqipnisë...

Pretenca e gjyqit farsë, ishte kulmi i një komedie poshtëruese dhe fabrikimi të pashoq, të një sistemi që i lindi. Por çudia, nuk soset me kaq.

Dosja e fratit të urtë, është e mbushur fill e mbarim me akuza shpifëse, trillimi i së cilës ishte përgatitur me kohë nga kuzhina ndërnacionale jugosllave e shqiptare, që asnjëherë nuk deshtën nacionin dhe fytyrat e ndritshme të nacionalizmit shqiptar.[158]

Ishte mëngjez i vranët. Binte shi. Në orët e para të datës 14 shkurt 1946, u nxor nga qelia e burgut të vogël, frati fisnik, që me duart e bashkuara në parzëm, me krye të varur dhe sytë gjysmë të mbyllura nga torturat e rënda, ndaj të cilit me intensitet të lartë ishin ushtruar pa ndërprerje nga gardianët xhelatë, qëndronte me stoicizëm, si sfidë, duke thënë Lutjet e fundit, kur e çuan në periferi të Tiranës për ta ekzekutuar...

Frati i përvujtë, por krenar hidhte hapat me kujdes, duke ngritur herë-herë kindet, për të mos u stërpikur nga balta që e rrethonte. Një prej ekzekutorëve barbarë i tha:

" - Mos ki dert, o prift reaksionar, se te balta ke me perfundue!"

Në çast reagoi nga drita shpirti i tij shëmbullor:

*" - **Atje tek shkoj biri im, dua të shkoj i panjollë, siç jam kenë tanë jetën**"*.

Fjala e fundit e patër Anton Harapit para vendimit të pushkatimit: "Fjala jeme e fundit asht kjo: Nuk shembet Shqipnija pse gjykohet per dekë padër Anton Harapi. Gjithashtu, nuk prishet Shqipnija nëse nuk gjykohet per dekë padër Anton Harapi.

Kur përpara 40 vjetëve, në Shkodër u përpiqshim me ba Shqipninë, shumë gjysha na thojshin se "nuk duem Shqipni", por na nuk i kena vue këta n'litar.

Nuk kërkoj zotni Kryetar nji tolerancë: unë, simbas mundit, kam derdhë djersë me ba Shqipninë.

Franca e qytetnueme, qi asht shembulla e Revolucioneve popullore, e

---

[158] Klajd Kapinova, "**I harruari i paharrueshëm: Atë Anton Harapi O.F.M., martir i fesë dhe i shqiptarizmës së kulluar**", Kumtesë shkencore, mbajtur në Akademinë për të Djathtën Shqiptare, *orga*nizuar nga Insituti i Historisë Prishtinë e Diaspora Shqiptare, Hamburg (Germany), 12-13 Qershor 2004. *Shih "E Djathta Shqiptare në Mbrojtje të Shqipërisë Etnike"* (**I**). Atdheu mbi të gjitha. Shtëpia Botuese "**Lumbardhi**", Prizren, 2005, f. 228-267.

gjykoi Petain-in dhe e fali, e kte nuk ja njoftën për të keq, por ja njoften për mirë. Kujtoj se edhe Shqipnija kur gjykon Regjentat, besoj se sikur t'i falin këta, nuk ka me kenë ligësi për Shqipninë, por besoj se ka me kenë mirë.

Unë që kurse kam hy në gojën e ujkut, jam përpjekë me ba mirë e me pështue ndonji jetë prej egersinave. Por me kenë se ishin bisha t'egra, nuk kam mujtë me i zbutë, por prap, me mundin tem kam pështue mjaft.

Mue më shtyni marrija me shkue e me u përpjekë për me lehtësue vuejtjet e disa familjeve dhe kam ba mjaft punë morale.

Gja tjetër nuk kam me thanë: Rrnoftë Shqipnija!"

E njëjta gjë mund të thuhet se ndodhi (por në klimën e braktisjes së plotë i shtynte ditët përbuzjesh e dyshimesh absurde edhe *shën Padër Pio*.

Shenjti, kishte thënë asokohe: *"Mua më mjafton dëshmia e ndërgjegjës së pastër përpara Zotit. Unë mundohem t'a kryej detyrën time, duke i bërë mirë shpirtrave e duke i përlqyer Zotit... kurrë nuk më ka shkuar në mendje hakmarrja. Jam lutur për ata që më akuzojnë e vazhdoj të lutem për ta. Zotit, i jam drejtuar edhe duke iu lutur, që në qoftëse për t'i sjellë në rrugë të mbarë keqdashësit e mi, duhet dënimi me kamxhik, jepmi mua ato goditje, me kusht që ata të shpëtohen!"*[159]

I bekoi vrasësit e tij, i fali për aktin që do të kryenin nën shembullin e Jezu Krishtit. Këtë dëshmi feje të dëshmitarëve martirë, ku asnjë nuk e mohoi fenë, e pasuruan librin e *"Martirologjisë Romane"*, duke i shtuar një faqe të shkëlqyer fesë së Kishës së Shenjtë Katolike në Shqipni.

Ky *Dishepull i përvujtun i shën Françeskut*, që i ka të tretuna eshtnat e tij, nëpër zallishtet e Tirones, i fliste shqiptarëve me këtë vepër të martirizimit për "Fe e Atdhe": *"Po të mos i zeni besë fjalve t'mia, ja tek keni vepren teme për peng sigurie"*.

Studiuesi Mërgim Korça, sërisht kujton ato vite të shkuara, plot dhunë e gjak, gjyqe s tërgjyqe, akuza shpifëse dhe sëfundi sentenca dënimesh pa asnjë logjikë njerëzore. *"E tashti fillon edhe dhembja e madhe tek unë. U dizintegrua vërtetë më në fund ai sistem dhune, rrugën e zbatimit praktik të të cilin e dha ai manjaku mjekërcjap e sy mongoloid (Vladimir Iliçi), që siç e thotë vetë, se me premtimin e lirisë do t'a tund botën.*

Dhe e tundi nga themelet, një pjesë të saj. Për këtë nuk ka as më të voglin

---

[159] Mërgim Korça, **"Baba Rexhebi dhe mistika e Tij Bektashiane. Mbështetja shpirtnore nga Nënë Tereza edhe Padre Pio, Dy Shënjtorëve të Krishtërimit"**, në librin **"Histori të pashkruara"**, Biblioteka **"Kumti"**, Botoi **"Media Enter"**, Tiranë 2005, f. 62-63.

dyshim! Por e trishtë, është se edhe sot, kur të vërtetat duhet të dalin në dritën e diellit, ndikimi i së kaluarës diktatoriale vazhdon dhe e dhunon të vërtetën!

Fatkeqësisht, ajo tundje themelesh, akoma i lëshon hijet e saja, që t'a errësojë historinë! E kjo deri kur? Deri kur, do të vazhdojë e të kujtohet, nëpër tekstet historike Patër Anton Harapi si kuisling!?

Deri kur do të jenë në gjandje kjo kategori tekstesh, me ndikim të fortë mashtrues, t'a ushtrojnë trysninë e tyre aq ndjeshëm, sa që Kisha Katolike të stepet, që emrin e Patër Antonit t'a venë në krye të listës së martirëve të Kishës për t'u kanonizuar?

Unë nuk e ngre zërin tim i prirur nga paragjykimi fetar, përkundrazi. Formacioni im besimtar është mysliman.

Unë do të doja që Kisha Katolike, një herë e përgjithmonë t'a shtronte haptas problemin e gjykimit të figurave si e Patër Anton Harapit, në bazë faktesh edhe dokumentash.

Nuk kam asnjë pretendim, t'a marrë më mbrojtje Patër Antonin.

Ai nuk ka nevojë t'a mbrojë njeri. E vetmja gjë që Ai ka nevojë, është të nxirrën në dritën e Diellit dokumentat, faktet, të vërtetat. Ngelën duke e gjykuar Patër Antonin se ka dalë në një fotografi, duke pritur në takim gjeneralin gjerman Pitstum. E pastaj? Po teksti, se ç'i ka thënë atij gjeneralit në atë takim Patër Antoni, pse nuk shkruehet?

Ai qe takimi, kur Patër Antoni, i kujtoj gjeneralit Fitstum, se marrëveshja me Reichun, ishte që trupat gjermane do t'a kishin territorin shqiptar vetëm si urë kalimi për në Greqi, pa i cënuar dhe pa ndërhyrë në çështjet e brendshme shqiptare! Vetëm 30 fjalë janë këto. Për gjysëm shekulli rresht këto 30 fjalë sanksionuan, veç të tjerave, pavdekshmërinë e qytetarëve izraelitë në territorin shqiptar!

Vetëm në Shqipëri edhe në Danimarkë, falë këmnguljes së Këshillit të Naltë të Regjencës Shqiptare dhe Mbretërisë së Danimarkës, u vendos kjo marrëveshje midis Gjermanisë dhe këtyre dy shteteve sovrane.

E ne mburremi si komb, dhe me plot të drejtë, për fatin e izraelitëve në Shqipëri, ku asnjë prej tyre nuk u cënua. Por një pjesë të kësaj merite e ka edhe Patër Anton Harapi, si pjesëtar i Regjencës, sëbashku me tre kolegë të tjerë antarë të saj."[160]

---

[160] Mërgim Korça, **"Procesi i kanonizimit të disa Martirëve si dhe dy fjalë për Patër Anton Harapin, Martirin e Madh të harruar"**, **"Shkodra"**, E përjavshme kombëtare e pavarur, #143, Viti V, E Mërkurrë, 22 Tetor 2003, f. 4.

Shkrimi origjinal i atë Anton Harapit o.f.m., për ta përkujtuar si patriot të shquar

Ishin çaste nga më të vështirat, që po kalonte Shqipëria. Nga njera anë, vëndi ishte i pushtuar nga forcat gjermane. Nga ana tjetër, lufta vëllavrasëse po merrte përpjesëtime tashmë të pakontrollueshme. Dhe nuk mjaftonte me kaq, por propaganda aq joshëse e partisë komuniste që propagandonte "parrajsën tokësore", i kishte ç'orientuar mëndjet shqiptare, kë më shumë e kë më pak. Në këto kushte i propozohet Patër Anton Harapit të bëhet anëtar i Këshillit të Naltë të Regjencës. Dhe ai, për hir të vëndit pranon, por pranon me një kusht: t'i miratohej emërimi nga Vatikani. Mbas miratimit ai e merr postin dhe mban një fjalim programatik me rastin e betimit të tij përpara parlamentit me 13 janar të 1944-ës.

Ka ardhur koha për të folur me gjuhën e fakteve dhe jo ipoteza e supozime të improvizuara, sikurse ka ndodhur gjithnjë nga historiografia komuniste, përfaqësuesit e së cilës ende sot mendojnë e shkruajnë me gjuhën e sistemit që perendoi. Ndonëse kanë dalë në qarkullim fakte dhe dëshmi të reja, të kundërta me ato që janë keqpërdorur nga të ashtqaujturit historianë, përsëri Frati ynë shihet e trajtohet si "trathtar", "fashist", "kolaboracionist", kur dihet se i tillë ka qenë dhe mbetet dikatori Enver Hoxha, i cili me një urretje latente kërkoi me çdo kusht eleminimin fizik të Klerit Katolik dhe një ndër përfaqësuesve më të denjë dhe të lartë të saj diturakut dhe shqiptarit të kulluar Atë Anton Harapit.

Ndërkohë fundi i Luftës së Dytë Botërore bëri që ajo llavë, që përfshiu Europën Lindore, të rridhte drejtë jugut duke djegur ç'gjente përpara, derisa u nguros në brigjet e Adriatikut si edhe në kufirin tonë jugor me Greqinë. Mjer ata që ishin intelektualë e mjer edhe ata që nuk ishin internacionalistë.

E për Pater Antonin shto këtu edhe: mjer ai që ishte edhe klerik. Historia dihet. Patër Antoni u pushkatua nga diktatura komuniste si tradhëtar i atdheut. Si të tillë diktatura e futi figurën e tij edhe në tekstet e historisë. Pa i dalë zot Patër Antonit si avokatë, le t'i a lemë atij vetë të mbrohet me betimin e tij dhe lexuesi të jetë juría që t'a gjykojë.

Me sa duket shekulli i ri, ku historianët komunistë kanë futur trupin, por jo mendjen e shëndoshë, nuk i lë që të shohin përtej rrymës së tyre të socialrealizmit që krijoi idhulli i tyre Enver Hoxha dhe që e zbatuan me fanatizëm shkrimtarët dhe studiuesit me "vepra dhe "buletine shkencore", që veç të tilla nuk ishin asnjëherë… Për fat të mirë Pader Antoni ka lënë shumë gjëra të shkruara që nuk kanë nevojë për shumë koment, një prej të cilëve është edhe shkrimi që po botojmë të plotë më mënyrë origjinale…

Fjalimi i Patër Anton Harapi O.F.M.

Tash sa kohë publiku shqiptar ka pritë me ndie nji fjalë prej meje. Meg-jithëse parashoh se do të kuptohem keq dhe do të komentohem ndoshta edhe mâ keq, due t'i a çoj në vend dishirin: due t'a thom fjalën t'ême. Por, vall, shka të thom, kurse me fjalë jemi ngi? A kemi kund ndonji punë të mbarë, pse sa për fjalë të bukura nuk jemi ngusht aspak!

1 - Ja, pra, se nji punë e parë u bâ: mbas sa muejësh anarkije, sa të frikëshme aq edhe të rrezikëshme, sot -mirë a keq- kemi nji Këshillë të Naltë, kemi nji Parlament, kemi nji Qeveri, kemi nji auktoritet shqiptar. Këtë vepër dikush e shikon me sy të mirë e dikush me sy të keq, aq sa edhe miq e dashamirë të mij mrrijtën me thanë: Shka i u desht Pater Antonit me i a hy kësaj pune? Këtyne due t'i u përgjegjem, jo si zyrtár, por si mik, jo për të përligjë vehten, por për të ndritun mendimin t'em dhe të tyne.

Më rrenë mendja se nuk ka zog shqiptari që të mendojë se unë e mora këtë barrë për *kulltuk*, për interesë a për ndonji intrigë. Mundet veç me drashtë ndokush mos qe ndonji maní e emja që më shtyni deri këtu.

Edhe unë po u a vërtetoj fjalën dhe po u thom se po: manija e Shqipnis, po, qe ajo që më vuni dilemën: *a me anarkista për të bâ gjak, ase me hjekun dore prej çashtjes kombtare.*

Dhe mbasi shpirti nuk m'a tha të bâj as njenën, as tjetrën, qeshë i shtërnguem të zgjedhi njenën dysh: a të baj nji marrí tue e pranue këtë zyrë, ase të tregoj nji dobësi tue u largue. Vendova mâ mirë *të bâj nji marri*: ase - sikurse thonë ata shqiptarë që duen të ruhen të pastër-desha *të kom-prometohem.*

2 - Ja arsyeja për të cilën pranova të marr pjesë n'auktoritetin shqiptár: *pse nuk mujta t'a shoh Shqipnin n'anarki.*

Në këtë kohë dhe ndër këto rrethana, për né shqiptarët anarkija âsht nji turp dhe nji delikt: po, turp âsht të ngatrrohemi shoq me shoq dhe vetë të krijojmë Babylonin shqiptare, pa qenë të zotët t'i a gjejmë fijen lamshit; delikt âsht në këtë moment kaq kritik për botën mbarë të vejmë për ideal vllavrasjen, përmbysjen e katundevet, humbjen e gjâs dhe shkatrrimin e familjevet. Kësaj i thonë rrokoll më rrokoll! Pra, m'u dhimbt populli e m'u dhimbt Shqipnija.

3 - Maní … E po, si kujton Pater Anton Harapi se ai po e shpëton Shqipnin?! …Jo, zotni! Asnjeni nesh, që kemi marrë zyrën e Këshillit të

Naltë, nuk e kemi pretenzjonin të mbahemi shpëtimtarët e popullit.

Dhe atëhere, pra? ...Shqipnin do t'a shpëtojë Zoti, kurse na i kemi vu vehtes nji misjon: të përpiqemi me të gjitha fuqit për t'a pakësue mjerimin dhe shëmtimin shqiptar.

Na e kemi ndërgjegjen të kjartë se jemi njerëz nevoje, d.m.th. se vetëm nevoja e kohës na ngrehi në këtë shkamb; as nuk kemi fjalë të mdhaja dhe premtime të bukura, por, po mujtëm t'i a lehtësojmë popullit sado pak ata shka vuen, dhe po mujtëm të vejmë nji gur sado të vogël për konsolidimin e çashtjes shqiptare, do të jemi të lumtun.

4 - Përveç këtij misjoni, nji tjetër arsye e fortë më shtyni t'a baj këtë hap: Qaje, Zot, të keqen -thashë me vehte - si mos me u gjetun në Shqipni burra të zotët, që të marrin përgjegjsi publike dhe të flijojnë vehten për kolektivitetin?! Mospranimi i bashkëpunimit në këtë rasë -me e shikue hollë - për mue do të kishte qenë nji *spekulacion*: unë, i grishun botnisht të jap kontributin t'em për çashtjen e kombit dhe për ndihmën e popullit, mâ parë do t'anojshem të ruej kryet dhe prestigjin t'em personal, se sa me rrezigue vehten për çashtjen e përbashkët. Anishka –thashë-Rrnoftë populli edhe pa mue, Rrnoftë Shqipnija!

5 - Edhe komunistavet due t'u a tham nji fjalë, por kjartë e shkurt. Unë jam i bindun se pak janë ata shqiptarë, të cilët vërtet e kuptojnë doktrinën komuniste, por, tashmâ të gjithë po e shohin dhe po e njohin organizatën dhe veprën komuniste në Shqipni. Kjo âsht vërtetë, e kjo don me thânë se gadi të gjithë komunistat shqiptarë veprojnë me krye në thes pa dijtë shka bâjnë dhe për shka veprojnë.

Por, po thonë se e kanë për Shqipni, e vetëm për Shqipni. Unë due t'u besoj, por ky dallim midis doktrinës komuniste dhe veprës komuniste me formën kombtare - sikurse i kam ndigjue unë dhe vetë tue dishmue organizatorët komunista -mue më ban me dyshue për *sinqeritetin e kësaj rryme shqiptare*: Pse, vall, komunistat veshen e ngjeshen me zellin atdhetar, kurse atyne mbi të gjitha u intereson doktrina dhe jo atdheu?

Masat terroristike, mandej, vllavrasja, lidhnija e ngushtë deri në dependencë të plotë prej dorës së huej, dhe përdorimi i çdo mjeti për qëllim, nuk i lânë vend dyshimit. More, me kobure në gjoks nuk bâhet kush as vllá, as shoq, por ja skllav, ja mizuer apo hypokrit. Gjithëmonë tue rrenue, nuk ndërtohet.

Porse, mbas gjase, komunizmi sot ndër ne e ka lânë m'anash doktrinën dhe don të justifikohet me veprën politike atdhetare. Kjo për mue âsht nji kontrast.

Nuk due të bjerri kohë tue polemizue me komuista, vetëm po thom se këtu në Shqipni palla në thes nuk hyn.

Nuk kemi si t'andrrojmë me ngrehë republikën e Platonit, kurse jemi ende në gjendjen primitive; nuk kemi sot si të kapërcejmë n'internacional-izëm kurse ende nuk e kemi formue si duhet ndërgjegjen kombtare.

E pse atyne u âsht mbushë mendja se luftën e fitojnë udhëheqësit e së tretës internacjonale, nuk âsht kjo nji arsye, që na qysh tash t'i a nxjerrim sytë shoqishoqit dhe të krijojmë hekatomba shqiptare.

Pater Anton, ti me atë prizmën t'ande a e shef kund Shqipnin? ... Kështu më shkruente tash së voni nji mik i përzemërt: kështu e dij se më pyet zemra e popullit shqiptar. Ku jemi? Ku vemi?...

Përgjigja duket si të ishte e lehtë, por âsht shumë e vështirë. Lufta bot-nore e shtini ndër gjire të veta rrëmbyese edhe Shqipnin. Kolosët mâ të mdhejt të botës, si -çë mos mbahet mend kurr -po gjuehen shtjelma dhe po vriten shoq me shoq aq rreptas, sa me u dridhun fëmija në zemër të nânës.

Çfarë politike do të ndjekim tash na mizat e vogla për të shpëtue? Kush thotë se i vetmi shpëtim për né, âsht të vehemi me luftue krahas me njenin a me tjetrin vigan, kurse unë mendoj, se e vetëmja rrugë shpëtimi âsht, të ruhemi, mos të marrim ndonji shtjelm andej a këndej, prej njenit a prej tjetrit, dhe të bâhemi të paqenun: të hupim pa shenjë, pa dukë. Ja, në dy fjalë *politika për ne në këtë kohë*: t'a ruejmë vehten moralisht dhe materjalisht sa mâ të bashkuem dhe sa mâ të fuqishëm, gati për çdo eventualitet.

Sa për *politikën e mbrendshme*, unë jam i bindun se gjindemi në nji kaos mendimi dhe në nji kontrast flagrant veprimi; dhe po të vijojmë në këtë rrugë, do t'i a bâjmë vorrin vehtes, do t'i a vejmë kazmën Shqipnis. Ja, edhe se për ç'arsye:

1 - Disorjentimi i ynë në mendim dhe në punë, fill çon në vend planet e anmiqvet, të cilët duen me na pa të humbun. Qe sod: *sa kapadají, aq rryma e aq parti!*

2 - *Demoralizimi i ynë ka vojtë ke s'vé mâ: në njenën anë, aq e kemi humbë besimin në shoqishoqin, sa në mendje të shumkuj âsht hjekë mundësija e altruizmit dhe e mirësis shoqnore. N'anën tjetër na ka ra zemra në bark: gadi të thuejsh e kemi bjerrë ndërgjegjen dhe besimin në vetvehte si kolektivitet;* mandej edhe sot, që për ne âsht jeta a vdekja si komb e si shtet, gjithënji vijojmë në shpinë të Shqipnis, të bâjmë spekulacjone, të krijojmë partí, të ndjekin krahinarizëm, fanatizëm, akraballek, dhe - mâ tepër se kurrgjâ - *t'i hjekim politikë njeni tjetrit.* Shpirti i shqiptarit njitash mâ duket se âsht lodhë përnjimend. Puna

ka vojtë në te, dhe nuk ka tjetër, por njena dysh: a të bashkuem, a të mbaruem.

3 - *Reaksjoni nacionalist*, aq për t'u levdue në moshën e ré, nisi me të vërtetë me nji ideal, por mjerisht *degjeneroi në pasjon*, i cili e verboi aq keqas, sa kemi sy dhe nuk shohim, kemi mendje dhe nuk bindemi se vllavrasja, që dita me ditë po merr përpjestime dhe mënyrë aq të tmerrshme, ajo âsht rrenimi i ynë fizik, moral, ekonomik dhe politik.

T'i nxjerrim syt shoqishoqit, t'i presim veshë e hundë, t'a sakatojmë kambësh e duerësh, t'a dhunojë shqiptari shqiptarin në mënyrën mâ barbare, këta nuk janë zakone shqiptarësh; as nuk âsht ideal e nacjonalizëm, por âsht egërsi, degjenerim, turp dhe faqe e zezë.

Patëm fillue me nji poezi dhe po mbarojmë me nji tragjedi, sa me i u dhimbtë gurit e drunit. Nuk âsht dita sot të likuidojmë fajet e fajtorët; sot na duhet të bâjmë nji punë të vetme: të shpëtojmë kapitalin e parë, që âsht Shqipnija dhe populli. Fajtorët mjaft t'i paralizojmë që mos të jenë të damshëm e mandej nesër do t'i thrrasim me na dhanë arsye.

4 - *Rrymët e soçme* po bâjnë nji gabim të randë: ato *po ndërlikojnë vendin ndër idé dhe ndër punë.* Susheptibiliteti i shumëanshëm na bâni të harrojmë realitetin e punës, çashtjen kombëtare dhe shpëtimin e popullit, edhe jemi kapun fyta-fyt dhe po përleshemi për çashtje formash e reformash dhe ende nuk e dijmë me siguri ku e kemi Shqipnin dhe kryekreje zihemi për formën shtetnore; ende nuk e dijmë si do të përfundojë lufta për Shqipnin t'onë, dhe që me tash duem t'u vejmë reforma shqiptarëvet.

Ja, po mbetemi pa popull, pa fshate, pa troje. Ja, po shpenzojmë mija njerëzish, miljona pasunish, të gjithë kapitalin moral dhe financjar shqiptar! E po për shka?

Jo sigurisht për Shqipni, pse në këtë pikë jemi të gjithë njij mendjeje, por vetëm pse në këtë kohë, e cila âsht kriza e fundit, duem t'imponojmë, kush reformën shoqnore, kush formën shtetnore. Po a të vdekunvet, nji populli të fikun dhe të mbaruem do t'i ndjellim kohën e Arit apo Parrizin Shqiptar?! ...

Mos druej, djalëri; mos u frigoni udhëheqës shqiptarë, idealista, a shka jeni a i thoni vehtes! Zot, shpëtoftë Shqipnija dhe populli, pse unë mâ i pari -ju a dhashë besën e Zotit -do t'a qes kushtrimin dhe do të prij për reformën shoqnore, pse tashma e kanë pa, edhe miopët shqiptarë, se me systemet e deritanishme nuk kemi si të rrojmë mâ në Shqipni. Po nuk na patën mësue dhe çelë sytë tridhetë e sa vjete provash e rrreziqesh, as treqind vjetë të tjera nuk do të munden me na regjë. Veç të shpëtojmë, pse i gjalli ka derman.

5 - Mbas gjithë së keqes, këto janë dame dhe gabime që shihen e dihen, prandej mund të ndiqen e mund të ndreqen. *Unë gjej shka t'admiroj edhe ndër kundërshtarë*: vendimin e prém, sakrificën e qindresën.

Nuk jam me ta as në parim as në metodë, as për shka bâjnë e si bâjnë, por atyne disi mund t'u bâhet hallall mbassi luftojnë për dishka.

Por shka t'u bâjsh gjymsakëvet, abstensjonistëvet, indiferentëvet, shqiptarëve të vdekun në shpirt, të cilët -a prej frige, a prej egoizmi vehtjak që mos t'i qesin trazim vehtes, ku edhe për t'u mbajtun *elitë* dhe *esnafë* në sferën e atyne që nuk duen të përzihen -e kanë vu për nderë e vlerë që mos të deklarohen në kurrnji mënyrë as për qeverí e as për anarkí.

Këta janë parasitët e Shqipnis; për ta pasiviteti dhe negativiteti janë ideal; nuk duen të vehen në rrezik as sa të zit e thonit, por të rrojnë dhe të gëzojnë në shpinën e të tjerëve. **Dobësi mendore! Dobësi morale! Dobësi shoqnore!** *Po qe kush për plumb, patjetër këta kishin me qenë mâ të parët.*

Në luftën e Waterloo-s i qe paraqitun Napoleonit nji kryetar komuneje, i cili, tue e deklaruem vehten asnjanës, mendoi të justifikohej. Vranje, -tha Napoleoni -venje në plumb meniherë, pse anmikut që të del përballë i qoftë falë, por ky që rrin i mëshefun n'apathin e vet, ky âsht mâ i rrezikshëm, pse jo vetëm âsht anmik, por edhe spekulator i dobët.

E mjerisht, shtatëdhetë përqind të shqiptarëvet janë të tillë. Si do t'u bâhet? Çonju të vdekun se na mbytën të gjallët! Çou, Vaso Pashë Shko-drani, e qaj, pse nuk paska qenë për t'u qa Shqipnija atëherë, kur ti me shokët e tú përpiqeshit t'a shpëtojshit prej kthetravet të hueja, por sot, por sot me lotë gjaku do të dertojmë, se shqiptarët me duerët e veta janë tue rrenue kulm e themel:

O moj Shqipní e mjera Shqipní,
Kush të ka qitun me krye në hí ...

Tepër pesimist, patër Anton, kanë për të më thanë shumë zemra që ndiejnë, na me fjalë të tjera paskemi mbarue?!

Jo. Me të vërtetë nuk kemi mbarue. Kemi ende kohë. *Mjaft të duem se mundemi; mjaft mos të përtojmë se dijmë; mjaft t'i vehemi sinqerisht[/b], se me sigurí i a dalim. Ja edhe se si:*

1 - *T'a krijojmë nji fuqí morale në Shqipni.* Edhe në mos gjêjshim nji njeri që sot t'a përvetësojnë të tânë idén, vullnetin dhe përpjekjet e jetës shqiptare, kemi mâ shumë se nji asish, të cilët randojnë moralisht aq, sa me bâ pikën e gravitetit të jetës s'onë kombtare.

Duhet të besojmë në dikend, të besojmë në vitalitetin shqiptar, të besojmë në fuqín e vullnetit t'onë, por të besojmë përnjimend.

Po nuk i besuem vehtes sa duhet, nuk ka pse të besojë kush në né. Lypet t'a rindërtojmë ndërgjegjen t'onë vehtjake dhe kolektive.

2 - T'a krijojmë fuqín shtetnore me nji mobilizim shpirtnuer dhe trupuer të të gjithë shqiptarëvet, me nji dishiplinë të shtërngueshme dhe me nji organizim të vërtetë.

Në kambë, ju oficerat! Shka pritni? Shka droni? Shka shtirateni? A sot a kurr, ju të parët për t'a shpëtue popullin, për t'a shpëtue Shqipnin. Për shka ju rriti, për shka ju mbajti dhe ju pregatiti Shqipnija ne mos për këtë ditë rreziku? Dam për ju me u strukun si pula të lagta sot, që tmera dhe potera vlon anë e kand nëpër viset shqiptare.

Kush përveç jush do të prij në logun e fatosavet? Ky âsht profesjoni i juej, për njikëte ditë jeni betue; sedra juej nuk do të durojë kurrsesi t'u a kalojnë sot varzAtë e grát në vendim, në guxim dhe në sakrificë.

Jam i bindun se me dhatë oficera të venduem, por që kanë qitun cekën të vdesin përnjimend, i a vêjmë bazat organizatës shqiptare.

Ku jeni, ju zyrtarë, që Shqipnís m'i merrni rrogat dhe i prishni punën, dhe jo vetëm punën, por i cënoni edhe ekzistencën? *Ku âsht ndërgjegja, karakteri dhe prestigji i juej? Si u a jep shpirti të merrni rrogat e Shqipnís, kurse ju dhe askush tjetër, çuet popull e Komb me i u dhimbët gurit e drunit?! ...*

Mos më qit arsye as shkaqe, ti zyrtar! *Detyra për detyrë,* ky âsht nderi, kjo âsht vlera e njij zyrtari. Të ka kapun friga se po vdes ûni a pushke? Po ti me atë zemër lepuri dhe atë vepër të pajetë, ti vdekë se vdekë - vdis të paktën në detyrë dhe për detyrë! Po t'a kishte kaq fuqí morale secili zyrtar, ja se u bâ organizata dhe fuqija shtetnore. A nuk e ndjen vehten as për kaq? Hesht, pse ti kështu si e ke bjerrë të drejtën me qenë, e ke bjerrë të drejtën dhe me folë! ... Por ka edhe ndër zyrtarë përjashtime. Ka përnjimend njerëz detyre, por nuk kanë ku me qenë, përse *nji gúr nuk ban múr.*

3 - Të gjitha këto çohen në vend dhe plotsohen me nji fjalë dhe me nji vepër të vetme: *të sakrifikohemi.* Mjaft kemi sakrifikue të tjerët: sot t'i a nisim nga vehtja jone.

Ju atdhetarë, që levdoheni se bâni vdekjen për Shqipni, të jeni të zotët të sakrifikoni pikëpamjet dhe pasjonet, rrymët dhe idét, oportunitetin dhe komoditetin vehtjak, po deshët t'i shpëtojmë rrezikut që na rrin mbi krye.

Këtu i due idealistat, udhëheqësit, intelektualët: *salus rei publicae suprema lex est!* Ky âsht imperativi i ditës për të gjithë ata që ndjejnë përmbrenda si njerëz dhe si shqiptarë.

Shpëtimi i çashtjes së përbashkët âsht bashkimi, por nuk kemi si të bashkohemi deri sa të mbajë sejcili të vetën. *Ase kemi sakrifikue pikëpamjet t'ona, ase do të sakrifikojmë Shqipnin.* Kjo âsht sakrifica shpirtnore e vetëmja për t'i a mrrijtë qëllimit.

Por edhe mos të kujtojë kush - si qe partish, elementash, krahinash -se *e bân Shqipnin hajmalí* apo privativë të vetën, pse Shqipnija âsht nji mollë e tharbët, sa nuk ka burrë që i ngjet dhambët, pa i u píe keqas; jo që shqiptari për nji plesht e djegë jorganin …

Ka, po, në Shqipni vehtje dhe çeta, që për hatër të çashtjes së përbashkët, mbyllin nji sy dhe të dy, dhe bâhen si t'ishin të verbët, shurdhë e të pagojë.

Kultura e shpirtit të tyne i shtyn të sakrifikohen, por jo të bâhen budallej; prandej, sidomos në këtë kohë kaq kritike, do t'i ruhemi fort nji gabimi të damshëm, që u bâ në kohët e kalueme: durimin, karakterin dhe ndërgjegjen e atdhetarëvet vërtèt burra, t'i zamë ligështí dhe mbi te të marrim guxim, pse gjithëshka shkon deri në nji masë, dhe kur vjen shpirti me dalë, atëbotë as ai fatosi nuk din shka bân …

Të pikon zêmra gjak tue pá symptome dhe tue ndigjue ankime të forta mbi sa ndasí dhe vështirësí të mdhaja që deri dje i patëm kujtue të kapërcyeme!…

Kush, mandej, don dhe kërkon prej shqiptarësh prap e mâ gjak, mâ shëmtim, ai don të na shohë të humbun. Për nji miljon e sa njerëz që jemi, kemi derdhë gjak mjaft; nuk kemi shka të japim mâ tepër, veç edhe shpirtin e egzistencën.

Kushtrim, djalëri; kushtrim, burra të pjekun; qytetas e katundarë kushtrim, shqiptarë, të ç'do krahine, të ç'do besimi a shkalle shoqnore!

Lëshoni armët, pashi Zotin, pse mjaft gjak âsht derdhun, mjaft shëmtim âsht bâ, mjaft futa e zezë âsht vû. Ja, se mija dyerësh u mbyllën me ferrë, qinda e qinda votrash mbetën shkret e qyqja po këndon mbi trojet shqiptare.

Ndigjoni gjâmët e nânavet, njehsoni lotët e bijavet shqiptare, shikoni atë hije vdekjeje që âsht shtri mbi familjet t'ona, kundroni se si po humbasim si komb e si shtet dhe, po nuk patët mênde me u kujtue, të keni së paku zêmër me ndie.

Të huej po t'ishim shoq me shoq, do t'i dhimbeshim vetvehtes, e jo mâ vllazën njij gjaku dhe njij gjuhe, miq e dashamirë e shokë, të cilët i bashkon nji shpirt i vetëm, shpirti shqiptar; nji vend, nji zakon, nji interesë dhe nji flamur!

Me ndie si njerëz nuk âsht dobësí, me i u shtrue arsyes nuk âsht ligështí, me lëshue armët e pasjonit dhe armët e krahut -për të ra në godi si bijshin burrat motit - nuk âsht mungesë gjallnije për Shqiptarët e sodit, por âsht vitalitet dhe fuqí morale, që tregon fisnikí, urtí e burrní si të parët na e lanë trashigim.

Sod që jemi më kufí të përmbysemi me t'egër e me të butë, në këtë përmbytje të fundit, për ne nuk do të ketë germanofila, anglofila, italofila; s'ka njerëz të djeshëm e të nesërm, sot do të jemi shqiptarë e vetëm shqiptarë, të zot të çveshemi e të harrojmë gjithshkafen, vetëm e vetëm për të shpëtue komb, shtet e popull.

Urrah të bashkohemi, se mbaruem: Të prâjnë fjalët e arsyetimet. T'a bâjmë monumentin kombëtar: *bashkimin e shqiptarve.*

Frati (Patër Anton Harapi) *nga* Pal Duka (*Patër Danjel Gjeçaj*)

Portreti i këtij martiri dhe intelektuali të veçantë, që u pushkatua në moshën 58-vjeçare nga regjimi i diktaturës komuniste të Tiranës (më datën 20 shkurt 1946) na ofron një françeskan tjetër, që e kishte njohur kur qe i vogël, **atë Daniel Gjeçaj o.f.m.**, në **Parathanjen** e librit të Pater Anton Harapit, "**Andrra e Prêtashit**".[161]

"Hini i vogël në Kolegjën Françeskane mbasi shijoi atê të Jezuitvet, ku la vëllán e vet, Markun, të cilin aq fort e deshti. S'e tërhoqën nishanat, qi për zotsi mësimesh i zbukuruen jelekun nën hijen e Shën Saverit. Desht mâ fort përvujtënit e Fratit pa nám, pa zhurmë. Nuk i u dhimbtën brakeshat e bardha, mâ të bardha se shkumbët e liqenit, as caruqet e kuqe, as fesi i purpurtë me tufë qi i mbulonte shpatullat e vogla. La këto dhe veshi zhgunin e vrashtë, ngjeshi litarin, pranoi kambën zdathë. Mocatarët kolegë të ri, prituen t'a thërrasin me emën të ligjimit. S'ndigjuen t'i sjellen as me emën të dytë të fretnimit. E quejtën përherë. "Shirokë". Ndoq këndimet n'atdhe, nën drejtimin e Fishtës, nga i cili thithi dashtunin për Provinçë, për popull dhe Komb. Pajisi menden dhe fisnikoi zemrën me kulturën meshatarake nën udhëheqen e Fretënve Austrijakë të Tirolit, qi përherë i çmuen Shqiptarët dhe i përkrahën si vëllazën. Atje në Salzburg e Schwaz "Shiroka" muer dijen, fitoi përpikmenin gjermane, qendresën dhe shpirtin françeskan. Kthei Meshatár i shortuem me vrullin e shqiptarit dhe peshimin nordik.

---

[161] At Daniel Gjeçaj o.f.m., "**Parathanjen**" e librit të Pater Anton Harapit o.f.m., "**Andrra e Prêtashit**" Roma, Italia, 1959.

Në trollin fretnuer të Shkodrës u ndeshën dy rrymë: grupi i parë me edukatë boshnjake me Fishtë, Bardh e Gjeçov; grupi i dytë me kulturë austrijake me Prenush, Harap, Rrotë e Gjokë. S'u përpin ndër vedi - si e kanë dokoe lumejt e rrëmbyeshëm - të cilvet u gjasuen në veprim U pëzien përkueshëm në tallaze të përbashkta veprimtarije si valët e këthiellta të Cemit me ujin e Moraçës në Liqenin e Shkodrës.

Vjetin 1910 Gaspri i Loros e i Çiles âsht Atë Anton, Shiroka frat, frati apostull. I lëshojnë në dorë rinín françeskane. U ep mësim fëmijëvet të qytetit të Shkodrës.

Rrethimi i Shkodrës (Tetuer, 1912 - Prill, 1913) e xên në Kuvendin e Arrës së Madhe, m'anë qytetit. Banesa fretnore kthehet në strehim qytetarësh dhe sofër nevojtarësh. Ûja ngushton banorët. Këlkazat mbarohen. Zhduket burdullaku aravet. Koret, purrijt e gjarpnit dhe tharbcat bâhen ushqim i kërkuem. Pak-kushit i del të turbullojë ujët e vluem me krunde. Në gjashtë muejë qendrese mishi i kualve, këthye në stërvina nga topat malazezë dhe heroizmi Hasan-Rizajan, kërkohet si meze.

Fretënt më ketë rasë e me ta atë Antoni, diftohen çmos kurr, Fretën. Aleksandër Manzoni në romanin e vet "Të Fejuemët" shprehet, " Françeskanët janë si deti qi merr ujë prej lumejvet dhe të njajtin ujë u a kthen". Françesku i Assisi-t në vorfëní qi zgjodhi për bashkëshorte jetet, u pat premtue bijvet të vet t'ardhëshëm: "Me nji bukë, nga e cila tri hise ka për t'i hangër bota, nji hise kanë për t'a pasun ndjeksit e mij".

Te dera e kuvendit rrâjshin përditë të vorfën. Merrshin nji kupëz çorbë nga ajo qi Fretënt pregatitshin për vedi. Kazani ishte përherë i njajtë: numri i miqvet ditë më tjetër.

Puna merr hapët dhe ndihma e Françeskajëvet gjikohet propagandë politike. Kishim mbetë pa gjâ - rrëfen mâ vonë Harapi - dhe s'dijshim se si do t'u përgjegjëshim të vorfënvet ne e nesre. Aq mâ pak kuptojshim se shka bluejshin auktoritetet ushtarake për né Bâmë si bâmë dhe atë ditë turbulluem ujët e kazanit me nji grusht miellë dhe kështu kondenuem t'unshëmit. Ndër ta, pa dijenin tonë, paskena pa' pasë edhe dy zyrtarë të huej, të veshun "tevdil". Na, si gjithmonë, bashkë me gjellë dajshim ngushllimin e zemër, epshim, dér ku mujshim, qendresë e uzdajë kristjane.

Në muzgun e natës na troklen dera e kuvendi. Dy të panjoftun na paraqesin papritmas nji dhantí të çuditëshme: dy thasë miell. "Jemi informue - shtojën ata - se Françeskajët s'bâjnë politikë, por e duen popullin dhe u ndihmojnë të vorfënvet. Këjo âsht vepra mâ e madhja humanitare dhe dashtunija e krishtenë". Ishin dy të vobekët hetues të mjesditës para.

Në pranverë të vjetit 1916 malet e Veriut e sidomos Bjeshkët e Dukagjinit i

shkreton kolera. Këputen halët legjendare të Kukelave vigâj. Rrëzohen fatozat e vi-
seve mâ shqiptare. Shuhen familje dhe dalin troje nën vnerin e lëngatës
përbindëshe. Armët e banorëvet malorë jesin shkret ndër kûja dhe grát fisnike në
xhubleta i vjerrin, tepricën, ndër rrêma të thát të lisave mrizorë. Ûja shterrë syt e
njomë të fëmijëvet dhe logjet e burravet e oborret e kullavet e mrizet e gurravet
mbulohen me të dekun. Vetëm rregjistri i Kishës së Shalës shênjon nga Prilli deri
në vjeshtë 575 të vdekun prej koleret.

Atë Antoni, në mâ tëmirën moshë të jetës hin vullndetisht ndër të koleruem.
Harron se lëngata âsht nëgjitse dhe se këjo hapet porsi helmi i gjarpnit në trupin
e njomë t'atij qi e xên. Shpërvjelë zhgunin dhe s'topitet t'u çojë të mbramin ngush-
llim të Fés atyne, të cilt njerzimi e deri të vetët i përbuzshin. Nuk i trembet dekës
as s'e frigon flija e bashkëvëllaut t'Urdhënit, Atë Rrok Vataj-t, qi rrëxohet, 31
vjetësh, në shërbim të koleruemëvet (Këlmend, 4 Gusht 1916).

Théth, Ndërlysaj, Kaprré, Gimaj, Lekaj e Curraj âsht lâma e veprimit veruer
të Harapit. Vetëm kush i njef këto vende mund të gjikojë se sa mundëshme dhe e
hapët qe fusha e apostullimit. Ai vetë kallxon: "Çoheshim ne natë. Nga qela e
Thethit ndiqshem planin e paracaktuem t'udhtimit. Trokllojshem ndër dyerë, gjysë
të çeluna, të kullave e kasollave të gjâs prej kah dilte nji taft trupnesh në zhgatrrim,
jetësh në rektim. Gjamët hove-hove, si t'ardhuna nga nëndheu, më grishëshin të
hijshem mbrendë. Ropt e shpis, endè të paprekun nga sëmundja, përkundra, më
bërtitshin: "O Zotni, për hatër të Zotit, mos e kalò prakun e derës se po përlyhësh!"
S'veshtrojshem shka më thojshin ata. Zoti më kishtë tretë çdo frigë. Nji gëzim qi
s'mund të shprehet, por qi në të tilla rasa provohet, më gufonte në zemër. Buzë qi
nemzi luejshin, zâje qi nemzi ndigjoheshin, krahë të mbytun në prrocka vëneri,
drejtoheshin kah un. "I bekue, mirë se të ka pru Zoti! Vetëm ti në tanë botën nuk
na harron në ketë ças. Ku hin ti, hin Zoti. Deshirojmë të pajtohemi me Lumnin
dhe të rehatojmë shpirtin". Shpesh pak mbrapa më përhiqshin ndër duerë të lum e
të qetët. Ç ngushullim!

Dy muejë shërbimi më kaluen si era, plot mundë, plot ngushllime, plot gëzim.
Rrallë kthejshem të qela qendër - në Thèth - për të pushue. Trupi njimend shlodhej,
por zemra më terhiqte te të sëmundët. Këjo qe koha mâ e bukra e jetës seme - për-
fundonte kallximin Frati".

Vjetin 1918, *Harapin e gjejmë famullitár në Grudë. Ndër banorët e Cemit,*
mjes urtís e burrnís, në grumbullin e virtyteve thjeshtë shqiptare, del në shesh nji
fëtyrë dalluese e kombit: Frati.

Në 1924 *ndërron formë qeverija (24 Dhetuer). Burgjet e qytetit të Shkdrës*
tërnojnë banorë. Dalin nji palë: xevendsohen me tjerë. Ndër ta s'mungon zhguni.
Nën zhgun Atë Palaj, Atë Harapi e tjerë. Edhe këtu buzëqeshun e i qetët si ai

"n'zemër të cilit nuk randojnë punë të liga".

Jemi në vjeshtë të vjetit 1926. *Dukagjini nisë kryengritjen. Bien postat e vendit, dorzohet nënprefektura e Kodër-Shën Gjergj. Pushkatarët dynden si lumi i Kirit mbas shinavet të stinës dhe bienë në Drishtë, pranë kalás së Lekës. Dridhen ledhet e të Dukagjinasit para bijvet të vet t'idhnuem. Ura e Mesit, me harqe venecjane të cilat nuk u dërmoi moti, luhatet shrregull. Merret komanda e Shtojt, Burrnija, qi me luftë âsht strategji e keqe, ndërron fatin e fituesavet. Malsorët thehen. Burra, grá, pleq e fëmijë shtërngohen ndër pranga nga forcat qeveritare. Shën Nëkolli e Krishtlindja i xanë zdeshë, pa votër, pa zjarm, pa berrin e qirin e festës, pa kashatën e gojës.*

Atë Antoni bashkë me sivëllazënt e vet *nisë fushatën e ndihmavet. Trokilon ndër dyerët bujare të Shkodrës e në dyqanet e qytetit. Gjen zemra fisnike. Të burgosunt pajisen me zjarm, me petka e deri me dyllë feste. Qiri trashigimtár u shëndritë të ngujuemvet fëtyrën e zbét dhe u ngjall shpirtin e ngushtuem. Urojnë Shêjtin e fisit, Krishtin e lém, motmotin qi ndërron dhe bekojnë Fratin e vet, qi kurr nuk i harron.*

Në vjetin 1942 *dy bajrakë të Veriut nxêhen keqas për punë kufinit, Shala, atje në Qafën e Tëthores, shtyn gurin shefitár të bjeshkës n'anë prej Bogës dhe ngrehë, kundra vullndesës së mbramëvet, elterin e kryqit. Fisi i Kelmendit preket dhe, në fuqi të Kanunit të Malevet, kërkon arsye. Mbëlidhen në kuvend burrat e dy´ anëvet. Përpiqen, rropaten, s'kursejnë urtí as squetsí kompromisi. Gjithshkafja kot. I Shaljani e kishte bâ menden okë t'i a fitonte fisit të vet tokën me gjak. Zhgulen gurët, piramide, shèjte Kanunit. Hiqet Kryqi natën. Zemrat pezmatohen. Rrâjnë bajraktarë në zâ për t'a ndreqë çashtjen: Kolë Ndou i Shalës e Lulash Gjeloshi i Shoshit.Ullet në pleqní Djomendi i Malevet dukagjine, Mark Sadiku i pari i Djelmënís, me kambë fisi e këshilltarë tjetë, nipa të Pál Dukagjinit. I presin në kuvend burrash Lekët e Malsis së Madhe me Bajraktarë e Vojvodë të Kelmendit kreshnik. Në kvadrin homerik mungon nji fëtyrë: Frati, lajmtár paqe e mbrojsë drejtsije. Atë Antoni vrapon nga Shkodra e atje në bjeshkët e vrashta, kufi dy´ malsish, zbutë mënin e të pezmatuemëvet, kryqzon armët e kreshnikëvet dhe u dán pleqnin. Zabiti e then kanunin me forcë, por âsht e jet mâ i vogël se ai; Frati e pezullon ligjin doketár dhe e shndërron atë përse âsht mâ i madh se vetë ligjëdhansi.*

Vjetin 1937, *Harapi largohet nga Shkodra. Shijon për herën e fundit jetën famullitare. Në Bajzë të Kastratit ai shprehë zellin e Meshatarit të ri, peshimin e Fratit të rrahun. Fshati ndërron faqe. Veprimtarija e tij në pak kohë denon ndieshëm analfabetizmin, hjek vese e mëni, shtjen paqë e dashuni. Fëmija e katundit bâhen mësuesa dokesh së mira. Edhe sot Bâzjanët e mbajnë mend atë kohë dhe e cilsojnë si përjudhën e artë të famullis së vet."*

Atë Anton Harapi O.F.M., mes vllezërve të Urdhnit Françeskan në Shkodër.

LINDJA E ANTONIT TË VOGËL, KALVARI FAMILJAR
DHE 51 VJET MESHTARI

Dom Anton Kçira, ka lindur dhe rritur në një mjedis të ri gjakovar, ndonëse mbiemri që ai mban është një fshat malor në Pukë të Shqipërisë nga ku dhe kur kanë ardhur të parët e tij në Kosovë. Ata, qysh herët e lanë vendlindjen, lagjen Nikaj të Kçirës.

Duke hulumtuar me kujdes origjinën e tij, shohim se vllaznia me të cilët ishte ndarë Lazër Deda në Kçirë, thuhet se ato ishin shpërngulur dhe vendosur në Shkodër tek vëllezërit Nikollë e Palokë.

Nikolla, kishte dy djem fisnik, të quajtur Ndoc e Zef, me zeje kujungji (argjendar), ndërsa Paloka ka pasur shumë djem, duke bartur kështu mbiemrin e njohur tashmë Kçira.

Lazri, mendohet se e ka lëshuar Kçirën rreth vitit 1743, kur ende Kçira ishte në embrion formimi si qender banimi ose si katund i vogël malor, me një numër të kufizuar shtëpish, ç'ka vërtetohet nga dokumentet historike dhe relacionet kishtare të kryeipeshkevit të Tivarit imzot Pjetër Bogdanit, të cilat gjerësisht përshkruajnë me hollësi gjendjen e mjerë të Shqipërisë, në shek. XVII, gjatë kohës së pushtimit barbar islam otoman.

Nga relacionet apo burimet e pasura historike, sociale, politike, administrative, mbi gjendjen e keqe të popullsisë së shtypur dhe të diskriminuar katolike, të cilat, rregullisht i dërgohen Vatikanit asokohe, del se vetë fshati Kçirë nuk kishte më shumë se 18 shtëpi banimi, me gjithsej 158 frymë dhe që të gjithë ishin të krishterë të devotshëm, të ritit katolik.

* * *

Dom Antoni lindi në 1939, në qytetin Gjakovë të Kosovës martire. Ai erdhi në jetë në prag të Luftës Dytë Botërore, ku si shumë fëmijë të tjerë shqiptarë kaloi një fëmijëri shumë të vështirë.

Asokohe mësojmë se familja e tij etnike shqiptare bënte një jetë mesatare ekonomike. Ajo ishte një familje shumë e përparuar katolike gjakovare për kohën, në të cilën gjithmonë kultivohej me traditë dhe krenari dashuria dhe respekti për Atdheun dhe devocioni tradicional fetarë shumë shekullor katolik.

Pashk Kçira, babai i dom Antonit deri me shpërthimin e Luftës II

Botërore ishte ishte kryetar i komunës në Vogovë, duke qenë i nderuar dhe respektuar nga të gjithë vendasit e zones. Ai dallohej për korrektësi, ndergjshmëri, mikpritje, bujari dhe shumë tipare të tjera fisnike etnike tradicionale shqiptare.

Por posti i lartë si drejtues i administratës së zones nuk zgjati shumë, sepse fillimi dhe koha e vështirë e Luftës së Dytë Botërore do t'i merrte haraç shumë të rëndë.

Gjatë fëmijërisë së tij, Antoni i vogël përjetoj vështirësitë e panumërta dhe tmerret e përgjakshme të viktimave të pafajshme, gjatë kohës së Luftës II Botërore.

Për atë kohë të mundishme të fëmijërisë plot tallaze, sot dom Antoni kujton: "*Kur bolshevikët morën pushtetin, isha dëshmitar i persekutimeve më të pamëshirshme të intelektualëve si edhe qytetarëve dhe katundarëve të thjeshtë, që s'pushuan për dekada me radhë sidomos mbi popullin shqiptar.*

Kam përjetuar pamjet më të trishtueshme si fëmijë, kur shikoja me sytë e mi pushkatime gjatë ditës e sidomos kufomat e burrave më të zgjedhur të vendit, që asgjesoheshin natën, shumica pa asnjë lloj gjyqi në brigjet e lumit Erenik.

Ne, madje, falënderonim Zotin që im atë ishte në burg asokohe, se po të ishte në ato ngjarje, sidomos viteve të para të pas Luftës, me siguri do ta kishte gëlltitur (vrarë) në ndonjë nga ato netët e zeza horror, siç ua hëngrën kokën shumë të tjerëve bashkëvendas e bashkëatdhetarë të mi."

Shkollën fillore e filloi në fshatin Brekoc (Gjakovë), në fshatin Moglicë, ku nëna e tij u shpërngul e detyruar nga kushtet ekonomike të dobëta bashkë me katër fëmijët e vegjël, për të siguruar kafshatën e gojës.

Vështirësitë nuk i ndahen gjatë gjithë jetës. Komunistët asokohe i kishin konfiskuar familjes së tyre pa mëshirë të gjithë pasuritë si shtëpinë në Gjakovë ashtu edhe tokën në fshatin Moglicë.

Për Antonin e vogël jeta në këtë fshat pa pasur të siguruar kushtet ele-mentare të jetesës ishte tepër e vështirë. Mjerimi, ishte bashkudhëtare dhe një kafshatë, që s'kaperdihet lehtë në atë periudhë tmerri dhe mjerimi.

Nëna e tij, hoqi shumë keq për t'i ushqyer, veshmbathur dhe shko-lluar në ato kushte shumë të vështira mbijetese ekonomike. Më i madhi nga fëmijët ishte 15 vjeç, ndërsa Antoni vetëm 7 vjeç.

Në atë kohë në fshat nuk kishte mësues dhe shkollë. Me kalimin e viteve gjendja filloi të përmirësohet, mbasi babai Pashk Kçira doli nga burgu. Si përherë komunistët vijonin, të mos e shohin me sy të mirë, duke i përgatitur lloj-lloj kurthesh e intrigash të turpshme, për eleminuar apo për t'a hedhur në greminë familjen e përvuajtur shqiptare Kçira.

Si funksionar i lartë, Pashku për 24 vjet kishte punuar, me ndershmëri, për t'i shërbyer popullit të tij të shumëvuajtur, pa i shkaktuar asnjëherë asnjë njeriu shqetësim dhe as më të voglën padrejtësi.

Pashku, babai i dom Antonit, ishte një burrë i pashëm, elegant nga veshja, serioz, mikpritës, bujar, i dhembshur, fjalëpak, një njeri i rrallë, fetar i devotshëm dhe shumë i gatshëm për sakrifica, ashtu sikurse edhe nëna e tij fisnike Maria, shumë punëtore dhe e përvuajtur.

Edukata atdhetare e fetare, të cilën prindërit i dhanë vazhdimisht Antonit të vogël dhe prirja e tij qysh fëmijë për t'i shërbyer thirrjes së Zotit, bënë që tek ai të lind dëshira e madhe dhe e përjetshme për t'i shërbyer Zotit, gjë e cila u bë realitet shumë vite më vonë…, në rininë e tij.

Gjatë periudhës së kolektivizimit të bujqësisë dhe heqjes së pronës private (sipas modelit bolshevik rus, të kolkozëve dhe solkozëve, shënimi im K.K.), përsëri ia burgosën babanë, sepse ai nuk pranoj asnjëherë të futej në kooperativë.

Pas lirimit të tij të dytë nga burgu, duke parë se bolshevikët marksistë serb dhe shqiptarë, nuk do të na i ndanin kurrë të zezat, ai u shpërngul nga Gjakova në Shkup.

Edhe vendbanimi i ri kishte vështirësit e veta. Në rrethin e ri nuk njih-te njeri. Dom Antoni, kujton: *"Ashtu siç e kishin babanë halë në sy, me siguri se po të kishim vazhduar të jetojmë në Kosovë, bolshëvikët do të na kishin zhdukur, gjatë operacioneve famëkeqe të Rankoviqit në periudhën e mbledhjes së armëve."*

Jeta e re në një mjedis po shqiptar, do të bënte që familja Kçira të njihet gradualisht me miq të rinj. Në Shkup ata krijuan një rreth të ri, me një fjalë iu përshtatën shumë mire kushteve të reja, vendit dhe njerëzve atje.

Pranë gjimnazit "Liria" të Shkupit mbaroi shkollën 8-vjeçare, ndërsa të mesmen në qytetin Pazin (Kroaci) dhe prej ku pastaj u regjistrua, për të vijuar studimet e larta në Fakultetin e Teologjisë, në qytetin Gjakovo të Kroacisë, u diplomua në Teologji në vitin 1967, ku dhe u shugurua për meshtarë.

Ai u caktua meshtar në fshatin Bishtazhin në vitin 1968, në periferi të Gjakovës dhe më pas shkoi t'u shërbej malësorëve të Gucisë, ku qëndroi një vit. Prej andej e caktuan famullitar në fshatin Gllogjan të Pejës, ku për gati 20 vjet i shërbei popullit të tij, duke e ndarë fatin me ta (në të mirë e në të keq) qoftë si meshtarë, ashtu edhe si njeri.

Ndërsa nga shtatori i vtit 1989 e caktuan të shërbej në Detroit të SHBA-së, përsëri midis njerëzve më bujarë e kreshnikë që ka shqiptaria, malë-sorëve nga Malësia e Madhe, të cilët përbejnë shumicën dërmuese të famullisë atje dhe të mbarë komunitetit shqiptar të Michigan-it në SHBA, ku gjendet edhe sot, që është në pension.[162]

Kur dom Antoni u diplomua në Teologji në vititn 1967, familja u shpërngul në Amerikë. Kjo lëvizje e imponuar, u bë për arsye të sigurisë së familjes së tij, për t'a ruajtur nga përndjekjet e vazhdueshme dhe hija bolshevike që e ndiqte hap pas hapi, mbasi familjen Kçira,e konsideronin të rrezikshme për komunizmin. Ata njeri mbas tjetrit u detyruan të emigrojnë në SHBA, ku filluan një jetë të re.[163]

Kështu në fillim shkuan dy vëllezërit e tij dhe më pas babai dhe nëna, të cilët ndërruan jetë në Amerikë.

Mbi historinë më të hollësisht të familjes Kçira mund të mësoni duke lexuarnjë ditar *Memoare (Kujtime)*, të intelektualit të shquar Pashk Kçira, ku me detaje dhe nje stil narrative përshkruhet jeta në Kosovë, duke filluar nga viti 1908 e deri në vitet shtatëdhjetë, kur ai dhe qindra e mijëra bashkëatdhetarë tanë emigrojnë për arsye politike dhe ekonomike në drejtim të Shteteve të Bekuara të Amerikës.

* * *

Jeta dhe zhvillimi i ngjarjeve historike ecën me shpejtësi edhe për familjen e personazhit të studimit tonë dom Antonit.

Sot, në shekullin XXI, në Kosovë janë më shumë se 100 shtëpi, të cilat mbajnë mbiemrin Kçira. Banorët e saj edhe pse ndodheshin 9 kilometra larg Shqipërisë deri në vitin 1990 kanë qenë të privuar të vizitonin tokat e të parëve të tyre.

Për shumë dekada, Shqipëria e jonë e mjerë, nën diktaturën proletare komuniste-socialiste, gjatë viteve 1944-1990, ishte një shtet i izoluar, i mbyllur në vetvete në një sistem absurd, eksperimental komunist dhe ateist.

Pashku, që është babai i meshtarit dom Anton Kçira, ka qenë për vizitë në vitin 1923 në qytetin e Shkodrës, për të parë kushërinjtë e tij, ku është

---

[162] Tomë Mrijaj & Klajd Kapinova, **"Dom Anton Kçira në jubileun e 50 vjetorit të meshtarisë"**, Botime **"VOLAJ"**, Shkodër, 2017.

[163] **"Dom Anton Kçira Ambasador i shqiptarëve në SHBA"**, **"Materiale, kumtesa, dokumente dhe dëshmi, nga Sesioni III i veçantë shkencor i mbajtur më 1 Gusht 2018, në Gjakovë, me temën: "Dom Anton Kçira Ambasador i shqiptarëve në SHBA"**, Botues: "Lumbardhi" Prizren, 2018 dhe Shoqata **"Trojet e Arbërit"**, Prizren, 2018.

takuar dhe ka ruajtur një korrespondencë të rregullt me të gjithë deri sa është mbyllur në mënyrë absurde kufiri me shtetin amë Shqipërinë komuniste, në vitin e zi 1945.

Menjëherë pas shembjes së portave të burgut - shtet, pra hapjes së Shqipërisë drejt botës, meshtari i persekutuar politik gjatë kohës së rregjimit komunist në Shqipëri, i ndjeri **dom Luigj Kçira**, është interesuar për të rigjetur gjurmët e të parëve të tij, të cilët prej kohësh ishin vendosur në Kosovë, dhe për më tepër, mbasi ai kishte marrë vesh se në ShBA dhe më saktë në kishën e shën Palit dhe shën Pjetrit në Detroit (shteti i Michigan), është një meshtar i quajtur dom Anton Kçira.

Babai i tij qysh në vitin 1936 i ka dërguar disa fotografi si kujtim të familjes në adresë të Kçirajve në Shkodër, përfaqësues i së cilit është dom Luigj Kçira, që ka ndërruar jetë shumë vite më pare, në qytetin e Shkodrës. Ai shërbei si famullitar në kishën kathedrale të shën Shtjefnit, në qytetit e lashtë të Shkodrës.[164]

---

[164] Dom Luigj Kçira (1925-2008), ishte një meshtar i përvujtë dhe i devoçëm, që mbeti gjallë pas persekutimit komunist, për të dëshmuar martirizimin e popullit dhe të Kishës katolike, së cilës i shërbeu deri në frymën e fundit, një dëshmitar i kalvarit të Kishës e të popullit shqiptar nën regjimin komunist në Shqipëri. Dom Kçira ishte një meshtar i urtë e devotshëm, nuk u përkul asnjëherë përballë terrorit dhe persekutimit komunist më barbar që ka njohur historia e popullit shqiptar. Mbijetoi nga regjimi komunist në Shqipëri, për t'i shërbyer me besnikëri Ungjillit e Kishës së Krishtit në popullin shqiptar. Ai lindi në vitin 1925 në qytetin e Shkodrës. Mësimet i ndoqi në gjimnazin "Illyricum" të françeskanëve. Në vitin 1945 u arrestua nga regjimi komunist me shumë të rinj të tjerë, të grupit "Bashkimi Shqiptar", me në krye seminaristin Mark Çuni. Mbajti një qëndrim shembullor, duke mbrojtur atë Gjon Faustin e atë Daniel Dajanin, që u akuzuan si organizatorë e frymëzues të grupit. Ja dëshmia e tij: "At Fausti e At Dajani, nuk dijnë kurrgja se unë kam hjellë trakte. Ata mi ka dhanë Mark Çuni e Gjergj Bicaj. Unë i kam lanë në shtëpi të Gjovalin Zezaj, dhe bashkë me té kemi dalë me i shpërnda. Këtë e ka dijtë edhe xhakoni Gjon Shllaku e Zef Kuqi. Tue i shpërnda na ka kapë Kol Shytani e Gjon Prennushi, dhe jemi arrestue atë natë, më 27 nandor 1945. Kush na paditi s'e dij". U dënua nga regjimi komunist me 10 vjet burg. Lirohet më 1955 e më pas shugurohet meshtar nga imzot Ernest Çoba më 24 mars 1963. Meshën e parë e kremton në Kishën e Arrës së Madhe në Shkodër, më 13 mars 1991, vetëm pas rihapjes së kishave në Shqipëri, me rënien e regjimit

Babai i dom Antonit kaloi në amshim, në vitin 1981. Dom Luigji njihte shumë mirë të gjithë fisin Kçira, duke ruajtur për shumë vite lidhjet me meshtarin vëlla në Krishtin, aktivistin e palodhur të komunitetit shqiptaro amerikanë Të Përndershmin dom Anton Kçirën.

Gjatë muajit prill të vitit 1993, meshtari ynë shqiptaro-amerikanë dom Anton Kçira, bën një vizitë në Shkodër, në krye të një delegacioni shqiptaro-amerikanë, që vijnë për të marrë pjesë në vendosjen e hierarkisë kishtare në Shqipëri nga Shkëlqësia e Tij papa Gjon Pali II (Karol Voityla), pas meshës solemne e historike, që u calebrua në katedralën e famshme të Shkodrës, me 25 prill 1993.

Ai bëri vizitën edhe tek trualli i katragjyshërve në Pukë, dhe për nder të tyre edhe me kërkesë të këshillit të kishës atje dhuroi për banorët shuma të mëdha dollarësh, për ndërtimin e shtëpisë së Zotit, që e kishte shkatërruar komunizmi i zi.

Dy vjet më vonë, me 13 tetor të vitit 1995, dom Antoni merr pjesë në përurimin e kishës së re, duke i lënë banorëve shqiptarë një monument të rëndësishëm historik fshatit të të parëve të tij, që shpesh janë munduar me aq sa kanë mundur të bëjnë për vendlindjen e tyre të dashur...

Për 55 vjet me radhë, dom Anton Kçira larg Atdheut përtej Oqeanit Atlantik po kontribuon pa ndëprerë dhe pa u lodhur për fenë dhe besimtarët e tij, që fati e jeta e vështirë në vendlindje i bëri të emigrojnë në SHBA.

Për shumë dekada më parë dhe deri tani, nëse shohim bilancin pozitiv të misionit të tij baritor e atdhetar, del se dom Antoni kontribuoj dhe po jep edhe tani që është në pension gjithçka për kishën, atdheun, besimtarët, gjuhën shqipe, tubimet politike për çlirimin e Kosovës martire (1999 nga trupat e NATO-s, të drejtuar nga SHBA), tubimet me intelektualët për krijimin e qendrave kulturore, ndërtimi i kompleksit të ri brenda ambienteve të kishës për emigrantët etj.

Duke hulumtuar vijueshmërisht, për përgatitjen e këtij studimi modest, del se për dom Anton Kçirën, kanë folur dhe shkruar gjatë 55 vitëve të meshtarisë shumë gazeta, revista, kanale televizive amerikane dhe shqiptare në Kosovë dhe Shqipëri.

---

komunist. Në periudhën pas komunizmit, dom Luigj Kçira ka qenë një nga meshtarët më aktivë në famullinë e Shkodrës, aktivitet të cilin e vazhdoi me shumë devotshmëri e përkushtim deri sa mbylli sytë në moshën 83-vjeçare, më 20 nëntor 2008. Funerali u mbajt më 21 nëntor 2008 në Katedralen e shën Shtjefnit në Shkodër.

Për personalitetin e tij gjithnjë në rritje, kanë ndikuar shumë faktorët si: aktiviteti i dendur pranë kishës katolike në vendlindje dhe diasporë qysh në moshë të re, shkolla e mesme (jeta në seminar) dhe shkolla e lartë (filozofike e teologjike), pasi kryen shërbimin ushtarak, sikurse edhe miqtë e shumë meshtarë bashkëvëllezër në Krishtin, të cilët një pjesë tyre janë bërë gjatë jetës meshtarake si ipeshkvij, kardinalë, në disa vende të Ballkanit e përtej tij.

Dom Antoni këtu në diasporë, gjithnjë ka ruajtur lidhje të ngushta me intelektualët amerikanë dhe shqiptarë, qysh se ka zbritur në tokën e bekuar të SHBA-së, si me: ***Kardinal Adam Maida, Arqipeshkëv Metropolitan i Detroit-it (Michigan),*** *Rochester Hills Mayor Bryan K. Barnett, shkrimtarin dhe studiuesin mons. dr. Zef Oroshin, themeluesi i parë i kishës katolike shqiptare në New York, SHBA, Ismail Kadare,* ***imzot Nikë Prela, imzot Mark Sopi dhe imzot Dodë Gjergji sot ipeshkëv i Kosovës,*** *ish Kryeministri i Kosovës Bujar Bukoshi, shkrimtari Pjetër Arbnori, ish i burgosur politike për 28 vjet dhe kryetar i Parlamentit të Shqipërisë, Arqipeshkëvi i Tivarit sot në pension* ***imzot Zef Gashi, arqipeshkvin imzot Rrok Gjonlleshaj, shkrimtarin imzot Zef Simoni,*** *studiuesin imzot Frano Illia, studiuesin atë Daniel Gjeçaj o.f.m., imzot Rrok Mirditën, imzot Hil Kabashin, dom Pjetër Popaj, mons. dr. Lush Gjergjin, dom Ndue Gjergjin, etj., presidentët e Shqipërisë: dr. Sali Berisha, prof. Rexhep Mejdani, dr. Alfred Moisiu, prof. Bamir Topi; shumë kryeministra të Kosovës dhe Shqipërisë, senatori amerikan Tom Lantos, kongresistët amerikanë: Joseph DioGuardi, Eliot Engel, Sue Kally, etj., Ekrem Bardha Konsull Nderi i Shqipërisë, prof. Anton Qetta, imam Muhamed Lipaj, imam Isa Hoxha, imam Vehbi Ismaili, baba Rexhebi, Anthony Athanas, Harry Bajraktari,* ***studiuesin Tomë Mrijaj,*** *shkrimtarin Hasan Hasani, prof. dr. Mentor Quku, prof. Riza Sadiku, gazetarin dhe studiuesin Klajd Kapinova, prof. Nue Oroshin, prof. Riza Sadiku, Azem Hajdari, prof. Prekë Gjetaj, gazetarin e Zërit të Amerikës Astrit Lulushi, gazetarin Beqir Sina, poetin Agim Shehu, Selim Hasani, Leonora Laçi etj., etj.*

Dihet se Detroit-i është qendra më e madhe e rrjetit të informacionit, që ka Amerika, mbasi shteti është një qendër e madhe industriale për të gjithë Amerikën dhe se këtu fusha e publiçistikës dhe media-s elektronike është marramendëse.

Për t'i ardhur sa më shpejt në ndihmë popullit të tij në Kosovë, që vuante nga plagët e mizorëve serb, ai kërkonte që përmes televizionit amerikan të tregonte se Serbia po zhduk pa të drejtë një komb të lashtë, sa vetë historia e kontinentit të plakur të Evropës.

Familja e dom Antonit, ka kaluar mbi kurrizin e saj shtypje dhe keq-trajtim nga sllavët serbë, komunistët shqiptarë në Kosovë dhe deri tek pro-vokimet e shpeshta të UDB-së në Detroit të SHBA-së.

Ndër të tjera, dom Antoni i kryesuar nga një delegacion shqiptaro amerikan i Detroit-it si: Kisha e shën Palit dhe kisha Zoja e Shkodrës në New York me nëkrye **dom Pjetër Popaj**, u nisën me 13 shtator 1997 në Indi, për të marrë pjesë në varrimin e Nënë Terezës, kësaj humaniste të madhe të të gjithë botës, që me të drejtë bota e thirri Nënë në të gjallë të Saj. Ajo u Lumnue nga Ati i Shenjt sot **shën papa Gjon Pali II** dhe më vonë është shenjtëruar nga papa Francesku I si **shën Tereza e Kalkutës**.

Ai tha meshën e pare në kishën e shën Tomës, duke u lutur shumë për shpirtin e Saj, së bashku me të gjithë shqiptaro- amerikanët e tjerë, duke e ndarëpikëllimin me ata.

I palodhur dhe me dashuri për shqiptarët dhe vendlindjen, kudo gjen-det dom Antoni sot. Përvuajtëria e spikatur, modestia dhe thjeshtësia, janë tipare që i zbulon në fytyrën e tij të qetë.

"Mund të them, se Imzot Kçira, është një burrë i madh e trim. Është një njeri i feshëm e i atdheshëm, pra fetar dhe atdhetar i madh. Imzot Kçira, me jetën dhe veprën e tij, e vazhdon traditën e hershme shqiptare të Pal Engjëllit, Buzukut, Budit, Bardhit, Bogdanit, Gjeçovit, Imzot Nikë Prelës e shumë e shumë burrave të famshëm të kombit tonë. Ai është gjithnjë njeri i pajtimit dhe forcimit të besimit në Zotin. Ai është njeri i madh i kombit tonë. Ndihem krenar, që e kam mik dhe krah të fortë mbështetës në punët e Kosovës, vendit tonë të shtrenjtë."

Janë këto fjalë realiste dhe tepër domethënëse, që Presidenti i pahar-ruar historik, **Gandi i Kosovës, i pavdekshmi dr. Ibrahim Rugova**, i përsëriste shpesh në shenjë nderimi e respekti të madh, që kishte për mikun e tij të idealeve të shenjta kombëtare, klerikun e përsonalitetin e shquar të komunitetit shqiptaro amerikanë, burrin e madh të palodhur të popullit të vet në Amerikë e Kosovë: Të Përndershmin dom Anton Kçirën.

Në analet e historisë së komunitetit shqiptaro-amerikanë dom Anton Kçira, zë një vend nderi dhe të merituar për gjithçka që pa u lodhur ka bërë dhe po kontribuon edhe sot në të mirë të komunitetit edhe pse ka disa vite që ka dalë në pension.

Të gjithë tashmë e dimë, se kisha katolike shqiptare e shën Palit dhe shën Pjetrit në Detroit (Michigan), është më e madhja në botën shqiptare dhe një muze i gjallë historik si pasqyrë e trojeve etnike shqiptare në miniaturë.

Ajo është e mbushur me piktura patriotësh klerikë katolik të kishës sonë të martirizuar gjatë komunizmit të zi.

Dom Antoni, u shërbeu shqiptarëve të Amerikës për disa dekada. Gjurmët e punës së tij, gjenden në zhvillimet e jetës kulturore e fetare të shqiptarëve në mërgim, të cilat duken shumë qartë.

Kisha e shën Palit dhe shën Pjetrit në Rochester Hills, e ndërtuar para 16 vitesh me nismën e meshtarit të palodhur dhe të pamposhtur dom Anton Kçira, me të drejtë mund të thuhet se është vepra e besimtarëve dhe e tij.

Nën drejtimin e meshtarit Kçira, besimtarët e kishës së shën Palit, kanë dhuruar qindra mijëra (mbi 1 milionë dollarë ndihma), gjatë dhe pas luftës, për viktimat në Kosovë, përveç ndihmave për rimëkëmbjen e kishave dhe fesë në Shqipëri, që dolën të shkatërruara nga lufta e ftohtë.

Me ardhjen e dom Antonit në Detroit (MI) të SHBA-së, pa humbur kohë filloj misionin e vështirë të pajtimit të shqiptarëve në famulli dhe rizgjoi një interesim më tëmadh për kombin.

Filluan të bashkohen rreth tij të gjithë. Në vitin 1990, një grup atdhetarësh të frymëzuar nga dhimbja, u morën vesh me dom Antonin se si të përhapnin një kushtrim në popull që të mund të ndihmojnë direkt popullin në Kosovë, që po vuante nga rregjimi serbo-sllav.

Tubimi u mbajt më 16 dhjetor 1990, në sallën e kishës, ku ishin të pranishëm afër 150 vetë dhe mbas disa fjalëve zemre për Atdheun dhe vëllezërit tanë në Kosovë, pa dallim feje, të pranishmit e përshëndetën dhe mbështetën financiarisht aksionin humanitar me duatrokitje frenetike dhe brenda një ore u grumbulluan $37.000. Ky aksion vazhdoi dhe në pak ditë u mblodhën $62.400.

Dom Antoni kujton: "*Na u desh të presim deri në maj të vitit 1991, kur Shoqata Nënë Tereza, hapi llogarinë e vet rrjedhëse në Zvicër, ku ne i dërguam dollarët.*

Unë jam shumë mirënjohës dhe krenar me famullinë e shën Palit, pjesëtarët e së cilës janë besimtarë nga Malësia.

Këtyre u shkon nderi dhe lavdia, sepse ishin këto që e propozuan dhe filluan menjëherë aksionin pa iu dhimbsur asgjë askujt.

Ka patur nga individë dhe familje që kanë dhënë paratë e fundit. Këtyre njerëzve nuk ka mundur t'ua kaloj askush për bujari dhe mikpritje.

Këtu shihet se sa atdhetarë janë. Asnjë prej tyre nuk ka pyetur se ku shkojnë këto të holla. Aq më tepër, kosovarët duhet të turpërohen para kësaj vepre të malësorëve zemër fisnik, që unë e quaj gjithnjë madhështore.

Provat e kësaj bujarie ekzistojnë. Le të jetë kjo si një vrejtje vëllazërore për ne kosovarët. Nëse e pyesim ndërgjegjën tonë, përgjigja do të jetë: kosovarët vetë s'kanë bërë sa duhet për vendin e vet, Kosovën tonë të dashur.

Malësorët, janë dalluar edhe në demostratat për Kosovën, ashtu sikurse edhe për demostratat për demokracinë në Shqipëri.

Nuk dua të them se kosovarët nuk kanë bërë asgjë, por pjesëmarrja e tyre është dashur dhe duhet te jetë shumë masive dhe aktive.

Kosovarët, nuk duhet të presin prej të tjerëve që të çlirohen. Përveç kësaj fushate, kemi organizuar edhe një tjetër. Kjo është për ndërtimin e objekteve fetare në Shqipëri.

Me ardhjen në SHBA të meshtarit të përvuajtur në burgjet e egra të rregjimit komunist të dom Simon Jubanit dhe gjatë vizitës në kishën e shën Palit, ku vetëm gjatë natës së parë u mblodhën $85.000.

Ky aksion ka vazhduar edhe të nesërmen në meshë në të dy famullitë, ku ka arritur shumë $157.800. Një gjë e tillë nuk ka mundur as të paramendohet.

Por këto njerëz kanë dhënë gjithmonë kur ka qenë fjala për shqiptarët në atdhe, si për shkolla, rrugë, objekte humanitare.

Llogaritet sipas disa shënimeve jo zyrtare, se gjatë këtyre 20 viteve të fundit, kanë dërguar në vendlindje mbi 1,200.000 dollarë, pa llogaritur ndihmat private, që ka mundur secili të dërgoj për familjen e tij."

Gjurmë të pastra atdhetdashurie të veprimtarisë përkushtuese fetare e kombëtare të dom Anton Kçirës, janë gjithashtu përmendoret e Heroit Kombëtar Gjergj Gjon Kastriotit dhe shën Nënë Terezës, në hyrje të oborrit të kishës.

Këto punime individuale të skulptorëve të njohur Kreshnik Xhiku e Vasiljev Nini, me madhështinë dhe stilin e tyre, mbajnë gjallë kujtesën historike shqiptare në dhe të huaj.

Ato përçojnë vlerat e një kombi, veçanërisht, kur tërheqin vemendjen e kalimtarit të panjohur amerikanë, i cili, kur i sheh s'mund të rrijë pa u interesuar e pyetur: **E kujt është kjo kishë e madhe?**

Këto janë konkretizime të nismave largpamëse të dom Anton Kçirës në krye të kishës. Janë gjurmët të ngurtësuara, që ai lë pas, ndërsa largohet për t'u shlodhur. Një drejtues mund t'i udheheqë të gjithë, por nuk mund t'i kenaqë të gjithë. Edhe rruga e dom Antonit në krye të kishës, nuk ka qenë e shtruar, vlerëson me reportazhin e tij gazetari i Zërit të Amerikës *Astrit Lulushi.*

Kushdo nga shqiptaro-amerikanët, që jeton dhe punon në Atdheun tonë të dytë, në Shtetet e Bashkuara të Amerikës, gëzohet kur institucionet fetare, kulturore, patriotike, figurat e shquara të komunitetit tonë dje dhe sot, vlerësohen me mirënjohje të thellë, përmes medaljeve simbolike, për punën dhe jetën e tyre, në shërbim të komunitetit dhe trojeve etnike shqiptare.

Patrioti dhe bariu i mirë i grigjës së vet, ka ndihmuar me strehime dhe ushqime, me mijëra të shpëngulur dardanë, gjatë eksodit biblik drejt shtetit amë (viti 1999), për t'i shpëtuar makinës ushtarake shfarosëse serbe, ku, unë kam qenë dëshmitarë, në shumë qendra të sistemimit të tyre, pranë kishës katolike, në qytetin e Shkodrës.☐

Të gjithë ne, që jetojmë dhe punojmë prej shumë vitësh në Amerikë, e dijmë se pa inisiativën dhe mbështetjen e pakufishme të këtij meshtari të përkushtuar, për Fe e Atdhe në Detroit, qysh nga viti 1989 dhe deri më 2011, nuk do të ishin bërë shumë mitingje, demostrata, grumbullime fondesh për çeshtjen shqiptare të Dardanisë, ndihmen e pakursyer direkte për Shqipërinë, popullin e masakruar martir dardan në vitin 1999, kur dihet, se ky klerik patriot, ka qenë *persona non grata*, për ish Jugosllavinë titiste asokohe, si i perndjekur, për t'a vrarë me gjithë familje.

Dom Antoni, është i vetmi klerik në gjithë historinë mbarëshqiptare, që ka bekuar luftëtarët shqiptarë të lirisë të Batalionit Shqiptaro-Amerikanë të Atlantikut, që po udhëtonin drejt Dardanisë, për lirinë e vendit të tyre.☐

Historia, është mësuesja dhe nëna e pagabueshme, që ka folur dhe do të flas serisht me gjuhën reale të fakteve, për punën e madhe dhe jetën në përkushtim pakufi të kombit dhe fesë, që ka bërë gjithnjë, I Perndershmi me përvujtëri dhe modesti dom Anton Kçira.

Me nismën e këtij misionari dhe shqiptari të madh, erdhi në ShBA për herë të parë monumenti madhështor i Heroit Kombëtar Gjergj Gjon Kastriotit, epoka e të cilit është më e lavdishmja në historinë tonë, është elementi më i qenësishëm i krenarisë sonë kombëtare ndër shekuj.

Të gjithë kombet e qytetëruara në botë, i përjetësojnë figurat e tilla, duke i renditur me respekt në Panteonin e Nderit Kombëtar.

Dom Antonit nga zemra i dëshiroj një pleqëri të bardhë e të lumtur.
(New York, 2018)

DOM ANTON KÇIRA, NJERIU I PAMPOSHTUR
NË DOBI TË KOMBIT SHQIPTAR

Dom Anton Kçira, ka lindur dhe rritur në një mjedis të ri gjakovar, ndonëse mbiemri që ai mban është një fshat malor në Pukë të Shqipërisë nga ku e kur kanë ardhur të parët e tij në Kosovë? Ata që qysh herët e lanë vendlindjen, lagjen Nikaj të Kçirës në Pukë.

Nga burimet që i dërgohen Vatikanit asokohe del se vetë fshati Kçirë nuk kishte më shumë se 18 shtëpi me gjithsej 158 frymë dhe që të gjithë ishin të krishterë të ritit katolik.

Ai lindi në 1939, në Gjakovë. Ai erdhi në jetë në prag të Luftës Dytë Botërore, ku kaloi një fëmijëri shumë të vështirë mes një varfërie ekstreme të kohës si Kosovë dhe Maqedoninë (*sot Maqedonia e Veriut*).

Asokohe familja e tij me tradita shqiptare bënte një jetë mesatare. Ajo ishte një familje shumë e përparuar katolike gjakovare, në të cilën gjithmonë kultivohej dashuria dhe respekti për Atdheun dhe devocioni tradicional fetarë shumë shekullor katolik.

Pashk Kçira, babai i dom Antonit deri me shpërthimin e Luftës II Botërore ishte kryetar i komunës në Vogovë, duke qenë i nderuar dhe respektuar nga të gjithë vendasit e zones. Ai falë kulturës dhe përgatitjes bashkohore asokohe dallohej për korrektësi, ndershmëri, mikpritje, bujari dhe shumë tipare të tjera fisnike etnike shqiptare.

Por posti i lartë i kryetarit, si drejtues i administratës së zonës asokohe nuk zgjati shumë, sepse fillimi dhe koha e vështirë e Luftës së Dytë Botërore do ti merrte haraç shumë të rëndë.

Gjatë fëmijërisë së tij, Antoni i vogël përjetoj vështirësitë e panumërta dhe tmerret e përgjakshme të viktimave të pafajshme, gjatë kohës së Luftës.

Shkollën fillore e filloi në Brekoc, në fshatin Moglicë, ku nëna e tij u shpërngul detyrimisht bashkë me katër fëmijët e vegjël, për të siguruar kafshatën e gojës. Komunistët kryefamiljarit Pashk asokohe ia kishin konfiskuar pa mëshirë të gjithë pasuritë, si: shtëpinë në Gjakovë dhe tokën në fshatin Moglicë.

Për Antonin e vogël jeta në këtë fshat ishte tepër e vështirë. Mjerimi, ishte bashkëudhëtare e jetës plot vuajtje në atë periudhë tmerri.

Nëna e tij fisnike, hoqi shumë keq për ti rritur, ushqyer, veshmbathur dhe shkolluar fëmijët, në ato kushte shumë të vështira mbijetese ekonomike. Më i madhi nga fëmijët ishte 15 vjeç, ndërsa Antoni 7 vjeç.

Në atë kohë në fshat nuk kishte mësues. Me kalimin e viteve gjendja filloi të përmirësohet, mbasi babai Peshk Kçira doli nga burgu. Komunistët vazhdonin, që të mos e shohin me sy të mirë, familjen Kçira, duke i organizuar lloj-lloj kurthesh, për ta hedhur sa më shpejt në greminë familjen Kçira. Pashku për 24 vjet kishte punuar, me ndershmëri, për ti shërbyer popullit të tij të shumëvuajtur, pa i shkaktuar asnjë njeriu shqetësime dhe as më të voglen padrejtësi.

Babai i dom Antonit, ishte i gjatë si lisat e bjeshkëve kreshnike, serioz, mikpritës, bujar, i dhembshur, fjalë pak, një njeri i rrallë, fetar i devotshëm dhe shumë i gatshëm për sakrifica, ashtu sikurse edhe nëna e tij fisnike shumë e përvuajtur.

Edukata atdhetare e fetare, të cilën prindërit i dhanë vazhdimisht Antonit të vogël dhe prirja e tij qysh fëmijë për thirrje të brendshme shpirtërore për Zotin, bënë që tek ai të lind dëshira e madhe për t'i shërbyer Hyjit, gjë e cila u bë realitet shumë vite më vonë, në rininë e tij, kur ai vesh petkat e përkushtimit si meshtar.

Gjatë periudhës së kolektivizimit të bujqësisë dhe heqjes së pronës private (sipas modelit bolshevik rus, të kolkozeve dhe solkozeve, shënimi im K.K.), përsëri dom Antonit ia burgosën babanë, sepse ai nuk pranoj të futej në kooperativën komuniste.

Pas lirimit të tij të dytë, duke parë se komunistët nuk do t'ia ndanin kurrë të zezat familjes Kçira, ai u shpërmgul nga Gjakova në Shkup.

Edhe vendbanimi i ri kishte vështirësit e veta. Në rrethin e ri nuk njihte njeri. Dom Antoni kujton: *"Ashtu siç e kishin babanë halë në sy, me siguri se po të kishim vazhduar të jetojmë në Kosovë, bolshëvikët do të na kishin zhdukur, gjatë operacioneve famëkeqe të Rankoviqit të mbledhjes së armëve."*

Jeta e re, në një mjedis po shqiptar, do të bënte që familja Kçira të njihet me miq të rinj. Në Shkup, ata krijuan një rreth të ri, duke iu përshtatur kushteve të reja, vendit dhe njerëzve atje.

Pranë gjimnazit "Liria" të Shkupit mbaroi shkollën 8-vjeçare, të mesmen dhe prej ku pastaj u regjistrua për të vijuar studimet e larta në Fakultetin e Teologjisë, në qytetin Gjakovo të Sllovenisë. Atje ai u diplomua në Teologji në vitin 1967, ku dhe u shugurua për meshtar.

Ai u caktua meshtar në fshatin Bishtazhin, në periferi të Gjakovës dhe më pas shkoi tu shërbej malësorëve të Gucisë, ku qëndroi një vit. Prej andej e caktuan famullitar në fshatin Gllogjan të Pejës, ku për gati 20 vjet i shërbei popullit të tij, duke e ndarë fatin me ta (në të mirë e në të keq) qoftë si meshtarë, ashtu edhe si njeri i thjeshtë.

Ndërsa nga shtatori i vtit 1989 e caktuan të shërbej në qytetin metropolitan të Detroit-it të shtetit Muchigan në SHBA, përsëri midis njerëzve më bujarë dhe kreshnikë që ka shqiptaria, pikërisht malësorëve fisnik nga Malësia e Madhe, të cilët përbejnë shumicën dërmuese të famullisë atje dhe të mbarë komunitetit shqiptar, ku gjendet edhe sot, që është në pension.

Kur dom Antoni u diplomua në Teologji në vititn 1967, familja u shpërngul në Amerikë. Kjo u bë për arsye të sigurisë së familjes së tij, për ta ruajtur nga përndjekjet e vazhdueshme dhe hija bolshevike, që e ndiqte hap pas hapi familjen Kçira.

Ata e konsideronin familjen Kçira të rrezikshme për komunizmin. Në këtë situate pa shpresë për një jetë normale familja Kçira njeri mbas tjetrit u detyruaan të emigrojnë në SHBA.

Dom Antoni bëri vizitën edhe tek trualli i katragjyshërve në Pukë, dhe për nder të tyre edhe me kërkesë të këshillit të kishës atje dhuroi për banorët shuma të mëdha dollarësh, për ndërtimin e shtëpisë së Zotit, që e kishte shkatërruar komunizmi i zi.

Dy vjet më vonë, me 13 tetor të vitit 1995, dom Antoni merr pjesë në përurimin e kishës së re, duke u lënë banorëve shqiptarë një monument të rëndësishëm historik fshatit të të parëve të tij.

Për 55 vjet me radhë dom Anton Kçira larg Atdheut përtej Oqeanit Atlantik kontriboj pa ndëprerë dhe pa u lodhur për fenë dhe besimtarët e tij, që fati e jeta e vështirë në vendlindje i bëri të emigrojnë në ShBA.

Shumë dekada më parë dhe deri tani, nëse shohim bilancin pozitiv, del se dom Antoni kontriboj dhe po jep edhe tani që është në pension gjithçka për kishën, besimtarët, gjuhën shqipe, tubimet politike për çlirimin e Kosovës martire (1999 nga trupat e NATO-s, të drejtuar nga SHBA), tubimet me intelektualët, për krijimin e qendrave kulturore, ndërtimi i kompleksit të ri brenda ambienteve të kishës së re për emigrantët etj.

Duke hulumtuar për përgatitjen e këtij studimi, del se për dom Anton Kçirën, kanë folur dhe shkruar gjatë 55 vjetëve të meshtarisë shumë gazeta, revista, kanale televizive amerikane dhe shqiptare në Kosovë dhe tash 28 vjet në Shqipëri.

Për personalitetin e tij gjithnjë në rritje, kanë ndikuar shumë faktorët si: aktiviteti i dendur pranë kishës katolike në vendlindje dhe diasporë qysh në moshë të re, shkolla e mesme (jeta në seminar) dhe shkolla e lartë, pasi kryen shërbimin ushtarak, sikurse edhe miqtë e shumë meshtarë bashkëvëllezër në Krishtin, të cilët një pjesë tyre janë bërë gjatë jetës meshtarake si ipeshkvij, kardinal në disa vende të Ballkanit e përtej saj.

Për t'i ardhur sa më shpejt në ndihmë popullit të tij, që vuante nga plagët e mizorëve serb, ai kërkonte që përmes televizionit amerikan të tregonte se Serbia po zhduk pa të drejtë një komb të lashtë sa vetë historia e kontinentit të plakur të Evropës.

Ndër të tjera, dom Antoni i kryesuar nga një delegacion shqiptaro-amerikanë të Detroit-it si: Kisha e shën Palit dhe kisha Zoja e Shkodrës në New York, u nisën me 13 shtator 1997 në Indi, për të marrë pjesë në varrimin e Nënë Terezës, kësaj humaniste të madhe të të gjithë botës, që me të drejtë bota e thirri Nënë dhe sot është shenjtëruar nga papa Francesku si shën Tereza e Kalkutës. Ai tha një meshë dhe u lut shumë për Shenjtneshën me gjak shqiptari, së bashku me të gjithë shqiptaro-amerikanët e tjerë, duke e ndarë pikëllimin së bashku.

I palodhur dhe me dashuri për shqiptarët dhe vendlindjen, kudo gjendet dom Antoni sot. Përvuajtëria e spikatur, modestia dhe thjeshtësia, janë tipare dalluese, që i zbulon në fytyrën e tij të qetë.

Dom Antoni, u shërbeu shqiptarëve të Amerikës për disa dekada. Gjurmët e punës së tij, duken kjartë në zhvillimet e jetës kulturore e fetare të shqiptarëve në mërgimin e largët.

Kisha e shën Palit dhe shën Pjetrit në Rochester Hills (Detroit, MI), e ndërtuar para 16 vitesh me nismën e meshtarit të palodhur dhe të pamposhtur dom Anton Kçira, e cila me të drejtë mund të thuhet se është vepra e besimtarëve bujarë malësorë dhe e tij. Nën drejtimin e meshtarit Kçira, besimtarët e kishës së shën Palit dhe shën Pjetrit, kanë dhuruar qindra mijëra (mbi 1 milionë dollarë ndihma), gjatë dhe pas luftës, për viktimat në Kosovë, përveç ndihmave për rimëkëmbjen e kishave dhe fesë në Shqipëri, që dolën të shkatërruara nga lufta e ftohtë me komunizmin.

Aty në Shtëpinë e Zotit, filluan të bashkohen rreth tij të gjithë. Në vitin 1990, një grup atdhetarësh të frymëzuar nga dhimbja u morën vesh me dom Antonin se si të përhapnin një kushtrim në popull që të mund të ndihmojnë popullin në Kosovë, që po vuante nga regjimi serbo-sllav.

Gjurmë të veprimtarisë përkushtuese fetare e atdhetare të dom Anton Kçirës, janë gjithashtu përmendoret e Gjergj Kastriotit-Skënderbeut dhe shën Nënë Terezës, në hyrje të oborrit të madh të kishës. Ato përçojnë vlerat e një kombi, veçanërisht, kur tërheqin vemendjen e kalimtarit të panjohur, i cili, kur i sheh s'mund të rrijë pa u interesuar e pyetur: E kujt është kjo kishë e madhe? Këto janë konkretizime të nismave largpamëse të dom Anton Kçirës në krye të kishës. Janë gjurmët të ngurtësuara, që ai lë pas, ndërsa largohet për t'u shlodhur në pension.

Një drejtues mund t'i udheheqë të gjithë, por nuk mund t'i kenaqë të gjithë. Edhe rruga e dom Antonit në krye të kishës, nuk ka qenë e shtruar, vlerëson me reportazhin e tij gazetari i Zërit të Amerikës *Astrit Lulushi*.

Patrioti dhe bariu i mirë i grigjës së vet, ka ndihmuar me strehime dhe ushqime, me mijëra të shpëngulur dardanë, gjatë eksodit biblik drejt shtetit amë, për t'i shpëtuar makinës ushtarake shfarosëse serbe, ku, unë kam qenë dëshmitar okular, në shumë qendra të sistemit të tyre, pranë kishës katolike, në qytetin e Shkodrës.

Të gjithë ne, që jetojmë dhe punojmë prej shumë vitësh në Amerikë, e dimë se pa inisiativën dhe mbështetjen e pakufishme të këtij meshtari të përkushtuar, për Fe e Atdhe në Detroit, qysh nga viti 1989 dhe deri më 2011, nuk do të ishin bërë shumë mitingje, demostrata, grumbullime fondesh për çeshtjen shqiptare të Dardanisë, ndihmën e pakursyer direkte për Shqipërinë, popullin e masakruar martir dardan në vitin 1999, kur dihet, se ky klerik patriot, shumë kohë më parë ka qenë *"persona non grata"*, për ish Jugosllavinë titiste, si i perndjekur politikë, për ta vrarë me gjithe familje. Dom Antoni, është i vetmi klerik në gjithë historinë mbarë-shqiptare, që ka bekuar armët dhe luftëtarët e lirisë të *Batalionit Atlantiku*, drejt Dardanisë.

Historia, është mësuesja dhe nëna e pagabueshme, që ka folur dhe do të flas serisht me gjuhën reale të fakteve, për punën e madhe dhe jetën në përkushtim të kombit dhe fesë, që ka bërë gjithnjë, I Perndershmi me përvujtëri dhe modesti dom Anton Kçira.

Me nismën e këtij misionari dhe shqiptari të madh, erdhi në ShBA monumenti madhështor i Heroit Kombëtar Gjergj Kastriotit, epoka e të cilit është më e lavdishmja në historinë tonë, është elementi më i qenë-sishëm i krenarisë sonë kombëtare.

Të gjithë kombet e qytetëruara në botë, i përjetësojnë figura të tilla si dom Anton Kçira, duke i renditur me nderim dhe respekt në xherdanin e yjeve të pashuara, në Panteonin e Nderit Kombëtar.

Falëminderit!

Shënim: Kjo kumtesë e shkurtër e imja, është lexuar nga studiuesja zonjusha Leonora Laçi, në Simpoziumin Trojet e Arbërit, që i zhvilloi punimet në Gjakovë, më 1 Gusht 2018.

Dom Anton Kçira, gjatë një interviste në kishën e shën Palit dhe shën Pjerit në Detroit, MI, dhënë gazetarëve Klajd Kapinova nga New York-u dhe Gaspër Markut nga Shkodra

Promovimi i librit: "Dom Anton Kçira shërbestar i Zotit e i Atdheut", në Qendrën Kulturore Nënë Tereza, pranë kishës katolike shqiptare "Zoja e Shkodrës" në Hartsdale, New York.

Ballina e librit monografik kushtuar dom Anton Kçirës nga bashkautorët Tomë Mrijaj & Klajd Kapinova, Shkodër, 2002..

Ballina e librit dhe pjesa e pasme e monografisë kushtuar dom Anton Kçirës nga bashkautorët Tomë Mrijaj & Klajd Kapinova, New York, 2018.

Portreti i dom Anton Kçirës, i cili ndodhet në ambientet e kishës katolike shqiptare shën Pali dhe shën Pjetri, në Detroit, Michigan, SHBA.

Autori i librit Klajd Kapinova, me meshtarët e komunitetit shqiptaro amerikan, dom Anton Kçira dhe dom Pjetër Popaj, në New York.

ARRESTIMI, HETUESIA, PUSHKATIMI, MARTIRIZIMI DHE LUMNIMI I ABATI TË FUNDIT TË MIRDITËS IMZOT FRANO GJINIT

"Rrnoft Krishti Mbret! Rrnoft feja katolike dhe katolikët në botë! Rrnoft Papa! Gjaku dhe trupi jem mbeten këtu, por shpirti dhe zemra asht te Papa. Rrnoft Shqipnija!" - Këto kanë qenë fjalët e fundit të Abatit të fundit të Mirditës imzot Frano Gjinit, para togës së zezë të pushkatimit komunist, më 11 mars të vitit 1948.

Tashmë **lexuesit do të kenë në dorë një libër historik**, me dokumente dhe arkiva origjinale: *"Martiri i kishës katolike abati i Mirditës imzot Frano Gjini"* (*Në 132-vjetorin e lindjes, 70-vjetorin e pushkatimit dhe 2-vjetorin e shenjtërimit*).

Vepra voluminoze në fjalë, është shkruar mbas hulumtimeve shumë vjeçare në Arkivat Qendrore të Shtetit në Tiranë, nga bashkautorët studiues dhe publiçistë: **shqiptaro amerikani Tomë Mrijaj nga New York-u dhe Leonora Laçi nga Shkodra.**

"...Në rastin e këtij vëllimit i shtohet profilit agiografik të Lumit imzot Frano Gjini edhe ai më shkencor, fryt i kërkimit të autorëve.

Imzot Gjini është një figurë e spikatur e grupit të 38 të Lumëve të shpallur në vitin 2016, njeri i kulturuar, meshtar i zellshëm, bari i zhdërvjelltë i grigjës; hallkë e artë e zinxhirit që ka mbajtur të bashkuar Kishën Katolike në Shqipëri gjatë viteve të para të regjimit, i cili e shkatërroi me dhunë këtë kishë; pikërisht duke shpresuar që duke hequr qafe atë, i gjithë zinxhiri do të kishte humbur forcën e tij tërheqëse.

...Frika e çdo pushteti njerëzor është ajo e kundërshtarëve të tij; prandaj përballet me ta në të njëjtin nivel. Por në rastin e hierarkisë katolike të shkatërruar nga regjimi komunist është bërë gabimi i nënvlerësimit të atij "pushteti", duke e barazuar me atë të cilësdo formë pushteti njerëzor: nuk e dinte diktatori që mbretëria e Krishtit "nuk është e kësaj bote".

Dhe kështu, në përngjasim të Shenjtërve të Pafajshëm, imzot Gjini e gjen Martirizimin për Mbretërinë e Qiellit për përmbushjen e së cilës ka bashkëpunuar përgjatë kalimit të tij në këtë botë. Dhe tani jeton i lumë në lavdi...", shkruan në hyrje të librit në fjalë **Shkelqësia e Tij imzot Angelo Massafra o.f.m.,** Arqipeshkëv Metropolitan Shkodër-Pult.

Ky libër është një përpjekje serioze, për të sjellë para opinionit shqiptar për herë të parë të dhëna arkivore, familjare, dëshmi, faksimile, kujtime, dorëshkrime, letra, proçesverbale etj., duke pasqyruar për herë të parë në këtë libër ngjarje dhe episode historike, për personalitetin e lartë fetar, Abatin e fundit të Mirditës prelatin imzot Frano Gjinin dhe sekretarin e fundit të tij dhe abacisë së Mirditës mons dr. Zef Oroshin (1912-1989), themeluesi i Lidhjes Katholike Shqiptaro Amerikane (15 Qershor 1962) dhe revistës kulturore Jeta Katolike (New York, 1966).

Në ketë mënyrë mons. dr. Oroshi si një mirditor i vendosur çoi në vend amanetin apo testamentin e eprorit të tij, prelatit dhe abatit të Mirditës imzot Frano Gjini, i cili, ia kishte lënë porosi apo në besë këtij burri sypatrembur me tradita e zakone tipike shqiptare, kur e porositi që të hap kisha të reja për popullin apo emigrantët shqiptarë kudo që të jenë, duke dëshmuar se shqiptarët e kanë dashur dhe e duan shumë shembyllityrën e Krishtit të përvuajtur dhe të kryqzuar për ne...

Tashmë, ky libër i pasur me dokumente dhe fakte historike, do të mbetet padyshim një vepër me vlera të pa kontestueshme, për historinë e dhimbshme por edhe krenare dhe të lavdishme të martirizimit të mons. Frano Gjinit, klerit katolik dhe komunitetit të përvuajtur të krishterë të saj.

Prelatët shembullorë dhe krenarë, trima dhe të pamposhtur përballë fortunave komuniste të jetës **prelatët Gjini-Oroshi**, qysh në rini në vendlindjen e tyre kanë bashkëpunuar gjithnjë për famullitë e devotshme katolike të Mirditës, për të mirën e qendrës së saj të famshme historike Oroshin, dhe për të gjithë tokën e katedraleve apo kishën katolike brenda territorit të Abacisë së Mirditës.

Por regjimi i ri nuk mundi të durojë gjatë, nuk mundi të qëndronte pa gënjeshtrat e veta e pa gënjeshtarë në gjithçka. Filloi shumë shpejt përsekutimi, një përsekutim i posaçëm në botë e në historinë e kombit tonë, një masakër fanatike dhe e vazhdueshme 50-vjeçare, për të rrenue gjithshka me vlerë që ishte arrijtë sidomos mbas pavarësisë.

Lufta kundër Kishës e besimit katolik në këtë kohë mund të ndahet në tri faza:

E para, fillon nga vjeti 1945 deri në 1950. Asht ajo e zhdukjes së klerit me burgime e pushkatime, mbas torturave fort çnjerëzore, të zhdukjes së vlerave shpirtnore e kulturore katolike në mbarë Shqipninë, nën udhëheqjen e Partisë Komuniste, drejtue prej Enver Hoxhës, mbështetë në politiken sllave direkt në Shqipni, drejtue prej Titos.☐

E dyta fazë, nisë nga vjeti 1951 deri në 1960 e asht ajo, që na po e quajmë një lloj pakësimi të ashpërsimit të luftës kundër fesë, mbas prishjes së marrëdhanieve me Jugosllavinë.

E treta, mbas prishjes me Bashkimin Sovjetik 1960, por tue mbajtë vijën staliniane, ajo e periudhës kineze, kur do të ngjajnë presione kineze, mbyllja e kishave dhe e të gjitha institucioneve fetare në Shqipni, me revolucionin kultural, deri në 1990, - vlerëson ish drejtori i revistës popullore kulturore fetare shkodrane *"Kumbona e së Dielës"*, **imzot Zef Simoni (1928-2009),** *Ipeshkëv Ndihmës* në Arqipeshkvinë Metropolitane Shkodër, Albania, në librin: *"Persekutimi i Kishës Katolike në Shqipni, nga 1944-1990"*.

Është shumë e vështirë në Shqipëri të gjesh dokumente historike të kohës së diktaturës komuniste dhe në veçanti të klerit katolik, ku ato të mos jenë shkatërruar, manipuluar apo deformuar me paramendim nga origjinali i kohës, kur ato janë kthyer në dokumente me ose pa vlerë historike.

Kjo për faktin, se regjimi komunist ka vepruar në mënyrë sistematike, për t'i manipuluar ato, duke futur dorë dhe rishkruar sipas dëshirës së tyre. Ajo që është interesante është se pjesa më e madhe e shkrimeve apo dëshmive janë dekonspiruar qysh në fillim, duke ia dhënë ato medias e cila si vegël qorre apo ndihmëse e regjimit të egër komunist i ka publikuar gënjeshtrat, me paramendimin se mund të poshtëroj figurat kryesore kundërkomuniste dhe klerin katolik. Të tilla janë shkrimet e turpit të botuara për shumë vite nga gazetat qendrore dhe lokale, si: Zë(h)ri i Popullit, Bashkimi, Puna, Hosteni etj.

Sekretarët e partisë komuniste dhe gazetat e tyre kanë shkruar artikuj denigrues me shpifje dhe trillime nga viti 1948-1952 në pothuajse çdo numër për të dy prelaët e pamposhtur kundërkomunist imzot Frano Gjinin dhe imzot dr. Zef Oroshin.

Ky fakt, tregon se klerikët tanë ndër shekuj kanë qenë të vendosur dhe në një mendje për besnikërinë e treguar gjithnjë ndaj Krishtit, si misionarë të vendosur të Tij, në çdo kohë dhe situatë, që u krijohet nga rrethanat dhe koha; besnik të palëkundur ndaj Selisë së Shenjtë në Vatikan dhe Atit të Shenjtë papës së Romës. Ato të bashkuar, po me ketë dashuri kanë dashur me gjithë zemër Atdheun e tyre të shtrenjtë, Shqipërinë dhe popullin e përvuajtur dhe masakruar shqiptar.

Bilanci historik është fatal për klerin katolik, por është edhe krenar njëkohsisht për kishën, klerin dhe popullin shqiptar, sepse sot kemi shumë shenjtë të kishës universale në botë. Kështu del se të gjithë klerikët katolikë shqiptarë gjatë diktaturës komuniste kanë kryer së bashku 881 vjet burg ose afro 9 shekuj, ndërkohë që të gjithë klerikët kishin kryer së bashku 450 vjet studime në 24 universitete të Evropës.

Nga të gjithë ata që diktatura gjeti gjallë, rezulton se: janë pushkatuar mizorisht 29 klerikë (13%); janë mbytur ndër tortura 29 klerikë (13%); janë burgosur dhe internuar 93 klerikë (41%); kanë kaluar ndër kriza mendore deri në çmendi 6 klerikë (3%); janë detyruar të arratisën ose s'jane lejuar të kthehen në atdhe 35 klerikë (15%); janë përjashtuar nga shërbimi 19 klerikë (8%) dhe kanë vdekur në ankth e dhimbje pjesa e mbetur 15 klerikë (7%).

Kur komunizmi erdhi në Shqipëri përdori me efikasitet teknikat dhe praktikën e dhunës totalitare nga ish Bashkimi Sovjetik, si model origjinal të revolucionit socialist të tetorit të vitit të zi 1917.

Sikurse shihet edhe në librin arkivor, hartuar me shumë kujdes nga bashkautorët **Tomë Mrijaj** & **Leonora Laçi**: *"Martiri i kishës katolike Abati i Mirditës imzot Frano Gjini"* (*Në 132-vjetorin e lindjes, 70-vjetorin e pushkatimit dhe 2-vjetorin e shenjtërimit*), del se vetë *diktatori antikatolik dhe antishqiptar Enver Hoxha (1908-1985)* ishte i bindur se feja i kishte rrënjë të thella, siç dëshmon një letër e shkruar vetë prej tij në vitin 1967, në të cilën i instrukton sekretarët e parë në rrethe të jenë të kujdesshëm, por edhe të pamëshirshëm, sepse *feja ka ndikim të madh në popull.*

Ndër punët e para që bëri Qeveria komuniste me në krye kryeministrin dhe Sekretarin e Përgjithshëm të Partisë Komuniste të Shqipërisë diktatorin Enver Hoxha ishte se krahas organizimit nga organet e Policisë Sekrete ideologjike komuniste, shpalli një vendim urgjent, për paralizimin e menjëhershëm të të gjithë institucioneve të organizimit të klerit katolik.

Këshilli Ministerial (6 mars 1946)

Vendim:

Të mbyllen të gjitha institutet shkollore të çdo natyre dhe të çdo grade të mbajtur dhe të drejtuar prej klerit katolik;

Të mbyllen të dy seminaret, ai françeskan e ai jezuit;

Shpërndarjen e organizatave e shoqërive të ndryshme, si dhe ndalimin e çdo veprimtarie të tyre;

Rekuizimin e gjithë pronës së këtyre organizatave, instituteve dhe shoqërive qoftë të luajtshme ose të paluajtshme;

Konfiskimin e gjithë pasurisë së luajtshme dhe të paluajtshme të Urdhërit jezuit;

Gjithë kjo pronë konsiderohet pronë shteti dhe marrja në dorëzim të bëhet menjëherë;

Gjeneral Enver Hoxha *(firma)*

Në shkurt të vitit 1967, feja u ndalua zyrtarisht dhe Shqipëria në këkë mënyrë u bë vendi i parë dhe i vetëm ateist i botës.

Fjalimi i mbajtur në Minierën e Memalias më 6 shkurt i 1967 nga diktatori Enver Hoxha mbi fenë, solli ateizmin zyrtar në Shqipëri.

Me dekret Nr. 4337, më 19 nëndor 1967: *"Mbi abrogimin e disa dekreteve"*, u shfuqizuan dekretet e viteve 1949-1951, që legalizonin kartat e komuniteteve fetare.

U ndaluan të gjitha ritet fetare e u vendos penalizime për shkelësit. Në vitin 1967, objektet fetare u shndërruen në teatro, palestra, punishte, vatra "kulture" dhe deri banjo publike.

Ndëshkimet e para të klerikëve fillojnë në vitin 1944, kur Hoxha ende nuk e kishte marrë pushtetin plotësisht. Ndëshkimi i diktatorit posaçërisht ndaj klerikëve katolikë i kapërcen caqet e përfytyrimit. Shumë u arrestuan dhe u ekzekutuan.

I pari ndër ta dom Lazër Shantoja në kohë e sipër që komunistët qenë duke ardhur në fuqi. Ekzekutimi i Shantojës u bë me urdhër të drejtpërdrejtë të Enver Hoxhës, siç dëshmon ky kabllogram i nënshkruar prej tij: *"Korpusit 3, Gjykatës Ushtarake Shkodër. Gjegje shkresës numër 5 datë 10 fruer 1945. Aprovohet ndëshkimi me vdekje i Don Lazër Shantojës dhe Sulçe Beg Bushatit.*

Stop.
Na lajmëroni datën e ekzekutimit.
Enver Hoxha".[165]

Kundërklerikalizmi dhe kundërkatoliçizimi i regjimit të diktatorit Enver Hoxhës (nip hoxhe), ishin fryt ose rezultat i përplasjes së rrymave ideologjike dhe traditave të ndryshme.

Nga ana e tjetër, si lëvizje elitash intelektuale, komunizmi i varfër në elitë intelektuale në Shqipëri kishte frikë vetëm rivalitetin dhe konkurencën e fortë të unitetit dhe stoicizmin e kishës dhe katoliçizmit shqiptar, mbasi lëvizje të tjera të mendimit elitar nuk kishte asokohe në vedin tonë.

Nga historia e shekujve të kaluar mësojmë, se katolicizmi si vlerë dhe kulturë e trashëguar brez mbas brezi brenda Atdheut tonë, kishte një traditë pozitive me prova dhe rezultate shumë të mira.

Kisha dhe kleri katolik, për shekuj me radhë ishte dhe mbeti institucioni qëllimmirë më i organizuari dhe mbante të pashkëputura gjithnjë lidhjet e forta shpirtërore, kulturore më të rregullta me civilizimin

---

[165] Blendi Fevziu, Marrë nga libri "Enver Hoxha"

dhe Perëndimin.

Kleri katolik kontributin e vet do t'a vazhdoj edhe në shembjen e komunizmit në Shqipëri dhe Kosovë, ku politika milosheviçiane kishte shuar autonominë e vendit (më 1989), të shoqëruar me persekutime ndaj shqiptarëve. Kjo dhunë mori fund me ndërhyrjen e NATO-s, pikërisht aty ku kishte filluar kriza e Jugosllavisë.

Nga gjithë ajo që u tha më sipër, më plotë gojën mund të thuhet se askush nuk e ka ruajtur autoktoninë tonë ilire-arbërore-shqiptare më shumë se sa kleri ynë dhe krishtërimi.

Dhe së këtejmi, nga ky krishtërim i lashtë e martir dolën edhe dy përfaqësuesit më të mëdhenj të shekullit XX: **Patriku ekumenik mbarë ortodoks, Atenagora I dhe shën Nëna Tereze.**

"Kleri ynë… është duke i vazhduar me sukses arritjet mijëvjeçare të klerit katolikë në këto treva duke ndërtuar edhe Katedralen në Prishtinë kushtuar të Shenjtës Nëna Terëzë, Katedrale kjo që dita ditës është duke e rikthyer Kosovën në Europë, pjesë e së cilës ka qenë gjatë gjithë historisë së saj."[166]

Pas ripushtimit fatkeq të vendit, gjatë viteve 1944-1990 nga shqipfolësit fanatiku Hoxha dhe klika e tij kundërshqiptare edhe pse përdori sistema-tikisht hurin dhe litarin, nuk arriti të vendoste nën kontroll kishën katolike, meqenëse krerët e saj refuzuan të shkëputnin lidhjet me papën, Selinë e Shenjtë në Vatikan.

Komunizmi dhe arrestimi i abat Gjinit, trajton në gjerësi dosjen e plotë të gjyqit të mons. Frano Gjinit, letrat, që ai më pas i dërgon Gjyqit të Lartë Ushtarak në Shkodër në vitin 1948 apo letra, që familjarët e tij i dërgojnë po kësaj Gjykate për faljen e tij, janë element që tregojnë se komunizmi ishte kthyer në një juntë ushtarake, që po hante shqiptarët për së gjalli. Gjyqet ndaj klerit katolik drejtohen dhe kontrollohen deri në fazën e ekzekutimit të tyre me radiograme direkte nga gjeneral Enver Hoxha.

Nga burimet historike, mësohet se Abat Frano Gjini dhe mons. dr. Zef Oroshi, janë dy figura të mëdha të Mirditës, të cilët këto vitet e fundit falë studiuesve po ndriçohen mbi bazën e dokumenteve historike.

Këto prelatë të kishës katolike shqiptare në vendlindje dhe diasporë, për fat të mirë po zbardhen shumë mirë në librin në fjalë, që tashmë kemi në dorë, të shkruar me gjuhën e fakteve dhe dokumenteve të reja nga

---

[166] Dr. Jahja Drançolli, **"Kontributi i Klerit Katolik Shqiptar për "Fe e Atdhe"** (*Ligjëratë e mbajtur në Tribunën Shkencore Ditët e Shën Nënë Tereza, në Zagreb, 17 nëntor 2017.*

bashkautorët Mrijaj-Laçi.

Në ditët kur regjimi komunist po konsolidonte diktaturën e vet ushtarake, në abacinë e Mirditës, sikurse shkruan studiuesi Tomë Mrijaj, një ndër miqët më të ngushtë të meshtarit, zhvillohet një takim shumë i rëndësishëm në Abaci, në mes abatit të Mirditës mons. Frano Gjinit, mons. dr. Zef Oroshit dhe Kapidanit të Mirditës Llesh Gjonmarku, që kishte ardhur nga forcat e rezistencës kundërkomuniste të maleve të Mirditës...

Ai iu drejtua abat Gjinit duke i thënë: "*Abat, unë kam ardh me ju thanë se situata këtu me këto bisha të egra komuniste, që nuk njohin as fe as atdhe, nuk asht e mirë dhe po druj se mos po ju ndodh ndonji e papritun.*

Na me nacionalistët anti komunist të maleve, kemi mundsi që t'ju largojm shendosh e mirë jasht, deri sa t'a çlirojm vendin nga komunistët, na prap ju kthejmë në abaci.

Abat Gjini nuk iu përgjigj pyetjes së Kapidanit, por vetëm si shej falenderimi i buzëqeshi lehtë...

Dhe abati, me një qetësi karakteristike mu drejtue me këto fjalë: "Dom Zef, për Kapidanin edhe vdekja asht fitore. Ky ka vendos të luftoj deri në frymën e fundit. Zoti ju ndihmoftë këtyne trimave të lirisë, që po sakrifikojnë rininë e tyre.

Unë prap i drejtohem abat Gjinit, se Kapidan LLesh Gjonmarku e pat mirë që ju tha të largoheni nga Shqipnia, se komunizmi ka vendos me na vra të tanve.

Por abati i ynë, tha se nuk mendoj të largohem nga Shqipnia dhe që as më takon mue në ketë moshë si zot shtëpie të la Mirditën dhe grigjën vetëm në keto ditë të vështira për të gjithë ne...

Ju duhet të largoheni dom Zef, se komunizmi e ka marrë të gjith vendin dhe po ban krime të përbindshme mbi popullin shqiptar dhe klerin katolik.

Zoti i madh e din se sa ka me zgjat kjo mortaj komuniste në trojet tona.

Ju duhet të largoheni për t'i dëshmue botës krimet, që janë ba në tokën tonë martire.

Detyra e juaj asht që nji ditë të riktheheni në trojet e Arbërit, në Mirditën legjendare, ma të përgatitun, që t'i ndërtoni nga themelet rrënojat, që po ban çdo ditë komunizmi i zi.

Ju duhet me ba presion politik në vendet dhe qeveritë perendimore, ku ju do të jetoni që të rrëzohet komunizmi tek ne. Tregoni botës se shqiptarët nuk e duan këtë regjim gjakpirës bolshevik rus..."

Dhe mons. dr. Zef Oroshi e plotësoi amanetin e lënë nga abat mons. Frano Gjini, shumë dekada më parë në Mirditë, duke ndërtuar kishën e parë katolike shqiptare në SHBA, kishë e cila edhe sot mbas disa dekadave është shtëpia e ngrohtë e madhe atdhetare dhe fetare për të gjithë shqiptaro-amerikanët. Ai, me fuqinë e Zotit, arriti të bëj realitet qëllimin fisnik të misionit të tij.

Mons. Oroshi, tha meshën e parë në natën e Krishtlindjes në vitin 1969, pranë Qendrës Katolike Shqiptaro-Amerikane Zoja e Këshillit të Mirë, sot Zoja e Shkodrës, në Hartsdale New York, në prani të mijëra besimtarëve, pa dallim feje dhe krahine nga të gjithë trojet etnike shqiptare.

Inagurimi zyrtar i Qendrës në fjalë u bë më 12 prill të vitit 1970. Kjo ngjarje e madhe historike (e përcjell me një shkrim special edhe nga gazeta e famshme amerikane The New York Times), shënon fillimin e historisë së jetës së famullisë të Kishës së Parë Katolike Shqiptare në SHBA.

Katoliçizmi, në mënyrë të hapur u godit qysh në vitin 1944 barbarisht dhe pamëshirë si fe përparimtare dhe kulturë e mirëfilltë perëndimore, si parim dhe konkurrencë e fortë e atyre elitave, që regjimi komunist i shihte si kërcënim ndaj hegjemonisë mbisunduese, të cilën si kopje bolshevike dhe më vonë kineze kishte përpiluar të vendoste në vendin tonë.

Tek terrori kundërkatolik i viteve 1945-1948 komunistët e hoxhës së Gjirokastrës u frymëzuan nga praktika e çmendur e luftës klerikale në Jugosllavi asokohe, të cilët në mënyrë të ngjashme po asgjësonin hapur elitat katolike kroate pro italiane etj.

Kësisoj agresiviteti që u tregua ndaj kishës katolike, besimtarëve të devotshëm të saj dhe institucioneve të bashkëlidhura me të duhen parë si rrjedhoj e ateizmit fanatik të komunistëve.

Pas shumë vite pune të pandërprerë kërkimore shkencore, nga e gjithë kjo e dhënë rrënqethëse, Vatikani, duke u bazuar nga faktet dhe dokumentet e shumta historike përzgjodhi mes tyre 38 klerikë, duke i shpallur martirë (më vonë shenjtër të kishës katolike), ku prej të cilëve 28 prej tyre nuk kanë fare varr. Nga këto klerikë të shpallur martirë të kishës katolike dhe më pas të shenjtë, një është gjerman, një polak dhe një italian.

Dëshmitë më rrënqethëse mund ti mësosh shumë duke lexuar me shumë kujdes librin faktografik të bashkautorëve Mrijaj-Laçi, përkushtuar me shumë respekt dhe dashuri abatit të Mirditës imzot Frano Gjini. Ato janë në sinkronikë me dëshmitë dokumentare, shënimet historike dhe dorëshkrimet e botuara nga disa klerikë të mbijetuar të sistemit komunist.

Kështu meshtari *dom Lazer Shantoja (1891-1945)*, pasi hetuesi i preu këmbët me sopatë, e pushkatuan dhe e hodhën në një gropë pa emër; *atë Serafin Koda o.f.m. (1893-19447)*, vdiq pasi hetuesi i futi thonjtë në fyt në kuptimin e vërtetë të fjalës; *Maria Tuci (1928-1950)*, pasi refuzoi të bëhej e dashura e kryetarit të degës së Brendshme të Shkodrës, u torturua duke e futur në një thes të mbyllur bashkë me një mace dhe e qëllonin me shkop; meshtari katolik i ritit bizantin *papa Josif Papamihali (1912-1948)*, u torturua dhe u mbyt në baltën e kënetës së Maliqit; *imzot Jul Bonati (1874-1951)*, u mbyll pa qenë i sëmurë në çmendinë e Durrësit dhe vdiq teksa mjekët bën me të eksperimente si një kavie; *dom Aleksandër Sirdani (1891-1948)*, pasi u tërhoq zvarrë i lidhur pas një kali, u mbyt në një gropë fekalesh (ujëra të zeza).

Dom Lazër Shantoja u pushkatua në prani të nënës së tij plakë, siç dëshmojnë disa prej pjesëtarëve të togës së pushkatimit, të dënuar edhe ata më vonë.

Aq shumë ishte torturuar trupi i tij, saqë e ëma, kur e pa në atë gjendje i kërkoi Mehmet Shehut, që drejtonte hetimin e tij" E paguej unë plumbin që ta pushkatoni tem bir. Nuk mund të shifet prej askuj në atë gjendje". Sipas dëshmive, ajo që e qëlloi ishte një femër.

Edhe pse dom Lazër Shantoja kish qenë i afërt me italianët, historia nuk mbaron këtu. Atë Bernardin Palaj o.f.m., vdiq në burg nga tetanozi që kish marrë prej telit me gjemba me të cilin i mbanin duart të lidhura ditë e natë.

Nga shqyrtimi i dokumenteve ajo që të bën përshtypje është qëndresa e pabesueshme e këtyre shërbëtorëve të Zotit.

Historia e dom Shtjefen Kurtit (1898-1971) *preku rëndë Ronald Reagan-in. Me t'u bërë President i SHBA, ai iu referua së paku në dy raste asaj, si njërës prej historive më të trishta që kishte dëgjuar në jetë."*[167]

E megjithatë të gjithë klerikët katolik shprehën besnikërinë e palëkundur ndaj Jezu Krishtit, papës, Selisë së Shenjtë, në të cilin besonin si atë Gjon Shllaku o.f.m. (1907-1946), etj., që përpara se ta pushkatonin tha: *"Rrrnoft Krishti Mbret! I falim armiqt tanë! Rrnoft Shqipnia edhe pa ne!"*

Poeti i ëmbëlsisë dom Ndre Zadeja, do të paralejmëronte rrezikun e komunizmit të zi, duke porositur që të kenë kujdes rinia e famullisë dhe popullit të tij, ku ai shërbeu për shumë vite deri sa arrestohet: *Dy fjalë i kam sot me ju, sidomos me ju, o të rij. Një re e zezë me një ideologji të kuqe po vjen mbi kokat tuaja. Ajo ka ndërmend të shprazet mbi ju, por atëherë s'keni çfarë t'i bëni, veçse me mbajtë mbi shpinë dhe me duru të këqiat e tij.*[168]

Kleri katolik shqiptar, të gjithë e dimë, ishte i pari e i vetmi në Shqipëri, që i dha dinjitet gjuhës së shkruar shqipe. **Buzuku, Bardhi,**

---

[167] Blendi Fevziu, Marrë nga libri "**Enver Hoxha**" (Enver Hoxha: The Iron Fist or Albania)

[168] Klajd Kapinova, në librin: "**Mes Kryqit e Atdheut**", Shkodër, Shtëpia Botuese "*Camaj-Pipa*", 2002.

Bogdani, Kazazi e të tjerë, janë dëshmuesit e pamohueshëm të kësaj veprimtarie kulturore-letrare, që zgjati plot dy shekuj.

"Kleri tjetër rregulltar paten lane vendin mbas të himit turqvet ndersa françeskanët ndejen. Gjatë katër shekujve bartën me popullsin e vet besnik peshën e rande të salvimeve gati të pashkëputuna."[169]

Por dimë edhe se me Kazazin kjo veprimtari ndërpritet. I dërmuar nga persekutimi, kleri shqiptar vijon të japë më shumë prova martirizimi, sesa shkrimi. Po fara e hedhur nuk humbet e flakëza e ndezur nuk shuhet.

"...duke qenë lidhur me lëvizjen e rezistencës popullore të kohës, veprimtaria e autorëve katolikë të Shqipërisë së Veriut vuri bazat e letërsisë dhe të gjuhës letrare shqipe, duke bërë një hap të rëndësishëm përpara me përdorimin e gjuhës popullore-shqipen."[170]

Pse ne jemi krenarë sot për vlerat e trashëguara të krishtërimit tonë!? Përgjigja vjen e natyrshme dhe përgjigjen e jep vetë nëna histori.

Merita e madhe e krishtërimit ndër shqiptarë, është ndër të tjera tek ndihma e madhe që ka dhënë në lëmin e gjuhës shqipe, historisë, kulturës, artit, etj., zhvillimin e muzikës dhe tjera.

Shqiptarët katolikë, mbetën pararoja e hyrjes shqiptare në Evropë...", vlerë-son **prof. Sami Repishti**, ish i burgosuri politik (1946-1956) në Shqipëri dhe aktivist për të Drejtat e Njeriut në New York.[171]

Sëfundi, klerikët shqiptarë, si apostuj të vërtetë të fesë së Krishtit e të jetës së popullit, lindën, u formuan, jetuan e punuan në vende e institu-cione të ndryshme, me ideale e qëllime të shumta, prapseprapë mbetën bijtë e popullit dhe tokës arbërore.

---

[169] **Dr. Gr. Uhlhorn, "Prej historis kishtare në Shqypni"**, Revista "Hylli i Dritës", 1940, 12. f. 566

[170] *Prof. Aleks Buda,* në librin: **"Shqiptarët dhe Trojet e tyre"**, f.20, Botim i Akademisë Shkencave të RPS të Shqipërisë, Tiranë, 1982.

[171] Prof. Sami Repishti, **"Krishtërimi-pararojë e hyrjes shqiptare në Evropë"**, Revista Jeta Katolike, New York

30 VJET MË PARË IMZOT PJETËR BOGDANI ERDHI NË NEW YORK

U mbushën 30 vjet nga koha kur në Campus Center të Fordham University Bronx, NY (më 7 tetor të vitit 1989), në kujdesin e kishës katolike Zoja e Kshillit t'Mir në New York, u mbajt seminari shkencor, në përkujtim të 300-vjetorit të vdekjes së imzot Pjetër Bogdanit.[172]

---

[172] **Universiteti Fordham (1841)**, është një universitet privat kërkimor jezuit në qytetin e New York-ut. Ai është themeluar në vitin 1841 dhe i emëruar sipas lagjes Fordham që ndodhet në qytetin e Bronksit (Bronx), në të cilin ndodhet kampusi i tij original. **Fordham, gjithashtu është universiteti më i vjetër katolik dhe jezuit në Shtetet e Bashkuara verilindore dhe universiteti i tretë më i vjetër në shtetin e New Jork**. Ai është themeluar si **Kolegji i St.** *(Saint=Shenjt)* dhe qeverisej në mënyrë të pavarur nga kisha katolike që nga viti 1969, ku çdo president i Universitetit Fordham midis viteve 1846 dhe 2022 ishte një prift jezuit dhe kurrikula mbetet e ndikuar nga parimet arsimore jezuite. **Fordham regjistron afërsisht 15,300 studentë nga më shumë se 65 vende të botës,** dhe përbëhet nga dhjetë kolegje përbërëse, katër prej të cilave janë universitare dhe gjashtë prej të cilave janë pasuniversitare, në tre kampuse në shtetin jugor të Nju Jorkut: kampusi Rose Hill në Bronx, kampusi i Lincoln Center në Upper West Side të Manhatan-it dhe kampusi Westchester në West Harrison, N.Y. Përveç këtyre vendndodhjeve, universiteti mban një qendër studimi jashtë vendit në Londër dhe zyra në terren në Spanjë dhe Afrikën e Jugut. **Universiteti ofron diploma në mbi 60 disiplina.** Ekipet atletike të universitetit, Rams, përfshijnë një ekip futbolli që mburrej me një fitore në Sugar Bowl, dy Pro Football Hall of Famers, dy All-Americans, dy All-Stars të Ligës Kanadeze të Futbollit dhe lojtarë të shumtë NFL; Rams gjithashtu morën pjesë në lojën e parë televizive të futbollit të kolegjit në histori në 1939 dhe lojën e parë të historisë së basketbollit të televizionit të kolegjit në 1940. **Të diplomuarit dhe fakultetet e Fordham përfshijnë Presidentin Donald J. Trump,** *senatorë dhe përfaqësues të SHBA-së, katër kardinalë të kishës katolike, disa guvernatorë dhe ambasadorë të SHBA-së, një numër miliarderësh, dy drejtorë të CIA-s, Academy Award dhe Emmy, aktorë fitues, anëtarë të familjes mbretërore,* një kryetar shteti i huaj, një këshilltar i Shtëpisë së Bardhë, një zëvendës shef i shtabit të Ushtrisë Amerikane, një Drejtor i

Gjatë ditës së semnarit historik e kulturor, në nderim të personalitetit të shquar të historisë dhe kulturës shqiptare imzot Bogdanit, u mbajt një rend dite.

Hapja u drejtua nga aktivisti Tonin Mirakaj, kryetar i këshillit të kishës Zoja e Kshillit t'Mir në NY, ndërsa lutja fetare, për kujtimin e shpirtit të prelatit të pavdekshëm mons dr. Zef Oroshit, u bë nga dom Pjetër Popaj.

Më pas të pranishmit, u ngritën në këmbë e nderuan dhe shoqëruan me këngë hymnet kombëtare të Shteteve të Bashkuara të Amerikës dhe Republikës së Shqipërisë, të kënduar me një pathos të veçantë nga ak-tivistët e palodhur të kishës: Fran Shala dhe Miliana Mirakaj.

* * *

Shpesh njerëzit e artit dhe kulturës, qoftë në trojet etnike shqiptare dhe diasporë, ku punojnë dhe jetojnë bashkëkombasit tanë, kur dëgjojnë të flitet e të shkruhet, për një seminar, për një figurë të rëndësishme të his-torisë dhe të kulturës sonë, i shtyn kurioziteti të bëjnë pyetjen: *Si e gjejnë kohën mërgimtarët tanë në Amerikë, të merren me organzimin e Kuvendit, me përmbajtje dhe nivel të lartë shkencor, mbi përkujtimin e figurës shumëplanëshe të imzot Pjetër Bogdanit, i cili ndërroi jetë afërsisht 320 vjet më përpara!?*

E natyrshëm vjen edhe përgjigjia. Komuniteti shqiptar në SHBA, ndonëse i pakët në numër, në disa shtete metropolitane kryesore, është

Përgjithshëm i Postës së SHBA, një Prokuror i Përgjithshëm i SHBA, një Pres-ident i Federatës Federale Reserve Bank of New York, dhe e para femër kan-didate për nënpresidente e një partie të madhe politike në Shtetet e Bashkuara. Më 15 shkurt 1958, *senatori John F. Kennedy mori një diplomë nderi Doktor i Drejtësisë* nga presidenti i universitetit Laurence J. McGinley dhe mbajti një fjalim në drekën vjetore të Shoqatës së Alumnive të Ligjit Ford-ham. Presidenti **Dwight D. Eisenhower ishte në ceremoninë e hapjen e kampusit të Lincoln Center në vitin 1959.** Në vitin 1961, **Prokurori i Përgjithshëm i SHBA-së Robert F. Kennedy** mori një *Diplomë Nderi* dhe mbajti një fjalim në përkushtimin e ndërtesës së re të Shkollës Juridike Ford-ham në Lincoln Center. Shkolla Juridike filloi të pranonte studente femra në vitin 1918. Gratë gjithashtu kishin fituar diploma Fordham në Shkollën Pa-suniversitare të Shërbimit Social dhe Shkollën universitare të Arsimit, në Kampusin e Bashkisë. Mësohet se **Urdhri i Jezuitëve humbi kontrollin e plotë të Fordham-it, bordi i besuar vazhdon t'a mbajë institucionin si një Universitet Jezuit Katolik.**

përpjekur, sipas kushteve dhe rrethanave, mjeteve e burimeve financiare të tubohet, duke formuar klube, organizata, shoqata patriotike, kulturore, krahinore, duke vënë shpesh emertime, që përkojnë me figurat kryesore të historisë së popullit tonë.[173]

Në këtë mënyrë, linden e u zgjeruan aktivitetet me profil shumë-planësh mbi përkujtimin e historisë, figurave, dokeve, zakoneve, traditave, gjuhës, artit, kulturës, muzikës, pikturës etj., që në formë fragmentare u bartën nga kolonët e parë emigrantë shqiptarë, që u vendosën në SHBA.

Breznitë shqiptare këtu, kanë ruajtur shumë nga tradita e të parëve të tyre, por sigurisht në masë të pakët, mbasi Amerika qindramilionësh vazhdimisht bluan me zhvillimin e integrimin e saj të vrullshëm kulturat e popujve të mëdhenj e të vegjël, të cilët bëjnë sakrifica të mëdha për t'i mbijetuar asimilimit të pashmangshëm.

Duhet thënë se rolin kryesor të mbijetesës, në komunitetin e vogël het-erogjen (nga të gjithë trojet etnike) shqiptarë në Amerikë (para vitit 1990 të shekullit XX), e kanë luajtur qendrat fetare të komunitetit, ku në mënyrë të veçantë spikat me efektivitet origjinal atdhetar kisha katolike në New York.

Që prej 16 qershorit 1962, kur themelohet Lidhja Katolike Shqiptare Amerikane (**The Albanian American Catholic League**) në St. Cyril's Slovenian Catholic Church, 62 St. Mark's Place, New York, është bërë tra-ditë ecja në gjurmët e paraardhësve shumëshekullore të prelatëve dhe shoqërive të ndryshme fetare, kulturore e patriotike të vendlindjes, të mba-hen gjallë e të pasurohen më tej vlerat tona kulturore…

Si lindi ideja dhe suksesi?

Ideja qëllim mirë, për të përkujtuar dhe nderuar personalitetin e madh të shek. XVII, imzot Pjetër Bogdanin dhe veprën e tij, u paraqit në fillim, në mbledhjen, që mbajti këshillit i kishës katolike Zoja e Këshillit të Mirë në Bronx, NY (në muajin dhetor të vitit 1988), nga aktivisti *Gjek Gjonlekaj*, aktivist i njohur në komunitetin katolik dhe njëherazi ish gazetar i Radios Zërit të Amerikës, administratori i kishës, **dom Rrok Mirdita** dhe krejt këshilli i kishës, përmes kryetarit të saj Tonin Mirakaj e miratoi njëzëri idenë e mirëseardhur.

---

[173] Redaksia, "**Imzot Pjetër Bogdani në New York**", "*Dielli*", March 2010, page 18.

Që nga ai moment i gëzueshëm, u vendos bashkërisht, që në mbledhjen e parë në Vitin e Ri 1989 të zgjidhet një komision, që të fillojë përgatitjet e nevojshme, të caktojë pikat e projektit të rëndësishëm, duke përfshirë me saktësi e detaje kohën, vendin si dhe të vendoset se kush do të jenë ligjëruesit shkenctarë, në fushën e studimeve të letrave shqipe dhe albanologë të shquar, që do të kumtojnë më temat e tyre për rastin solemn të përkujtimit të arqipeshkvit shqiptar.

Për organizimin puna filloi pa humbur kohë. Ishte një ide dhe punë serioze, që kërkonte shumë mund, kohë, durim, shpenzime monetare etj., tashmë kishte filluar të bëhet realitet, falë angazhimit serioz të këshillit të kishës, përmes kryetarit dhe stafit, që e shoqëronte atë.

Kështu me 12 shkurt 1989, Këshilli i Kishës, zgjodhi komisionin përgatitës të seminarit, të përbërë prej zotërinjve: *Tonin Mirakaj kryetar dhe antarët e nderuar: Gjek Gjonlekaj, Preç Koçaj, Ndoc Shkreli, Pretash Curanaj, Gjelosh Rukaj, Aleks Mirdita, Simon Simolacaj, Fran Shala.*

Më 24 maj 1989, në ambientet e kishës shqiptare, grupi i punës përgatitore i kryesuar nga Tonin Mirakaj dhe administratori i kishës dom Rrok Mirdita, morën pjesë në takimin e parë, për të diskutuar programin dhe proçedurat e tjera, që duheshin, për mbarë vajtjen sa më të mirë të punimeve të Seminarit në fjalë.

Të gjithë ishin të impenjuar seriozisht dhe me një ndjeshmëri të lartë atdhetare, që manifestimi më i rëndsishëm kulturor, të dalë me një nivel sa më të lartë dhe miqtë e ftuar t'a ndjejnë vetën si në shtëpinë e tyre.

Në këtë mbledhje, u bisedua rreth organizimit me karakter ndërkombëtar të tubimit, si i vetmi në llojin e vet, në komunitetin shqiptar të Amerikës dhe një rast unikal në botën shqiptare asokohe të mergatës.

Vetë prania e personaliteteve të shquara në evenimentin special, tregonte sesa me seriozitet e kishte marrë komisioni përgatitës, organizimin deri në detaje të tubimit, në përkujtim të klerikut, letrarit, dijetarit dhe personalitetit te ndritur të historisë së popullit shqiptar ipeshkvit Bogdani, duke nderuar dhe respektuar kësisoj jetën dhe veprën e tij, në dobi të kombit të vet.

Karakteri ndërkombëtar, vinte nga fakti, se folësit profesionistë, do të ftoheshin nga Gjermania, Italia, Kosova dhe SHBA-ës. Për të pasur kohën e mjaftueshme, për organizimin u caktua, që seminari të mbahet në ambientet e Fordham University në Bronx, New York, më datën 7 tetor 1989.

Në lajmërimin e hartuar nga komisioni përgatitës, që mban datën 3 korrik 1989, ndër të tjera lexojmë: *"Këshilli i kishës katolike shqiptare në New*

York, adminstratorit dom Rrok Mirdita dhe ndihmësi i tij dom Pjetër Popaj, lajmërojnë të gjithë bashkësinë shqiptare, se me datën 7 tetor 1989, do të mbahet një "Seminar Përkujtimor", me rastin e 300-vjetorit të vdekjes së Ipeshkvit të kishës katolike, teologut, shkrimtarit, themeluesit të letërsisë shqipe dhe patriotit të madh shqiptar imzot Pjetër Bogdanit...

Të gjithë shqiptarët pa përjashtim janë të mirëpritur. Për dashamirët dhe ata që studiojnë kulturën dhe letërsinë shqipe, është një rast shumë i përshtatshëm e i rrallë, ku, kanë për të pasur mundësinë të dëgjojnë vërtetë mjeshtër të albanologjisë shqiptare, sipas temave të përzgjedhura."

Në atë mbledhje u vendos, që seminari të mbahet në restorantin Eastwood Manor, 3371, Eastchester Road, Bronx, New York, aktiviteti ishte parashikuar të fillonte në orën 12:30 të ditës, duke vijuar deri në orën katër të mbasditës.

Mirëpo në tubimin tjetër organizativ po për këtë problem, u vendos përfundimisht, që aktiviteti shkencor, të mbahet në Fordham University, duke lëshuar me këtë rast edhe lajmërime të reja, për komunitetin shqiptar në Amerikë.

U vendos gjithashtu, që të ftohen si kumtues: **Atë Danjel Gjeçaj o.f.m. nga Roma (Itali) prof. Martin Camaj Mynihu (Gjermani), prof. Arshi Pipa (ShBA).**

Aktivisti i palodhur i komunitetit tonë, gazetari Gjek Gjonlekaj, në mbledhje, propozoi, që të ftohen edhe ligjerues nga Kosova, duke përmendur dhe përshkruar me një Curricum Vitae esenciale emrat e dy albanologëve të shquar, si: **Prof. dr. Ibrahim Rugova dhe prof. dr. Engjëll Sedaj.**

Mirëpo grupi përgatitor, i kryesuar nga zoti Mirakaj, kishte menduar edhe alternativën tjetër. Kështu, nëse ishte e pamundur ardhja e studiuesve nga Kosova, për arsye objektive, të situatës së ndezur politike në ato vite në krahinën autonome, u mendua, që të ftohen **imzot Nikë Prela (1918–1996)** ipeshkëv i Kosovës dhe imzot Pjetër Perkoliq arqipeshkëv i Tivarit dhe Primat i Serbisë.

Administratori i kishës, dom Rrok Mirdita dhe komisioni, pranoi këtë propozim, për vijimsinë e realizimit të programit të përkujtimit me propozimet e reja, nëse mungojnë studiuesit e shquar kosovarë.

I kudondodhuri e i palodhuri, Mirakaj, pa vonesë, u angazhua drejtpërdrejtë me formalitetet e tjera të rëndsishme, duke u dërguar menjeherë ftesat zyrtare personave të lartpërmendur, në emër të këshillit të kishës Zoja e Kshillit t'Mir Bronx, New York.

Pa vonesë, u nisën me postë të gjithë ftesat zyrtare, për studiuesit profesionistë të jetës dhe veprës së imzot Bogdanit, të cilat u konfirmuan me përgjigje pozitive mbas disa ditësh nga *patër Danjel Gjeçaj o.f.m., prof. Arshi Pipa, prof. dr. Engjëll Sedaj dhe prof. dr. Martin Camaj.*

Të gjithë të ftuarit special si kumtues, shprehen kënaqësinë për insiativën e mirëseardhur dhe pranuan me shumë dëshirë e kënaqsi shpirtërore, për të marrë pjesë në evenimentin shumë të rëndsishëm mbarëshqiptarë.

Profesor Martin Camaj, duke kërkuar ndjesë, në pamundësi për të qenë atë ditë fizikisht në New York si ligjërues, me postë dërgon punimin shkencorë, që në ditën e seminarit u lexua nga dikush tjetër.

Për të mos pasur përsëritje në temat e autorëve që kishin marrë për studim, u kerkua për efekt edhe të programit ose fletëpalosjes, (që do t'u jepej edhe të pranishmëve në auditorin e Universitetit), studiuesit të përcaktojnë dhe dërgojnë mundësisht titujt e temave të tyre me profile të ndryshme mbi imzot Pjetër Bogdanin dhe veprën e tij.

Jo të gjithë konfirmimet kishin mbërritur në qendrën e komisionit organizues të seminarit. Mungonte përgjigja e ftesës pozitive ose negative nga albanologu dr. Ibrahim Rugova. Kështu në lajmërimin, që komisioni përgatitës lëshoi më 3 korrik 1989, për mbajtjen e seminarit, nuk gjindej emri i tij. Të gjithë ishin të shqetësuar, pse nuk kishte asnjë përgjigje nga dr. Rugova.

Nga ana e tjetër, sikurse kujton Tonin Mirakaj: "*Ai e kishte marrë ftesën dhe ishte përgjigj pozitivisht, por se përgjigja e tij me shkrim kishte "humbur" në "postën" ish Jugosllave askohe.*"

Profesor Engjëll Sedaj lajmëroi Tonin Mirakaj, se dr. Ibrahim Rugova e ka marrë ftesën dhe është përgjigjë pozitivisht. Por, sërisht enigma vijonte të brente komisionin, i cili i bazuar në konfirmimin e prof. dr. Engjëll Sedajt, u dërgon menjëherë dy albanologëve kosovarë garancitë dhe biletat e udhëtimit me linjën ajrore të kompanisë jugosllave JAT, për një qëndrim në SHBA për 10 ditë.

Me datën 30 gusht Gjek Gjonlekaj, mundi të gjente numërin e telefonit privat të dr. Ibrahim Rugovës, të cilin ia dha Tonin Mirakaj.

Mbas disa përpjekjeve, Mirakaj, ra në kontakt direkt me albanologun. Ai u gëzua shumë për ftesën, nderimin dhe vlerësimin, që kisha katolike shqiptare në New York dhe komuniteti shqiptar i kishte bërë atij, për të qenë një mik i nderuar midis mërgimtarëve në Amerikë.

Në bisedë e sipër dr. Rugova, konfirmoi se e kishte marrë ftesën dhe shtoi, se: *"Jam përgjigjur pozitivisht se do të marre pjesë me shumë gëzim, porse përgjigja ime ka "humbur" në postë..."*

Tonin Mirakaj, mbasi e falënderoj për bisedën e ngrohtë që po zhvillonin, e vuri në dijeni, se garancitë dhe biletat e udhëtimit Jugosllavi - New York dhe kthimi me linjën ajrore JAT, ua kishte dërguar dy ditë më parë me postë, në adresën e Institutit Albanologjik të Prishtinës, pranë Universitetit të kryeqytetit.

Nga ana e tjetër dr. Ibrahim Rugova, u interesua për temat e folësve në seminar, në mënyrë që të mos kishte përsëritje të kumtesave nga studiuesit.

Në këtë bisedë, iu dha tema e caktuar për atë qëllim: *"Historia shqiptare në veprën e Bogdanit"*. Ai e pranoi me shumë kënaqësi, duke përshëndetur në telefon: *"Mirë u pafshim në New York!"*

Publiçisti veteran Tonin Mirakaj, gjithë ditën e gjatë orëve të mbasditës, përveç punës së përditshme, lëvizte në shumë drejtime, për përgatitjen deri në detaje e të gjithë programit të caktuar, për realizimin sa më mirë e me detajet më të vogla të Simpoziumit.

Ai pa vonesë lajmëron meshtarin dom Rrok Mirditën, Gjek Gjonlekaj dhe antarët e tjerë të komisionit, për bisedën e zhvilluar në telefon me albanologun e mirënjohur dr. Ibrahim Rugovën.

Ishte koha e përshtatshme, për të gjetur një auditor të madh dhe shumë komod, për ligjëruesit dhe pjesëmarrësit e shumtë, që do të nderonin figurën e prelatit e atdhetarit të madh shqiptar.

Komisioni nën drejtimin e Tonin Mirakaj, bie në kontakt me menaxheret dhe stafin e Fordham University në Bronx, New York. Qëllimi kryesor i tyre ishte sigurimi i një salle komode me kapacitet të madh vendesh, podiumi dhe elementët e tjerë të fonisë.

Zoti, po ndihmonte me bujari të gjithë aktivistët e kishës, që kishin njetin dhe vullnetin e mirë. U sigurua salla e Universitetit e u shpërndanë menjëherë lajmërimet qendrave të informimit radiove dhe mediave informuese të shkruar të komunitetit tonë.

A ishte dr. Rugova një problem!?

Me ardhjen e dr. Rugovës, u plotësua lista e folësve, duke krijuar kësisoj portretet e personaliteteve të shquara të kulturës dhe letërsisë së botës shqiptare.

Kujtojmë, se asokohe dr. Rugova, njihej vetëm si një shkrimtar, edukator, albanolog i letrave shqipe, por se në politikë ishte në fillim të aktivitetit të tij. Në këtë mënyrë, lajmi i ardhjes së tij në New York, përbënte një ngjarje të rëndësishme për të gjithë mërgatën tonë në Amerikë.

Mirëpo nga ana e tjetër, lajmi i gëzueshëm, solli një problem të madh, për organizatorët e aktivitetit kulturor. Fakti, se ai tashmë po bëhej një person publik me reputacion në rritje, bëri që organizatorët të mendonin më shumë për sigurinë e tij.

Tashmë, ai duhej ruajtur nga ndonjë rrezik i papritur ose i organizuar nga elementë keqbërës, që në këtë rast mund të turpëronte kishën dhe komisionin organizues.

Nga të gjithë grupi i punës, u mendua, që për profesorët e ardhur nga Kosova dr. Ibrahim Rugova dhe prof. dr. Engjëll Sedaj, të sigurohej vendqëndrimi në një ndër hotelet më të mira dhe me eksperiencë, në ruajtjen e diplomatëve botërorë, pra me reputacion të njohur në këtë vend.

Për këtë qëllim, u shfrytëzua miqësia e djalit të Tonin Mirakaj, të riut Danjel Mirakaj, i cili me dëshirë të madhe u takua me miqtë e vet në Manhattan East Hotels. U sigurua një suite me dy dhoma fjetjeje komode dhe dhomë pritjeje në "Beekman Towers" në 49 th Street, në katin e 17-të (Manhattan, New York) nga dritaret e së cilës, shihej për bukuri ndërtesa e madhe e Organizatës së Kombeve të Bashkuara.

Një vend shumë i përshtatshëm, për mysafirët e shtrenjtë, u rezervua nga vetë kisha dhe komunitetit ynë në New York. Dr. Ibrahim Rugova, ishte shumë i gëzuar dhe emocionuar se gjendej përballë OKB-së. Ai po i hidhte një vështrim përkëdhelës ndërtesës prej xhami të Kombeve të Bashkuara nga dritarja, prof. Rugova, me buzëqeshje tha: *"Aty në atë ndërtesë do të zgjidhet problemi i Kosovës!"*

Për arsye sigurie, nuk u lajmërua nga mediat e komunitetit ora e mbërritjes së tij. Në aeroport profesorët kosovarë, u pritën nga një grup i vogël, i përbërë nga administratori i kishës katolike shqiptare Zoja e Kshillit t'Mir dom Rrok Mirdita, dom Pjetër Popaj, kryetari i Këshillit të Kishës Tonin Mirakaj, gazetari Gjek Gjonlekaj dhe antarë të komisionit përgatitës. Përveç makinave personale, familja Biberaj, kishte dërguar një limozinë për mysafirët, në shenjë respekti dhe vlerësimi të lartë.

Nga aeroporti J.FK., automjetet në karvan u nisën për në Beekman Towrs, ku lanë valigjet e mysaferëve e u ngjitën sëbashku të gjithë në banesën e aktivistit Tonin Mirakaj në Fifth Avenue, Manhattan, New York, ku u kalua një mbrëmje shumë e gëzueshme. Nga kjo darkë dhe mikpritje tipike bujarie shqiptare, Mirakaj, ruan shumë mbresa e kujtime të pashlyeshme.

Ndër të tjera, ai rikujton: *"Profesor Rugova, pinte shumë duhan, cigare mbas cigares pa ndërprerje. Ai edhe kur hante bukë, cigaren e mbante të ndezur në njenen dore. Gjatë darkës bashkëshortja ime Miliana, kur e pa me cigare të ndezur, u afrua të merrte pjatën.*

Duke buzëqeshur profesor Rugova, iu drejtua asaj: jo zonjë, se kështu e kam unë, ushqim dhe duhan bashkë! Të gjithë që ishim aty qeshëm dhe atmosfera u bë edhe më e gëzueshme.

Ata ndieshin si në shtëpinë e tyre, duke kaluar kështu orët e imta të mbrëmjes ngrohtësisht. Në atë mbrëmje, ndër të ftuarit ishte miku im doktor Salvatore Del- prete, i cili kishte vënë re me habi mënyrën sesi profesor Rugova e pinte duhanin pa ndërprerje.

Dr. Delprete, kishte pa gjithashtu, ndonëse nuk e kuptonte gjuhën shqipe, se prof. Rugova, ishte një njeri me rëndësi nga mënyra se si njerëzit silleshin rreth tij.

Tonin, më tha: "Thuaj Profesorit, se duhani ka me i marrë jetën, po e vazhdoj në atë mënyrë!". I thashë dr. Rugovës ç'ka tha doktori.

Mbasi e falënderoj doktorin, për kujdesin që tregoi, tha: "Eshtë e vërtetë, se duhani do të më shkurtoj jetën, por në këtë kohë, nuk mundem t'a lë duhanin. Ndoshta një ditë, dikur në të ardhmen, kush e di!?..."

Mbas darkës mysafirët, u shoqëruan në Beekman Towers që të shlod- hen dhe të përgatitën për seminarin, që fillonte me datën 7 tetor 1989, në ora 10 të mëngjesit...

Qysh në orët e para të mëngjesit vjeshtor, grupi organizativ, me në krye Tonin Mirakaj, administratori e kishës, dom Rrok Mirdita dhe dom Pjetër Popaj, ishin në ambientet komode, ku pritej të mbahej tubimit.

Salla e madhe e Fordham University, ishte e mbushur plot e për plot dhe qindra bashkatdhetarë të tjerë qëndronin në koridor në pritje.

Asokohe dyert ishin të hapura dhe nga dritaret e mëdha ata që nuk kishin mundur të gjenin vend për t'u ulur prisnin të ndiqnin fillimin dhe zhvillimin e takimit kulturor dhe përkujtimor, kushtuar burrit dhe prelatit të madh të kombit. Pjesëmarrja e madhe e bashkëkombasve i kishte kaluar parashikimet e organizatorëve të tubimit atdhetar.

Në kohën e caktuar, në mes duatrokitjeve dhe buzëqeshjeve mirëseardhëse kryetari Tonin Mirakaj, hapi siparin e punimeve të semi- narit, dhe ftoi dom Pjetër Popaj, që të thotë Lutjen Shpirtërore të rastit.

Mbas lutjes, simbas programit të detajuar me kujdes, u kënduan hym- net kombëtare të ShBA-së dhe Shqipërisë, përmes zërit melodios nga aktivistja e kishës zonja Miliana Mirakaj dhe zoti Fran Shala.

U këndua, gjithashtu kënga *"Trim vigan Pjetër Bogdani"* nga kori i kishës katolike shqiptare Zoja e Këshillit të Mirë dhe shoqëruar në piano nga kompozitori kosovar Gjon Gjevelekaj.

Sërisht Tonin Mirakaj, paraqiti kryetarin e seminarit dom Rrok Mirdita. Ndër të tjera, në fjalën e tij përshëndetëse tha: *"Për të kryesue seminarin, komisioni përgatitës, ka zgjedhur një person, me të vërtetë të kualifikuar, në kuptimin e plotë të fjalës.*

Ky për një kohë të gjatë mëse 24-vjeçare, është në shërbim të Zotit dhe bashkëatdhetarëve të tij, dhe 16 vjet prej këtyne, në shërbim të komunitetit katolik shqiptar në New York me rrethe...

Krahas me ushtrimin e detyrës së tij si bari shpirtnuer i komunitetit katolik, ky ushqen një dashuni të zjarrtë për gjuhë, kulturë, letërsi dhe tradita kombëtare, të cilat janë bazë e ekzistencës së grupeve etnike këtu në Amerikë dhe mbahen, ruhen dhe përtrihen, me aktivitete fetare e shoqnore."

Gjatë kohës, që përmendeshin me radhë emrat e personaliteteve pjesëmarrës, duatrokitjet frenetike shoqëruan gjithë secilin. Por salla, ushtoi edhe më shumë, kur u përmend emri i dr. Ibrahim Rugovës, liderit të ri të popullit martir të Kosovës.

Folësit u paraqitën me radhë, sipas programit nga dom Pjetër Popaj, Tonin Mirakaj dhe dom Rrok Mirdita. Profesor Martin Camaj nuk mundi të vinte dhe punimin e tij shkencor e lexoi kryetari i seminarit dom Rrok Mirdita.

Perkujtimi kulturor përfundoi në ora 5 mbasdite, me fjalën përmbyllëse të kryetarit dhe meshtarit katolik, dom Rrok Mirdita.

Administratori i kishës Mirdita, tha: *"Mbyllja e seminarit, do të merrete shumë kohë me falenderue të gjithë ato që kanë punue, për ketë tubim kulturor, që të dalë më sukses. Megjithatë, nuk mundem kurrsesi pa përmend disa prej tyne.*

Kujt ma parë me u falenderue, se profesorave këtu, njerëz të shquem të shkencës së albanologjisë, të cilët, jo vetëm se kanë derdh djersë e mund, por janë lodhë me ardh prej larg.

I falënderoj të gjithë, që na e bane të mundun me e njoftë ma mirë viganin e letërsisë dhe prelatin e naltë të kishës katolike imzot Pjetër Bogdanin.

Falënderoj komisionin përgatitës, me në krye z. Tonin Mirakaj, i cili nuk u kursye asnjëherë, nuk kursej kohë as të holla për të bërë të mundur daljen me sukses të këtij seminari. Falënderoj zotnijtë: Gjek Gjonlekajn, Preç Kaçaj e shumë të tjerë, të cilët do ti përmendim në darkën që do të kemi.

Nuk mund të lë papërmend, bijën shqiptare Pashka Elezaj, e cila jo vetëm na zbukuroj sallën, por edhe na ofroj ma tepër afër Bogdanin, me pikturen që ajo me mjeshtëri e realizoi.

Falënderoj prof. dr. Engjëll Sedajn, për pikturën e bukur të Bogdanit, që ai na dhuroj. Këto bahen pasuni e Shoqnisë Pjetër Bogdani, e cila, qysh më sot i ka rranjët edhe këtu, sepse ishte ai, i cili, punoi e jetoj shumë për ruajtjen e thesarit të çmueshëm letrar e kombëtar deri sa kaloi në amshim. Ai ruajti si dritën e synit gjithçka kombëtare.

Në këtë mënyrë, ne mund ti japim vlerën, që meriton këtij kolosi të ndritun të kombit tonë, duke e radhitur kështu me dinjitet në vendin e metiruar në panteonin e artë të kulturës shqiptare."

Një darkë gazmore

Në mbrëmje të datës 7 tetor 1989, në ora 7 mbasdite, komisioni përgatitës i seminarit, organizoi një darkë gazmore, në respekt të folësve të shquar nga Europa dhe Amerika, në restorantin Eastwood Manor Bronx, New York, ku morën pjesë mëse 700 bashkatdhetarë, që kishin ardhur nga shtete të ndryshme të Amerikës.

Darka u kryesua nga krytari i këshillit të kishës Tonin Mirakaj, i cili mbas një përshendetje të shkurtër, u paraqiti pjesëmarrësve mysafirët e shquar në tryezen e nderit.

Midis tyre shquheshin atë Danjel Gjeçaj o.f.m., dom Rrok Mirdita administrator i kishës shqiptare Zoja e Kshillit t'Mir, dr. Ibrahim Rugova, dom Pjetër Popaj ndihmësadministrator i kishës prof. dr. Engjëll Sedaj, prof. Arshi Pipa dhe gazetari i Rilindjes në Prishtinë Agim Fetahu. Darka festive, kaloi mes një atmosfere të ngrohtë dhe miqësore. Të gjithë miqtë e nderit e ndjenin vetën si në shtëpinë e tyre.

Kryetari i darkës njoftoi pjesëmarrësit, se gjatë kësaj darke festive, fjalimet janë të kufizuara nga vetë fakti se me fjalime kishte kaluar e gjithë dita në Fordham University, duke i lënë vendin muzikës dhe humorit popullor në tavolinat, ku tashmë ndanin gëzimin e përbashkët të gjithë bashkatdhetarët tanë.

Muzika me instrumente tradicionale popullore me këngëtarë të komunitetit, ishte pjesa më e bukur dhe një mënyrë më shumë, për të ndjerë vetën të gjithë si në një shtëpi të madhe.

Kësisoj grupi muzikor dhe kërcimtarët e Rozafatit (1978), e ngritur pranë Qendrës Kulturore të kishës, bëri që të këndonin të gjithë me gojë e zemër këngët e bukura të gurrës origjinale popullore, të drejtuar me mjeshtëri nga aktivisti Fran Shala.

Një kërcim artistik, që solli kënaqësi për të gjithë, ishte Vallja e Rugovës, e vjetër sa vetë historia e krahinës me të njëjtin emër, që u interpretua me ndjesi zemre e kënaqësi shpirti nga grupi i njohur Rozafat.

Një javë me mysafirët

Suksesi më i madh sa pritej asokohe, ishte ruajtur në ditën e seminarit, ku u tubuan mijëra shqiptarë nga disa shtete të Amerikës. Media i bëri jehonë, duke e pasqyruar nëpër faqet e gazetave dhe revistave që botoheshin në Amerikë, ndërsa në Shqipëri sundonte një heshtje varri.

Kështu gazeta *Zëri i Atdheut* (Tetor-Nëntor 1989), në një artikull redaksional me titull: *"Madhështia e një Seminari"*, ndër të tjera shkruante: *"Nji tjetër arsye, që e zgjoi kërshërinë e mërgimtarëve shqiptarë për këtë eveniment historik, kombëtar, fetar e kulturor, ishte ajo, që kisha katholike shqiptare i ftoi me marrë pjesë në ketë seminar dy shkollar shqiptar nga Kosova, përndryshe studijues të rrastë të Pjetër Bogdanit dhe veprës së tij gjeniale: Prof. dr. Ibrahim Rugova Kryetar i Shoqatës së Shkrimtarëve të Kosovës, njeni ndër përfaqsuesit ma eminent të kulturës shqiptare jo vetëm të Kosovës dhe kolegu i tij prof. dr. Engjëll Sedaj, që të dy profesorë në Universitetin e Kosovës në Prishtinë. Pjesëmarrja me aqë shumicë dhe rangu aq i naltë akademik i ligjëruesve të rastit të lejshin me kuptue pamvarsisht, se gjindeshim në njenën nga dy qendrat krysore të kulturës shqiptare në Tiranë a Prishtinë...*

Shtojmë, sesi në seminar, ashtu edhe në darkë, mori pjesë z. Tom Christo, shqiptar i gjeneratës së parë i lindun këtu në ShBA nga New Hamshire, i cili, njiherit asht edhe kandidat në vitin që vjen i Partisë Republikane për senator të Shteteve të Bashkuara t'Amerikës, ku u njoh dhe u përshëndet me shumë mërgimtarë shqiptarë."

Ndërsa radio *Zëri i Shqiptarëve të Lirë* (Edicioni i parë i lajmeve, më 28 nëntor 1989), dhe *Revista Radiofonike e Shqiptarëve të Amerikës*, komentuen shume favoreshem mbi zhvillimin e punimeve te seminarit.

Jo larg tyre mbetën edhe gazeta e vjetër e komunitetit tonë Dielli (1909) organ mediatik veteran i Federatës Panshqiptare Vatra (1912), e cila në kolonat e saj shkrimore, i la një vend të rëndësishëm zhvillimit të punimeve të seminarit.

Revista *Koha e Jonë*, që asokohe botohej në Francë, publikoi një artikull analitik mbi tubimin kulturor, duke e ilustruar figurën e imzot Pjeter Bogdanit me përkujtimin, që kisha katolike Zoja e Kshillit t'Mir, nën udhëheqjen e klerikëve dom Rrok Mirdita e dom Pjetër Popaj dhe kryetarit të këshillit të kishës Tonin Mirakaj, mundën që të korrin suksesin e një pune të madhe përkushtuese dhe vullnetare për mbarëvajtjen e seminarit.

Koha e lirë mbas seminarit me miqtë special të ftuar nga Kosova, si: Prof. dr. Ibrahim Rugova dhe prof. dr. Engjell Sedaj, prof. Arshi Pipën dhe atë Danjel Gjeçaj o.f.m., kaloi në një atmosteferë miqsore me darka e shetitje të lira, në ambientet e bukura të Manhattan-it New York.

Profesorët Rugova e Sedaj, udhëtuan në Washington D.C., të shoqëruar nga antari i komisionit përgatitës aktivisti Simon Simolacaj, ku kaluan dy ditë të këndshme. Atje i priti Drejtori i Seksionit për Europën Lindore në Radion Zëri i Amerikës Fran Shkreli.

Në Washington D.C., patën disa takime private, me zyrtarë të Qeverisë dhe Kongresit Amerikan. Me kërkesën e mysafirëve të shquar, me ke u takuan nuk u bë publike. Atë dëshirë të tyre e ruajmë edhe sot.

Është një fakt i pamohueshëm, se në këto takime private dhe publike që pasuan mbas përfundimit të punimeve të seminarit, filloi aktiviteti diplomatik i dr. Ibrahim Rugovës.

Ditën që u kthyen për në vendlindje studiuesit kosovarë Rugova dhe Sedaj, u përcollën për në aeroportin internacional John F. Kennedy (JFK) nga meshtarët e kishës Zoja e Kshillit t'Mir dom Rrok Mirdita, dom Pjetër Popaj, Tonin Mirakaj, antarët e komisionit përgatitës të seminarit Gjek Gjonlekaj, Simon Simonlacaj dhe një grup shqiptarësh, ndër të cilët shquheshin vëllezërit Sabit dhe Seidi Bityçi, Zef Camaj etj.

Gjatë kësaj jave, duhet përmendur bujaria fisnike tradicionale shqiptare e zotërinjve: Simon Simolacaj, Tonny Shkrelit, Nikollë Shala, Fran Shala, Sabit dhe Seidi Bityçi e të tjerë, që nuk kursyen asgjë, për t'a bërë sa më të këndshme qëndrimin e profesorëve të nderuar në New York. Biletat e udhëtimit airor për profesorët kosovarë u paguan bujarisht nga njeriu bujar Ndoc Shkreli.

Letra urimi për Seminarin

Kur seminari tashmë kishte javë, që kishte mbyllur siparin njëditor në New York, në kishën katolike Zoja e Kshillit t'Mir dhe në postën private të kryetarit të këshillit të kishës Tonin Mirakaj, vijonin të vinin letra përgëzimi, për suksesin dhe kënaqësinë, që u dha shqiptarëve seminari ndërkombëtar, kushtuar figurës së madhe të imzot Pjetër Bogdanit nga miq, shokë, dashmirë, bashkatdhetarë në shtete të ndryshme të botës.

Midis tyre, po veçoj letrën, që kleriku françeskan atë Danjel Gjeçaj o.f.m., i ka dërguar mikut të tij të ngushtë Tonin Mirakaj, ku ndër të tjera shkruan:

"Fort i dashtuni Tonin!

Sot e kam marrë letrën tande dhe artikullin: për të tria të falem nderës me zemër. Falënderimet e mija ma të ngrohtat - thonë toskët - janë ato të punës sate e të familjes sate për kishën shqiptare, e cila, ban pjesë të gjallë të kishës sonë martire të vendit tonë të robnuem e njiheri asht gjymtyrë e kishës së përbotshme të katholiçizmit.

Më vjen mirë, për lajme e jehonë, qi ka lanë seminari i 300-vjetorit të imzot Pjetër Bogdanit dhe gëzohem tejet qi mundi juej s'ka shkue pa sodisfaksion. Edhe ky asht ndër njerëz i nevojshëm dhe ngushllues.

Më gëzoi kumtimi, se me vullëndetin e mirë të disave e me ndihmën e të tjerëve, ka për t'u plotsue ndërmarrja aq e vlefshme e aq e lartë, sa asht nji vepër e tillë madhështore.

Nji Shqipni të vogël dhe nji kishë të fuqishme, me ndihmën e Zotit, duhet të ndërtojmë në botën e madhe të Amerikës, prej kah rishtas, me ndihmen e Atij të Lumit, kemi për t'i qitë themelet e reja kishës së Shqipnisë së lirë.

Ashtu e premtoftë Zoti e na ndihmoftë Zoja e Shkodrës!

Un prej anës seme, kam mbetë fort kondon, me ardhjen teme atje si nga ana e dom Rrokut e dom Pjetrit, ashtu edhe nga ana e jote me Milianën: për këta e kam dijtë që me kohë se s'më mungon dashtnia e juej.

Mos u lodhni kurrë në ndihmë, qi mundeni me i dhanë meshtarëve zelltarë t'uej mbasi çdo mund i derdhun rreth tyne asht meritim para Zotit e Atdheut.

- Prej dom Anton Kçirës, kam marrë letër e më difton se asht rregullue mjaft mirë, dhe se tash për tash punët janë premtuese. Natyrisht, kurrnji vepër e madhe s'kryhet pa vështirsi, por besoj se dom Antoni, asht i pjekun e ka për të dijtë me i kalue të tana pengesat.

Përsa i përket botimit të simpoziumit, un kishem me thanë, se në kje se botoni edhe ndonji artikull apo përmbledhje anglisht, atëbotë asht ma mirë të botohet atje: po kje krejt shqip me pa gabime del këtu nën kujdesin tem.

Çmimin e përpikët s'mund e dij pa pasë tekstin, por bane hesapë kund 400-500 mij gjashtëmbëdhetë faqëshin, përse kështu çmohet shtypi. Nënkuptohet, se këtij çmimi, i duhen shtue fotografitë e kopertina.

Me kaq edhe nji herë falënderimet e mija e njimij shëndete ty, Milianës fort e fort, Danjelit, Eleonorës dhe Dianës.

Mbetem me dashtëni i juaji At Danjel Gjeçaj."

Ndërsa në letrën që akademik prof. dr. Engjëll Sedaj (Prishtinë,

26.10.1989), i ka dërguar T. Mirakaj, përshkruan me mirënjohje mbresat e pashlyeshme të vizitës së fundit në New York, ngrohtësia e bashkat-dhetarëve, treguar ndaj të gjithë referuesve në tubimin kulturor, shkruan:

"Fort të dashurit Tonin dhe Milianë!

Kaluan dhjetë ditë, që kur u kthyem nga New York-u, por kurrsesi të kalojmë në jetën e këtushme: mendje dhe mbresat e atjeshit, mikëpritja e përzemërtë dhe shumë e ngrohtë e shtëpisë Tuaj dhe kujdesi atëror, madje edhe për gjendjen materiale tonën ndikoi që para së gjithësh, ju të dytë, të bëheni anëtarë edhe të familjeve tona.

Me mallëngjim e përkujtoj atë natë të parën, kur ne, të lodhur nga rruga, nuk ishim në gjendje sa duhet të marrim pjesë aktive në atë pritje: në aeroport, në shtëpi dhe gjetiu.

Vendosja në hotel, kontaktet me njerëz dhe mbi të gjithat seminari i suksesshëm, i organizuar mirë nga ju dhe i mirëpritur nga pjesëmarrësit, shkaktoi kënaqësi dhe më dha zemër që për atë botë, atje diku përtej detit të gjërë, të bëj edhe me tepër në planin kulturor, që të ushqhen ata njerëz me ndonjë mendim të mirë dhe me shëmbëlltyrat tona të ndritshme nga e kaluara e lavdishme.

Ç'është e vërteta, ne më tepër ishim mysafirë tuaj, sesa pjesëmarrës të seminarit për Bogdanin. Çdo gjë lidhej me Tonin dhe në çdo vend disi takoheshim me te dhe Milianën.

Falënderoj nga zemra dhe fëmijët tuaj, të cilëve, ju kemi çrregulluar rendin e ditës, mësimin etj.

Këtu lajmi mbi pjesëmarrjen tonë në seminar, u mirëprit dhe madje në Fakultetin tonë menjëherë u përkrah inisiativa, që pikërisht më 6 dhjetor të bejmë një mbrëmje përkujtimore për imzot P. Bogdanin.

Më 21 tetor, ishim në Zym të Hasit në "Takimet e Gjeçovit", ku temë e vetne ishte përvjetori i Bogdanit. Për jetën dhe veprën e tij fola nja një orë dhe interesimi vërtet ishte i madh, në këtë vendlindje të tij.

Mendo, se edhe në Rektorat, është pranuar insiativa, sikur edhe në Akademinë e Shkencave, që të shënohet ky përvjetor.

Kam pranuar shumë ftesa nëpër shkolla dhe biblioteka të qyteteve, për të folur për Bogdanin e madh. Këtë do ta bëjmë me kënaqësi gjithkund.

Ju marrë grykë dhe ju përshëndesim përzemërsisht: Engjëlli, Jozefina, Oliveri dhe Leonora." - **Prof. dr. Engjëll Sedaj**

Ballina e librit kushtuar prelatit të shquar shqiptar imzot P. Bogdanit, redaktimi dhe përshkrimi i sesionit shkencor është shkruar nga Klajd Kapinova.

Pjesëmarësit e aktivitetit kushtuar imzot Pjetër Bogdanit: Presidenti i Kosovës dr. Ibrahim Rugova, dom Rrok Mirdita, aktivisti Tonin Mirakaj kryetar i Këshllit të Kishës dhe i ftuari si ligjerues i sesionit shkencor prof. dr. Engjëll Sedaj, në Manhattan, New York, 1978.

Pjesëmarrësit në Simpoziumin kushtuar imzot Pjetër Bogdanit dhe të ftuarit e nderit nga vendlindja dhe diaspora në një darkë të përbashkët shtruar nga Kisha Katolike Shqiptare në Manhattan, New York, 1978.

MONS. DR. ZEF OROSHI NXËNËSI I FUNDIT
I KOLEGJËS SAVERIANE

Tomë Mrijaj, "Monsinjor Dr. Zef Oroshi – Një Jetë e Shkrirë për Fe e Atdhe", Jetëshkrim, New York, 2009, f. 396

Ministri i Kulturës Prof. Ernest Koliqi: "... Monsinjor Zef, po presim si zogla verën ndoi shkrim T'uejin..."

Janë këto fjalë nderimi dhe respekti, me të cilat i mbyllte shpesh letër-këmbimet e veta, shkrimtari modern në gjininë e prozës, **Ministri i Arsimit Profesor Ernest Koliqi (1903-1975)** me **klerikun erudit mirditor monsinjor dr. Zef Oroshin (1912-1989)**.

Të gjithë miqtë e ngushtë të mons. Oroshit e dinë faktin, se kleriku ynë e kishte mik të ngushtë profesor Koliqin dhe bashkëpunonte me ide e punime shkrimore me revistën autoritative kulturore-shkencore Shejzat, që asokohe dilte në Itali.

Me kalimin në amshim të personalitetit të madh shkodran prof. Ernest Koliqit, atdhetari e meshtari i përvujtur, përkthyesi, shkrimtari, studiuesi, teologu dhe filozofi i mprehtë mons. dr. Oroshi, në faqet e revistës prestigjioze Shejzat, në numërin special të vitit 1975, përkushtuar tërësisht prof. Ernest Koliqit, shkruan 12 faqe me fakte dhe pathos të veçantë punimin: *"Fiket Ernest Koliqi, një pishtar i letërsisë e i kulturës shqiptare"*, duke e analizuar personalitetin e shquar të kombit në shumë rrafshe.

Ky studim esencial shkruar afërsisht 35 vjet më parë, zgjoi interesim në shtypin e kohës në diasporë. Ky është ribotuar në shumë gazeta dhe revista mbas vitit 1991 në Shqipëri, Kosovë, Mal të Zi, Zvicër, Suedi, Paris, Romë, Amerikë etj.,

Duke u kthyer pak mbrapa në kohë, duhet thënë, se në Shqipëri brezi i intelektualëve të shquar largpamës, ajka e zgjedhur e profesorëve dhe enciklopedistëve, që ishin dhe mbetën fryma dhe shpresa e vetme e lirisë dhe demokracisë së mirëfilltë Perëndimore e Atdheut tonë, si klerikë katolikë dhe laikë, nga propaganda dritëshkurtër ateisto-komuniste bërbaltej e anatemohej pamëshirë...

Për të kuptuar më mirë rrethin e ngushtë të miqve dhe shokëve me të cilët kleriku shpirtbujar mons. dr. Oroshi, jetoi dhe punoi deri sa kaloi në lumnin e pasosun, mjafton të lexohet më kujdes libri i ri jetëshkrimor, që për 20-vjetorin e amshimit na dhuroi një ndër miqtë e tij të ngushtë studiuesi i palodhur Tomë Mrijaj.

Jetëshkrimi i Monsinjorit, i pasur me burime origjinale historike. Ai është i shkrirë në mënyrë organike dhe në harmoni të plotë me bashkëpunëtorët e tij (një pjesë e mirë të së cilës ende jetojnë dhe dëshmojnë sot), dhe që me kujdesin e një hulumtuesi të vëmendshëm dhe pasionant Mrijaj, na e ka dhënë të gjallë klerikun dhe bashkatdhetarin tonë.[174]

Në faqet e monografisë, shohim se personazhi kryesor Oroshi, është ulur këmbkryq në logun e burrave dhe bashkëbisedon ngrohtësisht me të gjithë, në mënyrë të thjeshtë.

Këtu shumë mirë kupton atdhedashurinë e zjarrtë të meshtarit dhe bashkatdhetarëve të tij në Amerikë; mesazhin e mallit të zhuritur të bashkëkombasve tanë për mëmëdheun, ku kanë lindur dhe mësuar gjuhën e bukur amtare, traditat dhe zakonet e lashta, që nuk i harruan kurrë…, integrimin në jetën amerikane si domosdoshmëri e kohës…, shqetësimet dhe hallet e komunitetit të vogël shqiptar dhe në veçanti atij katolik në shtetin e New York-ut, ku Shtetet e Bekuara të Amerikës u bënë Atdheu i tyre i Dytë…

Edhe sot, ky mirditor i pamposhtur deri në vdekje është këtu, sepse bashkëatdhetari skrupoloz Mrijaj, na e ka sjellë atë të freskët, përmes fakteve dhe dokumenteve historike, kujtimeve dhe dorëshkrimeve të tij origjinale.

Dom Zefi, sikurse e thërrisnin të gjithë në Atdhe dhe diasporë, është sot sërisht në këtë auditor miqësh klerikë të nderuar katolikë e dashamirë të tij dje dhe sot, besimtarë dhe bashkëatdhetarë, duke buzëqeshur me gjithë zemër mes nesh, **me çibukun e burrit të urtë e të matur,** *sikurse malet e burrave të përmendur ndër shekuj të Mirditës, fjalë pak e punëshumë, fisnik në shpirt e i dhembshur me të gjithë, bari i palodhur i grigjës dhe një pjese të popullit të vet, të endur udhëve të botës për liri dhe jetë më të mirë.*

Oroshi deri sa kaloi në amshimin e jetës së pasosun, ishte krenar se çoi amanet vazhdimin e traditës së mësuesve të tij të mëdhënj, që i mësuan

---

[174] Klajd Kapinova, "… **Presim si zogla verën ndoi shkrim T'uejin…",** Gazeta shqiptaro amerikane **"Dielli"** e Federatës Panshqiptare "Vatra", December, 2010, p. 18.

shkrim - këndim, si: *Mjedja, Fishta, Harapi, Shllaku, Zadeja, Kurti, Sirdani, Palaj, Prennushi,* etj.

Meshtari i ri, u arratis nga vendlindja me dhimbje në shpirt, i marrë nëpër gojë për të keq dekada e dekada me radhë nga fletushkat non stop të makinës propagandistike të diktaturës, duke u përbaltur pa të drejtë, me arsyen absurde: pse kishte pikpamje të ndryshme politike, ekonomike, atdhetare, kulturore, për fjalën e lirë të demokracisë, që po gjakosej në Shqipëri; i mohuar nga të gjithë në Atdhe (përveç familjes së tij, që përshkoi kalvaret e internimeve dhe shfarosjeve të ngadalshme, si në Gradisht të Lushnjës, Tepelenë etj.); *i djegur ose shkrirë nga malli për t'u rikthyer fizikisht pranë grigjës së tij në Orosh të Mirditës...*[175]

Marrëdhënie shumë të mira, sikurse shkruan studiuesi Mrijaj, mons. Oroshi, ka pasur me intelektual të tillë, si: veteranin e arsimit shqiptar dhe studiuesin e shquar albanolog, Profesorin e Universitetit të Palermos të Gjuhës Shqipe dhe një shtyllë e fortë mbështëse e Qendrës Ndërkombëtare për Studimet Shqiptare **prof. Karl Gurakuqin (1895-1971);** poliedrikun dhe burrin e madh të shtetit imzot Fan Stilian Nolin, me të cilin dialogoi gjatë si një ekumenik i papërsëritshëm (në prani të Kardinalit të Bostonit Caushing), për ëndrrën e moçme të bashkimit të kishave shqiptare ortodokse me ato katolike; Eminencën e Tij Kardinalin e New York-ut Terrence J. Cooke D.D. (**Terrence Cardinal Cook (1921-1983**) Archibishop of New York); kardinalët italinë: Antoniutti dhe Giovanni Villot; poetin e romancierin e shquar modern, profesorin e Universitetit të Mynihut **Martin Camaj (1925-1994); Prof. Arshi Pipa (1920-1997)**, intelektual i shquar; përkthyesin në gjuhën angleze të poemës *"Lahuta e Malcis"* të poetit kombëtar atë Gjergj Fishta o.f.m., gazetarin e famshëm të Radios BBC në Londër (Seksionin e Gjuhës Shqipe), studiuesin dhe autorin e librit shkencor: "Historia e Shqipnis" **Tajar Zavalanin (1903-1966 alias Tomas-Henry Zavalani)**; bashkëpunëtorin qysh nga numëri i parë në revistën: Jeta Katholike Shqiptare (1966) në New York, **prof. dr. Rexhep Krasniqin (1906-2000);** Lec Shllakun (1915) bashkëpunëtor i revistës: Jeta Katolike dhe editor i revistave së diasporës, si: Koha e Jonë (Paris), Kombi Shqiptar, Shkumbini, Shejzat e prof. Koliqit, Dielli-n e Boston-it dhe Progresso revistë italo-amerikane në NY; gazetaren e famshme të **The New York Times**, Radios Voice

---

[175] Dr. Pjetër Pepa, **"20 janar 1952 arratiset D"**, Shtëpia Botueseom Zef Oroshi", në librin: *"Tragjedia dhe Lavdia e Klerit Kaotlik në Shqipëri"*, Shtëpia Botuese **"55"**, Volumi II, Tiranë, 2007, f. 259.

of Amerika dhe në Zyrën e Shërbimeve Strategjike të ShBA-së, intervistuesen e shumë personaliteteve dhe presidentëve të Lindjes së Mesme, **Nexhmije Zaimi (1937-2003)**; enciklopedistin nga Malësia e Madhe **prof. Mhill Marku (1919-1966)**; intelektualin e shquar **patër prof. dr. Paulin Margjokaj o.f.m.,** që shërbente në Graz të Austrisë; **Prof. Zef Vorf Nekaj (1919-2003)**, poliglot, instruktor dhe hartues i teksteve të gjuhës shqipe në Institutin e Gjuhëve të Huaja në Ministrinë e Mbrojtjes Amerikane në Montery, California; **Prof. Gjon Sinishta (1930-1996)**, botuesi për 15 vjet (1980-1994) i revistës Buletini Katolik Shqiptar (Albanin Catholic Bulletin); poetin dhe editorin e Diellit (1909) **Xhevat Kallajxhiun**, i cili botoi shumë artikuj për komunitetin dhe Kishën Katolik Shqiptare në Amerikë; albanologun e shquar italian **atë prof. Giuseppe (Zef) Valentini (1900-1979)**; **Atë Danjel Gjeçaj o.f.m. (1913-2002)**, i arratisur nga ferri komunist, më vonë i emëruar si kapelan i katolikëve shqiptarë në mërgim, bashkëpunëtor i Radio Vatikanit (Seksioni i Gjuhës Shqipe) për një kohë të gjatë, studiues skrupuloz dhe njohës shumë i mirë i bashkëkohësve të vet, por më sëshumti i profesorit të tij të dashur atë Gjergj Fishtës, veprat e të cilit u përkujdes t'i botonte në mërgim; **Dom Nikoll Kimza (1878-1960)**, me të cilin udhëtoi nga ish Jugosllavia në Italy, bashkëpunëtor i ngushtë me revistat: Hylli i Dritës (1913), "L.E.K.A. (1929), Kumbona e së Diellës (1938), Lajmëtari i Zemrës T'Jezu Krishtit (1914), etj.; **General Abaz Kupi (1892-1976)**, prijës i denjë i lirisë shqiptare një bir dhe hero i vërtetë i Krujës së Gjergj Kastriotit, të cilit i kreu amanetin, duke i thënë meshë për shpirtin e tij për një vit me radhë; bisnesmenin e suksshëm në Boston veprimtarin, patriotin dhe bujarin fisnik **Anthony Athanas (1911-2005)**; **Dr. Hamdi H. Uruçin M.D.**; klerikët e nderuar: Shkëlqësinë e Tij imzot Rrok Mirdita (sot Arqipeshkëv Metropolitan në Arqipeshkëvinë Metropolitane Tiranë-Durrës); famullitarin e sotshëm të Kishës Zoja e Shkodrës dom Pjetër Popaj; misionarin e Krishtit, që shërbeu 10 vjet në Brazil dhe New York, **dom Lazër Sheldijën (1928-1988)**; kryetarin e Këshillit të Kishës, aktivistin e palodhur Tonin Mirakaj, *Ismet Ukë Sadiku Berisha*; **Kapidanin e Mirditës Ndue Gjonmarku**, jurist i lauruar në Itali dhe Kryetar i Bllokut Indipendent; mikun e tij të ngushtë **Reverend baba Rexhepin (1901-1995)** Kryegjysh Botëror i Teqes Bektashiane në Detroit, duke ruajtur traditën e tolerancës shumëshekullore dhe respektin për njeri-tjetrin, këmbenin vizita dhe telefonata reciproke për Krishtlindje, Pashkë, Bajram, Ramazan dhe festën bektashiane të Ashurës; *Dr. Çesk Ashta e Kolë Çuni*, që ishin edhe redaktorët e parë kur mori jetë e bekim revista: Jeta Katholike Shqiptare (Catholic Albanian Life), duke u bërë shpejt vatër e ngrohtë e atdhedashurisë, fesë dhe përparimit të komunitetit të vogël shqiptar në Amerikë; teologu, filozofi dhe profesori i shquar në universitetet amerikane: Siena College Albany (N.Y.), në St. Joseph's College në North Windhom të shtetit Main, françeskani **atë prof. dr. Andrew Nargaj o.f.m. (1919-1999)**; pinjollin e familjes së famshme nacionaliste, **elbasanlliun prof. Luan Ahmet Gashin (1923-2005)**; Dr. Agim Leka; famullitari i kishës së Zojës Pajtore në Detroit **dom Prek Ndrevashaj, dr. Lec Zojzi M.D**. etj. etj.

Esenca dhe mesazhet e jetëshkrimit

Tek shfleton me kujdes librin e studiuesit shqiptaro amerikan **Tomë Mrijaj**: **"Monsinjor Dr. Zef Oroshi - Një Jetë e Shkrirë për Fe e Atdhe"** (*New York, 2009*), të bie në sy struktura e ndërtimit të veprës. Në hyrje autori, ka nënshkruar, se: *"Monografia i kushtohet themeluesit dhe udhëheqësit të Kishës së Parë Katolike Shqiptare në Shtetet e Bashkuara të Amerikës, atdhetarit dhe klerikut mons. dr. Zef Oroshit (1912-1989) në 20-vjetorin e kalimit në amshim"*.[176]

Vepra e re hapet me një parathënie sinjifikative, hartuar me kulturë nga studiuesi i mjedjeologjisë shkodrani erudit dr. Mentor Quku.

Nuk është rastësi, që autori Mrijaj, ka si lexues dhe kritik të parë të monografisë pikërisht studiuesin e apasionuar pas figurës poliedrike të klerikut katolik, rilindasit produktiv, shkrimtarit, atdhetarit të flaktë shumë të mirënjohurin **dom Ndre Mjedja (1866-1937)**.

Studiuesit bashkëkohorë: **Quku dhe Mrijaj**, kanë të përbashktën, se plotësojnë dhe begatojnë shumë mirë figurat **Mjedja-Oroshi**, që njëherit ishin bashkëkohës.

I pari ishte profesor i letërsisë në Kolegjën Saveriane (1859, Kolegji Papnor Shqiptar) në Shkodër, duke i dhënë mësim nxënësit shembullor të zgjuar Zef Oroshi (që më vonë do të bëhet Monsinjor); ndërsa i dyti Oroshi, ishte një nxënës shumë i dashur i dishepullit të tij profesor dom Ndre Mjedjes.

Për më tepër, në faqet jetëshkrimore mësojmë, se Rilindasi mendjendritur Mjedja, ka mbajtur afër, zbuluar e stimuluar talentin e mirditorit të mprehtë dhe të vendosur Zef Oroshi, për t'i shërbyer udhëve të dedikimit:

---

[176] **Tomë Mrijaj, "Monsinjor Dr. Zef Oroshi - Një Jetë e Shkrirë për Fe e Atdhe"**, Bronx, New York, 2009, f. 3.

Zotit, Atdheut dhe Përparimit.

Mons. dr. Oroshi, do të shkruaj me mirënjohje e falënderim për më-suesin e tij: *"Mjedja vdiq, por shkolla e ti mbeti e pavdekshme".*

Studiuesi prof. dr. Mentor Quku (1939), autor i kolanës së 11 librave monografik, përkushtuar Mjedjes, vlerëson: *"Meshtari emzot Zef Oroshi, në kushte të vështira, vuri gurthemelet e fesë katolike shqiptare në Amerikë. Në vitin 1985 del në pension. Ashtu si mësuesi dhe dishepulli i tij* (është fjala për dom Ndre Mjedjen, shënimi im K.K.), *Emzot Zef Oroshi, ishte shembull i përpjekjeve për ekumenizëm, për dialog mes besimtarëve të besimeve të ndryshme. Autoriteti i Mjedjës, në këtë drejtim ishte absolut…"* (Dr. Quku, f.13).

Jetëshkrimi në fjalë ka gjithësej 395 faqe, të mbështetura tërësisht në dokumente arkivore, jetësore dhe foto, shumica e të cilave ekspozohen për herë të parë.

Midis shumë të tjerave, dëshmi historike origjinale është fotoja ku një grup studentësh të rinj të klerit katolikë shqiptarë, që gjendeshin në Ko-legjin De Propaganda Fide (Romë), në vitin 1940 takohen me Poetin Kom-bëtar atë Gjergj Fishta o.f.m.

Me andje lexuesi i kujdesshëm, mund të kundrojë episode, histori e ngjarje të përjetuara të protogonistit kryesor mons. dr. Oroshit, të shkrirë brenda vetë jetës së komunitetit shqiptarë në Amerikë.

Kështu hulumtuesi shqiptaro-amerikan, na ka dhënë dom Zefin një njeri me shpirt e zemër të madhe atdhetari, përmes historive të vendlindjes së tij në Orosh të Mirditës, më vonë në Kosovë, Itali dhe deri sa ai mbërrin në Tokën e Bekuar të Amerikës, që bëhet Atdheu i Tij i Dytë.

Hienat e pangopshme komuniste, përmes urdhërit me shkrim të lë-shuar nga Enver Hoxha dhe marrë përsipër për zbatim direkt nga krye-xhelati sadist Mehmet Shehu, kërkojnë me çdo kusht arrestimin e priftit të katundit.

Këto detaje dhe shuma e ofruar për kapjen gjallë të klerikut dom Oro-shit, janë zbardhur me një gjuhë të thjeshtë dhe ashtu sikurse kanë ndo-dhur.

Për të realizuar këtë skenar, ishte leshuar si qen i tërbuar togeri krimi-nel **Hodo Habibi** nga Kurveleshi, i vetëquajtur me nofkën kobndjellëse **toger Baba.**[177]

---

[177] Ndue Melyshi, **"Mirdita 12 bajrakë, tregime, gojdhanash dhe memorie e bashkëkëkohsve"**, New York, USA, 2004, f. 28-29.

Kush ishte toger "baba" që përdhunonte vazhdimisht gratë dhe terrorizoi Mirditën e pamposhtur?

Një ndër njohësit më të mirë të krimeve të kriminelit komunist të kohës së diktaturës toger Baba, ishte edhe nacionalisti antikomunist shqiptaro amerikanë, i arratisur nga ferri dikaturës komuniste që u vendos në Shqipëri, mirditori me banim në SHBA Ndue Melyshi, mik i ngushtë i Kapidanit të Mirditës Ndue Gjonmaku (Mirditë, Itali, SHBA), i cili në librin e tij: **"Mirdita 12 bajrakë, tregime, gojdhanash dhe memorie e bashkëkohsve"**, New York, USA, 2004 ndër të tjera e përshkruan me shumë hollësi kriminelin (Hodo Hatibin) dhe krimet e tij shtazarake, ashtu sikurse ishte në realitet. **(Ndue Melyshi, f. 28-29.)**

Mësohet se asokohe toger Babën e solli në zonën Mirditës kryekrimineli Mehmet Shehu, për të nënshtruar forcërisht mirditorët, e cila sipas tyre ka qenë faqja e zezë e partisë komuniste. Ai i vuri emrin vetes 'babë', a thua se Mirdita kishte nevojë për 'baba'. Emrin që i kish vu e ama e kishte Hodo Habibi dhe ishte prej Kurveleshi.

Ai ishte një njeri mizor, imoral, pa nder e pa princip. Erdhi me karta bjankë në Mirditë, me shtru në hu djemtë e burrat e me çnderu femnat. **Kishte me vete 200 partizanë dhe dorën të lirë me pushkatu cilin të donte ai, pa gjyq fare.**

Në atë kohë, në vitin 1946, në malet e Mirditës ishin rreth 500 burra, të shpërndarë në çeta antikomuniste të vogla. I kishin lanë shtëpitë e tyre, pasi nuk e donin regjimin e Enver Hoxhës. Ishin në hall se për t'u hedhur përtej kufirit në Jugosllavi, kishin frikë se Titoja mund t'i dorëzonte tek qeveria e Tiranës.

Toger Baba, kishte për qëllim gjetjen e arrestimin e tyre. E filloi misionin e tij me terror në popull, pa dallim. E nisi fillimisht në fshatin Fanë. Dha urdhër që katundarët të mos i mbyllshin shtëpitë e as ditën e as natën, se ishin për kontroll. *Burrat i mblodhi dhe dha urdhër t'i shtronin në hu, pasi t'i zhvishnin. Të çburrëruar e të lidhur dorë për dorë i shtynin pranë një zjarri të madh të ndezur, ndërsa i rrihnin.*

E sa për gratë…mjerë ajo grua që ia vinte syrin Toger Baba, se nuk dilte nga duart e tij pa u përdhunuar.

Kur hynte nëpër pyje në ndjekje të të arratisurve merrte me veta gra (jo burra) që t'i tregonin rrugën.

Pasi mbaronin misionin ato të shkretat ktheheshin në shtëpitë e tyre të turpëruara e pa guxuar të thoshin një fjalë. Populli jetonte në panik.[178]

Qeverisë i shkuan raporte për punët e tij të zeza, por mbeten nëpër sirtarët e zyrave deri sa i erdhi fundi kësaj pune.

Në tetor të vitit 1946, ai mbërriti në Kodrën e Spaçit dhe arrestoi krejt burrat e katundit, 40 vetë. Të lidhur dorë për dorë ata i detyruan të ecin tre orë në këmbë, të zhveshur.

Në katundin Mushtë të Bjeshkës së Munellës përdori si burg për t'a një stallë lopësh, ku balta kishte shkuar deri në gju. Të nesërmen burrat i vunë përsëri përpara deri në Kimëz. Atje kishte mbledhur burra e gra nga katundet e tjera.

Aty i ra në sy gruaja e Preng Gjon Markut e cila quhej Dilë. Ai e arrestoi dhe pastaj dha urdhër që t'a zhvishnin. (!!!) Gruaja kundërshtoi me fjalë të rënda dhe atëherë togeri urdhëroi të bëhej një zjarr me dëllinja të thata dhe t'a hidhnin gruan në zjarr. (!!!)

Burri i saj duke mos duruar më, shpërtheu lidhjen e duarve dhe arratiset nëpër mal ashtu siç ishte, i pa-armatosur. Policia dhe partizanët e Toger Babës iu vunë pas dhe e vranë.

Një kushëri të tij, që atë kohë studionte në Moskë, Pal Nikoll Prendit, i shkoi fjala se ç'po ndodh në Mirditë Ai mori dy javë leje e kthehet prej andej dhe raportoi gjendjen në qeveri. Raporti i Pal Nikoll Prendit i shkon në dorë ministrit të Brendshëm në atë kohë, Koçi Xoxes.

Toger Baba e lë Mirditën e shkon në Zadrimë. Mendoi se me Zadrimën do t'a kishte më lehtë, duke mos e ditur se zadrimasit përbëheshin më shumë nga mirditorë të ardhur nga Mirdita. Në Hajmel vendosi qendrën e tij. I ra në sy një vajzë e bukur. Ishte e motra e Kol Simonit, Luçia. Për t'a pasur lehtë me e shti në dorë të motrën, Luçien, arreston të vëllain nën preteksin se ky ka strehuar çetat e malit. E torturoi djalin me pyetje, por nuk nxorri gja prej tij. E vërteta ishte që Kola s'ishte marrë me këtë punë.

Atëherë *arrestoi Luçien, dhe i kërkon të bjerë në shtrat me të. Kur ajo nuk pranoi atëherë ai i u hodh për t'a përdhunuar. Vajza rezistoi me gjithë fuqinë e saj, duke ia çjerrë fytyrën me thonj togerit, dhe i shpëtoi nga duart.* Ai iku me vrap dhe u fsheh në një shtëpi në katund. Aty priti sa të dilte drita dhe u nis për në Shkodër. Ndërkohë togeri kishte dhënë urdhër që katundi të dorëzonte vajzën ose përndryshe do t'i vriste të vëllain, Kolën. Dhe ashtu bëri. Porositi që ta dërgonin djalin në burgun e Lezhës e rrugës t'a vrisnin, nën pretekstin absurd se u kishte ikur nga duart rrugës.

---

[178] Gazeta "**Panorama**", 1 Maj, 2019.

Luçia me të mbërritur në Shkodër shkoi drejt e tek familja e **Tuk Jakovës** me të cilën familja e saj kishin miqësi. Prova se çfarë i kishte ndodhur ishte ajo vetë, boll që t'a shikoje të shkyme rrobash e të rrahun. **Tuku e këshilloi të shkojë në Tiranë dhe i dha vajzës një letër për t'ja dhënë në dorë Koçi Xoxes.**

Koçi Xoxe, kur e pa vajzën në atë gjendje dhe lexoi letrën dha urdhër që të shkohej në Hajmel e të vërtetoheshin në vend gjitha sa ishin raportuar për **Hodo Habibin**, të ashtuquajturin **"Toger Baba"**. [179]

Nga ana e tjetër vetë Gjykata e Shkodrës, kishte marrë informacionet për veprimet terroriste të njeriut të tyre komunistit të përbetuarë togerit në zonën e Mirditës.

Fatmirësisht, për të fshehur gjurmët e krimeve të sistemit të tyre komunistët e sakrifikuan njeriun e besuar të tyre Toger "Babën", të cilin e varën në konop. Më kanë thanë se ma vonë, pasi **Enveri e dënoi Koçi Xoxen, toger "babën" e bani hero…"**[180]

I përndjekuri politik Tanush Kaso tregon për kriminelin toger Baba (Hodo Hatibi) në Mirditë dhe Lezhë

Në tregimet e ish të përndjekurit politik në kohën e regjimit komunist në Shqipëri *Tanush Kasos*,[181] kanë qenë gjithnjë torturat që u bëheshin femrave.

---

[179] Tanush Kaso, **"Krimet e komunizmit: një histori e plotë për Mirditën: (1944-1950)"** (*Monografi*), Botimi dhe prodhimi **i Institutit të Studimeve për Krimet dhe Pasojat e Komunizmit (ISKK),** Tiranë, 2018, ISBN - 978-9928-168-92-4.

[180] Albana Melyshi Lifschin, **"Yjet nuk janë të kuq Saga e Melyshajve"**, Botime "DUDAJ", 235 faqe, Tiranë, 2013, ISBN 13-9789994303236.

[181] *Tanush Kasos* u lind në Tiranë, në vitin 1934. Pas mbarimit të shkollës Pedagogjike në qytetin e Tiranës, shërbeu për disa vjet si arsimtar në fshatrat e kryeqytetit e të Peshkopisë. Më 1961, teksa vazhdonte të punonte si arsimtar në fshatrat e Tiranës dhe ndiqte me korrespodencë Fakultetin e Gjuhë Letërsisë në vitin e tretë, *u arrestua* **"me akuzën e pjesëmarrjes në një grup armiqësor kundër pushtetit, që kishte si qëllim krijimin e një partie social-demokrate".** Më 11 gusht 1962, me vendim nr. 113, Gjykata Ushtarake e Tiranës e deklaroi fajtor **"për tradhti ndaj atdheut"** dhe **"agjitacion e propagandë"** dhe e dënoi me **13 vjet heqje lirie,** konfiskimin e pasurisë të tundshme e të patundshme dhe humbjen e të drejtave elektorale për 3 vjet kohë. Pas kryerjes së dënimit, u shtrëngua të punonte punë nga më të rëndat…

Cilët ishin policët në qelitë e Hetuesisë, të cilët abuzonin mbi gratë dhe vajzat shqiptare me dhunë fizike e përdhunime?

Ç'nderimet me forcë nga kryepolicët dhe rastet e vdekjeve që u jepnin fund vuajtjeve pa motiv. Kjo është vetëm një pjesë e dëshmive të tij, nga më të rëndat.

Sipas dëshmive të njerëzve që i kanë jetuar, vitet e para të diktaturës në Shqipëri janë të mbushura me ngjarje terrorizuese dhe krime çnjerëzore, të kryera nga personat e ngarkuar me përgjegjësi, për aftësinë e tyre për të qenë çnjerëzor tej imagjinatës njerëzore.

*Siç tregohet në librin e Tanush Kasos, "**Krimet e komunizmit; një histori e plotë për Mirditën 1944-1950**", pjesë nga i cili u botuan më parë në gazetën* **Panorama***, një prej këtyre njerëzve ishte dhe* **Hodo Habibi, nga Kurveleshi i Vlorës***, të cilit iu ngarkua nënshtrimi i Mirditës, një krahinë e njohur për qëndresën antikomuniste.*

Sipas Kasos, **krimineli terrorist Toger Baba**, e ushtroi misionin e nënshtrimit të Mirditës, në mënyrat më poshtëruese të mundshme, duke përdhunuar gratë dhe duke zhveshur dhe rrahur burrat me dru zjarri.

Asokohe kush nuk i bindej dhunës së tij, do të torturohej, do të vritej, në mos edhe do të digjej e gjallë, siç ndodhi me Dilen, gruan e Preng Gjon Markut, të cilin më vonë e pushkatuan.

Një përsëritje e historive legjendare të vetësakrifikimit të grave, për t'i shpëtuar përdhunës, por jo të një armiku të huaj e të largët, tanimë, por të një personi të besuar të pushtetit që do të mbizotëronte në Shqipëri edhe për 45 vjet të tjera nga ajo kohë.

Pjesë nga libri i Tanush Kasos mbi krimet e terroristit toger Baba:

"Në vitin 1945-1946, në Mirditë vepronin rreth pesëqind të arratisur antikomunistë, të ndarë në çeta të vogla.

Kjo përbënte rrezik për regjimin e Tiranës, i cili e vuri si detyrë parësore zhdukjen e tyre me çdo mjet e mënyrë të mundshme.

U përzgjodhën elementët që do të vepronin atje, midis atyre që kishin dhënë prova të barbarisë së tyre mbi fshatarësinë e Jugut, veçanërisht mbi atë të lumit të Vlorës, të Kuçit e Bolenës, ku kishin ndeshur në qëndresën e armatosur të çetës së Lahe Nuros e të Izet Vrazhdos dhe ku kishin ushtruar një terror të paparë në historinë e atyre vendeve duke mos kursyer as pleqtë, gratë dhe foshnjat e djepit.

Një nga ato kafshë me fytyrë njeriu ishte edhe një i quajtur Hodo Habibi, nga fshati Kuç i Kurveleshit.

Edhe pse pa kurrfarë tradite familjare e i pashkollë, për 'meritën' e barbarisë së treguar në reprezaljet komuniste, atij i kishin dhënë gradën 'toger' i Forcave të Ndjekjes dhe dyqind ushtarë nga pas.

U vetëquajt Toger Baba dhe kështu nisën ta thërrisnin të gjithë: vartësit, eprorët dhe populli. Të paktë ishin ata që e dinin se ai quhej Hodo Habibi dhe se ishte nga Kuçi i Kurveleshit.

Kryekrimineli Mehmet Shehu i kishte dhënë të ngjashmit të vet kompetenca të plota dhe njëfarë 'Carta Bianca', që i lejonte të bënte çfarë të donte mbi 'popullin armik' të Mirditës katolike.

I dehur nga fuqia që i kishin dhënë, ai nisi veprimtarinë e tij në Mirditë, me fushatën e çarmatimit.

Ai urdhëroi që dyert e çdo shtëpie mirditore të liheshin hapur, ditën dhe natën, deri në një urdhër të dytë, mbasi do të ushtroheshin kontrolle të befasishme nga Forcat e Ndjekjes, për armë dhe për të arratisurit politikë.

Një gjë e tillë nuk kishte ndodhur kurrë në Mirditë, që nga krijimi i saj.

Por, shpejt u pa se qëllimi i toger Hodos kishte qenë i dyfishtë: të kryente de-tyrën qeveritare dhe njëkohësisht të përmbushte epshet e tij shtazore, duke përd-hunuar gra e vajza të pambrojtura.

Bashkë me 'trimat e tij', ai grabiste edhe sende me vlerë, që ruheshin nëpër sepetet e shtëpive fisnike, të zotët e të cilave ishin pushkatuar ose ndodheshin në arrati.

Siç shkruan heroi i rezistencës antikomuniste, Nikoll Mëlyshi (me banim në SHBA, shënimi im K.K.), *në faqet 279-280, të librit të tij "Ngjarje Historike: 'U kërcente grave në shtrat, për t'i shnderue me përdhunë, tue i friksue me kobure në dorë; u kishte marr ftyrën shumë femnave, por nuk guxonte as kurrkush me ba ankesa, se do t'i delte shpirti pre drunit të 'Babajt'.*

Kur delte drita, i mblidhte katundarët në nji shesh në qendër të katundit dhe i urdhnonte qi të bashin nji zjarr të madh me dru shumë e mandej i zhvishte pop-ullin lakuriq dhe i lidhte të gjithë me konop dorë për dorë rreth e përqark atij zjarri dhe kapte drun dhe u binte shpinës, qi të afrohen zjarrit e të digjen.

Mandej, kur lodhej vet, i zgjidhte dy ose tre ma të fortit dhe iu jepte dajakun në dorë e i urdhëronte të silleshin ata mbi shokët e vet të lidhun duersh.

Ndonjiher i zgjidhte të gjithë dhe i bante me forcë të sjellin me dru njani me tjetrin; dhe kur shifte se ndonjani nuk po e përdorte krejt fuqinë e drunit, atëherë Babaj atë njeri e shtronte përdhe dhe ia nxirrte shpirtin me dru.

E kur togeri kishte ba qejfin e tij me të rrafunat, e qi kur fillonte bora me akull, po kështu i zdeshte burrat dhe i detyronte të hyjshin në ujë të ftoftë të lumit Fan i Vogël.

Ky barbar i popullit, kur hynte nëpër pyje, gjoja për ndjekje t'arratisunish, merrte me vete si udhëhekëse dy ose tri gra ma të mirat dhe mbasi i shkërdhente 10-15 ditë, i lironte gratë e shkreta dhe shkoshin në shtëpijat e tyne të turpnume dhe të laskaryueme e të levrozueme nga përdhunimi i toger Babës".

Fundi tragjik i grave që kundërshtuan toger babën

I pari i vendit, kryekomunisti **Bardhok Biba dhe komunistët e tjerë mirditorë, nuk reagonin fare, por i miratonin në heshtje veprimet antiligjore dhe çnjerëzore të Toger Babës me shokë.**

Këto çështje ata nuk i ngrinin as në mbledhjet e organizatës bazë të Partisë dhe as nuk i raportonin në Komunitetin Qendror.

Ndërsa fshatarëve u kishte hyrë frika në palcë dhe nuk guxonin të hapnin gojën se i priste vdekja pa gjyq. Kështu ishin pushkatuar prej tij: Gjok Marka Ndreca, Marka Preng Zefi, Marka Ndrec Bajraktari, Ndue Nikoll Ndoka, Frrok Nikoll Ndoka e shumë të tjerë.

Vetëm gruaja e këtij të fundit mori guximin ta kundërshtonte me fjalë të ashpra togerin e kuq, kur ai urdhëroi që ajo të zhvishej lakuriq përpara të gjithë të pranishmëve. Ajo e kërcënoi se do të shkonte në Tiranë dhe do ta raportonte tek Enver Hoxha.

Emri i "Komandantit legjendar" e bëri të mendohet Toger Babën dhe e prapësoi urdhrin e dhënë. Mbasi bëri një mijë të zeza në krahinën e Fandit, në tetor të vitit 1946, ai me forcat e veta u shpërngul dhe shkoi në Bajrakun e Spaçit.

Sapo u vendos në Kodër të Spaçit, arrestoi të gjithë burrat e atij vendi, rreth dyzet vetë. I zhveshi lakuriq, i lidhi me litar dorë përdore dhe i nisi në këmbë për në katundin Mushtë të Bjeshkëve të Munellës që ishte tri orë larg. Aty, i futi në stallë lopësh me baltë e mbeturina, ku kaluan natën si të burgosur.

Të nesërmen i vuri përpara si bagëtinë dhe i çoi në katundin Kimëz, ku ishin grumbulluar edhe fshatarë të tjerë nga Gjegjani, Shkoza, Gojani etj.

Mblodhi popullin, me burra e gra, dhe para të gjithëve rrahu rëndë priftin 65-vjeçar, Dom Nikoll Kimza, të cilin pastaj e nisi për në burgun e Shkodrës.

Mandej urdhëroi që të zhvishej lakuriq gruaja e Preng Gjon Markut, Dila. Por meqenëse ajo kundërshtoi ashpërsisht, Togeri dha urdhër që të ndizej zjarr i madh dhe Dila të digjej me gjithë rroba.

Ndërkohë, burri i saj, Prenga, mundi t'i zgjidhë duart dhe u largua me vrap në drejtim të maleve.

Por, policët dhe ushtarët e Hodos e ndoqën dhe e vranë. Kjo ngjarje u përhap nëpër fshatrat përreth.

Mbas disa ditëve, fjala i shkon edhe kushëririt të Prengës, Pal NIkoll Prendit, i cili ishte duke kryer studimet në Moskë, të Rusisë (rast i rrallë ky për mirditorët). Ai preket e zemërohet së tepërmi nga këto veprime kriminale. Kërkon disa ditë leje të kthehet në Tiranë, ku menjëherë i drejtohet udhëheqjes së lartë të Partisë Komuniste dhe ministrit të Punëve të Brendshme, Koçi Xoxe, të cilëve ua përshkruan atë që po ndodhte në Mirditë.

Siç vazhdon të tregohet në libër, pas kësaj, Koçi Xoxe e largon Hodo Habibin nga Mirdita, për ta çuar në Lezhë, ku Togeri famëkeq vazhdon të njëjtën sjellje çnjerëzore, me burrat dhe gratë e Zadrimës." (*Marrë nga libri i Tanush Kasos, "Krimet e komunizmit; një histori e plotë për Mirditën: 1944-1950).*[182]

Ulkonja partisë komuniste, lëshoi këlyshin e vet *Toger Babën*, të cilin e hangri me një kafshatë të gjallë më vonë tek e vari në litar dhe e ekzekutoi, për të mbuluar mizoritë që ai dhe Mehmet Shehu bënë në Shkodër dhe Mirditën e pamposhtur…

Mirdita origjinale e kohërave të hershme të historisë dhe gjatë shekujve ka nëshkruar lavdinë e saj. Me një shpejtësi të madhe zhvillohen ngjarjet në Shqipëri, mbas vendosjes së diktaturës komuniste në vend.

Fjala diktaturë, nuk është gjetje retorike ose shpikje përçudnuese ndaj këtij sistemi, por vetë komunistët thonë, se në Shqipëri u vendos diktatura e proletariatit, e njëjtë kjo me ish vendet e Bllokut Komunist në Europën Lindore, ku si padrone ishte Rusia (ish-Bashkimit Sovjetik) me kriminelët kundër njerëzimit Lenini dhe Stalini.

Mediat e huaja, megjithse nuk lejoheshin të atashoheshin në Atdhe, përmes të porsa të arratisurve politikë nga Shqipëria, vazhdimisht shkruanin për persekutimin, që kishte filluar me hapa të përshpejtuar, ku epiqendra e termetit komunist u bë Shkodra kundërkomuniste, që kërkonte të ruante vlerat e perlave të djepit të kulturës.

Brenda burgut të madh të Shqipërisë, në Shkodër deri në vitin 1947 u hapën 12 burgje. Tre vjet më vonë (1950), panairit të krimeve ndaj banorëve të saj do t'i shtohen edhe 14 burgje të tjera, për të mbajtur në qeli të ftohta bijtë më të mirë të Shkodërlocës, duke iu nënshtruar hetuesisë, torturave çnjerëzore, pushkatimit me rradhë e pa rradhë dhe me vdekje misterioze të

---

[182] Tanush Kaso, "**Krimet e komunizmit: një histori e plotë për Mirditën: (1944-1950)**" (*Monografi*), Botimi dhe prodhimi *i Institutit të Studimeve për Krimet dhe Pasojat e Komunizmit (ISKK),* Tiranë, 2018, ISBN - 978-9928-168-92-4

organizuar në fshehtësi nga Sigurimi i Shtetit, që po linde me gjak e po mbahej me gjak mbi kufomat e pafajshme. Shkurt: ishte vënë përballë togës së pushkatimit truri ose ajka e kulturës më të ndritur shqiptare ndër shekuj…

Duhet thënë se asokohe krimi dhe terrori sistematik ishte rritur shumë ndaj dy motrave kundërkomuniste: Shkodrës dhe Mirditës, në Shqipërinë e Veriut, të cilat e pësuan më rëndë nga diktatura se shumë qytete të Shqipërisë së Jugut të marrë sëbashku. Këtë gjë e mësojmë edhe përmes korrespondencës së pasur, që ndodhet në librin që kemi sot në dorë.

Autori kosovar Mrijaj, përmes një analize të detajuar për ndodhi të veçanta historike ecë në një linjë sinkronike argumentuese edhe me shumë autorë të tjerë nga Shqipëria.

Kështu studiuesit **dr. Pjetër Pepa**, ish Ambasador i Shqipërisë në Selinë e Shenjtë në Vatikan, në librat e tij: Dosja e Diktaturës (1995), *Tragjedia dhe Lavdia e Klerit Katolik në Shqipëri* (2007) dhe Uran Butka, në librin e tij: *Lufta Civile në Shqipëri 1943-1945* (Tiranë, 2006), përmes dokumenteve historike të dlira në Qendrën e Arkivave të Shtetit në Tiranë, shkruajnë për rezistencën e vendosur kundërkomuniste në Mirditë. Jo të pakët janë dëshmitë historike nga të arratisurit nga Shqipëria dhe burgjet e saj.

Të tilla janë kujtimet e *Kapidanit të Mirditës Ndue Gjomarkut, Kolec Pikolinit, Ndue Melyshit*, etj., një pjesë e së cilës janë të botuar edhe në shtypin e kohës, libra me kujtime dhe dëshmuar disa herë gojarisht dje dhe sot.

Përputhshmëria e ngjarjeve të përshkruar nga studiuesi Mrijaj, me shumë dokumente arkivore në Tiranë, dhe ato të ofruar për Mirditën dhe klerin katolik nga hulumtuesit nga Shqipëria **dr. Pepa dhe Uran Butka**, tregon seriozitetin dhe përgjegjshmërinë me të cilin jetëshkruesi ka punuar gjatë shumë vitëve, për të nxjerrë në dritë monografinë, duke e pasuruar përmes ngjarjeve rrëfyer ndër vite nga kleriku dhe atdhetari i shquar dr. Zef Oroshi.

Gjatë kohës që meshtari ishte si azilant politik në Mitrovicë (Kosovë) më 3.2.1953, i dërgon një letër prej katër faqesh Kapidanit të Mirditës Ndue Gjomarkut, që ishte në Romë.

Ndër të tjera, ai e informon imtësisht për gjendjen e rëndë, në të cilën gjendej Mirdita dhe Shqipëria, një vit para arratisjes në ish Jugosllavi, duke i bërë një analizë konkrete tragjedisë brenda burgut të madh plot skllevër, ku ishte plandosur fatkeqsisht populli i mjerë shqiptar, nën kthetrat e manjakut kundërshqiptar e kundërkatolikut të tërbuar ardhacakut të huaj Enver Hoxha.

Ja një pasazh nga letërkëmbimi **Oroshi-Gjomarku**, që hulumtuesi Mrijaj, ka ofruar për lexusin për herë të parë: "*Për sa m'pytni përmbi vendin tonë, Mirditë, po Ju përgjegjem, për ç'ka t'më bjeri ndërmend shkurtimisht.*

Sigurisht qi vuejtjet materjale e fizike, i ka përjetue gjatë Shqipnia këto vjetët e fundit janë qenë ma të randa, se t'atyne qi gjinden qe me kohë në mërgim; megjithatë, unë për vedi tesh nuk i baj të paqenme për sa më ban jeta dhe jo për ndonji kryenaltsi të pavend, vetëm sepse kam pas rastin me pa s'afërmi zhvillimin e tregtis së tmerrshme në vllaznit tanë; me derdh lot e djersë gjakut me ta; me njoftë karakteret e ndryshme, të mirin e të keqin; idealistin e vërtetë dhe oportunistin e degjenerum; me njoftë visaret e çmueshme të karaktereve të çelikta të malcorit tonë dhe të katundarit, të cillit tallazet e vuejtjeve, në thjeshtësin e tij të pa shum teori, i kanë formue ma së mirit ndërgjegjen e drejtë kombtare e ka sakrifikue gjithçka për të mirën e Atdheut; gjithashtu megalomanin, qi i zhytun deri në fyt në nji opurtunizëm servil e të poshtëm, ka trathtue gjakun e vllazënvet të vet; me fjalë të shkurta, mikun e vërtetë e mikun e kujtum.

…Me keqardhje, na duhet të thomi, qi kurrdonji herë nuk i asht shti popullit shqiptar sistematikisht nji përçamje aq e madhe, me parimin "devide et impera" (përça e sundo, shënimi im K.K.) *sa ndër kohnat e sodit nga klika sunduese e Shqipnis; përçamje në familje, përçamje në fshatarsi, përçamje ndër qytetarë, shkaktue nga agjentat e Sigurimit, tue privilegjue të kqij ose agjentat e tue shtypë popullin me anën e tyne.*

Vetë klika e Tiranës asht mundue edhe deri diku ia kanë dalë me shti përçamje të përjetshme në mes të Toskëve e Gegëve. Toskët, pothuejse tesh 8 vjet e kndej, kanë fatin e popullit shqiptar dhe Shqipnis në dorë.

Sot Mehmet Shehu, ka zgjedhë e futë në Sigurim nierzit e anës së Jugut, të kompromentuem derinë fyt me gjakun e popullit shqiptarë, nierz të lindun dhe të formuem në farkën e kanibalve të regjun me gjak e qi Mehmeti i njeh mirë, se edhe në ndrrimin e nji situate, ata nuk presin shpëtim.

Prandaj janë oficera të naltë Sigurimi, nierzit ma kriminela e gjaksor të regjun, injoranta, të cillët, jo vetëm nuk dijnë ç'don të thotë ndërgjegje kombtare, por nuk kanë në vedi as ma të voglen nienjë humanitare.

Ksish me pozita ma me randsi, janë: mallakastralijt, skraparas, lab, korçar e vlonjat, e jo me pakicë, por deri në 5 ose 6 oficera nji shpijet; të gjith barij, hamaj, teneqexhi, nallban etj…" **(Mrijaj, f. 59)**

Mirënjohja, gjest fisnikërie i klerikëve

Mrijaj, në veprën e re, na jep dimensionin e madh të mirënjohjes që dom Zef Oroshi, ka pasur ndaj msuesit dhe mjeshtërit të madh të gjuhës sonë fjalëmjaltin dom Ndre Mjedja, duke ofruar kujtime origjinale të nxënësit për mësuesin e dashur, që i mëkoi me përkushtim shkronjat e para shqipe të ABC-së.[183]

Kështu në shtjellimin e temës: "*Mirënjohja ndaj mësuesve të parë*", ndër të tjera jetëshkruesi Mrijaj, na njeh shumë mirë me nxënësin e zellshëm të vatrës së ngrohtë atdhedashëse e përparimtare adolishentin Oroshi të Kolegjës Saveriane, që i ndrojtur por krenar futet në klasat dritëdhënëse, ku jepnin mësim krenaria e kulturës që me shembuj ndër shekuj, kanë treguar qenësinë e vijimësisë autoktone iliro-shqiptare.

Në Amerikë (shteti New York), ai e përkujton shpesh me biseda, **artikuj dhe me një Simpozium kushtuar posaçërisht jetës dhe veprës dom Ndre Mjedjës, në 40-vjetorin e kalimit në amshim.** Këtu dom Oroshi, shkruan 5 faqe, kumtesë me titull sinjifikativ kushtuar poetit brilant.[184]

Midis shumë dijetarëve të shquar shqiptarë, në tubimin e rëndësishëm kulturor, sikurse shkruan studiuesi Mrijaj, u dallua me ligjeratën e tij të spikatur eruditi kundërkomunist konseguent **Profesor Emeritus shkodrani prof. Arshi Pipa.**

Përveç se shqipërues, shkrimtar, studiues, teolog e filozof, ai ishte edhe një publicist i kujdeshëm e i mprehtë për kohën. Me daljen e revistës në fjalë të komunitetit katolik në New York, Oroshi i kushtohet tërësisht buletinit që ai vetë themeloi dhe drejtoi. Shkrimet e tij mbajnë nënshkrimin dom Zef Oroshi dhe pseudonimet: *Theologu, Zodiaku, Redaksia, Drejtoria, D. Z., etj.*

Dëshmohet me prova, se rreth 70 % të shtypit në fjalë e përgatiste dhe redaktonte vetë, sikurse rikujton sot bashkëpunëtori i tij i ngushtë dhe njëherit edhe kryetar i Këshillit të Kishës, aktivisti e publicisti veteran Tonin

---

[183] Tomë Mrijaj, "*Mirënjohja ndaj mësuesve të parë*" në librin: "**Monsinjor Dr. Zef Oroshi - Një Jetë e Shkrirë për Fe e Atdhe**", Bronx, New York, 2009, f. 67-74.

[184] Mons. dr. Zef Oroshi, "**Dom Ndre Mjedja**", të cilën e boton në faqet e revistës "Jeta Katholike Shqiptare", Vjeti XII, #4, nr.48, Tetor-Dhetuer, 1977, f.15-21.

Mirakaj, *"Monsinjori e merrte me vete makinën e shtypit, korrigjonte dhe redaktonte me shumë kujdes shkrimet e tij dhe bashkëpunëtorëve të revistës"*.

Kjo vinte nga fakti, se Oroshi librat i kishte pasion dhe ushqim shpirtëror, sepse Urdhërat Katolike dhe posaçërisht Etërit Françeskan dhe Jezuit, në qytetin e lashtë të Shkodrës e kishin për traditë shtypin e lirë, demokratik dhe luajal, si një tryezë e hapur bashkëbisedimi të lirë mediatik, kulturorë dhe shkencorë asokohe, për të gjithë mendimtarët progresistë shqiptarë dhe të huaj të kohës ndër shekuj.

Noli dhe Oroshi, janë dy figura të spikatura të komunitetit shqiptaro-amerikanë, të cilët nga studiuesit e sotshëm nuk janë lëvruar. Janë shkruar deri më sot gjashtë vepra (ku janë shfrytëzuar edhe Arkivat e Federatës Panshqiptare "Vatra" në Boston dhe New York, shënimi im K.K.), kushtuar Peshkopit të kishës ortodokse së shën Gjergjit në Boston imzot Fan Stilian Nolit, por në asnjë nga ato nuk gjen letërkëmbimin apo edhe takimet e shpeshta të tyre.

Duhet thënë se dialogu shpesh mes tyre dhe **Kadinalit Richard James Caushing**[185] në Boston, kishin një qëllim të përbashkët: bashkimin brenda

---

[185] **Kardinal Richard James Cushing (1895-1970)**, ishte një prelat i lartë amerikan i Kishës Katolike. Ai shërbeu si Kryepeshkop i Bostonit në vitet 1944-1970 dhe u bë kardinal në vitin 1958. Roli kryesor i tij ishte si mbledhës fondesh dhe ndërtues i kishave, shkollave dhe institucioneve të reja. Ndryshe nga paraardhësi i tij, ai ishte në marrëdhënie të mira praktikisht me të gjithë elitën e Boston-it, pasi **zbuti konfrontimin tradicional midis irlandezëve katolikë dhe klasës së lartë protestante**. *Ai ndërtoi marrëdhënie të dobishme me hebrenjtë, protestantët dhe institucionet jashtë komunitetit të zakonshëm katolik.* **Ai ndihmoi kandidatin presidencial John F. Kennedy të shmangë frikën e ndërhyrjes së papës në qeverinë amerikane, nëse një katolik bëhej president.** Dobësia e tij kryesore e tij ishte zgjerimi i tepërt i institucione të reja katolike, që nuk mund të mbështeteshin në afat të gjatë dhe që u shkurtuan nga pasardhësit e tij. Cushing lindi në City Point, Boston Jugor më 24 gusht 1895. Ai ishte i treti nga pesë fëmijët, ai ishte djali i Patrick dhe Mary (nee Dahill) Cushing. Prindërit e tij ishin të dy emigrantë irlandezë; babai i tij ishte me origjinë nga Glanworth, County Cork, dhe nëna e tij nga Touraneena, County Waterford. Babai i tij, i cili erdhi në SHBA në vitin 1880, ku filloi të punonte si farkëtar (herkur-thyes). Cushing mori arsimin e tij të hershëm në shkollën Perry Public Grammar School në Boston-in e Jugut, pasi atëherë nuk kishte asnjë shkollë komunale për djem në Gate of Heaven Parish. Më pas ai hyri në shkollën e mesme të Kolegjit të Boston-it, një shkollë përgatitore e Kolegjit Jezuit. Shkollimin e tij atje e paguante kushëriri i tij, i cili ishte

prift i Kryedioqezës së New York-ut. Mbaroi shkollën e mesme në vitin 1913, duke marrë nderime për latinisht dhe greqisht. Ai u gjend për një kohë midis fesë dhe politikës. Në fillim ai donte të bëhej politikan dhe u mendua dy herë t'u bashkohej jezuitëve apo jo, dhe arriti në përfundimin se ai "**ishte i prerë më shumë për jetën aktive dhe jo për apostullimin mësimor.**" Ai hyri në Kolegjin e Boston-it në vitin 1913, ku ishte aktiv në Marquette Debating Society e u zgjodh nënkryetar i klasës së tij të dytë. Në vitin 1915, Cushing **u regjistrua në ushtrinë e SHBA-së, por u lirua pse vuante nga astma**. Pasi ndoqi Kolegjin e Bostonit për dy vjet, ai filloi studimet për priftëri në Seminarin e shën Gjonit në Brighton në shtator 1915. Studenti i ri u caktua të vazhdonte studimet në Kolegjin Papnor të Amerikës së Veriut në Romë, por përshkallëzimi i aktivitetit të U-boat e pengoi atë të lundronte përtej Atlantikut. Më 26 maj 1921, Cushing **u shugurua prift nga kardinali William Henry O'Connell** në Katedralen e Kryqit të Shenjtë. Detyra e tij e parë ishte si kurator në kishën e shën Patrik-ut në Roxbury, ku qëndroi për dy muaj. Më pas ai u transferua në kishën e shën Benediktit në Somerville. Ai **u ngrit në gradën kishtare Imzot (si prelat) më 14 maj 1939**. Më 10 qershor 1939, pasi peshkopi Francis Spellman u emërua Kryepeshkop i Nju Jorkut, Cushing u emërua, me kërkesë të kardinalit O'Connell, si peshkop ndihmës i Boston-it dhe peshkop titullar i Mela nga Papa Piu XII. Ai mori shenjtërimin e Tij peshkopal më 29 qershor pasardhës nga Kardinali O'Connell, në Katedralen e Kryqit të Shenjtë, me peshkopët John Bertram Peterson dhe Thomas Addis Emmet, S.J., që shërbenin si bashkëkushtues. Pas vdekjes së Kardinalit O'Connell në prill 1944, ai shërbeu si administrator apostolik i kryedioqezës. Cushing **u emërua Kryepeshkopi i tretë i Bostonit më 25 shtator 1944, pas vdekjes së kardinalit O'Connell dhe duke nderuar kërkesën e tij të mëparshme që Cushing ta pasonte atë.** *Gjatë mandatit të tij, Bostoni do të shihte shkishërimin e Fr. Leonard Feeney për refuzimet e përsëritura për t'u thirrur në Romë.* Feeney refuzoi të tërhiqej nga pozicioni i tij, megjithëse është raportuar se ai u pajtua përfundimisht me Kishën para vdekjes së tij. **Arqipeshkëv Cushing, ishte një anëtar i Urdhrit të Tretë të shën Françeskut dhe mbrojtësi Kombëtar i Urdhrit të Tretë në Amerikë**, bëri një udhëtim anësor për të parë Asizin, vendlindjen e shën Françeskut, ndërsa drejtonte Pelegrinazhin Kombëtar në Lourdes dhe Romë. Gjatë këtij udhëtimi, atij **iu dha Legjioni i Nderit** atë ditë *nga Ministri i Jashtëm francez Robert Schuman.* Pas vdekjes së Piut XII, Cushing botoi një elegji emocionuese për Të. Në vitin 1959, ai **botoi një biografi të Papës së ndjerë Pius XII (1939–1958)**, duke e përshkruar papën e ndjerë si "Papa e Paqes". *Puna e tij kontribuoi në bërjen e Kishës Katolike Romake të pranueshme për popullatën e përgjithshme në kohën e kandidimit të senatorit të atëhershëm John F. Kennedy për Shtëpinë e Bardhë.* Ai **u nderua nga B'nai B'rith si "Njeriu i Vitit" në viitn 1956**, për *"një jetë shërbimi të shquar për*

Shtëpisë së Zotit, të kishave shqiptare të ritit katolik perëndimorë me ato lindore ortodokse në një të vetme, mbasi grigjia ishte e një etnie, gjuhe tradite dhe kombi.

Bashkëkohësi ynë, na përshkruan Oroshin dhe në këtë rast portretizon shumë bukur edhe mikun e tij të dashur imzot Fan Stilian Nolin dhe komunitetin ortodoks në Boston. Pikërisht përjetimet e veta mbresëlënëse për Nolin dhe frymën dashamirëse ekumenike të tij, kleriku katolik mirditor, i përshkruan në punimin që ia dedikon tërësisht atij në shenjë nderimi dhe respekti, që ai ka bërë jo vetëm si Peshkop i besimtarëve të vet, por edhe si një atdhetar i madh, intelektual erudit etj.

Kështu në librin: *"Flamurtar i Kombit"* (1882-1982), një botim special i

---

kauzën e vëllazërisë njerëzore nën Zotin dhe në njohjen e mëtejshme të lidershipit të madh në fushat e arsimit dhe marrëdhënieve me komunitetin." Arqipeshkëvi Cushing u bë Kardinal (**Prift i Santa Susanna-s**) *me Vendim të Papa Gjonit XXIII në konsistencën e 15 dhjetorit 1958.* **Ai ishte një nga zgjedhësit kardinalë në konklavën papale të vitit 1963, e cila zgjodhi Papa Palin VI.** Një mik i ngushtë i familjes Kennedy, ai shërbeu në martesën e John F. Kennedy dhe Jacqueline Lee Bouvier në 1953, në të cilën ai gjithashtu lexoi një lutje të veçantë nga Papa Pius XII dhe pagëzoi shumë nga fëmijët Kennedy. **Kardinali kremtoi meshën funerale të Presidentit Kennedy në 1963 në Katedralen e Shën Mateut, Washington, D.C., pas vrasjes së Kenedit në Dallas, Teksas.** Ai mbajti një eulogji televizive për Presidentin. **Kardinali Cushing më vonë mbrojti Jacqueline Kennedy pas martesës së saj me Aristotle Onassis në 1968.** Ai mori një sasi të madhe postash urrejtjeje dhe u kundërshtua nga Vatikani. **Gazeta Boston Globe raportoi më 5 qershor 2002 se dokumentet e Kishës të publikuara një ditë më parë tregojnë se Kryepeshkopata e Bostonit kishte njohuri për sjellje të pahijshme seksuale nga disa priftërinj, të cilët u lejuan të qëndronin në shërbim aktiv pavarësisht ankesave.** Në vitin 1959, Cushing botoi librin e tij të vetëm, një biografi të Papës Pius XII (1939–58). Në Këshillin e Dytë të Vatikanit (1962–1965), Cushing luajti një rol jetik në hartimin e Nostra aetate, dokumenti që lironte zyrtarisht hebrenjtë nga akuza për deicide. Komentet e tij emocionale gjatë debateve mbi draftet u bënë jehonë në versionin përfundimtar: Ai ishte thellësisht i përkushtuar për zbatimin e reformave të Këshillit dhe nxitjen e rinovimit në Kishë. Në një gjest të paprecedentë të ekumenizmit, ai inkurajoi katolikët të merrnin pjesë në kryqëzatat e Billy Graham. Cushing e dënoi me forcë komunizmin, veçanërisht regjimin e Josip Broz Titos në Jugosllavi. Pas dorëheqjes së tij në vitin 1970. Ai vdiq i qetë në rezidencën e Kardinalit në Brighton, Massachusetts, në moshën 75-vjeçare.

Federatës Panshqiptare Vatra në Boston, Mass., (*editor Eduard Liço*), ndër të tjera, lexuesi mund të njoh Nolin edhe përmes kujtimeve mbresëlënëse të dr. Oroshit, me titull: "*Si e njoha Fan Nolin*".

Tema shumë interesante dhe me një informacion të larmishëm Mrijaj, ka ofruar përmes një cikël shkrimesh tërheqëse narrative, që në sinfoni plotësojnë natyrshëm njeri-tjetrin, duke na dhënë të kristalizuar profilin e plotë të dom Zefit, qysh nga koha kur ai vjen për herë të parë në New York në vitet '60.

Më 10 tetor 1975 Oroshi, bëri një udhëtim në kështjellën e vjetër të Mesjetës në Toledo të Spanjës, me ftesë të familjes mbretërore të **Leka Zogu I**, i biri i **Mbretit Ahmet Zogut (1895-1961)**. Në këtë ambient festiv dhe aristokrat, ku shquhej flamuri shqiptar kleriku katolik mons. Oroshi vuri kurorën e shenjtë të martesës, një ngjarje kjo që në libër është përshkruar me shumë kujdes nga autori.

Brenda veprës voluminoze dhe narrative: "*Një jetë e shkrirë për Fe e Atdhe*", mëson më shumë për ekumenikun e papërsëritshëm asokohe; vizionarin largpamës dhe me kurajo të fortë civile dhe fetare; burrin e matur dhe të përvujtur, bariun e përshpirtshëm dhe atdhetarin e flaktë për lirinë e popullit të vet në vendlindje nga tirania ateisto-komuniste; intelektualin e palodhur si shqipërues të librit: *Katër Ungjijt dhe Punët e Apostujve* (Shkrimi i Shenjtë, i cili u vlerësua me një audiencë pritje private nga vetë **papa Pali VI (1963-1978)**).

Në këtë rast, ne zbulojmë Monsinjorin e thjeshtë, por të përkushtuar vreshtës së Zotit deri në përvujtëri; mikun dhe dashamirin e të **Lumes Nënë Tereza (1910-2007)**, të cilën ua tregoi nga afër shqiptaro-amerikanëve, në një kohë që qeveria komuniste nuk e lejonte atë të bënte një vizitë tek varri i nënës së vet.

Dom Zefi tha një meshë në oborrin e kishës katolike Bronx, New York, më 25 korrik të vitit 1976. Për herë të parë, autori paraqet disa foto historike, ku E Lumja Nanë Tereze, është e fiksuar në celuloid e gëzuar mes bashkëatdhetarëve të vet, që kishin ardhur për ta takuar nga disa shtete të Amerikës...

Udhëtimet e veta të njëpasnjëshme Tomë Mrijaj si vatran i parë dardan dhe njëherazi kryetari i Vatrës, për degën e Queens NY, i përshkruan me një gjuhë dhe stil të thjeshtë. Ato janë gjithashtu edhe takime të ngrohta miqësore të prelatit mons. Zefit me aktivistët veteranë vatranë në Boston.

Mikpritja dhe bujaria e filantropistit të përhershëm të organizatës më të vjetër shqiptaro-amerikane Vatra (1912) dhe gazetës *Dielli* (*1909*) **An-**

thony Athanas (1911-2005), i ka mbetur në kujtesë studiuesit Mrijaj, nga rrëfimet e klerikut katolik, sikurse edhe bisedat e shpeshta të zhvilluara atje në prani edhe të peshkopit metropolit imzot Fan Stilian Nolit.

Me endje mund të kundrohen ngjarjet njëpashme të titulluara: *"Lotët e dhimbjes"*, *"Zoti e kërkonte në amshim"*, *"Malli për Oroshin dhe Shqipërinë"*, *"Tek varri i nacionalistit të flaktë Abas Kupi"*, *"Përballë memorialit të shërbestarit të kombit Mit'hat Frashërit"*, *"Si u bëmë kumbarë?"*, *"Ikja e ardhja e një engjëlli"*, *"Krenar, përpara shtëpisë së amshimit"*, *"Një darkë e paharruar"*, që njëherazi janë edhe përjetime personale të vetë autorit.

Dom Zefi, ka merita të padiskutueshme si meshtarë dhe atdhetarë, por gjëja më e fisme, që e lartësoi shumë figurën e tij, është se asnjëherë nuk bëri kompromis me dy rrymat, që ishin kërcënuese për emigrantët shqiptarë: enveristët dhe përkrahësit e UDB-së.

Vijimësia, zinxhir i pakëputur i barinjve shqiptarë

Një kapitull më vete, jetëshkruesi, i ka kushtuar klerikëve të ditëve tona, që po vijojnë atë traditën e hershme të kuvendeve katolike në vendlindje, ku prelatët e shquar shpirtëror dhe meshtarët e thjeshtë, si misionarë apo ushtar shpirtëror të Krishtit, ecin në atë udhë mbi 2000 vjet të krishtërimit ndër shqiptarë.

Këtë traditë e vazhdoi pa ndërprerje në SHBA (New York dhe Detroit) meshtari mons. dr. Zef Oroshi, dom Rrok Mirdita (sot Arqipeshkëv Metropolit në Arqipeshkëvin Tiranë-Durrës), atë **prof. dr. Andrew Nargaj O.F.M., dom Prenk Ndrevasha**[186] ishte atdhetar, poet, përkthyes, shkrim-

---

[186] **Shqiptaro-amerikani Dom Prek Ndrevashaj (1928-2004)**, ishte poet e përkthyes shumë i talentuar, bashkëpunoi me revistën **'Shêjzat' të shkrimtarit prof. Ernest Koliqi**. Ai la trashëgim disa dorëshkrime të vyera, ndërmjet të cilave, edhe përkthimin, në dialektin gegë të **Mesharit Romak** të të dielave dhe të disa **Psalmeve të Biblës**. Dom Prek Ndrevashaj, lindi në Brashtë të Shoshit, në Dukagjin, më 24 qershor 1928, në familjen e njohur për trimëri e urti të Sokol Ndrevashajt, ndërsa i **mbylli sytë** përgjithmonë nga një infarkt në zemër, në sa kishte shkuar për vizitë prej Amerike, ku jetonte, **në Shkodër, më 1 tetor 2004**. Ai ishte nxënës i **Kolegjit Saverian të Etërve Jezuitë**, dom Prek Ndrevashaj u nis herët për rrugën meshtarake, në sa njihej si një nga seminaristët më mprehtë, më të kulturuar e më premtues të shkollës. Bariu ynë shpirtëror arriti të merrte dëftesën e pjekurisë, kur portat e Kolegjit po mbylleshin, për t'u rihapur pas një kohe tepër të gjatë. **Në vend të studimeve të larta, nisi rrugën e Kalvarit.** Në fi-

tar gegë, dhe **dom Lazër Sheldija** po udhëtojnë me sukses klerikët e sotëm plot devocion të komunitetit shqiptaro-amerikanë, Të Përndershmit: *Dom Pjetër Popaj, dom Anton Kçira, dom Ndue Gjergji* dhe deri tek më i riu kleriku i përvuajtur *dom Nikolin Përgjini.*

Nga ana e tjetër Mrijaj, nuk ka lënë në harresë as vrasjen mizore 21 vjet më përpara në New York të meshtarit misionar dom Lazër Sheldija, nderimin dhe respektin, që sërisht gëzonte këtu dhe vendlindjen e tij në katundin Sheldi të Shkodrës.

Lidhja kuptimplote dhe historike, që autori i ka bërë temës: *"Dy personalitete të shquara Imzot Vinçenc Prennushi dhe imzot Rrok Mirdita"*, janë pikërisht domethënia e argumentit tim që citova pak më lart.

Dy portrete, që dallojnë mes tyre vetëm nga emrat, sepse *Jeta, Rruga dhe e Vërteta e Fjalës së Zotit,* ka qenë gjithnjë e njëjtë për të dy prelatët shqiptarë. I pari i martirizuar, ndërsa i dyti që ecën mrekullisht nën shembullin e pararendësit të tij. Ipeshkët e lartë: Prendushi e Mirdita, analizohen me fakte historike, përmes detajeve interesante historike dhe jetësore.

---

llim shërbeu si mësues në Dajç, më pas në Burrel e në Mat, vende që të kujtojnë burgje e kampe përqendrimi; pastaj, duke dëshiruar me gjithë zemër të bëhej prift, u vendos në Tiranë, ku studioi filozofinë e teologjinë nën drejtimin e **atë Pjetër Meshkallës**, asokohe në kryeqytet. Këtu u burgos e, në sa transferohej me pranga në duar për në burgun e Shkodrës, ia doli mbanesh të ikte e më pas, së bashku me nënën e motrën, rregulltare servite, të kapërcente kufirin e Shqipërisë e të hynte në Jugosllavi. Më 1961, pasi pati shërbyer si mësues në Gusi të Malit të Zi, arriti të regjistrohej në Universitetin Papanor Urbaniana në Romë dhe kështu të realizonte dëshirën më të madhe të jetës: shugurimit meshtar, e më 20 dhjetor 1961 kremtoi Meshën e parë. Prej këndej nisi misionin meshtarak si kapelan për shqiptarët e arratisur në Itali e më vonë në Amerikë. **U vendos në Detroit, Michigan, ku krijoi aty famullinë e parë të shqiptarëve dhe ndërtoi kishën Zoja Pajtore e Shqiptarëve, në të cilën shërbeu deri në moshën e pensionit.** Më 1991, kur iu hapën rishtas portat e Atdheut, nisi të shtegtonte shpesh drejt Shqipërisë, gjithnjë i ngarkuar me ndihma. Ishte në Shqipëri, e pikërisht në Shkodër më 1 tetor 2004, kur zemra e tij fisnike pushoi së rrahuri. Ai botoi disa poezi, që shquhen për fjalorin e tyre të pasur, karakteristik për të folmen origjinale të krahinës malore të Dukagjinit, në Malësi të Madhe. Bariu ynë la trashëgim disa dorëshkrime të vyera, ndërmjet të cilave, edhe përkthimin, në dialektin gegë, të 'Mesharit Romak' të të dielave dhe të disa 'Psalmeve' të Biblës. Më 3 tetor 2004 edhe u varros në varrezat e famshme të Rrëmajit në qytetin e Shkodrës, **duke realizuar një ëndërr tjetër të dashur: pushimin e pasosun në paqe në tokën amtare.**

Gjatë mendimeve sintezë që argumenton jetëshkruesi, shohim se lindja e një fëmijë në Ulqin, ishte një gëzim i madh për familjen me origjinë mirditore. Ky vogëlush me emrin e pagëzimit Rrok do të ketë shpejt thirrje të brendshme nga Zoti. Ai më vonë do të vijojë shkollën dhe do të marrë udhën e bukur meshtarisë.

Bariu i ri do të shërbejë në Arqipeshkëvinë e hershme të Tivarit si meshtar i thjeshtë dhe më vonë, me kërkesë të prelatit tonë mons. dr. Zef Oroshit, ai do të thirret në New York dhe do të bëhet zv/administrator i kishës shqiptaro-amerikane *Zoja e Kshillit t'Mirë* në Bronx, New York.

Më 25 prill 1993 dom Rrok Mirdita (1939) shugurohet Ipeshkëv me një meshë solemne në katedralën e shën Shtjefinit (1858) nga polaku sot shenjti *shën papa Gjon Pali II.*

Kjo Ringjallje e hierarkisë kishtare, u bë përmes prelatëve të rinj: *Shkëlqësisë së Tij imzot Rrok Mirdita, Arqipeshkëv Metropolitan në Arqipeshkëvinë Tiranë-Durrës dhe imzot Frano Ilia (1918-1997), Arqipeshkëv Metropolitan i Shkodrës, Ipeshkëv Ndihmës në Arqipeshkëvinë e Shkodrës imzot Zef Simoni (1928-2009) dhe ipeshkëvi i Pultit dhe Malësisë së Madhe imzot Robert Ashta (1918-1998).*

Nga historia reale shqiptare, mësojmë se tre klerikët në fjalë të tokës amë ishin martirë të gjallë, të mbijetuarit e burgjeve shfarosëse nazi-komuniste në Shqipëri.

Pra, Rroku i vogël vinte në jetë, në një kohë që prelati aktual imzot Vinçenc Prennushi (1885-1948), syrgjynosej në burgjet e tmerrshme komuniste në Shqipëri. Ai plot dhimbje po kalonte mbi shpinë golgotën e madhe të përsekutimit mizor ateist. Dhe në këtë rast, ne kemi një rilindje mbi rrënjët e gjakut të kuq arbëror të derdhur ndër shekuj për *Fe e Atdhe* nga prelatët dhe klerikët e thjeshtë katolikë shqiptarë…

Kreu: "*Shtypi për mons. Oroshin dhe revistën "Jeta Katholike Shqiptare"*, **përmes hulumtimeve shumëvjeçare të studiuesit këmbëngulës Tomë Mrijaj,** jepen të saktë dhe në gjuhën që janë shkruar nga vetë publicistët e njohur bashkatdhetarë të kohës.

Kështu i shquari **prof. Karl Gurakuqi**[187] nga Italia, do të bëjë një analizë

---

[187] **Prof. Karl Gurakuqi (1895-1971),** lindi në Shkodër në vitin 1895. Ai studioi fillimisht në Kolegjin Saverian të Jezuitëve të Shkodrës dhe më vonë në Salzburg të Austrisë. Në mesin e viteve 1910 ai u diplomua në fakultetin e shkencave humane të Universitetit të Gracit. Në vitin 1921 në qytetin e Vlorës zgjidhet Sekretar i Përgjithshëm i Federatës së Atdheut, një organizatë demokratike e drejtuar nga Avni Rustemi. Më pas punoi si profesor i shqipes

dhe sintezë të përmbajtjes dhe rolit të pazëvendsueshëm që ka luajtur shtypi shqiptar në mërgim. Më konkretisht prof. Gurakuqi bën paraqitjen e faqeve të revistës së re, kur shkruan: *"Jeta Katholike Shqiptare - një revistë e re në mërgim"*.

Më pas spikat gazetari i Radio Londrës BBC **dr. Tajar Zavalani**,[188]

---

dhe latinishtes në Institutin Pedagogjik Nëna Mbretëreshë në Tiranë. Nga viti 1940 deri në vitin 1944 ishte anëtar i Institutit të Studimeve Shqiptare, para-ardhësi i Akademisë së Shkencave të Shqipërisë. Si anëtar i institutit në vitin 1941 u bë një nga redaktorët e një antologjie me dy vëllime të letërsisë shqipe. **Pas Luftës së Dytë Botërore bashkë-shkroi Fjalorin shqip-gjermanisht të Akademisë së Shkencave të Austrisë**. Nga vitet 1950 deri në vdekjen e tij më 1971 punoi si profesor i albanologjisë në Universitetin e Palermos, Itali, ku dhe kaloi në amshim në qytetin ishullor të Palermos në vitin 1971.

[188] **Tajar Zavalani** (anglisht: **Thomas-Henry Zavalaane 1903-1966**), ka qenë publicist, përkthyes dhe shkrimtar shqiptar. Njihet **për përkthimin e romanit Nëna e shkrimtarit rus Maksim Gorki, Manifestit Komunist të Marksit, ABC-ja komuniste e Buharinit** dhe autorësinë e librit **Histori e Shqipnís**. U lind në Manastir 15 gusht dhe ishte i biri i Fehim beut dhe Qerimeja e Sulejmanbejllinjve të Frashërit. Si nga i ati, ashtu edhe nga e ëma, rridhte prej familjeve çifligare të Kolonjës. Kongresi i Manastirit u mbajt në hotelin e tyre. Tajari mori mësimet e para në shkollën katolike të Vëllezërve Maristë. Pas bombardimeve të Luftës së Parë Botërore, shkoi në Selanik ku u shkollua te liceu francez dhe përfundoi studimet për letërsi. Më 1922 shkoi në Tiranë për të filluar punë në Ministrinë e Jashtme. Në fillim qe emruar sekretar i Komisionit Shqiptar për Çështjet e Kufijve, të cilin e kryesonte Ali pashë Kolonja. U emërua Sekretar i Legatës Shqiptare në Romë. Ashtu si shumë të rinj intelektualë shqiptarë të brezit të tij, ra në kontakt me idetë komuniste të kohës, duke ushqyer endrrën se komunizmi do të ishte rruga e shpëtimit të popullit të shumëvuajtur shqiptar. Në vitin 1925 shkon për të vazhduar studimet e larta për ekonomi politike në Rusi, megjithëse donte të studionte elektroteknikën, mori dhe diplomën e shkencave politike. **Bënte pjesë në Grupin Komunist Shqiptar në Bashkimin Sovjetik me nofkën "Zoniev" ishte dëgjues në akademinë "Tolmaçevski"**. Në Rusi humbet të vëllanë e tij Hysen Zavalanin i cili pushkatohet nga qeveria ruse për ngjarjet e vitit 1937-1938 në Saratov, kundra diktatit të Stalinit. Situata ruse e përgatit Tajarin një antikomunist të vendosur. Më 1930 shkon në Zvicër ku qëndron tre vjet dhe pas tek i ati në Selanik. Më 1933 kthehet në Shqipëri nga ku punon si gazetar dhe përkthyes. Ka botuar në të përkohshmet shqiptare duke nisur që nga viti 1930 deri në vitin 1939 qoftë me emrin e tij, qoftë me pseudonimet e shumtë të përdorur si T.Z., ZAKS, TANI, TARZANI, TA, tz,

duke njohur botën shqiptare me shkrimin: *"Nji inisiativë e lavderushme"*, dhe vijon me jehonën e revistës në fjalë: *"Sa kam shpirt, kam shpresë"*, nënshkruar nga gazetari me përvojë publiçisti **Lec Shllaku** drejtues i revistës Koha e Jonë që doli gjatë gjithë kohës në Firence të Italisë etj.[189]

T etj. Ai iu bashkua pendave të kohës, si: **Kuteli, Merxhani, Markon, Koliqi, Migjeni, Kokona,** *etj., në shtypin e kohës Illyria, Minerva, Bota e re, Përpjekja shqiptare, Koha e Re, Besa, Shtypi, Shkëndija, Leka, Vatra, Rilindja.* Në viitn 1935, ai ka qenë editor i revistës *"Jeta dhe Kulltura"* dhe më pas në Ministrinë e Financave, ku kryen detyrën e Drejtorit të Statistikave. Në këtë detyrë mbeti deri në vitin 1939, kur Shqipëria u pushtua. Në fillim të Luftës së Dytë Botërore, për përkthimin e Nënës së Gorkit, dhe artikujt e tij therës, Tajari bashkë me zonjën e tij internohen në Itali, ku kalojnë përdhunazi kufirin dhe shkojnë në Francë. Tajari në Londër, veç detyrave të tjera, filluan edhe transmetimet e para në gjuhën shqipe me anën e Radio BBC-së, në nëntor të vitit 1940 si përkthyes dhe spiker në Seksionin Shqiptar të Shërbimit për Europën, së bashku me diplomatin Dervish Duma dhe Anton Logorecin. Në Londër Tajar Zavalani ka mbajtur një varg konferencash nëpër institute të ndryshme mbi Shqipërinë. **Për 3 vjet ishte Sekretar i Përgjithshëm i Pen Clubit të shkrimtarëve në mergim, që vinin nga shtetet e robëruara.** Ai shkruan në revistën "Arena" (e Pen Club-it) mbi letërsinë shqipe, ku botoi edhe përkthimin e "Gjeniut" të atë Gjergj Fishtës o.f.m. në gjuhën angleze, që ai e përgatiti. Me formimin e Degës ACEN për Europë (Komiteti i Kombeve të Robëruara), ishte delegat i Komitetit Shqiptar deri në fund të jetës së tij. Në janar të vitit 1962, si delegat shqiptar, merr pjesë në Këshillin e Evropës në Strasburg. Prania e Tajarit ishte më se e nevojshme, meqë shumë intriga e dredhi të huaja dolën në dritë dhe kështu ai vetë me anën e miqve e tha të vërtetën mbi Shqipërinë.

[189] Revista **"Koha e Jonë"** (**Firence 1962-1974,** dhe "Paris" **1974-1992**), ishte një ndër periodikët e rëndësishëm të shtypit shqiptar, si Fletë mendimesh dhe opinionesh të Lira, ndërsa **nga viti 1968 ishte E Përkohshme Kulturore Politike Shoqënore,** *organ i Partisë Bashkimi Demokrat Shqiptar,* që vepronte në mërgim. Numri i parë i saj doli në Firence (Itali) në muajin maj të vitit 1962, ndërkohë më pas në vitet 1974-1992, ajo do të shënonte si vend botimi Parisin (Francë), një mënyrë kjo **për t'iu fshehur agjentëve të fshehtë të Sigurimit të dyfishtë të UDB-së jugosllave dhe Sigurimit Komunist të Enver Hoxhës,** sepse revista në të vërtetë është botuar vetëm në Firence. Botues i revistës ishte Isa Ndreu, nipi i Elez Isuf Ndreut (1861-1924), dhe **administrator dhe redaktor i saj ishte Lec Shllaku,** që të dy ish-studentë të "Normales" së Elbasanit. **"Koha e jonë"** u botua e u shpërnda falas në **emigracionin shqiptar në Itali, Belgjikë, Francë, Shtetet e Bashkuara të**

Ndryshe nga çfarë përshkruajnë sot mediat bashkëkohore, për jetën shqiptare në Amerikë dhe veçanërisht në New York, **prof. dr. Rexhep Krasniqi,**[190] me ndjenjë të lartë atdhetari e aktivisti të palodhur, analizon du-

---

Amerikës, Kanda, Zvicër, Angli etj., **për më se 30 vjet radhazi**. Ajo u bë një nga revistat prestigjoze antikomuniste në mërgim. Në të do të shkruanin pa dallim feje dhe përkatësie politike a krahinore intelektualët njëherazi dhe dijetarët më të njohur jashtë kufirit zyrtar shqiptar në mërgim, duke e shndërruar kështu revistën në një organ shtypi që unifikonte bashkimin e shqiptarëve në emigracion. Në këtë organ *do të shkruanin: Adem Hodo, Ago Agaj, Papas Agostino Giardano, Athanas Gegaj, Anesti Andrea, Papas Antonio Bellusci, Arshi Pipa, Arsllan Libohova, Asim Jakova, At Zef Valentini S.J, Baba Rexhepi, Dhimitër Harizi, Dhimitër Mauro, Enver Risilia, Ernest Koliqi, Fehmi Kokalari, Gjon Mili, Gjon Sinishta, Halim Begeja, Hamdi Uruci, Hiqmet Ndreu, Idriz Basha, Idriz Lamaj, Imam Vehbi Ismaili, Isuf Luzaj, Kadri Cakrani, Karl Gurakuqi, Kimete Mitrovica, Kol Bibë Mirakaj, Krist Maloki, Lazër Bojaxhiu, Leka Zogu, Ligor Buzi, Luk Çuni, Mahmut Cungu, Imzot Mark Lipa, Martin Camaj, Mentor Çoku, Miftar Spahija, Namik Resuli, Ndue Pjetër Gjonmarkaj, Nermin Vlora Falaschi, Nexhip Allpan, Nimet Malo, Njazi Sulce, Nush Bushati, Perikli Haxhistasa, Peter Prifti, Petraq Ktona, Petro Vunçani, Prenk Gruda, Rakip Frasheri, Renzo Falaschi, Rexhep Krasniqi, Rrok Nallbani, Safete Musa Juka, Salvatore Petrota, Selaudin Velaj, Shemsedi Gabrani, Skender Rizaj, Tahir Kolgjini, Tahir Zajmi, Tahir Zavalani, Vasil Alarupi, Vasil Germenji, Xhafer Deva, Xhemal Mitrovica, Xhevat Kallajxhiu, Ymer Doda, Mons. Zef Oroshi, e shumë të tjerë, një pjesë prej të cilëve do të shkruanin dhe me pseudonime si "artan iliri", "buzëdhelpra", "borshjoti," korrespondenti", "omari", "mayani", "Benda Shaperdani (Vasil Alarupi), Gjin Duka (At Daniel Gjeçaj),* për shkaqe të ditura tashmë si pasojë e mikqyrjes dhe presionin të sigurimit famëkeq shqiptar dhe atij jugosllav. Në faqet e revistës u botua letërkëmbim, dokumente arkivore, përkthime, kujtime dhe në mënyrë të veçantë shkrime për periudha e ngjarje të ndryshme historike, shkrime me interes arkeologjik, kritikë letrare, folklor etj. Posaçërisht ndihmesa e kësaj reviste në fushën gjuhësore do të përbënte subjekt për studime me interes albanologjik. Aty u trajtuan figura me rëndësi të historisë e kulturës shqiptare, si: *Mikel Maruli, Pal Engjëlli, Gjon Buzuku, Karl Gega, Zef Skiro, Filip Shiroka, At Gjergj Fishta, Terenc Toçi, Themistokli Gërmenji, Ilia D. Sheperi, Nikolla Naço, Asdreni, Lazër Shantoja.*

[190] Rexhep Krasniqi (**1906-2000**), ishte mësues, nëpunës, ministër i shtetit shqiptar, veprimtar e mbrojtës i të drejtave shqiptare në arenën ndërkombëtare etj. Ai lindi në Gjakovë (i biri i Hoxhë Dedës), nga një familje cilit ishte me origjinë nga Margegajt e Malësisë së Gjakovës. E ëma i vdiq heret në vitin 1908, ndërsa i ati më 1914, duke e lënë djalin 8 vjeç. **Ai do rritej nën kujdesin**

e **njeriut më me ndikim në Malësinë e Gjakovës, i afërmi i tij, Bajram Curri.** Me ndikimin e Bajram Currit, djaloshit iu sigurua një bursë shtetnore për t'a shkolluar në Austri. Më 1920 Rexhepi përcillet nga Bajram Curri drejt Barit. Mbasi kryen shkollimin e duhur në Gratz dhe në gjimnazin e mirënjohur të "Theresianum"-it në Vienë gjer *më 1929, nisi studimet për histori pranë Universitetit të Vienës, duke përgatitur për* **tezë doktorature temën: "Kongresi i Berlinit dhe Shqipëria Verilindore"** me *relator prof. Carl Patsch*, kryetar i Institutit të Balkanologjisë, pranë Universitetit të Vienës, albanolog dhe historian i mirënjohur. Kthehet më 1935 në Shqipëri, ku Ministria e Arsimit e cakton mësues historie dhe gjeografie në Gjimnazin e Gjirokastrës, më pas në Tiranës (1937). Emërohet Drejtor Arsimi në Ministrinë e Arsimit deri me pushtimin e Italisë. Internohet në Porto-Palermo, por lirohet dhe i kthehet detyrës së arsimtarit, **duke u vënë nga Ministri i Arsimit asokohe prof. Ernest Koliqi si drejtor të Gjimnazit të Prishtinës,** ku jepte dhe mësim historie e gjeografie, më pas emërohet Komisar i Naltë i Shkollave Shqipe në Tokat e Lirueme. **Në shtator të 1943 në Lidhjen e Dytë të Prizrenit vendohet n/kryetar.** Me kapitullimin e italianëve dhe shpalljen e pavarësisë në tetor 1943, u emërua deputet në parlamentin shqiptar në Tiranë. Në qeverinë e Rexhep Mitrovicës merr postin e Ministrit të Arsimit. Nga fundi i vitit 1944, ai largohet bashkë me **Xhafer Devën, Tahir Zajmin, Rexhep e Xhelal Mitrovicën** lëvizën drejt Kroacisë e më pas në Vienë të Austrisë, ku bien në kontakt me aleatët të cilët i strehojnë në një hotel. Nga Austria, në vitin 1947 doli në Itali, nga Italia në Egjipt, nga Egjipti në Damask, Siri. **Thirret në Europë nga Ambasada Amerikane më 1948**, për të bashkëpunuar me aleatët për gjendjen matanë 'perdes së hekurt'. Më 1951 niset drejt Australisë, së bashku me Xhelal Mitrovicën do të botonin gazetën "Vatra shqiptare" dhe punon në industrinë e makinave, pranë firmës "General Motors". **Në fillim të vitit 1956 një zyrtar i Ministrisë së Jashtme Amerikane shkoi në Australi dhe u takua me prof. Rexhep Krasniqin, me rekomandim të Devës.** Në prill të atij viti prof. Krasniqi merr një telegram nga kjo Ministri me anë të cilit ftohet në Washington për bisedime rreth riorganizimit të Komitetit. Pas pak ditesh prof. Krasniqi shkoi në Washington dhe filloi bisedimet me kushte. Krasniqi riorganizoi Komitetin "Shqipëria e Lirë", brenda disa ditësh dhe filloi menjëherë nga puna. Nga 40-të antarët e Komitetit të mëparshëm ai zgjodhi vetëm katër persona: Ing. Vasil Gërmenjin, Kapidan Ndue Gjomarkajn, prof. Nexhat Peshkëpinë dhe Sotir Avramin. Sekretar të zyrës emroi prof. Konstandin Vangjeri. Një vit më vonë Krasniqi emëroi tre këshilltarë të Komitetit: Mehdi Frashërin, prof. Karl Gurakuqin dhe Ali Këlcyrën. Në shtator të vitit 1958, përfaqësuesi i Komitetit "Shqipëria e Lirë", pranë Asamblesë së Kombeve Evropiane të Robëruara, ing. Vasil Gërmenji, e ngriti çështjen e Kosovës në një sesion të veçantë të Organizatës së Kombeve të Bashkuara. Për këtë kon-

kuritë e zhvillimit të ngjarjeve brenda komunitetit tonë 42 vjet më përpara, duke qenë një shembull i freskët aktual për ditët tona.

Ëmbëlsira thotë populli, është lënë për në fund. Kjo është e vërtetë. Mrijaj, tregon se **Monsinjori**, merret shumë gjatë kësaj periudhe me aktivitet të begatë letrarë dhe publiçistik, gjë që bie në sy të mirë tek kritikët e mprehtë të artit dhe kulturës shqiptare, sikurse ishin profesorët: *Ernest Koliqi, Arshi Pipa, Karl Gurakuqi* etj.

Kësisoj novela narrative me subjekt të mirëfilltë shqiptar e titulluar: **Çohaja**, tregon për pendën e spikatur të Oroshit.[191]

Përmes gjetjes së qëlluar shkrimtari Oroshi, ka mundur të na dhurojë personazhin e Frrokut, që rrëfen përrallat, me një shije të hollë humori me nënkuptime, që u shmangen shpërrallimeve e për rrjedhim logjik, dalin në pah shembuj morali e një lloj zgjidhje enigmash filozofike, të mbështetur thellësisht në gurrën e pasur të folklorit autokton të lashtë arbëror, shprehë bukur e ëmbël, përmes fjalorit të përzgjedhur dhe të kulluar të gjuhës amtare.

Nga faqja 241 deri në 278, lexuesi i kujdeshëm mëson edhe anët e tjera të mons. Oroshit, si një njeri me kulturë dhe vizion të kjartë, për të ardhmen e komunitetit tonë.

Kjo duket në mesazhet që ai përcjell, mesazhet e bashkimit si një thirrje e brendshme shpirtërore, me shkrime, memorandume, letërkëmbime me të gjithë komunitetin shqiptarë, pa dallim feje dhe krahine, gjë e cila e ka bërë klerikun të nderohet dhe respektohet nga të gjithë dje dhe sot në këtë tubim përkujtimor.

Literatura dhe dokumentet e vjelur me shumë kujdes nga hartuesi i veprës, është shumë e pasur, duke zënë 8 faqe gjithsej në fund të saj.

Kjo tregon dashurinë dhe respektin e thellë të autorit, për t'i ruajtur ato si relike mbi çdo gjë që lidhet me jetën dhe veprën e personazhit të vet në libër.

---

flikt të Gërmenjit me përfaqesuesin jugosllav, shkroi edhe gazeta amerikane **"New York Post"** (18/9/1958). **Ai në vitin 1994 dekorohet nga Presidenti Sali Berisha me titullin "Naim Frashëri" të klasit të parë.** Për varrimin e tij u kujdes miku i tij, publicisti, shkrimtari e studiuesi **Idriz Lamaj.**

[191] Mons. dr. Zef Oroshi, **"Dom Ndre Mjedja"**, të cilën e boton në faqet e revistës "Jeta Katholike Shqiptare", Vjeti XII, #4, nr.48, Tetor-Dhetuer, 1977, f.15-21.

Nga ana e tjetër, monografia e parë e plotë, tregon bindshëm seriozitetin dhe përkushtimin e vijueshëm me të cilën *autori i palodhur Mrijaj, ka punuar vazhdimisht dhe sistematikisht si bleta punëtore tash 20 vjet, për të ndërtuar dhe pasuruar këtë libër shkrimor plot fakte, që sot kemi kënaqësinë të gjithë t'i lexojmë dhe kundrojmë me ëndje.*

Në këtë rast publiçisti mërgimtar shqiptar Mrijaj, ka dhënë me veprën e re historinë e lavdishme të komunitetit katolik rreth institucionit të lashtë të kishës katolike, që si një Nënë e Mirë, ka ruajtur bijtë e shqipes nga vorbulla e asimilimit të shpejtë në Shtetet e Bekuara të Amerikës.

Kjo histori, është sprova e mbijetesës dhe vijimsisë së trashigimisë së gjuhës, kulturës dhe vlerave më të mira atdhetare të një pjese të bijve të trojeve etnike shqiptare, që ndodhën këtu në mërgimin e largët të Amerikës.

Ky libër, është një gurë i çmuar edhe në vetë xherdanin ndërtesën e historisë së madhe të këtij shteti multietnik gjigand, që falë lirisë dhe demokracisë shembullore për të gjithë botën, na bëri të ndjehemi krenarë, se jemi shqiptarë dhe amerikanë, që ruajmë emrin e mirë të komunitetit tonë ndër vite...

Studuesi dhe publiçisti veteran i komunitetit tonë Tomë Mrijaj, me këtë mision, ndezi një qiri të pashuar në komunitetin tonë, duke na e dhënë mons. dr. Zef Oroshin të pavdekshëm me jetën dhe veprën e tij në shërbim të fesë dhe atdheut.

Shënim: Kjo kumtesë e shkurtuar e redaktorit të librit në fjalë (**Klajd Kapinova**), është mbajtur ditën e dielë, më 3.15.09, në Qendrën Kulturore "Nënë Tereza" në Hartsdale New York, në përkujtim të 20-vjetorit të kalimit në amshimin e pasosun të Themeluesit të Kishës dhe Lidhjes së Parë Katholike Shqiptare në Amerikë mons. dr. Zef Oroshi.

Dom Zef Oroshi, në Itali gjatë viteve si seminarist i Teologjisë.

Mons. dr. Zef Oroshi, themeluesi i Kishës së Parë Katolike Shqiptare "Zoja e Këshillit të Mirë" (sot "Zoja e Shkodrës" në New York, SHBA, mes miqëve të tij të dashur: Shkrimtarin e shquar dhe prozatorin modern prof. dr. Ernest Koliqin ish Ministër i Kulturë së Shqipërisë, etj., në New York.

Mons. dr. Zef Oroshi dhe prof. dr. Ernest Koliqi me një grup bashkatdhetarësh të tjerë, gjatë vizitës përkujtimore, pranë vorrit të peshkopit ortodoks imzot Fan Stilian Nolit, në Boston, Massachusetts, SHBA.

Mons. dr. Zef Oroshi dhe prof. dr. Ernest Koliqi gjatë vizitës përkujtimore, pranë vorrit të peshkopit ortodoks imzot Fan Stilian Nolit, në Boston, Massachusetts, SHBA.

"... MONSINJOR ZEF, PO PRESIM SI ZOGLA VERËN NDOI SHKRIM T'UEJIN..."

"Zyrtarët komunistë e dinin se mons, dr. Zef Oroshi kishte një ak-tivitet të ngjeshur antikomunist dhe fliste hapur kundër tyre kudo në kishë, në përvjetore dhe tubime apo manifestime të tjera kul-turore, atdhetare etj. Spiunët komunistë këtu, kishin marrë udhë-zime nga Tirana e kuqe, që të eliminonin fizikisht me çdo kusht meshtarin tonë dom Zef Oroshin, sikurse e thërrisnin të gjithë asokohe. Por nga ana e tjetër, nacionalistët dhe personalitetet e shquara të diasporës antikomuniste, ishin të përgatitur dhe ndiqnin nga afër çdo lëvizje të tyre negative, kundër meshtarit tonë të shquar Oroshi. Agjentët komunistë, shkonin në lokalet apo organizatat politike dhe kulturore, ku ishin shqiptaro amerikanët, në kishë, xhami, manifestime të ndryshme, për të rekrutuar të rinj "naiv", duke u shpërlarë trurin, se Shqipëria është shtet "demo-kratik" dhe atje njerëzit janë të "lumtur" në komunizëm. Por e vërteta ishte krejt ndryshe." –

Janë këto fjalë nderimi dhe respekti, me të cilat i mbyllte shpesh letër-këmbimet e veta, shkrimtari modern në gjininë e prozës, **Ministri i Arsimit prof. Ernest Koliqi** me klerikun erudit mirditor monsinjor dr. Zef Oroshin (1912-1989).

Me kalimin në amshim të personalitetit të madh shkodran prof. Ernest Koliqit, atdhetari e meshtari i përvujtur, përkthyesi, shkrimtari, studiuesi, teologu dhe filozofi i mprehtë mons. Oroshi, në faqet e revistës prestigjioze *Shejzat*, në *numërin special* të vitit 1975, shkruan me 12 faqe punimin: *"Fiket Ernest Koliqi, një pishtar i letërsisë e i kulturës shqiptare"*.

Jetëshkrimi i Monsinjorit, është i shkrirë në mënyrë organike dhe në harmoni të plotë me bashkëpunëtorët e tij (*një pjesë e mirë të së cilës ende je-tojnë dhe dëshmojnë sot*), dhe që me kujdesin e një hulumtuesi të vëmend-shëm Tomë Mrijaj, na e ka dhënë të gjallë klerikun dhe bashkatdhetarin tonë.

Ky botim i mirë se ardhur, nxjerr në dritë të tjera fakte, ku autori është përqëndruar në burime të dorës së parë, të arkivave shqiptare dhe të huaja.

Dom Zefi, sikurse e thërrisnin të gjithë në Atdhe dhe diasporë, është sot sërisht në këtë auditor miqësh bashkatdhetarë, duke buzëqeshur me gjithë zemër mes nesh, me çibukun e burrit të urtë e të matur, sikurse malet e burrave të përmendur ndër shekuj të Mirditës, fjalë pak e punë shumë, fisnik në shpirt e i dhembshur me të gjithë, bari i palodhur i grigjës dhe një pjese të popullit të vet, të endur udhëve të botës për liri dhe jetë më të mirë.

Ai deri sa kaloi në amshimin e jetës së pasosun, ishte krenar se çoi amanet vazhdimin e traditës së mësuesve të tij të mëdhënj, që i mësuan shkrim-këndim, si: *Mjedja, Fishta, Harapi, Shllaku, Zadeja, Kurti, Sirdani, Palaj, Prennushi,* etj.[192]

Oroshi u arratis (largua) **nga vendlindja me dhimbje në shpirt**, dhe i marrë nëpër gojë për të keq dekada e dekada me radhë nga fletushkat e makinës propagandistike të diktaturës, duke u përbaltur pa të drejtë, me arsyen absurde: pse kishte pikpamje të ndryshme politike, ekonomike, atdhetare, kulturore, për fjalën e lirë të demokracisë, që po gjakosej në Shqipëri; i mohuar nga të gjithë në Atdhe (*përveç familjes së tij, që përshkoi kalvaret e internimeve dhe shfarosjeve të ngadalshme, si në Gradisht të Lushnjës, Tepelenë etj.*); i djegur ose shkrirë nga malli për t'u rikthyer fizikisht pranë grigjës së tij në Orosh të Mirditës…

Vepra e re, hapet me një parathënie sinjifikative, hartuar me kulturë nga studiuesi i mjedjeologjisë **prof. dr. Mentor Quku.** Nuk është rastësi, që autori Mrijaj, ka si lexues dhe kritik të parë të monografisë pikërisht studiuesin e apasionuar pas figurës poliedrike të klerikut katolik, rilindasit produktiv, shkrimtarit, atdhetarit të flaktë shumë të mirënjohurin dom Ndre Mjedja.

Studiuesit bashkëkohorë: **Quku dhe Mrijaj**, kanë të përbashktën, se plotësojnë dhe begatojnë shumë mirë figurat Mjedja-Oroshi, që njëherit ishin bashkëkohës. I pari ishte profesor i letërsisë në Kolegjën Saveriane (Kolegji Papnor Shqiptar) në Shkodër, duke i dhënë mësim nxënësit shembullor të zgjuar Zef Oroshi (që më vonë do të bëhet Monsinjor); ndërsa i dyti Oroshi, ishte një nxënës shumë i dashur i dishepullit të tij, **Profesor**

---

192 Kapinova, Klajd, **"Sekretari i fundit i Abacisë së Mirditës, Themeluesi i Kishës së Parë Katolike Shqiptare në SHBA (New York) prelati i shquar mons. dr. Zef Oroshi (1912-1989)"**, *Kumtesë* në librin: "*Veprimtaria shkencore, fetare dhe luftarake e Monsinjor dr. Zef Oroshit*", Shtepia Botuese "*Lumbardhi*", Prizren dhe Shoqata "*Trojet e Arbërit*", Prishtinë, Prizren, 2022, f. 131-174.

dom Ndre Mjedjes.[193] [194]

Për më tepër, në faqet jetëshkrimore mësojmë, se Rilindasi mendjendritur Mjedja, ka mbajtur afër, zbuluar e stimuluar talentin e mirditorit të mprehtë dhe të vendosur Zef Oroshi, për t'i shërbyer udhëve të dedikimit: *Zotit, Atdheut dhe Përparimit.*

Jetëshkrimi në fjalë ka 400 faqe, të mbështetura tërësisht në dokumente arkivore, jetësore dhe foto, shumica e të cilave ekspozohen për herë të parë.

Midis shumë të tjerave, dëshmi historike origjinale është fotoja ku një grup klerikësh katolikë shqiptarë, që gjendeshin në Kolegjin De Propaganda Fide në Romë, në vitin 1940 takohen me Poetin Kombëtar atë Gjergj Fishta o.f.m.

Në rreshtin e dytë majtas i pari në këmbë është edhe studenti seminarist Zef Oroshi. Me andje lexuesi i kujdesshëm, mund të kundrojë episode, histori e ngjarje të përjetuara të përsonazhit kryesor, të shkrirë brenda vetë jetës së komunitetit shqiptarë në Amerikë.

Kështu hulumtuesi, na ka dhënë dom Zefin një njeri me shpirt e zemër të madhe shqiptari, përmes historive të vendlindjes së tij në Orosh të Mirditës, më vonë në Kosovë, Itali dhe deri sa ai mbërrin në Tokën e Bekuar të Amerikës, që bëhet Atdheu i Tij i Dytë.

Mrijaj, në veprën e re, na jep dimensionin e madh të mirënjohjes që dom Zefi, ka pasur ndaj mjeshtërit të madh të lëvrimit të gjuhës sonë të bukur, si fjalëmjaltin dom Ndre Mjedja, duke ofruar kujtime origjinale të nxënësit për mësuesin e tij të ABC-së.

Në shtjellimin e temës: *"Mirënjohja ndaj mësuesve të parë"*, ndër të tjera jetëshkruesi, na njeh shumë mirë me nxënësin e zellshëm të vatrës së ngrohtë atdhedashëse e përparimtare adolishentin Oroshi të Kolegjës Saveriane, që i ndrojtur, por krenar futet në klasat dritëdhënëse, ku jepnin mësim krenaria e kulturës tonë, që me shembuj ndër shekuj, kanë treguar të qenurit autokton iliro-shqiptarë.

Në Amerikë, ai e përkujton shpesh me biseda, artikuj dhe me një Sim-

[193] Msgr. Zef Oroshi, **"Dom Ndre Mjedja"** (*Me rasën e katerdhetë vjetorës së vdekjes*), Jeta Katholike Shqiptare (Albanian Catholic Life), Organ i Lidhjes Katholike Shqiptare Amerikane, New York, Vjeti XII, #4, (48), Tetuer-Dhetuer, 1977, f. 15-21.

[194] Msgr. Zef Oroshi, **"Dom Ndre Mjedja"** (*Me rasën e vjetorës së vdekjes*), Jeta Katholike Shqiptare (Albanian Catholic Life), Organ i Lidhjes Katholike Shqiptare Amerikane, New York, Vjeti XII, #1-2, (49-50), Kallnuer-Qershuer, 1978, f. 15-21.

pozium kushtuar posaçërisht jetës dhe veprës, në 40-vjetorin e kalimit në amshim. Dom Oroshi, shkruan 5 faqe kumtesë me titull: *"Dom Ndre Mjedja"*, të cilën e boton në faqet e revistës **"Jeta Katholike Shqiptare"**.

Midis shumë dijetarëve të shquar shqiptarë, në tubimin e rëndësishëm kulturor, sikurse shkruan Mrijaj, u dallua me ligjeratën e tij të spikatur elokuenti **"Profesor Emeritus" Arshi Pipa**.

Përveç se shqipërues Monsijori, ishte edhe një publicist i kujdeshëm e i mprehtë për kohën. Me daljen e revistës në fjalë të komunitetit katolik në New York, Oroshi i kushtohet tërësisht buletinit kulturorë, që ai vetë themeloi dhe drejtoi.

Dëshmohet me prova, se rreth 70 % të shtypit në fjalë e përgatiste dhe redaktonte vetë, sikurse rikujton sot një ndër bashkëpunëtorët e tij të ngushtë e njëherit edhe Kryetar i Këshillit të Kishës aktivisti veteran Tonin Mirakaj, *"Monsinjori e merrte me vete makinën e shtypit, korrigjonte dhe redaktonte me shumë kujdes shkrimet e tij dhe bashkëpunëtorëve të revistës"*.

Kjo vinte nga fakti, se Oroshi librat i kishte pasion dhe se Urdhërat Katolike në qytetin e lashtë të Shkodrës e kishin për traditë shtypin e lirë, demokratik për të gjithë mendimtarët përparimtar shqiptarë dhe të huaj të kohës.

Noli dhe Oroshi, janë dy figura të spikatura të komunitetit shqiptaro-amerikanë, të cilat nga studiuesit e sotshëm nuk janë lëvruar.

Kujtoj, se janë shkruar deri më sot VI vepra, kushtuar peshkopit të kishës së shën Gjergjit në Boston imzot Fan S. Nolit, por në asnjë nga ato nuk gjen letërkëmbimin apo edhe takimet e shpeshta midis tyre, që kishin një qëllim të përbashkët, bashkimin e kishave të ritit katolik perendimorë me ato lindore ortodokse në një të vetme, mbasi grigjia ishte e një etnie, gjuhe tradite dhe kombi. Këtë gjë na e jep sot në librin në fjalë vetëm studiuesi ynë Mrijaj.

Bashkëkohësi ynë, na përshkruan Oroshin dhe në këtë rast portretizon shumë bukur edhe mikun e tij të dashur imzot Nolin dhe komunitetin ortodoks në Boston. Pikërisht përjetimet e veta mbresëlënëse për Nolin dhe frymën dashamirëse ekumentike të tij, kleriku katolik mirditor, i përshkruan në punimin që ia dedikon tërësisht atij në shenjë nderimi dhe respekti, për gjithçka që Imzoti ka bërë jo vetëm si Ipeshkëv i besimtarëve të vet, por edhe si një atdhetar i madh, intelektual etj.

Kështu në librin: *Flamurtar i Kombit* (1882-1982), një botim special i Federatës Vatra në Boston, ndër të tjera lexuesi mund të njoh Nolin edhe përmes kujtimeve të mons. dr. Zef Oroshit, me titull: *"Si e njoha Fan Nolin?"*.

Tema shumë interesante dhe me një informacion të larmishëm Mrijaj, na ka dhënë përmes një cikël shkrimesh, të cilat në sinfoni plotësojnë natyrshëm njeri-tjetrin, duke na dhënë profilin e plotë të dom Zefit, qysh nga koha kur ai vjen për herë të parë në New York në vitet '60.

Brenda veprës voluminoze dhe narrative: *"Një jetë e shkrirë për Fe e Atdhe"*, mëson më shumë për ekumenikun e papërsëritshëm asokohe; vizionarin largpamës dhe me kurajo të fortë civile dhe fetare; burrin e matur dhe të përvujtur, bariun e përshpirtshëm dhe atdhetarin e flaktë për lirinë e popullit të vet në vendlindje nga tirania ateisto-komuniste; intelektualin e palodhur si shqipërues të librit: Katër Ungjijt dhe Punët e Apostujve (i cili, u vlerësua me një audiencë private nga papa Pali VI).

Në këtë rast, ne zbulojmë Monsinjorin e thjeshtë, por të përkushtuar vreshtës së Zotit deri në përvujtëri; mikun dhe dashmirin e *Të Lumes Nënë Tereza*, të cilën ua tregoi shqiptaro-amerikanëve, në një kohë që qeveria komuniste nuk e lejonte atë të bënte një vizitë tek varri i nënës së vet.

Për herë të parë, autori paraqet disa foto historike, ku E Lumja Nanë Tereze, është e fiksuar në celuloid e gëzuar mes bashkëatdhetarë ve të vet, që kishin ardhur për t'a takuar nga disa shtete të Amerikës...

Udhëtimet e njëpasnjëshme të vatranit të parë dardan dhe njëherazi kryetari i Vatrës, për degën e Queens New York Tomë Mrijaj, i përshkruan me një gjuhë dhe stil të thjeshtë takimet e mons. dr. Zefit me aktivistët veteranë vatranë në Boston.

Mikpritja dhe bujaria e filantropistit të përhershëm të organizatës dhe shtypit Anthony Athanas, i ka mbetur në kujtesë sikurse edhe bisedat e shpeshta të zhvilluara atje në prani edhe të Peshkopit Metropolit Orthodoks Emzot Nolit.

Me endje mund të kundrohen ngjarjet e njëpasnjëshme të titulluara: *"Lotët e dhimbjes"*, *"Zoti e kërkonte në amshim"*, *"Malli për Oroshin dhe Shqipërinë"*, *"Tek varri i nacionalistit të flaktë Abas Kupi"*, *"Përballë memorialit të shërbestarit të kombit Mit'hat Frashërit"*, *"Si u bëmë kumbarë?"*, *"Ikja e ardhja e një engjëlli"*, *"Krenar, përpara shtëpisë së amshimit"*, *"Një darkë e paharruar"*, që njëherazi janë edhe përjetime personale të vetë autorit Tomë Mrijaj.

Një kapitull më vete, jetëshkruesi, i ka kushtuar klerikëve të ditëve tona, që po vijojnë traditën e hershme të kuvendeve katolike në vendlindje, ku prelatët e shquar shpirtëror dhe meshtarët e thjeshtë ecin në atë udhë mbi 2000 vjet të krishtërimit ndër shqiptarë.

Këtë traditë e vazhdojnë pandërprerje mons. Oroshi, dom Rrok Mirdita (sot Arqipeshkëv Mtropolitan), françeskani pader prof. dr. Andrea Nargaj o.f.m., dom Lazër Sheldija dhe po ecin me sukses sot klerikët e komunitetit: Dom Pjetër Popaj dhe dom Nikolin Përgjini.

Nga ana e tjetër Tomë Mrijaj, nuk ka lënë në harresë as vrasjen mizore 21 vjet më përpara në New York të meshtarit misionar dom Lazër Sheldija, nderimin dhe respektin, që sërisht gëzon këtu dhe vendlindjen e tij në katundin Sheldi të qarkut të Shkodrës.

Lidhja kuptimplote dhe historike, që autori i ka bërë temës: "*Dy personalitete të shquara imzot Vinçenc Prennushi dhe Imzot Rrok Mirdita*", janë pikërisht domethënia e argumentit tim që citova pak më lart.

Dy portrete, që dallojnë mes tyre vetëm nga emrat, sepse rruga, jeta dhe e vërteta e Fjalës së Zotit, ka qenë e njëjtë për të dy prelatët shqiptarë. I pari i martirizuar, ndërsa i dyti që vijon të ecë mrekullisht nën shembullin e pararendësit të tij. Ipeshkët e lartë: **Prennushi e Mirdita**, *analizohen me fakte historike nga autori përmes detajeve interesante historike.*

Kreu: "*Shtypi për Mons. Oroshin dhe revistën Jeta Katholike Shqiptare,* përmes hulumtimeve shumëvjeçare të studiuesit këmbëngulës Mrijaj, jepen të saktë dhe në dialektin original, që janë shkruar plot frymëzim dhe ndjenja atdhetare prej publiçistëve të kohës.

Kështu i shquari prof. Karl Gurakuqi nga Italia, do të bëjë një analizë dhe sintezë të përmbajtjes dhe rolit të pazëvendsueshë m, që ka luajtur shtypi shqiptar në mërgim. Më konkretisht prof. Gurakuqi shkruan: "*Jeta Katholike Shqiptare, një revistë e re në mërgim*".

Më pas spikat gazetari i Radio Londrës BBC dr. Tajar Zavalani, duke njohur botën shqiptare me shkrimin: "*Nji inisiativë e lavderushme*", duke i lënë vendin jehonës së revistës në fjalë: "*Sa kam shpirt, kam shpresë*", nënshkruar nga gazetari me përvojë Lec Shllaku etj.

Nga faqja 241 deri në 278, lexuesi i kujdeshëm mëson edhe anët e tjera të mons. Zef Oroshit, si një njeri me kulturë dhe vizion të kjartë, për të ardhmen e komunitetit tonë. Kjo duket në mesazhet, që ai përcjell, me shkrime, letërkëmbime me të gjithë komunitetin shqiptarë, pa dallim feje dhe krahine, gjë e cila e ka bërë klerikun të nderohet dhe respektohet nga të gjithë dje dhe sot.

Literatura dhe dokumentet e vjelur nga hartuesi i veprës, është shumë e pasur, duke zënë 8 faqe gjithësej. Kjo tregon seriozitetin dhe përkushtimin e vijueshëm, me të cilën autori i palodhur ka punuar sistematikisht tash 20 vjet, për të ndërtuar këtë monografi plot fakte, që sot kemi kënaqësinë ta kemi të gjithë në dorë.

Tomë Mrijaj, me këtë mision, ndezi një qiri të pashuar në komunitetin tonë, duke na e dhënë mons. dr. Zef Oroshin të pavdekshëm me jetën dhe veprën e tij në shërbim të fesë dhe atdheut.

Falëminderit!

DOM ANTON KÇIRA, NJERIU I PAMPOSHTUR
NË DOBI TË KOMBIT SHQIPTAR

Dom Anton Kçira, ka lindur dhe rritur në një mjedis të ri gjakovar, ndonëse mbiemri që ai mban është një fshat malor në Pukë të Shqipërisë nga ku e kur kanë ardhur të parët e tij në Kosovë? Ata që qysh herët e lanë vendlindjen, lagjen Nikaj të Kçirës në Pukë.

Nga burimet që i dërgohen Vatikanit asokohe del se vetë fshati Kçirë nuk kishte më shumë se 18 shtëpi me gjithsej 158 frymë dhe që të gjithë ishin të krishterë të ritit katolik.

Ai lindi në 1939, në Gjakovë. Ai erdhi në jetë në prag të Luftës Dytë Botërore, ku kaloi një fëmijëri shumë të vështirë.

Asokohe familja e tij me tradita shqiptare bënte një jetë mesatare. Ajo ishte një familje shumë e përparuar katolike gjakovare, në të cilën gjithmonë kultivohej dashuria dhe respekti për Atdheun dhe devocioni tradicional fetarë shumë shekullor katolik.

Pashko Kçira, babai i dom Antonit deri me shpërthimin e Luftës II Botërore ishte kryetar i komunës në Vogovë, duke qenë i nderuar dhe respektuar nga të gjithë vendasit e zones. Ai falë kulturës dhe përgatitjes bashkohore dallohej për korrektësi, ndërgjshmëri, mikpritje, bujari dhe shumë tipare të tjera fisnike etnike shqiptare.

Por posti i lartë i kryetarit, si drejtues i administratës së zonës nuk zgjati shumë, sepse fillimi dhe koha e vështirë e Luftës së Dytë Botërore, do ti merrte haraç shumë të rëndë. Gjatë fëmijërisë së tij, Antoni i vogël përjetoj vështirësitë e panumërta dhe tmerret e përgjakshme të viktimave të pafajshme, gjatë kohës së Luftës.

Shkollën fillore e filloi në Brekoc, në fshatin Moglicë, ku nëna e tij u shpërngul detyrimisht bashkë me katër fëmijët e vegjël, për të siguruar kafshatën e gojës. Komunistët kryefamiljarit Pashk, asokohe ia kishin konfiskuar pa mëshirë të gjithë pasuritë, si: shtëpinë në Gjakovë dhe tokën në fshatin Moglicë.

Për Antonin e vogël jeta në këtë fshat ishte tepër e vështirë. Mjerimi, ishte bashkëudhëtare e jetës së vështirë në atë periudhë tmerri.

Nëna e tij fisnike, hoqi shumë keq për ti rritur, ushqyer, veshmbathur dhe shkolluar fëmijët, në ato kushte shumë të vështira mbijetese ekonomike. Më i madhi nga fëmijët ishte 15 vjeç, ndërsa Antoni 7 vjeç.

Në atë kohë në fshat nuk kishte mësues. Me kalimin e viteve gjendja filloi të përmirësohet, mbasi babai Peshk Kçira doli nga burgu. Komunistët vazhdonin, që të mos e shohin me sy të mirë, familjen Kçira, duke i organizuar lloj-lloj kurthesh, për t'a hedhur në greminë familjen Kçira.

Pashko për 24 vjet kishte punuar, me ndershmëri, për t'i shërbyer popullit të të tij të shumëvuajtur, pa i shkaktuar asnjë njeriu shqetësime dhe as më të voglen padrejtësi.

Babai i dom Antonit, ishte i gjatë si lisat e bjeshkëve kreshnike, serioz, mikpritës, bujar, i dhembshur, fjalëpak, një njeri i rrallë, fetar i devotshëm dhe shumë i gatshëm për sakrifica, ashtu sikurse edhe nëna e tij fisnike shumë e përvuajtur.

Edukata atdhetare e fetare, të cilën prindërit i dhanë vazhdimisht Antonit të vogël dhe prirja e tij qysh fëmijë për thirrje të brendshme shpirtërore për Zotin, bënë që tek ai të lind dëshira e madhe t'i shërbyer Hyjit, gjë e cila u bë realitet shumë vite më vonë, në rininë e tij, kur ai vesh petkat e meshtarit.

Gjatë periudhës së kolektivizimit të bujqësisë dhe heqjes së pronës private (sipas modelit bolshevik rus, të kolkozeve dhe solkozeve, shënimi im K.K.), përsëri dom Antonit ia burgosën babanë, sepse ai nuk pranoj të futej në kooperativën komuniste.

Pas lirimit të tij të dytë, duke parë se komunistët nuk do t'ia ndanin kurrë të zezat familjes Kçira, ai u shpërmgul nga Gjakova në Shkup.

Edhe vendbanimi i ri kishte vështrirësit e veta. Në rrethin e ri nuk njihte njeri. Dom Antoni kujton: *"Ashtu siç e kishin babanë halë në sy, me siguri se po të kishim vazhduar të jetojmë në Kosovë, bolshëvikët do të na kishin zhdukur, gjatë operacioneve famëkëqia të Rankoviqit të mbledhjes së armëve."*

Jeta e re në një mjedis po shqiptar, do të bënte që familja Kçira të njihet me miq të rinj. Në Shkup, ata krijuan një rreth të ri, me duke iu përshtatur kushteve të reja, vendit dhe njerëzve atje.

Pranë gjimnazit Liria të Shkupit mbaroi shkollën 8-vjeçare, të mesmen dhe prej ku pastaj u regjistrua për të vijuar studimet e larta në Fakultetin e Teologjisë, në qytetin Gjakovo të Sllovenisë. Atje ai u diplomua në Teologji në vitin 1967, ku dhe u shugurua për meshtar.

Ai u caktua meshtar në fshatin Bishtazhin, në periferi të Gjakovës dhe më pas shkoi tu shërbej malësorëve të Gucisë, ku qëndroi një vit. Prej andej e caktuan famullitar në fshatin Gllogjan të Pejës, ku për gati 20 vjet i shërbei popullit të tij, duke e ndarë fatin me ta (në të mirë e në të keq) qoftë si meshtarë, ashtu edhe si njeri i thjeshtë.

Ndërsa nga shtatori i vtit 1989 e caktuan të shërbej në Detroit të SHBA-së, përsëri midis njerëzve më bujarë dhe kreshnikë që ka shqiptaria, pikërisht malësorëve fisnik nga Malësia e Madhe, të cilët përbejnë shumicën dërmuese të famullisë atje dhe të mbarë komunitetit shqiptar të Michigan-it në SHBA, ku gjendet edhe sot, që është në pension.

Kur dom Antoni u diplomua në Teologji në vititn 1967, familja u shpërngul në Amerikë. Kjo u bë për arsye të sigurisë së familjes së tij, për t'a ruajtur nga përndjekjet e vazhdueshme dhe hija e keqe bolshevike, që e ndiqte hap pas hapi, mbasi familjen Kçira.

Ata e konsideronin familjen Kçira të rrezikshme për komunizmin. Në këtë situate pa shpresë, për një jetë normale familja Kçira njeri mbas tjetrit, u detyruan të emigrojnë në SHBA.

Dom Antoni bëri vizitën edhe tek trualli i katragjyshërve në Pukë, dhe për nder të tyre edhe me kërkesë të këshillit të kishës atje dhuroi për banorët shuma të mëdha dollarësh, për ndërtimin e shtëpisë së Zotit, që e kishte shkatërruar komunizmi i zi.

Dy vjet më vonë, me 13 tetor të vitit 1995, dom Antoni merr pjesë në përurimin e kishës së re, duke i lënë banorëve shqiptarë një monument të rëndësishëm historik fshatit të të parëve të tij.

Për 51 vjet me radhë dom Anton Kçira larg Atdheut, përtej Oqeanit Atlantik kontriboj pa ndëprerë dhe pa u lodhur për fenë dhe besimtarët e tij, që fati e jeta e vështirë në vendlindje i bëri të emigrojnë në ShBA.

Shumë dekada më parë dhe deri tani, nëse shohim bilancin pozitiv, del se dom Antoni kontriboj dhe po jep edhe tani, që është në pension gjithçka për kishën, besimtarët, gjuhën shqipe, tubimet politike për çlirimin e Kosovës martire (1999 nga trupat e NATO-s, të drejtuar nga SHBA), tubimet me intelektualët për krijimin e qendrave kulturore, ndërtimi i kompleksit të ri brenda ambienteve të kishës për emigrantët etj.

Duke hulumtuar për përgatitjen e këtij studimi, del se për dom Anton Kçirën, kanë folur dhe shkruar gjatë 50 vjetëve të meshtarisë shumë gazeta, revista, kanale televizive amerikane dhe shqiptare në Kosovë dhe tash 28 vjet në Shqipëri.

Për personalitetin e tij gjithnjë në rritje kanë ndikuar shumë faktorët si: aktiviteti i dendur pranë kishës katolike në vendlindje dhe diasporë qysh në moshë të re, shkolla e mesme (jeta në seminar) dhe shkolla e lartë, pasi kryen shërbimin ushtarak, sikurse edhe miqtë e shumë meshtarë bashkvëllezër në Krishtin, të cilët një pjesë tyre janë bërë gjatë jetës meshtarake si ipeshkvij, kardinal në disa vende të Ballkanit e përtej saj.

Për t'i ardhur sa më shpejt në ndihmë popullit të tij që vuante nga plagët e mizorëve serb, ai kërkonte që përmes televizionit amerikan të tregonte se Serbia po zhduk pa të drejtë një komb të lashtë sa vetë historia e kontinentit të plakur të Evropës.

Ndër të tjera, dom Antoni i kryesuar nga një delegacion shqiptaro-amerikanë të Detroitit si: Kisha e shën Palit dhe kisha Zoja e Shkodrës në New York, u nisën me 13 shtator 1997 në Indi, për të marrë pjesë në varrimin e Nënë Terezës, kësaj humaniste të madhe të të gjithë botës, që me të drejtë bota e thirri Nënë dhe sot është shenjtëruar nga Papa Françesku I si shën Tereza e Kalkutës.

Ai tha një meshë e u lut shumë për Shenjtneshën me gjak shqiptari, së bashku me të gjithë shqiptaro-amerikanët e tjerë, duke e ndarë pikëllimin së bashku.

I palodhur dhe me dashuri për shqiptarët dhe vendlindjen, kudo gjendet dom Antoni sot. Përvuajtëria e spikatur, modestia dhe thjeshtësia, janë tipare që i zbulon në fytyrën e tij të qetë. Dom Antoni, u shërbeu shqiptarëve të Amerikës për disa dekada. Gjurmët e punës së tij, duken kjartë në zhvillimet e jetës kulturore e fetare të shqiptarëve në mërgim.

Kisha e shën Palit dhe shën Pjetrit në Rochester Hills (Detroit, MI), e ndërtuar para 16 vitesh me nismën e meshtarit të palodhur dhe të pamposhtur dom Anton Kçira, e cila me të drejtë mund të thuhet se është vepra e besimtarëve bujar malësor dhe e tij.☐

Nën drejtimin e meshtarit Kçira, besimtarët e kishës së shën Palit, kanë dhuruar qindra mijëra (mbi 1 milionë dollarë ndihma), gjatë dhe pas luftës, për viktimat në Kosovë, përveç ndihmave për rimëkëmbjen e kishave dhe fesë në Shqipëri, që dolën të shkatërruara nga lufta e ftohtë.

Filluan të bashkohen rreth tij të gjithë. Në vitin 1990, një grup atdhetarësh të frymëzuar nga dhimbja u morën vesh me dom Antonin se si të përhapnin një kushtrim në popull që të mund të ndihmojnë popullin në Kosovë, që po vuante nga rregjimi serbo-sllav.

Gjurmë të veprimtarisë përkushtuese fetare e atdhetare të dom Anton Kçirës, janë gjithashtu përmendoret e Skënderbeut dhe shën Nënë Terezës, në hyrje të oborrit të kishës.

Ato përçojnë vlerat e një kombi, veçanërisht, kur tërheqin vemendjen e kalimtarit të panjohur, i cili, kur i sheh s'mund të rrijë pa u interesuar e pyetur: *E kujt është kjo kishë e madhe?*

Këto janë konkretizime të nismave largpamëse të dom Anton Kçirës në krye të kishës. Janë gjurmët të ngurtësuara, që ai lë pas, ndërsa largohet për t'u shlodhur. □

Një drejtues mund t'i udheheqë të gjithë, por nuk mund t'i kenaqë të gjithë. Edhe rruga e dom Antonit në krye të kishës, nuk ka qenë e shtruar, vlerëson me reportazhin e tij gazetari i Zërit të Amerikës Astrit Lulushi.

Patrioti dhe bariu i mirë i grigjës së vet, ka ndihmuar me strehime dhe ushqime, me mijëra të shpëngulur dardanë, gjatë eksodit biblik drejt shtetit amë, për t'i shpëtuar makinës ushtarake shfarosëse serbe, ku, unë kam qenë dëshmitar okular, në shumë qendra të sistemit të tyre, pranë kishës katolike, në qytetin e Shkodrës. □

Të gjithë ne, që jetojmë dhe punojmë prej shumë vitësh në Amerikë, e dimë se pa inisiativën dhe mbështetjen e pakufishme të këtij meshtari të përkushtuar, për Fe e Atdhe në Detroit, qysh nga viti 1989 dhe deri më 2011, nuk do të ishin bërë shumë mitingje, demostrata, grumbullime fondesh për çeshtjen shqiptare të Dardanisë, ndihmen e pakursyer direkte për Shqipërinë, popullin e masakruar martir dardan në vitin 1999, kur dihet, se ky klerik patriot, ka qenë *"persona non grata"*, për ish Jugosllavinë titiste asokohe, si i perndjekur, për t'a vrarë me gjithe familje.

Dom Antoni, është i vetmi klerik në gjithë historinë mbarëshqiptare, që ka bekuar armët dhe luftëtarët e lirisë të *Batalionit Atlantikut*, drejt Dardanisë. □

Historia, është mësuesja dhe nëna e pagabueshme, që ka folur dhe do të flas serisht me gjuhën reale të fakteve, për punën e madhe dhe jetën në përkushtim të kombit dhe fesë, që ka bërë gjithnjë, I Perndershmi me përvujtëri dhe modesti dom Anton Kçira.

Me nismën e këtij misionari dhe shqiptari të madh, erdhi në SHBA monumenti madhështor i Heroit Kombëtar Gjergj Kastriotit, epoka e të cilit është më e lavdishmja në historinë tonë, është elementi më i qenësishëm i krenarisë sonë kombëtare.

Të gjithë kombet e qytetëruara në botë, i përjetësojnë figura të tilla si dom Anton Kçira, duke i renditur me nderim dhe respekt në xherdanin e yjeve të pashuara, në Panteonin e Nderit Kombëtar.

Falëminderit!

Shënim: *Kjo kumtesë e shkurtër nga* **Klajd Kapinova**, *është lexuar nga studiuesja zonjusha Leonora Laçi, në Simpoziumin Trojet e Arbërit, që i zhvilloi punimet në Gjakovë, më 1 Gusht 2018.*

AMERIKANËT FRYMËZOHEN NGA JETA DHE VEPRA E NËNË TEREZËS (SHËN TEREZA E KALKUTËS)

Me gjak jam shqiptare; me nënshtetësi, indiane. Përsa i përket besimit, jam murgeshë katolike. Sipas thirrjes, i përkas botës. Por zemra ime i përket plotësisht Zemrës së Krishtit" – **Shën Nënë Tereza**

BRONX, New York. Amerikanët e vlerësojnë shumë gonxhen e shqiptarëve dhe shën Nënë Terezën e botës. Ajo ishte **Qytetare Nderi e SHBA-së**, titull i dhënë shumë vite më parë nga Presidenti republikan Ronald Reagan, i cili e adhuronte shumë për punën e saj fisinike në shërbim të të varfërve amerikanëve dhe botës. Ajo vetëm në New York ka disa shtëpi dhe më së shumti në Bronx dhe Brooklyn...

Duke shëtitur në disa kisha katolike në Bronx, New York dhe shtete të tjera të SHBA-së, kam parë shumë piktura murale me tematikë shqiptaren e madhe të përmasave botërore, të cilat i kam fiksuar me aparat dhe ndoshta ka ardhur koha ti bëj publike, për bashkëatdhetarët tanë në vendlindje, lexuesit dhe biografët e shën Nënë Terezës, të cilat po i ofroj të shoqëruar me shkrimin e mëposhtëm.

Ajo ishte dhe mbeti e Shenjt

Tek figura e saj humane evidentohet si element plot vlerë unisimi mes filozofisë së saj humane, përkushtimit shpirtëror, duke dhuruar kompleksin e ndjejave, që thjeshtë quhet mirësi njerëzore si veprim, ku, karakterizohet gjithçka si përkushtim, ndjenjë dhe mesazh filozofik, shoqëror e rezatues.

Kjo strukturë vlerash, projekton Atë, jo si moralizuese, por si objekt human, që mishëron diçka më shumë. Ajo, krijoi një filozofi sociale, me një kurs tokësor, me qëllim; kujdesin tokësor dhe jo pranimin e vuajtjes në emër të shpëtimit të shpirtit me një botë tjetër.

I shtrenjtë është ai njeri, i thirrur nga Zoti, në gjithçka që bënte derisa Zoti e mori në krahët mikpritës të Tij.

Butësia, buzëqeshja, identifikohen me devocion ndaj asaj shtrese më të varfër midis më të varfërve, më të përbuzur, mdis të përbuzurve, më të uritur midis të uriturve, njerëzve të braktisur si mbeturina të mbeturinave.

Ajo, u shtriu dorën e përjetshme të mirësisë. I mori në krahët e saj të ngrohtë, duke u thënë mos u merzisni, unë do t'ju mbaj me ngrohtësinë prindërore. Buzëqeshje, lumturi shpirtërore dhe ngrohtësi shoqërore u fali me gëzim përherë Nënë Tereza.

Si një mesazhere humane biblike, shenjtore e gjallë dhe e prekshme, Ajo sillte e përhapte atë gonxhe jete të mrekullueshme si vetë emri i saj, atë dashuri njerëzore kaq të zbehur gjatë shekullit XX, kur përbuzja, mjerimi, lufta e pakuptimta, kërcenin valle si në shtëpinë e tyre.

Ajo ishte një ushtri e vërtetë dashurie

Thjeshtësia, ishte bashkëudhëtare në jetën në shërbim të të varfërve, të sëmurëve me lëbrozë, antikapatëve, jetimëve, të moshuarëve, që padrejtësisht ishin braktisur nga aparaardhësit e tyre, fakirëve të Indisë, me të cilët gjithë jetën ndau vuajtjet e kësaj bote.

E donte thjeshtësinë, sepse njerëzit me të cilët punonte u dhuronte mirësinë me përkushtimin mbinjerëzor, duke ua dhënë me ëmbëlsi aq të dashurën fjalë të nënës - *Dashurinë*.

Ajo është lart në Qiellin e pavdeksisë së përjetshme, në atë banesë që e ëndrronte drejt lumturisë së pasosur në paqe. Ajo është ulur në tryezën e shenjtorëve të historisë së krishtërimit dhe po kuvendon për jetën tokësore me të cilën ajo u shkëput me dëshirë.

Në sintezë është mirë të thuhet

Është e vërtetë se shqiptarët ndër shekuj, janë ndeshur me të keqen dhe kanë dhuruar vazhdimisht mirësinë.

Për më tepër, ndër shekuj, besa, mikpritja, qëndresa, fjala, etj., si institucione të traditës popullore, mbetën kode morale, juridike, etike, kushtetuese, etj., të cilat, së bashku shpalosin veoritë e genit shqiptar, atë kumt e formulë magjike shekullore, që humbet në mugëtirat e lindjes së njerëzimit, të transmetuar nga brezi në brez, nga vitet në shekuj.

Edhe fjala, si varg konstitucional, ka me vete esencën e mëshirës, e cila në ballafaqim mendor të shqiptarit shprehet me një semantikë të veçantë, duke pohuar njëherazi bujarinë, dhurimin, dhënien e vetës, flijimin për të tjerë.

Purifikimi i shpirtit njërzor dhe mbushja e vullnetit të tij me dashurinë dhe përkushtimin për të bërë vetëm mirë, e për t'ju ndodhur pranë atij që vuan, se i kërcenohet vdekja, i është gjymtuar trupi, e turturon sëmundja, i mungon dashuria njerëzore, e tmerron braktisja e shoqërisë apo e shpërbën vetmia torturuese, janë abetare të virtytit terezian, të cilat mishëruan njerëzoren e pamëkatuar dhe bënë që hierarkia e lartë shtetërore të përkulej e të bënte apel përballë trupit të saj pa jetë, duke kërkuar një kod të ri moral.

E kësisoj, ky dhurim, kjo fjalë, ky flijim për gjakun shqiptar ka përmasa që kalon kufijtë e lindjes, duke pushtuar hapësira e vizione të reja përjetimi.

Dhe Shqipëria e vogël gjeografikisht, a nuk i dhuroi njerëzimit figura të mëdha krenarie, qofshin këto perendorë të tillë, si Konstandini i Madh me origjinë ilire, që në vitin 313 pas Krishtit, nxori Dekretin e Milanos, tek sanksionoi krishtërimin si fe zyrtare?

A nuk u përpoqën të parët e krishterë ilirë, tek të cilët kemi edhe martirët e parë të krishtërimit, si: *shën Lauri, shën Flori, shën Asti* (emrat e të cilëve përmenden në librin e njohur *Martyriologun romanum*, të cilët në kohën e perendorit Adrian në Ulpianë të Dardanisë, dy gurëgdhendësit (të parët shën Lauri e shën Flori) i mbysin në pus, për të mohuar fenë e Krishtit?

A nuk janë ndjekësit më të mëdhenj, në kohën, kur kisha po legalizohej si institucion shpirtëror, perandorët e gjakut ilir, në mënyrë sistematike përmes Decit, Aurelianit, Dioklecianit, bëjnë që të derdhet gjaku i fatosave të krishterë kudo?

Sa kontrast i madh!

Mirëpo kjo trevë e begatë dhe konkretisht nga Salona (Vlora), në vitin 183 mbas Krishtit, dhuron edhe një papë me emrin Gain, të pa zbardhur deri tani nga historiografët kishtar shqiptar.

E gjithsesi, bota e krishterë dhe kisha në veanti, gjatë kësaj periudhe ballafaqohet edhe me herezi të shumta që të parë në prizmin njerëzor, kanë mundur të jenë edhe fatale. *"Mirëpo, këtu shihet Provania Hyjnore dhe elementi Hyjnor i Kishës."*, sintetizon studiuesi i shquar **akademik prof. dr. Zef Mirdita**, pedagor i historisë antike në Universitetin e Zagrebit.

Por historia është e lavdishme, sepse të tillë e bëjnë njerëzit në Tokë, duke kulmuar më tej me një nga prelatët më të mëdhenj të krishtërimit papa Klementi XI (Gjon Albani), i lindur nga prindërit me origjinë të trungut të mirëfiltë shqiptar në Urbino, duke qenë i 250-të papë, në Selinë e Shenjtë në Vatikan.

Ai, ishte përkrah papëve të famshëm, si: Gjoni XII, Gregori VII, Piu V, që kishin sukses në organizimin kishtar, etj.

Por të mos harrojmë se lutja e famshme dhe e mbarë krishtërimit *"Te Deum"*, është shkruar dhe kompozuar nga një peshkop shqiptar. Po shën Jeronimi ilir (340-420), që përktheu Shkrimin e Shenjtë (Bibla) në latinisht?

Kësaj radhe, Zoti me fisnkëri për Shqipërinë dhuroi plot bujari një Nënë të Madhe, që shquhej për nga forca shpirtërore deri në kufijtë e shenjtërisë.

Dhe kjo ishte Nënë Tereza e Kalkutës, e lindur në dekadën e parë të shekullit XX. Sa dorëlëshuar jemi treguar ne shqiptarët, sa shumë kemi dhuruar si komb deri aty, sa i falem njerëzimit Nënë Terezën!

Ajo u bë e famshme sa trimëria dhe vendosmëria e Heroit Kombëtar Gjergj Gjon Kastriotit legjendar, që si Atlet i Krishtërimit, u bë mburoja e civilizimit evropian, ndërsa Nënë Tereza e Kalkutës së mjerë, u bë mburojë dhe histori e gjallë feje, përkushtimi, duke ndryshuar fytyrën e botës së mjeruar.

Nëna, jetoi në varfëri, me të varfërit midis më të varfërve, duke përjetuar tërësisht filozofinë e Krishtit. *A nuk u shndërrua ajo si e tillë se qe shqiptare?*

Të gjitha këto janë pyetje me përgjigje shembullore të popullit shqiptar. Një Nënë prej gjak shqiptari, që do të lindte trupvogël e imët dhe shëndetlig, do të vinte një ditë që të shpërthente si një trëndafil i mrekullueshëm, të kthehej në trëndafil të dashurisë, duke u dhuruar skamnorëve dashuri të përjetshme.

Gonxhja tronditi botën, duke i apeluar, se kjo substancë e shformuar është pjesë dhe produkt i shoqërisë së sotme, që kontraston me qytetërimin.

Në fund të shekullit XX, Ajo rizgjon imazhin e Jezusit të Nazaretit dhe aksioni i saj human mori sendertim real, duke shpalosur tipare krejt unikale.

Ku ta dinte babai i Nënë Terezës, ky tregtar i thjeshtë shqiptar, se para thjeshtësisë së bijës së Tij, do të përuleshin me respekt të thellë mbretër, presidentë, prelatë të kishës dhe të gjithë besimeve fetare në botë!

Në historinë e botës plot vuajtje të ndryshme, si i lajmëruar prej një fuqie Hyjnore, ai vuri emrin e thjeshtë, por kuptimplotë gonxhe dhe gonxhja, si një syth trëndafili, nuk mund të rrijë plotësisht e tillë.

Ajo kërkonte me ngulm dritën dhe dashurinë. Ajo është një dhuratë e Zotit për t'i shërbyer me përvujtëri vetëm Atij. Me jetën dhe veprën e Saj, na tregoi, se do gjë është e mundur me Zotin. *"Mbani qetësinë e zemrave, meditoni, sepse atje do të takojmë Krishtin, sepse edhe ne mund të ecim të takojmë Zotin tonë"*, i porosiste bashkëudhëtaret e Misionit të Dashurisë kryemurgesha Nënë Tereza. *Jeta pa vepra është e kotë, se veprat pa lutje janë të papërkryera.*

Ajo nuk është e shkëputur nga universi shqiptare

Mbretëresha e humanizmit, e pëllumbit të paqes tokësore, nuk kishte se si të mos ishte shqiptare. Ajo është pjesë e hershme e genit shqiptar.

Rastësia nuk e solli atë që të lindte në këto troje me tradita të pastra, në këto treva ilire të lashta, aty, ku, kanë zanafillën e tyre kozmike erërat që sollën agimin e lindjes së qytetërimeve më të lashta se sa vetë historia e kontinentit të plakur të Evropës; aty ku ngjizi miti dhe legjenda, kënga e vaji, ninulla e fosnjes mitologjike, aty ku morën udhë shtrati i besimeve dhe drita e dijeve, filozofia e jetës dhe e vdekjes.

Gonxhja erdhi në jetë, në fillim të shekullit tonë, kur ende nuk kishte shtet shqiptar politikisht të krijuar dhe u largua nga kjo botë e zhurmshme në fund të shekullit, duke i mbyllur sytë në një vend të largët nga Atdheu, por shumë të dashur prej saj, atje, ku në saj të veprës që ajo realizoi, shndërrimin e madh të vetes dhe të moralit njerëzor në përmasa të tilla tronditëse, si rrallëkush tjetër.

Në tryezën e shenjtorëve të Romës, do të ftohet të kuvendojë në paqe, mirësi dhe dashuri Hyjnore edhe Nëna e të gjithë Nënave.

Ndoshta, edhe një Nënë që po shëron plagët e nipave dhe mbesave të atyre shenjtorëve, që përfaqësojnë për nga origjina shtetet ku ato kanë lindur.

Tashmë Nëna në Shqipëri, është një institucion me vlera dashurie ndaj të gjithë atyre, që kërkojnë të triumfojnë mbi kulturën e vdekjes, për t'i dhënë dritë e shpresë kulturës së jetës.

Në rrugëtimin e Saj, mbështjellë me një frymë universale, krijoi mitin e shenjtit, të profetit të luftës kundër mjerimit, të engjëllit mbrojtës, që komunikoi me botën hyjnore, të shpresës dhe të guximit për një jetë më të lumtur.

Pamteoni i njerëzve të shquar, që me veprën e tyre të shumanshme kanë manifestuar virtyte të larta njerëzore dhe forcën inspiruese për bashkësinë sociale me mungesën tokësore të Nënë Terezës, pësoi një zbrazje të thellë e të gjërë.

Kur individë të tillë unikal lënë pas një filozofi, një moral dhe një përkushtim nga dishepujt, Ata (në këtë rast) Ajo, njëherësh gjenden në majë të panteoneve të vlerave universale të njerëzimit, duke rrëzuar njëherësh pseudovlerat.

Ajo me shpirtin e paqes ka bërë mrekulli. E shpirti i mrekullueshëm qe Nënë Tereza. Dhe shpirti e njohu, jetoi me Nënë Terezën, që ishte një njeri i tillë. *"Çdo njeri ka lindur shenjt, por duhet të dëshiroj dhe t'a dëshmoj"*, ka përkufizuar Nënë Tereza.

Gonxhja, besonte shumë në familje si një bërthamë solide, që duhet ruajtur nga tjetërsimi i demtuesve mëkatorë.

Familja shtonte Ajo, aty lind, krijohet dhe vazhdon t'i jepet shoqërisë, kur shpesh takohej me të rinjtë shqiptarë.

Nënë, kam etje, dua të ha, të pi, kam ftohtë...

Nënë, kam etje, nënë dua të ha, nënë dua të pi, nënë kam ftohtë, nënë jam sëmurë, nënë o Nënë, i thërret fëmija, i riu, i braktisuri, plaku që rënkon nga plagët e gërbulës, në çastet e hidhërimit e të gëzimit.

Mirëpo binomi Njeri-Nënë, që kërkon ndihmë, është një nyje e pazgjidhshme në çastet e hidhërimit të madh, në vuajtje e dhimbje.

Për njerëzimin dje dhe sot nëna është një titull, një ofiq, një gradë, një mision e mbi të gjitha një mesazh jete, buzëqeshjeje, gëzimi e hareje.

Në çdo gjuhë të botës, ajo është fjalë e parë dhe më e dashur që kanë mësuar të gjithë njerëzit në këtë planet, por në shenjë dhembshurie e dashurie të pakufi, ajo ka kuptimin e oksigjenit për çdo qënie njerëzore.

Ajo, me shpirtbutësinë bujare, përmes duarve të rreshkura që kanë pritur e përcjellë për shumë dekada miliona fëmijë në buzë të vdekjes së sigurtë.

Vdekjen e të sëmurëve e ka larguar, duke mëkuar dashuri njerëzore, për ditë të tëra në krye të të lënduarve, ka lidhur miliona plagë, sikurse u ka mbyllur sytë pranë një vdekje të qetë natyrale tek i përkdhelte me uratë në dorë.

Ajo ka ofruar jetën e ka larguar vdekjen e etur për flirte mjeranësh, në çdo kënd të globit; ka dhënë frymë, duke ngrohur trupat e ngrirë në borë pa përkujdesje.

Në shtegtimin e saj të gjatë, si ikonë e gjallë që adhurohet me dashuri nga të gjithë, është ledhatuar, ndjerë nga miliona njerëz, duke ndezur qiriun e dritës së përjtshme.

Njerëzimit iu dorëzua e gjallë, duke dhuruar trupin, zemrën, mendjen, fjalën, frymën, jetën e saj dhe gjeneroi me forcë dashurinë, këtë gonxhe të mrekullueshme të fshehur thellë në skutat e shpirtrave njerëzorë.

Postulatet e saj janë të thjeshta në formulim, por janë të thekuara si ide: "*Nuk ka paqe pa dashuri*", "*Nuk keni bërë pak nëse keni dhuruar buzëqeshje*", "*Po, dashuria është e vërtetë dhe ju takon juve!*"

Duke u endur e palodhur, Nëna e botës arriti ta gjejë, ta këputë këtë gonxhe dhe ua dëshmoi si shembull jetësie, se kjo është dashuria në Hyjin dhe njeriun, që Ai vetë krijoi për të përballuar mirësitë e natyrës që përsëri vetë i dhuroi. Njerëzorja, autentike është institucioni më i lartë, më i pastër, më human dhe se institucionet e tjera, si: shteti, propoganda, ceremonitë, janë të vonshme, e jo të sinqerta përballë humanizmit dhe dashurisë.

Kur shihte bebe të vogla, vraponte që t'i përkthelte dhe i merrte në krahët e saj të ngrohtë, duke u dhuruar dashuri me një buzëqeshje fisnike.

Gonxhja-Nënë, kishte një optikë tjetër, kur vraponte nën moton, se dhimbja e tjetrit zbutesh kur kujdesesh për te, dhe kujdesi kryehet kur vetë jeton thjeshtë e bashkë me te.

Ajo shihte frikë nga vdekja ndaj edhe jetoi gjatë. Veshja e thjeshtë dhe këmbët e zbathura me sandale, asnjëherë nuk qenë garniturë moralizuese, por sfidë stoicizmi.

E komentonte gjithnjë fjalën *Kam etje* (I'm thirsty), për dashurinë e njerëzve, ashtu sikurse e thotë Krishti në kryq.

Ajo bëri atë që bënte me dashuri, i jepte ujë të uriturit, veshte të zhveshurit, mëkonte me ngrohtësi prindërore më të braktisurit.

Dhe këtë rit e përsëriti për shumë dekada, duke sfiduar përherë moshën e vet, sëmundjet e njëpasnjëshme që e shoqëruan kudo, dhe mbi të gjitha kohën që jetojmë.

Nënë Tereza është poezia e jetës, poezia njerëzve të varfër. Ajo u shpall shenjtneshë, por nëse altari shpirtëror, do të mbaj në koleksionin e tij si brilant emrin Shenjt, altari i vërtetë i prekshëm tokësor, human, bartë Nënë Terezën e vërtetë, e cila duket tashmë e shpërndarë si eter në veprën e misioneve të Saj, të cilat me stoicizmin e tyre janë plazmor si specie tereziane, aq të mirëpritura e të respektuara...

Nënë Tereza në Harlem (Bronx) dhe Brooklyn, New York

Në dy qytetet e mëdha të New York City, Bronx me 2.2 milion banorë dhe Brooklyn me 2.4 milion banorë, ka disa shtëpi të motrave të Nënë Terezës, që shërbejnë edhe sot për të varfërit, të pastregët, të sëmurët, të braktisurit, jetimët etj.

Përkujdesi i motrave është i madh e i vazhdueshëm. Ajo ka udhëtuar disa herë nga New York në Romë dhe anasjelltas edhe pse shpesh nuk ishte mirë me shëndet, sikurse tregon mjeku i Nënë Terezës dr. Patricia Aubanel. *"Pra, ne e konsiderojmë këtë si një mrekulli"*.

Ajo rrezikonte shëndetin e saj të dobët, duke fluturuar nëpër botë për të vizituar njerëzit e varfër në Harlem, të cilët i donte shumë. Një herë Nënë Tereza po ecte me Princeshën Diana në rrugët e Bronx-it.

Kështu ajo hapi misionin e saj të parë në vitin 1970, në East 145 St., në jug të Bronx-it.

Në vitin 1997 Nënë Tereza qëndroi në Misionin e Bronx-it për disa javë dhe gjatë muajve maj-qershor të vitit 1997 ajo u takua për herë të fundit me Princeshë Diana. Disa muaj më vonë, bota po mbante zi të dy ikonat, të cilët vdiqën vetëm pesë ditë larg njera-tjetrës.

Misioni, më vonë i zgjeroi shërbimet e tij në Harlem, ku, aktualisht drejton një strehë për gratë dhe Brooklyn, ku ka një shtëpi për nënat e pa-martuara.

Në vitin 1985, Urdhëri i Nënë Terezës hapi një shtëpi në Greenëich për pacientët me AIDS dhe të shtëpi tjetër për të pastrehët në Newark (New Jersey). *"Në ato ditë nuk mund t'i tregoja askujt që po merrej me njerëzit me AIDS"*, kujton Gene Principe, 85 vjeç, i cili, ka qenë vullnetar me misionet e Nënë Terezës që nga viti 1983.

Principe kujtoi një vizitë që Nënë Tereza bëri në Harlem disa vjet para se të vdiste. Ishte pas një stuhie të madhe dëbore, dhe pastruese e borës kishin ende shumë punë hapur rrugën në West 127th Street.

"Dy djem të rrugës (pa strehë) vrapuan në makinë," tregon Principe. *"Ata e kapën nga krahu dhe e shoqëruan atë. Ajo që më bëri përshtypje më shumë ishte se këta djem kishin kaq shumë dashuri dhe respekt për të…"* (James Keivom, New York, **Daily News**)

Në vitin 2010, me rastin e ditëlindjes së 100-të, të Nënë Terezës, mbështetësit kërkuan të nderonin ikonën e ndjerë me një shfaqje të dritës së Empire State Building, por zyrtarët ndërtesës gjigande nuk dhanë aprovimin e tyre. Kjo ndezi kritika të ashpra në mëdia. Refuzimi asokohe preku shumë komunitetin e madh katolik në SHBA dhe shtetin metropolitan të New York-ut.

"Si një ndërtesë në pronësi private, ESB ka një politikë specifike kundër ndriçimit të figurave fetare ose kërkesave nga fetë dhe organizatat fetare", tregon Anthony Malkin, CEO i ndërtesës dhe presidenti i saj.

Literatura:

1. Who was Mother Teresa? 5 Facts about Mother Teresa, acton.org.

2. Mother Teresa of Calcutta, America Magazine Jesuit Revieë.

3. Tony Marcano, May 28, 1997, Mother Teresa Has Quiet Day At Her Convent in the Bronx, May 28, 1997,

4. Leonard Greene, Harlem, the Bronx and Brooklyn held special places in Mother Teresa's heart, New York Daily News March 9, 2016)

5. Chelsia Rose Marcius and Larry Mcshane, Bronx man who served as a driver for Mother Teresa during her visits to New York, NYDaily News, March 15, 2016.

6. Amanda Marinaccio, Dedication set to honor Mother Teresa, Bronx Times, October 21, 2011.

7. Allerton Ave mural of Mother Teresa inspires neighbors, New York Bronx News

PËRKUJTOJMË 32-VJETORIN E KALIMIT NË AMSHIM TË BARIUT SHPIRTËROR DHE LIDERIT TË KOMUNITETIT TONË MONS. DR. ZEF OROSHIT

Mons. dr. Zef Oroshi gjithë jetën i përgjuar nga diktatura komuniste

Këtë vit mbushën plot 32 vjet nga kalimi në amshim i bariut shpirtëror dhe liderit të shquar dhe të paharruar të komunitetit shqiptaro amerikanë mons. dr. Zef Oroshit (1912-1989).[195]

Prelati ynë sapo mbërriti me avion nga Italia në SHBA dhe u vendos në shtetin e madh metropolitan të New York-ut, mons dr. Zef Oroshi iu vu detyrës fisnike me qëllimin e mirë për të mbajtur të bashkuar shqiptarët emigrantë rreth kishës katolike, që u kthyer për disa dekada në një vatër të ngrohë e shtëpisë së Zotit. Bariu ynë shpirtëror i përvuajtur dom Oroshi punoi dhe jetoi pranë dhe me grigjën e tij, të përbërë kryesisht nga emigrantët shqiptarë nga Shqipëria, Kosova dhe Mali i Zi.

Ashtu sikurse dje edhe sot komuniteti i madh shqiptaro amerikanë ruan kujtime të pashlyera për njeriun me zemër të mirë, meshtarin e përkushtuar për trinomin shumë shekullor Fe-Atdhe-Perparim, sikurse e thirrshin të gjithë dom Zef Oroshin, sepse ai ishte shumë i thjeshtë e i dashur me të gjithë bashkatdhetarët e tij, pa dallim feje dhe krahine dhe me amerikanët me të cilët ai kishte kontakte të vazhdueshëm këtu.

Mbas kalimit në amshim të mons. Oroshit, shumë personalitete shqiptaro amerikanë, intelektualë, njerëz të thjeshtë, sikurse edhe figura të shquara të diasporës shqiptare nëpër botë, asnjëherë nuk e lanë në harresë emrin dhe veprën e madhe patriotike dhe kulturore të prelati dr. Zef Oroshit, duke e përkujtuar atë shpesh me artikuj, kumtesa, libra, dokumentarë, etj., në përvjetore dhe takime të ndryshme mes bashkatdhetarëve tanë.

Në këtë 32-vjetor të kalimit në amshim të imzot dr. Zef Oroshit, sidomos këto 5 vitet e fundit, shumë rapsodë popullorë nga trevat e Mirditës

---

[195] **"Libër Përkujtimor"** (Dedication Journal), *"Zoja e Këshillit të Mirë"*, 4221 Park Avenue, Bronx, New York, Botimi I, 1978.

edhe më gjërë e kanë përkujtuar me krenari dhe nostalgji të gjithë veprim-tarinë patriotike të tij, përmes telave të çiftelisë, duke krijuar këngë që përmbajnë në esencë historinë e frymës së thellë atdhetare dhe fetare të bashkëatdhtarit tonë, që një jetë të tërë e kaloi në emigracion me mallin e zhuritur për Shqipërinë dhe vendlindjen e tij të dashur Mirditën.

Monsinjori ynë, për herë të parë për lexuesit mbarëshqiptarë u zbulua me fakte dhe prova të botuara në 4 libra monografik voluminoz dhe luksoz nga aktivisti I palodhur i kishës katolike shqiptare, biografi i tij i afërt studiuesi shqiptaro amerikanë Tomë Mrijaj.

Duke shfletuar me kujdes faqet e librave, del në pah fakti se ai kaloi një jetë të tërë i përgjuar vazhdimisht nga një Dosje e madhe, që kishin har-tuar ndër vite, hetuesit, Ministria e Punëve të Brendshme, policia sekrete apo forcat e Sigurimit të Shtetit të diktaturës komuniste, me porosi direkte të diktatori Enver Hoxha dhe Kryeministrit asokohe Mehmet Shehu në Shqipëri nga vitit 1951 dhe në vazhdim.

Libri me titull kuptimplotë: **"Një jetë i përgjuar"** (New York, 2020), është shkruar mbi bazën e dokumentëve të shumta të marrë nga Arkivi Qendror i Shtetit në Tiranë, Shqipëri, me titull: **"Dosja Origjinale e Sig-urimit të Shtetit Komunist në Shqipëri"**, e cila zgjon interest të madh tek populli shqiptar si brenda vendlindjes dhe jashtë kufijve të Atdheut.

Vepra në fjalë, është mirëpritur shumë mirë në komunitetin shqiptaro amerikanë, për faktin, sepse më parë ata kishin ndjekur me interes për herë të parë, përmes kanalit YouTube tre video me titull: **"Report TV: Dosja K - Monsinjor Zef Oroshi i përgjuar nga Sigurimi deri në vdekje",** për tre javë rresht të realizuar me profesionalizëm nga gazetarët investigativë të Radio Televizionit Shtetëror Shqiptar (R.T.V.SH) në Tiranë.

Në këtë dokumentar historik, bazuar në doumente voluminoze his-torike, u intervistuan djemtë e vëllezërve të mons. Oroshit, si: **Gjon Prendi, i cili, kishte kaluar 10 vjet ne burgun famkeq të Spaçit** *dhe disa vite në kampet e tmerrshme të përqëndrimit të asaj periudhe dhe djali i vëllait tjetër Ndoit, i cili, pas 9 muaj në hetuesinë e tmerrshme të Shkodrës vdes në torurat më mizore, që u përdorën ndaj të burgosurve të pafajshëm, për të cilat deshmoi djali i tij Nikolla, që asokohe ishte në moshën 4-vjeçare.*

Me interes u mirëprit në studio edhe mbesa e Kolonel Xhemal Laçit një nacionalist dhe aktivist i shquar në komunitetin shqiptaro amerikanë, historiania e re investigative nga Shkodra, **publiçistja e palodhur Leonora Laçi,** e cila foli më gjerësisht për dokumentet e reja, që ajo kishte parë nga afër në A.Q.SH.

Më vonë këto dokumente, që përmbajnë Dosjen origjinale voluminoze të dr. Oroshit, sikurse na njoftoi studiuesi dhe publiçisti Tomë Mrijaj, me insistimin e vazhdueshëm të tij, u tërhoqën nga studiuesja Leonora Laçi nga Tirana dhe iu dorëzuan atij.

Mbi bazën e tyre studiuesi Mrijaj përzgjodhi, përgatit nën përkujdesin e veçantë dhe botoi me shpenzimet financiare të tij komplet *Dosjen* e diktaturës komuniste kundër mons. dr. Zef Oroshit.

Kjo Dosje, qëndroi e fshehur në Arkivin e Shtetit (AQSH) nga viti 1951-2019. Ajo ishte hartuar me kujdes dhe zgjerohej dita-ditës me informacione dhe trillime absurde nga spiunët dashakeq, që ndodheshin si emigrantë të shitur në Europë dhe SHBA dhe vepronin për llogari të idhurit të tyre Enver Hoxhës, kundër nacionalistit dhe eruditit të kulturuar mons. dr. Zef Oroshit.

Monsinjor Oroshi nuk është arratisur nga shtetrrethimi i veshur si grua

Në "dokumentarin" e shkurtër me titull: "*Arratisja spektakulare e Imzot Zef Oroshit*", publikuar në kanalin YouTube më 24 shkurt 2021, për 10 minuta e 12 sekonda, hartuesit e libretit (skenarit), në disa pika kryesore të përshkrimit të momentit të arratisjes së imzot dr. Zef Oroshit ka pasaktësi, të cilat bien në kontradiktë me realitetin historik të kohës kur ka ndodhur ngjarja.

Kështu në videon e publikuar në YouTube, në lidhje me arratisjen e mons. Oroshit, ndër të tjera autorët thonë shprehimisht: "*Ja se si u zhvillua ngjarja në prapaskenë në ato pak minuta me shpejtësi dhe fshehtësi e motra e priftit Lukja, kishte marrë në trastë një palë rroba gruaje nga qela dhe i qon në dhomën e veshjes së priftit.*

Ishte një aneks i kishës me dalje nga ana e pyllit. Ishin 10 minutat e fundit të meshës dhe dom Zefi del nga altari i shenjt dhe nuk lë porosi për të kumtuar xhakoni apo murgesha në lidhje me katekizmin apo diçka tjetër jashtë meshës.

Ai futet shpejt në kthinën e tij (vend i ngushtë) dhe vishet shpejt e shpejt si grua dhe përnjëherësh del nga dera e pasme dhe futet në pyllin e gështenjave, duke kapërcyer një përrua të vogël.

Askush nuk i kushtoi rëndsi një gruaje, që doli nga ajo derë, pasi prifti kishte aty nënën dhe motrën dhe mund të vizitohej nga familjarët e tij në çdo kohë.

Askujt nuk mund t'i shkonte ndër mend, se ai njeri i Zotit me atë veshje të bukur pozante me xhup nuk ishte një grua, por vetë dom Zef Oroshi, që nuk do të kthehej më në atë vend...

Kurrë nuk kishte ndodhur, që prifti ta linte meshën pa e mbyllur, por kjo do të ishte një histori e rrallë mbushur me një vello mitike.

Siç merret me mend, pati një shokim nga forcat e ndjekjes dhe hierarkia e shtetit se si ishte e mundur: A e kishte përpier dheu priftin!?..."

Në Dosjen origjinale me 450 faqe të dom Zef Çokut (Oroshi), që ruhet në Arkivin Qendror të Shtetit në Tiranë, në asnjë fletë të saj nuk thuhet se mons. dr. Zef Oroshi është arratisur i veshur si grua dhe ka dalë në mal pranë çetave nacionaliste antikomuniste, që vepronin në Mirditë. Po aty nuk ka asnjë fjalë edhe nga "deshmitarët" dhe akuzuesit e tjerë mirditorë, se dom Zefi është arratisur i veshur me rroba gruaje.

Komunistët, do të ishin të lumtur të pohonin një gjë të tillë, për të ulur figurën e meshtarit patriot, duke sajuar një histori të rremë, sikurse u sajua nga producentët e videos në fjalë.

Në "dokumentarin" e zhurmshëm, thuhet se Lukja ishte në kishë kur Monsinjor Oroshi u arratis. Në fakt ajo ishte në qelë së bashku me nënën dhe antarët e tjerë të familjes. Vetë nipi i monsinjorit Oroshit, Gjoni, që askohe ishte 10 vjeç, ka deklaruar se "ne ishim të gjithë në qelën e priftit..."

3. Ish i burgosuri politik shkodran Bep Kuqani, që ka ndenjur si bashkëvuajtës në disa burgje me bashkëpunëtorë të mons. dr. Zef Oroshit, sikurse është edhe mirditori Ndue Jaku, nuk ka thënë asnjëherë se prifti trim Oroshi është veshur me rroba gruaje, për t'i ikur rrethimit të hekurt të forcave të ndjekjes së Sigurimit komunist.

4. Shumë pjesëtarë të familjes së imzot Zef Oroshit me banime në Mirditë dhe Lezhës dhe mbarë fisi Çoku, janë shumë të indinjuar sot për mënyrën se si disa pseudostudiues dhe producentë videosh, po mundohen të ulin poshtë personalitetin e shquar të botës shqiptare dhe komunitetin shqiptaro amerikanë këtu.

Në video u përdor teoria e konsipiracionit, i vënë në gojë me hamendje të njërëzve, sipas së cilës dom Zef Oroshi ishte nisur në Gjader të Lezhës, për të hyrë në aeroportin e vogël ushtarak dhe për t'u larguar drejt Italisë...

Prelati antikomunist shqiptaro-amerikan imzot Zef Oroshi, sipas dokumenteve arkivore të albamolgut gjerman don dr. Markus W. E. Peters

Miku im i hershëm hulumtuesi i kulturës dhe historisë shqiptare, palodhuri e i apasionuari albanologu dhe sot meshtari katolik gjerman **don dr. Markus W. E. Peters** e përqendron veprën e tij në harkun kohor të viteve 1919-1996, ku shumë mire dhe me korrektësi shkencore përshkruan aktivitetin fetarë dhe patriotik të prelatit në vendlindje në Mirditë dhe këtu në SHBA prelatit tone mons. dr. Zef Oroshit.

Don dr. Markus, në veprën e vet shkencore dhe enciklopedike me titull: **"Përballjet e historisë së kishës katolike në Shqipëri: 1919-1996"**, bën përshkrime të ngjarjeve më të rëndësishme të historisë kombëtare dhe fetare për afërisht 100 vjet në Shqipëri, duke e parë dhe trajtuar vendin e shqiponjave sipas dokumenteve të arkivave të ndryshme të Europës në disa gjuhë të huaja.

Ardhjen në pushtet të komunistëve në Shqipëri meshtari albanolog dr. Markus, ndalet me hollësi në përshkrimin e fakteve mbi fushatën e madhe anti katolike në shumë drejtime, që përfshiu fatkeqsisht pjeswn veri-perendore të vendit tone dhe kryesisht epiqendra e termetit komunist u përqendrua në Jeruzalemin shqiptar, qytetin antik të Shkodrës.

Sipas burimeve hisorike të kohës **don dr. Markus,** rrëfen se ky gjenocid I ngritur në sistemin komunist filloi planit të detajuar të përpjekjeve të mirë organizuar dashakeqe dhe tendencioze për ti future në kurth klerikët asokohe nga një farë Ministri të regjimit komunist i quajtur **Sejfulla Malëshova**, i cili sipas një skenari të parapërgatitur u dërgua në Shkodër, për t'i propozuar **Arqipeshkvit Metropolitan imzot Gaspër Thaçit** krijimin e një partie demokristiane formale, të mbështetur nga kleri kaotlik, për të marrë pjesë në zgjedhjet e planifikuara, për në fillim të dhjetorit të 2 dhjetorit të vitit 1945.

Ky plan deshtoi përballë zgjurësisë së arqipeshkvit me përvoj, i cili ishte i mirëinformuar se të njëjtën lojë kurthi kishin bërë komunistët në Bashkimin Sovjetik (B.R.S.S.), por që edhe atje kishin deshtuar me turp.

Albanologu gjerman dr. don Markus. W. E. Peters, shkruan: *"Në mars të vitit 1951, në zonën katolike të Mirditës, pati sërisht një përpjekje nga dy kryengritësit Dom Zef Oroshi dhe Jak Përjaku, për të organizuar një përmbysje prej atje.*

Kjo aventurë ishte e dështuar që nga fillimi, duke pasur parasysh përqëndrimin e organeve të policisë në çdo cep.

D. Zef Oroshi arratiset pak kohë më pas, për në Itali e pastaj në SHBA, ku themeloi Kishën e Parë Katolike Shqiptare, që sot mban emrin "Zoja e Shkodrës" dhe shërbeu si udhëheqës shpirtëror shqiptarëve të emigruar atje. "[196]

---

[196] Markus W. E. Peters, **"Përballjet e historisë së kishës katolike në Shqipëri: 1919-1996"**, Qendra Botuese Shoqata Jezuite "Ylber", Tiranë 2010

Sipas librit të **albamolgut gjerman don dr. Markus W. E. Peters,** mësojmë se me datën 20 qershor të vitit 1952, Arqipeshkvi imzot Bernardin Shllaku, i dërgon dioqezës (Abacisë) në Mirditë një qarkore, nga e cila mësohet se Kisha Katolike prej kohësh përpiqej të zbulonte vendndodhjen e dom Zef Oroshit, i cili kishte qenë famulltar në Ungrej (Mirditë).

"Përsëri u sillem ju që të informoni rishtas me shkresë gjithë famullitarët e juridikcjonit tuej rreth aktit të pa-mirë, që kreu dhe vazhdon të kryej ky ish-pjestari i klerit tonë. Në të gjithë duhet t'a denojme aktin e tij.

Përpiquni pra që nga të gjitha anët dhe bani çdo sacrifice, për të shpëtue këtë mështar viktimë të reakcjonit.

Ky tue mos iu bindë këti parimi e tue qëndrue në mal me armë në dorë, me anmiqtë e popullit tonë, e ban veten fajtuer, para Kishës e para popullit (...)", thuhet në "letrën" e imzot Shllakut, përgatitur nga Sigurimi i Shtetit, por firmosur pa vetëdije nga ai nën presionin e madh të Sigurimit të Shtetit (*që ndodheshin në zyren e tij në Shkodër*) të diktatorit komunist Enver Hoxha, që kishte si synim të pastër të eliminonte klerin katolik shqiptar.

Mirepo **albanologu ynë gjerman dr. don Markus. W. E. Peters** që njeh shumë mirë dreqninat dhe dredhitë e ulëta të mentalitetit komunist, (sepse kudo ato kanë një fytyrë dhe veprim djallëzor), shtron pyetjen e logjikshme, se: *Nëse dom Zef Oroshi, nuk ka kryer asnjë vepër penale pse ai kërkohet me këmbngulje nga regjimi komunistë pa asnjë arsye!!!?*[197]

---

[197] Markus W. E. Peters, **"Përballjet e historisë së kishës katolike në Shqipëri: 1919-1996"**, Qendra Botuese Shoqata Jezuite "Ylber", Tiranë 2010, *"Me 1 shtator 1973, Misioni Shqiptar pranë OKB-së në Nju Jork informon Ministrinë e Punëve të Jashtme në Tiranë se, shqiptarë të diasporës kishin demonstruar me banderola, para ndërtesës së Misionit dhe kishin shpërndarë një memorandum të "Komitetit për Shqipërinë e Lirë", për të tërhequr vëmendjen e OKB-së në lidhje me përsekutimin fetar në Shqipëri. Një rol të rëndësishëm në gjithë këto aktivitete kishte luajtur Dom Zef Oroshi. Me 15 prill 1973, në organin partiak "Zëri i Popullit", shkruhej, se: "Vatikani po bënte spiunazh dhe sabotazh kundër Shqipërisë. Vatikani, po mblidhte fashistët shqiptarë dhe kriminelë të tjerë, po i merrte në mbrojtje dhe po i nxiste kundër popullit shqiptar. Dom Zef Oroshi, thelbi i vërtetë i relacionit, kishte qenë drejtuesi i këtyre veprimtarive".*

4 libra monografikë dhe një dokumentarë historik me 3 pjesë realizuar nga RTVSH

Për të mbajtur të pashuar kujtimin dhe respektin e thellë për udhëheqsin shpirtëror të komunitetit shqiptar në SHBA, biografi i shquar i prelatit Oroshi, studiuesi i palodhur Tomë Mrijaj, shkroi 4 monografi shumë të vlefshme, duke zbardhur për herë të parë jetën dhe veprën e madhe të **Monsinjorit dhe Patriotit tonë,** duke ia paraqitur ato komunitetit shqiptaro amerikan dhe vendlindjes së tij të dashur nënës Shqipëri dhe Mirditës heroike, e cila ka nxjerrë nga gjiri i saj këtë figurë të madhe të botës shqiptare në vendlindje dhe diasporë.

Pas librave me vlerë historike: *"Mons. dr. Zef Oroshi - një jetë e shkrirë për fe e atdhe"*, jetëshkrim, New York, 2009, *"Abati i Mirditës - Imzot Frano Gjini - Martir i kishës katolike"*, 2018, *"Long Kuvendit - në trinomin Fe - Atdhe - Perparim"* (New York, 2019) dhe së fundi doli në qarkullim libri i ri: *"Një jetë i përgjuar"* (New York, 2020), e cila përbën Dosjen e plotë të Sigurimit të shtetit komunist për meshtarin mirditor mons. dr. Zef Oroshin.

Vepra e fundit në fjalë, u përzgjodh, përgatit dhe u botua nën përkujdesin e veçantë dhe shpenzimet financiare të studiuesit e publiçistit veteran i komunitetit tonë Tomë Mrijaj.

Meshtari dhe personaliteti i shquar e i paharruar prelati Oroshi, rivjen mbas shumë dekadave para shqiptarëve kudo nëpër botë dhe komunitetin shqiptaro amerikanë, me një libër original me titull: *"Një jetë i përgjuar"* i mbushur plot me dokumente të Dosjes së tij keqdashëse, hartuar me dorë dhe makinë shkrimi, për dekada me radhë nga punonjësit e polcisë sekrete të Sigurimit të Shtetit socialkomunist, pranë Ministrisë së Punëve të Brendshme të Republikës Popullore Socialiste të Shqipërisë.

Studiuesi Tomë Mrijaj, në shkrimin e tij analitik: *"Dy fjalë hyrëse"*, ndër të tjera shkruan: *"Sapo përballesh me një Dosje të errët, të përpiluar me denigrime, trillime, shpifje dhe shkrime me paramendime direkte qëllimkeqe, të vetë punonjësve të Sigurimit të sistemit komunist, ju si lexues të kujdesshëm, duhet të jeni të përgatitur psikologjikisht të mësoni më shumë, se çfarë ju pret nga leximi, duke qenë të vetëdijshëm, sikurse edhe unë për këto "perla" të Dosjes, që mora në dorë.*

Njeriu në ditët tona, shokohet kur sheh nga afër sesa të paskrupullt, në manipulime dhe trillime (të ngjarjeve dhe figurës historike të personit që ata përbaltnin papushim) ishin strukturat informative policore të fshehta apo forcat e Sigurimit të shtetit komunist dhe më saktë të Ministrisë së Punëve të Brendshme në Shqipëri, gjatë harkut kohor të viteve 1944-1990.

Ata arritën deri aty sa të sajojnë histori të rreme mbi mons. dr. Zef Oroshin, kur ai ishte larguar nga ferri burg komunist i Shqipërisë...

Nga burimet e Dosjes, mësojmë se në Itali dhe SHBA ai përgjohej vazhdimisht këmba-këmbës nga hafijet e Sigurimit komunist shqiptar dhe informacioni mbi lëvizjet dhe takimet e tij në diasporë përgjohej dhe regjistrohej dhe më pas përcillej në Tiranën zyrtare komuniste, ku operativët e fshehtë komunistë hartonin tekstin e shpifjeve, duke krijuar kështu dora dorës Dosjen e Zezë për te."

Veprimtaria e shumanshme e klerikut dhe intelektualit të shquar të botës shqiptare në diasporë imzot dr. Zef Oroshit, njihet shumë mirë, përmes librave monografikë, kujtimeve, artikujve kushtuar atij në përvjetore të ndryshme, të cilat janë shkruar nga autorë dhe studiues të ndryshëm për te, për shumë dekada me radhë deri në ditët tona.

Meshtari katolik dom Zef Oroshi, bën pjesë në ato personalitete brilante historike, që nuk u pajtuan asnjëherë me fitoren e komunistëve. Ai nuk e pranoi as në atdhe dhe as në Shtetet e Bashkuar të Amerikës fitoren mashtruese komuniste.

Bariu ynë shpirtëror, nuk ishte vetem një predikues i thjeshtë fetarë, por dhe një studiues i zoti, pendë e spikatur dhe e mprehtë e botës shqiptare.

Përmes larmisë së artikujve, ne tani njohim një përkthyes cilësorë; një gjuhëtar shqiptar të apasionuar; shkrimtar i shkollës së traditës gegë dhe stoik i papajtueshëm me regjimin ateisto komunist në Shqipëri etj.

Libri në fjalë, është i bazuar në dokumente origjinale, të siguruara fatmirësisht nga Arkivi Qendror i Shtetit në Tiranë, që ishte kthyer fatkeqsisht në makinë automatike propagandistike.

Në librin arkivor, përfshihen për herë të parë rreth 450 dokumente, të hartuar dita-ditës nga punonjësit special të Sigurimit të Shtetit, të cilët kanë hartuar një Dosje me shpifje dhe trillime, të cilat studiuesi shqiptaro amerikanë Tomë Mrijaj, i ofron sot para lexuesve mbareshqiptarë.

Ky libër është i veçantë në llojin e vet, për faktin, se i jep për herë të parë dokumentet (faksimile) në mënyrë origjinale, ku, lexuesit dhe studiuesit e rinj kanë mundsi dhe hapësirë të shohin dhe vërtetojnë me kujdes fantazinë e proçesverbaleve, raporteve, akuzimeve pervese, dëshmi të rreme nga trathtarët dhe spiunët, përshkrimeve, thënieve të fabrikuara, dëshmitarëve shpifës sistematike të diktaturës komuniste dhe të hafijeve të Sigurimit të Shtetit ateist.

Në një qarkore, që ipeshkvi imzot Bernardin Shllaku u dërgon dioqe-
zave (shkruar nën torturë nga Sigurimi), tregohet sesa bujë kishte bërë ar-
ratisja e dom Zefit dhe jo vetëm Sigurimi ishte në kërkim të tij, por ishte
ngritur dhe një komision kërkimi i përbërë nga Dekani i Tiranës, dom
Mark Dushi, dhe Administratori Dioqezan i Lezhës dom Ndoc Sahatçija.

Asokohe vetë dom Ndoc Sahatçija, në nëntor të vitit 1952 merr rrugën
për në Veri të Shqipërisë, për ta kërkuar vetë dom Zef Oroshin. (Referuar
nga libri i **dr. Markus W. Peters**, *"Përballjet e historisë së Kishës Katolike në
Shqipëri 1919-1996"*).

Momenti i arratisjes së bujshme të mons. dr. Zef Oroshit, është kthyer
në një legjend. Për ta bërë më reale dhe në mënyrë që të mos mitizohet më
tej me këto fakte, i tregon nipi i mons. dr. Oroshit, Prend Gjoka, i cili, rrëfen
pas shumë dekadave të vërtetën sesi dom Zefi i kishte shpëtuar arrestimit
dhe ishte fshehur në mal deri sa u largua fillimisht në Europë e më pas në
tokën e premtuar të SHBA-së.

Kështu asokohe dikush nga banorët e informoj meshtarin e ri dom Zef
Oroshin **"se kisha ishte e rrethueme nga forcat speciale të Sigurimit"**.

Nga Tirana, **forcat e Sigurimit mbanin në dorë një Urdhër Arrestimi,
të ardhur direkt nga Mehmet Shehu.** Asokohe nga vendasit në kishë
thuhet se forcat të shumta të Sigurimit të Shtetit, po prisnin që mesha të
përfundonte dhe prifti të dilte i fundit për t'a arrestuar. Ata vëzhgonin me
kujdes nga dera kryesore daljen e popullit.

Plani ishte që të arrestohej në momentin e daljes së popullit nga kisha
dhe dom Zefin t'a arrestonin, që të mos mund të kundërpërgjigjej…

Amerika, u bë atdheu i dytë për të dhe veprimtarinë e tij, atje la gjurmë
të pashlyeshme, me themelimin e Kishës së Parë Katolike Shqiptare Zoja
e Këshillit të Mirë (*1962, sot Zoja e Shkodrës, në Hartsdale New York*).

Kjo tregon se ai i shërbeu më mirë Atdheut larg tij, duke qenë se
Shqipëria u kthye në një burg të madh për intelektualët dhe ndrydhi jo
vetëm dëshirat për tu arsimuar, por shtypi e burgosi pronën private, fenë
edhe mendimet dhe fjalën e lirë.

Prend Gjoka, rrëfen se halla e tij (motra e dom Zefit), Lukja përjetoi
kalvarin nëpër burgjet e internimit. Ajo pas rënies së komunizmit në vitin
1990 ka jetuar në shtëpinë e nipit deri në ditën kur ajo mbylli sytë.

Motra e Monsinjori kishte qenë personi i fundit që dom Zefi kishte
takuar para se të arratisej në mal…

Ai në mal bashkohet me grupet antikomuniste, ku do qëndrojë për
tetë muaj deri sa kaloi në Kosovë e cila ishte pjesë e Federatës Jugosllave,

me gjithë vështirësitë dhe i plagosur kalon në Mitrovicë e nga aty pas garancive që i dhanë Dera e Gjomarkut e personalisht Kapidan Ndue Gjomarku, shkojnë në Itali.

Në faqet e librit, janë emrat dhe mbiemrat e të gjithë hartuesve të Dosjes, punonjësit apo oficerët e Sigurimit të Shtetit, hetuesit, dhe punonjësit e tjerë spiunë të Ministrisë së Punëve të Brendshme në Tiranë, të cilët në bashkëpunim me njeri-tjetrin, ishin kundër meshtarit katolik shqiptaro amerikanë, kur ai ishte si meshtari i ri, në kishën e shën Maria Magdalenë, në Ungrej të Mirditës, kur arratiset në malet e Mirditës dhe gjatë gjithë aktivitetit të tij antikomunist në Itali, SHBA për dekada me radhë.

Mons. dr. Zef Oroshi, ishte dhe mbeti një ndër liderët kryesorë antikomunistë të diasporës sonë shqiptaro amerikane, i cili, gjithë jetën e tij ia kushtoi komunitetit këtu dhe luftës kundër diktaturës komuniste dhe diktatorit otoman Enver Hoxha.

Aktivisti nacionalist, studiuesi Tomë Mrijaj, biograf i mirënjohur i Monsinjor Oroshit

Libri i ri në fjalë, shoqerohet me një shkrim shumë interesant në hyrje të tij me titull: *"Dy fjalë për lexuesit"* (f. 13-20), shkruar nga biografi i Monsinjorit studiuesi Tomë Mrijaj. Po ashtu vepra mbyllet me një shkrim përgatitur me kujdes nga historiania Leonora Laçi, me titull: *"Kalvari i vuajtjeve të familjes së mons. dr. Zef Oroshit në diktaturën komuniste"* (f. 249-254).

Libri u përgatit me kujdes në New York, gjatë viteve 2019-2020 dhe u botua me sukses, nën kujdesin e Shtëpisë Botuese dhe Shtypshkronjën "VOLAJ", në qytetin e lashtë të Shkodrës.

Një falënderim i veçantë nga zemra i shkon Shtypshkronjës dhe stafit të saj, të drejtuar profesionalisht, për punën e shkëlqyer serioze dhe përkushtuese të bërë nga **miku im i vjetër Martin Ndoja**.

Në kopertinën kualitative, është busti kushtuar mons. dr. Zef Oroshit (1912-1989), dhuruar kishës katolike shqiptare Zoja e Shkodtrës Hartsdale, New York nga **skulptorja profesioniste amerikane Carolyne D. Palmer**.

Disa nga temat e përmbajtjes së dokumenteve

Libri përmban tema interesante, ku disa nga nga ato janë: Inventari i materialeve, që ndodhen në dosje (9 faqe); Lista e personave që janë njohur me dosjen; Lista e personave që implikohen në dosje; Fleta e kontrollit në kartotekë; Të dhëna biografike të dom Zef Çokut (Oroshit) 13.3.1981; Vendim që t'i hapet dosja e kërkimit për përpunim, 26.6.1958; Lista e lidhjeve miqësore e farefisnore të të arratisurit dom Zef Çokut (2 faqe); Disa letra që mendohet se janë shkëmbyer mes dom Zefit dhe disa të tjerëve, gjatë kohës që ndodhej në mal i arratisur. Vërtetësia e tyre është e dyshimtë.

Në dokumentet e Sigurimit apo policisë sekrete komuniste, shikohet dukshëm edhe "ekspertiza", që i është bërë letrave, (30.12.1951), relacionet dhe implikimet e ndryshme ose deponimi të personave pa karakter dhe të lëkundur kundër dom Zef Çokut, 18.1.1952. (2 faqe), sikurse edhe shumë informacione mbi levizjet e dom Zefit. (3 faqe); Raport propozim për regjistrimin e të dhënave mbi dom Zef Çokun në kategorinë II; Arrestimi i Ndue Jak Ndoj, për të dhënë informacione mbi strehimin e të arratisurve ndër to dhe dom Zef Çokun, kurse me datën 6.X.1952, njoftohet mbi kalimin në Jugosllavi të kriminelit dom Zef Çokut apo informata, ku përmendet dhe plagosja në krah e dom Zef Çokut, në muajin qershor 1952.

Sigurimi kishte informacione të hollësishme mbi lëvizjet antikomuniste të dom Zef Oroshit, sikurse është raporti i datës 5.V.1956: "*Raport informativ agjentural mbi emigracionin reaksionar, shkruhet dhe për takimet që dom Zef Oroshi realizon me komunitetin shqiptar, në kampin e San Antonit (Itali), ku flet me skepticizëm për amnistinë, që po jepte shteti shqiptar ndaj të arratisurve.*"

Sërisht, me datën 15.I.1957, dom Zefi takon shqiptarët në Romë (Italy), ku, i bënë thirrje emigrantëve nëpër kampe, që të mos gënjeheshin nga Qeveria komuniste shqiptare dhe një vit më vonë raportohet, se me datën 28.I.1958 zhvillohen takimet e dom Zef Oroshit me komunitetin shqiptar në Napoli etj.

Nga ana e tjetër, po atë vit, me datë 18.4.1958 brenda komunitetit shqiptarë, zhvillohen takimet e ngrohta me dom dr. Zef Oroshit dhe prof. Martin Camajt (arratisur nga Shqipëria) me emigrantët dhe përpjekjet e Komitetit "Shqipëria e Lirë", që të ndihmojë emigrantët politikë antikomunistë shqiptarë, për të udhëtuar drejt Amerikës. Aktiviteti nacionalist i Oroshit, nuk ka ndalur.

Ai i shkruan një letër drejtuar komunitetit të arratisur shqiptar në Belgjikë pas takimit që pati me ta (dy faqe) dhe më vonë ai shkon vetë në në një takim me komunitetin shqiptar në Belgjikë, ku flet hapur kundër regjimit komunist në Shqipëri etj.

Edhe në SHBA dhe më saktë në New York aktiviteti i meshtarit të përkushtuar prelatit Oroshi është i madh dhe shumë planesh. Kështu me datë 8.9.1962, dom Zef Oroshi krijon Këshillin e Kishës Katolike Shqiptare në

Amerikë, ku ai bën propagandë kundër komunizmit dhe në favor të Komitetit "Shqipëria e Lirë" dhe pak kohë më vonë meshtari patriot antikomunist dom Zef Oroshi takohet në Clevelend (Ohio) të SHBA-së me komunitetin shqiptar. Mons. dr. Zef Oroshi, për merita përkushtuese atdhetare zgjidhet në kryesinë e Vatrës me qendër në Boston etj.

Prelati ynë dr. Oroshi

Meshtari ynë mons. dr. Zef Oroshi, ishte Sekretari i fundit i Abacisë së Mirditës, themeluesi i Kishës së Parë Katolike Shqiptare Zoja e Këshillit të Mirë sot Zoja e Shkodrës, New York.

Meshtari, gjatë gjithë jetës së tij, u gjend afër popullit të vet, në ditë të mira dhe të vështira, si një ushtar besnik i Krishtit. Ai ndau me besimtarët gëzimet dhe hidhërimet e një jetë të vështirë plot tallaze në emigracion.

Abati i Mirditës dhe Delegati (Regent) Apostolik (*kur është dëbuar nga Qeveria komuniste e Tiranës imzot Leone Nigris Delegat Apostolik në Shqipëri deri më 5 maj 1945, shënimi im K.K.*) **imzot Frano P. Gjini (1886-1948)** e kishte dom Zef Oroshin meshtar të ri në moshë dhe njëkohësisht sekretar të tij të përkushtuar plot energji, brenda famullive, që administronte shpirtërisht (kishat sufragane).

Mbas 12 vjetëve (1940-1952), si pasoj e përndjekjeve të Sigurimit dhe martirizimeve të vëllezërve në Krishtin, në kohën e ateizmit të gjirokastritit Enver Hoxha, mbasi thotë meshën hoqi shpejt veladonin dhe mori udhën e arratisjes nëpër male, duke iu bashkuar forcave të rezistencës kundërkomuniste.

Ish i burgosuri politik Bep Kuqani nga Shkodra, që qëndroi për shumë vite në burgjet famkeqe të Shqipërisë dhe mbylli jetën në New York, më ka pohuar me gojën e tij se monsinjor Oroshi ka qenë komandant i forcave të rezistencës antikomuniste në malet e Mirditës, sikurse dëshmon me saktësi edhe *Dosja e diktaturës hartuar nga Sigurimi i Shtetit komunist asokohe*.

Për 8-9 muaj, ai qëndron mes maleve, në shpella, shi e borë, me bukë e pabukë, i veshur keq në dimër, duke provuar mundimet e Krishtit, që salvohet nga të pafetë.

Të dielën e Pashkëve të vitit 1952, për trimat e lirisë, mes maleve të Mirditës (pyjet e Molungut), thotë meshën në orët e para të mëngjesit, ku, Zoti i dëgjon lutjet, duke e shpëtuar e udhëhequr drejt tokës së lirë…

Në gusht 1952, ai gjendet në tokat etnike shqiptare në Dardani për disa muaj, duke kaluar e qëndruar për pak kohë në Mitrovicë, Gjakovë, Pejë… dhe shkon në Beograd.

Dera e Gjomarkut të atdhelindjes së vet, falë mikpritjes, zemërgjerësisë, bujarisë tradicionale, i dërgon garanci, për të shkuar në Itali.

Ishte viti 1953, kur ai gjendet sërisht para ëndrrës rinore. Tashmë Oroshi, po e prekte realitetin dhe shijonte atë liri, që prej kohësh e kishte bluar në mendje e dëshiruar me zemër.

Sërisht me libra dhe pranë tyre, ndjehej i gëzuar dhe krenar si bir arbëror. Më të mbërritur në Romë, fillon përpjekjet e takimet me klerikë, për të vijuar studimet e larta në Teologji.

Dhe Zoti e ndihmoi, për t'i hapur me bujari portat e dijës universale, mbasi kishte ndjekur nga afër kalvarin e vuajtjeve, për të ardhur deri tek Portat e Piazza di San Pietro në Itali.

Paralel me studimet e larta, i kërkoj Selisë së Shenjtë, që t'i miratoj kërkesën (dekretin), për të qenë kapelan katolik (bari misionar), për bashkatdhetarët mërgimtar politik, që gjendeshin në Romë.

Një pjesë e grigjës së tij, kishin shprehur dëshirën, për të emigruar në ShBA, ku, imzot Oroshi i ndihmon, falë bujarisë të gjithë pa dallim feje.

Ai ishte bashkvendasi e atdhetari i flaktë i abatit të Mirditës e rilindasi i madh imzot Preng Doçi. Dy mirditas **Doçi dhe Oroshi**, në kohë të ndryshme, bëhen tribunë e mendimit përparimtar shqiptar, duke lënë gjurmë të pashlyeshme në ndihmë të besimtarëve dhe popullit shqiptar i ndodhur njeri mbas tjetrit në dy robëri: otomane islame barbare dhe diktaturën ateiste komuniste.

Falë pasionit e vullnetit të hekurt, për t'u marrë me libra dhe studime, që kërkonin shumë mund dhe kohë në përkthime, dr. Oroshi, përfundoi shqipërimin e librave: Katekizmi (1953), Ungjilli simbas Mateut (1953), Studimet e Bioshme (1953), duke mos lënë mbas dore studimin e leksioneve të disiplinave të universitetit në vitin e parë akademik (1953-1954).

Po në vitin 1960, përkthen dhe boton Visarthin Shpirtnuer, një lloj katekizmi doracak, për familjarët emigrantë shqiptarë katolik. Dashuria e respekti, për shkrimtarët e shkollës së traditës geg veriorë, që kishin vulosur me erudicionin e përkushtimin e tyre, u bënë objekt i studimeve të tij.

Për të qenë më konkret, ai zgjodhi shkrimtarin e shquar dhe prozatorin modern prof. Ernest Koliqin dhe kontributin e tij shembullor shumëplanësh, në fushën e letërsisë bashkëkohore shqipe.

Një punim të plotë dhe dinjitoz: si vepër monumentale, kushtuar shkrimtarit Koliqi (numër special), ai e botoi të plotë, në revistën autoritative, shkencore, kulturore Shejzat (1975), në përkujtim të mikut të tij të madh. Në Universitetin e famshëm të Romës Angelicum (1958), vijon studimet e vitit të pestë në degën e teologjisë, që ndryshe njihet si disiplina ose gjimnasitika e trurit.

Këtu merr si subjekt, për të trajtuar gjerësisht e filozofikisht 20 teza në shkencën e Teologjisë, duke e mbrojtur (në vitin 1960) me sukses temën: **"Një reformator i madh i Kishës irlandeze të shekullit XII"**, për gradën shkencore **Doktor.**

Në komisionin e Këshillit Shkencor Vlerësues të Universitetit, bënin pjesë figura të shquara të kulturës, që punonin si lektorë në Universitetet e ndryshme italiane dhe asnji shqiptar.

Ai përpiqej, t'a largonte vemendjen nga ngjarjet plot të papritura, që i kishin ndodhur në Shqipëri. Por sërisht, kujtime të një kohë të hidhur, që s'harrohen e ngacmonin, për të gjykuar sesi ka mundësi, që shqiptari komunist urren për vdekje bashkatdhetarin atdhedashës dhe idealist.

Prelati ynë kishte letërkëmbime, me pendat e spikatura të mendimit elitar shqiptar në emigracion, si: *prof. Ernest Koliqin, prof. Karl Gurakuqin, prof. Rexhep Krasniqin, prof. Martin Camaj, atë Daniel Gjeçaj o.f.m, pader prof. Paulin Margjokaj o.f.m…*

Dhe më 1973, u realizua dëshira e madhe e klerikut të përkushtuar në *trinomin Fe–Atdhe–Përparim*, mbas fushatës fondmbledhëse prej bashkatdhetarëve, në praninë e besimtarëve, u bë më në fund bekimi i kishës së re, mes një atmosfere të madhe gëzimi, me të cilin ishte bashkuar, përmes mesazhit edhe ish Kardinali i New York-ut, i ndjeri, Arqipeshkvi Metropolitan Eminenca e Tij Terence Cooke.[198]

Bariu nacionalist e dijetari i ndritur i shqiptarëve, la një emër shumë të mirë në fushën e publicistikës e botimeve në gjuhën shqipe. Ishte ai, që shqipëroi librin: Katër Ungjijt dhe Punët e Apostujve (Romë, 1960, 1979), në gjuhën e ëmbël geg, aq të nevojshëm për shqiptarët.

Dom Zefi, me modestinë tipike malësore, ishte një bibliotekë, që ecte me dy këmbë, sikurse shpreheshin të gjithë ato që e njihnin nga afër, "një enciklopedi vërtetë e gjallë". Ai nuk dinte të shterronte kurrë, për dijet akademike dhe bashkëkohore fetare dhe kulturore shqiptare që zotëronte.

Imzoti e adhuronte shumë mësuesin e paharruar klerikun, poetin dhe njeriun e shquar të përmasave botërore **dom Ndre Mjeden (1866-1937).**

---

[198] Terence **Cardinal Cooke** Archibishop of New York, **"Dear Monsignor Oroshi"**, November 10, 1978.

Oroshi, shpesh jetonte e vepronte, nën shembullin e edukatorit të zellshëm e frytdhënës, pranë Seminarit Papnor në Shkodër (1843-1946, 1991).

Vetmia e tij, ishte një adhurim i përshtatshëm mbushur me lutje, për një kontakt më imtim me Zotin. Ai shpesh i mbushte sytë me lot dhimbjeje e malli të pashuar, për atdhelindjen Oroshin, familjen e shpërndarë në kampet e vështira të internimeve komuniste.

Meshtari ynë dinamik mons. dr. Zef Oroshi, themeloi Kishën e Parë Katolike Shqiptare, bashkoi komuniteitn nga të gjithë përkatesitë fetare. Fjalët e tij, në meshën e parë në kishën e porsa themeluar, u bënë realitet, ku tha: *"Kjo sot asht nji dritë e vogel, por shumë shpejt do të bahet nji dritë e madhe këtu dhe në Atdhe."*

Mons. dr. Oroshi e kreu amanetin e Abatit të Mirditës mons. Frano Gjinit. Famullia Zoja e Shkodrës në New York, gjatë këtyre 30 viteve ka ndihmuar me miliona dollarë, për ndërtimin nga themeli dhe riparimin e kishave të rrënuara në vendlindje, sikurse edhe ndihma humanitare, shkolla, spitale, rrugë etj., si në: Shqipëri, Kosovë dhe Mal të Zi.[199]

---

[199] **Catholic New York,** *"Msgr. Oroshi, Founder of Bronx Albanian Center die at 74"*, March 23, 1989, pp. 39.

RRËFIMET E REJA ME KUJTIME DHE PËRJETIME 82-VJEÇARE TË BARIUT SHPIRTËROR DOM ANTON KÇIRËS

"Njëri prej këtyre figurave, që ka dhënë më shumë për çeshtjen shqiptare, sidomos gjatë luftës në Kosovë është dhe do të mbetët dom Anton Kçira, figurë e njohur e diasporës, klerik dhe atdhetar, njeriu që diti të mbrojë shqiptarët dhe të kontribuojë për ngritjen e frymës patriotike... Dom Anton Kçira, me urtësinë e një kleriku, por edhe të një mërgimtari që din se çfarë do të thotë largimi nga atdheu është orjentuar drejt nga vlerat. Me predikimin e tij paqë-sor dhe shpirtin human ai do të ngelet kultivues i frymës afruese, tolerante dhe pluraliste në shoqërinë shqiptare." - **Elidon Pashaj, Dervishi i Teqes Bektashiane në Detroit, Michigan, SHBA**

Pas disa librave biografikë, që janë shkruar dhe botuar dhe një Simpoziumi historiko-shkencorë, mbajtur në Gjakovë të Dardanisë, gjatë vitëve të fundit në Kosovë, Shqipëri dhe SHBA, **mbi jetën dhe veprimtarinë patriotike të dom Anton Kçirës**, sot lexuesi shqiptarë ka në dorë një vepër të re autobiografike me titull: *"Kujtime dhe përjetime"* (Michigan, 2021), shkruar nga vetë personaliteti i shquar dhe njëkohsisht bariu shpirtëror i komunitetit shqiptaro amerikanë.

Libri i ri, shoqërohet me foto historike origjinale nga arkivi personal i tij, ku janë të fiksuar në celuloid, vitet e rinisë, nëna, babai, motra, dy vëllezërit etj.

Ai dallohet për stilin narrativ, dhe është shkruar në gjuhën e bukur e të ëmbël gegë, gjuhë të cilën autori e ka trashëgim nga të parët e tij, gjuhë të cilën kanë folur dhe shkruar 2/3 e popullsisë shqiptare nga Shkumbini në Jug të Shqipërisë dhe deri në territorin e lashtë të Dardanisë.

Kujtimet dhe përjetimet e meshtarit katolik dom Anton Kçira, janë botuar nga Shtëpia Botuese dhe Shtypshkronja "Volaj" në qytetin e Shkodrës, nën përkujdesin e **zotit Martin Ndoja.** Redaktimi i librit dhe parathënia është bërë nga studiuesi dhe publiçisti bashkëkohorë shqiptaro amerikanë Klajd Kapinova, redaktor aktual i revistës Jeta Katolike (1966), që botohet në

New York.

Me anën e këtij libri, lexuesi njihet me detaje të tjera interesante nga jeta e familjes Kçira, me tradita të moçme etnike shqiptare në rrjedhat plot tallaze të historisë dhe veprimtarinë e pasur baritore të meshtarit tonë këtu, i cili, gjithë jetën e tij ia përkushtoi për 5 dekada dhe sot për trinomin: Fe-Atdhe-Përparim, duke qenë një gurë i çmuar në historinë e lavdishme të Kishës Katolike Shqiptare në vendlindje dhe diasporë.

Bariu ynë dom Anton Kçira, ka lindur dhe rritur në një mjedis të ri gjakovar, ndonëse mbiemri që ai mban është një krahinë malore në Pukë të Shqipërisë nga ku dhe kur kanë ardhur të parët e tij dhe janë vendosur në Kosovë. Ata, qysh herët e lanë vendlindjen, lagjen e quajtur Nikaj të Kçirës në Pukë të Shqipërisë.

Në këtë libër historik, me kujtime dhe përjetime, dalin në pah disa detaje të tjera të panjohura më parë mbi origjinën e familjes së tij, ku shohim se vllaznia me të cilët ishte ndarë Lazër Deda në Kçirë ishin shpërngulur dhe vendosur në Shkodër tek vëllezërit Nikollë e Palokë.

Lazri, ka lëshuar Kçirën rreth vitit 1743, kur ende fshati ishte në embrion formimi si qender banimi ose si katund i vogël malor, me një numër të kufizuar shtëpish, ç'ka vërtetohet nga dokumentet historike dhe relacionet kishtare të kryeipeshkevit të Tivarit imzot Pjetër Bogdanit (relacionet kishtare), të cilat gjerësisht përshkruajnë me hollësi gjendjen e mjerë të Shqipërisë, në shek. XVII, gjatë kohës së pushtimit barbarë islam otoman.

I gjithë libri ndahet në dy kapituj të mëdhenj biografik, të cilat në vetvete kanë shumë nën kapituj me larmi temash e ngjarjesh origjinale të veçanta, të cilat dora-dorës zbardhën në mënyrë kronologjike vit pas vitit nga vetë autori, përmes jetëshkrimit të tij deri në ditët tona.

Koha shoviniste e serbit radikal Alexander Rankoviçit, në harkun kohor të vitëve 1950-1960 dhe jeta në Shkup të Maqedonisë së Veriut, mbart në vetvete çaste emocionante të familjes Kçira, me të cilët ata u përballën, qysh kur Antoni ishte fëmijë.

Ai dhe familja e tij, gjatë jetës së re në qytetin shqiptar të Shkupit, ruajnë episode, të cilat autorit i kanë mbetur të ngulitur thellë në kujtesë.

Vit pas viti jeta e tij bëhet shumë interesante. Kështu në vitet '50 të shekullit XX, mësojmë se i vjen thirrja nga Zoti, që natyrshëm troket në zemrën e tij, duke e ftuar, për t'i shërbyer vreshtës së madhe të Tij.

Ky episod i rrëfyer me emocione të pashlyeshme, do të jetë një pikë e fortë dhe shumë e rëndsishme e jetës së të riut adolishent.

Nga ana e tjetër, edhe jeta në seminarin ndërdioqezan, ku përgatitën për të dalë meshtarët e rinj të ardhshëm të kishës katolike, studimet, suksesi dhe mendimi i tij i sinçertë për eprorët mësimdhënës shpirtërorë meshtarë, janë copëza përjetimesh shumë të veçanta jetësore, ku studenti Kçira zbardh apo tregon disa nga takimet dhe njohjen me seminaristë të rinj në shkollë.

Pajtimi i Gjaqeve në Kosovë, konsiderohet si një prej periudhave më të mira dhe të suksesshme të historisë shqiptare. Hasmëritë disavjeçare morën fund me një procedurë të tillë, ku u desh të lidhej bashkë dashuria, dhembshuria, solidariteti dhe mbijetesa.

Dom Antoni, me petkun e meshtarit pajtoi popullin, pajtoi ata që deri dje ishin armiq, për tu bërë miq dhe vëllezër. Heronjtë e këtij aksioni kombëtar, padyshim ishin ata që falnin, falshin për hatër të Zotit dhe Atdheut.

Meshtari i përkushtuar dom Anton Kçira shquhet për pajtimin e gjaqeve, gjatë viteve 1986-1989, një plagë e rendë, që e ka lënduar rëndë popullin shqiptar ndër shekuj.

Ai merr pjesë në pajtimin e gjaqeve midis familjeve shqiptare, në shumë zona të Kosovës si në fshatrat: Gllogjan, Kabash, Plangçor, Nepolje, Baran i Epërm, Palabardhë, Çabiq, Stubull, Marmull, Dobidol, Ratishë, Drezore etj., ku u pajtuan shumë familje shqiptare në hasmëri.

Dikush fali gjakun e babait, dikush të djalit dhe dikush të vëllait. Shumë nga ata që falën, thanë se vepruan mirë që e ndërprenë hasmërinë. Tubimet mes familjeve në hasmeri, do të mbeten si momenti i bashkimit më të madh të shqiptarëve në Kosovë.

Jeta e tij plot peripeci, nuk kaloi lehtë pa lënë gjurmë të thella në kujtesën e tij. Kështu gjatë viteve 1963-1967, kur në Shqipëri diktatori injorant komunisto-ateist Enver Hoxha, kishte mprehur shpatën e fillimit të luftës së klasave, duke ushtruar persekutimin më të tmerrshëm kundër popullit shqiptar, Kishës dhe Klerit Katolik, i riu meshtar dom Anton Kçira, merr bekimin e ipeshkvit të Kosovës, në një ceremoni të thjeshtë të organizuar në praninë e shumë klerikëvë vëllezër në Krishtin, prindërve të tij të dashur të familjes nënës dhe babait, motrës dhe vëllzërve etj.

Ai veshë me krenari rrobat e meshtarit dhe vendos kuletin e bardhë, duke u betuar para elterit të shenjtë dhe Zotit, se do ti shërbej grigjës së tij, gjatë gjithë jetës, premtim të cilin e mbajti me nder dhe besnikëri deri në ditët tona. Babai i dom Antonit i dha një bekim të veçantë birit të tij, tashmë të veshur si meshtar katolik i Krishtit.

Nga fletët e ditarit autobiografik me kujtime dhe përjetime jetësore të tij, shohim se asgjë nuk ishte e lehtë për bariun e ri shpirtëror, sepse para tij do të ishte një udhë e vështirë si një kalvar sprove kristiane, të cilën falë Zotit e kaloi me shumë sukses deri në ditët tona, ku edhe pse ka dalë në pension vazhdon pa pushim ti shërbej besimtarëve katolik në SHBA.

Kur sheh sot rezultatin e madh pozitiv të përmbushjes së misionit shpirtëror dhe atdhetar, del në pah përkushtimi i tij i vijueshëm për popullin dhe Zotin. Kjo është një histori e vërtetë e mbijetesës plot lavdi në rrugën e gjatë plot mundime.

Ai qysh me 28 qershor në ditën e shën dhe shën Pjetrit të vitit 1967, kur vesh me krenari petkun e meshtarit të ri, fillon pa u lodhur shërbimin me perkushtim ndaj grigjës së Zotit, në zonat më të vështira dhe të varfëra të Kosovës, si në Bistrazhin (1968), shërbesat e shumta fetare në popullin e devotshëm katolik atje dhe sfidat e reja që ai kaloi me sukses, gjatë administrimit të famullisë në Guci të Malit të Zi, në vitet 1969-1970 dhe 1980-1982.

Pengesat e shumta dhe vështirësitë meshtarake në Kosovë, bëhen të zakonshme si bashkudhëtare në jetën e tij baritore. Ata e shoqërojnë atë në famullinë e Gllogjanit për 19 vjet me radhë nga viti 1970 deri në vitin 1989.

Ai e përshkruan emocionalisht historinë në faqet e librit të tij, në kohën kur shkon si misionar shpirtëror në fshatin Gllogjan.

Këtu paraqet gjendjen ekonomike shumë të varfër të banorëve dhe e atij vetë, sepse iu desht të përballonte varfërinë e tejskajshme të banorëve dhe krahinës së Kosovës, mjerim dhe prapambetje e cila thellohej vazhdimisht nga politika shoviniste kolonializuese e qeverisë kolonizuese të Serbisë.

Meshtari i përkushtuar e i palodhur për Fe e Atdhe, mendonte për Gllaviçicën, kapelën në Poterq, dhe nga ana e tjetër i mirëpriste me buzëqeshje dhe kënaqsi rastet e thirrjeve të reja shpirtërore të të rinjve shqiptarë, që donin ti përkushtoheshin me zemër Zotit.

Dom Antoni, ka zbuluar dhe ndihmuar me dashuri dhe respekt të thellë shpesh të rinjtë shqiptarë, që kanë pasur thirrje të brendshme shpirtërore dhe duan ti përkushtohen me devocion rrugës adhuruese të Krishti, për tu bërë më vonë meshtarë të popullit tonë.

Një ndër këto thirrjet e reja meshtarake mbresëlënëse për meshtarin Kçira, asokohe ka qenë edhe i riu **dom dr. Nikë Ukgjini,** sot studiues i shquar e i apasionuar pas kulturës shqiptare, historisë dhe ruajtjeve të vlerave të objekteve të lashtë origjinalë qindra vjeçare të traditës së hershme iliro-arbërore-shqiptare. Ai sot është profesor i Teologjisë dhe Filozofisë, në Seminarin Nderdioqezan në qytetin e lashtë të Shkodrës.

Gjatë gjithë jetës meshtarake, dom Antoni në vendlidje dhe këtu në SHBA, ka pasur fatin, nderin dhe privilegjin të njihet dhe takohet me polakun antikomunist shën Papa Gjon Pali II (Carol Woytila), papa Françeskun I me origjinë nga Argjentina, kardinalët shqiptarë, amerikanë dhe europianë, arqipeshkëv, ipeshkëv dhe meshtarë të kombeve të ndryshme (shqiptarë, italianë, kroatë, sllovenë, amerikanë etj.), njohje me Presidentin Bill Clinton, senatorë dhe kongresmenë të Senatit dhe Kongresit Amerikan, senatorë dhe kongresmënë dhe major të shtetit të madh industrial të Michigan-it, ku ai kaloi pjesën më të madhe të jetës së tij si bari shpirtëror dhe lider i shquar i komunitetit shqiptaro amerikanë.

Dom Antoni lindi në 1939, në qytetin e Gjakovës në Kosovën martire. Ai erdhi në jetë në prag të Luftës Dytë Botërore, ku si shumë fëmijë të tjerë shqiptarë kaluan një fëmijëri shumë të vështirë.

Asokohe mësojmë se familja e tij etnike shqiptare bënte një jetë mesatare ekonomike. Ajo ishte një familje shumë e përparuar katolike gjakovare për kohën, në të cilën gjithmonë kultivohej me traditë dhe krenari dashuria dhe respekti për Atdheun dhe devocioni tradicional fetarë shumë shekullor katolik.

Pashk Kçira, babai i dom Antonit deri me shpërthimin e Luftës II Botërore ishte kryetar i komunës në fshatin Vogovë, duke qenë i nderuar dhe respektuar nga të gjithë vendasit e zonës. Ai dallohej për korrektësi, ndergjshmëri, mikpritje, bujari dhe shumë tipare të tjera fisnike etnike shqiptare.

Por posti i lartë si drejtues i administratës së zonës nuk zgjati shumë, sepse fillimi dhe koha e vështirë e Luftës së Dytë Botërore do t'i merrte haraç shumë të rëndë.

Gjatë fëmijërisë së tij, Antoni i vogël përjetoj vështirësitë e panumërta dhe tmerret e përgjakshme të viktimave të pafajshme, gjatë kohës së Luftës II Botërore.

Për atë kohë të mundimshme të fëmijërisë plot tallaze, sot dom Antoni kujton: *"Kur bolshevikët morën pushtetin, isha dëshmitar i persekutimeve më të pamëshirshme të intelektualëve si edhe qytetarëve dhe katundarëve të thjeshtë, që s'pushuan për dekada me radhë sidomos mbi popullin shqiptar.*

Kam përjetuar pamjet më të trishtueshme si fëmijë, kur shikoja me sytë e mi pushkatime që i bënin serbët gjatë natës e sidomos kufomat e burrave më të zgjedhur, që asgjesoheshin natën, shumica pa asnjë lloj gjyqi në brigjet e lumit Erenik..."

Shkollën fillore e filloi në fshatin Brekoc (Gjakovë), në fshatin Moglicë, ku nëna e tij u shpërngul detyrimisht bashkë me katër fëmijët e vegjël, për të siguruar kafshatën e gojës, mbasi mjerimi i tejskajshëm kishte pushtuar të gjithë vendin.

Vështirësitë nuk i ndahen gjatë gjithë jetës. Komunistët antishqiptarë asokohe i kishin konfiskuar pa mëshirë të gjithë pasuritë si shtëpinë në Gjakovë, ashtu edhe tokën në fshatin Moglicë.

Mjerimi, ishte bërë pjesë e jetës së përditshme dhe një kafshatë, që nuk përtypet në atë periudhë tmerri, e cila sundonte kudo si sëmundje epide-mike masive.

Në atë kohë në fshat nuk kishte mësues. Me kalimin e viteve gjendja filloi të përmirësohet, mbasi babai Pashk Kçira doli nga burgu. Si përherë komunistët vijonin, të mos e shohin me sy të mirë, duke i përgatitur lloj-lloj kurthesh, për t'a hedhur në greminë familjen Kçira.

Si funksionar i lartë, Pashku për 24 vjet kishte punuar, me ndershmëri, për t'i shërbyer popullit të tij të shumëvuajtur, pa i shkaktuar asnjë njeriu shqetësim dhe as më të voglën padrejtësi.

Babai i dom Antonit, ishte një burrë i pashëm, elegant nga veshja, se-rioz, mikpritës, bujar, i dhembshur, fjalëpak, një njeri i rrallë, fetarë i de-votshëm dhe shumë i gatshëm për sakrifica, ashtu sikurse edhe nëna e tij fisnike Maria, një grua shumë punëtore dhe e përvuajtur.

Edukata atdhetare e fetare, të cilën prindërit i dhanë vazhdimisht An-tonit të vogël dhe prirja e tij qysh fëmijë, për t'i shërbyer thirrjes së Zotit, bënë që tek ai të lind dhe shtohet dëshira e madhe e përjetshme për t'i shër-byer Krishtit, gjë e cila u bë realitet shumë vite më vonë, në rininë e tij.

Pas lirimit të dytë të babait nga burgu, duke parë se bolshevikët mark-sistë serb dhe shqiptarë, nuk po ia ndanin kurrë të zezat dhe përndjekjet, ai u shpërmgul me gjithë familje nga Gjakova në Shkup.

Jeta e re në një mjedis po shqiptarë, do të bënte që familja Kçira të njihet gradualisht me miq të rinj. Në Shkup ata krijuan një rreth të ri, dhe familja iu përshtat shumë mirë kushteve të reja, vendit dhe njerëzve atje.

Pranë gjimnazit Liria të Shkupit mbaroi shkollën 8-vjeçare, ndërsa të mesmen e vijoi në Pazin (Kroaci) dhe prej ku pastaj u regjistrua, për të vi-juar studimet e larta në Fakultetin e Teologjisë, në qytetin Gjakovo të Kroa-cisë, ku u diplomua në Teologji në vitin 1967.

Në muajin shtator të vtit 1989 atë e caktuan të shërbej në Detroit (MI) të SHBA-së, përsëri midis njerëzve më bujarë e kreshnikë që ka shqiptaria, malësorëve nga Malësia e Madhe, të cilët përbejnë shumicën dërmuese të famullisë atje dhe të mbarë komunitetit shqiptar të shtetit Michigan, ku gjendet edhe sot, që është në pension.

Kur dom Antoni u diplomua në Teologji në vititn 1967, familja u shpërngul në Amerikë. Kjo lëvizje e imponuar, u bë për arsye të sigurisë së familjes së tij, për t'a ruajtur nga përndjekjet e vazhdueshme dhe hija komuniste bolshevike, që e ndiqte hap pas hapi, mbasi familjen Kçira, e konsideronin shumë të rrezikshme për ideologjinë e komunizmit. Ata njeri mbas tjetrit u detyruan të emigrojnë në SHBA, ku filluan një jetë të re në shtetin më demokratik në botë.

Kështu në fillim shkuan dy vëllezërit e tij dhe më pas babai dhe nëna, të cilët ndërruan jetë në Amerikë.

Mbi historinë më të hollësishme të familjes Kçira mund të mësoni duke lexuar një ditar *"Memoare" (Kujtime)*, të intelektualit të shquar Pashk Kçira, ku me detaje dhe një stil narrativ në gegnisht përshkruhet jeta në Kosovë, duke filluar nga viti 1908 e deri në vitet shtatëdhjetë, kur ai dhe qindra e mijëra bashkatdhetarë tanë emigrojnë për arsye politike dhe ekonomike në drejtim të tokës së premtuar dhe ëndrrave amerikane.

Sot, në shekullin XXI, në Kosovë janë më shumë se 100 shtëpi, të cilat mbajnë mbiemrin Kçira. Banorët e saj edhe pse ndodheshin 9 kilometra larg Shqipërisë deri në vitin 1990, kanë qenë të privuar të vizitonin tokat e të parëve të tyre.

Për shumë dekada, Shqipëria e jonë e mjerë, nën diktaturën proletare komuniste socialiste, gjatë viteve të zeza 1944-1990, ishte një shtet i izoluar, i mbyllur në vetvete në një sistem absurd, eksperimental komunist dhe ateist.

Pashku, ka qenë për vizitë në vitin 1923 në qytetin e Shkodrës, për të parë kushërinjtë e tij, ku është takuar dhe ka ruajtur një korrespondencë të rregullt me të gjithë deri sa është mbyllur në mënyrë absurde kufiri në vitin 1945 me shtetin amë Shqipërinë komuniste dhe Serbisë, që mbante të kolonizuar Kosovën.

Babai i tij në vitin 1936 i ka dërguar disa fotografi si kujtim të familjes në adresë të Kçirajve në Shkodër, përfaqësues i së cilit ishte **dom Luigj Kçira** ish i burgosur politik, gjatë kohës së diktaturës ateisto-komuniste në Shqipëri. Ai ka ndërruar jetë shumë vite më parë, në qytetin e Shkodrës, shërbeu si famullitar në kishën e madhe katedrale të shën Shtjefnit të qytetit antik.

Babai i dom Antonit kaloi në amshim, në vitin 1981. Dom Luigji njihte shumë mirë të gjithë fisin Kçira, duke ruajtur për shumë vite lidhjet me meshtarin vëlla në Krishtin, aktivistin e palodhur të komunitetit shqiptar amerikanë Të Përndershmin dom Anton Kçirën.

Gjatë muajit prill të vitit 1993, meshtari ynë dom Anton Kçira, bën një vizitë në Shkodër, në krye të një delegacioni shqiptaro amerikanë, që shkojnë për të marrë pjesë në vendosjen e hierarkisë kishtare në Shqipëri nga Shkëlqësia e Tij shën Papa Gjon Pali II, pas meshës solemne dhe historike, që u calebrua në katedralën e famshme të Shkodrës.

Ai bëri vizitën edhe tek trualli i katragjyshërve në Kçirë të Pukës, dhe për nder të tyre edhe me kërkesë të këshillit të kishës atje dhuroi shuma të mëdha dollarësh, për ndërtimin e shtëpisë së Zotit, që e kishte shkatërruar komunizmi i zi.

Dy vjet më vonë, me 13 tetor të vitit 1995, dom Antoni merr pjesë në përurimin e kishës së re, duke i lënë banorëve shqiptarë një monument të rëndsishëm historik dhe shpirtëror fshatit të të parëve të tij.

Për 52 vjet me radhë, dom Anton Kçira larg Atdheut, përtej Oqeanit Atlantik po kontribuon pa ndërprerë dhe pa u lodhur për fenë dhe besimtarët e tij, që fati e jeta e vështirë në vendlindje i bëri të emigrojnë në SHBA.

Për personalitetin e tij gjithnjë në rritje, kanë ndikuar shumë faktorët si: aktiviteti i dendur pranë kishës katolike në vendlindje dhe diasporë qysh në moshë të re, shkolla e mesme (jeta në seminar) dhe shkolla e lartë (filozofike e teologjike), pasi kryen shërbimin ushtarak, sikurse edhe miqtë e shumë meshtarë bashkëvëllezër në Krishtin, të cilët një pjesë tyre janë bërë gjatë jetës meshtarake si ipeshkvij, kardinalë, në disa vende të Ballkanit e përtej tij.

Dom Antoni këtu në diasporë, gjithnjë ka ruajtur lidhje të ngushta me intelektualët amerikanë dhe shqiptarë, qysh kur ka zbritur në tokën e bekuar të SHBA-së, si me: Dr. Ibrahim Rugova President i Kosovës, Kardinal Adam Maida, Arqipeshkëv Metropolitan i Detroit-it, Rochester Hills Mayor Bryan K. Barnett; shkrimtarin dhe studiuesin prelatin imzot dr. Zef Oroshin (1912-1989), themeluesi i parë i kishës katolike shqiptare Zoja e Shkodrës në New York; shkrimtarin e famshëm Ismail Kadare, imzot Nikë Prela, imzot Mark Sopi, imzot Dodë Gjergji sot ipeshkëv i Kosovës, ish Kryeministri i Kosovës Bujar Bukoshi, shkrimtari Pjetër Arbnori, ish i burgosur politikë për 28 vjet dhe kryetar i Parlamentit të Shqipërisë, Arqipeshkëvi i Tivarit sot në pension imzot Zef Gashi, arqipeshkvin imzot Rrok Gjonlleshaj, shkrimtarin imzot Zef Simoni, studiuesin imzot Frano Illia, atë Daniel Gjeçaj o.f.m., imzot Rrok Mirditën, imzot Hil Kabashin, dom Pjetër Popaj, imzot dr. Lush Gjergjin, dom Ndue Gjergjin, etj., presidentët e Shqipërisë: dr. Sali Berisha, prof. Rexhep Mejdani, dr. Alfred Moisiu, prof. Bamir Topi; shumë kryeministra të Kosovës dhe Shqipërisë, senatori amerikan Tom Lantos, kongresistët amerikanë: Joseph DioGuardi, Eliot Engel, Sue Kally, etj., Ekrem Bardha Konsull Nderi i Shqipërisë, prof. Anton Qetta, imam Muhamed Lipaj, imam Isa Hoxha, imam Vehbi Ismaili, baba Rexhepi, Anthony Athanas, Harry Bajraktari, studiuesin Tomë Mrijaj, shkrimtarin Hasan Hasani, prof. dr. Mentor Quku, prof. Riza Sadiku, studiuesin Klajd Kapinova, Nue Oroshin, Azem Hajdari, Prekë Gjetaj, gazetarin e Zërit të Amerikës Astrit Lulushi, gazetarin Beqir Sina, poetin Agim Shehu, Selim Hasani, Leonora Laçi etj.

Dihet se Detroiti është qendra më e madhe e rrjetit të informacionit, që ka Amerika, mbasi shteti është një qendër e madhe industriale për të gjithë Amerikën dhe se këtu fusha e publiçistikës dhe media-s elektronike është marramendëse.

Për t'i ardhur sa më shpejt në ndihmë popullit të tij në Kosovë, që vuante nga plagët e mizorëve serb, ai kërkonte që përmes televizionit amerikan të tregonte se Serbia po zhduk pa të drejtë me gjenocid një komb të lashtë, sa vetë historia e kontinentit të plakur të Evropës.

Familja e dom Antonit dhe vetë ai, ka kaluar mbi kurrizin e saj shtypje dhe keqtrajtime nga sllavët serbë, komunistët shqiptarë në Kosovë dhe deri tek provokimet e shpeshta të UDB-së me spiunët komunistë dhe enveristë në Detroit të SHBA-së.

Ndër të tjera, dom Antoni i kryesuar nga një delegacion shqiptaro amerikanë të Detroit-it si: Kisha e shën Palit dhe shën Pjetrit dhe kisha Zoja e Shkodrës në New York me në krye dom Pjetër Popaj, u nisën me 13 shtator 1997 në Indi, për të marrë pjesë në varrimin e Nënë Terezës, kësaj humaniste të madhe të gjithë botës, që me të drejtë bota e thirri Nënë në të gjallë të Saj. Ajo fatmirësisht u Lumnue nga Ati i Shenjt **shën papa Gjon Pali II** dhe më vonë është shenjtëruar nga papa Francesku I-rë si *shën Tereza e Kalkutës.*

Dom Antoni, tha meshën e parë në gjuhën shqipe në kishën e shën Tomës, duke u lutur shumë për shpirtin e Saj, së bashku me të gjithë shqiptaro amerikanët e tjerë, duke e ndarë pikëllimin me ata.

I palodhur dhe me dashuri për shqiptarët dhe vendlindjen, kudo gjendet dom Antoni sot. Përvuajtëria e spikatur, modestia dhe thjeshtësia, janë tipare që i zbulon në fytyrën e tij të qetë.

"Mund të them, se Imzot Kçira, është një burrë i madh e trim. Është një njeri

i feshëm e i atdheshëm, pra fetar dhe atdhetar i madh.

Imzot Kçira, me jetën dhe veprën e tij, e vazhdon traditën e hershme shqiptare të Pal Engjëllit, Buzukut, Budit, Bardhit, Bogdanit, Gjeçovit, Imzot Nikë Prelës e shumë e shumë burrave të famshëm të kombit tonë.

Ai është gjithnjë njeri i pajtimit dhe forcimit të besimit në Zotin. Ai është njeri i madh i kombit tonë.

Ndihem krenar, që e kam mik dhe krah të fortë mbështetës në punët e Kosovës, vendit tonë të shtrenjtë."

Janë këto fjalë realiste dhe tepër domethënëse, që Presidenti i paharruar historik, Gandi i Kosovës, i pavdekshmi prof. dr. Ibrahim Rugova, i përsëriste shpesh në shenjë nderimi e respekti të madh, që kishte për mikun e tij të idealeve të shenjta kombëtare, klerikun dhe përsonalitetin e shquar të komunitetit shqiptaro-amerikanë, burrin e madh të palodhur të popullit të vet në Amerikë e Kosovë: Të Përndershmin dom Anton Kçirën.

Në analet e historisë së komunitetit shqiptaro amerikanë dom Anton Kçira, zë një vend nderi dhe të merituar, për gjithçka që ka bërë pa u lodhur dhe po kontribuon ende sot në të mirë të komunitetit edhe pse ka disa vite që ka dalë në pension.

Të gjithë tashmë e dimë, se kisha katolike shqiptare e shën Palit dhe shën Pjetrit në Detroit, është më e madhja në botën shqiptare dhe një muze i gjallë historik si pasqyrë e trojeve etnike. Ajo është e mbushur me piktura patriotësh klerikë katolikë të kishës sonë, të martirizuar mizorisht gjatë komunizmit të zi.

Kisha shqiptare e shën Palit dhe shën Pjetrit në Rochester Hills, e ndërtuar para 20 vitesh me nismën e meshtarit të palodhur dhe të pamposhtur dom Anton Kçira, e cila me të drejtë mund të thuhet se është vepra e tij dhe e besimtarëve.□

Nën drejtimin e meshtarit Kçira, besimtarët e kishës në fjalë, kanë dhuruar qindra mijëra (mbi 1 milionë dollarë ndihma), gjatë dhe pas luftës, për viktimat në Kosovë, përveç ndihmave për rimëkëmbjen e kishave dhe fesë në Shqipëri, që dolën të shkatërruara nga koha absurde e luftës së ftohtë.

Me ardhjen e dom Antonit në Detroit, pa humbur kohë filloj misionin e vështirë të pajtimit të shqiptarëve në famulli dhe rizgjoi një interesim më të madh për kombin.

Filluan të bashkohen rreth tij të gjithë. Në vitin 1990, një grup atdhetarësh të frymëzuar nga dhimbja, u morën vesh me dom Antonin sesi të përhapnin një kushtrim në popull, që të mund të ndihmojnë dikrekt popullin në Kosovë, që po vuante nga rregjimi serb.

Tubimi u mbajt më 16 dhjetor 1990, në sallën e kishës, ku ishin të pranishëm afër 150 vetë dhe mbas disa fjalëve zemre për Atdheun dhe vëllezërit tanë në Kosovë, pa dallim feje, të pranishmit e përshëndetën dhe mbështetën financiarisht aksionin humanitar me duatrokitje frenetike dhe brenda një ore u grumbulluan $37.000. Ky aksion vazhdoi dhe në pak ditë u mblodhën $62.400.

Dom Antoni kujton: "*Na u desh të presim deri në maj të vitit 1991, kur Shoqata Nënë Tereza, hapi llogarinë e vet rrjedhëse në Zvicër, ku ne i dërguam dollarët.*

Unë jam shumë mirënjohës dhe krenar me famullinë e shën Palit, pjesëtarët e së cilës janë besimtarë nga Malësia.

Këtyre u shkon nderi dhe lavdia, sepse ishin këto që e propozuan dhe filluan menjëherë aksionin pa iu dhimbsur asgjë askujt.

Ka patur nga individë dhe familje që kanë dhënë paratë e fundit. Këtyre njerëzve nuk ka mundur t'ua kaloj askush për bujari dhe mikpritje.

Këtu shihet se sa atdhetarë janë. Asnjë prej tyre nuk ka pyetur se ku shkojnë këto të holla.

Aq më tepër, kosovarët duhet të turpërohen para kësaj vepre të malësorëve zemër fisnik, që unë e quaj gjithnjë madhështore.

Provat e kësaj bujarie ekzistojnë. Le të jetë kjo si një vrejtje vëllazërore për ne kosovarët.

Nëse e pyesim ndërgjegjën tonë, përgjigja do të jetë: kosovarët vetë s'kanë berë sa duhet për vendin e vet, Kosovën tonë të dashur.

Malësorët janë dalluar edhe në demostratat për Kosovën, ashtu sikurse edhe për demostratat për demokracinë në Shqipëri…

Përveç kësaj fushate, kemi organizuar edhe një tjetër. Kjo është për ndërtimin e objekteve fetare në Shqipëri.

Me ardhjen në SHBA të meshtarit të përvuajtur në burgjet e egra të rregjimit komunist të dom Simon Jubanit dhe gjatë vizitës në kishën e shën Palit, ku vetëm gjatë natës së parë u mblodhën $85.000.

Ky aksion ka vazhduar edhe të nesërmen në meshë në të dy famullitë, ku ka arritur shumë $157.800. Një gjë e tillë nuk ka mundur as të paramendohet.

Këto njerëz kanë dhënë gjithmonë kur ka qenë fjala për shqiptarët në atdhe, si për shkolla, rrugë, objekte humanitare.

Llogaritet sipas disa shënimeve jo zyrtare, se gjatë këtyre 20 vitëve të fundit, kanë dërguar në vendlindje mbi 1,200.000 dollarë, pa llogaritur ndihmat private, që ka mundur secili të dërgoj për familjen e tij."

Gjurmë të pastra atdhetdashurie të veprimtarisë përkushtuese fetare e kombëtare të dom Anton Kçirës, janë gjithashtu përmendoret e Heroit Kombëtar Gjergj Gjon Kastriotit dhe shën Nënë Terezës, në hyrje të oborrit të kishës katedrale.

Ato përçojnë vlerat e një kombi, veçanërisht, kur tërheqin vemendjen e kalimtarit të panjohur amerikanë, i cili, kur i sheh s'mund të rrijë pa u interesuar e pyetur: *E kujt është kjo kishë e madhe?*

Këto janë konkretizime të nismave largpamëse të dom Anton Kçirës në krye të kishës, janë gjurmët të ngurtësuara, që ai lë pas, ndërsa largohet për t'u shlodhur. Një drejtues mund t'i udhëheqë të gjithë, por nuk mund t'i kenaqë të gjithë.

Patrioti dhe bariu i mirë i grigjës së vet, ka ndihmuar me strehime dhe ushqime, me mijëra të shpëngulur dardanë, gjatë eksodit biblik drejt shtetit amë Shqipërisë (viti 1999), për t'i shpëtuar makinës ushtarake shfarosëse serbe, ku, unë kam qenë dëshmitarë, në shumë qendra të sistemimit të tyre, pranë kishës katolike, në qytetin e Shkodrës.□

Të gjithë ne, që jetojmë dhe punojmë prej shumë vitësh në Amerikë, e dijmë se pa inisiativën dhe mbështetjen e pakufishme të këtij meshtari të përkushtuar, për Fe e Atdhe në Detroit, qysh nga viti 1989 dhe deri më 2011, nuk do të ishin bërë shumë mitingje, demostrata, grumbullime fondesh për çeshtjen shqiptare të Dardanisë, ndihmen e pakursyer direkte për Shqipërinë, popullin e masakruar martir dardan në vitin 1999, kur dihet, se ky klerik patriot, ka qenë *persona non grata*, për ish Jugosllavinë titiste asokohe, si i perndjekur, për t'a vrarë me gjithë familje.

Dom Antoni, është i vetmi klerik në gjithë historinë mbarëshqiptare, që ka bekuar luftëtarët e lirisë të Batalionit Shqiptaro Amerikan të Atlantikut, që po udhëtonin drejt Dardanisë, për ta çliruar nga makina shfarosëse serbe.

Me nismën e këtij misionari dhe shqiptari të madh, u vendos në SHBA për herë të parë monumenti madhështor i Gjergj Gjon Kastriotit, epoka e të cilit është më e lavdishmja në historinë tonë, është elementi më i qenësishëm i krenarisë sonë kombëtare shqiptare ndër shekuj.

Të gjithë kombet e qytetëruara në botë, i përjetësojnë figura e tilla si dom Anton Kçira, duke i renditur me nderim dhe respekt në xherdanin e yjeve të pashuara, në Panteonin e Nderit Kombëtar. **(New York, Shtator, 2021)**

NJË REQUIEM I VONUAR PËR MIKUN DHE STUDIUESIN E KULTURËS DHE KLERIT KATOLIK KOLEC ÇEFËN (1937-2021)

"Për herë të parë kam pasë fatin ta takoj në shoqninë e atë Zef Pllumit, andej nga viti 1991. E që atëhere e kam pa gjithnjë në shoqninë e Françeskaneve të medhenj e librave të tyne botuem, por dhe të dorëshkruem të françeskanëve të medhenj... Kontributi i tij në rivlerësimin e kulturës shqiptare është vërtetë i madh, duke qenë se mbetet një studjues skrupuloz, i vëmendshëm, i papërtuem, e mbi të gjitha, i përkushtuem me shpirt dhe zemër ndaj vlerave të kulturës kombëtare. Një provë se ishte gjithmonë me Zotin. Me dritën. Me mirësinë! I përulem me respekt të madh kujtimit të tij! Gjithmonë!" – **Rudolf Marku, London, United Kingdom**

Më vjen shumë keq, që e mora vonë, shumë vonë, lajmin e hidhur të kalimit në amshim të *mikut dhe studiuesit të palodhur të kulturës dhe klerit katolik shqiptar eruditit* **Kolec Çefa**.

Kjo për arsye të distancës së largët në SHBA, mungesës së informacionit nga Shqipnia, qyteti i lashtë Shkodrës dhe Tirana, ku ai shkoi për të jetuar më vonë.

Për Kolecin e kulturës dhe botës së letrave, studimeve dhe hedhjen dritë për figurat e pluhrosura dhe të përbalta të klerit katolik dhe kishës martire shqiptare, ruaj kujtime shumë të bukura, mbasi kemi punuar bashkë për shumë vite, në Arqipeshkvinë Metropolitane, në zyrën e redaksisë së revistës të hershme popullore qytetare *"Kumbona e së Dielës"*.

Kjo revistë u themelua dhe drejtua me kulturë dhe pasion fetarë dhe atdhetarë në fillim nga dom **Mikel Koliqi (1900-1997),** i cili pas kalvarit pambarim të vuajtjeve dhe burgjeve të tmerrshme komuniste do të shugurohet në Vatikan nga **Ati i Shenjtë sot shën Papa Gjon Pali II** (*Karol Ëojtyla 1920-2005*) si Kardinali i Parë, në të gjithë historinë e lavdishme 2021-vjeçare të Kishës Katolike Shqiptare, si simbol i respektimit nga bota, Kisha Katolike dhe Selia e Shënjtë në Vatikan, të vuajtjeve të të gjithë shqiptarëve, nën rregjimin e egër diktatorial ateisto-komunist.

Me Ndihmës Ipeshkvin e Arqipeshvisë së Shkodrës **imzot Zef Si-**

monin (1928-2009), shkrimtar dhe prozator i 15 librave të shkruar në gjuhën e ëmbël gegë, me profil fetarë dhe bazë të shëndoshë atdhetare, i ndjeri **mons. Zef Simoni,** dhe **kryeredaktorin studiuesin Kolec Çefa,** kemi punuar vazhdimisht për të nxjerrë rregullisht nga shtypi të përkohshmen mujore revistën "Kumbona e së Diellës".

Ai ishte redaktori i kujdeshëm i të gjithë librave të shkruar në gjuhën gege nga shkrimtari imzot Zef Simoni, mbasi Koleci njihte shumë mirë dy dialektet e gjuhës shqipe *gege dhe toske.*

Koleci ishte i urtë, i ditur, i mençur me shpirt të madh fisniku

Intelektuali kulturë gjërë dhe solid Kolec Çefa, me kulturën e thellë dhe të gjerë që zotëronte nga përvoja dhe leximet e librave të shumtë, ishte një enciklopedi e gjallë, duke mbajtur të freskët në mendje çdo ngjarje dhe figurë të qytetit tonë.

Nga ai kam mësuar shumë nga historia me tradita e qytetit, letërsia e gegë e trevave të Veriut, pendat e spikatura dhe veçantinë e stilit të gjithsecilit prej tyre, figurat e shquara dhe kontributin e vijueshëm të klerit katolik në Shqipëri gjatë vitëve 1944-1991.

Shkrimtari monsinjor Zef Simoni, ishte drejtues i revistës **Kumbona e së Dielës,** ndërsa kryeredaktor ishte Kolec Çefa dhe unë redaktor. Monsinjori e donte shumë Kolecin, për kulturën dhe shpirtin e madh prej një shkodrani të vërtetë.

Koleci zemër bujar ndihmonte kedo që i shkonte në redaksi për dokumente, literaturë (libra), saktësimin e datave dhe ngjarjeve të ndryshme, rreth figurave të shquara të klerit katolik shqiptar, buletinet e ndryshme të shtypit katolik të hershme dhe deri në ditët tona.

Gjermani albanolog dr. Markus W. E. Peters dhe Koleci ynë

Një ndër miqët tanë të vijueshëm ishte **alganologu gjerman dr. Markus W. E. Peters,** i cili, ishte i adhuruar shumë mbas historisë dhe kulturës së prelatëve të klerit katolik. Ai në mënyrë autodidakte kishte mësuar shumë mirë gjuhën e bukur shqipe, por fliste edhe shumë gjuhë të tjera ndërkombëtare.

Dr. Peters kërkonte literaturë, buletine të ndryshme të shtypit të klerit katolik, dokumente dhe dorëshkrime të lënë amanet nga prelatët dhe klerikët e urdhërave të ndryshme katolike në qytetin e Shkodrës, Tiranë, Mirditë, Lezhë etj.

Ai shumë kohë e kalonte në Arkivin Qendror të Shtetit (AQSH) në Ti-ranë, duke shikuar me shumë kujdes në seksionin e dokumentave të Ar-qipeshkvisë së Shkodrës, të cilat komunistët kur erdhën në pushtet i grabitën nga Kuvendi i Urdhërit të shën Françeskut (shekulli XII) dhe Ku-vendi i Jezuitëve në Shkodër (1846).

Ai vinte së bashku me babain e tij dhe me orë të tëra bisedonim për tema të ndryshme në redaksi. dr. Peter më vonë do të shugurohet meshtarë dhe do t'i përkushtohet udhës adhuruese të Zotit, për t'i shëbyer grigjës në Gjermani, më pas në qytetin-shteti të vogël të Litenshteinit, dhe tani në Zvicër, ku ai është bari shpirtërorë i besimtarëve katolikë.

Fryt i kësaj pune të gjatë hulumtuese, është edhe botimi me sukses i librit në gjuhën shqipe: *"Përballjet e Historisë së Kishës Katolike në Shqipëri 1919-1996"*, (*Geschichte der Katholischen Kirche in Albanien 1919-1996*) gjer-manisht dhe shqip, të studiuesit dhe albanologut bashkëkohorë gjerman *dr. don Markus. W. E. Peters*, botuar në kujdesin e Shoqatës Jezuite, Tiranë, 2010.

Albanologu gjerman dr. Markus W. E. Peters, sot quhet *dr. father Mark Peter ose don Peter*. Ai vazhdimisht viziton SHBA dhe ndalon edhe në New York, për t'u takuar me miqët e tij të vjetër: *Don Nikolin Pergjigjin, studiuesin dhe publiçistin Tomë Mrijaj dhe autorin e këtij shkrimi modest Klajd Kapinova.*

Vjedhja e të drejtave të autorit nga diktatura komuniste dhe shpërlarja e trurit me gënjeshtra sot

Diktatura komuniste dhe neo-komunistët edhe sot i kanë bërë si pronë shtetërore dhe kurrë nuk iu kthyen pronarëve të ligjshëm thesaret kultu-rore, që janë Kuvendi Françeskan dhe Kuvendi Jezuit. Sikurse dihet pu-blikisht ato me një pjesë të punimeve dhe hulumtimeve albanologjike të realizuar nga prelatët dhe klerikët e thjeshtë të Urdhërit të shën Françeskut ish "professor" dhe "doktorët" e albanologjisë së periudhës së komuniz-mit mbrojtën temat e tyre "shkencore". Ata në mënyrë harbutshe nuk bënë asgjë tjetër veçse hoqën autorësinë origjinale të klerikëve katolikë dhe ven-dosën emrat dhe mbiemrat e tyre.

Rasti më klasik është ai i të ashtëquajturit "prof. dr." *Jup Kastrati*, i cili, asokohe ishte *Kryetar i Grupit në Luftë Kundër Fesë dhe Zakoneve Prapanike*, krijuar si lëvizje ruso-kineze antiklerikale dhe antikatolike nga dikatori ko-munist Enver Hoxha.

I përkdheluri i rregjimit komunist Jupi i ri asokohe, ka marrë në shtëpinë e vet në kohën e bastisjeve të dhunshme me gjak dhe terror shumë nga antikuaret, disertacionet, dorëshkrimet dhe vlerat e tjera kulturore shkrimore, të bërë ndër shekuj nga studiuesit e shquar klerikë katolikë dhe disa katolikë intelektualë laik të trevave të Veriut të Shqipërisë.

Dhe për tu mos zgjatur shumë, theksojmë se pseudoalbanologut të Dullës, disa herë pas vitëve '90, i është bërë thirrje publike dhe private, që të rikthej pronën e të përsekutuarve politikë anti-komunistë intelektuale të klerikëve katolikë si e drejtë e tyre (Copyright), por ai me arrogancë e inercisë së (neo)komunizmit, që ende kishte dhe ka pushtet kudo edhe sot, dhe me paturpsi komuniste nuk ka marrë mundimin që t'i rikthej. Ato monumente intelektuale të kulturës kualitative historike dhe albanologjike edhe sot gjenden në shtëpinë e tij private.

Për më tepër "Prof. dr." Jup Kastrati, shkruan me histerizëm dhe pasion fanatiku anadollak *Parathanjen* pervese të librit me gënjeshtra të propaganduesit fanatik komunist *Rakip Beqaj*, me titull: **"Veprimtaria Antikombëtare e Klerit Katolik Shqiptar"**.

Jupi asokohe ndër të tjera shkruan se: *"Vepra e shokut Rakip Beqja, "Veprimtaria antikombëtare e klerit katolik shqiptar", asht e para e kësaj fare, që po botohet në vendin tone. Libri ka randësi politike, ideologjike dhe shkencore...*

Në disa paragrafë, auktori ban fjalë edhe për fenë, shikue në dritën e shkencës marksiste-leniniste, për shtetin e Vatikanit, për kishën katolike dhe kapitalet e saj.

Kjo hymje ishte e nevojëshme për të kuptue rranjët e thella historike të fesë katolike, e cila, në vendin tone, gjithëmonë "ka qenë ideologji e pushtuesve romakë, italianë dhe austriakë" siç na mëson shoku Enver.

Kisha katolike ka veprue, gjithëherë, si shtypëse e çdo lëvizjeje përparimtare, demokratike, popullore.

Ajo ka qenë vazhdimisht kundër mendimit të lirë. Ajo ka mbetë gjatë gjithë ekzistencës së saj, në pozita antikombëtare dhe reaksionare.

Auktori, me anë dokumentash dhe faktesh të pamohueshme, ka arritë të zbulojë degjenerimin dhe korrupsionin e klerit.

Në fund të kapitullit të parë, hartuesi i monografisë ban një përgjithësim me randësi, në lidhje me kishën katolike shqiptare, tue na tregue se ajo, në çdo kohë ka qenë e predispozueme dhe e gatëshme të përdorë pozitën e vet politike për qellime të këqia, tradhëtare në shërbim të të huejvet, kundër interesave të Atdheut tonë.

Në kapitullin e dytë, auktori, mbasi shqyrton gjëndjen e Shqipnisë në pragun e pushtimit nga Italia fashiste si dhe gjendjen ndërkombëtare në pragun e shpërthimit të luftës së dytë botnore, ndalohet tek roli i shtetit të Vatikanit.

Në mënyrë të veçantë ai sjell fakte konkrete, që dëshmojnë se si krenët e klerit katolik shqiptar kanë qenë gjithmonë në shërbim të të huejvet; kështu p.sh., nga 1870 deri në mbarimin e luftës së parë botnore u shërbyen austro-hungarezëve; gjatë periudhës 1919-1943 qenë në shërbim të italianëve; kurse, nga shtatori 1943 deri në çlirimin e Shqipnisë, 29 nandor 1944, qenë të lidhun kambë e krye me gjermanët nazistë.

Këto lidhje me të huejtë siç e spjegon bukur autori rrjedhin, së pari, nga fakti se këta agjentë të Vatikanit në Shqipni, gjithëherë, kanë përmbushë detyrat, që u ka ngarkue ai; së dyti, sepse kleri katolik shqiptar ka pasë kurdoherë, të njejta qellime politike dhe ideologjike me pushtuesit e huej.

Fondet e ndryshme, që u derdhën në vendin tonë nga Austro-Hungaria dhe Italia fashiste për të mbajtë gjallë institucionet fetare sollën si rrjedhim, nënshtrimin pa kushte të klerit katolik ndaj pushtuesve imperialistë.

Ma anë dokumentash arkivale, autori i veprës tregon qartë dhe në mënyrë bindëse se si kleri katolik shqiptar punoi për pregatitjen e pushtimit të Shqipnisë nga Italia fashiste.

Për të parën herë në botimet tona shkencore i bahet e njohun publikut të gjanë veprimtaria antikombëtare dhe reaksionare e njanës nga organizatat e klerit katolik shqiptar, pra "Veprimit Katolik" (Aksionit Katolik).

Në kapitullin e tretë auktori flet për pushtimin e Shqipnisë nga Italia fashiste dhe për bashkëpunimin e klerit katolik shqiptar me pushtuesit.

Krerët e klerit katolik së bashku me tradhëtarët e tjerë të vendit sanksionuen humbjen e pavarësisë së Shqipnisë…

Në këtë mënyrë mbyllet libri i parë i kësaj monografie. Për veprimtarinë reaksionare dhe antikombëtare të klerit katolik mbas çlirimit të Shqipnisë, gjatë pushtetit popullor, auktori do të hedhë në shtyp, së shpejti, librin e dytë…

Karakteristikë e përgjithëshme e veprës që kemi në dorë, asht çfrytëzimi i një literature të gjanë, tue fillue nga veprat e klasikëvet të marksizëm-leninizmit, tue vazhdue me materialet historike të Partisë së Punës së Shqipnisë si dhe raportet dhe fjalimet programatike të shokut Enver…

Tue u mbështetë në këtë bibliografi të gjanë, auktori ka ditë të interpretojë drejt ngjarjet dhe fenomenet, ka arritë të zbulojë rranjët e vjetra dhe të reja të veprimtarisë antikombëtare dhe reaksionare të klerit katolik.

Mbi bazën e një dokumentacioni të shumtë ka ba analizën e faktevet, ka nxjerrë konkluzionet e duhuna logjike, ka sqarue mjaft çështje të panjohuna nga publiku i gjanë.

Në këtë drejtim, ai i ka sjellë një shërbim të vyer historisë së Shqipnisë… Tue pasë për bazë ''metodologjinë marksiste-leniniste, tue u mbështetë në metodën e materializmit dialektik dhe historik, auktori ka dërmue njëherë e përgjithmonë mitin e "patriotizmit" të klerit katolik, ka rrëzue tezat e absolutizueme nga disa historianë klerikë, në lidhje me të ashtuquejturën "veprimtari kombëtare" të klerit katolik.

Si rrjedhim, Rakip Beqja e ka shikue me sy kritik historiografinë klerikale të Shkodrës dhe asht ngritë me guxim kundër saj.

Ka mbajtë qëndrim të patundun, të premë dhe parimor ndaj disa figurave klerikale, që në historinë e letërsisë shqipe janë quejtë "kontradiktorë" ose "kompleksë", si, bie fjala, shkrimtarit reaksionar Fishta.

Ky asht një qëndrim aktiv i studiuesit, i cili nuk asht vetëm hetues, gjurmues, përshkrues dhe regjistrues i faktit, por edhe interpretues i drejtë dhe i palëkundun i fenomenit.

Një tjetër veçori e veprës asht fakti se auktori ka vu, në radhë të parë, atë që asht kombëtare mbi atë krahinore.

Ai mban qëndrim kritik ndaj konservatorizmit, partikularizmit, regjonalizmit dhe ndaj çdo çfaqjeje regresive të së kaluemes. Vepra tingëllon si një thupër e fortë ndaj auktorëve të historisë kishtare shqiptare, që kishin idealizue dhe ba "idhuj të paprekshëm" disa krenë të klerit katolik.

Vepra, që nga kreu e deri në fund, shquhet për frymën e thellë klasore. Në vepër ndeshën dy botë: e reja me të vjetrën, rryma përparimtare me atë që asht reaksionare, fetare, prapanike, anakronike.

Në njenën anë, një vijë e kuqe spikatë në mbarë veprën: asht rruga e atdhetarëvet të vërtetë, rryma e partisë, e komunistëve, e Luftës Nacional-Çlirimtare.

Kjo ka të ardhëmen përpara, i përket së resë, asaj që asht përparimtare, progresive, demokratike, popullore; prandaj triumfon mbi të vjetrën.

Nga ana tjetër, një vijë e zezë bie në sy në veprimtarinë e klerit katolik shqiptar: asht vazhda e tradhëtisë, e falsitetit, e demagogjisë, vija e reaksionit ma të tërbuem, e antishqiptarizmit, e asaj që asht regresive, e mykun, e dalun boje; prandaj asht e destinueme të vdesë.

Asht siç provohet mjaft mirë në vepër, baza politike, ekonomike dhe ideologjike e klerit katolik në Shqipni ka qenë, gjithmonë, e huej për botën shqiptare.

Tue iu referue materialeve të botueme nga vetë kleri, po sjellim këtë të dhanë historike, që dëshmon qartë se, pothuej, të gjithë misionarët, organizatorët dhe krenët e klerit katolik në Shqipni në shekujt e kaluar kanë qenë me kombësi të huej. Mjafton t'u hedhim një sy françeskanëve dhe jezuitëve, tue mos u ndalue tek benediktinët e domenikanët.

Historikisht dëshmohet që në vitin 1248 Urdhëni françeskan filloi me u vendosë në Shqipni, me zgjedhjen e françeskanit Giovanni de Plano Carpini arqipeshkëv i Tivarit. (2)

Ky prelat bani me ardhë në Shqipni françeskanët dhe domenikanët, tue zevend-sue, kështu, benediktinët, të cilët, që nga kjo kohë, kishin fillue me braktisë mana-stirët e tyne. Në veprën "Schizzo Storico sull'opera dei Franceskani in Albania", asht dhanë lista e françeskanëve, që u zgjodhën peshkopë ndër dioqeze të ndryshme.

Kështu, p.sh., në arkidioqezin e Tivarit dhe të Durrësit, në dioqezin e Shkodrës, Lezhës, Sapës, Pultit, Krujës, Sh'Shtjefnit (në Mat), Arbërit, Shazit, Bardhecit, Drishtit, Ulqinit, Shurdhahit, Sapës e Sardës, d.m.th. ndër dy arkidioqezë dhe trembdhjet dioqezë janë të regjistruem rreth 80 peshkopë të huej.

Çdo njeni nga këta ipeshkvij ka sjellë në vendin tonë frymën e nënshtrimit ndaj politikës austriake dhe italiane. Me një ideollogji të tillë u rritën dhe u edukuen edhe klerikët katolikë vendas.

Në kete temë historike, janë kapur ato periudha që për rëndësinë e tyre në saje të një studimi, analize e sinteze të thellë të ngjarjeve e fakteve mbi klerin katolik shqiptar, jepet qartë figura reaksionare, antikombëtare e atyre veladonezezëve, që për shekuj duke qenë përfaqësuesit e pushtetit shpirtëror të njerëzve, kanë luajtur ashtu siç thotë autori vetëm rol merimangash në vendin tonë, në endjen e atyre fi-jeve të njohura të errësirës mesjetare.

Vepra duke qenë një sintezë e konfliktit të ashpër klasor të shkallës kombëtare e ndërkombëtare, lot një rol të rëndësishëm për studime shkencore në fushën e his-torisë së vendit tonë dhe ka një vlerë të madhe për edukimin revolucionar të masave punonjëse..."

Por absurdi i shqiptarëve komunistë trushpërlarë nuk ka të sosur

Shqiptarët fatkeq në vendlindje, kanë menduar gjithnjë si naiv se shu-mica e shqiptaro-amerikanëve këtu janë anti-komunistë, gjë që nuk ka qenë e vërtetë në kohën e regjimit komunist dhe as në ditët tona.

Dikur Jupi i gjithpushtetshëm në sektorin e albanologjisë deri sa mbylli sytë, është ftuar paturpërisht nga sociakomunistët shqiptaro-amerikanë, që dikur shisnin në rrugët e New York-ut librat propagandistike të *dikta-torit antikatolik dhe ateist Enver Hoxha* dhe të benimin të oborrit të tij "disidentit" Ismail Kadare.

Ata fatkeqsisht kishin marrë peng asokohe dhe sot Federatën Pan-shqiptare Vatra (1912) dhe gazetën pro komuniste Dielli (1909), që të vinte në SHBA dhe të bënte "hulumtime" selektive të njëanshme, për disa nga figurat e shquara të diasporës sonë këtu, duke e paraqitur vazhdimisht të zezën si të bardhë.

Kjo taktikë komuniste dhe post-komuniste u përsërit disa herë edhe me ftesat dërguar "profesorëve" të komunizmit si prof. *dr. Nasho Jorgaqi dhe prof. dr. Viron Koka*, të cilët shkruan libra me përralla apo trillime, për leninistin kokë fortë dhe të pandreqshëm apo komunistin e thekur hoxhist *peshkopin e kuq Fan Stilian Nolin.*

Kundër shënimeve historike të shqiptaro amerikanit veteran nga Bostoni **dr. Peter Minnai** këtu në SHBA, janë hedhur në sulm mediatik plot fanatizëm studiuesit e shkollës së realizmit socialkomunist të Shqipërisë së diktatorit Hoxha, ndihmësit besnik të idedologjisë propogandiste komuniste të PPSH-së *prof. Nasho Jorgaqi* dhe ndihmësi i tij prof. *Viron Koka.*

I pari, ka shkruar një *pamflet* në fletushkën Ze(h)ri i Popullit dhe i dyti në një tribunë "demokratike" si Rilindja Demokratike ("RD"), por që në vetvete të dy vijnë nga indoktrinimi dhe shërbimi fanatik, që i kanë bërë sistematikisht për shumë dekada komunizmit të tyre.

Ndërsa i pari, qëndron në pozitat e një socialisti të konvertuar, i dyti i kthyer në formalisht me kostumin blu "demokrat", çoroditi edhe atë pjesë naïve të rinisë shqiptare pas viteve 1990, që pret realizëm, frymë kritike dhe freski në analizën e figurave të nacionit.

Gjatë verës së vitit 1994, dr. Peter Minnar kishte planifikuar që sëbashku me fakte të pakontestueshme të vij në Shqipëri, për të tretën here, duke pranuar me kënaqsi një bisedë treshe përballë ekranit të televizionit, për të njohur publikun shqiptar nga afër dhe realisht me faktet origjinale pa retushime mbi leninistin fanatik Nolin.

Mirënjohja dhe respekti del nga zemra e njerëzve të kulturës

Kultura e madhe e studiuesit Kolec në zbardhjen e kontributit të klerit dhe elementit katolik ishte një dhunti dhe talent, që u fik shpejt nga kalimi i tij para kohe në amshim.

Mons. Zef Simoni e kishte Kolecin si një këshilltar të sinçertë, me vision, kulturë dhe njeri me zemër shumë të mirë, me cilësi dhe virtyte pozitive tipike të një shkodrani shembullorë.

Njohja e thellë e historisë, kultura e pasur dhe e thellë, letërsia dhe figurat brilante historike të klerit dhe elementit katolik ndër shekuj, ishin një pasion, që i buronte natyrshëm nga thellësia e pastër e shpirtit fisnik qytetar shkodran.

Pushoftë në paqe, në lumninë e pasosun!

Imzot Gjergj Meta mbi studiuesin e shquar Kolec Çefën

Publiçisti bashkëkohor dhe prelati i lartë i kishës katolike në Shqipni **Shkëlqesia e Tij Ipeshkvi i Rrëshenit (2017) imzot Gjergj Meta** (lindur në qytetin e Durrësit në vitin 1976), do të shkruaj këto fjalë dhimbjeje nga zemra e plagosur e tij, për kalimin para kohe në amshim të intelektualit të shquar, por modest. Në elegjinë elokuente, kushtuar atij prelati i lartë katolik shkruan: *"Kolec Çefa paska vdekë! Paska vdekë një burrë i vyer! Lajmin ma dha Klaudia Bumçi e Radio Vatikanit.*

Më erdhi keq, por më shumë turp nga vetja që Koleci jo vetëm ka vdekë, por tashma edhe qenka varrosur në Shkodër e nuk kam qenë për me i thanë dy uratë e me ia hedhë një grusht dhe.

Për ma shumë asnjë rresht nekrologji apo një kronikë sado të vogël lajmesh, së paku ne tv lokale të Shkodrës, për një njeri i cili ia kushtoi jetën e tij arsimit dhe kulturës, punoi me mons. Frano Illinë (dhe imzot Zef Simonin Ipeshkëv Ndihmës i Arqipeshkvisë Metropolitane Shkodër, shënimi im K.K.), *botoi libra e shkrime duke lartësu punën dhe rezistencën e klerit në Shqipëri, na dhuroi tekste kritike dhe dokumenta të panjohur për Fishtën, shkrime të shumta, përmbledhë në vëllimin: "Kur e vërteta flet ndryshe", botuar në vitin 2010. Koleci nuk mund të ikte kështu, anonim. Nuk e meritonte.*

Kolecin e kam njohur personalisht në Tiranë kur kam qenë prift krejt i ri në Katedralen e Tiranës. Aty vinte në meshë për çdo ditë diele…

Kishte njohur pothuajse të gjithë meshtarët e vrarë apo të burgosur e mund të fliste për secilin prej tyre. **U kushtoi shkrime e jetshkrime, përderi edhe Marie Tucit të stigmatineve.**

Koleci me siguri, me fenë e gjallë që ka pasur, i është përgatitë asaj.

Vdekjen ia kemi hak Zotit, por anonimatin nuk mund t'ia lejojmë vetes, sidomos për njerëz si Kolec Çefa që i kanë dhënë diçka vendit, shoqërisë, historisë dhe kulturës…"

Kolec Çefa: një pendë shqiptare katolike më pak
(Radio Vatikani, 27 Gusht 2021)

U kthye përgjithmonë nga Tirana, në Shkodër, studiuesi dhe shkrimtari i njohur, Kolec Çefa, autor i disa librave e i një mori studimesh e artikujsh, botuar në mjetet e komunikimit të Kishë katolike si dhe në shtypin e kohës, posaçërisht në gazetën "Shqiptarja". - **R.SH., Vatikan, Itali**

Bashkësia katolike e Shkodrës përcolli në banesën e fundme Kolec Çefën, që u rikthye përgjithnjë nga Tirana, në vendlindje, pranë familjarëve, në Varrezën e Rrëmajit.

Vëlla i poetit të mirënjohur **Anton Çefa**, lindi në Shkodër, më 26 shkurt 1937, në një familje katolike shkodrane, që banonte në lagjen Arra e Madhe.

Të dy vëllezërit ishin studentë të shkëlqyer, studiues dhe krijues të talentuar, por mbi të gjitha, njerëz të vërtetë, që zgjodhën rrugën më të vështirë: *atë të heshtjes e të harresës.*

Për të ruajtur më të kushtueshmen: *dinjitetin.* Në vitet e para pas '90-ës pati fatin të jetonte kohët e *ringjalljes s*ë kishës katolike shqiptare, si sekretar e redaktor i veprave të imzot Zef Simonit, në kryeipeshkvinë katolike të Shkodrës.

Ai ishte kryeredaktori i revistës *Kumbona e së Dielës*, ndërsa vëllai i tij Antoni (mësues), si shkrimtar, është autor i dy librave me poezi, *"Dritarja e një britme"* dhe *"Heshtja ka tingull guri"* u largua nga Shkodra në Amerikë, duke qenë për disa vite editor i gazetës Dielli të Federatës Panshqiptare Vatra, i cili jeton dhe punon në New York (*jeton në New Jersey prej shumë vitesh, shënimi im K.K.*) me sytë, mendjen e zemrën nga oqeani e deti ... Koleci u nis për në Tiranë! Një element dhe pendë më pak katolike, për Shkodrën e shquar të pendave të arta dhe mendjeve brilante ndër shekuj!

Koleci sipas tradites qytetare shkodrane qysh fëmijë u lidh me kishën dhe klerin katolik, lidhje që nuk e shkëputi as në vitet e zeza të persekutimit ateist-komunist dhe deri sa kaloi në amshim...

Mësimet e para i kreu në shkollën 7-vjeçare, që e kishte fare pranë shtëpisë, për t'i vijuar në atë pedagogjike. Ai mbasi kreu me rezultate shumë të mira, nisi të endet nga katundi në katund, si mësues kryesisht i lëndëve humanitare. Ishte kalvari i të perndjekurve. E në rrugën e kalvarit, Koleci shtegtonte edhe gjatë studimeve me korrespondencë pranë Institutit

Pedagogjik në Shkodër.

Kur u hapën rishtas dyert e kishave katolike në Shkodër dhe Shqipëri, **Koleci ishte i pari që, duke dalë nga klandestiniteti, u vu menjëherë në shërbim të kishës dhe shtypit katolik.**

Puna e gjatë përkrah imzot Zef Simonit, si dhe studiuesit kretar i tij në argjipeshkvinë metropolitane të Shkodrës, i krijoi mundësitë atij të shfletonte e të studionte shumë dokumente origjinale të panjohura, të shpëtuara prej arkivave kishtare që ndodheshin në Arkin Qendror të Shtetit, ku ishte dhe spikaste Departamenti i Arqipeshkvisë së Kishës Kaotlike në Shkodër etj.

Koleci me zemër fisniku, luajti një rol të dorës së parë në botimin e librit: *"Martirizimi i Kishës Katolike, 1944-1990"*, Shkodër, 1993, ku përfshihet edhe portreti i poetit dom Ndre Zadejës, fryt i pendës dhe mendjes së mirëfilltë të tij. *Ai mori në dorë, si redaktor, një pjesë të mirë të veprave të meshtarëve, botuar gjatë këtyre viteve dhe posaçërisht, veprat e atë Donat Kurtit o.f.m.*

Studiuesi ynë bashkëqytetar, nuk e shkëputi kurrë lidhjen e ngushtë me kishën, nisur që heret në përpjekjen për të mbledhur *dorëshkrimet* e mbetura (mbijetuar nën diktaturë) pa botuar nga autorët më në zë të saj, duke u lidhur sidomos me atë Viktor Volajn o.f.m, redaktorin e veprave të atë Gjergj Fishtës o.f.m., sepse meshtari e adhuronte poeti kombëtar brilant, të cilit do t'i kushtonte më vonë edhe një liber shumë të bukur.

Kujtojmë se ndaj Atij ia kushtoi edhe librin e titulluar: **"Nëpër gjurmët e Fishtës"** *(Shtëpia Botuese Françeskane, Shkodër, 2003).*

Me botimet e shumta, kushtuar kryeveprave të klerit katolik, Koleci u bë sakaq penda më e njohur dhe produktive në lëmin e studimit të autorëve të ndaluar gjatë 50 vjetëve të regjimit komunist.

Studiuesi dhe publicisti i shquar e i palodhur **Kolec Çefa** falë kulturës së gjërë dhe njohjes së historisë së figurave të shquara të klerit katolik, nuk ia përtoi të hyjë edhe në polemika historike, kulturore me fakte dhe prova të dokumentuara, ndërsa vijon në mediat komuniste dhe poskomuniste sulmi kundër trashëgimisë së klerit katolik në fushën e letrave shqipe.

Ai pas hulumtimeve të vazhdueshme botoi një vepër edhe për Luigj Gurakuqin, titulluar: **"Luigj Gurakuqi në një optikë të re"**. Shkrimet e tjera, që mbetën të përhapura në revista e gazeta, mund të përmblidhen në disa libra të tjerë voluminoz.

Që të mos harrohet kurrë kontributi i tij dhënë Kishës Katolike e asaj kulturë, për të cilën krenohet Shkodra, ku penda të reja të talentuara ecin në gjurmët e pashlyera."

Redaksia e revistës fetaro-kulturore "Kumbona e së Dielës" (1991-2002) imzot Zef Simoni (1928-2008) Ipeshkëv Ndihmës i Arqipeshkvisë Metroplitane Shkodër dhe redaktorët: Kolec Çefën (1937-2021) dhe Klajd Kapinova (Foto: Angjelin Nenshati).

Në ambjentet e Seminarit Ndërdioqezan (Kuvendi i Jezuitve), mbas takimit kushtuar atë Gjergj Fishtës o.f.m., në foto janë: Patër Vinçenc (Vinko) Malaj o.f.m. (1928-2000), Kolec Çefa (1937-2021), prof. dr. Tomorr Osmani, muzikologu e studiuesi Tonin Zadeja (1926-2011) dhe Klajd Kapinova (Foto: Angjelin Nenshati).

Në Simpoziumin "Krishtërimi ndër shqiptarë", mbajtur në Tiranë në vitin 2002, në foto janë: Imzot Zef Simoni Ipeshkëv, dr. don Markus W. E. Peters me babain e tij nga Gjermania, Kolec Çefa dhe Klajd Kapinova. (Foto: Angjelin Nenshati)

MONS DR. ZEF OROSHI NË LOGUN E KUVENDIT DHE TË TJERËT PËR JETËN DHE VEPRIMTARINË E TIJ

"Mirëse u ka prue Zoti në shtepinë tuej. Kjo sot asht nji shkëndi e vogël, por që do bahet nji flakë e madhe nji ditë në Atdhe. Sot të dashtun bashkatdhetarë, falenderja e mirënjohja mâ e thella u siellet të gjith bashkatdhetarëvet shqiptarë padallim, jo prej njajë, dy, tri a pesë krahinash të Shqipnisë, por prej Tivarit në Monastir, Prej Preveze në Kaçanik, prej të gjitha vendevet kû flitet gjuha e ambël shqipe, që aq vllaznisht na kanë dhanë zemër, ndihmue e përkrahë, dhe kam shpresë e deri diku jam i sigurtë se kanë me vijue me na ndihmue dhe në t'ardhëshmen, pse rruga e flijimevet asht ende e gjatë per ne per ta përmbyllë këte nisme me randësi kombtare. Gëzonju prá, o vllazen e motra shqiptare, pse çerdhen tonë me i sherbye Zotit e në të njajten kohë Atdheut të dashtun e të largët, e kemi krijue me flijime tona të shkelqyeshme. Ai Zot që na ka krijue, nuk na ka harrue, e u thaft e djathta e jonë, në qoftë se në jeten tonë, Atë osè Atdheun që na lindi do ta harrojmë." - **Mons. dr. Zef Oroshi, 24 Dhetuer 1969, Krishtlindje, New York**

Meshtari dhe personaliteti i shquar e i paharruar mons. dr. Zef Oroshi, rivjen mbas shumë viteve para komunitetit shqiptaro-amerikanë, me një libër origjinal të mirëfilltë atdhedashës, me titull kuptimplotë: *"Long Kuvendit në trinomin Fe-Atdhe-Perparim"* (New York, 2019).

Eshtë e rëndësishme të theksohet, se ndërsa në Shqipëri dhe në vendlindjen e tij Mirditë (Orosh), nuk është shkruar mbas viteve 1990 asnjë libër mbi historinë e tij plot kalvare vuajtjesh, që fill nga vendlindja e tij dhe deri në diasporë, këtu dhe më saktë në SHBA dhe shtetin e New York-ut janë shkruar gjashtë libra, nga aktivisti i palodhur i komunitetit shqiptaro-amerikanë Tomë Mrijaj, një studiues dhe publicist zemër mirë nga Klina e Kosovës, ku të gjitha i ka shkruar dhe botuar me shpenzimet e veta personale.

Për më keq, atje nuk është ngritur asnjë bust (përmendore) nderimi dhe respekti për jetën dhe veprimtarinë e bashkatdhetarit të tyre, më të shquar të botës shqiptare në diasporën e SHBA-së, i cili pa ndërprerje deri sa kaloi në amshim nuk e hoqi nga mendja, zemra dhe goja vendlindjen e tij të lavdishme dhe dashur të Oroshit, **kur dihet se ai është figura e tretë më e madhe dhe e rëndësishme e klerit katolik në Mirditë**, mbas Abatit dhe burrështetit të shquar imzot Preng Doçi, abatit tjetër të fundit i krahinës së Mirditës prelati i shquar dhe antikomunist imzot Frano Gjini dhe si sekretar i fundit i tij dhe Abacisë shumë shekullore të Mirditës asokohe dom Zef Oroshi dhe më vonë prelati i shquar imzot dr. Zef Oroshi.

Ky libër voluminoz dhe shumë serioz me shkrime të karakterit historik, kulturor, shkencor, enciklopedik, tradita, zakone gjuhësore e kulturore etj., botohet n*ë Jubileun e 50-vjetorit të meshës së parë në SHBA (1969-2019).*

Vepra e re në fjalë, u përzgjodh, përgatit dhe u botua me shpenzimet personale financiare të studiuesit dhe publiçistit veteran të komunitetit tonë Tomë Mrijaj.

Përmbajtja e librit, hapet me shkrimin hyrës: *"Dy fjalë për lexuesin"*, nga Tomë Mrijaj, kurse *"Parathënia"*, është shkruar me shumë respekt dhe mirënjohje nga meshtari i kishës katolike shqiptare Zoja e Shkodrës në Hartsdale, New York dom Pjetër Popaj.

Autori meshtar, që e njeh shumë mire meshtarin tonë asokohe ishte seminarist, që studionte për Teologji dhe Filozofi, për tu bërë meshtar e ka titulluar shkrimin e tij: *Monsinjor Zef Oroshi.*

Punimi shkrimor i tretë hyrës, që përmban copëza origjinale kujtimesh jetësore dhe vlerësime, gjithashtu është shkruar me nderim dhe respekt nga meshtari i kishës katolike shqiptare të shën Palit dhe shën Pjetrit në Detroit, Michigan, lideri, patrioti dhe kleriku i palodhur dom Anton Kçira. Shkrimi interesant mban titullin sinjifikativ: *"Monsinjor dr. Zef Oroshi - një vizionar largpamës dhe kështjellë e pamposhtur antikomuniste.*

Vepra në fjalë, me autor shkrimtarin dhe studiuesin e albanologjisë dr. Oroshi, hapet me një studim hulumtues të ndërthurur mjeshtërisht me kujtime të përjetuara, për bashkëkohsin dhe mikun e tij të ngushtë, një ndër figurat më të shquara të vendlindjes dhe diasporës sonë këtu në SHBA, dhe veçanërisht në Boston klerikun ortodoks peshkop imzot Fan Stilian Nolin, i cili, ka titullin me kujtime ku dhe jep me respekt përgjigjen, se: **"Si e njofta Fan Nolin?"**

Kujtojmë, se intelektuali i shquar i komunitetit tonë, ka një veprimtari të pasur dhe të ngjeshur intelektuale, në fushën e studimeve dhe publiçistikës shqiptare.

Mirditori inteligjent, për shumë dekada, ka botuar me qindra artikuj cilësorë dhe serioze, hulumtime me tematikë dhe profile të ndryshme në shtypin e kohës në diasporë, duke u mirëpritur me shumë interes nga redaksitë e organëve të ndryshme të shtypit si dhe nga albanalogët e shumtë të huaj, professorë të huaj dhe shqiptarë, që kishin studiuar në universitete më të famshme të Europës Perëndimore.

Në një letër, që prof. Ernest Koliqi i dërgon nga Roma monsinjor Oroshit, që jetonte në New York, në hyrje të saj i shkruan: "*I dashtun Monsinjor Zef! Shkrimet tueja i presim si zogla verën…*".

Duke pasur si mik të ngushtë prozatorin e shquar prof. Ernest Koliqin, meshtari ynë imzot dr. Oroshi për një kohë të gjatë bashkëpunoi me revistën e tij zëmadhe të kohës "**Shêjzat**", gjatë përiudhës së frytshme intelektuale të viteve **1957, 1974, 1978,** *kur themelues dhe drejtues i saj ishte Ministri i Kulturës së Shqipërisë shkodrani dhe prozatori modern brilant prof. Ernest Koliqi.*

Nëse futemi në brëndsi të faqeve të librit, shohim se vepra e re me vlera të mëdha historike dhe albanologjike është e ndarë në 4 kapituj interesant.

Kreu i parë, përmban 8 punime të përzgjedhura për botim, ku, ndër të tjera përfshihet studimi, që i kushtohen poetit kombëtar atë Gjergj Fishtës o.f.m., e cila në esencë dallohet për një analizë të hollsishme dhe faktografike, ku, shkrimtari akademik dr. Oroshi, na e ka dhënë mjeshtërisht poetin lezhjan, përmes një përmbledhje mjeshtërore, me titullin: "*Tue perkujtue Fishtën*".[200]

Edhe shkrimet e tjera, të hartuara të gjitha në gjuhën gegë (e cila flitet nga ¾ e popullisë së trojeve etnike shqiptare), që vijnë njëra mbas tjetrër, kanë tematikë shqiptare dhe enciklopedike, si: "*Nji oazë rilindjeje kombtare në diasporë*", (*Shêjzat nr. 7, 8-9, 10, 1964, "Fiket Ernest Koliqi, nji pishtar i letërsisë e i kulturës shqiptare*", (*Shêjzat, numëri special, 1978), "Çohaja", novelë, fragment*", (*Shêjzat, nr. 5-6, 1959), "Koncili Ekumenik, Shêjzat nr. 5-6, 1961) "Kryq-terthuer nëpër ujdhesat karibjane", (Shêjzat nr. 9-10-11-12, 1966), "Nji arkitekt e skulptor shqiptar i Rilindjes në Dalmati: Andrea di Nicolo Alessi o Alexsijer da Durazzo", (Shêjzat nr. 1-2, 1958) "Mirënjohja shqiptare ndaj Arbreshëve t'Italis", (Shêjzat nr. 7-8, 1959).*

Oroshi, spikat apo dallohet edhe për natyrën rrëfyese dhe enciklopedike, duke shpalosur njohuritë e tij të thella dhe të gjera që ka për disa

---

[200] Mons dr. Zef oroshi, *"Tue perkujtue Fishtën"* (Revista **Shêjzat**, Nr. 1-2, 1962, Itali.

fusha të dijës shqiptare dhe botërore, të cilën tradicionalisht ndër shekuj e kanë levruar edhe ajka apo plejada më e ndritur e klerit katolik shqiptar.

Kreu i dytë dhe revista popullore Jeta Katolike në New York (1966)

Kleriku i shquar mirditor, mons. dr. Zef Oroshi, me të mbërritur në botën e lirë në shtetin metropolitan New York të SHBA-së, fillon të bashkoj komunitetin e pakët katolik shqiptarë, të ardhur rishtaz në këtë shtet të madh shumë etnik në kohë dhe rrethana të ndryshme.

Sikurse e ka shprehur në disa shkrime dhe homelitë fetare të botuara në revistën *Jeta Katolike*,[201] del se qëllimi tij ishte për t'i ruajtur bashkatdhetarët e tij nga asimilimi i kulturës së fuqishme vendase amerikane, pra, sa të jetë e mundur shqiptarët, si dhe bashkimi rreth vatrës së ngrohtë në Shtëpinë e Zotit, për të ruajtur kështu në vijimsi traditat, zakonet, gjuhën e bukur shqipe, kulturën, festat kombëtare, përkujtuar vazhdimisht figurat e ndritura historike dhe patriotike… veshjet e bukura tradicionale popullore etj.

Këto vlera të pastra etnike shqiptare, sipas **Monsinjorit,** *mund të arrihen vetëm duke hapur sa më parë Shtëpinë e Zotit dhe Qendrën Kulturore për shqiptarët emigrantë në New York dhe kudo n*ë *SHBA.*

Kjo kishë e re shqiptaro-amerikane, u ngrit (ndërtua) dhe funksionoi ndër vite, sipas shembullit pozitiv të traditës historike në vendlindje, dhe që u kthye shpejt në një vatër të ngrohtë të atdhedashurisë.

Nga historia e kishës brenda komunitetit tonë këtu, mësojmë se në saj të punës së palodhur dhe këmbngulëse të dr. Oroshit, fatmirësisht u bë e mundur **themelimi i Qendrën së Parë Katolike Shqiptaro Amerikane, në Bronx, New York.**

Paralelisht me këtë mision të vështirë, por jo të pamundur për te, patrioti i shquar Oroshi, i jep jetë në viitn 1962 edhe buletinit ose sikurse njihet në historinë e kishës sonë Revista Fetare Kulturore *Jeta Katholike Shqiptare*, e cila sot vazhdon sërisht të botohet me emrin *Jeta Katolike*.[202]

---

[201] **"Jeta Katholike Shqiptare"** (*Albanian Catholic Life*), Organ i Lidhjes Katholike Shqiptare Amerikane New York, **Koleksioni i plot**ë.
[202] **"Jeta Katholike Shqiptare"** (*Albanian Catholic Life*), Organ i Lidhjes Katholike Shqiptare Amerikane New York, **Koleksioni i plotë 1966-1978 dhe në vitet 1978-2024.**

Kjo e përkoshme tre mujore, u bë shpejt tribunë e mendimit të lirë intelektual dhe progresist, për shumë figurave të shquara të diasporës shqiptare në SHBA, në Europë dhe më gjerë.

Në këtë revistë, figurojnë emrat e shumë shkrimtarëve, intelektualëve të shquar, albanologëve, klerikëve katolikë dhe të besimeve të tjera fetare, sikurse edhe artikujt e shumtë të shkruar me dashuri zemre nga njerëz të thjeshtë të komunitetit tonë.

Ky kapitull, është shumë interesant, për faktin se *imzot dr. Oroshi* trajton tema atdhetare të gurrës popullore shqiptare, të cilat i boton në rubrikën kulturore joshëse *Log Kuvendit*.

Pikërisht, në këtë libër, janë botuar disa nga artikuj në revistën Jeta Katolike të mons. dr. Zef Oroshit dhe të tjerët rreth aktivitetit të tij dhe kishës katolike, gjatë periudhës së viteve 1966-1978.

Oroshi, ka përdor disa pseudonime, meqenëse në revistë ka botuar shpesh 2 ose 3 artikuj brenda një numëri. Më të lakuar janë emrat apo pseudonimet: *Zodiaku, Theologu, Redaksija, D. Z.* etj.

Kreu i dytë përmban 70 shkrime të plota, ku, shumica e tyre janë studime të mirëfillta, të cilat i ka vazhduar për disa numëra me radhë deri sa i ka botuar të plota. I veçantë është shkrimi: *"Madre Tereza Bojaxhiu"*, (1966, Nr.1 (D. Z.).

Ky është ndër shkrimet e para të botuar në SHBA për shën Terezën e Kalkutës ose sikurse njihet *Nënë Tereza*. Kujtojmë, se në kohën e diktaturës së hekurt komuniste në Shqipëri, emri i shenjtneshës së gjallë nuk përmendej asnjëherë, kurse e kundërta ndodhi në SHBA, ku, presidentët e saj, Kongresi dhe Senati amerikan e nderonte dhe respektonte shumë.

Kujtoj se vetë imzot dr. Zef Oroshi disa herë është takuar me Nënë Terezën dhe e ka sjellë mes shqiptarëve për një vizitë me bashkatdhetarëve të saj pa dallim feje dhe krahine në kishën katolike shqiptare Zoja e Këshillit të Mirë në Bronx, New York.

Disa vite më vonë, presidenti republikan *Roland Reagan* e nderon me çmimin më të lart të shtetit amerikan: **"Medalja e Lirisë"**, duke e pritur edhe disa të tjera herë zyrtarisht në Shtëpinë e Bardhë së bashku me Zonjën e Parë në Zyrën Ovale.

Një vit më vonë, më 1967, në Shqipëri diktatori Enver Hoxha do të filloi zyrtarisht luftën shkatërrimtare kundër fesë dhe zakoneve prapanike apo opiumit (helmit) të popullit, sipas stilit bolshevik (sovjetik) dhe revolucionit "kulturor" ateist-komunist kinez, sikurse i quante ai klerikët fetarë dhe fenë e popullit shqiptar.

Kisha dhe kleri katolikë shqiptar, do t'a pësonte më shumë nga kalvari i golgotës së gjenocidit ushtarak komunist dhe mali i keqtrajtimeve dhe mundimeve të përgjakshme me persekutime shtazarake, varje në litar, pushkatime dhe tortura antinjerëzore sipas stilit dhe praktikës naziste të periudhës së Luftës së Dytë Botërore dhe torturave të reja të tmershme, që ushtruan sistematikisht komunistwt e kuq shqiptarë për 50 vjet me radhe, duke i dhuruar *pas shumë dekadave sot kombit tonë mbi 38 martirë elteri të kishës katolike botërore.*

Shkoqitje gramatikore gjuhësore (Mbi fjalët: *Dhunti, Dhuratë, Dhanti*), është një rubrikë e re, që ka trajtuar gjerësisht dr. Zef Oroshi në revistën Jeta Katolike (1966-1967, numërat 2, 3, 4, ku, ai ka përdor rregullisht në fund të artikullit pseudonimin *Zodjaku.*

Mesha e parë në Qendrën Katholike Shqiptare në New York City, në Natën e Madhe të Keshndellavet të vitit 1969, është një përrmbledhje brilante oratorie, ku si gjithnjë shquhet fjalimi brilant, nga prelati mons. dr. Zef Oroshit, ku bien në sy fjalët përzgjedhura me shumë kujdes, që në essence shquhen për një frymë të ngrohtë patriotike me nota apo shprehje prekëse malli dhe dashurie për Shqipërinë dhe vendlindjen e tij të dashur Oroshin e Mirditës.

Si dëshmi e historisë së kishës sonë Monsinjori dhe për të qenë transparent me donatorët besimtarë bujarë bashkatdhetarë, njoftonte vazhdimisht komunitetin e vogël katolik shqiptar në New York, mbi ngjarjet e rëndsishme, sikurse ishte asokohe blerja e plotë e Qendrës Katholike Shqiptare në New York gjatë vitit 1969.

Ai si dëshmi historike dhe për brezat e ardhshëm, që mund të hulumtojnë mbi historinë e lavdishme të kishës së re, këtë njoftim të mirëseardhur e botoi në faqet e numërit katër të së përkohshmes në gegnisht dhe dygjuhësh shqip-anglisht, që ai botonte dhe drejtonte me pasion.

Një rast tjetër i rëndësishëm historik i komunitetit shqiptar në New York, ishte edhe *kremtimi i inagurimit të Kishës së Parë Katolike Shqiptare në mergim (1970, Nr.1-2),* shkrim që ka për autor të riun emigrant Mark K. Shkreli, i cili, më vonë do të bëhet edhe kryeredaktor i revistës Jeta Katolike, detyrë vullnetare, që ai vazhdon ta kryej me sukses edhe sot 2024...

Këtu janë botuar edhe fjalimet përshëndetëse të imam Isa Hoxha, prof. Rexhep Krasniqi, prof. Arshi Pipa, Ago Agajt, dr. Halim Begeja, mbresat nga një darkë festive pranë kishës katolike shqiptare, me autor Ymer Doda, fjalimi i Zef Pashko Deda, sikurse jehona e shtypit amerikan nga gazeta e famshme njujorkeze **The New York Times,** me titull: "**E para kishë kato-**

like shqiptare në ketë hemisfer u hap në Bronx". [203] [204] [205] [206] [207] [208]

Media bashkohore sot për jetën dhe veprën
e mons. dr. Zef Oroshit

Në kreu e tretë, janë botuar shtatë shkrime studimore bashkëkohore nga autor shqiptaro amerikanë dhe vendlindja e trojeve etnike shqiptare, pa dallim feje, krahine dhe ideje.

Kështu studiuesi dhe publiçisti **Mërgim Korça**, është paraqitur në këtë libër të monsinjor Oroshit me studimin: *"Konsiderata rreth vëllimit shkruar nga miku personal i monsinjor Zef Oroshit, analisti Tomë Mrijaj"*.

Studiuesja e re shkodrane *Leonora Laçi* në këtë libër ka botuar shkrimin e saj investigativ: *"Si i shpëtoi Sigurimit msgr. dr. Zef Oroshi!?"*, ndërsa ish drejtori dhe gazetari i Zërit të Amerikës *Frank Shkreli* vjen para lexuesit me shkrimin me kujtime: *"Në kujtim të Monsinjor Zef Oroshit"*

Një tjetër shkrimtare e Lidhjes së Shkrimtarëve Shqiptaro-Amerikane *Eleonora Gjoka*, është paraqitur denjësisht me studimin me titull: *"Studiuesi Tomë Mrijaj gdhend në mermer viganët e kulturës shqiptare (Cikli: "Kultura Shqiptare në Shoqerinë Amerikan")*

Publiçisti veteran dhe një ndër aktivistët e palodhur të komunitetit shqiptaro-amerikanë për shumë dekada dhe njëherazi disa herë kryetar i këshillit të kishës katolike shqiptare *Tonin Mirakaj*, ka botuar shkrimin: *"Mbrekulli në Qendrën Katolike Shqiptare Zoja e Kshillit t'Mirë"*

---

[203] Murray Schumach, "Hemisphe's First Albanian Catholic Church Open in Bronx", **The New York Times**, Vol. XXIX, No. 40, 987, New York, April 13, 1970.

[204] **"Albanian Refygee Given Needed Aid"**, **"The Catholic News"**, The Newspaper of the Archdiocese of New York, Vol. XXXV, No. 20, Thursday, February 26, 1970.

[205] **"Bx Albanian Colony Aided"**, **Bronx Press – Review**, Hospital Atffilation Gives Political Refugges Aid, New York, March 5, 1970.

[206] **"Albanin Refugees in Fordham Discover Helping hand at Hospital"**, **Daily News**, New York, 1970.

[207] **"Misericordia – Fordham Health Team Delivers Aid to Albanian Community"**, *Misericordia Hospital NEWSLETTER*, New York, Vol. I, No. 10, Spring, 1970.

[208] Robert Lane, **"Makes Bronx a Heven to Albanian Refugees"**, **Sunday News**, New York, N.Y. (Manhattan) 10017, Sunday, August 2, M2, 1970.

Edhe autori i këtij shkrimi modest (*Klajd Kapinova*), në librin në fjalë ka botuar studimin me titull: *"Sekretari i fundit i Abacisë së Mirditës, themeluesi i kishës së parë katolike shqiptare në SHBA (New York) mons. dr. Zef Oroshi (1912-1989) (Në kujtim të 30-vjetorit të kalimit në amshim).*

Ish bashkëpunëtori i hershëm i revistës kulturore fetare Jeta Katolike dhe sot kryeredaktori i saj *Mark Shkreli*, paraqitet me kujtimet e tij me titull: *"Kujtoj me mall mikun tim Monsinjor Zef Oroshin."*

Monsinjor Oroshi dhe biografi i tij Mrijaj

Libri i ri me autor mons. dr. Zef Oroshin: *"Log Kuvendit në trinomin Fe-Atdhe-Perparim"* (New York, 2019), u përzgjodh, përgatit nën përkujdesin e veçantë dhe u botua bujarisht me shpenzimet personale financiare të studiuesit dhe publiçistit të komunitetit tonë Tomë Mrijaj.

Kujtojmë me shumë respekt dhe mirënjohje, se atdhedashësi dhe kulturdashësi i letrave shqipe studiuesi Tomë Mrijaj, deri tani ka sponsorizuar mbi 100 libra të fushave dhe gjinive te ndryshme, duke ndihmuar me bujari shumë bashkatdhetarë vendlindje pa dallim feje dhe krahine, në botimin e veprave të tyre.

Dr. Oroshi dhe studiuesi Mrijaj, kanë lidhje me njeri tjetrin. Monsinjori, ishte kumbarë i katër fëmijë (*Adriana, Nikollë, Elizabeta dhe Donika Mrijaj*) të Tomë dhe Liza Mrijaj.

Kjo bëri që miqësia mes tyre të rritet. Meshtari ynë, gjatë udhëtimeve me makinë, i tregonte Tomës shumë histori të familjës së kapidanëve të Mirditës, Oroshit dhe historisë së familjes së tij.

Qysh kur Toma mbërriti për herë të parë në SHBA (viti 1978), u interesua që të kontaktoj me emigrantë të hershëm, që kishin mbërritur më parë në New York e gjetkë.

Ky libër i ri, vjen në dorë të botës mbarëshqiptare, me rastin e 50-vjetorit të meshës së parë, në natën e Kshnellave të vitit 1969, si një përkujtim i veprës së paharruar të themeluesit dhe drejtuesit, klerikut të shquar mons. dr. Zef Oroshit dhe komunitetit shqiptar në SHBA, që perqafuan dhe mbështeten ngritjen e kishës së parë katolike shqiptare në Amerikë.

Studiuesi Mrijaj, analizon: *"Nga hulumtimet e mia shumëvjeçare, që i kam bërë jetës dhe veprës shkencore dhe historike të mons. dr. Zef Oroshit, kam konstatuar se artikujt e tij janë shkruar përgjatë viteve 1958-1978.*

Përmbajtjet e shkrimeve të shumta studimore i përkasin fushave të tilla, si: histori kombëtare dhe të huaj, jeta dhe vepra e shumë figurave të shquara kombëtare shqiptare qysh nga Mesjeta, si: heroin kombëtar Gjergj Gjon Kastriotin, Nënë Terezën, imzot Fan Stilian Nolin, poetin e ëmbëlsisë dom Ndre Mjedën, poetin kombëtar patër Gjergj Fishtën o.f.m., prof. Ernest Koliqin, prof. Karl Gurakuqin e shumë të tjerë.

Sikurse kujton Tomë Mrijaj, meshtari i shquar i komunitetit tonë mons. dr. Oroshi, është përkujdesur, që shkrimet e tij t'i paraqes për botim në buletine dhe të përkohshme të ndryshme me një gjuhë gegnishte të përpunuar dhe studiuar me shumë kujdes.

Në këtë libër, del dukshëm veprimtaria e shumanshme e klerikut dhe intelektualit të shquar të botës shqiptare në diasporë. Ai nuk ishte vetem një predikues i thjeshtë fetarë, por dhe një studiues i zoti, pendë e spikatur dhe e mprehtë.

Lexuesi mëson se Monsinjori, ishte një aktivist kurajoz, për të ndërmarrë inisiativa të mëdha mbi supe, në dobi të komunitetit shqiptar në SHBA.

Meshtarët tanë mons. Oroshi dhe dom Pjetër Popaj

Kur mons. dr. Zef Oroshi ishte meshtar i kishës katolike shqiptare Zoja e Këshillit të Mirë dom Pjetër Popaj ishte gjakon dhe student në Universitetin Teologjik dhe Filozofik në New York.

Ai më vonë do të bëhet bari shpirtëror ose famullitar i përkushtuar me një devocion të thellë i kishës katolike shqiptare Zoja e Shkodrës (vijuese e drejtpçdrejtë e kishës katolike shqiptare Zoja e Këshillit të Mirë) në New York.

Është e rëndsishme të thuhet me bindje të plotë, se dom *Pjetër A. Popaj*, është sot vijues i denjë në rrugën e trinomit *Fe-Athe-Përparim*, nëpër të cilën ka ecur me dinjitet për shumë vite në vendlindje dhe New York, me një përkushtim dhe sukses të veçantë edhe para-ardhësi i tij intelektuali i shquar i komunitetit tonë imzot Zef Oroshi (1912-1989).

Meshtari ynë dom Pjetër Popaj, në parathënien e librit në fjalë vlerëson: *"Në fillim, dua të theksoi se nuk mundet që një parathënje apo një libër të përfshiijë të gjithë jetën e një figure të lartë, të shëndritur, të shquar, të një kalibër apo përsoni të tillë, sikurse ishte mons. dr. Zef Oroshi.*

Monsinjori, ka qenë shumë i përgaditur me një njohuri filozofike, shkencore dhe me një aftësi intelektuale për të sunduar një shtet.

Gjithashtu nga ana shpirtrore ka qenë shumë i thellë në teologji dhe në Shkrimin Shenjt.

Ai i ka dedikuar shumë kohë e kujdes përkthimit shqip të katër Ungjijve dhe Aktëve të Apostujve prej gjuhëve të huaja, duke filluar prej greqishtes së vjetër.

Ka qenë shumë i thellë në dogmën e kishës, shumëherë e citonte Summa Theologica të shën Thomas Aquinas, që përmbledh kuptimin e shpjegimin e theologisë katolike, në një mënyrë të jashtzakonshme. Ky ka qenë Thomist, pothuajse sikur të gjithë priftrinjët dioçezan."

Dhe dom Pjetri, më poshtë vijon kujtimet e veta, kur vë në dukje disa detaje interesante, kur ai ishte student: *"Gjatë përgatitjes në seminarin teologjik, të gjithë seminaristat kanë mësuar dhe përvetsuar Summa Theologica të shën Thomas. Summa ka qenë udhëzuese për mësimet teologjike të kishës katolike...*

Ky me një shkathtësi trimërije të natyrshme nuk u dorzohet dhe qëndron në protest për më se dy vite në mal kundër tyre.

Shumë herë kur bisedonte për veshtërsitë në mal u bënte emocjonal; shumicën e kohës pa gjumë, pa bukë, pa strehim është një gjë e paimagjinuar si kanë mundur ky me shokët e tij të qëndrojnë gjallë. E përse!? Të gjithë këta vuejtje, vetëm për fe e për atdhe.

Ai ka qenë një mbështetje e pashoqe e thirrjes sime për meshtar. Nuk ka mundur kush të më frymozojë më tepër se sa Monsinjor Zef Oroshi.

Edhe tani që po shkruaj disa kujtime të tija, më përforcojnë në meshtarinë time.

Gjithëherë më porosite: "Mendo se kur predikosh, si respekt për popullin të jeshë gjithëherë i përgaditur."

Kjo më ka ndihmuar gjithmonë. Edhe sot, kurr nuk dal të predikoj pa u përgaditur...

Njëri prej atyre shqiptarëve kam qenë edhe unë. Qysh në vitin 1973 që kemi ardhur në Amerikë dhe jam njohur me të nëpërmjet (atëherë) dom Rrok Mirditës, më ka dashur dhe ndihmuar gjithëherë deri në vdekjen e tij.

Kur unë i kam treguar se kam dëshirë të bëhem meshtar është gëzuar aq shumë sikur të ju kishte çelë qielli. Me ka këshilluar me fjalët më inkurajuese dhe më ka siguruar përkrahjen e tij.

Ai më ka çuar për tu regjistruar në seminar dhe qysh se kam filluar shkollën dhe kam mbaruar shkollën, kur jam shuguruar meshtar dhe kam filluar shërbimin si meshtar dhe deri në fund të jetës së tij ka vazhduar gjithëherë kujdesimin e tij ndaj meje...

Lutemi që Zoti të ja ketë shpërblyrë në jetën e amshuar duke gëzuar lumturinë e Parajsës."

Mons. Oroshi dhe dom Anton Kçira
barrikada të hekurta antikomuniste në SHBA

E përbashkëta e dy meshtarëve **Oroshi dhe Kçira,** është se ata kanë një jetëshkrim me profile të njëjta atdhedashurie dhe antikomunistë të vendosur.

Mons. Oroshi arratiset nga feri burg komunist dhe merr rrugën e malit, duke u bashkuar me nacionalistët e pamposhtur, që me armë më dorë në Mirditë dhe kudo luftonin komunizmin e zi.

Ai ndiqej këmba - këmbës nga forcat e Sigurimit, të kryesuar nga Mehmet Shehu, i cili, me urdhër të nënshkruar direkt nga diktatori Enver Hoxha kishte vënë shperblime, për atë person që jepte informacione, se ku ndodhej ai. Ata e kishin rrethuar të gjithë Miditën, për t'a zënë të gjallë, por deshtuan… sepse atë e mbroj grigja e tij mirditore dhe Zoti…

Detaje interesante, zbulohen nga vetë mons. Oroshi në letrat, që i dergonte në Itali Kapidanit të Mirditës Gjon Markagjonit nga ish Jugosllavia, ku, me detaje e përshkruan jetën e vështirë në sketerrën komuniste ateiste…

Familja e dom Antonit persekutohet keqas nga rregjimi komunist sllavo-serb. Në këto kushte të vështira, ai detyrohet që të lërë me dhimbje Dardaninë martire dhe shkon për të jetuar në Shkup të Maqedonisë Veriore… dhe më pas në SHBA…

Të dy vëllezërit në Krishtin, meshtarët Oroshi dhe Kçira ndiqen nga komunistët trushpërlarë edhe në New York dhe Detroit, por qëndrojnë stoik dhe të vendosur në rrugën e tyre kombëtare dhe fetare.

Për kontributin e madh, që ata kanë dhënë për çështjen kombëtare shqiptare, në kohë dhe rrethana të ndryshme, për të dy meshtarët në fjalë janë shkruar me të drejtë disa libra monografikë pas vitit 1991, artikuj dhe studime historike, në organet e ndryshme të shtypit në diasporë dhe vendlindje si dhe janë mbajtur dy simpoziume shkencore për të vlerësuar dhe përkujtuar jetën dhe veprimtarinë e secilit prej tyre.

Për meshtarin e palodhur antikomunist, intelektualin dhe liderin e komunitetit katolik shqiptar në New York, mons. dr. Zef Oroshin, meshtari dom Anton Kçira, shkruan: *"Gjatë jetës time të gjatë meshtarake, në mendjen dhe zemrën time ruaj kujtime të bukura dhe të paharruara për shumë figura të shquara të krenarisë sonë kombëtare të botës shqiptare në trojet etnike dhe diasporë…*

Mbas një periudhe të gjatë kohore, njeriu me vetëdije shikon me kujdes dhe qetësi bilancin pozitiv të punës dhe jetës së madhe meshtarake, intelektuale, kulturore, shkencore, atdhetare të meshtarit karizmatik të komunitetit shqiptar mons. dr. Zef Oroshit.

Unë, kur isha meshtar i ri, kam pas fatin, nderin dhe privilegjin e madh, që të njoh nga afër për disa vite në kohë dhe rrethana të ndryshme historike meshtarin e përvuajtur mirditor mons. dr. Oroshin, këtë bari të dedikuar tërësisht trinomit Fe-Atdhe-Përparim.

Në bazë të njohjes personale dhe historike të jetës dhe veprimtarisë së gjatë baritore dhe atdhetare të mons. Oroshit, jetën dhe veprimtarinë e pasur të tij mund ta ndaj në disa faza: Vitet e para në seminar dhe pasioni i madh për librat; Studimet meshtarake teologjike-filozofike; Meshtar i ri në vreshtën e Zotit; Braktisja e famullisë, rezistenca antikomuniste dhe dalja në male; Vitet e vështira të kurbetit dhe historia e suksesshme e meshtarit patriot në vendet e ndryshme të botës dhe SHBA."

Sërisht, bariu shpirtëror i ditëve tona dom Antoni, kujton mikpritjen tradicionale shqiptare të mons. Oroshit, gjatë takimit vllazëror dhe miqësor, që ai kishte zhvilluar asokohe në New York.

Ai ndër të tjera kujton: *"Në vitin 1976 së bashku me intelektualin e shquar dhe autorin e librit studimor të famshëm "Ipeshkvia Shkup-Prizren gjatë shekujve" dr. mons. Gaspër Gjinin, shkuam në New York për t'i bërë një vizitë miqësore famullitarit msgr. dr. Zef Oroshit.*

Ai na priti ngrohtësisht dhe përzemërsisht, sipas traditës shqiptare në famullinë Zoja e Këshillit t'Mirë (sot kisha katolike Zoja e Shkodrës), të komunitetit katolik shqiptaro-amerikan në Bronx.

Në ato ditë të qëndrimit tonë si mysafir, Monsinjori, na shoqëroi kudo, duke na treguar për historinë e famullisë dhe komunitetit katolik shqiptar në New York.

Gjatë gjithë jetës së tij meshtarake dhe intelektuale, Monsinjori, ruajti në shpirt dhe zemër dashurinë e pashuar për librat. Ai na shoqëroi në disa biblioteka të famshme në Manhattan, New York.

Më kujtohet si sot biseda që kishim së bashku me dr. mons. Gaspër Gjinin, në zyrën e tij të mbushur plot libra në shumë gjuhë të ndryshme të botës, dorëshkrime të tij të pabotuara, koleksionin e revistes Jeta Katholike Shqiptare, etj.

Ai na tha: "Të dashtun miq të nderuem dr. mons. Gaspër Gjini dhe dom Anton Kçira! Kur isha në Jugosllavi, ipeshkvi Qekada, më pat afrue mundsi të shërbej si meshtar në famullinë e Zllakuqanit, në Lug të Drinit, por për shkak të rethanave që ishin, nuk e pranova sepse mendjen e kisha për me dalë në botën e lirë në Perëndim!"

Për të gjithë ne dhe në veçanti për grigjen tonë të shpërndarë rrugëve të botës, jeta e tij plot tallaze në emigracion nuk ka qenë e lehtë."

Mons. Oroshi dhe drejtori e gazetari Frank Shkreli

Ndër kujtimet më interesante me emocione dhe plot mbresa, që zënë vend të rëndsishëm në librin e mons. dr. Zef Oroshit, janë edhe shënimet e bukura historike të gazetarit **Frank Shkrelit**, ish *Sekretar i Lidhjes Katholike Shqiptaro Amerikane dhe anëtar i grupit redaktues të revistës, "Jeta Katholike Shqiptare", për periudhën 1971-1974.*

Frank Shkreli, ka qenë gazetar dhe redaktor në radion Zërin e Amerikës, seksioni shqip nga viti 1974-1984. Më pas po aty, gazetari profesional Shkreli ishte shef i seksionit shqip (1984-1985).

Nga viti 1985-1990, ka shërbyer këshilltar i lartë programacioni në divizionin europian të **Zërit të Amerikës** dhe nga viti 1990-1994, ka qenë zëvendës drejtor i Euroazisë në Zërin e Amerikës, division, ku, përfshihej edhe Bashkimi Sovjetik, që ndërkohë u shpërbë.

Nga viti 1994-2003, Shkreli ka qenë drejtor i divizionit Europian të Zërit të Amerikës, divizion nga i cili, përveç gjuhëve të ndryshme evropiane, varej, veç të tjerash edhe seksioni shqip i kësaj radioje.

Frank Shkreli ishte pjesë e delegacionit të parë diplomatik amerikan në Shqipëri në mars-prill të vitit 1991, kur u rihap ambasada amerikane pas pothuaj 50 vjetësh dhe morën pjesë si vëzhgues në zgjedhjet e atij viti.

Pas daljes në pension nga detyra qeveritare, pas 30-vjetësh, Frank Shkreli shërben si drejtor i Këshillit Kombëtar Shqiptaro Amerikan, një organizatë joqeveritare, që punon për mbrojtjen e interesave të shqiptarëve në ShBA si dhe për promovimin e paqes dhe zhvillimit ekonomik në trojet shqiptare në Ballkan, e vetmja organizatë shqiptare lobiste me prezencë në Washington D.C.,

Franku, kujton: *"Ishte viti 1970, kur për herë të parë e takova mons Zef Oroshin në lagjen Bronks të Nju Jorkut. Gjatë qëndrimit tim si refugjat në Itali, (1969-1970) për dom Zefin dhe për aktivitetin e tij fetar dhe atdhetar në komunitetin shqiptaro-amerikan në Nju Jork, më kishte folur miku dhe përkrahsi im në Romë, dom Prenkë Ndrevashaj.*

Edhe në dy-tre takime, që kisha pasur me prof. Ernest Koliqin në Romë, më kishte këshilluar që kur të arrija në Amerikë, të takoja dom Zef Oroshin dhe t'i rrija afër, pasi mund të më ndihmonte në vazhdimin e studimeve në Amerikë, duke marrë parasysh moshën time të re.

Ashtu edhe u bë. Më të ardhur në Nju Jork në fund të vitit 1970, kushëriri i nënës time Ndoc Vulaj, mik i ngushtë i dom Zefit, më prezantoi me Monsinjorin, të dielën e parë pas arritjes time në Amerikë, tek kisha e parë katolike shqiptare në Shtetet e Bashkuara të Amerikës, e themeluar prej tij në Bronks të Nju Jorkut.

Ishte një takim, pas meshes, me dom Zefin dhe me Ndoc Vulajn në qelën e kishës, sipër ndërtesës ku thuhej mesha. Pyetja e parë që më bëri Monsinjor Oroshi ishte: "Si je me anglishten!!!?"

Unë iu përgjigja se kisha filluar t'a mësoj gjatë qendrimit tim si refugjat në Romë, por jam i vetëdijshëm, i thashë, se do të më duhet kohë që t'a përvehtësojë si duhet.

Pa asnjë vonesë, madje edhe pa më pyetur fare, merr telefonin dhe i telefonon dikujt. Flet me të në anglisht për nja 5-6 minuta. Merrshe vesh ndonjë fjalë aty këtu, por thelbin e bisedës nuk e kuptova fare.

Sidoqoftë, dom Zefi i kishte telefonuar një prifti jezuit, që e njihte në Universitetin Fordham, i cili administrohet nga Kuvendi Jezuit, duke i shpjeguar se në zyrën e tij kishte në djalosh të ri shqiptar refugjat i porsa ardhur nga Evropa dhe i kishte kërkuar atij që të bënte çmos të më mundësonte me çdo kusht regjistrimin në Fordham për kurse anglisht, për të mësuar anglishten sa më mirë dhe sa më parë, me objektivin për të vazhduar studimet që i kisha ndërpre, si përfundim i arratisjes.

"Nëqoftse dëshiron të përparosh në këtë vend", më këshilloi dom Zefi, duhet të mësosh gjuhën e vendit, sepse pa gjuhën anglishte ke me mbetë mbrapa, mu drejtua ai me një fytyrë serioze.

Monsinjor Oroshi ishte në dijeni se unë kisha kryer 5-vjet në një seminar katolik në Kroaci dhe natyrisht ai ia dinte vlerën asaj shkolle dhe donte që të mos habitesha duke gjetur çfardo pune në Amerikë, si të gjithë të rinjë shqiptarë të moshës time në atë kohë, sepse ashtu ishin rrethanat, shumë të vështira për imigrantët e ri, dhe si rrjedhim, dom Zefi më porositi të mos ndërprisja shkollën, por të vazhdoja studimet me çdo mënyrë.

Në të vërtetë, ashtu edhe ndodhi. Me rekomandimin e mons. Zef Oroshit u regjistrova në Universitetin Fordham për kurse fillestare për gjuhën anglisht dhe mbrenda 6 muajsh e përvehtësova anglishten në nivelin e duhur, sa që u regjistrova si student i rregullt në Kolegjin shtetëror Lehman në Bronks, pasi Univresiteti Fordham ishte shumë i shtrenjtë dhe nuk i kisha mundësitë financiare për tu regjistruar aty."

Ndërkohë, lexuesi mëson nga kujtimet e Frankut, gjestin fisnik të mirënjohjes dhe respektit, që ai ruajti gjithnjë për meshtarin mons. Oroshin.

Gazetari Franku, kujton: *"Mbështetjen e mons Oroshit për mua gjatë atyre viteve fillestare kritike për çdo immigrant në një vend të huaj, e ruaj si një kujtim të pashlyeshëm dhe e kam vlerësuar gjithmonë si një besim të tij në mua personalisht, por edhe breznitë e ardhshme të shqiptarëve dhe në cilësitë pozitive të tyre.*

Autori me mons. dr. Zef Oroshin në demonstratë kundër regjimit komunist të Enver Hoxhës, për të protestuar vrasjen barbare të dom Shtjefën Kurtit nga regjimi komunist në vitin 1973, para Organizatës së Kombeve të Bashkuara dhe përball Misionit të Shqipërisë Komuniste në OKB."

Themeluesi i revistës Jeta Katolike
mons. dr. Zef Oroshi dhe kryeredaktori sot Mark Shkreli

Gjatë vitit 2008, kur studiuesi Tomë Mrijaj po promovonte pranë Qendrës Kulturore "Nënë Tereza" librin monografik: *"Mons dr. Zef Oroshi – Shërbestar i Zotit e i Atdheut"*, Mark K. Shkreli për shumë vite kryeredaktor i revistës kulturore fetare Jeta Katolike, që botohet qysh nga viti 1966 në New York bëri paraqitjen e librit të ri dhe foli me shumë nderim dhe respekt për meshtarin tonë imzot dr. Zef Oroshin.

Aktivisti dhe ish kryetar i këshillit të kishës katolike shqiptare Zoja e Shkodrës në Hartsdale New York, Mark Shkreli, me gjestin e trashëguar fisnik të mirënjohjes dhe kujtimit të jetës dhe veprës së mons. Oroshit, ndër të tjera kujton: *"Me rastin e 30-vjetorit të vdekjes së meshtarit të nderuar, themeluesit të kishës së parë katolike shqiptare në kontinentin e Amerikës dhe famullitarit shumëvjeçarë të saj, mons. dr. Zef Oroshit, përkujtoj miqësinë dhe bashkëpunimin tonë shumëvjeçar.*

Më 13 gusht 1969, unë me bashkëshortën Lizën, vajzën Valentinën dhe djalin Robertin nga Roma, përmes Madridit, erdhëm në aeroportin ndërkombëtar "John F. Kennedy" në New York.

Edhe pse kisha lexuar për të, as që kisha mundur ta parafytyroj se sa i madhërishëm mund të ishte. Ashtu, i hutuar, mund të thuash, u shtanga kur në Baggage Claim pashë një figurë të njohur. Ai ishte miku im dom Zef Oroshi, që kishte dalë të na priste.

Ishte kohë tjetër atëherë, prifti e kishte derën e hapur në çdo vend. Mjaftonte kolari i bardhë. Njohja ime me dom Zefin kishte filluar në kishën e shën Gjergjit, në famullinë time, ku ai, si emigrant, kishte ardhur për vizitë tek famullitari, tani i ndjeri, dom Ivo Bushiq, në vitin 1953.

Gjatë tre muajve në shën Gjergj, kam pasur rastin t'i shërbej në shumë meshë dhe mbasi që isha famull i dom Ivos, kaloja shumë kohë në qelën e famullisë.

Shpesh dëgjoja tregimet e tij për jetën meshtarake në Shqipëri dhe për ikjen nga kthetrat e pamëshirshme të Sigurimit të Enver Hoxhës dhe për vuajtjet e tij, gjatë arratisjes 8-mujore në malet e Shqipërisë.

"Ishte ditë e diele dhe posa përfundova kremtimin e meshës së mesditës – tregonte ai – para se të shkoja në sakristi, m'u afrua një grua, gjoja për t'u rrëfye, dhe më tha: 'Dom Zef, ik se janë jashtë duke të të pritur'. Burri i kësaj gruaje fisnike ishte i partisë dhe unë e dija se ai kishte informata të sigurta.

Andaj, pa ngurrim, e hoqa veladonin duke i këputë të gjitha pullat dhe nëpër derën e vogël të sakristisë, mora malin", tregonte në një rast dom Zefi...

Me ikjen e dom Zefit në Itali u ndërprenë takimet tona, por jo për gjatë.

Kur isha në shkollë në Zarë (Zadar) të Kroacisë, më ra në dorë adresa e tij dhe menjëherë iu lajmërova me një letër.

Nuk vonoi dhe erdhi përgjigja: "Emri yt më kujtohet, por fytyra jo".

Në zarf ishte edhe një monedhë, që nuk e kisha parë ndonjëherë. Nga Roma, më dërgoi edhe një pako me dhjetë copë të librit të tij "Visarthi Shpirtnuer", që sapo e kishte botuar.

Me shpërnguljen e tij nga Italia dhe emigrimi në Amerikë, u ndërpre rishtas lidhja jonë. Por as kjo nuk zgjati shumë.

Kur unë emigrova në Itali, përmes të përndershmit dom Prekë Ndrevashaj, përsëri ramë në kontakt.

Edhe kësaj radhe, zarfi nga dom Zefi kishte një monedhë, të cilën tanimë e njihja.

Nuk shkoi gjatë që të takohemi personalisht, në banesën e Kapidan Ndue Gjomarkaj, në Romë, ku kishte ardhur për vizitë...."

NË PËRKUJTIM TË SHKRIMTARIT GEGË
IMZOT ZEF SIMONI (1928-2008) IPESHKËV
QË U DHA DRITË PËRJETËSIE VËLLEZËRVE TË TIJ NË KRISHTIN

(Refleksione për disa librat në vitrinën e botimeve shqiptare dhe jeta e bariut shpirtëror mes kalvarit të mundimeve…)

"Me kujtue njerëzit, që janë mundue të lanë diçka të mirë e shejte, në dobi të idealeve të mëdha siç janë Feja e Atdheu, asht detyrë e të gjithëve… Asht fjala për Klerin Katolik, i cili në ato kohë të trazueme dhe të errëta robnie, derdhi mundin, djersën e dha edhe jetën për lulëzimin e fesë dhe lumturine e kombit tonë. Kleri Katolik, i ka hap dyert qytetnimit e Perëndimit." - **Imzot Zef Simoni (1928-2009), shkrimtar, ish i perndjekur politike në kohën e komunizmit, Ipeshkëv Ndihmës i Arqipeshkvisë Metropolitane të Shkodrës**

"Meritë e këtij kleri, qe se punoi në Shqipni, pa iu largue terrorit të huej a vendas, pa i ikë shtypjes politike, ekonomike e kushteve të këqia të jetës… Kleri katolik buroi, zakonisht nga malet e fushat shqiptare, u arsimue në shkollat europiane e jetoi në Dukagjinin e egër, për me e zbut me Kristianizëm, jetoi në Malësinë e Madhe, për me fisnikërue me pasuni e pastri virtytesh, jetoi në Mirditën e pavarun me e ndërgjegjësue me shpirt kombëtar." – **Kolec Çefa (1937-2021), studiues, ish redaktor i revistës "Kumbona e së dielës"**

Begatia intelektuale, një virtyt i bariut shpirtëror

Këto ditë **shkrimtari prozator geg imzot Zef Simoni**, paraqitet në publikun e gjerë shqiptar me librin e tij të ri: **"Portrete Klerikësh Katolikë"** (Shtypur në Shtypshkronjën "Volaj" Shkodër 1998), dhe saktësisht në kohën kur lexuesit e etur shqiptarë duan të dinë e të mësojnë më shumë, për figurat e harruara, të përbaltura vazhdimisht por të ndritura të kishës sonë, ajkës së ndritur të klerit dhe kombit shqiptar.[209]

Krejt si pakuptuar, me pandalshmërinë e saj të domosdoshme, pikërisht atëherë kur të rinjtë dhe lexuesit e tjerë të penës së prozatorit Simoni preheshin në qetësi, tashmë kanë disa ditë, që me kënaqsinë e asaj që kanë lexuar po diskutojnë rreth veprës së re, më të fundit që kanë fatin t'a lexojnë gegnisht me sytë e tyre.

Kujtojmë, se autorët shqiptarë geg të Shqipërisë së Veriut, gjatë kohës absurde të diktaturës komuniste dhe ateiste, ishin të ndaluar me ligj që të shkruanin veprat e tyre letrare në gjuhën e ëmbël dhe të bukur geg.[210] Kjo

---

[209] **Klajd Kapinova, "Shkrimtari i traditës dhe shkollës geg të veriut imzot Zef Simoni Ipeshkëv u jep dritë përjetësie vëllezërit të tij në Krishtin"** Nëntor, 2023, **Fjala e Lirë,** https://fjala.info/shkrimtari-i-tradites-dhe-shkolles-geg-te-veriut-imzot-zef-simoni-ipeshkev-u-jep-drite-perjetesie-vellezerit-te-tij-ne-krishtin/ **www.shkoder.net**

[210] **Mbyllja si Parathënie e Gegnishtes. Hyrje dhe dalja me guxim tek e vërteta.** Studiuesi dhe publiçisti cilësor dhe bashkëkohor **Kastriot Myftaraj,** i del zot gegnishtes, sepse vetë gegët duan të fshehin të vërtetën e tyre historike, sepse i ekspozon ato gjatë dekadave të kaluara si bashkëfajtor të gjuhës së tyre amtare gegë. Shkrimi i hollësishëm studimor i Kastriotit Myftaraj, është gjithëmonë aktual edhe për gjeneratat e reja apo dekatat e ardhshme, që do të popullojnë apo banojnë në Shkodër dhe rrethina. Mendoj, se sipas logjikës time futuriste kritika realiste nuk do të ketë ndikim në reagimit pozitiv për ringjalljen apo ripërtëritjen e gjuhës amtare të tyre geg, sepse po vijojnë të flasin dhe shkruajnë me intensitet pa ndërprerje 24/7 dhe 365 ditë të vitit gjuhën letrare toskë, të imponuar me dhunë nga regjimi komunist i Enver Hoxhës. Faqja **Pro Gegnishtes,** në rrjetin social Facebook (lexo Fakebook) apo Grupi në rritje i tij, i përbërë 99.99% nga banorët geg me ose pa shkollë, fatkeqsisht nuk duan që të hapet kjo histori reale e shëmtuar, por duan që ata që e kanë bërë këtë masakër politike gjuhësore asokohe me ndërgjegje Nënshkrimin Kundër Gjuhës Amtare Gegnishte të vijojnë të nderohen dhe respektohen, për inerci të shprehjes absurde, se shkodranët nënshkrues të persekutimit të gjuhës geg, janë zotni me emër të mire të qytetit geg… **Shkurt cila është historia dhe personazhet kryesore geg të Kongresit të Ç'Drejtshkrimit të Gjuhës Shqipe** Kongresi i Ç'Drejtshkrimit të Gjuhës Shqipe, *u mbajt në Tiranë dhe zgjati 6 ditë nga 20-25 nëntor të vitit 1972,* me nismën e Institutit të Gjuhësisë dhe Letërsisë dhe me praninë e 87 delegatëve nga Shqipëria, Kosova, Maqedonia, Mali i Zi dhe arbëreshët e Italisë, pra nga të gjitha krahinat e Shqipërisë. Nëse shikohet me shumë kujdes qëllimi i mbajtjes së saj, lexohet shumë lehtë, se ai *ishte një tubim i mirë-*

filltë politik komunist "shkencor" gjithëkombëtar dhe jashtë saj për të rritur sasinë dhe shtrirjen gjeografike gjithëshqiptare pavarësisht se si e sa ato e flisnin gjuhën shqipe. Propaganda dhe zhurma për ato asokohe kishte më shumë rëndësi se sa dhuna gjuhësore e pakicës toskë, kundër shumcës geg në trojet etnike shqiptare… Kjo mbledhje e madhe partie, u thirr gjoja për të nxjerrë përfundimet e diskutimit të "gjerë", për drejtshkrimin e gjuhës shqipe, që kishte filluar në vitin 1967, pas botimit të "Rregullave të drejtshkrimit të shqipes" që ishte asokohe në projekt. Sikurse shkruan dhe studiuesi Myftaraj, del se aty u mbajtën 150 "kumtesa" me referime, të cilat me shpejtësi rrufeje janë botuar në dy vëllime si njolla turpi në faqen e zezë të historisë së popullit tonë: **"Kongresi i Ç'Drejtshkrimit të Gjuhës Shqipe**" I, II, Tiranë, 1973. **Kongresi Ç'Drejtshkrimit**, ishte natyrisht më e keqja që mund të pritej nga regjimi komunist i diktatorit Enver Hoxha, i cili përgjithësisht kishte prirjen t' i bënte keq, duke qenë se gjithçka e shikonte nën prizmin e tij të shtrembër stalinist. **"Stalini, ati ideologjik i Enver Hoxhës, para vdekjes e shpalli veten edhe gjuhëtar." – Kastriot Myftaraj, Tiranë, Shqipni, 2012** Produkti i Kongresit të vitit 1972, duhet rishikuar ose anulluar menjëherë, duke e shfuqizuar… edhe për shkakun se ata që e morën vendimin nuk e kishin nivelin shkencor, për të marrë vendime të tilla. Është krijuar miti intelektual, sikur delegatët e Kongresit të Ç'Drejtshkrimit, që vendosi për standardin e gjuhës shqipe, që është në fuqi edhe sot (viti 2023), qenë "specialist" të gjuhësisë. Mjafton të shikosh biografinë e "intelektualëve" apo delegatëve të Kongresit të Ç'Drejtshkrimit, që të bindesh se ata nuk kishin formimin e duhur akademik dhe intelektual, për të marrë një vendim afatgjatë mbi standardin e gjuhës shqipe. Sipas një investigimi kritik dhe studimi në detaje, që studiuesi realist **Kastriot Myftaraj** ka bërë me shumë kujdes, del se: *"Nga 87 delegatët e Kongresit të Ç'Drejtshkrimit, që nënshkruan Rezolutën për standardin e gjuhës shqipe, 72 nuk kishin asnjë gradë shkencore!!!* **Nga 15 nënshkruesit me grada shkencore, pesë prej tyre nuk i kishin ato në gjuhësi. Këta qenë: Aleks Buda, Dhimitër Shuteriqi, Bedri Dedja, Josif Ferrari, Zihni Sako.** Nga pesë gjuhëtarët me titull "profesor", njëri, Androkli Kostallari kishte diplomuar për rusisht. Ndër delegatët me tituj shkencorë, kishte pesë docentë dhe shtatë bashkëpunëtorë të vjetër shkencorë. *Ndër bashkëpunëtorët e vjetër shkencorë, njëri Osman Myderrizi, nuk kishte as diplomë të shkollës së mesme. (!!!!)* **Pjesa më e madhe e delegatëve qenë shkolluar në Bashkimin Sovjetik** dhe gjuha e huaj e vetme që njihnin mirë ishte rusishtja. Në fakt, për shkak të pranisë së delegatëve nga trojet shqiptare në Jugosllavi, të shkolluar në Beograd dhe në shkolla ku gjuha e parë pas shqipes ishte serbokroatishtja, mund të thuhet se **80% e delegatëve nuk zotëronin mirë asnjë gjuhë të huaj përveç këtyre dy gjuhëve sllave. Madje edhe në vitin 2008, pra 36 vjet pas Kongresit, nga 87 delegatët e Kongresit të Ç'Drejtshkrimit, 37 prej tyre, nuk përmbushin kriteret e vëna për** të hyrë në **Fjalorin Enciklopedik Shqiptar, do të thotë nuk kanë marrë grada shkencore!** Kjo shifër do të dilte edhe më e lartë nëse llogaritet se **disa delegatë të Kongresit të vitit 1972, kanë hyrë në Fjalorin Enciklopedik Shqiptar thjesht si shkrimtarë mediokër të realizmit socialist si Ali Abdihoxha, Fatmir Gjata, Llazar Siliqi, Shevqet Musaraj, Sterjo Spasse, Dhori Qiriazi.** Nëse Fjalori Enciklopedik Shqiptar i viteve 2008-2009 do të ishte bërë në 1972, atëherë 55 delegatë të Kongresit, nga 87, nuk do të mund të përmbushnin kriteret për të hyrë në Fjalorin Enciklopedik! Merret vesh, firmëtarët e Rezolutës nuk përbënin një forum serioz shkencor. Apologjia e tyre do të kishte qenë nëse ata, pas rënies së regjimit komunist do të kishin thënë se vepruan në rrethana emergjente dhe të kërkonin që të mbahej një kongres i mirëfilltë shkencor për të vendosur standardin e gjuhës shqipe. Disa prej tyre në fakt e kanë thënë këtë gjë. Por pjesa më e madhe qenë përzgjedhur nga regjimi komunist të tillë që nuk kanë as minimumin e deontologjisë profesionale, dhe nuk mund të pritej tjetër gjë prej tyre, se profesioni bazë i tyre është ai i sharlatanit. Në vend që të mbanin qëndrimin e thënë më lart, ata pas vitit 1972 dhe madje pas vitit 1990 vazhduan që të shpërblejnë njëri-tjetrin me grada dhe tituj shkencorë që në thelb nuk qenë gjë tjetër veçse një ritual i zbatimit të "religjionit" të krijuar në 1972, në trajtën e standardit të gjuhës shqipe. Nëse sot, në vitin 2012 **(kur është publikuar stdudimi i Kastriot Myftaraj)** do të mblidhej një forum prej 87 vetësh me një përbërje të ngjashme me atë të vitit 1972, nga pikëpamja e kualifikimit shkencor, dhe do të diskutonte për standardin e gjuhës shqipe, ai do të kritikohej si joserioz, joprofesional, qesharak, madje edhe nga ata firmëtarët e mbetur gjallë të Rezolutës të vitit 1972. **(Kastriot Myftaraj, "Biografia e fshehur e delegatëve të Kongresit të Drejtshkrimit të vitit 1972", EuroAlbemigrant.com) 21 delegatë ishin gegë ose ¼ ku 9 prej tyre ishin shkodranë, që vulosen pa Referendum groposjen e gjuhës së vet geg** Nga 87 delegatët e Kongresit të Ç'Drejtshkrimit, që nënshkruan Rezolutën për standardin e gjuhës shqipe 21 (pra, gati ¼ e delegatëve ishte e lindur në territoret, me popullsi ku flitet 24/7 dhe 365 ditë të vitit gjuha e nënës dhe baballarëve të tyre gegë) ishin gegë nga zonat ku flitet gjuha e gegë e trashëguar nga të parët e tyre., si: **Shkodra (9 delegatë), Kosova, Mali i Zi, Peshkopia (1 delegat) dhe Kukësi (1 delegat).** Nga shikimi i vendlidjes se tyre del se 7 (shtate) prej tyre ishin nga Kosova, 6 (gjashtë) nga Prishtina dhe 1 (një) nga Prizreni. **Po cilët ishin nënshkruesit me emër dhe mbiemër që bënë historinë e faqes së zezë të gjuhës geg!?** Më poshtë po japim listën e plotë të delegatëve gegë të Kongresit të Ç'Drejtshkrimit të Gjuhës Shqipe si dhe ato nga Shqipëria e Veriut, Prishtina dhe Prizreni (Kosova):

Prof. Idriz Ajeti Dekan i Fakultetit Filozofik, Prishtinë (Kosovë).

Dr. Rexhep Qosja Drejtor i Institutit Albanologjik, Prishtinë (Kosovë).

Doc. Jup Kastrati (1924-2003), pedagog i gjuhës shqipe në Institutin e Lartë Pedagogjik, Shkodër.

Ahmet Kelmendi (1929-2916), pedagog i gjuhës shqipe në Shkollën e Lartë Pedagogjike, Prishtinë (Kosovë).

Ajet Bytyci, pedagog i gjuhës shqipe në Shkollën e Lartë Pedagogjike, Prizren (Kosovë).

Bahri Beci, (Shkodër, 6 mars 1936 - Paris, 20 gusht 2023), gjuhëtar në Institutin e Gjuhësisë dhe të Letërsisë të USHT, Tiranë.

Besim Bokshi (1930-2014), pedagog i gjuhës shqipe në Shkollën e Lartë Pedagogjike, Gjakovë (Kosovë).

Drita Garuci Mësuese e gjuhës dhe e letërsisë shqipe, Shkodër.

Fadil Podgorica (Shkodër, 11 gusht 1918-1993), pedagog i gjuhës shqipe në Institutin e Lartë Pedagogjik, Shkodër.

Ferdinand Leka (Prof. Ferdinand Leka lindi në Shkodër më 18 prill 1930, dhe vdiq në Tiranë në vitin 2022), gjuhëtar në Institutin e Gjuhësisë dhe të Letërsisë të USHT, Tiranë.

Henrik Laçaj, (Shkodër, 11 shkurt 1909 - Tiranë, 12 mars 1991), pedagog në Fakultetin e Historisë dhe të Filologjisë të USHT, Tiranë.

Isa Bajçinca, pedagog i gjuhës shqipe në Fakultetin Filozofik, Prishtinë (Kosova).

Ismail Bajra, drejtor i NGBG "Rilindja", Prishtinë (Kosova).

Ismail Doda (1939), drejtor i shkollës "Gjergj Kastrioti Skënderbeu", Ostros (Krajë, Mal i Zi).

Kolë Ashta (1918-1997), pedagog i gjuhës shqipe në Institutin e Lartë Pedagogjik, Shkodër.

Llazar Siliqi (1924-2001), i lindur në Shkodër, ishte shkrimtar, që banoi në Tiranë.

Luigj Franja, mësues i gjuhës dhe i letërsisë shqipe, Shkodër.

Mufit Trepça, mësues i gjuhës dhe i letërsisë shqipe, Peshkopi (Shqipëria e Veriut).

Pjetër Fusha, mësues i gjuhës dhe i letërsisë shqipe, Rubik

ndodhi fatmirësisht vetëm pas vitit 1991, pas shkëlmimi të gjumit letargjik të nazi-komunizmit.

Në fund të fundit, të mos harrojmë, se kjo është detyra më e lartë e çdo njeriu të komunitetit dhe popullit tonë, që të njoh perlat e letërsisë së hershme dhe të ditëve tona, që po rrukullisen me shpejtësinë e kohës moderne.

Zëri disident dhe vepra reale ishte gjithmonë fatkeqe në kohën e nazi-komunizmit ateist (1944-1990), për fytyrat e ndritshme të klerit katolik, që këndshëm na ka ofruar shkrimtari ipeshkëv Simoni, nuk duhet ndjerë tjetër ndryshe, veçse si dhimbje, anderr e keqe dhe trishtuese e hidhur… dhe plagë e thellë e paharruar e një historie të trishtuar që ato barinj shpirtëror me shumë sproza kaluan.

Kur njeriu përballet me një ngjarje, fillon të pyes veten mbi përsenë. Kjo është domethënia, që e mundon njeriun e komunitetit tonë etnik sot, por që me mprehtësinë e një shkrimtari të thekur në ide dhe mendime, meshtarin e thjeshtë e të urtë deri në madhështi Simoni, ka arritur t'i zbardhë dhe dhurojë kombit e lexuesve të tij 50 përshkrime në portrete në gjininë prozës pikërisht klerikët e shquar dhe martirët e shquar të beismit katolikë të popullit shqiptarë, fatkeqsisht të persekutuar dhe anatemuar sistematikisht dhe barbarisht në kohën e zezë të komunizmit dhe ateizmit leninist dhe bolshevik të stepave të largtëta të Siberisë...

Vepra e freskët, vjen menjëherë pas kolazhit të 9 librave të suksesshëm të botuar asokohe (*për botën e letrave shqipe*), në variantin e përpunuar të gjuhës së bukur gegë, që ka përfshirë në gjirin e saj fondi i letërsisë së sotme shqipe. Dhe ato vijnë varg si motra të njëra-tjetrës dhe si pjesë e bibliotekave private në të gjithë Shqipërinë dhe jashtë saj.

Me pendë të sinçertë dhe mendime të skalitura me kujdes, morën fizionomi dhe jetë të plotë shkrimore në gjuhën e vjetër amtare gegë, seriali i prozave moderne narrative të imzot Zef Simonit, siç janë:

"Jeta e Zojës", të shkruar që herët si dorëshkrim (**në disidencë**) nën

---

(Mirditë, Shqipëria e Veriut).

Shefqet Hoxha (1934), pedagog i gjuhës shqipe në Filialen e USHT, nga katundi malor Bicaj-Kukës (Shqipëria e Veriut).

Tomor Osmani, pedagog i gjuhës shqipe në Institutin e Lartë Pedagogjik, Shkodër.

(Klajd Kapinova, botuar në Fjala e Lirë, Shtator, 2023, www.shkoder.net)

diktaturën barbare ateisto-komuniste, por e botuar pas triumfit të demokracisë dhe rifimit të lirisë fetare, shtypur në vitin 1993, në Shtypshkronjën e Urdhërit Françeskanë në qytetin e Tiranës.

"Jeta e Shën Jozefit", botuar në muajin mars të vitit 1994, në qytetin Foggia të Italisë.

"Jeta e Jezu Krishtit", botuar në muajin qershor të vitit 1994, në qytetin Foggia të Italisë.

"Dritë në errësirë" (Ribotim i plotë edhe në gjuhën italiane), *i dedikohet Persekutimit të Kishës dhe Klerit Katolik Shqiptar*, e cila e pau dritën e botimit në muajin tetor të vitit 1994 në Shtypshkronjën Françeskane në Tiranë.

"Persekutimi i Kishës Katolike në Shqipni", 1994, është botuar në Itali, hqip dhe italisht. (Simoni, Zef (2000). La persecución de la Iglesia católica en Albania de 1944 a 1990 (në italisht). Ecclesia. Revista de cultura católica XIV. fq. 305–316.)

"Një barkë në histori", u botua në gjuhën e bukur gegë, në vitin 1996.

"Atdheu ynë", sërisht në gjuhën e bukur gegë, është botuar në vitin 1996.

"Ringjallja", u botua sërisht në gegnisht në vitin 1997.

"Zgjimi", sërisht botuar në gjuhën e bukur gegë, dhe merr jetë botimi në vitin 1997.

"Stinët", një vepër e re e botuar po në gjuhën gegë, sheh dritën e botimit për lexuesit shqiptarë në vitin 1997.

"Portete Klerikësh Katolikë", Shtypur në Shtypshkronjën "Volaj" në Shkodër, është botuar në vitin 1998. Këto 50 jetë bashkëvuajtësish të vëllezërve të tij në Krishtin, janë figura të ofruar në gjininë e prozës moderne, të cilat *nuk janë thjeshtë përberës të historisë së kombit shqiptar, por vetë historia e tij.*

"Ngjarje në Tokë" (*Autobiografi ose Jetëshkrim*), Shtypur në Shtypshkronjën "Volaj" në Shkodër, është botuar në gjuhën e kandshme gegë, në vitin 1998.

"Drejtësia dhe Dashunija, dy element esencialë të lirisë", botuar në vitin 1998.

"Letërsia shqipe e pame ndryshme", si pjesë e kolanës "Botime Françeskane", shtypur në Shtypshkronjën "Volaj", Shkodër, 2006.

Dhe së fundi, sa për t'i rikujtuar lexuesit e gjuhës shqipe, se **"qetësia"** e penës së shkrimtarit imzot Zef Simonit, ishte relative, sepse autori i begatë shkodran, ofron për të gjithë shqiptarët veprën e nëntë me titull sinjifikativ: **"Portrete Klerikësh Katolikë"**, shtypur në Shtypshkronjën "Volaj" në Shkodër, dhe është botuar më 11 mars të vitit 1998.

Autori i kujdeshëm, në trajtimin e temave të tilla e përuroi librin e ri **në prag të Jubileut të Madh të 2000-vjetorit të Krishterimit ndër shqiptarë**, si pjesë e së cilës është edhe ajo e barinjëve shpirtërore të popullit shqiptar.

E pra, s'ka se si të ndodhte ndryshe, mbasi ipeshkvi ynë dhe njëherazi edhe drejtuesi (**1991-2008**) i së përkohshmes kulturore fetare popullore "**Kumbona e së dielës**" (**1942-2024**), ka lënë si Parathënie këto rreshta përkushtimi të veprës së vet: *"Me kujtue njerëzit, që janë mundue të lanë diçka të mirë e shejte, në dobi të idealeve të mëdha siç janë **Feja e Atdheu**, asht detyrë e të gjithëve… Asht fjala për Klerin Katolik, i cili në ato kohë të trazueme dhe të errëta robnie, derdhi mundin, djersën e dha edhe jetën për lulëzimin e fesë dhe lumturine e kombit tonë. Kleri Katolik, i ka hap dyert qytetnimit e Perëndimit."*

Jo larg këtij vlerësimi është edhe studiuesi dhe redaktori i revistës *"Kumbona e së dielës"* **Kolec Çefa,** i cili në punimin interesant e të ngjeshur mbi librin e ri të prozatort Simoni Ipeshkëv, zbulon me elegancën e elokuencës fine gegë, se:

"**Meritë e këtij kleri, qe se punoi në Shqipni, pa iu largue terrorit të huej a vendas, pa i ikë shtypjes politike, ekonomike e kushteve të këqia të jetës…**

Kleri katolik buroi, zakonisht nga mallet e fushat shqiptare, u arsimue në shkollat europiane e jetoi në Dukagjinin e egër, për me e zbut me Kristianizëm, jetoi në Malësinë e Madhe, për me fisnikërue me pasuni e pastri virtytesh, jetoi në Mirditën e pavarun me e ndërgjegjësue me shpirt kombëtar."

Më shumë se këto rreshta e lartcituar, që firmosin dhe vulosin realisht cilësinë e veprës së imzot Zefit, nuk do të ishte e udhës që të lodhim lexuesin me komente të tjera.

Jetë të gjalla të kthyer mjeshtërisht në prozë

Monsinjor Zef Simoni, i përket atij brezi klerikësh katolikë, i cili edhe pse vuajti jo pak në burgjet komuniste dhe u torturua në mënyrën më çnjerëzore, do të gjente forca të mbijetonte dhe pas ardhjes së demokracisë do të vihej në shërbim të kishës katolike të Shkodrës.

Aftësia e imzot Simonit, për të depërtuar në zërin e njerëzve dhe shpirtin e tyre, është një ndër dhuratat më të bukura të njeriut-bari, duke na u shfaqur vepër pas vepre një talent, që në ecjet e jetës ka ruajtur të ndezur pishtarin e prozatorit të ndjeshëm dhe të ëmbël geg, me hijëshi dhe elokuencë estetike, dhunti e talent tregimtari konçiz, si sinonim i tingujve muzikorë, tek shfaqet sa herë që me endje e lexon dhe rilexon.

Për më tepër, portreti i tyre plot madhështi e merita konkrete njerëzore e devocioni të vazhdueshëm fetarë zbresin në rreshtat e librit në mënyrë të natyrshëm, përmes pendës së shkrimtarit nga lartësitë qiellore, ku ato pushojnë për të biseduar me grigjën apo popullin e tyre, me brezat, që me dashurinë popullore i mbajtën përherë në gji.

Të shohësh fotografitë e tyre dhe të lexosh me endje tregimet e ëmbla në stil tërheqes të shkrimtarit-meshtar, të duket se ato i ke në tryezën e bukës, që janë ulur në sofër bashkë me ty, dhe qetë e qetë nisin të kuvendojnë me dashuri për Krishtin dhe Zojën e Bekueme, që i kanë takuar në lumninë e pasosun; të tregojnë episode nga nata e tmerrshme e kampeve shfarosëse të diktaturës më të egër nazi-komuniste, dhe për fjalët e tyre të fundit, që mbetën lapidarë: "**Rrnoftë Krishti Mbret!**; *të tregojnë për studimet e tyre perkushtuese për gjuhën e bukur dhe të ëmbël shqipe; koloritin e pasur dhe të shumëllojshëm të folklorit arbnor; traditat e transmetuara me dashuri dhe respekt brez mbas brezi; studimet e historisë dhe lashtësinë e arkeologjisë albanologjike; gjeografinë e bukur të trojeve etnike të Arbërit; për stacionin e parë sinoptik, që ndërtuan si model bashkëkohorë në të gjithë Shqipërinë; Muzen e parë të Arkeologjisë iliro-shqiptare; të flasin me dashuri dhe respekt të përhershëm për* **kryetrimin e shtetit të Arbërit Heroin kombëtar Gjergj Gjon Kastriotin Atletin e Krishtit**; *për 25 luftrat liridashëse anti-otomane, si tmerr i vazhdueshëm i taboreve apo ekspeditave të hordhive pushtuese otomane; të flasin më shumë për librat dhe revistat apo buletinet e përkohshme, që një herë e një kohë kishin pushtuar apo dominonin shtypin e pavarur të kohës, ku ½ e shtypit periodik të të gjithë Shqipërisë drejtohej nga prelatët dhe klerikët e tjerë të urdhrave shpirtërore martire katolike…*[211]

E për çfarë nuk të flasin këto klerikë të sypatrembur dhe të pampshtur ndër shekuj, mbasi ke lexuar prozën e shkurtër dhe konçize të Imzotit prelat. Ndërsa jeta e njeriut, është pafundsisht e mundimshme, si një krijesë tragjike, ai ndeshet me përvoja të ndryshme.

Mirëpo, në të kundërt me te, *Zoti, është i pavdeshëm, është përfekt, është mishërimi i gjithëpushtetshmërisë në qiell e Tokë, mbasi veprimi i Tij është pa*

---

[211] By Prof. Zef Valentini, S.J.,"**The particular reasons for religious persecution in Albania**", "By Gjon Sinishta, **"The Fulfilled promise"**, A Documentary Account of Religious Persecution in Albania, Santa Clara, California, U.S.A., 1976, Library of Congress Catalog Card numer: 76-57433, **f. 181-184**

sforco, sepse lart në qiell mbizotëron mendimi i njëjtë me veprimin.

Bota dhe mendja e larmishme e klerikëve katolikë shqiptarë, të për-fshirë në historinë e lavdishme të kishës universale në 2000 vjet mbijetesë, mbetet vazhdë e traditës, të sjellur si rikujtesë e freskët nga dora e tregim-tarit tashmë të vetëm, që lëvron në këtë linjë origjinale të fushës së letrave shqipe religjioze fetare.

Në këtë rast, lexuesi i kujdeshëm shqiptar, kupton se ekzistojnë njerëz, që me pendën plot përvojë, mbushin me dritë mjedisin letrar, ne të cilin tashmë janë përfshirë me dinjitet pa sforco milintantizmi, siç ishin dikur "shkrimtarët" e social-realizmit shterpe komunist dhe më pas socialist.

Mirëpo, shqiptarët gjenden të etur për të zbuluar dhe përvetsuar këto vlera e cilësi të reja artistike dhe stilistikore të shkollës me tradita letrare gegë veriore të shkollës françeskane dhe jezuite, që gëzonin për fat të mirë të gjithë urdhërat katolike, në qytetin e lashtë të Shkodrës dhe më gjërë në të gjithë Shqipërinë.

Për më tepër, këto dituri të traditës dhe bashkëkohore, të mbushur plot diversitete mendimi dhe ide, të pajisin me bagazhin e shkollës pro-gresiste europiane të kulturës kristiane, që kanë njohur kulmet e veta, me shkrimtarë të ndritur religjiozë shekull mbas shekulli dhe deri në ditët tona.

Në prag fillimin e shekullit XXI, kjo vepër shkrimtore dashurie për Fenë dhe Atdhenë, mbart bujarinë dhe virtyte të tjera pozitive dhe kre-narie. Nëse e shohim dhe ndjejmë me shumë kujdes faqe për faqe veprën e re të shkrimtarit Simoni, shohim se *tematika e saj në fjalë është vijimi natyr-shëm i kolazhit plot kolorit artistik, ku dominon shija e hollë artistike dhe stilistikore e pasur geg, që autori ka preferuar në zbëthimin me detaje të temës së tij fetare.*

Ai i bën prozës një zbërthim artistik dinjitoz, si në brendësi, në formë, duke skicuar në artin e të shkruarit rrjedhshëm portretet e **patër Gjergj Fishtës o.f.m., të cilin e mbante mend qysh kur ishte fëmijë**, duke vijuar pastaj me mjeshtërit dhe mësuesit letrare, më të cilët ka biseduar, gjatë viteve të mëvonshme, si: **Atë Justin Rrotën o.f.m.** apo *abatin e fundit të Mirditës* **imzot Frano Gjinin**, për të cilin ruan veneracionin e veçantë sa herë që emri i tij përmendet kudo; **Kardinalin e Parë të Botës Shqiptare imzot Mikel Koliqin** apo **imzot Luigj Bumçin;** ipeshkvin e Durrësit dhe drejtuesin për disa vite të revistës së famshme popullore *"Hylli i Dritës"* (1913) **imzot Vinçenc Prendushin**, për të cilin shqiptaro-amerikani **Pro-fessor Emeritus Arshi Pipa**, ruan kujtimet më të dashura, gjatë viteve të burgut në Shqipëri.

Kur lexon prozën dedikuar studiuesit kanunist (*kujtojmë këtu "Kanunin e Skanderbegut", sipas hulumtimeve të tij në zonën e Kurbinit...*) të folklorit kombëtar shqiptar dhe shkrimtarit të shquar imzot **Frano Illisë Arqipeshkëv Metropolitan i Shkodrës** (*i cili fatmirësisht, mbas kalvarit të pambarim të burgut ateisto-komunist, ai do të shugurohet më 25 Prill 1993, brenda katedralës së famshme historike të qytetit antik nga vetë Ati i Shenjtë sot shën papa Gjon Pali II*), për çdo banor shkoran, etj., imzot Simoni, të zgjon sekuencat nga bisedat, që mund të keni zhvilluar edhe ju i dashur lexues, sepse proza e tij është vetë jeta e gjallë e njerëzve, që bënë një pjesë të historisë së kombit martir shqiptar.

E kështu mund të vijonim gjatë, si p.sh. për **imzot Nikollë Kaçorrin**, zv/Kryeministrin e Parë të Shqipërisë së lirë, i cili me përkushtim atdhetar lartësoi ose nxiti drejtpërdrejtë Pavarësinë e Shqipërisë (më 28 Nëntor 1912),… edhe atëherë kur disa pseudoshqiptarë dhe pseudopatriotë haxhiqamilë, trushpërlarë apo shterpë, të shtyrë më tepër nga interesat private financiare dhe fanatizmi fetarë islam otomanë, kërkonin patjetër edhe një herë rikthimin e "**baba (Dovletin) Sulltanin**", të qëndrojnë nën ombrellën e pushtuesve barbarë otomano-islam, vetëm pse ato kishin të njëjtin fe të imponuar disa shekuj më parë me dhunëm gjak dhe kur'an nga pushtuesit mizor, shkrimtari si narrative i ëmbël të rikujton, që historia duhet lexuar dhe duhet t'u mësohet edhe brezave që do të vijnë me realizëm dhe fakte, ashtu sikurse është *e vërteta, si pjellë e kohës.*

Brenda kësaj kulturë, në *Familjen e Madhe të Shenjtëve të Kishës sonë*, gjatë shekullit XXI, do të ketë vend për të kuvenduar në paqen qiellore edhe për abatin e famshëm të Mirditës *imzot Frano Gjinin*, këtë martir të shenjtë apo për stoikun e pamposhtur dhe sypatrembur **atë Pjetër Meshkallën o.f.m.**, ç'ka të kujton shenjtërit, në epokën e agimit të Krishterimit në trevat e Ilirisë, si: *Shën Astin (Ashtin) apo shën Florin e shën Laurin në Dradani* etj.

Diçka më shumë për veprën e re

Për autorin e librit, për martirët e fesë dhe të kombit shqiptar mons. Zef Simonin, kjo vepër e re (që tafmirësisht gjendet tashmë në bibliotekat e shumë lexuesve dhe dashamirësve të letërsisë shqipe *brenda dhe diasporë*), **janë copëza origjinale jete, të kthyer sot pas shumë vite shprese në portrete**, siç dëshiron t'i cilësojë prozatori ynë, por që janë gjinia më ë lexueshme sot.

Si një lëvrues pasionant dhe plot dashuri për prozën e shkurtër moderne, autori ynë geg nuk shtë thjeshtë vetëm *bartës i një vokacioni të traditës fisnike si udhëheës shpirtëror i grigjës së vet, por edhe i atij tunduesi, që nuk di të shkëpusë për asnjë çast bashkëveprimin e shpirtit me pendën ose Fesë me Atdheun, si sinonim dhe binom plotësues të njera-tjetrës.*

Pa shumë bujë e kupton, se autori **ecën me krenari dhe dinjitet në gjurmët e traditës së hershme të shkrimtarëve letrarë pararendës të qarkut verior gegë**, ndonëse në këtë rast gjuha dhe stili i tij janë në evoluim, në përshtatje me kohën dhe rethanat e reja, ku ai vepron dhe jeton.

Për këtë me kujdes mund të lexosh për respektin dhe mirënjohjen e thellë të përhershme, që ai përcjell përmes veprës së re letrare, kur shkruan, se: **"Kanë përpunue gjuhën shqipe, e kanë dhanë në këtë, perlat e poezisë shqipe e nga ky kontigjent dolën shkrimtarët e vijës së parë në letërsi shqipe: Dom Ndre Mjeda, imzot Prendushi dhe personaliteti i shkrimeve kryevepra at Gjergj Fishta e sa të tjerë."**

Me xhelozinë (për të ditur sa më shumë) e një njeriu me kulturë të gjërë e të thellë mons. **Simoni, që në rininë e hershme ishte brumosur mes kryqit e pendës**, që e ruajti e i dha hove të reja krijimtarisë së tij letrare, në kohën e disidencës së heshtur, gjatë regjimit komunisto-ateist dhe deri në ditët tona.

Sa herë që e takon në tavolinë e punës së tij, ai është i zhytur në botën e letrave shqipe, ku librat janë dashuria e përjetshme, me oreksin për të përthithë sa më shumë nga nektari i kulturës shumë dimensionale botërore dhe gurrës së ëmbël dhe të pashtershme kombëtare shqiptare.

E jo vetëm kaq. Këto cilësi pozitive, i ktheu në virtyte, që spikasin edhe pas gjithë atij kalvari të gjatë plot mundime (*kampe të ndryshme dhe të tmershme ferrri internimi politik, të kohës së zezë të diktaturës nazi-komuniste*), që kaloi vazhdimisht mbi shpinën e vet shkrimtari ynë geg.

Ky kalvar, në vend që t'a mposhte apo gjunjëzonte, duke e spostuar në drejtim të qetësisë personale, pas shumë mundimeve të lodhshme stresi dhe mjerimi, ato në fakt për fat të mirë, kanë ndikuar në ripërtëritjen e energjive shpirtërore dhe intelektuale, duke qenë kësisoj i begatë, kur u lejua të veprojë në liri të plotë fetare dhe intelektuale.[212]

---

[212] By Prof. Rexhep Krasniqi **"Religious persecution in Albania a graveviolation of Human Rights"**, "By Gjon Sinishta, **"The Fulfilled promise"**, A Documentary Account of Religious Persecution in Albania, Santa Clara, California, U.S.A., 1976, Library of Congress Catalog Card numer: 76-57433, **f. 185-189.**

A nuk e shprehin këtë begati 15 veprat dinjitoze, ku vetëm disa kopje i kanë mbetur në bibliotekën e shtëpisë së tij private, kurse të tjerat me kohë janë bërë pronë e lexuesve dhe admiruesve të pendës dhe stilit narrative gegë të ipeshkvit tonë.

Sikurse shihet, në mënyrë të natyrshme, ai sot përballon ngarkesën e ofiqit të lartë kishtar si ipeshkëv në Arqipeshkvinë Metropolitane në Shkodër, këtij **qyteti si djepi kulturdashës, që me të drejtë mund të njihet edhe fetarisht si Vatikani i Vogël.**

Kushdo që i lexon veprat, ngacmohet për të gjetur momentin për t'a uruar shkrimtarin, që me buzeqeshje te ciltërt të futë në botën e letërsisë së traditës dhe bashkëkohores. Dhe kështu, shtytja më e zgjedhur për besimtarët e krishterë ose jo, është lartësimi në art i temës së këndshme fetare.

Ai ndriçon më shumë se në portrete, meshtarët e fillim dhe fundit të shekullit XX, duke e shtrirë pendën deri në ditët e sotme, ku dallohen portretet e spikatura të **dom Jak Zekaj** apo **mons. Nikollë Mazreku**, të meshtarit të përvuajtur italian **atë Jak** (Giacoma) **Gardini-t o.f.m.** (që bëri dhjetë vjet burg në vitet 1945-1955, në kampet e tmerrshme të përqendrimit nazi-komunist në Shqipëri), apo të **atë Aleks Baqlit o.f.m.** etj.

Prozatori Simoni, ka meritën të ngritur në intuit artistike, ku doradorës punimet e kujdeshme, të krijojnë një hapsirë të re, ndonëse ndërtimi i prozës është i shkurtër, por konçiz, ku argumenti i kthyer në stilin e paraqitjes artistike dhe stilistikore, gjithsesi është dominat në artin e të shkruarit, tek mediton mbi çdo skicë dhe ide të realizuar me kulturë prozaike.

Këtë brum e ka përpunuar e përpunuar me kujdesin e duhur, mbasi këto portete një pjesë të tyre fatmirësisht i ka njohur në realitet dhe më pas në kartën e bardhë i ka ofruar me copëza jetë origjinale interesante, në të gjithë faqet e veprës, duke mos na i dhënë si jetëshkrime standarte, biografi të lodhshme apo studime të gjata kilometrike, ç'ka do t'a demtonin shkrimtarin Simonin të dilte nga mënyrë e rrëfimit të prozatorit joshës.

Duke e lexuar faqet e librit të ri, kushdo vë re, se natyshëm shpaloset penda apo pupla e zhdervjedhtë autorit, që talentin e tij në gjininë e preferuar të prozës, jo rastësisht ka bërë për vete shumë admirues, duke qenë në këtë rast sa më afër nesh në hapsirë dhe kohë.

Për këtë përkujdesje, ai lexohet dhe do të lexohet vazhdimisht edhe në të ardhmen me endje nga çdo kënd i Shqipërisë e përtej saj, sepse gjuhën e bukur gegnishte e ka latuar me kujdesin e një gjuhëtari, që për kedo (lexuesit) në Veri dhe Jug të trojeve shqiptare mbetet mirëseardhur.

Aty lexon dhe mëson esencialisht për përballimin e stuhive të përdit-shme të kohës së diktaturës komuniste, ku pikëtohet martirizimi i ngadal-shëm, që ngjau në vendin tonë me gjak (*permes pushkatimeve të njëpasnjëshme me gjyq e pa gjyq të klerikëve dhe grigjës së tyre antikomuniste*) dhe me vdekje në burgjet dhe kampet e përqendrimit të tmerrit nazi-ko-munist.

Dhe në këtë rast, nënteksti del i lexueshëm kjartë, ku mesazhi është i hapur, sepse vetë shkrimtari imzot Zef Simoni ipeshkëv, është një dësh-mitar okular i gjallë, si një fletë e historisë sonë të dhimbshme.

Në këtë mënyrë, prozatori-meshtar ka ofruar sërisht personazhe të reja, që ishin dhe mbetën vellezër të tij në Krishtin, si poetin dhe oratorin e ëmbëlsisë martirin **dom Ndre Zadeja**, i cili edhe ai fatkeqsisht pushka-tohet nga togat e zeza të komunizmit të ri, që sapo kishin marrë pushtetin me dhunë në vendin tonë.

Në fokusin e mendjes së autorit, shpalosën edhe prozat sinjifikative mbi **dom Alfons Trackin**, **atë Anton Harapin o.f.m.**, këtë martir stoik të shqiptarizmës së kulluar, që fatkeqsisht **nuk është përfshirë në listën e martirëve të elterit** të klerikëve katolikë nga Selia e Shenjtë në Vatikan.

Të njëtat profile apo portrete interesantë në prozë janë edhe ato **atë dr. Gjon Shllakut o.f.m.**, që mbeti një enciklopedi e gjallë e kulturës shqiptare dhe botërore, për të ravijuar më pas me **atë Benardin Palaj o.f.m., dom Kolec Prendushin** apo albanologun e shquar italian **atë Ful-vio Cordingano-n o.fm.**, dhe profesorin e nderuar **atë Zef Valenini-n S.J...**, përshkrimi joshës i gjuhëtarit të ëmbël **atë Justin Rrota o.f.m.**, duke ardhur natyrshëm deri tek **mons. Gaspër Gurakuqi, atë Benardin Dema o.f.m., atë Mark Harapi o.f.m., dom Mikel Beltoja (Gjergji)** apo Ander-senin Shqiptar **atë Donat Kurtin o.f.m., dom Injac Gjoka, atë Frano Kiri o.f.m.**, etj.

Dhe sot me të drejtë fitoi kultura Perëndimore progresiste e sank-sionuar në shkëlqimin e dijës konkrete dhe të përparimit të provuar në nivele shumë të larta civilizimi, duke mposhtur obskurantizmin e injo-rancës orientale dhe primitive otomano-arabe, që mbolli për 500 vjet vetëm prambetje, mjerim, përçarje, skamje, uri, varfëri ekstreme, gjakmarrjen, veshtjet, urbanistikë primitive dhe tipike orientaliste, huazimet gjuhësore dhe kulturorë të huaj, sikurse edhe mbi 60% të përdorimin të fjalëve të huaja të përditshme të edhe në ditët tona, janë fatkeqsisht me bazë lin-gustike me origjinë të pastër otomane të vjetër me bazë arabe (mbasi sikurse dihet se **pushtuesit shumë shekullorë otoman nuk lejuan me anë** të dekreteve të Parlamentit të Parandorisë Xhihadiste Islame Otomane, përdorimin e gjuhës etnike iliro-arbëeore-shqiptare (*fatkeqsisht të votuar nga vetë edhe nga trathtarët arnaut, që shërbenin si qej besnik në Parlamentin dhe 39 qeveritë me ish kryeministra shqiptarë*), vese dhe antishqiptare etj., deri në shkëputje fatale të vijimsisë së kulturës dhe vlerave kristiane dhe humane të vendeve të Europës.

Të gjithë portretet e skalitura me kujdes me pendën apo daltën e mprehtë nga dora e shkrimtarit dhe artistit plot shije të hollë, janë në vetvete mendimi më konçiz i bariut bashkëvuajtës imzot Simoni, ku mjeshtëria fine ia rrit vlerat çdo portreti të dhënë me shpirtin e pastër të krijuesit.

Portret mbas portreti, deri më sot në të gjithë veprën e re shkrimore mbizotëron mendimi i stilit me narracion të rrjedhshëm, pa stërhollime kilometrike, që e lodhin lexuesin modern të kohës sonë. Ai për zemër ka pjesët e shkurtëra, me ngarkesa brenda kontureve të arsyeshme, që mban logjika e ndërtimit të një proze të tillë.

Emocioni, është arma që ka menduar të pushtoj zemrat e lexuesve, ku vlerat emocionale kanë doza të arsyeshme, dhe që gradualisht çlirohen, duke i dhënë jetë çdo portreti në prozë përmes detajeve të gjetura (ndodhura) historike. **Argumenti emicional**, i gjallë me kthjelltësi mendimi, të sintetizuar në fjalë më të thjeshta, duke mbetur kësisoj i ëmbël për vetë gjuhën e komunikimit, që ai ka pëlqyer të bashkëbisedoj me lexuesit shqiptar.

Fakte, gjykime, ndjenja, përcillen me një stil pikant si original të shprehur bukur në gjuhën e ëmbël gegë, ç'ka e pasuron fondin e shumëllojshmërisë së letërsisë artistike, që ende ai krijon në ditët tona.

Dhe me të drejtë, mund të themi, se sot për sot për prozën e shkurtër me tematikë fetare, imzot Zef Simoni është i vetmi që shkruan në këtë gjini të suksesshme e i rrallë po të hulumtosh me shumë kujdes gjatë këtij shekulli.

Kësisoj tematika e librit të ri: "**Portrete Klerikësh Katolikë**" (Shkodër, 1998), lexohet me një frymë, që të josh t'a mbarosh deri në fund. Si një ritëm i qetë, ndihen tingujt e muzikalitetit artistik. Kjo për meritë të gjuhës së ëmbël gegë, të latuar me art dhe narrativitet bashkëkohorë, ku e ke shumë të vështirë të dallosh se ku fillon proza dhe ku mbaron poezia, mbasi që të dyja janë binome të një linje që mjeshtri me pendë ka ofruar me stilin përfekt, i influencuar nga ndjenja dhe harmonia e vargut me prozën e zgjedhur narrative.

Si dy motra, janë përpunuara me finesë doktrina prestigjioze kristiane me etikën, ku mendimi i zgjedhur ka peshën e vet, që gradualisht mendoj se çlirojnë risi të re, përmes gjuhës së komunikimit dhe natyrshëm ai duket se ka hyrë në bisedim me lexuesin, pa qenë present fizikisht.

Dhe kjo është një meritë më shumë, mbasi sot abstraksioni fatkeqsisht po lodh dhe shpërlan trurin një masë të gjërë të popullit, që ndryshe kërkon një komunikim të lirë, të drejtpërdrejtë, t'a implikojë natyrshëm në dialogje, me atë pjesë të gjallë të historisë martire shqiptare t'i nxisë jo vetëm kureshtjen, por të bëj të gjykoj mesazhin fitimtarë, që për Kishën dhe Klerin Katolik Shqiptare e cila ishte trinomi: Fe-Atdhe-Përparim.

Ky nuk është thjeshtë predikim, por është arti i të gjykuarit, që falë qënies si bari i devotshëm i imponuan për lexuesin tregime artistike të bazuara në realitetin e kohës, por që në këtë rast ata ofrohen me gjakftohtësi dhe që ndryshojnë në ekspozim nga njëra prozë në tjetrën.

Këtu nuk ka mllef, por duresë dhe shpirtbutësi kristiane, nuk ka urretje por humanizëm, të cilën e reflekton edhe në jetën e tij. Ai i ka dhënë tonacionin e jetës së vet, si natyrë e qetë falë temperamentit të botë, i dashur, i dhimbshëm, i përmbajtshëm edhe atëherë kur situatat ishin vazhdimisht të pakëndshme (armiqsore ndaj tij), por si një bari i qetë falë dhe vetëm falë mençurisë si dhe duresës (*si guri që goditet vazhdimisht nga pika e ujit*) është i dashur dhe respektuar nga të gjithë, pasojë dhe vlerë e trashëguar e shpirtit të tij human.

Mund të them, se **portreti i 51-të i veprës "Portrete Klërikësh Katolikë", është i gdhendur në vetë qënien e tij,** sepse në të lexohet vuajtja si devocion, lëshon thirrje drite dhe shprese dhe jo ofshama e hakmarrje (mallkime), bën apel të thekshëm, për të ruajtur vlerat e këtij kontributi të madh, që dhanë para-ardhësit e tij prelatë dhe klerikëtë thjeshtë katolikë, në hullinë e së cilës ai po ecën denjësisht.

Mons. Zef Simoni ipeshkëv, ishte mes klerikëve të shumtë shqiptarë, që gjatë regjimit komunist provuan burgjet dhe kampet e tmerrshme të internimit me vdekje të ngadalshme por të sigurtë të realiziar nazi-komunistët e diktatorit Enver Hoxha.

Nga historia e tij personale, plot dhimbje por edhe mbijetese me dinjitet, të cilën kam pasur fatin ta njoh me detake shumë mirë si mik i familjes së tij, prelati i ynë imzot Simoni, ishte mes klerikëve të shumtë shqiptarë, që gjatë regjimit komunist provuan burgjet pafund dhe kampet e shfarosjes së internimeve të tmerrshme fashisto-komuniste.

Pas proçeseve demokratike, Zef Simoni shërbeu si ipeshkev ndihmës në selinë e Arqipeshvinë së Shkodrës (dikur kthyer ne hotel nga regjimi komunist), duke dhënë kontributin e tij jo vetëm në meshtari, por edhe në letërsinë dhe studimet shqiptare.

Kjo vepër e re, shpreh dukshëm zemrën e një atdhetari, që ka rrahur më përpara dhe sot, për të mirën e begatinë e këtij populli martirësh, ku **klerikët katolikë me gjakun e freskët të tyre çimentuan agimin e lirisë dhe demokracisë që gëzojmë fatmirësisht shqiptarët sot.**

Në natyrën e pendës së prelatit Zef Simonit ipeshkëv, të bie në sy sipas pikëpamjes time mënyra e ndërtimit të fjalive e cila ka një veçori origjinale; ku ai më shpesh ose në formë alternimi përdor më shumë ndërtimet e drejta të fjalive me ato të zhdrejta. Për sa cituam, mendoj se ato burojnë nga fakti i thjeshtë, se prozatori është njohës shumë i mirë i artit të retorikës (oratorisë), ku fjalia e shkurtër me mendim të ngjeshur është më e përdorur në këtë vepër.

Kësisoj, ai është më afër rrymës letrare me varg të shkurtër e të ngjeshur çka edhe pëlqehet nga rinia e ditëve tona, i këndshëm për t'u asimiluar edhe nga shkrimtarë të tjerë veriorë gegë dhe lexues dhe shkrimtarë të ditëve tona të toskërishtes jugore shqiptare letrare.

Me shpresën dhe besimin e përhershëm, se një vitalitet i tillë do të jetë i begatë si deri më sot, si krijues do gjenerojë vepra të tjera letrare, që do të lartësojnë edhe më shumë në botën e letrave shqipe, penë e cila buron virtyte jetike për atdhtarizmin dhe fenë tonë të shenjtë.[213]

---

[213] **EUROPA/ALBANIEN-ALBANIEN FEIERT DAS ZEHNJÄHRIGE JUBILÄUM DES PAPSTBESUCHS. Tirana (Fidesdienst)**-Die albanischen Katholiken feiern den 10. Jahrestag des Besuchs von Papst Johannes Paul II. in Albanien am 25. April 1993. Aus diesem Anlass reiste auch der Erzbischof von Bombay, Kardinal Ivan Dias, nach Tirana, der vor zehn Jahren als Nuntius in Albanien tätig war und in entscheidendem Maß zum Wiederaufbau der katholischen Kirche in Albanien beigetragen hat. Ihm Rahmen der Jubiläumsfeiern wird auch die 10 jährige Bischofsweihe, der von Papst Johannes Paul II. geweihten ersten vier albanischen Bischöfe der nachkommunistischen Zeit gefeiert werden. Bei diesen Bischöfen handelt es sich um den gegenwärtigen Bischof von Durazzo-Tirana, Rrok Mirdita, **den heutigen Weihbischof von Skutre Zef Simoni;** sowie die inzwischen verstorbenen Bischöfe Frano Illia und Robert Ashta. Am 25. April feiert Kardinal Dias in Skutre als Hauptzelebrant einen Festgottesdienst, an dem alle albanisch Bischöfe sowie die Priester, Ordensleute und Gläubige aus ganz Albanien teilnehmen. Am 26. April wird Bischof Mirdita seine 10 jähriges Bischofsjubiläum in Trana feiern und sich aus diesem Anlass auch am Nach-

Shënim: Shkrimi im është marrë nga koleksioni i revistës fetaro-kulturore **"Kumbona e së Diellës"**, Shkodër, Nr. 6/1998, f. 15-18.

Post scriptum (2002-2023)

Imzot Zef Simoni (Shkodër, 1 dhjetor 1928 – Shkodër 21 shkurt 2009), ka qenë ndihmës-ipeshkëv i Arqipeshkvisë Metropolitane të qytetit të Shkodrës.

Unë kam pas fatin, nderin dhe privilegjin, që për disa vite (1991-2002) të punoj dhe qëndroi pranë tij, duke qenë redaktor i revistës fetare kulturore popullore **"Kumbona e së Diellës".**

Prelati ynë, ka qenë ndër të shkrimtarët disident gegë i mbijetuar i klerit katolik shqiptar nga përndjekja e vazhdueshme, që u bë babarisht dhe sistematikisht nga diktatura komuniste

Ne, duhet të ruajmë respekt dhe simpati për disidentët e sinqertë, që u bënë viktima të monizmit, dhe tash tregojnë vuajtjet e tyre nëpërmjet shtypit, librave dhe me mënyra të tjera. Ata kanë plot të drejtë të kërkojnë nga shteti shqiptar që të marrë masat e duhura për të gjykuar dhe dënuar njerëzit që u bënë vegla të diktaturës, për të shtypur bashkatdhetarët e tyre të pafajshëm.

Shkrimtarët disidentë meritojnë jo vetëm simpatinë, por edhe solidaritetin e komunitetit shqiptar në Amerikë, në përpjekjet e tyre për të bindur udhëheqësit e Shqipërisë se e kanë për detyrë të tunden e shkunden për të mbyllur sa më shpejt këtë faqe të zezë në historinë e kombit shqiptar.[214]

---

mittag mit den Priestern seiner Diözese treffen. Außerdem ist ein Konzert des Chors Pax Dei mit klassischen Stücken zu österlichen Themen geplant. Vom 1. bis 3. Mai ëird die Caritas Albania ihr 10 jähriges Gründungsjubiläum feiern: aus diesem Anlass werden im "Friedensdorf" in Skutre mehrere Konferenzen stattfinden, an denen verschiedene Bischöfe sowie das albanische Staatsoberhaupt Alfred Moisu teilnehmen werden. Der Staatspräsident wird die zehnjährige Tätigkeit der menschlichen Förderung bei dieser Gelegenheit offizielle würdigen. Zu den Feiern wird der Fidesdienst ein Intervieë mit Erzbischof Rrok Mirdita von Durazzo-Tirana veröffentlichen. (**Fidesdienst 24/4/2003-25 Zeilen, 256 Worte**)

[214] By Prof. Arshi Pipa, **"Communism and the albanian writers"**, By Prof. Rexhep Krasniqi **"Religious persecution in Albania a graveviolation of Human Rights: Ndoc Nikaj, Vincent Prennushi, Rev. Lazer Shantoja, Fr. Anton harapi, Rev. Ndre Zadeja, Fr. Benardin Palaj, Fr. Gjon Shllaku"**, "By

Në parathënien e librit **"Ngjarje në tokë"**[215] autori **mons. Zef Simoni Ipeshkëv**, në **Parathënien** e vet, tregon se vepra e re në fakt është autobiografia e tij. Ai ndër të tjera shkruan:

"Kishe nevojë e dëshirë ta shkruejshe këtë libër, tue e zgja argumentin për shumë ngjarje, që kanë ndodhë brenda dhe rreth meje...

Tue kundrue jetën time e shoh të mbushun me ngjarje sasiore dhe monente, për këto arsye: së pari, si çdo njeri, jam bir i Zotit e së dyti jam bir i prindërve të mi.

Më ka ra për shtat në jëtën time vorfënia deri aty, sa me qenë i vobekti publik i qytetit. E mos u çuditni për këto fjalë: ia kam pa hajrin varfërisë. Varfënia tuj qenë një gjendje vuejtje, të ban të zbulosh vetën, t'i kontrollojsh forcat tueja, të mos mujsh të fshehësh asgja e kjo mund të arrijë të formojë në ty dinjitetet ose me të shkatërrue krejt përsonen tande.

Pa fillue me u hjedhë në jetë, unë e të gjithë kemi pa dyert e ferrit e madej të pjekun e të hjedhun edhe ferrin vetë tokësuer në komunizëm.

Unë ia mbërrijta një ideali me u ba meshtar, tue pasë marrë një edukatë kristiane e si i ri në fillim edhe një kulturë kristiane graduale, kishe dëshirë të fortë me pasë si rregull jete e ma vonë si ideal krishtërimin. E ideali në ato kushte të kohës, të një sundimi krejt antinjerëzuer dhe me kobe mbas kobesh, në personin tim nxuer vokacion.

Njerëzit dalin fitues në çdo rrethanë edhe me ideale të tjera të mira. Por unë kam dalë fitues, kam ngallënjyer me vokacion. Ka dashtë Zoti, që unë të ishe meshtar i Krishtit dhe i Kishës së Tij. E për ma tepër shugurue si ipeshkëv prej Shejtit Atë Papë Gjon Pali II në Shkodër, tue i përkitë kështu Kishës Shejte Katolike me dëshirë e vullnet, me arsye e betim.

Ky asht një roman autobiografik... *Por tue qenë se ky roman asht historik, asht pikërisht historia e një kombi, që asht futë trathtisht në diktaturë. Nuk asht vetëm përsekutimi i Kishës, që e kam thanë në librin tim* **"Dritat në errësirë"**[216] *por persekutimi i Kishës me analizë, me spiegime, edhe diktatura, kjo periudhë famëkeqe, e tmerrshme për një popull të tanë në robin. Jemi rrahë të gjithë, i madh e i vogël, i fuqishëm e i ligshtë, i miri dhe i keqi, i flijuemi dhe vetë diktatori.*

Gjon Sinishta, **"The Fulfilled promise"**, A Documentary Account of Religious Persecution in Albania, Santa Clara, California, U.S.A., 1976, Library of Congress Catalog Card numer: 76-57433, **f. 193-199.**

[215] Mons. Zef Simoni Ipeshkëv, **"Ngjarje në tokë"** Shtëpia Botuese "At Gjergj Fishta", Shkodër, 1998, fq. 3-5.

[216] Mons Zef Simoni Ipeshkev, **"Persekutimi i Kishës Katolike në Shqipni"**, Shkodër, 1994

Shqipnia, pat ra krejt në zjarr.

Kam pasë parasysh të shkruejshe këtë vepër me një ide të madhe: atë të Providencës. Kjo edhe e shpëton një autobiografi nga çdo merzi dhe e shtien vepren në realitetin e historisë dhe të vlerave të saj...

Por unë, në të vërtetë, shihshe pak në personin tim: disa vuejtje të vogla e normale. Këto nisen ma vonë te unë. Kështu me sa vuejtje familjare, me vdekjen tragjike të mbytjes së vëllait në ujë, me salvimet e meshtarëve e të popullit, veçanërisht për fe, të katolikëve, me skrupujt e jashtëzakonshëm, që më kanë torturue shpirtin e trupin për mase tri vjetë, me arrestimin e burgun tim dymbëdhjetë vjetë nga dita në ditë, e arrestimin e dy herëve të tjera, por pa u dënue, me sëmundje të randa dhe me rrezik vdekjeje e sa e sa provëve të tjera të vogla e të mëdha, deri me ndonjë shpifje publike në jetën time meshtarake, që më ka takue të dëgjoj, por pa jetë të gjatë. Të gjitha këto janë sjellë në mue, por tham, në një lloj gëzimi shpirtnuere kam pa se Zoti i ka lejue për të mirën e shpirtit tim...

Tue qenë se ky roman asht autobiografik, personazhi kryesuer jam unë. Dalin por edhe një numër i madh njerëzish shumë pozitiv, si njerëzit e familjes time, mësuesit, profesorët e shkollave, njerëzit e Kishës, bamirësit gjatë kohës së burgut tim e të vëllait, Gjergjit e në kohën e lirisë Kisha, institucionet e rregulltarëve e të rregulltareve, kudo, kur ishte jashtë shteti në sa vende të Europës, mjekët, infemierët gjatë sëmundjeve të mia në spitalet e Shkodres, të Tiranës, San Giovanni Rotondo, të Zemrës së Krishtit në Negrar e të Veronës.

Nuk shkruej për njerëzit që kanë ba keq, veç për ndonjë që ka lanë gjurmë të madhe...

Jam mundue me thanë të vertetën pastër e me sinqeritet, tue vue në dukje të metat, fajet e një kohësisht ma tepër natyren time e me një dëshirë me i rrëfye para Zotit e botës..."[217]

Dom Zef Simoni, sikurse e thërrisnin të gjithë në qytetin e Shkodrës, ishte bir i një familjeje të varfër, e cila së bashku me vëllain e tij meshtarin **dom Gjergj Simonin** dhe motrën e vetme **Çiljetën (Simoni)**, të cilët me shumë sakrifica iu përkushtuan shkollimit dhe (*dy vëllezërit Zefi dhe Gjergji*) thirrjes për t'u bërë prift.

Ai u shugurua më 9 shkurt të vitit 1961 dhe 6 vjet më vonë u arrestua nga forcat e regjimit komunist në shtëpinë e tij, e cila u bastis dhunshëm nga forcat e Sigurimit të Shtetit nazi-komunist dhe punonjësit e Degës së Punëve të Brendshme të qytetit të Shkodrës, në vitin e zi 1967, në kohën e Revolucionit Kulturor Kinez dhe shpalljes fatkeqsish të Shqipërisë si shteti

---

[217] Po ai, po aty.

i parë ateist në botë, ku u burgos menjëherë në Spaç.

Ai shkollën fillore e kreu në shkollën "Skanderbeg" të qytetit. Fillon shkollën e mesme në Liceun Francëskan *"Illyricum"* në Shkodër dhe pas mbylljes së tij, nga komunistët e përfundon në liceun e shtetit *"At Gjergj Fishta"*.

Ai u emërua mësues në shkollën fillore dhe më vonë në 7-vjecare. Mbasi mbaron studimet e larta në Insitutin Pedagogjik në Tiranë në Gjuhë Letërsi, jep mësim gjuhën shqipe në gjimnazin tregtar të qytetit Shkodër.

Pasi kreu edhe studimet e filozofisë dhe të teologjisë pranë Arqipeshkvisë Shkodër, ai shugurohet meshtar në fshehtësi nga **imzot Ernesto M. Çoba**.

Në vitin 1976 ai dënohet me 15 vjet burg nga regjimi komunist, prej të cilave kreu 12 vjet, duke u liruar në vitin 1988. Në vitin 1991 u emërua nga papa Gjon Pali II famullitar i Shkodrës dhe në vitin 1992 Vikar i Përgjithshëm i Shkodrës dhe i tre famullive të tjera: Pult, Lezhë dhe Mirditë, detyrë që e mbajti deri në vitin 1993, kur u emërua ipeshkëv.

Më 25 prill të vitit 1993, prelati ynë shugurohet si ipeshkëv nga Shkëlqësia e Tij, papa Gjon Pali II në Katedralen e madhe e shën Shtjefinit protomartir të Shkodrës. Ai caktohet nga Konfecenca Episkopale e Shqipërisë, për të folur mbi persekutimin dhe nevojat e sotme të kishës në disa vende të ndryshme të Europës, si: Francë, Poloni dhe disa herë në Itali, Austri, në Mynih të Gjermanisë, Kosovë dhe Mal të Zi.

Si shkrimtar geg, ai iu dedikua shkrimeve qysh në moshën rinore, me ridaljen e revistës **"Kumbona e së dielës"**, ku ishte drejtor i saj dhe nis edhe botimin e punimeve të ndryshme të tij. Gjatë gjithë kohës boton në italisht në gazetën e përditshme **"Osservatore Romano"**, organ zyrtar i Selisë së Shenjtë në Vatikani.

Monsinjori, mbajti një ligjeratë pikëdhuese për kalvarin e gjatë të Klerit Katolik në Shqipëri gjatë viteve 1944-1990, në një Simpozium Ndërkombëtar **"Krishtërimi ndër shekuj"** në maj të vitit 2000 mbi shkallën e madhe të persekutimit, torturave dhe akteve të dhunës në Shqipëri nga diktatori Enver Hoxha dhe regjimi tij totalitar.

Në kujtimet e veta, ipeshkvi-ndihmës i Shkodrës, imzot Zef Simoni ndalet në vitet e errëta të persekutimit komunist në vend, por edhe tek përpjekja e vazhdueshme mbarëkombëtare për ruajtjen e orientimin perëndimor të shqiptarëve.

Prelati ynë, bëri shumë vjet burg e, pikërisht në qelitë e shtetit ateist, pa letër pa laps, nisi krijimet e tij të para, të regjistruara e të ruajtura në arkivin e trurit. Këto vepra i hodhi në letër e i botoi vetëm pasi doli nga burgu.

Ai e krahasoi me të drejtë kampin e burgut komunist, me kampet naziste të përqendrimit dhe shfarosjes masive si Maut'hausen dhe Aushvicin, gjatë kohës së Luftës së Dytë Botërore.

Prelati i ynë e dokumentoi periudhën e përndjekjes së klerit katolik nga viti 1944 deri më 1990 në librin Martirizimi i Kishës Katolike Shqiptare (1944-1990), i cili u përkthye edhe në italisht.

Në vitin 1992 u caktua ipeshkëv titullar i ipeshkvisë së Bararus-it dhe ndihmës-ipeshkëv të Arqipeshkvisë së qytetit të madh verior Shkodrës. Emërimi titullar si **Monsinjor** iu dha **më 25 prill 1993** nga vetë Ati i Shenjtë Papa Gjon Pali II. Asokohe prelati i ri, ishte ndër katër ipeshkvit e parë të periudhës pas-komuniste.

Më 20 janar 2004, iu pranua dorëheqja nga shërbimet fetare për arsye të moshës së thyer nga papa Gjon Pali II. Prelati dhe shkrimtari ynë geg, ka qenë anëtar i rrregullt i Konferencës Ipeshkvnore Shqiptare deri sa kaloi në amshim.

Organizmi dhe hierarkia e Kishës Katolike Romake në Shqipëri 1993 dhe sot

Organizimi kishtar katolik fillon mbas shembjes së diktaturës komuniste dhe rifitimit të lirisë fetare në Shqipërinë poskomuniste. Mesha e parë e mbajtur në vorrezat katolike të lashta dhe historike të Rrmajit (**sot të shpallur nga shteti shqiptar si monumente kulture**) më 4 dhjetor 1990 shënoi hapjen e dyerve të kishave dhe objekteve të tjera fetare në Shqipërinë poskomuniste.

Kështu sot kemi Arqipeshkvinë Metropolitane e Tiranë-Durrës, Arqipeshkvia Metropolitane e Shkodër-Pult, Ipeshkvia e Sapës, Ipeshkvia e Lezhës, Ipeshkvia e Rrëshenit, Administratura Apostolike e Shqipërisë së Jugut.

Prelati shqiptar mons. Zef Simoni ipeshkëv, ishte përfaqësuesi i parë i kishës shqiptare në një ngjarje të madhe si Sinodi i Ipeshkvijve për Evropën Lindore, që u mbajt në Vatikan më 28 nëntor 1991, e më pas në shumë ngjarje të tjera të rëndësishme kishtare.

Riorganizimi i hierarkisë kishtare filloi më 25 prill 1993, kur Papa Gjon Pali II vizitoi Shqipërinë, duke u ndaluar në Shkodër pranë kishës së famshme Zoja e Shkodrës, rrëzë kështjellës Rozafa dhe më pas shkoi në

Tiranë, ku në kryeqytet ai mbajti një përshëndetje historike për mbarë popullin shqiptar.

Ati i Shenjtë, gjatë vizitës i dhuroi kishës së martirizuar hierarkinë e re të pasdiktarurës katër ipeshkvij të rinj: **Imzot Frano Illinë (1918-1998), imzot Rrok Mirditën (1939-2015), imzot Robert Ashtën (1918-1998) dhe imzot Zef Simonin (1928-2009).**

Më 26 nëntor 1994, Ati i Shenjtë, krijoi dhe shuguroi në Kishën e Parë Katolike apo Bazilikën e shën Pjetrit Kardinalin e Parë në të gjithë historinë e lavdishme martire të popullit shqiptar, **Hirësinë e tij, Mikel Koliqin (1900-1997)**.

Më 7 dhjetor 1996, *Shenjtëria e Tij papa Gjon Pali II*, në vijim të riorganizimit të dioqezave të kishës katolike në Shqipëri, themeloi dioqezën e Rrëshenit (Mirditë), në vend të abacisë së Oroshit dhe emëroi të parin Ipeshkëv të Rrëshenit dhe administrator apostolik të dioqezës së Lezhës, **atë Angelo Massafra o.f.m.** (arbëresh), asokohe Këshilltar i Provincës Franceskane Shqiptare dhe famullitar i Troshanit; ndërsa administrator apostolik të Shqipërisë së Jugut, emëroi **atë Hil Kabashin o.f.m.**, asokohe kapelan i besimtarëve shqiptarë në Gjermani.

Papa Gjon Pali II, siguroi tre ipeshkvij të rinj: Imzot Mark Sopin, ipeshkëv i Kosovës më 6 janar 1996 në bazilikën e shën Pietrit në Vatikan; Imzot Angelo Massafra, më 6 janar 1997 në bazilikën e shën Pjetrit në Vatikan; Imzot Hil Kabashin më 6 janar 1997 në bazilikën e shën Pjetrit në Vatikan.

Më 28 mars 1998, *imzot Angelo Massafra* u emërua kryeipeshkëv metropolit i Shkodrës, duke zënë vendin e mons. Illisë, pas vdekjes dhe më 29 qershor 1998 mori nga duart e papës Gjon Pali II në Vatikan palion e kryeipeshkvit metropolit.

Më 10 korrik 1998, *imzot Zef Gashi* u emërua kryeipeshkëv i Tivarit; u shugurua më 19 shtator 1998, në bazilikën e shën Pjetrit në Vatikan.

Më 25 janar 2005, papa Gjon Pali II miratoi riorganizimin e dioqezave të kishës katolike në Shqipëri, si vijon: ngriti në rangun e Selisë Metropolite, Kryedioqezën e Tiranë-Durrësit, duke e ndryshuar kështu emërtimin Kryedioqeza e Durrës-Tiranës dhe duke i caktuar si sufragane dioqezën e Rrëshenit dhe Administraturën Apostolike të Shqipërisë së Jugut; i bashkëngjiti dioqezën e Pultit, Kryedioqezës Metropolite të Shkodrës, që u emërtua Kryedioqeza e Shkodër-Pultit, duke lënë si sufragane të të njëjtës kryedioqezë, dioqezën e Lezhës dhe të Sapës.

Më 18 mars 2005, imzot Mirditës iu dorëzua *bula papnore* për kthimin e kryedioqezës së Tiranë-Durrësit në seli metropolite.

Më 25 janar 2006, Papa Benedikti XVI, në vijim të riorganizimit të hierarkisë së kishës katolike në Shqipëri fatmirësisht emëroi tre ipeshkvij të rinj: *Imzot Dodë Gjergjin, ipeshkëv i Sapës, imzot Ottavio Vitale, ipeshkëv i Lezhës dhe imzot Cristoforo Palmieri, ipeshkëv i Rrëshenit.*

Më 12 dhjetor 2006, Ati i Shenjtë Benedikti XVI emëroi Administrator Apostolik të Prizrenit (Kosovë) imzot Dodë Gjergjin, duke e transferuar nga dioqeza e Sapës (Shqipëri) dhe si Ipeshkëv të Sapës (Shqipëri), emëroi **monsigneur Lucjan Avgustinin (1963-2016)**,[218] deri asokohe Vikar i

---

[218] **Imzot Lucjan Avgustini (1963-2016)**, Ipeshkëv i Sapës. Ai lindi me 23 gusht të vitit 1963 në Ferizaj (Kosovë). Shkollën fillore e kreu në Ferizaj, të mesmen në gjimnazin klasik në Suboticë, Fakultetin Teologjik në Zagreb, ku edhe është diplomuar në Teologji Morale. Me 15 gusht të vitit 1989, ai shugurohet meshtar në Zym të Hasit, nga imzot Nikë Prela Ipeshkëv i Kosovës. Me 10 shtator 1989, emërohet ndihmës për botime liturgjike në gjuhën shqipe dhe ushtron detyrën e sekretarit të ipeshkvit Imzot Nikë Prelës. Në fillim të muajit mars të vitit 1991 pas përmbysjes së komunizmit dhe rihapjes së kishave, vjen për herë të parë në Shqipëri, si i dërguar i ipeshkvit të Kosovës, Imzot Nikë Prela. Merr pjesë në hapjen e shtëpisë së parë të murgeshave të Misionit të Bamirëse të Nanë Terezës në Tiranë dhe pastaj në hapjen e kishës katedrale të shën Shtjefinit në qytetin e Shkodrës. Në vitin 1992, ai emërohet drejtor i Caritas-it të Kosovës, institucion ky i sapoformuar. Në prill të vitit 1993, emërohet famullitar në Ferizaj. Në vitin 1994, duke i pasur parasysh nevojat e mëdha të kishës në Shqipëri, ofrohet vullnetarisht për mbarështimin e shërbesës baritore në Arqipeshkvinë e Shkodrës. Si fillim ka ushtruar detyrën e ndihmës famullitarit në katedralen e Shkodrës, ndërsa nga korriku i vitit 1995 emërohet famullitar i saj. Në vitin 1997, me 24 maj, emërohet prej Atit të shenjtë, shën Gjon Pali II, Kapelan i tij duke i dhënë titullin Monsinjor. Në vitin 1998 nga Arqipeshkëvi Metropolitan i Shkodrës imzot Angelo Massafra o.f.m., emërohet në detyrën e Vikarit të Përgjithshëm të kësaj Dioqeze. Në dhjetor të vitit 2006, emërohet Ipeshkëv i Dioqezës së Sapës. Më 6 janar të vitit 2007 shugurohet Ipeshkëv në Katedralen Nënë Tereza në Vau-Dejës. Gjatë viteve 2009-2012, ushtroi detyrën e Sekretarit të Përgjithshëm të Konferencës Ipeshkëvore të Shqipërisë. Në vitin 2012, zgjidhet Nënkryetar i Konferencës Ipeshkëvore të Shqipërisë. Në brendësi të Konferencës Ipeshkëvore të Shqipërisë, ai ushtroi edhe detyrën e Kryetarit të Komisionit për Ekumenizëm, të Komisionit për Kulturë dhe atë për Katekezë. Në shenje nderimi dhe respekti te thelle dhe per kontributin e madh qe meshtari dha per banoret e tij, Bashkia e qytetit Vau të Dejës, Shkodër, i jep titullin shkollë së mesme me emërin "**Imzot Lucjan Av-**

Përgjithshëm i kryedioqezës metropolitane të Shkodër-Pultit.

Shkrimtari gegë imzot Simoni
sipas pendes së poetit gegë Anton Çefa

Poeti, studiuesi dhe ish editori i gazetës shqiptaro-amerikane *"Dielli"* (1909) të Federatës Panshqiptare *"Vatra"* (1912) **shkodrani Anton Çefa**, me banim ne New Jersey, SHBA, mbi veprën **"Letërsia e pame ndryshe"** të autorit Zef Simoni, Ipeshkëv, ndër të tjera vlerëson: *"Ky libër, që i paraqitet lexuesit nga Monsinior Zef Simoni, - "Letërsia e pame ndryshe" - pa synue për të qenë një monografi kritike analitike, e hollësishme e gjithpërfshise e letërsisë sonë, ravijëzon në një vështrim panoramik personalitetet e letrave tona, përbasit ma të qenësishëm të veprave letrare, kumteve të tyne, duke ndërthurë aty-këtu edhe shpjegime për çashtje të ndryshme teorike të artit, qenësisë së tij, marrëdhënieve të tij me realitetet shoqnore; kryesisht, me religjionin dhe moralin.*

E shkrueme me dorën e një shqetësimi të vetëdijshëm, të thellë e nevralgjik ndaj ndikimeve të përmbajtjeve e mesazheve letrare negative dhe vlerësimeve të gabueme a të ndergjegjshme e të qellimshme të kritikës letrare në të kaluemen, dhe me përkushtimin human të një prifti ndaj misionit të vet, që asht qiellor pikërisht sepse asht i lidhun ngusht me tokën e hallet e saj, vepra godet pa mëshirë "mëkatet", tue shtrue nevojën e "pen-

---

gustini" si dhe krijohet Fondacioni **"Imzot Lucjan Avgustini"**. Në katedralen e Nënë Terezës në Vaun e Dejës u mbajt funerali i ipeshkvit të ndjerë të Sapës, imzot Lucjan Avgustinit. Në meshën e përcjelljes, përveç krerëve të kishës katolike në Shqipëri, morën pjesë edhe ish-presidenti Bujar Nishani dhe ish-presidenti dr. Sali Berisha. Mesha u kryesua nga kryeipeshkvi metropolit i Shkodër-Pultit, imzot Angelo Massafra, ndërsa homelia u mbajt nga ipeshkvi i Kosovës, imzot Dodë Gjergji, Nunci Apostolik në Shqipëri, imzot Romiro Moliner Ingles, e gjithë hierarkia e kishës katolike në Shqipëri, meshtarët dhe motrat e nderit të Shqipërisë, Kosovës dhe Malit të Zi. Ati i Shenjtë papa Françesku I, ka shprehur afërsinë e tij shpirtërore me familjarët, me presbiterin dhe me të gjithë besimtarët nëpërmjet një mesazhi ngushëllues, në të cilin thuhet: *"Duke kujtuar shërbesën kishtare bujare të bariut të denjë, Shenjtëria e Tij i lutet Zotit për shpërblimin e amshuar që u është premtuar shërbëtorëve besnikë të Ungjillit dhe i kërkon së lumes Virgjër Mari të ndërmjetësojë për të marrë prej Zotit ngushëllimin e krishterë për të gjithë ata që qajnë Ipeshkvin e ndjerë. Me këto ndjenja, Ati i Shenjtë i jep nga zemra mbarë bashkësisë dioqezane bekimin Apostolik."* Imzot Lucjan Avgustini u varros në banesën e fundit, në kriptën e Katedrales së Nënë Terezës, në Shkodër.

desës" dhe katarsit.

Bukuritë e artit letrar dhe vlerat e tij estetike, njohëse e edukative vihen në peshojën e një kriteri të vetëm kategorik: moralit të veprës letrare.

"Artet, letërsia janë vepër e shpirtit, që i jep frymë religjioni. Religjioni nuk asht art, por vertëtësi e mbinatyrshme prej kah vjen edhe fuqia e virtyteve dhe e frymëzimit".

E shprehun ndryshe në këtë vepër, letërsia trajtohet nga pozitat e një besimtari; ma tej, të një besimtari katolik dhe ma përtej, të një prifti, bile të një ipeshkvi, dhe, njëkohësisht, edhe të një letrari e kritiku, që i njeh letërsisë një mision të naltë edukativ, moral, estetik, dhe patriotik.

Diktue nga qëllimi i trajtimit të landës dhe nga kriteri i këtij trajtimi, vepra fiton një fizionomi strukture të veten, origjinale. Jepen vlerat ma spikatëse për shkrimtarët, përgjithësisht, pa u futë në analiza të plota veprash, krtikohen pikëpamjet dhe mesazhet, që kanë sjellë ndikime negative në formimin e lexuesve.

Shkrimet kundër besimit, kundër Zotit *"në vend që të sjellin përparim, bijnë regres, në vend të shpëtimit disfatën, në vend të lirisë terrorin, të qetësisë shpirtnore vrasjen shpirtnore e në vend të rendit anarkinë".*

Kështu, tehut të ashpër të kritikës nuk i kanë shpëtue as kulmet e letërsisë sonë aq të vlerësuem në studimet e deritashme, si: Naimi, Noli, Konica, Koliqi, etj. Damtimet në moralin e veprës letrare - argumenton autori - kanë rrjedhë nga ndikimet filozofike, sociologjike e politike të doktrinave, që bien ndesh me moralin fetar, e damtojnë apo e mohojnë atë.

Në mënyrë të veçantë, janë kritikuar ndikimet nga deizmi, panteizmi, iluminizmi në fillim dhe që kanë përfundue tek pozitivizmi e materializmi. Deizmi dënohet si rrugë që futë mësimin dhe idenë se Perendia nuk ka asnjë lidhje me botën. Simbas kësaj doktrine, Zoti asht vetëm një spektator e njerëzimi ka punën e vet ndër të mira e ndër të këqija.

Në vijë të këtij gjykimi, autori shtron pyetjen: *"Çka kishin me na u dashtë ne lidhjet me njeni-tjetrin, po të mungojshin lidhjet me Zotin e të Zotit me ne?"*

Mësimet e ilumistave me idetë e tyne çuan tek pozitivizmi i August Compte-s, *"një teori reaksionare me ide të kufizueme, që do të përjashtojshin me përbuzje të mbinatyrshmen".*

Kritikohet deizmi i Samiut dhe panteizmi i Naimit që *"e ban të njajtë Zotin me materien"*, tue i hapë rrugën materializmit dhe darvinizmit ekstrem.

Shumë ashpër kritikohet Çajupi, që përveç se asht *"shkrimtar i sa shkrimeve atdhetare e vjershave të bukura"*, asht kundërshtar i besimit dhe antiklerikal.

Me anën e një pyetjeje retotike të fuqishme, autori i drejtohet lexuesit: *"A me këso idesh do të mbëkambet Shqipënia?! Cila kishte për të kenë detyra jonë të dojë e të çmojë për hir të disa rreshtave të mirë e letrarë persona që nuk duen të njohin Zotin e ta luftojnë?"*

Mbasi jepen vlerësimet ma të nalta për Nolin *"fjala e të cilit asht e madhnueshme si poezi ashtu edhe në prozën përshkruese, tregimtare e parashtruese, me fuqi burrnore e heroike"* dhe që cilësohet si *"bomba historike nëpër terrenet mbretnore të monarkisë sulltanore"*, që në poezitë e tij *"jepte një strukturë zemrake të politikës shqiptare me një shpirt demokratik të vendosun"*, Noli kritikohet për përkthimet nga Shekspiri, sidomos për Hamletin, ku predikohet hakmarrja, për përkthimin e Ibsenit e të Hauptmanit me burime devijimesh e të sa mendimeve damtuese.

Autorë si Koliqi, Konica, rishtas Noli, kritikohen, për licensiozitet; Konica për stilin fyes plot shamje e fjalë të ndyta. Vihet në dukje e argumentohet fakti që duhet të shahet e të urrehet e keqja e jo i keqi, njeriu. Noli kritikohet për *"Rubairat"* dhe Koliqi për *"Shija e bukës mbrume"*, *"ku ka landë që prishin një popull, tue rritë një rini të prirun kah instinkte"*.

Ma ashpër se të gjithë shkrimtarët kritikohet Migjeni *"si përkrahës i një bote të pa Zot e i një shoqnije pa religjion"*. Migjeni, *"figura e sëmunrë e anti-Krishtit në letërsinë tonë"*, *sado që qe një artist i madh origjinal,"* me proza e poezi të dhimbshme që futën në thellësi të fatkeqësive, të mjerimeve tona, por tue çue kah protesta të rrezikshme, pse për idetë që paraqet autori, damet i sjell të mëdha, me landë kryesisht pa Zot e mbushë me urejtje kundër klerit katolik.

Ai ka shkrue me urrejtje kundër motrave, që i kanë sjellë aq e aq të mira të sëmurëve e të vorfënve. Mjafton me përmendë **Nanë Terezen** me urdhnat, që ka krijue ajo dhe pa lanë mbanesh edhe murgeshat e spitalit Torre Pelice, që u kujdesën me dashtëni e sakrificë për poetin e sëmundë.

Me këto ide, ai do t'i bante shërbim komunizmit, i cili *"do të luftonte e do të punonte pa asnjë lavdi për të shërue plagët e botës, mbushë me vorfni e shtypje, por që askush nuk do t'ia shtonte ma randë, ma idhtë, me persekutim të rafinuem e të parafinuem të vobektëve, të shtypunve e të drejtëve mjerimet me të gjitha format, për t'u quejtë me të vërtetë komunizëm tanësisht mbrapshti e rrenim"*. Simbas teologjisë e moralit kristian të këqijat e vuajtjet e njerëzimit shërohen me ndimën e Krijuesit.

"Letërsia e pame ndryshe, nuk përfill rrymat letrare: "nuk kemi pasë rryma të zhvillueme letrare si letërsitë e mëdha të kombeve tjera", "kemi copa rrymash";

por i njeh letërsisë sonë vetëm një rrymë: atë të realizmit socialist, e cila – si letërsi e mbështetun në skajin ma negativ të filozofisë, në materializmin dialektik e historik dhe në ideologjinë marksiste-leniniste, pjellë e tij, – nuk pasqyron të vërtetën, por e shtrembnon atë."

Në kjoftë se një vepër nuk ka vërtetësi rranjësisht, qëndron gënjeshtra e, ma tepër se gënjeshtra, dhuna e përzieme me atë, mungon baza e artit, esenca e tij." - thotë autori.

"Veprat e realizmit socialist ngrihen kundër pronës private, kundër religjionit, kundër jetës njerëzore, familjare, shoqnore, intelektuale, me diktaturën e egër të luftës së klasave."

Prandaj, për hir të talentit, për hir të mjeshtërisë artistike *"nuk duhen vlerësue kurrë veprat e përmbajtjes helmuese"*.

Kështu **kritikohen Dritëro Agolli, Ismail Kadare, Jakov Xoxe, Dhimitër Shuteriqi,** etj. Permendën si disidentë Trebeshina e Xhaferi; vlerësohet nalt Camaj, me atributin *"fuqia e pendës"*, i cili në romanin "Rrathët" ka paraqitë *"individin në një shoqëni totalitare, që kalon në tre rrathë: rrathë uji, rrathë zjarri e rrathë gjaku"* ...

Trajtohen ma ndej një grup shkrimtarësh klerikë mbas diktaturës, si: **Dom Nikollë Mazreku, dom Jak Zekaj, atë Zef Pllumi, mons. Frano Illia, dom Zef Simoni,** që vuejten burgjet komuniste, por nuk u përkulen dhe i qendruen besnikë besimit dhe atdheut dhe vertetësisë së artit.

Gjithashtu çeken shkrimtarët e burgosun: **Musine Kokalari, Pjetër Arbnori, Frederik Reshpja, Visar Zhit, Maks Velo, Luan Myftiu,** si dhe disa shkrimtarë të talentuem të ditëve tona si **Fatos Kongoli, Preç Zogaj, Rudolf Marku, Besnik Mustafaj.**

Libri përfundon me *"I persosuni i botës e i gjithçkafes asht Zoti"* ...

* * *

Vepra ka një fizionomi të vetën parashtrimi, që buron nga fakti që nga pena e autorit nuk rrjedh vetëm gjykimi, analiza e ftohtë e studiuesit; sepse, tue qenë një personalitet i letrave, penën e ven në lëvizje edhe një forcë tjetër shpirtnore: *ndjenja.*

Gjykim e ndjenjë përndriten nga ideali. Komentet janë origjinale, hove të fuqishme, të befasishme e të sinqerta, të indëzueme përherë nga emocione të fuqishme. Po bie një shembull: Në fillimin e bukolikës së Naimit "Bagëti e Bujqësi": 'O ju malet e Shqipërisë e ju o lisat e gjatë!' - shkruen autori - na shtohen ndiesitë, kemi një hymen që këndon madhëni shqiptare e me prirje naltësie, për të cilën kemi aq nevojë. Malet që kanë një bukuri egërsuese, kanë edhe ajrin e pastër e fuqinë mitike të orëve e të zanave: një pastërti që të jep mundësi të shofish në thellësi, e sadopak në horizont".

Kjo fizionomi parashtrimi e landës i jep një vulë origjinaliteti bukurie të veçantë stilit të autorit, i sendërtuem me fraza shpesh të gjata e po aq shpesh edhe të shkurta, shumë herë eliptike. Do të zgjateshim po të jepshim shembuj.

Asht një stil tashma karakteristik, që e dallon autorin; një stil i kon-soliduem, sepse ai e ka përdorë vazhdimisht, edhe në vepra dokumentare, memoriale e edhe letrare artistike.

Ndër shumë elemente të tjerë stilistikë të shfrytëzuem mjeshtërisht, më vjen mbarë të dalloj përdorimin e dendun të shkallëzimeve, aliteracioneve dhe esklamacioneve në funksion të sqarimit e të përforcimit të idesë, thellimit dhe shtrimjes së ndjenjës. Jo vetëm frazat e shkurta e të ran-dueme nga mendimi, po edhe të gjatat, jo rrallë i japin stilit ngjyra sentence: "*Arti për të ekzistue duhet të japë vlerat poiztive të kohës*", "*Artisti i përkryem në ekzistencë asht Zoti*", "Ideali ma i zgjedhun në botën e fajeve asht ai i pendimit rranjësuer.

Njeriu i papenduem nuk ka njohje të hapun, as ecje e jo udhë zhvillimi. Udha e zhvillimit ka horizontet e veta, që shkojnë shumë thellë: thellësi të pastërta e bukuri sublime, që i përkasin idealeve ma të nalta të njofjes", "*bashkimi, që fillon me mirëkuptim, duhet të arrijë te harmonia. Ma vonë vjen uniteti që asht maja e dukshme e suksesit*".

Ky stil origjinal e gjen veten sidomos në përcaktimet e veprave, në karakterizimet e personaliteteve të letrave, të situatave dhe të fakteve të veçanta, me anën e fjalive të shkurta, zakonisht eliptike, me epitete e atribute, të veshuna aty-këtu me një rrobë të mëndafshtë metaforike, që shkojnë crescendo, me përsëritje në përforcim e sqarim të ideve, etj. Ja një fragment nga karakterizimi i Fishtës: "*…Talent mbi talent. Asht i dashtun, i rreptë, i fuqishëm, mendimtar, meditativ, i gojës, i zemrës, energjik, i shiut të butë, i reve të zeza, i rrufeve e i bubullimave, e i qiellit, i qiellit të kaltër në hapsinat shqiptare, i pavdekshëm edhe mbas deke, monument në vorr edhe kur eshtnat e tij të jenë tretun…*", "*Në pikapamje artistike asht i veçantë: asht një thellësi, naltësi, shtrisi me një ushtimë, me krizëm dhe me tinguj melodiozë…*".

Vepra lexohet me kënaqësi e shije për stilin; me interes për idetë origji-nale, për mënyrën e trajtimit të landës dhe përfundimet e arrituna; me kër-shëri për komentet, vlerësimet e sidomos për tehun e kritikës; me përfitim e dobi si një pamje e veçantë, e ndryshme, e letërsisë sonë. Edhe pse e shkrueme nga një meshtar katolik, ajo lexohet me andje nga çdo njeri i zakonshëm, i çdo besimi qoftë; mjafton që për te *"nuk ka ideal ma të naltë se me njoftë Zotin, me pranue qenien e Tij, se me e dashtë Zotin, me i shërbye e me jetue për Atë"*. Sepse, *"me njoftë qenien e mbinatyrshme – thotë autori – asht në natyrën njerëzore."*

Dëshmoj për persekutimin e Kishës Katolike në Shqipni, 1944-1990 Imzot Zef Simoni, Ipeshkëv

Me 16 gusht të vjetit 1944, me rastin e festës së Shën Rrokut që kremtohet posaçërisht në Shirokë, një fshat buzë liqenit të Shkodrës, në proçesionin e kësaj dite, Dom Ndre Zadeja, meshtari i detyrës, gojëtari në za dhe shkrimtari i zgjedhun, i flaktë në zemër, e nder vepra për "Fe e Atdhe", binom që kishte karakterizuar klerin katolik historikisht e sidomos në kohët e luftave të Gjergj Kastriotit-Skanderbeut, këto fjalë i tha popullit e rinisë: *"Dy fjalë i kam sot me ju, sidomos me ju, o të rij. Një re e zezë me një ideologji të kuqe po vjen mbi kokat tueja. Ajo ka ndërmend të shprazet mbi ju, por atëherë s'keni për të pasë shka me i ba, veç me bajtë e me i sprovue të këqiat, se përveç të zezave të tjera që ka, ajo mohon edhe Zotin."*

Këto fjalë i tha tre muej e pak, para se të hynte komunizmi në Shqipni e gati shtatë muej para se të pushkatohej meshtari i zjarrtë, i vlershëm Dom Ndre Zadeja, i pari meshtar i pushkatuem në Shkodër, mbas murit të vorrezave katolike, me datën 25 mars 1945, ditë e dielle, ngjarje kjo që tronditi Shkodrën, rrethet, malësitë dhe mbarë Shqipninë.

Komunistët e morën vesh vonë, se Mesha e mesnatës për Krishtlindje, me 24 të dhetorit 1944 në Kishën Katedrale nuk do të thuhej, se mos ngjante ndonjë turbullim. Por regjimi i ri nuk e duronte këte veprim.

Prandaj, disa nacionalë-çlirimtarë të krishtenë edhe ndonjë komunist i krishtenë, ndonëse vonë, rreth orës dy të mbasdrekes iu drejtuen Kryeipeshkvit të Shkodrës, Imzot Gaspër Thaçit me lutje të thuhej Mesha e Mesnatës. Mbasi Imzoti u tha se tashti asht tepër vonë me lajmue popullin, këta i premtuen se merrshin përsipër ta lajmojshin. Shkojshin derë në derë tue thanë: *"Sonte thuhet mesha e mos kini frikë, pse besimi asht i lirë."*

Për ma tepër, po të thonte kush se besimi nuk do të ishte i lirë, kjo do të quhej prej regjimit të ri një shpifje, një parullë e fortë e reaksionit e do të kishte ndeshkime. Shej i sigurtë se nuk do të kishte dredhi u ba të ramët e kumbonëve në mbarë qytetin e një popull i madh mori pjesë qetësisht e me shumë gëzim në Meshen e Mesnatës.

Por regjimi i ri nuk mundi të durojë gjatë, nuk mundi të qëndronte pa gënjeshtrat e veta e pa gënjeshtarë në gjithçka. Filloi shpejt përsekutimi, një përsekutim i posaçëm në botë e në historinë e kombit tonë, një masakër fanatike dhe e vazhdueshme 50-vjeçare, për të rrenue gjithshka me vlerë që ishte arrijtë sidomos mbas pavarësisë.

Lufta kundër Kishës e besimit katolik në këtë kohë mund të ndahet në tri faza:

E para, fillon nga vjeti 1945 deri në 1950. Asht ajo e zhdukjes së klerit me burgime e pushkatime, mbas torturave fort çnjerëzore, të zhdukjes së vlerave shpirtnore e kulturore katolike në mbarë Shqipninë, nën udhëheqjen e Partisë Komuniste, drejtue prej Enver Hoxhës, mbështetë në politiken sllave direkt në Shqipni, drejtue prej Titos.

E dyta fazë, nisë nga vjeti 1951 deri në 1960 e asht ajo, që na po e quajmë një lloj pakësimi të ashpërsimit të luftës kundër fesë, mbas prishjes së marrëdhanieve me Jugosllavinë.

E treta, mbas prishjes me Bashkimin Sovjetik 1960, por tue mbajtë vijën staliniane, ajo e periudhës kineze, kur do të ngjajnë presione kineze, mbyllja e kishave dhe e të gjitha institucioneve fetare në Shqipni, me revolucionin kultural, deri në 1990.

Shqipnia, kishtarisht kishte pesë dioqeza dhe Abacinë Nullius të Mirditës. Ishte arkidioqeza e Shkodrës, qendër metropolitane që drejtohej nga arqipeshkvi i saj Imzot Gaspër Thaçi, Arqipeshkvia e Durrësit me arqipeshkvin Imzot Vinçenc Prennushin, që ishte edhe Administrator i Shqipnisë së Jugut, Imzot Gjergj Volaj, ipeshkëv i dioqezës së Sapës, Ipeshkvia e Lezhës me Imzot Luigj Bumçin, Ipeshkvia e Pultit me Imzot Bernardin Shllakun, Abacia Nullius e Mirditës, me qendër në Orosh me Ipeshkvin Imzot Frano Gjinin dhe Delegatin Apostolik, me qendër në Shkoder, Imzot Leone Nigris. Gjindeshin në Shqipni disa urdhna rregulltarësh e rregulltaresh. Urdhni i Shën Françeskut me provinçialin në Shkodër, urdhën i hershëm qysh në shekullin XIII, që, simbas tradítës, me ardhjen e shën Françeskut në Lezhë.

Një urdhen që mbante misionin edhe në zonat ma të vështira të Dukagjinit. Lavroi gjuhën shqipe e hapi një farë shkolle të mesme në Pllanën e Zejmenit, në shekullin e shtatëmbëdhetë, edhe dy shkolla, ajo e Troshanit dhe e Blinishtit.

Ja se si i përshkruan kujtimet e tij me vuajtje pambarim **atë Anton Luli S.J. (1910-1998)**, pikërisht *Natën e Madhe të Krishtlindjes, në një nevojtore burgu komunist:*

"Isha në burg atë natë, kur mbarë bota e krishtenë përkujtonte lindjen e Jezu Krishtit me një festë shumë prekëse.

Shefi i policisë më zvarriti në një nevojtore tanë handrak, në katin sipër. Aty më urdhnoi me u zhdeshë picak.

Mandej lavari nji litar në tra, ma kaloi nën stjetulla e më detyroi me u çue në maje të gishtave.

Më lidhi fort. Në mënyrë që trupi të mos mujte me pushue, tue e prekë tokën me kambë. E ngrehi litarin e ndjeva një dhimbje të mprehtë.

M'u duk se m'u thyen tanë eshtënt. Mbeta varë ndërmjet tavanit e dyshemes, të cilën e prekshe sapak vetëm me majet e gishtave të kambëve.

Bota kremtonte Natën e Krishtlindjes. Ndërsa këtu ishte terr, shi, ftohtë. Mbeta varë, në heshtje të thellë. Një gjysëm ore, ndoshta. A një orë. Nuk më kujtohet sa.

Mandej ndjeva se po më akulloheshin kambët e akulli ngjitej kadalë-kadalë. Ngjitej në gjuj, në stomak mandej… edhe pak, edhe pak, e do të mbërrinte në zemër.

Më kapën të dridhuna të forta. Nuk isha ma në gjendje me e sundue trupin tem, varun në terrin e zi të natës ma të shndritshme të vjetës.

Thashë me vedi: "Tashti do të des me siguri. Vjerrë mbi handrakun e nevojtores së palame qyshkur. Në vend që të isha pranë elterit, la me dritën e Natës së Madhe!".

Ndjeva se akullina po më prekte zemrën. Atëherë nisa me bërtitë me disprim. Shefi i policisë më ndigjoi e vrapoi në atë gjiriz, ku kalojshe, ndoshta, natën e fundit të Krishtlindjes, e të jetës. Më preku nën gju. E pa se po jepshe shpirt. Nuk i duhesha gja i dekun…

*Më zgjidhi, prandej, shpejt shpejt e më çoi në dhomën e tij. Aty ishte një stufë e ndezun. Më vuni aq pranë stufës, sa kjesh në rrezik me u djegë për së gjalli, sepse trupi ishte ngri aq, sa nuk e ndiente ma nxehtësinë. Vetëm mbas një gjysë ore jeta nisi me u kthye në trupin e mardhun… **Nata e Krishtlindjes… Isha gjallë!".***

Në qytetin e Shkodrës fretënt kambëzbathë, me sandale, hapshin të parën shkollë fillore publike në Shqipni, për të vorfënit, me 1861. Ma vonë të vorfnit e Asisit hapën edhe liceun **"Illyricum"** i një niveli të naltë, me nxanës nga mbarë Shqipnia e për të krishtenë e muslimanë. Një urdhën që dha figura të shqueme të dijës në të gjitha fushat si gjuhëtarë, shkrimtarë, profesorë të shquem të kulturës klasike greko-romake, historianë si: **Mons. Vinçenc Prennushi, Atë Anton Harapi, Atë Gjergj Fishta, Atë Justin Rrota, Atë Marin Sirdani, Atë Pashko Bardhi, Atë Bernardin Pali, Atë Donat Kurti, Atë Gjon Shllaku, me të nipin e vet françeskan, Atë Aleks Baqlin, Atë Frano Kiri, Atë Benedikt Dema, Atë Viktor Volaj, Atë Daniel Gjeçaj** e të tjerë, të gjithë të pregatitun në Universitetet e Europës, tue shtî kulturën pozitive të Europës e tue i dhanë një zhvillim të madh kulturës shqiptare.

Shoqnia "Jezus", me fillesën e vet në Shkodër, në vjetin 1841, bante një mision të përmendun për të rranjosë fenë me devocione e lutje që do të mbesin të paharrueshme edhe gjatë përsekutimit në zemrat e buzët e popullit.

Një mision, që zbuste zakonet e ashpra e pajtonte gjaqet e shumta që arrijshin në gjysmën e parë të shekullit të njëzetë, deri në numrin 4000 pajtime. Një shoqni që sjell e zhvillon një kulturë të mirë europiane e kulturë kombëtare **në Seminarin Papnuer dhe në liceun e Kolegjes Saveriane, tue pasë njerëz të shquem, si: Atë Jak Jungun, Atë Genovizzi-n, Atë Anton Xanonin, Dom Ndré Mjedën, Atë Mark Harapin, Atë Gjon Karmën, Atë Jak Gardin-in, Atë Daniel Dajanin, Atë Giovanni Fausti-n, Atë F. Cordignano-n, Atë Zef Valentini-n, Atë Pjetër Meshkallën, Atë Ndoc Saraçin, Atë Zef Saraçin, etj.**

Salezianët e salezianet, të përhapun në disa qendra në Shqipni, të cilët simbas drejtuesit e pedagogut të madh Dom Gjon Bosko, merreshin kryesisht me rini tue shtie nder ata shpirtin e uratës e të punës.

Orionitët, edhe këta në gjasim të Salezianëve. Kuvendi i motrave Stigmatine, Servite, Vinçenciane, të cilat punojshin aq shumë për edukimin e vajzave në shoqni fetare, në shkolla femnore e Vinçencianët nder spitale. Ishte dhe një numër i madh meshtarësh që shërbejshin në famullitë, o gjindeshin në qytete për të mbajtë shkollat, licetë.

Ndër dhunat e para të qeverisë komuniste ndaj Kishës kje mospranimi i Delegatit Apostolik, Imzot Leone G.B. Nigris 1945, kur po kthente mbas vizitës te Papa, prej Rome në Shqipni. Tue zbritë në Durrës, i kje ndalue të hymit. Në vendin e tij emnohej si Zavendës - delegat Apostolik, Ipeshkvi i Abacisë Nullius, Imzot Frano Gjini. Imzot Gaspër Thaçi, së bashku me Imzot Vinçenc Prennushin u thirrën prej Enver Hoxhës, që u kërkonte bashkëpunim, me konditë që këta të shkëputeshin nga Selia Shejte. Të dy refuzuan me guxim këto propozime. Mbas vdekjes së Imzot Gasper Thaçit, Enver Hoxha provoi përsëri një tentativë tjetër, tue thirrë Imzot Frano Gjinin. Refuzimi i **Imzot Gjinit** ishte i premë: **"Unë nuk do ta ndajë kurrë grigjën teme nga Selia Shejte".**

Asnjë nga kleri katolik nuk pranoi skizëm, gjatë historisë së përsekutimit. I pari meshtar i pushkatuem në Shqipni ka qenë Dom Lazer Shantoja në vjetin 1945. Iu banë tortura të tmerrshme në trupin e tij, tue e copëtue kambësh e duersh. Kur e pau e ama e vet në atë gjendje, i u lut qeverisë tue i thanë se "*e paguej unë plumbin që ta pushkatoni tem bir. Nuk mund të shifet prej askuj në atë gjendje*"!

Shpejt u arrestuen meshtarë françeskanë, si: **i pari, Atë Gegë Luma, famullitar në Berishë e me radhë Atë Dioniz Makaj, në Nikaj e Mertur, Atë Alfons Çuni, Atë Gaspër Suma e Atë Sebastian Dedaj në Theth e Gomsiqe, meshtari misionar gjerman Dom Zef Maksen** e sa e sa të tjerë.

U burgosën Atë Gjergj Vata, i cili nuk ishte konsakrue ende meshtar e Atë Jak Gardin-i i Shoqnisë "Jezus", italian me origjinë, por me vepra, shqiptar i fortë.

Në Liceun e Françeskanëve edhe atë të Jezuitëve, në vjetin shkolluer 1945, imponohej nga regjimi formimi i një celule të rinisë. Vinte një propagandist që fliste. Prezent ishte edhe një profesor, simbas radhe. Në radhën që kishte pasë Atë Jak Gardin-i, i kishte paraqitë mbledhjes së të rijve disa objeksione. Ditën e Shën Luigj Gonzagës, me 21 qershuer, Atë Gardini mbajti predkun në kishë tue naltue figurën e shejtit.

Në kishë ishin edhe disa "agjentë civila", që shënojshin fjalët e tij mbi Zotin e Shejtin. Në këtë ditë të 21 qershorit, ora 9 të mbramjes u arrestue. Ky ishte shkaku i arrestimit dhe i dënimit me dhjetë vjet burgim, që do t'i kalonte nepër burgjet e kampet e punës të Maliqit të Korçes e të Bedenit të Kavajës, pasqyrue ne librin e tij "**Dhetë vjet burg në Shqipni**", i përkthyem në disa gjuhë të Europës dhe në gjuhën shqipe prej Mons. Simon Filipaj.

Me datën 21 të qershorit u arrestue për të parën herë dhe Atë Gjergj Vataj. Me 31 të dhetorit 1945 u zbulue organizata nacionaliste "Bashkimi Shqiptar" me të krishtenë, myslimanë e rrajën e kishte në Seminarin Papnuer në Shkodër. Prej një zelli atdhetar, disa seminaristë vepruen pa dijeninë e të parëve me disa aksione shtypi, me trakte që *shkaktuen edhe arrestimin e pushkatimin e Atë Giovanni Fausti-t, italian, nënprovinçial i Shoqnisë "Jezus" dhe të Atë Daniel Dajanit, shqiptar, Rektor i Kolegjës e i Seminarit.*

Në një grup me këta bashkuen edhe intelektualin aq të shquem shqiptar, Atë Gjon Shllakun, nxanës i neotomistit të shekullit, Jean Jacques Maritain, të akuzuem padrejtësisht se kishte formue demokristianen. Me këtë grup u pushkatue dhe organizatori kryesor, **seminaristi Mark Çuni**. Gjithësej shtatë vetë, në një ditë të mbylltë me shi e me vaj të datës 4 mars 1946.

Në dosjet e tyne, të Ministrisë së Punëve të Mbrendshme, në momentet para pushkatimit, u gjetën fjalët: "**Rrnoftë Krishti Mbret**" dhe "**Falim anmiqtë tanë**". Lëvizja e Postribës, me 9 shtatuer 1946, arrestoi dhe një grup meshtarësh, pa marrë pjesë ata në ketë levizje. **Arrestohen Imzot Frano Gjini, Imzot Gjergj Volaj, Imzot Nikollë Deda, Dom Tomë Laca.** Të tre këta prelatë u pushkatuen.

Në vjetin 1946, zbuluen në malësi të Dukagjinit Atë Anton Harapin, anëtarin e Regjencës, që mbas torturave të randa, u pushkatue së bashku me Lef Nosin e Maliq Bushatin. Provinçialin e françeskanëve, Atë Mati Prennushin, dhe gardianin e fretenve në Shkodër, Atë Çiprian Nikën, të akuzuem me shpifje se kishin futë armët te lteri i kishës së Shënandout, në kishën françeskane të Gjuhadolit, të cilët, mbas një qëndrimi trimash në gjyq, u pushkatuen e vdiqën martirë. **U dënuen e vuejtën randë nder burgje Atë Pal Dodaj, Atë Donat Kurti, Atë Aleks Baqli, Dom Tomë Laca, Atë Mëhill Miraj, Dom Nikollë Shelqeti, Dom Mark Hasi, Fra Zef Pllumi.**

Kuvendi i françeskanëve të Gjuhadolit u shndërrue në një hetuesi të përgjakshme që na e përshkruen saktë Atë Zef Pllumi në librin e vet "Rrno per me tregue" dhe në një burg, ku marrin frymë afër 700 të burgosunish. Edhe frateli i përvuejtë i françeskanëve, fra Ndue Vilaj, që pësoi vetëm tortura, kurse frateli i shquem nga Kosova, i Jezuitëve, Gjon Pantalija, vdiq mbrendë nder tortura. Atë Pal Dodës iu gjet nder mundime si një motër e mirë, Drita Kosturi e si një vëlla i vërtetë nder çastet e vështira, në burgun e Durrësit, Imzot Vinçenc Prennushit, **Arshi Pipa**.

Shumë meshtarë e rregulltarë u arrestuen, u torturuan dhe u dënuen me burgime, si: Dom Ndoc Nikaj, Dom Mikel Koliqi, Atë Mark Harapi, Atë Agustin Ashiku, Atë Marjan Prela, Atë Rrok Gurashi, Dom Jak Zekaj, Dom Nikollë Lasku, Dom Rrok Frisku, Dom Ndue Soku, Dom Vlash Muçaj, Dom Pal Gjini, Fra Zef Pllumi, Dom Zef Shtufi, Dom Prenkë Qefalija, Dom Nikoll Shelqeti, Dom Ndré Lufi, Dom Mark Bicaj, Dom Ndoc Sahatçija, Dom Ejëll Deda, Atë Karlo Serreqi, Dom Tomë Laca, Dom Loro Nodaj, Dom Pashko Muzhani, etj.

Herë mbas here, në orët e para të agimit, mbas vorrezave të Rëmajit në Shkoder, dëgjoheshin krismat e pushkëve që shtrijshin përdhé meshtarë, rregulltarë e sa civilë katolikë e muslimanë.

Llojet e torturave, ishin nga ma të ndryshmet, si: korrenti elektrik, mbushja e gojës me krypë, kamxhiku e druni, futja me kokë poshtë në fuçi me ujë të akullt për disa ditë, me ecë kambë zbathë mbi pllaka të kuquna metalike, me të shtie vezë të zieme nën stjetull, pakësimi i ushqimit për të shkaktue vdekjen, ilaçe për të shkatërrue sistemin nervuer e për të ba të flasësh çka nuk di as ai vetë e lloje të tjera të shpikuna nga njerëz të Sigurimit të pashpirt. Vinë me radhë, Dom Anton Muzaj, i torturuem për vdekje, të cilin e liruen gjallë e për gazep, që mbas pak muejsh, vdiq në arqipeshkvi në moshën 29-vjeçare.

Dom Dedë Maçaj, porsa meshtar i ri, u pushkatue para regjimentit ushtarak në Përmet. Do të vdisshin, pa gjyqe, ndër tortura, Atë Bernardin Palaj, të cilit, i lidhën trupin me një tel të ndryshkun, vdiq nga sëmundja e tetanozit. Dom Lekë Sirdani e Dom Pjetër Çuni arrestohen e do të vdesin ndër tortura me krena teposhtë në gropat e zeza. Dom Dedë Plani, Dom Luigj Bushati e Dom Luigj Prendushi u pushkatuen. Atë Bernardin Llupi u pushkatue në Pejë.

Dom Alfons Tracki e Dom Zef Maksen, i pari me origjinë polake dhe i dyti gjerman, u pushkatuen. Atë Serafin Kodës i duel shpirti me gabzherrin e nxjerrun nga fyti. Papa Pandit, prift i ritit oriental në Korçë, i prenë kokën, tue ia vendosë mbi trupin e tij të vdekun e Papa Josifin, prift i ritit oriental në Elbasan, e mbytën në kampin e punës së mundimeve në kënetën e Maliqit.

Këta janë shembuj të naltë të jetës para vdekjes në jug, të cilët i përshkoi në shekullin e parë Apostulli Pal e Apostulli Andrea. Krishtënimi nuk ka hy në Shqipni nga pushtuesi. Roma e kishte pushtue Ilirinë, por ajo ka persekutue idhtas të krishtenët e krejt Perandorisë.

Dom Mark Gjanit, tue e torturue, i kerkuen ta mohonte Krishtin. Përkundrazi Dom Marku tha fjalët e fundit mes dhimbave: "**Rrnoftë Krishti Mbret!**" Vdiq i varun nder shpatulla, tue ia hjedhë trupin qejve e mbeturinat e tij i lëshuen në përrue.

Tamam ashtu si vepruen turqit me eshtnat e Gjergj Kastriotit e me prelatin e lavdishëm, Imzot Pjetër Bogdanin, apo si vepruen ma vonë komunistat, tue nxjerrë prej vorrit eshtnat e Mons. Jak Serreqit, Mons. Lazër Mjedës, Mons. Gaspër Thaçit, Mons. Ernest Cozzi-t, Mons. Bernardin Shllakut, Atë Gjergj Fishtës e së bashku me atë, pa dijtë gja, të Dedë Gjo' Lulit, eshtnat e të cilit françeskanët i kishin ruejtë në vorret e tyne për t'i ba një monument.

Motër Maria Tuci, person që i kushtohej Zotit, kje arrestue e provoi torturat e një lloji antinjerëzuer, por qëndroi heroike për të ruejtë fe e nder. Mbasi u lirue nga hetuesia, vdiq shpejt në spitalin e Shkodrës.

Tortura të jashtëzakonshme provuen Atë Anton Luli, pater i "Shoqnisë Jezus", që pat torturën e "Lojës me top", korrentin e rrymës elektrike e torturën e mijëve e tjera të paraqituna në librin e tij: "**Atë Anton Luli S.J. Ne e dijshim martir...**"

Atë Frano Kiri provoi në Sigurim tri ditë e tri net, i lidhun me trupin e një të vdekuni dhe e zgjidhën, *"ndërsa kullojshin langjet e trupit të të vdekunit"* fakt i shkruem nga Atë Konrad Gjolaj në librin e tij "Çinarët". Kurse Atë Gjon Karmën, jezuit, e shtinë në një arkivol për së gjalli, të mbuluem me kapak, tue pasë ndonjë birë të çilun, por pa e dijtë i torturuemi. Mons. Frano Gjini provoi torturën e urisë e të të ftohtit të madh, i varun jashtë nëpër pemët e oborrit të Sigurimit, veç sa goditjeve të randa të panumërueme edhe e lëshojshin në ujnat e zeza 10-15 cm. të WC-së.

Dom Simon Jubani e filloi burgun e gjatë, kur po delte i vëllai Dom Lazër Jubani. Nuk e panë njeni-tjetrin me sy. Dom Lazri u detyrue të hynte në punë në Shkodër e në punë e helmuen me domate. Në spital e mbajtën ndonjë ditë, por e lëshuen pa e kurue. Dom Simoni do të bante shumë vjete burg e aty do të dënohej edhe herë të tjera me dhetëshe mbas dhetëshesh në burgun e Burrelit. Gjithsejt 26 vjet.

Dom Nikollë Mazrreku e Atë Zef Pllumi do të arrestoheshin e do të dënoheshin mbas një gjyqi publik në Kishën e motrave Stigmatine. Kjo do të ishte për ta e dyta herë e dënimit. Dom Nikolla do të bante gjithsejt 25-vjet burg e 12 vjet internim. Atë Zef Pllumi, 25 vjet.

Dom Mikel Gjergji (Beltoja), mbas torturave të forta të bame në Sigurim e në sallën e gjyqit, për fjalët e forta që tha, ku e torturoi policia, të zdeshun tue ia ba trupin e tij krejt gjak me biza, e në fund u pushkatue në janar të vjetit 1975.

Mbas pushkatimit të atë **Giovanni Fausti-t**[219] e **atë Daniel Dajanit**,[220] u mbyll shtëpia e Jezuitëve dhe misionarët e huej italianë gjithsejt 200 vetë, prej të cilëve 25 meshtarë, nisen në Itali. Para nisjes u ba një kontroll në shtëpinë e Jezuitëve, tue qenë prezent një ushtri prej 800 përsonash.

Në vjetin 1946, u mbyllën të gjitha shkollat private në Shqipni, me ato

---

[219] By Dr. Giorgio Silvestri, **"Fr. Gjon Fausti, S.J., Strength in Serenity"** – *The Account of on Eyewitness of His Mission* (By Gjon Sinishta, **"Fallen for Faith Justice, and Liberty, Roman Catholic Hierarchy"**, **"The Fulfilled promise"**, A Documentary Account of Religious Persecution in Albania, Santa Clara, California, U.S.A., 1976, Library of Congress Catalog Card numer: 76-57433), **p. 104-109.**

[220] By Rev. Mark Kolaj, **"The communists are still our brothers…"** – *Father Danjani's Legacy of Love and Peace* (By Gjon Sinishta, **"Fallen for Faith Justice, and Liberty, Roman Catholic Hierarchy"**, **"The Fulfilled promise"**, A Documentary Account of Religious Persecution in Albania, Santa Clara, California, U.S.A., 1976, Library of Congress Catalog Card numer: 76-57433), **p. 122-129.**

të klerit e të motrave, që kishin mbajtë jetën shpirtnore, shoqnore dhe intelektuale me një nivel të naltë kombëtar dhe të barasvlershëm me ato të Europës Përendimore.

Shtypshkronjat e klerit, si ajo e Jezuitëve dhe e Françeskanëve kaluen dhunshëm në duart e shtetit e nuk lejohej botimi i asnjë libri dhe i asnjë reviste, si: "Lajmtari i Zemrës së Krishtit", "Kumbona e së Diellës", "Zani i Shna Ndout", "Hylli i Dritës", "Leka".

Njerëzit që kishin nga këta periodikë në shtëpitë e veta pranë bibliotekave përsonale, shumë ishin të detyruem me i fshehë ose me i djegë, pse kishin frikën e kontrolleve të befasishme e të furishme të organeve të Sigurimit.

U morën dhe muzeumet e Jezuitëve e të Fretenve me koleksione e materialet etnografike, arkeologjike dhe numizmatike, me të gjitha bibliotekat e pasuna të tyne, si ajo e Jezuitëve me rreth 40 mijë vëllime.

Shoqnitë fetare, kurrë me qëllim politik, siç akuzonte me shpifje regjimi i terbuem, por themelue për ta edukue fetarisht e intelektualisht rininë e për ta mbajtë pranë vetës atë e popullin me zakone të mira e moral, të gjitha u mbyllën, me të preme. Kështu "Veprimi Katolik" pranë Katedrales, me Dom Mikel Koliqin drejtues, në fshate e malësi me famullitarët e tyne, "Rrethi Dom Bosko" pranë Etenve Jezuitë me Atë Jak Gardin-in e në Tiranë "Rrethi i Shën Prosprit", që drejtonte Atë Pjetër Meshkalla, "Shoqnia Antoniane", pranë Etenve Françeskanë në qytet, fshate e malësi ku shërbejshin famullitarët françeskanë, tue pasë për drejtues të ndryshem Atë Lekë Lulin, të cilit iu ba atentat prej komunistave në rrugën Shkodër-Kukës në vjetin 1944, Atë Agustin Ashikun, Atë Gjon Shllakun, Atë Mëhill Mirajn; "Shoqnia e Bijave të Zojës", pranë motrave Stigmatine në Shkodër, e sa vende të tjera ku ishin motrat e në Shkodër me drejtues Etent Françeskanë, si: Atë Vinçenc Prennushin, Atë Marian Prelën, Atë Frano Kirin, Atë Donat Kurtin.

I Treti Urdhën i Shën Françeskut, për burra e gra, me themelues e drejtues Atë Marjan Prelën, shoqnia per burra e gra të Zojës Rruzare dhe të Kongregacionit të Zojës Lurdë, për burra dhe gra, pranë Etenve Jezuitë, me drejtues Atë Zef Saraçin, shoqninë e fëmijëve "Kryqzaten", pranë Etenve Jezuitë me drejtues Atë Jak Gardin-in, Dom Ernest Çobën, e ndihmësin e tyne, jezuitin Fra Çesk Ljarjen; Uratorium që kishte grumbullue rininë punëtore pranë Etenve Jezuitë dhe Orfanotrofin e Zemrës së Krishtit pranë Etenve Jezuitë. *Të gjitha u shpërndanë në qytet e kudo ra një mjerim.*

Një lodhje shpirtnore mundonte zemrat e mbarë popullit e të rijve në përsekutimin e vjetëve të para. Të rij dhe të reja, të guximshëm për "Fé e Atdhé" u arrestuen e u burgosën. Nuk u lejue asnjë veprimtari prej këtyne shoqnive, as shoqnore, as shfaqje filmash, as teatrale, as aktivitete sportive, ndonëse nder këto shoqni kishte xanë fill sporti, teatri, muzika e shqueme kishtare dhe klasike e sa veprimtari të tjera.

Fillonte tashti një humbje, një regres dhe një shkatërrim shekulluer. Institutet e të gjitha motrave, si: Stigmatine, Servite, Saleziane e Viçenciane kudo që ishin në Shqipni, veç motrave Servite të Vlonës, kjenë mbyllë e motrat kjenë detyrue të shkojshin ndër familjet e veta, pa mujtë të delshin rrugës me petkun e tyne rregulltar. Shumë kjenë futë ndër punë, sidomos ndër spitale tue u ba me dashuni shërbime shejte të sëmurëve, tue lanë një shembull të mirë për t'u respektue prej të gjithëve, prej mbarë opinionit.

Kishat ishin të paprishuna e të mbushuna me besimtarë, ndoshta edhe ma tepër se përpara, por mungojshin në Shkodër e ndër dioqezet Arqipeshkvijtë, ipeshkvijtë e meshtarët. Arqipeshkvi i Shkodrës, Imzot Gaspër Thaçi, vdiq mbas një sëmundjeje të randë e mbas një survejimi të rreptë, me 26 maj të vjetit 1946. U ba një funeral nëpër qytet e kur po kthente procesioni pranë Katedrales, ngjau një incident. Një kamion kishte xanë udhën në mes, i vumë me qëllim. Atëherë të rij e burra të fortë e shmangen kamionin për t'i lirue vend funeralit. Në liceun e shtetit, drejtoria ndalonte studentët të merrshin pjesë në funeral, por ishte i pamundun ndalimi. Të rijtë katolikë ngitshin me dhimbje të madhe kah Katedralja. Për të fundin herë kënduen së bashku dy koret: i Katedrales dhe i Françeskanëve Meshen funebër dhe "Libera me, Domine" të Lorenzo Perosi-t me organist Atë Filip Mazrekun e dirigjent Prenkë Jakovën. Mesha kje celebrue prej zevendës Delegatit Apostolik, Imzot Frano Gjinit dhe predku i rastit u zhvillue nga oratori në za, Imzot Gjergj Volaj, predk që do t'i shpejtonte arrestimin oratorit. Shpejt nder kisha, në famulli mungojshin meshtarët. *"Njerëzit shifshin meshën e hyjshin e delshin në një heshti. Ishte frikë. Ishte e frikshme gjendja, rruga, shikimi, muzgu, orët e natës, zgjimi: terr i zi".*

Pallati i arqipeshkvisë u muer nga shteti, për t'u ba banesë e familjeve të oficerave. Vetëm pak dhoma të katit të ulët iu lanë Kishës. Sherbejshin në Kishën Katedrale vetëm Dom Ernest Çoba, Atë Florian Berisha e frateli jezuit Çesk Ljarja, kurse në Kishën Françeskane të Gjuhadolit e të Zojës Rruzare Atë Marjan Prela e Atë Ferdinand Pali, tue pësue edhe këto mundime, i pari ndonjë vjet burg e të dy edhe internimin.

Gjindeshin pranë Kishës Françeskane dhe fratelat: fra Ndou, fra Salvatori e fra Nikolla, porsi hije të lehta, të pervuejta pranë atyne kishave dhe lterëve të bekuem. Te kisha e Etenve Jezuitë, e titullueme ajo e Shën Jozefit, ishte Atë Zef Saraçi e frateli Jezuit Karlo Markoviçi.

Qyteti i Shkodrës, që pat afër pesëdhetë meshtarë, një privilegj ky i madh, mbet mbas termetit të fortë me këto meshtarë: Atë Justin Rrota i paralizuem në shtrat, Atë Marin Sirdani, që provoi burgun. Atë Zef Saraçi, i verbër dy sysh e Atë Pjetër Tuci i sëmurë në kambë. Një salvim ky me krime. Kjo asht faza e parë. Të tjerat salvime vijshin ma vonë që do të zgjatëshin afer pesëdhetë vjetësh, një pamje dhe qenie reale gjakësore e çdo moment vdekjepruese.

Vlerësime për mons. Zef Simonin ipeshkëv

"Duke ndjekur shembullin e mësuesit të Tij, edhe i ndjeri mons. Zef Simoni ipeshkëv, ka kërkuar Atit t'i falë ata që e kishin dënuar dhe e kishin bërë të vuajë aq shumë, duke treguar kështu në mënyrë shprehëse bujarinë dhe zemërgjerësinë e vet." - **Ati i Shenjtë Papa Benedikti XVI, Vatikan, Itali**

"Sot në këtë ditë lamtumire, kujtojmë se jeta e tij ishte një shembull përkushtimi ndaj Fesë, Atdheut dhe Lirisë, e cila na bën të përkulemi me respekt para veprës së tij. Imzot Simoni i përket atij brezi klerikësh që u persekutuan me egërsi nga diktatura e që iu kundërvunë asaj me besimin e palëkundur tek Zoti. Kontributi i tij ishte një gur themeli në rilindjen e Kishës shqiptare dhe një pasuri e madhe në zhvillimet shoqërore të këtyre viteve. U prehtë në paqe. I përjetshëm qoftë kujtimi i Imzot Zef Simonit!" - **Bamir Topi, Presidenti i Shqipërisë**

"Imzot Zef Simoni ipeshkev, ishte një martir i vërtetë i lirisë dhe kishës, një intelektual i shquar i kombit tonë, i cili i përket asaj plejade të meshtarëve shqiptarë, të cilët, njësoj si Krishti u kryqëzuan, për vlerat hyjnore dhe u ringjallën sepse meritonin ringjalljen... Ne ndahemi sot nga një meshtar epik, nga një bari epik i kishës, nga një martir i vërtetë i lirisë dhe kishës, nga një intelektual i shquar i kombit tonë. Imzot Zef Simoni ndahet i lumtur nga ne, nga Shkodra që e deshi kaq shumë, nga kombi i tij, sepse ai ia doli që, me jetën dhe përkushtimin e tij, të ndjejë, të përjetojë rrugën e Krishtit. Shumë nga ne kemi qenë këtu 16 vjet më parë, në prill të viti 1993, kur Papa Gjon Pali II, ky mik i madh i kombit tonë, shuguroi Imzot Zef Simonin dhe 3 meshtarë të tjerë të kishës sonë. Disa orë më vonë do të gjendesha me Atin e Shenjtë në një dhomë,

së bashku me familjen time, në rezidencën presidenciale. Iu drejtova me fjalët se kjo ishte një vizitë e shkurtër e tij, por shumë intensive. Ndërsa ai m'u përgjigj se për të kjo ishte një ditë ringjalljeje, sepse kjo Katedrale e bukur që gjatë regjimit diktatorial u ndalua, atë ditë u konsakrua sërish si Katredale dhe se meshtarët e kishës që unë shugurova sot ishin të ringjallur. Prandaj vërtetë ajo qe një dite ringjalljeje. Ndaj Imzot Zef Simoni ndahet nga ne i lum-tur." - **Sali Berisha, ish President dhe ish Kryeministër i Shqipërisë**

Imzot Zef Zimoni Ipeshkëv Ndihmës i Arqipeshkvisë Metropolitane Shkodër, si mesues në moshën e rinisë

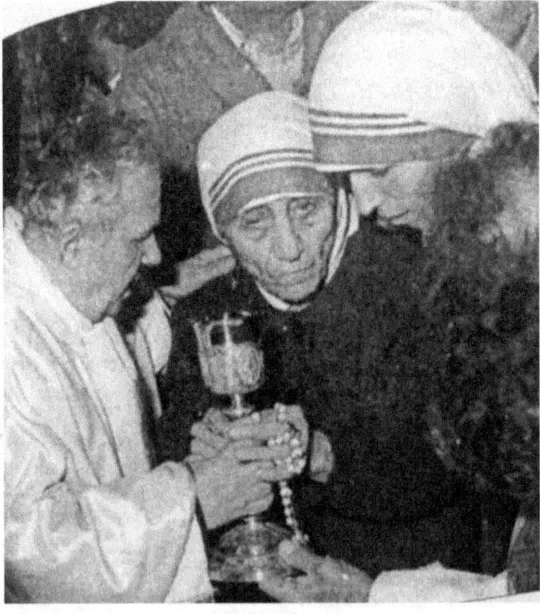

Imzot Zef Zimoni Ipeshkëv Ndihmës i Arqipeshkvisë Metropolitane Shkodër, pas meshës së parë në ish Pallatin e Sportit (sot Kisha e Madhe Katedrale e shën Shtjefnit), gjatë vizitës së parë historike të humanistes me famë botërore shën Nënë Tereza në Shkodër, 1991.

Ballinë libri e shkrimtarit gegë,
imzot Zef Zimoni Ipeshkëv.

Ballinë libri e shkrimtarit gegë,
imzot Zef Zimoni Ipeshkëv.

Ballinë libri e shkrimtarit gegë,
imzot Zef Zimoni Ipeshkëv.

Ballinë libri e shkrimtarit gegë,
imzot Zef Zimoni Ipeshkëv.

JETA DHE NJË VËSHTRIM MBI LIBRIN ME VJERSHA E POEZI "LULE DHE GJAK" TË DOM GJERGJ SIMONIT (1933-2022)

Këtej kalohet në qytet t'mjerimit
Këtej kalohet n'dhimbjen pa kufi
Këtej kalohet n'shpitrat e humbun shqimit

Dante Aligeri, *fragment nga Komedia Hyjnore* "**Ferri**"

"Me këtë tubë të vogël poezish, desha të shpreh ndiesit e hovet e zemrës, kushtue etenve të nacionit si nevojë e çfaqjes së mirënjohjes, që kam për ta, pa marrë parasysh, se kritika e ashpër mund t'i flakë o t'i përbuzë. Me fjalen time derdha dashuninë, për themeluesit e idesë s'onë nacionale, simbas mundësisë kreva nji detyrë ndaj këtyne të pavdekshmve." - **Gjergj Simoni, Kampi i të Burgosunve, Ballash, Tetor-Nëntor 1982**

"...Por turmat i mbytën njerëzit me veladona /Dhe poetët rebelë i shqyen me thonj." – **Ismail Kadare, komunist, deputet dhe Kryetar i Lidhjes së Shkrimtarëve Komunistë të Shqipnisë**

Cili ishte portreti i martirit të gjallë?

Gjergj Simoni lindi më 8 dhjetor të vitit 1933 në qytetin e Shkodrës, në një familje me origjinë qytetare e me banim në lagjen e vjetër dhe të mirënjohur të qytetit Arra e Madhe. Gjyshi i Gjergjit, **Simon Moni**, ishte tregtar në pazarin e vjetër të Shkodrës (në Bezisten).

Bezisten, *quhej dikur një treg i mbyllur, që shërbente për shitjen e mallrave të çmuara: të pëlhurave të importit, argjendarisë, armëve të zjarrit, gurëve të çmuar etj.*

Ai përfshinte një numër dyqanesh dhe ishte i fortifikuar, i siguruar me porta të mëdha dhe të rënda dhe ruhej natën nga njerëz të armatosur.

Asokohe bezistenët, ishin bërthamat më të rëndësishme tregtare të qendrave më të mëdha qytetare.

Në Shqipëri në shek. XVII-XIX bezistene u ndërtuan në Shkodër, Prizren, Berat, Prishtinë, Elbasan, Mitrovicë etj., nga njerëz të pasur dhe funksionarë të lartë.

Me rëndësi ishin Bezisteni i Shkodrës, i ndërtuar më 1807-1808 nga veziri Ibrahim pashë Bushatlliu dhe Bezisteni i Prizrenit, që u dogj më 1835.

I ati, Kolë Simoni, trashëgoi zanatin e të babait, duke u marrë kështu me tregti. Por, sërisht për të erdhën kohë të vështira politike dhe ekonomike. Në këtë situate, ai falimentoi. E familja ra në varfëri të plotë.

Në këtë gjendje ekonomike Kolë Simoni dhe bashkëshortja e tij, Gjyste Ugashi, i lindën dhe i rritën tre fëmijët e tyre, **Zefin, Gjergjin dhe vajzën e vetme, Çiljetën** me mund dhe sakrifica të mëdha.

Dom Gjergj Simoni kujtonte: *"Tue kenë se të dy prindët tonë ishin besimtarë të devoçëm të fesë sonë katolike, si vëllaun tem, Zefin, ashtu dhe mue, na patën çue për me mësue në Kolegjin e Fretënve.*

Por pas ardhjes së komunistëve në pushtet, si unë ashtu dhe vëllau, Zefi, u detyruem me ba punë të ndryshme për me mbajtë familjen e vorfën.

Kështu nuk mundëm të vazhdojmë rregullisht studimet Teologjike, gja që ishte edhe e ndalueme prej pushtetit komunist.

Por tue kenë të brumosun e të devotshëm për fenë katolike, si im vella, Zefi, ashtu dhe unë, morëm mshehtas mësimet fetare nga Patër Mark Harapi S.J. e Patër Aleks Baqli o.f.m.

Im vëlla, Zefi, mundi me u shugurue mshehtas si meshtar në vitin 1961, në Arqipeshkvinë e Shkodrës, por pa mujtë me e ushtrue haptaz misionin meshtarak.

Kështu që u detyrue me vijue studimet e nalta në Institutin e Gjuhë-Letërsisë e, si i pati krye, të punonte si mësues në shkollat e mesme të qytetit të Shkodrës.

Ndërsa unë për vite, deri ditën që kjeshë arrestue, pata punue në punë të ndryshme si punëtor, edhe në Hidrocentralin e Vaut të Dejës", kujtonte dom Gjergj Simoni, për të kaluarën e familjes dhe peripecitë e tij e të vëllait i cili dom Zefi, pak mbasi doli nga burgu, jetoi ç'ka as ëndërruar nuk e kishte: *"**U shugurua Ipeshkëv nga Papa Gjon Pali II, në praninë e vëllait e motrës, që kishin vuajtur aq shumë, bashkë me të"**.

Atëhere dy vëllezërit nisën lirisht misionin e tyre, e njëkohësiht edhe pasionin e tyre: ishin të dy meshtarë e shkrimtarë, që lanë pas disa vepra të botuara.

Me riardhjen e lirisë së fesë në Shqipëri, më 21 prill 1991, kandidati për prift dom Gjergj Simoni, është shuguruar meshtar nga imzot Nikollë Troshani.

Për një vit ka shërbyer në qytetin e Shkodrës dhe është emëruar famullitar i Dajçit të Bregut të Bunës dhe administrator i famullisë së Pentarit në shtatorin e vitit 1992.

Ai është meshtar i parë i shuguruar mbas mbylljes së kishave. Përveç shërbimeve fetare të përditshme, është marrë edhe me sistemimin vëllimeve me poezi. Meshtari gjithashtu ka shkruar tregime të shkurtra me kujtime nga koha në burg.

Ai kujtonte me shumë respekt gjithënjë bashkëvuajtësin e tij **poetin brilant Visar Zhitin** *si njeri dhe poet të shkëlqyer. I pelqente shumë karakteri stoic dhe fjalët e tij poetike me mendim të thellë.*

Falënderojmë Zotin, për dhuratën që i ka bërë Kishës së Hyjit, që është në Shqipëri, për këtë meshtarë, për stoizmin dhe besnikërinë e tij, për zellin e tij meshtarak dhe për dëshminë e jetës së tij ofruar Hyjit dhe Kishës.

Lule dhe gjak

Si redaktor i veprës dhe si autor i parathënies së mikut tim të paharruar, po jap disa mendime të lira edhe pse tashmë ndodhem në New York të SHBA-së dhe nuk kam mundësi të rilexoj disa nga këto poezi para vorrit të këtij martiri.

Dhe atëherë kur gjak pikonte, zemra e shqiptarit këndonte. Kur njeriu njihet me heroit e nacionit e me madhështinë e veprës së tyne mahnitet, shtanget.

Në shkëlqimin e fytyrave të pastërta të këtyne dijetarve i jepet një vlerë tjetër ma e madhe, ma e naltë, ma e shejtë kuptimit t'Atdheut, gjakut, gjuhës, historisë.

Të qenurit, jeta, shoqnia, puna e deri vdekja vetë marrin një qëllim sublim, një bukuri ideale. Shtanget po, por nuk ngurroset.

Zemra tue rrah, fillon e nxjerr ndiesi e hove dashunijet, ndaj herojve të nacionit, kundrejt të cilëvet kohët nuk kanë mujt të na i shkëpusin, sado që u rrokullisen në mes nesh e tyne nder vite, dekada e shekuj.

Vjersha me frymëzim të pastër atdhetar e kristian

Përherë e më të pranishme në ditët tona, po bëhen botimet e mbetura në dorëshkrim, gjatë kohës së diktaturës komuniste. Prania e vëllimit poetik modest **"Lule dhe Gjak" (Shkodër, 2006),** me autor meshtarin dom Gjergj Simonin, me tematikën e dashur atdhetare, për lexuesit është e mirëpritur në sferën e komunikimit dhe qarkullimit të vlerave patriotike letrare.

Në mënyrë të veçantë, një lexim të tillë e kërkojnë veprat e së kaluarës, që nuk janë konsideruar deri vonë si vepra me vlera letrare, për të cilat, jo se kanë munguar leximet, por ato kanë qenë të kufizuara. Për to ka mbizotëruar leximi gjuhësor apo historiko- kulturorë dhe është menjanuar esenca e leximit estetik të tyre.

Frymëzimi apo fryma, që përshkon anë e tej vjershat dhe poezitë e dom Gjergjit, është sa e padukshme dhe aq e pranishme njëherësh, duke u përfshi natyrisht në letërsinë e traditës së shkrimtarëve klerikë katolikë gegë, treve të plleshme, që lëvruan me sukses në shumë gjini artistike shkrimore.

Ata kanë përdorur natyrshëm lëndën historike, si: mitin, autoktoninë, ngjarjet e pasura të historisë së nacionit tonë, bashkëkohësinë apo të ardhmen, duke e përdorur gamën e saj me saktësi në shërbim të së vërtetës.

Tema heroike, me referenca gjurmlënëse historike, është edhe bërthama esenciale e poezive dhe vjershave të poetit tonë modest Simoni, që gjithsesi është filiz i traditës, që gjeneron atë hulli, ku shkelën me dinjitet prelatët pararendës diturak shqiptarë shekull mbas shekulli, duke e përshkruar librin nga një frymëzim i ngrohtë e i pastër kristian.

Gjatë kohës që vuante në burgjet komuniste, sikurse ishte ferri me emrin famkeq Spaç, autori Simoni, krijonte e meditonte në heshtje të thellë vargje poetike.

Falë këtij shpirti, kësaj vetëdije të kristaltë, nisi të ravijojë tiparet origjinale për temat e dashura atdhetare, për ngjarjet më të rëndësishme të historisë së popullit martir shqiptar dhe figurave, që e bënë lavdinë e historisë së saj.

Ai, përmes vargjeve, përshkruan përjetimet e shpirtit artistik, për *Kryengritjen e trimave të Malësisë së Madhe, më 6 Prill 1911,* në majën e istikamit të Deçiqit, të udhëhequr nga trimi kreshnik i maleve *Dedë Gjon Luli,* duke mbajtur e ngritur flamurin e *Gjergj Gjon Kastrioti.*

Temë mbas teme e varg mbas vargu, shihet një këndvështrim i ri poetik, ku shquhet prania e kulteve të reja, si ai i Atdheut, i gjuhës amtare, krahas kulteve universale, si ai i fesë, i dashunisë së njeriut për vetveten e të tjerët, i dijes përparimtare, çka përfaqson atë realitet të ri, të vetëdijës së nacionalitetit, që afirmonte dukshëm përsonalitetin e vet.

Poezi, autori, i ka kushtuar demokratit të shquar liberator Luigj Gurakuqit, imzot Nikollë Kaçorrit, asokohe n/Kryetar i Qeverisë së Vlorës, përkrah plakut të urtë mjekërbardhë, Ismail Bej Qemali, poetit të shquar dom Ndre Mjedjes, etj.

Rëndësi e respekt shpreh vjershëtori, për dy figurat brilante: poetin e atdhetarin Naim Bej Frashërin dhe patriotin e flaktë papa Kristo Nego-vanin, ndër më të shquarit në të gjithë Shqipërinë e Jugut.

Këtu burojnë mesazhe, me ndjesi të ngrohtë krenarie e besimin në mendimin poetik, origjinalitetin e tij, duke ruajtur muzikalitetin e gjuhës së pasur gegë, të cilën, poeti e shpreh në forma të larmishme vargëzimi, por sidomos duke lëvruar vjershërimin, shumë e parapëlqyer prej tij teksa ndiente pjekurinë poetike.

Në vargje, ai ka derdhur mbresa e persiatje, që u flasin përherë shqip-tarëve për shpirtin e pastër, të cilit, i ndejti besnik edhe në ditët tona. Ai ka shumë dorëshkrime të pabotuara, të cilat, ruajnë vijimësinë e trinomit famshëm Fe-Atdhe-Përparim.

Sikurse të gjithë poetët e tjerë shqiptarë, qoftë të traditës gojore, qoftë të traditës së shkruar edhe Simoni, përveç dukurive të shumtë të jetës së përditshme, të natyrës, të botës së mbrendshme, bën objekt trajtimi artistik Zotin e Mbretërinë Hyjnore, që shpreh në qenësinë, dashurinë, mirësinë, mirëkuptimin e pasuninë shpirtërore, duke e ndjerë, nderuar dhe çmuar praninë e Hyjit.

Tek i lexon poezitë, futësh natyrshëm në botën e pasur të vargëtorit, në shpirtin e lirë dhe të hapur, nga një formë e trajtë e të shkruarit në mënyrë transparente dhe ç'është më e rëndësishmja me një gjuhë të latuar gegë me taban të thellë shqiptar, pa huazime e hermetizëm, që shpesh e shohim në krijimet e autorëve të tjerë.

Në shpirtin e dlirë të autorit, do të ngulitet thellë dashuria për Shko-drën, njerëzit e saj, për kishën katolike kathedrale të shën Shtjefinit, duke e njohur me hollësi dhe frekuentuar edhe atëherë, kur rregullisht u surve-jonte nga kasnecët vullnetarë të Sigurimit të Shtetit komunist.

Poeti Simoni, atëherë e sot dëshmohet si liberal e përparimtar, shpirt-butë prej kristiani të devotshëm, nga e cila i buron gjerësia e impulsitetet, me një natyrë gazmore e i shëndeshëm në kulturë, duke mos pasur asnjë gjurmë fanatizmi apo ngurtësimi për frymën bashkëkohore.

E parë në një këndvështrim të ri, vëllimi *Lule dhe Gjak*, mendoj se vargjet përshkohen nga një bosht orientues, që i përshkon filli i desë së pastër patriotike, që i jep kjartësi mendimit e ndjeshmëri krijimit.

Sëfundi, poezitë e vjershat e reja në botim, por jo në moshë janë një për-jetim i përvojës leximore historike, një përjetim i butë, i ëmbël, siç është edhe vetë peisazhi poetik që ai sendërton, ku lëvizin ndjenjat, dëshirat e malli i patriotit të fillimit të shekullit XXI.

Letra e Luçiferrit, drejtuar popullit shqiptar

Edhe ndalimin e fesë në Shqipëri nga **Luçiferri** (*Enver Hoxha*), të bërë nga Partia e Komuniste (Punës), Ismail Kadareja e përcolli flakë për flakë me poezi e me punime të ndryshme dhe volli gjithçka që i erdhi në gojë kundër **"klerit katolik reakcionar"**, kundër Fishtës, e veprës së tij madhore dhe autorëve të tjerë.

Bashkë me barinjtë shpirtërorë, priftërinj e hoxhallarë, të cilët, sipas **IK-ut** (**Ismail Kadaresë**), të shurdhojnë veshët, duke bekuar gjakmarrjet, minaretë dhe kumbonarët, IK-u fut (radhit) në poezinë e vet edhe disa poetë, që, të përgjumur, ulurijnë duke lavdëruar abstrakte gjenealogjike.

Të parët (sipas IK-ut njerëz me veladonë të zezë si errësira kozmike) si dhe të dytët (poetët) duhet të dënohen ashtu si e meritojnë: *"...Por turmat i mbytën njerëzit me veladona /Dhe poetët rebelë i shqyen me thonjë."*

Dom Gjergj Simoni (1933-2022), ka lindur në Shkodër, në një familje qytetare të mesme. Ai është rritur në një mjedis katolik e me prindër të devotshëm fetar.

Që në moshë të vogël, ka pasur thirrje të brendshme, për t'iu kushtuar Zotit, e cila me kalimin e viteve ka ardhur duke u shtuar, pa pasur asnjë oportunizëm e lëkundje.

Duke qenë, se Kisha Katolike në Shqipëri pësoi përsekutime, që në ditët e para të ardhjes së komunizmit, me mbylljen e seminarit (1946) nxjerrjen e motrave katolike prej kuvendeve (1946), arrestimin e pothuajse të gjithë meshtarëve e pushkatimit të shumë prej tyre (1944-1990), ai bëri studimet për meshtarë në mënyrë të fshehtë.

Gjatë viteve të mëvonshme, ka punuar në punë të ndryshme dhe si nëpunës, por në të shumtën e viteve si punëtor krahu, deri në gusht të vitit 1976, kur u arrestua nga forcat e Sigurimit.

Natën e Pashkëve të vitit 1977, doli në gjyq dhe u dënua me akuzën e të ashtëquajtur *"agjitacion i mbyllur"* dhe në pretence Prokurori e dënoi me 10 vjet burg.

Arsyeja e dënimit ishte, se në oborrin e shtëpisë së tij, kishte groposur për të ruajtur në fshehtësi librat më të zgjedhura të Arqipeshkëvisë Metropolitane të Shkodrës dhe sa e sa objekte Shejte, marrë fshehtas para se të mbylleshin kishat.

Po ashtu, në dhe, ka futur edhe shkrimet e vëllaut të tij prozatorit *imzot Zef Simonit (1928-2009) Ipeshkëv Ndihmës në Arqipeshvine Metropolitane dhe drejtues i revistës popullore shkodrane "Kumbona e së Dillës".*

Gjithashtu, dom Gjergji ka fshehur nën dhe (gropë) edhe dorëshkrimet e Padër Mark Harapit S.J. (Societta Jesus), të Padër Benedikt Demës, si dhe qindra vjersha dhe poezi të shkruar gjatë viteve prej tij.

Midis tyre dallohet poema satirike: ***"Letra e Luçiferrit drejtuar popullit shqiptar"***, ku në fund, ka vendosur shënimin: **Luçiferri = Enver Hoxha**, me të cilën ka bërë që të tërbohen nga marazi të gjithë hetuesit e gjykatësit, gjatë procesit të dënimit.

Në vitin 1985, është liruar nga burgu, pas kalvarit që e shoqëroi në tre kampe burgu: **Ballash, Qafë të Barit dhe Spaç.** Mbas disa muajve të lirimit, ka hyrë në punë si punëtorë dhe ka punuar kështu deri në muajt e parë të vitit 1991.

Më riadhjen e lirisë së fesë në Shqipni, më 21 Prill 1991, është shuguruar meshtar në ditën e "Zojes s'Kshillit t'Mir", ku në këmbët e rrënojës së Shejtores, ka thënë meshën e parë. Për një vit, ka shërbyer në qytetin e Shkodrës dhe në shtator të vitit 1992, është emëruar famullitar i Dajçit të Bregut të Bunës e administrator i famullisë së Pentarit dhe sot sërisht në qytetin e Shkodrës. Është meshtar i parë, i shuguruar mbas mbylljes së kishave në Shqipëri.

Përveç shërbimeve fetare të përditshme, kur gjen kohë të lirë merret me sistemimin e dy-tre vëllimeve me vjersha dhe poezi, të cilat kanë qenë sekuestruar gjatë arrestimit dhe arshivuar në Arkivin Qendror të Shtetit në Tiranë.

Pjesa më e madhe e tyre ka qenë krijime disidente prej 10 vëllimeve, mendon ai, të cilat, janë përvetësuar qëllimisht prej njerëzve, që kanë qëndruar afër Sigurimit, e që ende sot nuk i kanë rënë në dorë.

Sot vijon të shkruajë, tregime të shkurtëra e kujtime nga burgu në gjuhën e bukur gege, të cilat, i ka në proçes dhe së shpejti do t'i dërgojë në Shtëpinë Botuese serioze "Camaj-Pipa" në Shkodër.

A e dha Partia orientimin për luftën kundër fesë?

Atëherë, flakë për flakë, poetët militantë komunistë si **Ismail Kadare** ose IK-u, shkruanin: *"Të shurdhuan veshët Priftërinjtë dhe Hoxhallarët... Dhe bekonin gjakmarrjet Minaret dhe kambanaret."*

apo

"Ç'thonin kambanat,
Ç'murmuritnin priftërit
Në latinisht/Kishave të larta?
Logjika latine me fraza të gjata."

ose

"Në qelitë e qeta të manastireve të ftohtë
Bënin studime për sufikset priftërinjtë."
"Amin!
Priftërit dhe ca poetë në gjumë të vinin
Për lavdinë abstrakte gjenealogjike ulërinin."

Atë që diktatori antikatolik Enver Hoxha, e thoshte me një fjalë, shkrimtarët e gazetarët, me suite njeri mbas tjetrit e shumëzonin në gazeta, libra, revista etj., në poezi, libra, drama, romane, poema, artikuj, skenare, dokumentare, studime e përçmime.

Bile edhe për urretjen kundërfetare dhe kundër *"armiqëve reaksionarë"* të popullit, ia kalonin themeluesit, për të marrë buzëqeshje prej diktatorit, e më vonë poste. Populli, jetonte në varfëri të tejskajshme, për një kafshatë bukë...

Ismail Kadare mbi denigrimin e shqiptarëve dhe klerit katolikë

"Ismail Kadare e projekton të keqen e mjedisit dhe njerëzve edhe tek kishat katolike... Në librat e Kadaresë, priftërinjtë katolikë paraqiten si njerëz që nuk janë shumë të interesuar për pajtimin e gjaqeve, por për nxitjen e gjakmarrjes. Pra, Kadare edhe në vitin 2003 e nxjerr Kishën Katolike praktikisht si nxitëse të gjakmarrjes. Madje Kadare, në libër i paraqet priftërinjtë katolikë si këshilltarët e Kullës së Oroshit për të mbrojtur industrinë e gjakmarrjes..." – **Kastriot Myftaraj, studiues, analist**

Studiuesi dhe publiçisti bashkëkohor Kastriot Myftaraj, në një studim analitik zbërthen në detaje disa nga librat apo romanet pervese të kohës së diktaturës dhe komunizmit të zi, shkruar nga beniamini i saj kryesor Ismail Kadare.

Ndër të tjera analisti Myftaraj, nënvizon, se: *"Në librin e Kadaresë, duket qartë tendenca për denigrimin e katolikëve, që shprehet jo vetëm tek paraqitja e*

Kullës së Oroshit (Mirditë), i zoti i së cilës është katolik, si shtëpia e Drakulës, por edhe tek fakti se në këtë Horror katolikët janë gjithandej, që nga Qehajai i gjakut, Mark Ukaçjerra, pa përjashtuar as priftërinjtë.

Ismail Kadare, nuk mjaftohet me atë që gjakmarrja qendrore në libër është mes dy katolikëve: **"Gjorgu i Berishajve shtiu mbi Zef Kryeqyqen!"**[221] (I. Kadare, **"Gjakftohtësia"**, f. 185).

Gjithashtu edhe tek: *"Prilli i thyer"*, Shtëpia botuese "Onufri", Tiranë 2003, f. 13. Të dy palët janë katolikë. Emri "Gjorg" është version i emrit "Gjergj", i ardhur nga trajta "Georg". Emri "Georg" në Shqipëri, duhet të ketë hyrë pas kryqatave, kur në vendin tonë filluan të vijnë klerikë të huaj katolikë.

Ismail **Kadare e projekton të keqen e mjedisit dhe njerëzve edhe tek kishat katolike:** *"- Dianë, shiko një kishë. Ajo u afrua te xhami dhe sytë e saj kapën kryqin mbi këmbanoren e gurtë të kishës. Kisha ishte mbi një lartësi shkëmbore dhe, ngaqë rruga kalonte tepër poshtë në krahasim me të, apo ndoshta për shkak të grisë së qiellit, kryqi i zi dukej sikur lëvizte kërcënueshëm midis reve. Kisha ishte akoma larg, por, kur u afruan dhe pak, ata dalluan kambanën, përndritja e zbehtë, verdhacuke e bronzit të së cilës shpërndahej si një nënqeshje nën atë kërcënim të zi kryqor"*.[222] Kjo duket gjithashtu edhe tek: **"Prilli i thyer"**, Shtëpia botuese "Onufri", Tiranë 2003, f. 64-65.[223]

Në librin e Kadaresë, priftërinjtë katolikë paraqiten si njerëz që nuk janë shumë të interesuar për pajtimin e gjaqeve, por për nxitjen e gjakmarrjes.

Ai e përshkruan kështu një tentativë për pajtim mes fisit të Berishajve dhe Kryeqyqeve: *"Kërkesa për pajtimin e gjakut, aq e rrallë në malësi, bëri bujë në katund, madje edhe në flamur. U morën të gjitha masat që gjithçka të bëhej sipas rregullave të përpikta të kanunit.*

Ndërmjetësit e pajtimit, bashkë me ca shokë e dashamirës të Berishajve, që në këtë rast quheshin 'të zotët e gjakut', i shkuan gjakësit, pra Kryeqyqëve, për të ngrënë bukën e gjakut të pajtuar.

Sipas zakonit ata hëngrën drekë së bashku me vrasësin dhe caktuan çmimin e

---

[221] Ismail Kadare: **"Gjakftohtësia"**, Shtëpia Botuese "Naim Frashëri", Tiranë 1980, f. 185.

[222] Ismail Kadare: **"Gjakftohtësia"**, Shtëpia botuese "Naim Frashëri", Tiranë 1980, f. 234-235.

[223] Kastriot Myftaraj, **"Kadare dhe shqiptarët katolikë"**, Gazeta **"Sot"**, Tiranë.

gjakut që duhej të paguanin Kryeqyqët.

Pas kësaj mbetej vetëm që i ati i Gjorgut, pra i zoti i gjakut, me sqepar e daltë, të skaliste një kryq te dera e vrasësit, të pinin një pikë pikë gjak të shoqishoqit dhe të quheshin të pajtuar përjetë. Mirëpo ai çast nuk erdhi kurrë, sepse një xhaxha plak u bë shkak që të prishej gjithçka.

Dhe kjo ndodhi kur pas drekës, ndërsa, njerëzit, sipas zakonit, hynin në çdo dhomë të kullës dhe përplasnin këmbët për të treguar se hija e gjakut do të dëbohej nga çdo kënd i shtëpisë, xhaxhai plak i Gjorgut thirri befas: Jo. Ishte një plak i qetë, që s' ishte ndier kurrë në fisin e tyre dhe prej tij më pak se prej kujtdo pritej një gjë e tillë. Të gjithë ngrinë në vend dhe sytë, dhe qafat, dhe këmbët që qenë ngritur për t' u përplasur me forcë në dysheme u ulën shurdhtazi si në pambuk. Jo, tha prapë xhaxhai plak. Atëherë prifti që ndodhej atje, si ndërmjetësi kryesor i pajtimit, bëri një shenjë me dorë. 'Atëherë gjaku vazhdon' tha ai".[224]

Kadare, këtu tek "**Gjakftohtësia**", prifti katolik del praktikisht si nxitës i gjakmarrjes, derisa nuk bën asnjë përpjekje për të folur veçmas me plakun, që kundërshtoi pajtimin dhe për t'a bindur atë, ndërsa tek botimet e "*Prilli i thyer*" pas vitit 1990, si libër më vete, me emërtimin "roman", Kadare tek ky paragraf ka bërë vetëm ndryshimin që priftit i ka vënë një emër.

Fjalia e botimit të vitit 1980 "*Ndërmjetësit e pajtimit, bashkë me ca shokë e dashamirës të Berishajve, që në këtë rast quheshin 'të zotët e gjakut', i shkuan gjakësit, pra Kryeqyqëve, për të ngrënë bukën e gjakut të pajtuar*", është bërë në botimin e vitit 2003: "*Ndërmjetësit e pajtimit, të prirë nga frati Nik Prela, bashkë me ca shokë e dashamirës të Berishajve, që në këtë rast quheshin 'të zotët e gjakut', i shkuan gjakësit, pra Kryeqyqëve, për të ngrënë bukën e gjakut të pajtuar.*"[225]

Pra, **Kadare edhe në vitin 2003 e nxjerr Kishën Katolike praktikisht si nxitëse të gjakmarrjes.** Madje **Kadare, në libër i paraqet priftërinjtë katolikë si këshilltarët e Kullës së Oroshit për të mbrojtur industrinë e gjakmarrjes**: "*Mark Ukaçjerra bëri edhe një hap drejt bibliotekës dhe dora e tij, me një lëvizje gjysmë përkëdhelëse, gjysmë të egër preku rradhën e librave dhe të revistave bashkëkohore.*

Ai dinte shkrim e këndim, megjithatë jo aq sa të ishte në gjendje të lexonte se çfarë shkruhej në to për Orokun.

---

[224] Ismail Kadare, "**Gjakftohtësia**", Shtëpia botuese "Naim Frashëri", Tiranë 1980, f. 217-218.
[225] Ismail Kadare, "**Prilli i thyer**", Shtëpia Botuese "Onufri", Tiranë 2003, f. 46.

Një nga priftërinjtë e kuvendit të murgeshave, që ishte jo larg që këndej, vinte një herë në muaj, për të sistemuar sipas përmbajtjes librat dhe revistat e mbërritura në kullë.

Ai i ndante ato në të mira dhe të këqija, me një fjalë në ato që shkruanin mirë për Orokun dhe Kanunin dhe në ato që shkruanin keq për të. Sasia e të mirave në krahasim me të këqijat ndryshonte vazhdimisht. Zakonisht të mirat ishin më tepër, por edhe të këqijat s' ishin pak. Kishte stinë që të këqijat shtoheshin me vrull, saqë ishte rrezik që të barazoheshin me të mirat".[226]

Gjithashtu edhe tek: *"Prilli i thyer"*, Shtëpia botuese «Onufri», Tiranë 2003, f. 123. "Prilli i thyer", si të gjithë librat e Kadaresë për Shqipërinë e Veriut vuan nga artificialiteti. **Ai që ka lexuar librat e tjerë të Kadaresë e kupton se autori është jashtë botës së vet jetësore.**

Nuk është e rastit që tek *"Prilli i thyer"* apo **"Dosja H"**, Kadare i përshkruan ngjarjet që vendosen në Shqipërinë e Veriut, nga pikëpamja e një udhëtari që vjen nga jashtë kësaj bote, një shkrimtari që vjen nga kryeqyteti në rastin e parë dhe dy udhëtarëve perëndimorë në të dytin.

Derisa *"Kronikë në gur"* dhe *"Breznia e Hankonatëve"*, mund t' i shkruajë vetëm një njeri që ka lindur dhe është rritur në Gjirokastër, librat me temë nga Shqipëria e Veriut, "Ura me tri harqe", **"Kush e solli Doruntinën"**, "Prilli i thyer", "Dosja H", **"Lulet e ftohta të marsit"**, mund t' i shkruante, në një mënyrë ose tjetër, edhe një shkrimtar i huaj që ka lexuar për Shqipërinë.[227]

"Prilli i thyer", i përket asaj serie librash të Kadare, që ai i shkroi nën efektin **Ivo Andriç.** Ivo Andriç, që *fitoi Çmimin Nobel për Letërsi, në vitin 1961*, ushtroi një ndikim të madh mbi Ismail Kadare.

Ivo Andriç e fitoi Çmimin Nobel, për shkak të paraqitjes shumë të ndjerë dhe mjeshtërore që i bën në librat e vet dhe posaçërisht në **"Ura mbi Drinë"** realitetit ekzotik të Bosnjës me legjendat, doket, konflikteve që vijnë nga përplasja e tyre etj., të gjitha këto gjëra shumë ekzotike për perëndimorët. Ismail Kadare, gjithashtu e ëndrronte suksesin në Perëndim dhe Çmimin Nobël.

Këto ëndërra iu shtuan edhe më tepër kur Enver Hoxha, në një takim me shkrimtarët, *në vitin 1961*, për t'iu kompensuar mungesën që iu solli

---

[226] Ismail Kadare: **"Gjakftohtësia"**, Shtëpia botuese "Naim Frashëri", Tiranë 1980, f. 288.

[227] Kastriot Myftaraj, **"Kadare dhe shqiptarët katolikë", Gazeta "Sot", Tiranë.**

atyre prishja me Bashkimin Sovjetik, dhe vendet e tjera të kampit socialist, ku ata kishin mundësi të botonin librat e tyre, *i joshi me perspektivën e botimit të veprave të tyre në Perëndim, kuptohet kryesisht nga shtëpitë botuese të kontrolluara nga lëvizjet komuniste pro Pekinit dhe Tiranës.*

Kadare, pasi Andriç mori Çmimin Nobel, e kuptoi me intuitë se çfarë pëlqente Perëndimi nga letërsia ballkanike.

Perëndimi nga letërsia ballkanase, pëlqente atë që përshkruante ekzotikën ballkanase dhe më tepër se të tashmen donte të shkuarën osmane, kur historia përzihej me legjendat.

Kadare e kuptoi se sensi ekzotik i të huajve, posaçërisht perëndimorëve, kur ishte fjala për Shqipërinë, përmbushej nga realiteti i Shqipërisë së Veriut me Kanunin, legjendat, shoqërinë fisnore të ruajtur si në lashtësi, eposin, veshjet ekzotike, mentalitetin e trashëguar të vendasve ku perëndimorët gjenin vetveten siç kishin qenë në kohët e vjetra. (Kastriot Myftaraj, **"Kadare dhe shqiptarët katolikë"**, Gazeta **"Sot"**, Tiranë.)

Martirizimi i Kishës Katolike Shqiptare

Për herë të parë zbulohet letra e klerikut katolik shkodran dom Simon Jubani gjatë kohës që vuante dënimin në Burgun e Burrelit, e shkruar në vitin 1971 për Komitetin Qendror të Partisë së Punës. Letra është publikuar nga ish-drejtori i Arkivave në Ministrinë e Brendshme, *studiuesi Kastriot Dervishi.*

Në letrën dërguar Komitetit Qendror, dom Simon Jubani përshkruante torturat, që ju bëheshin të burgosurve në Burrel. Prifti katolik dom Simon Jubani, ishte prej një familje të devotshme katolike shkodrane, i cili **vuajti 21 vite burg në burgjet e diktaturës,** ndërsa në vitin 1991 mbajti meshën e parë në kishën katolike tek vorrezat e Rrmajit të qytetit tonë, pas rrëzimit të regjimit komunisto-ateist.

"Dom Simon Jubani ishte ndër të burgosurit politikë më të jashtëzakonshëm gjatë periudhës së regjimit komunist. **U dënua radhazi 6 herë duke qëndruar në burg në vitet 1964-1989.**

Në letrat që drejtonte asnjëherë nuk shprehte lutje dhe nuk e fshihte faktin se ishte antikomunist e kundër regjimit. Më poshtë, do gjeni një letër në të cilën bëhen të njohura torturat anësore në burgun e Burrelit," shkruan studiuesi bashkëkohor Kastriot Dervishi.

Letra e plotë e Dom Simon Jubanit

Komitetit Qendror
Tiranë
Nga torturat më shtazarake që pësojmë në burgun e Burrelit s'pari është tymi i druve ose i qymyrgurit që ndizet në mangall midis dhomës ku vuajmë dënimin. E dyta (është) zhurma që nuk pushon ditë as natë.

Nuk pretendoj të kem banjo ashtu sikurse thuhet se kemi, as nuk kërkoi me na çlirue prej shputave, grushteve, fyerje të përditshme, por u lutem shumë urdhëroni autoritetin e Burrelit të na çlirojnë prej tymit që na verboi sytë dhe na mori frymën, të na çlirojë prej zhurmave që na shkatërruan sistemin nervor, s'pakut mos të kena zhurmë kur flejmë.

Për arsyet e naltpërmenduna janë ba shumë greva urie, shumë vetë kanë dalë prej dhomave për të shkue me u shlodhë në birucë, pa tesha, në çimento për ditë dhe net, shumë protesta dhe ankesa janë drejtuar deri në Tiranë, por mjerisht, burgu i Burrelit, vazhdon të mbetet simboli i terrorit brenda e jashtë atdheut.

Kaq për njoftim

I burgosuri, Simon Jubani
Burrel, 16.12.1971[228]

Dhe rezultati i nxitjeres së urretjes ndaj Zoti dhe predikuesve të saj, do të sillte frytin e dëshiruar kundërshqiptar të rregjimit komunist, sipas së cilës: *Klerikët e pushkatuem kanë pasë moshën mesatare 47 vjeç, kanë ba 258 muej hetuesi ose 21 vite, të gjithë së bashku.*

Klerikët, që kanë vdekë në tortura kanë pasë moshën mesatare 50 vjeç, kanë ba 68 muej hetuesi ose 5 vite e gjysë.

Klerikët, e mbytun pa gjyq kanë pasë moshën mesatare 56 vjeç, kanë ba 56 muej hetuesi, dhe së bashku me vitet që kanë kalue në burg, janë gjithsejt 18 vjet.

Klerikët, që vdiqën pak kohë pas torturash kanë pasë moshë mesatare 52 vjeç dhe kanë ba 3 vjet hetuesi.

Klerikët, që kanë vdekë në burgje ose kampe shfarosëse kanë pasë moshën mesatare 56 vjeç dhe kanë ba 156 vjeç burg.

Klerikët, që kanë vdekë mbasi kanë krye burgun kanë ba dënim gjithsejt 315 vjet.

Klerikët, që kanë vuejt dënimin dhe sot janë me shërbim të fesë kanë ba 363

---

[228] **Marrë nga Observatori i Kujtesës**

vjet burg.

Të gjithë vitet e burgut janë 881 vjet ose gati 9 shekuj.

Kanë kryer rreth 450 vjet studime në 24 universitete të ndryshme të Europës. (Grup autorësh, "Martirizimi i Kishës Katolike Shqiptare 1944-1990", Shkodër, 1993, f. 220.[229]

Studiuesi **Paul Tedechini** shkruan: "Data 7 mars si shkolla e par laike në gjuhën shqipe **Asht Nji Falsifikim i Historisë** nga komunistat shqiptarë.

Shkolla në gjuhën shqipe janë hape nga kleri katolik shqiptar, qysh nga shekulli XIII e në vazhdim. Për këtë ka prova dhe janë ba shkrime me prova historike të pamohushme, për të cilat nuk po flas këtu.

Shkolla e parë laike në gjuhën shqipe, asht shkolla e hapun në Shkodër me kerkesë të disa shkodranve drejtue Jezuitve, të cilët e hapën me **17 tetor 1877** (10 vjet para mesojtores së Korçës me 7 mars 1887), tue fillue si klasa fillore dhe tue perfondu në gjimnaz.

Paralelisht me ketë shkollë laike, jezuitët patën edhe shkollën tjetër të pamvarun **Seminarin**, për pregatitjen e priftenve.

Në ketë gjimnaz veç katolikëve kanë studjue edhe djelm musliman dhe djelm ortodoks. Aty janë zhvillue të gjitha landët humane dhe shkencore, si kudo në Europë. Pos këtyne, ***ka pase edhe nji bibliotekë të pasun, nji nder ma të pasunat në Ballkan.***

Në ketë gjimnaz, ka qenë edhe **Stacioni i Parë Meteorologjik në Shqipni**, të cilin e kena pa deri vonë në shkollën, që ma vonë u quejt Shkolla 11 Janari. Aty në ketë libër jepen edhe aktivitetet kulturore, ku ndër të tjera *u hap Teatri i Parë Shqiptar*, ku u lujten pjesë nga veprat klasike botnor si dhe shqiptarë, ku ndër të tjera edhe mbi Heroin tonë Kombëtar-Skanderbegun.

Ky gjimnaz, asht njoftë nga shtete europiane, të cilat pranojshin në universitetet e tyne nxansit me deshminë e pjekunisë të këtij gjimnazi.

Në vitin 1928, me rastin e 50 vjetshin e parë të këtij gjimnazi, asht publiku nji libër historik (shqip natyrisht) mbi gjithë historinë si filloi e u zhvillue ky gjimnaz, ku paraqiten shumë fotografi laboratoresh, të landve të ndryshme si dhe te aktivitetëve.

Në këte libër (të cilin unë e kam të skanarizuem në kompjutër) jepen edhe listat emnore të nxansve, ku figurojnë 180 muslimanë dhe 75

---

[229] Mons Zef Simoni Vescovo **"Persecuzione della Chiesa Cattolica in Albania"**, Roma, 2000

ortodoksë. Numri i nxansve gjatë 50-vjeçarit të parë rrezulton 1345 nxansa.

Nga kjo listë rezultojnë edhe shume figura shqiptare, si: Domenik (Faik) Konica etj. Aty kanë studjue edhe Qemal Stafa dhe kushërijtë e tij Stafa. Aty jepet edhe lista e nxansve, që janë ba figura të kualifikueme në të gjitha fushat e jetës në Shqipni.

Libri ka gjithsejt 175 faqe. Ketë libër e ka sot edhe Biblioteka e Jezuitve në Shkodër si dhe shumë familje shkodrane, ku unë e kam gjetë dhe e kam skanizue.

Gjimnazi, vazhdoi deri kur në Shkodër, që u futen komunistat dhe e prishën krejtësisht, mbyllën shkollën, prishen laboratorët, bibliotekën dhe teatrin, pos që arrestuen dhe pushaktuen nji pjesë të mesusve, sepse ishin njikohësisht edhe priften.

Por komunistat nuk u mjaftuen me kaq. Komunistët, quejten si shkollë të parë shqipe mesojtoren e Korçës, qe u hap 10 vjet ma vonë, me qëllim me zhdukë çdo gjurmë të punës së madhe kulturore të klerit katolik shqiptar ndër shekuj.

Natyrisht brezat e rij këte histori nuk e dijnë, *prandej na del neve për detyrë të ua hapim mendjen te rijve, mbi historinë tonë kulturore, se nuk kemi qenë krejtësisht popull berr....*

Tërbimi i ksenofobit anti-katolik Enver Hoxha

Ja sesi luftoj E. Hoxha kundër Vatikanit e Papës, që lutej për vuajtjet e shqiptarëve: "... *Në kapërximin e vitit 1975 e fillimin e 1976-ës, tamam në ditën e Krishtlindjeve, qëlloi dhe prova e përgjithëshme e Festivalit të Kengës në Radio-Televizion. Edicioni i lajmeve të RAI-it atë natë filloi me përshendetjen e Papës. Enver Hoxha, i mbërthyer te ky informacion priste që figura të ndërpritej.*

Kaloi një minutë, pesë, hiç... Vetë ai, personalisht, por edhe të tjerë mbas tij, kërkuan në telefon në fillim drejtorin e përgjithshëm, pastaj të tjerët me rradhë. Kur s'u doli njeri, zunë të gjithë telefonat e tjerë, kush të dilte. Por, sikur të kish renë zjarri, askush s'përgjigjej.

Vetëm vonë, Kryesori, u lidh me një numër në studjon e lajmeve, ku po bëhej gati transmetimi i ngjarjeve kryesore të ditës. Jam Enver Hoxha, - kish nisur ai ligjëratën me nerva e thirrje. Fjala nuk i zinte gojën. -Si guxoni të lini Papën hapur? Ka mbi njëzetë minuta që flet e i ben propagandë kryeqytetit për Krishtli-ndjet.

Ku janë drejtorët tuaj? Cili jeni ju? Tani, menjeherë, të mbyllet linja e Dajtit!... Ne arritëm në zyrën teknike, në kohën kur shefi yne i redaksisë së informacionit K.

S., po kërkonte letër për të mbajtur shënime me receptor në dorë. Ishte i tronditur nga ai lajm ndjellakeqës.

Për fat, sa mbaroi ultimatumi në telefon, Papa e mbaroi lutjen. Kjo ngjarje nuk kaloi pa pasoja. Drejtorit të Përgjithshëm iu dha paralajmërim seroiz. Kjo neglixhencë mbeti si kujtesë e hidhur.

Tekniku, mbasi u shqyrtua prejardhja e rrethit të tij familjar, kaloi drejpërdrejt në prodhim. Mbas kësaj ngjarje, drejtorisë teknike iu ngarkua si detyrë që të sajonte një lloj komandimi në distancë për të mbyllur sinjalin e Dajtit nga Tirana."[230].

Dom Gjergj Simoni dëshmitari i fundit i martirizimit të Kishës në Shqipëri 1944-1990

Në moshën 89-vjeçare ndërroi jetë në Itali dom Gjergj Simoni, një nga dëshmitarët e fundit të martirizimit të Kishës Katolike Shqiptare 1944-1990, gjatë regjimit të egër ateisto-komunist.

"Due vetëm një gëzim që sa herë shpirtit i tham: Në krahë të Jezusit t'jem, e s'due ma fort askënd..." pohon në një poezi të tij **dom Gjergj Simoni**.

Mesha e Dritës dhe Riti i Salikimit u mbajt më 29 janar 2022, ora 11:00 a.m. (paradite), pranë Kishës Katedrale të shën Shtjefnit në Shkodër. Ky lajmërim për humbjen e meshtarit **dom Gjergj Simonit (1933-2022),** që i shërbeu deri në fund të fundit kishës së Krishtit, së cilës ia kushtoi gjithë jetën ishte një pikëllim, për të gjithë miqtë dhe dashamirësit e tij, vëllezërit në Krishtin - meshtarë dhe laikë.

Dom Gjergji si stoik i palëkundur kundër komunizmit dhe ateizmit të tërbuar të tij, të gjithë jetën e ka kaluar më shumë në qeli, sesa në liri! *Jetë njerëzore e meshtarake e jetuar ndër altare të fshehura, në skutat e shtëpisë a në birucat ftohta burgjeve të Shqipnisë. Ai u dënua nga diktatura komuniste me 10 vite për agjitacion e propagandë, të cilat i vuajti në Ballsh, Spaç e Qafë-Bari.*

Takim me "një dosje" të hartuar nga Sigurimi i Shtetit

Ishin vitet më të zymta në Shkodër, kur në vitet 1967 mercenarët ateistë komunistë do t'i vërsuleshin me egërsinë e hienave Kishës Katolike Martire në Shqipëri dhe më së shumti epiqendrës së saj Jeruzalemit shqiptar apo Vatikanit të vogël qytetit dhe besimtarëve të devotshëm të lashtë Shkodrës.

---

[230] Marash Hajati, **"Dera e prapme e shtypit"**, Botimet Logoreci, Tiranë, 1998.

Shumë shërbestar të komunizmit, për fat të keq pjesa më e madhe e tyre (për hir të së vërtetës historike) ishin përfaqsues ateist apo formal të komunitetit dhe besimit musliman (shkurt ateist fanatik, por për traditë ishin me emra dhe familje me origjinë muslimane, shënim im K.K.), duke përfshirë edhe "akademikë", që mbaheshin dhe krekoheshin si gjel mbi pleh apo Perëndi të socialrealizmit ateist komunist si **"profesor" Jup Kastrati**, i cili në rininë e tij të turpshme ishte Kryetar i Komisionit të Luftës Kundër Fesë dhe Zakoneve Prapanike në Shkodër, do t'i vërsuleshin si bishat e egra shkollave me tradita të shquara dhe Kuvendit Françeskan dhe Kuvendit Papnuer apo sikurse njihet asokohe Jezuit në Shkodër, të cilët ndër shekuj ishin kthyer në vatra të adhedashurisë, kulturës, traditës etnike shqiptare dhe fesë së të parëve tanë të krishterë.

Për hir të së vërtetës historike, duhet nënvizuar, se prof. dr. Jup Kastrati së bashku me mercenarët e tij (me pasionin e urretjes) hynë me forcën e armëve komuniste të Dullës, në ambientet etnike shqiptare të kishave dhe kuvendeve katolike në Shkodër dhe grabitën totalisht me dhunë si hajdutë të gjithë pasurinë e papërsëritshme qindra vjeçare, muzen filatelist, *Muzen e Parë Metrologjik në Shqipëri*, Muzen Historik dhe Objekteve Arkeologjike etj.

Aty ishin libra të rralla në gjuhën shqipe, arbërisht, latinisht, dorëshkrime të vjetra shumë shekullore, hulumtime te herbareve, fotografive të rralla të bëra nga Françeskanët në udhëtimet e tyre (expeditat) në të gjithë Shqipërinë, shënime të ndryshme, skedaret e librave të rralla dhe në shumë gjuhë të botës, ku më së shumti domonin ato latinisht, gjermanisht dhe anglisht, vodhen dhe shkatërruan me urretje inkuizicionisti fanatik fetarë antikuarin, bilbiotekat dhe thesaret e tjera të rralla historike dhe monetare shumë shekullore, të cilat si bleta punëtore me durim mbinjerëzor ndër shekuj. Ato ishin mbledhur dhe ruajtur me shumë kujdes si bleta punëtore nga klerikët katolikë françeskanë dhe jezuitë të qytetit në fjalë dhe Shqipërisë.

Atë që otomanët sistematikisht ndë shekuj bënë de-shqiptarizimin truallit të lashtë të trojeve ilire tona, duke na shkëputur dhunshëm nga Europa dhe gjurmët e hershme historike.

Kështu Perandoria Xhihadiste Islame Otomane e bëri këtë asimilim historik iliro-arbëror etnik të trojet të Arbërisë dhe Dardanisë për 700 vjet. Po këtë turp e bënë me përpikmëri edhe komunistët ateistë të Dullës për 50 vjet, po në Shqipëri dhe Shkodër kryeqendrën e kulturës shqiptare etnike.

Në këto dritare atdhedashurie dhe kulturës përëndimore kristiane përparimtare, u përgatitën ndër shekuj shumë breza klerikësh, që vepruan me mish dhe shpirt papushim me popullin dhe për popullin, me sakrifica sublime, për të përhapur dritën dhe përparimin europerendimor, në të gjithë trojet etnike shqiptare. Otomanët dhe komunistët fanatikë ateistë, kishin të përbashkët barbarinë dhe shkatërrimin e vijimsisë së vlerave etnike të pastra amtare shqiptare.

Pak kohë para se të ndahej nga jeta, 30 vjet mbas lirimit nga burgu, bariu ynë martir mundi të shfletojë dosjen e tij, të hartuar dhe ruajtur në sirtare e komunizmit nga Sigurimi i Shtetit.

Autoriteti i Informimit mbi Dokumentet e ish-Sigurimit të Shtetit i dorëzoi më në fund martirit të gjallë dom Gjergj Simonit Dosjen mbi dënimin e tij nga regjimi monist.[231] Ai e rilexoi kështu në të gjallë të tij dramën kundër tij, të hartuar me tridhime dhe gënjeshtra nga hetuesit xhelatë, hafijet apo skenaristët e Sigurimit të Shtetit dhe diktatorit komunist Dullë (alias largkjofti Enver Hoxha), jo pa ngushëllim, fjalët që i pati shqiptuar në hetuesi, e edhe në sallën e gjyqit, ku pati deklaruar hapur me guxim, *se* **udhëheqja komuniste ishte tradhtare e kombit.**

Meshtari i përvuajtur dhe stoik dom Gjergj Simoni, është edhe ndër meshtarët e parë që u shugurua në fillim të viteve '90.

Ndër të parët, që nisi shërbesat në disa famulli të zonën së nënShkodrës, Dajç Bregut të Bunës, Pentar etj. Gjatë kësaj kohe ai nisi të botoj dorëshkrimet e fshehura ndër skuta deri në çastet e rënies së komunizmit.[232]

Imzot Massafra: vdekja e dom Gjergj Simonit, humbje e madhe

Kryeipeshkvi i Arqipeshvisë Metropolitane të Shkodër-Pultit, imzot Angelo Massafra thotë se: *"Vdekja e dom Gjergj Simonit është humbje e madhe, ndërsa jeta e tij, thesar i çmuar për Kishën e për të gjithë shqiptarët."*

Arqipeshvi Massafra, kujton dëshminë e çmuar të dom Gjergj Simonit, si në kohën e kalvarit dhe dhimbje, që kaloi populli dhe Kisha në periudhën e persekutimit komunist, ashtu edhe misionin dhe shërbimin e tij të palodhur, pas diktaturës, për rimkëmbjen e Kishës e të vendit.

---

[231] https://www.youtube.com/watch?v=Y69zo45Gz2Y
[232] https://www.youtube.com/watch?v=OoZTaLjiWw4

Radio Vatikani ishte ushqimi shpirtëror i dom Gjergj Simonit

Në kohën e diktaturës së egër komuniste në Shqipëri 1944-1990, të gjithë familjet anti-komuniste katolike shkodrane dëgjonin me andje valët e Radio Vatikanit, që emetonte programe fetare dhe kulturore, jetën dhe veprën e klerikëve katolikë, që po persekutoheshin në Shqipni, *duke treguar me fakte dhe prova se ata ishin bijtë më të mirë të popullit shqiptar ndër shekuj…*

Dom Gjergj Simoni, ishte njëri nga dëgjuesit më besnik e të dashur të Radio Vatikanit, qysh në kohën e vështira të regjimit komunist dhe pas rënies së diktaturës. Po kështu, shpesh, në mikrofonin e saj, ai rrëfeu për kalvarin e popullit e të Kishës, si dhe për dëshminë e jashtëzakonshme të shumë martirëve.

Ballina e librit me autor dom Gjergj Simoni, redaktuar dhe parathënia shkruar nga Klajd Kapinova

Dëshmitarit dhe martirit të gjallë nga persekutimi komunist dom Gjergj Simonit i dorëzohen nga Arkivi Qendror i Shtetit në Tiranë të gjithë dorëshkrimet e tij të sekuetruar padrejtësisht shumë dekada me parë nga diktatura ateisto-komuniste në Shqipëri.

Dom Gjergji Simoni deshmi e gjallë e persekutimit të egër komunist ndaj fesë, kishës dhe besimtarëve katolikë në Shqipëri.

DY INTELEKTUALË DISIDENTË
BRILANTË SHQIPTARO-AMERIKANË:
PROF. ARSHI PIPA DHE MONS. DR. ZEF OROSHI

Prof. Arshi Pipa (1920-1997) dhe **mons. dr. Zef Oroshi (1912-1989)**, *janë dy intelektualë gegë erudistë cilësorë të kalibrit europianë dhe amerikanë; njëri nga qyteti antik Shkodra, ndërsa tjetri geg stoik dhe largpamës nga Mirdita zëmadhe e Oroshit, të Kapidanëve shtatë shekullor të Mirditës (1416), të pamposhtur nga Perandoria Xhihadiste (Caliphate 1517-1924) Islame Otomane (1299-1923) dhe diktatorit Enver Hoxha (1941-1990).*

Prof. Pipa dhe dr. Oroshi

Pipa-Oroshi, ishin miq të ngushtë të idealeve antikomuniste, patriot conservative, për gjuhën, letërsisë të traditës së shkollës dhe kulturës zëmadhe gegë, lëvrues pasionantë të palodhur të gjuhës së ëmbël shqipe geg, që flet me pak ndryshime nën dialektore nga ¾ e popullsisë shqiptare në trojet etnike iliro-dardane.

Për më tepër dr. Oroshi ishte nxënës dhe adhures i patriotit dhe burrit të madh të shtetit shqiptar **dom Ndre Mjedës (1866-1937)** dhe mbeti besnik dhe krenar si Sekretari i fundit i Abacisë së famshme të Mirditës tokës së katedraleve (1316-1967), **Abat Preng Doçi (1846–1917)**, duke qenë sekretar i Abacisë në kohën e **imzot Frano Gjinit** Abatit të fundit të Mirditës...

"Mbas vdekjes së imzot abat Preng Doçit, papa Benedikti XV emnoi imzot Zef Gjonalin nga Kashnjeti, abat të Mirditës, në vitin 1921 e emnoi ipeshkëv dhe qe shugurue në Romë. Mbas tij e mori sundimin, tue qenë zgjedhë ipeshkëv i Mirditës, imzot Frano Gjini, e pushkatuen në Shkodër me 14 mars 1948. Nga gushti i vitit 1951 Vikar i Përgjithshëm emnohet imzot Lec Sahatçija me ndeje në Gëziq."[233]

Oroshi dhe Pipa, u arratisën nga rregjimi hienave dhe deshmuan në Europën Perëndimore dhe SHBA me shkrime dhe fakte Gjenocidin komunist në vendin e mjerë të shqiponjave.

---

[233] *"Abacia e Mirdites"*, Gjush Sheldija (1902-1976). Shënime historike rreth Abacisë së Mirditës.

Ata dokturaturat e tyre nuk i mbrojtën në kohën e komunizmit në Shqipëri, sikurse të tjerët *"profesorë & dokatorë"* të dikaturës komuniste, duke sharë apo mallkuar intelektualët laikë dhe klerin katolikë pararendës diturakë, që kishin kryer studimet në universitetet e famshme të Europës, por në auditorët e universiteteve më të famshmet e Europës dhe SHBA-së...

Pipa e Oroshi, nuk lejonin që në takimet e intelektualëve dhe nacionalistëve antikomunistë në SHBA të valvitet flamuri i diktaturës komuniste të Dullës me yllin bolshevik leninist komunist. Të dy ishin miq dhe shokë të ngushtë të gegut erudit, shkrimtarit brilant prof. Ernest Koliqit Ministrit të Kulturës, ose babait të hapjes së shkollave shqipe në Kosovë.

Dhe për ironi të fatit në Kosovë, sikurse edhe në Shqipëri asnjë shkollë, institucion kulturor apo shkencorë nuk ka emnin e Koliqit, por shumë qendra kanë emrin e ekstremistit fetar islam Erdoganit dhe të shumë sulltanëve otomanë, që e kanë shtyp për shumë shekuj me radhë këtë popull të manipukuar fatkeq, duke vazhduar t'i shpërlajë trurin me injorancës dhe mungesën e identitetit arbëror edhe në kohën moderne të ditëve tona...

Mons. dr. Oroshi, falë vizionit pastër dhe larpamësisë së tij themeloi dhe drejtoi këtu në SHBA revistën "Jeta Katholike Shqiptare"(1966), që vijon të botohet edhe sot në New York në dy gjuhë shqip dhe anglisht.

Prof. Pipa, konsultohej me dr. Oroshin për shumë tema dhe shkrime në gjuhën gegë, për kulturën e pasur historinë e lavdishme, figurat e mëdha kombëtare të para dhe mbas Rilindjes Kombëtare, etj.

Poligloti Pipa, botoi shumë artikuj në revistën Jeta Katholike Shqiptare e cila ishte kthyer në një tribune e mendimit intelektual në diasporën shqiptaro amerikane dhe më gjerë.

Pipa, ishte një ndër bashkëpunëtorët më të ngushtë të kishës katolike shqiptare Zoja e Këshillit të Mirë (sot Zoja e Shkodrës, në Hartsdale New York).

Mons dr. Oroshi, u arratis nga ferri burg i Shqipërisë komuniste, dhe qendroi për 8 muaj në malet e ashpra të Mirditës, ku, u caktua nga nacionalistët anti-komunistë të maleve kreshnike si komandanti shpirtëror dhe moral i të gjithëgrupeve të rezistencës me armë në dorë. *Gjatë ditëve të rezistencës, edhe pse ishte në një pozicion të sigurt ai u qëllua nga një plumb, që e goditi në gush...*

Nacionalisti i përbetuar antikomunist dr. Oroshi, sikurse kujtojnë bashkëkohësit e tij, u shpetoi jeten në male dy nacionalistëve mirditorë, të cilët e kanë kujtuar dhe dëshmuar me respekt dhe mirënjohje këtë akt heroic dhe patriotik, gjatë takimeve mes miqve të tyne në shtetin metropolitan të New York-ut.

Edhe profesor Pipa u arratis nga Shqipëria, menjëherë mbas viteve të vështira të burgut dhe ferrit të Dullës. *Grupi i intelektualëve të shquar dhe të paharruar gegë, si: Prof. Karl Gurakuqi, prof. Ernest Koliqi, prof. Arshi Pipa, mons dr. Zef Oroshi prof. Martin Camaj, atë Daniel Gjecaj o.f.m., Gjon Shllaku, dhe disa të tjerë që asokohe jetonin në emigracion, si në Itali, Francë, Belgjikë, Zvicër, SHBA, Gjermani* etj., ishin dhe mbetën bërthama e ajkës së intelektualeve më të shquar të kulturës dhe letrave shqipe, që për fat të keq po lihen të pluhrosen me qëllim në heshtje, në vendlindje dhe diasporë edhe në ditet tona.

Dr. Oroshi, të gjithë librat, qe shkroi dhe botoi i la si pasuri kombëtare në gjuhën gegë, ashtu sikurse edhe prof. Pipa nga ana e tjetër të gjithë librat, dorëshkrimet dhe botimet e tjera publiçistike i bëri në gjuhën e bukur geg. *Pipa, Konica, etj., që kanë jetuar dhe punuar në SHBA, në rininë e tij kanë studiuar në shkollat katolike në Shkodër, duke marrë kështu një kulturë solide pro perëndimore.*

E përbashkëta tjetër e këtyre dy intelektualëve të shquar gegë, është se të dy si *Pipa dhe Oroshi, ishin denuar me vdekje nga rregjimi komunist ateist, fanatik i Dullës.* Ky fakt është zbuluar nga një liste që ndodhet në Arkivin të Shtetit në Tiranë, një kopje e së cilës ka qarkulluar kohët e fundit edhe në New York.

Për mons. dr. Zef Oroshin në SHBA, janë shkruar dhe botuar me sukses pesë libra dinjitoz, voluminoz dhe serioz nga studiuesi dhe publiçisti bashkëkohorë antivisti i palodhur dhe njohës shumë i afërt i tij shqiptaro amerikani **Tomë Mrijaj** dhe për fat të keq asnjë libër deri tani nuk është botuar në Shqipëri apo studiuesit mirditorë.

Për më shumë tre prej librave jetëshkrimorë kushtuar mons. dr. Zef Oroshit, janë shkruar në New York nga studiuesi shqiptaro amerikanë publiçisti Tomë Mrijaj, që njeherazi shoku më i afërt i bariut tonë shpirtëror apo prelatit të shquar të kishës katolike shqiptare Zoja e Këshillit të Mirë.

Prof. Arshi Pipa (1920-1997)

Prof. Arshi Pipa, ishte një ndër profesorët më të shquar të komunitetit shqiptaro amerikanë dhe qarqet e perzgjedhura intelektuale universitare amerikane. Ai ishte njëherazi kryetar i Federatës Panshqiptare Vatra (1912) dhe editor i gazetës Dielli (1909).

Prof. Arshi Pipa lindi në Shkodër, në një familje intelektuale të qytetit antik. Mësimet fillore dhe të mesme i mori në vendlindje, të parat të Kolegjit Saverian e më tej për 8 vjet në Gjimnazin e Shkodrës në degën klasike, që e përfundoi në vitin 1938.

Me përkujdesjen e të atit për edukatën fetare, ndiqte mësime në medrese pasditeve. Pipa, diplomohet për filozofi, në Universitetin e Firences, në vitin 1942. *Ai dha mësim në Amerikë në Kolegjin e Arkansas-it si Profesor i Filozofisë dhe më vonë si profesor në Universitetin e Minesotës, ku, ligjëroi letërsinë italiane.*

Më 1936 me poezinë **Në lamën e luftës** fitoi çmimin e tretë, në një konkurs poezie të shpallur nga e përkohshmja kulturore katolike *Cirka*. Më pas studioi Letërsi e Filozofi në Universitetin e Firences, ku laureoi me tezën **Morali dhe feja tek Bergson**. U kthye në Shqipëri dhe nga viti 1941 dhe deri në fund të vitit 1944 dha lëndën e filozofisë në licetë shtetërore të Tiranës, Shkodrës dhe Durrësit.

Në vitin 1944 drejtoi revistën Kritika, botuar nga Myzaferi. Kur Lidhja e Shkrimtarëve nisi botimin e organit **Bota e Re**, **Pipa** me **Mitrush Kutelin** ishin të vetmit **jokomunistë** në këshillin drejtues. Ai mori pjesë në Kongresin e Parë të Lidhjes në tetor të vitit 1945, drejtuar nga Skënder Luarasi.

Për pak kohë, në vitin 1945, qe mësues i italishtes e i gjuhës shqipe në Kolegjin e Mësuesve, Tiranë. Pasi u arrestua miku i tij **Hysen Ballhysa** më 4 dhjetor 1946, Pipën e arrestojnë më 27 prill 1947 dhe pas tyre u arrestuan edhe Preng Kaçinari me *poliglotin Pashk Gjeçin etj.*

Pipa, u akuzua se gjatë kohës së luftës kishte *"drejtuar revista me ideologji fashiste për të mashtruar popullin dhe për të maskuar okupacionin fashist"* dhe se vijonte punën me studentët e vet, duke e akuzuar pushtetin komunist si terrorist, akuza për të cilat u dënua me 20 vjet heqje lirie.

Pipa u burgos dhe vuajti në burgjet dhe kampet e shfarosjes (Durrës, korrik 1948 Vloçisht, nëntor 1948 Gjirokastër, Korçë, *Artizanati* i Tiranës, Burrel etj.), ku përveç punës së detyrueshme u bë një nga dorëzanët e mësimdhënies së letërsisë, filozofisë dhe gjuhëve përgjatë dënimit, ku shkroi librin me poezi **Libri i Burgut.**

Familjen e shpërngulën disa herë derisa në nëntor 1949 bashkë me 20 familje të tjera të persekutuara i shpërnguli në disa shtëpi boshe në plazh.

Gjatë rrugëtimit, i ati që ishte i paralizuar, ndërroi jetë. Ai lirohet më 26 prill 1956 dhe një natë të fundverës së 1957 arratiset bashkë me të motrën, Fehimen, ku vendoset në Sarajevë deri në vitin 1958.

Nga burgu në Atdhe, doktor filozofie në SHBA

Disidenti i mirëfilltë anti-komunist Arshi Pipa, fatmirësisht emigroi në Shtetet e Bashkuara më 1959. Në fillim punoi si arkëtar në një hotel në New York.

Emërimi i tij i parë ishte në kolegjin Philander Smith, Little Rock, Arkansas, ku ligjëroi për filozofi më 1960. Vitin akademik pasues, ai drejtoi departamentin e gjuhës italiane në City University, Georgia, në Shkollën e Gjuhëve dhe të Gjuhësisë dhe në të njëjtën kohë jepte mësim filozofi, në Kolegjin e Arteve të Lira (verë 1961 dhe 1962).

Prof. Pipa, ishte pedagog i gjuhës italiane në Universitetin Kolumbia (*Columbia University, Manhattan, New York*), në vitet 1961-1962, dhe profesor i asociuar i gjuhës italiane, në universitetin e Delfit, Garden City, dhe, në të njajtën kohë, gjatë verës, dha filozofi në Kolegjin e Arteve të Lira..

Në vitet në vazhdim ligjëroi tema filozofike në kolegjin Adelphi Suffolk. Nga viti 1963-1966, ai ishte profesor i asociuar në vitin akademik 1963-1964 në departamentin e gjuhës italiane, në universitetin e Kalifornisë, Berkley.

Atje jepte kursin e letërsisë moderne italiane dhe drejtonte seminaret e kritikës letrare, (De Sanctis, 1963, Kroçe, 1964, Viko, 1965), po ashtu si dhe në gjuhën shqipe, letërsi dhe folklor më 1965, si dhe filozofi romake.

Në vitin 1966, drejtoi disertacionet për gradën e doktorit në filozofi (Ph.D). Ai përkrahu lëvizjen studentore të Berkley University të Kalifornisë, e njohun si **"Free speech movement"**, dhe arrin të bëhet kritik i paanshëm i politikës.

Nga viti 1966, ka qenë në fakultetin e Universitetit të Minnesota-s dhe Minneapolis, fillimisht si profesor i asociuar (1966-1969), dhe më pas si profesor i gjuhës italiane, në departamentin e gjuhëve frënge dhe italiane (*Departamenti i Gjuhëve Romane gjatë vitit 1968*).

Prof. Pipa, arriti të jetë pjesëtar i Universitetit të Minesotes, si anëtar me të drejta të plota dhe gjithashtu kontribuonte në planifikimin, hartimin dhe ndarjen e diplomave të studimeve të gjuhës italiane.

Programi për gradat e master-it u themelua në vitin 1968, ndërkohë ai ishte drejtues i programit master ("graduate school") në gjuhën italiane. Temë - diplomat për master dhe disertacionet e PhD u shkruan dhe u miratuan nën drejtimin e tij.

Ai ka dhënë mësim bashkërisht, kurseve të diplomuara të gjuhëve frënge dhe italiane, (*Simbolizmi Francez dhe Hermetizmi Italian, Romantizmi në Francë dhe në Letërsinë Italiane*), duke pasuar me themelimin e programeve të master-it, në gjuhët Frënge dhe Italiane (1970), të konceptuar dhe hartuar me iniciativën e tij. Me daljen në pension u vendos përfundimisht në Washington D.C., pranë së motrës, ku, edhe mbyll sytë...

Editori prof. Pipa

Prof. Pipa, shquhet për veprimtari botuese në larmin e shtypit periodik. Ai ka qenë botues dhe kryeredaktor organesh letrare e shkencore.

Në vitin 1944, kur Shqipërija vuante nën pushtimin e huaj, në një moshë të re nxori revistën *Kritika Letrare*, në të cilën dallohet për trajtim original dhe objektiv të personaliteteve të letrave shqipe; veçori që do ta shoqërojë ate gjithnjë më vonë, kur do të shkruaj veprat madhore në këtë fushë.

Në faqet e revistës ravijëzoheshin kulmet e letërsisë e të kulturës shqiptare si Noli, Konica, Migjeni. Kulme në historinë e kritikës sonë letrare, kanë mbetur edhe këto punime të Pipës. Eseja e shkruar për Konicën e dëshmon atë si një kritik të kategorisë së parë. Në vitet 1945-1946, qe anëtar i redaksisë së revistës *Bota e Re*. Më 1987, anëtar i redaksisë së revistës tremujore për mendimin kritik Telos (Kaliforni).

Në vitin 1990, filloi të botoj në Washington D.C., revistën *"Albanica - A quarterly Journal of Albanological Research and Criticism"*, revistë me vlera të mëdha shkencore albanologjike.

Mbas tre numrash, për arsye financiare, u ndërpre ky botim aq i nevojshëm e i rëndësishëm sidomos për paraqitjen para botës të gjendjes së vertetë ekonomike e politike të trojeve tona, dhe të shkencave tona albanologjike.

Për kohën e vet, në diasporën shqiptare, jo vetëm në ate të Amerikës, nuk ka pasë nji të tillë të dytë që t'i afrohet sadopak. Aty u botuan artikuj studimorë në gjuhët shqip, anglisht, frëngjisht, gjermanisht nga studiues të njohun shqiptarë e të huej si: *Arshi Pipa, Martin Camaj, Peter Prifti, Anton Logoreci, Adrian Klosi, A. Vehbiu, Feime Pipa, Michele Roux, Odile Daniel, Francesco Altimari, Walter Breë, Hans-Jurgen Sasse, Matteo Mandala, Peter Bartl, Armin Hetzer, Alain Ducellier dhe Wilfried Fridler.*

Mbrojtja e çështjes shqiptare në të gjitha trojet tona qe qëllimi i revistës. Numri i parë iu kushtua *"Tragjedisë së Kosovës dhe aktorëve të saj"*. Në ballin e revistës u vizatua harta e Kosovës së bashku me pjesën veriore të

Shqipërisë.

Së bashku me shkrimtarin dhe publicistin e mirënjohur malësor prof. Martin Camaj ishin disidentë, që punuan në mërgim dhe që dhanë një kontribut të madh intelektual në fushën e gjuhësisë, letërsisë, filozofisë, sociologjisë dhe publicistikës. Pothuajse çdo vit ka heshtje rutinë ndaj figurës së madhe të intelektualit të shquar prof. Arshi Pipa.

Kjo për faktin e keq, se institucionet kulturore, letrare dhe kulturore në Shkodër (Bashkia e qytetit), Tiranë (Akademia e Shkencave të Shqipërisë), etj., vazhdojnë të sundohen nga ish përfaqsues të rregjimit komunist, të cilët kanë pushtet kudo, duke vazhduar t'a urrejnë kritikun e pafalshëm të tyre prof. Pipën, për inerci të diktatorit dhe diktaturës së largkjoftit të Dullës së Gjirokastrës.

Heshtje varri për professor Pipën

Fatkeqsisht, asnjë fjalë nga institucionet e Tiranës, por as ato lokale, në Shkodër, të vetëquajtur nga e kaluara si *"djepi i kulturës"*.

Ai do të botoj poezi dhe kritika. Në vitin 1944, edhe pse në moshë fare të re, ai bëhet botuesi i revistës letrare *Kritika*, një nga më të rëndsishmet e kohës së vet, në të cilën ai botoi traktate për kritikën letrare, përse duhet dhe a kemi.

Përveçse botoi kritika të autorëve të ndryshëm të kohës, ai vetë mori në shqyrtim veprat e Nolit, si dhe ushtroi kritikën e kritikës, duke u përballur me të tjerë kritikë, si në rastin e **Mitrush Kutelit**. Pena e tij prej kritiku ishte goditëse dhe nuk do të kalonte pa u vënë re. Por ky udhëtim nuk do të zgjaste shumë. Me vendosjen e pushtetit popullor, *Kritika*, ashtu si edhe gjithë simotrat e saj, u mbyllën.

Në prill të vitit 1946, Pipa u burgos nga regjimi komunist dhe vuajti për dhjetë vjet (1946-1956) në burgjet dhe kampet e punës në Durrës, Vloçisht, Korçë, Tiranë, Burrel etj. Atëherë lindi edhe libri me poezi *Libri i Burgut*.

Ndonëse nuk e pati të lehtë, ia doli të bënte atë që dinte të bënte më mirë, të jepte mësim në universitetet më të dëgjuara të SHBA. (Kolumbi, Kaliforni, Minesota etj.), si dhe të shkruante e të botonte poezi, estetikë, filozofi dhe kritikë letrare.

Ai ka shkruar librat: *"Lundërtarë"*, *"Libri i Burgut"*, *"Rusha"* dhe *"Meridiana"*, pak të njohura nga lexuesi shqiptar, si dhe *"Tipologjia dhe periodizmi i letërsisë shqiptare"*, *"Fan Noli si një nga figurat kombëtare dhe ndërkombëtare shqiptare", "Humanistët italoshqiptarë", "Bisedë përmbi Kadarenë", "Fenomeni Kadare"* etj.

Disa vite më parë u botua vepra e tij filozofike *"Skica e një konceptimi mbi jetën plotësuar me Mbi gjeniun"*, shkruar në gjuhën italiane në burgun e Burrelit, në vitin 1955. Ndërkaq ka ende shumë për t'u botuar dhe njohur për Arshi Pipën.[234]

Mllefi kundër Professor Emeritus Arshi Pipës në mediat e "djathta" në vendlindje

Miku im shkodran **Bep Kuqani ish i burgosuri politik**, njëkohsisht ish-bashkëvujtës me të ndjerin prof. Arshi Pipa, para se të ndërroi jetë këtu në New York, më dhuroi dorëshkrimin e tij mbi prof. Arshi Pipën.

Ai ndër të tjera, me një shqetësim të madh më shprehu indinjatën e tij ndaj gazetës gjoja të *"djathtë"* me emrin e cuditshëm 55, të datës 4 tetor 2002 (që çirret se përfaqson nenin 55 të agjitacion e propagandës të ish Kushtetutës Komuniste të Shqipërisë të kohës së komunizmit, që e mban vetën të *"pavarur"*, kundërkomuniste e rrjedhimisht e spektrit të djathtë, t'i lejojë vetës botimin e shkarravinave të tilla, plot mllefe dhe urretje kundër një disidenti të mirëfilltë kunërkomunisti dhe përsonaliteti të madh si prof. Arshi Pipa.

Kështu nën titullin: *"Hetim i ri për vrasjen e Mehmet Shehut"*, gazeta 55 synonte të njolloste padrejtësisht një ndër figurat më të mëdha e më të pastra të disidencës komuniste, që mund të quhet me të drejtë krenaria e kësaj desidence, jeta dhe vepra e të cilit e kanë nderuar dhe do t'a nderojnë gjithmonë Shqipërinë dhe shqiptarët e kudo ndodhur, sepse e tillë ka qenë e do të mbetet figura e të mirënjohurit *Profesor Emeritus Arshi Pipa.*

Disidenti Pipa, Apostull i Demokracisë

Për disa dekada në SHBA, Boston dhe New York, në drejtim të gazetës *Dielli,* organ i Federatës Panshqiptare *Vatra,* kanë vepruar personalitete të shquara në lëmin e atdhetarisë dhe të gazetarisë shqiptare, sikurse shkruan **editori Anton Çefa.**

Kështu njeri pas tjetrit editorë të Diellit, sipas radhës kanë qenë: *Fan Noli, Faik Konica, Kristo Floqi, Kristo Dako, Paskal Aleksi, Dennis Kambury,*

---

[234] Revista Kens, ***Pipa – Epus,*** Numër Special, 2017

Kostë Çekrezi, Bahri Omari, Loni P. Hristo, Andon S. Frashëri, Andrea D. Elia, Nelo Drizari, Qerim Panariti, Xhevat Kallajxhi, Eduard Liço.

Më vonë, në vitet 1990-1994, gazeta ka kaluar në duar të ndryshme. Në vitin 1990: Din Derti; 1991: **prof. Arshi Pipa** *(korrik, gusht-shtator); Gjon Buçaj, Agim Karagjozi, Agim Rexhaj, me asistencën e Tahir Deskut (tetor-nëntor); prof. Arshi Pipa (dhjetor); 1992: prof. Arshi Pipa (janar, shkurt, mars, prill, maj-qershor); Agim Karagjozi, Gjon Buçaj (korrik-nëntor); 1993; Agim Karagjozi (janar-qershor, korrik-tetor, nëntor-dhjetor); 1994: Agim Karagjozi (janar-shtator); Anton Çefa (tetor-dhjetor 1994 deri në numrin e fundit korrik-dhjetor 2006) etj.*

Gjatë kësaj kohe u intensifikuen lidhjet e tij me Vatrën dhe Diellin. Gjithnji, ai ka qenë bashkëpunëtor i zellshëm i Diellit. Shqetësimet e tij për gjendjen e Vatrës, në këte kohë, dhe mendimet e tij për prosperitetin e saj, ai i shprehu, së pari, në Dielli, në artikullin e gjatë *"Për riorganizimin e Vatrës"*, (16 gusht 1983) dhe në fjalimin e rastit të 28 Nandorit 1986, *"Për shpëtimin e Vatrës"*, që u botuan në gazetën Dielli më 28 shkurt 1987.

Në pranverë të vitit 1991, Pipa u zgjodh kryetar i Vatrës, pa qenë asnjëherë anëtar i saj, detyrë në të cilën qëndroi vetëm një vit, sepse në qershor të 1992-shit, nuk u rizgjodh.

Ai e mori kryesinë e Vatrës me të vetmin qëllim, për t'a vënë atë në shërbim të problemeve me rëndësi të jashtëzakonshme historike, që dolën para kombit tonë: zhvillimeve demokratike në Shqipëri dhe zgjidhjes së problemit të Kosovës. Gjatë kësaj kohe tepër të shkurtër, ai iu kushtua me të gjitha energjitë rimëkëmbjes së Vatrës, dhe kreu shumë punë me vlerë.

Prof. Pipa si arsimtar, publicist, poet, gjuhëtar, kritik letrar, përkthyes dhe pedagog shqiptar, i ofroi Perëndimit të dhëna të dorës së parë mbi gjendjen e shkrimtarëve dhe intelektualëve në vitet e para të Shqipërisë staliniste.

Dy miq të ngushtë dhe dy intelektualë dissident stoik dhe brilantë shqiptaro amerikanë: Prof. Arshi Pipa (Professor Emeritus) dhe mons. dr. Zef Oroshi, New York, SHBA.

Professor Emeritus Arshi Pipa, përkujtohet në vendilindje me një bust nderimi, pranë Muzeut Historik në qytetin Shkodër

SEKRETARI I FUNDIT I ABACISË SË MIRDITËS, THEMELUESI I KISHËS SË PARË KATOLIKE SHQIPTARE NË SHBA (NEW YORK) MONS. DR. ZEF OROSHI (1912-1989)

Sipas burimeve historike del se **Oroshi**, është ish qendra e Mirditës, që ka gdhendur ndër shekuj me nderim dhe lavdi faqe të ndritura në historinë e popullit shqiptar.

Mirdita (*që në gjuhën e bukur shqipe, ka kuptimin e përshëndetjes apo të fillimit të Ditës së Mirë*), për shkak të pozicionit të saj gjeografik, në qendër të maleve kreshnike të Veriut, duke u njohur me traditat e saj si një krahinë e pastër katolike, ka qenë ndër shekuj një kështjellë e fortë e shqiptarizmës, një epiqendër e fuqishme e tërmetit kundër otoman islam për shekuj me radhë.

Ata që bënë historinë e Mirditës ndër shekuj, ishin kapedanët ose *Dera e famshme shtatë shekullore e Gjonmarkagjonit* dhe abatët, veçanërisht abatit **imzot Preng Doçi**, ku, pasardhësit e të cilit jetojnë ende në afërsi të Rubikut.

Ai u shkollua në Shkodër dhe Itali, ku shërbeu si misionar për shumë vjet në Kanada dhe Kalkuta (Indi). Më pas ringriti Abacinë e famshme të Oroshit. Ishte njeri, ndër figurat kryesore, që bëri shumë për të zhvilluar Mirditën dhe vendosur rregull në jetën e malësorëve të asaj ane.

Abati i shquar, kishte shpesh tendenca të forta pavarësie nga otomanizmi islamik de-shqiptarizues dhe de-shkombëtarizues. Ai, ishte njeriu-prelat i shquar, që kishte ngritur një platformë të kjartë me bosht të theksuar politik, për krijimin e një Principate në Mirditë, duke u përpjekur, për t'a vënë atë në jetë.

Për më tepër, krahina në fjalë, është qeverisur asokohe gjithmonë me dinjitet, besë e burrëri në bazë të kanunit të maleve dhe për kohën e mungesës së shtetit dhe të drejtës (ligjeve ose Kushtetutës) së shkruar.

Kanuni i Lek Dukagjinit (i mbledhur dhe kodifikuar më vonë nga *atë Shtjefen Gjeçovi o.f.m. (1874-1929)*, ishte një nevojë e domosdoshme, për të drejtuar jetën e bashkësisë nëpër Malësi të Veriut, në të cilën, ka zënë vend në histori Mirdita, me qendrën e saj të hershme Oroshin.

Mbiemri Oroshi, që prelati mbarti me dinjitet edhe në SHBA, lajmëron sipas rregjistrave të hershme të kishës katolike, se ai kishte lindur më 24 nëntor 1912, në tokën e kathedraleve (**deri në shek. XIX krahina e Mirditës numëronte mbi 200 kisha katolike**), limanin vigan të kryengritjeve për flamurin e lirë, që ishte e mbeti me krenari Mirdita.

I riu Jozef Oroshi, gjendet në auditoret e Seminarit Papnor në Shkodër. Librat, me sa duket ishin dhe mbetën vazhdimisht pasioni i tij i vetëm në vendlindje dhe diasporë, ku jetoi dhe punoi si bari shpirtëror i kishës katolike në Mirditë dhe SHBA. Përkushtimi i përshpirtshëm ndaj fesë e shërbesave frymëzuese fetare, ishte një traditë e hershme e trashëguar nga të parët e familjes Oroshi.

Mësimet fillestare Zefi i vogël, i mbaroi në vendlindje, ndërsa mësimet e mesme i nis në vitin 1927, në seminarin e mirënjohur të Jezuitve në qytetin Shkodër.

I etur për dije të thella e kulturë të pasur civilizuese dhe kristiane perëndimore, vijon studimet e larta më 1936-1940, në degën admiruese të Teologjisë e Filozofisë në Romë (Itali), pranë Universitetit të Urbino-s në Propaganda Fide, sëbashku me 14 djem të tjerë të rinj shqiptarë asokohe.

Mprehtësia dhe zgjuarësia, ishin të ngjizur thellë në mendjen e begatë të të riut. **Kardinali italian Shkëlqësia e Tij mons. Fumasson Biondi, Prefekt i Propoganda Fide, e shuguron, duke i dhuruar petkat dhe koletin e meshtarit.**

Buzëqeshja e sinqertë dhe fisnike, lexohej lehtë në fytyrën e meshtarit të ri, që hynte me ndërgjegje dhe dëshirë të plotë në vreshtën e madhe të Zotit.

Meshtari, gjatë gjithë jetës së tij, u gjend afër dhe pranë popullit të vet, në ditë të mira dhe të vështira, si një shërbestar dhe ushtar besnik i Krishtit.

Ai ndau vazhdimisht me besimtarët gëzimet dhe hidhërimet për disa dekada të një jetë të vështirë plot tallaze në emigracionin e SHBA-së.

Abati i Mirditës dhe Delegati (Regent) Apostolik (kur është dëbuar nga qeveria komuniste e Tiranës **imzot Leone Nigris Delegat Apostolik në Shqipëri** deri më 5 maj 1945, shënimi im K.K.) imzot Frano P. Gjini (1886-1948) e kishte dom Zef Oroshin meshtar të ri në moshë dhe njëkohsisht sekretar të tij të përkushtuar, brenda famullive, që administronte shpirtërisht (kishat sufragane).

"Edhe në jëtën baritore, ai s'ka pushue kurr pa përfitue nga përvoja kur ka pasë shembuj të shkëlqyeshëm.

Prej 1940-1942, p.sh. shërbeu si sekretar i abatit të Mirditës n'Orosh, imzot Frano Gjinit, të cilin e admironte për drejtimet e këshillat qi epte, për elokuencën e tij bindëse e për pervujtininë e dinjitetin fetar e kombtar qi e praronte.

Si në dhomën e pritjes dhe zyrën e abatit, ashtu edhe në zyren e sekretarit të tij, dom Zefi, kishte varë pikturat e patriotit në za, Abat Preng Doçit.

Nji ditë i vjen nji mik prej Shkodre imzot Gjinit, dhe kur ve re se titullari i abacis nuk kishte asnji pikturë, i kthehet dom Zefit, tue e prozhmue: "Po si more dom Zef, s'ia paskeni gjetë nji pikturë edhe Monsinjor Gjinit!?"

Për të mos e ngushtue priftin e ri, monsinjor Gjini, i përgjigjet me të shpejtë: "Kur të vdes un, në qoftëse e meritoj, do t'ma venë pikturën krah për krah me abat Doçin; përndryshe do të mbajnë vetëm t'Atijën. Si dihet monsinjor Gjini, u ba martir e dha shum ma tepër se abati i "surgjenum" për mase 20 vjet."

Mbas 12 vjetëve (1940-1952)

Si pasojë e përndjekjeve të Sigurimit dhe martirizimeve të vëllezërve në Krishtin, në kohën e ateizmit të gjirokastritit turko-arab Enver Hoxha, mbasi thotë meshën e pagëzon një fëmijë të porsalindur, hoqi shpejt veladonin dhe mori udhën e arratisjes nëpër male, duke iu bashkuar forcave të rezistencës kundërkomuniste, që vepronion me armë në dorë, kundër regjimit të zi nazi-komunist.

Kryqin, që kishte në qaf dhe zemër nuk e la në kishë, por e mori me vete, për t'ia prirë të mbaren në udhëkryqet e pambarim të botës. *E Zoti e deshti dhe e ndihmoi shumë në ditë të vështira dhe këqija gjatë gjithë jetës së tij.*

Prelati ynë në Itali dhe SHBA, ndihmoi në momentet më të vështira me qindra emigrantë, duke u dhënë ndihmë papushim, në të gjitha drejtimet, deri sa ai vetë kaloi në jetën e pasosun.

Ai qëndron mes maleve për 9 muaj, në shpella, shi e borë, me bukë e pabukë, i veshur keq në dimër, duke provuar mundimet e Krishtit, që salvohet nga të pafetë.

Në ditën e Pashkëve të vitit 1952, për trimat e lirisë, mes maleve të Mirditës (pyjet e Molungut), thotë meshën në orët e para të mëngjesit, ku, Zoti i dëgjon lutjet, duke e shpëtuar e udhëhequr drejt tokës së lire.

Në gusht 1952, ai gjendet në tokat etnike shqiptare në Dardani për disa muaj, duke kaluar e qëndruar për pak kohë në Gjakovë, Pejë, Mitrovicë dhe shkon më pas në Beograd.

Dera e Gjomarkajve të atdhelindjes së vet, falë mikpritjes, zemërgjerësisë, bujarisë tradicionale, i dërgon garanci, për të shkuar në Itali.

Ishte viti 1953

Prelati ynë gjendet sërisht para ëndrrës rinore. Tashmë 41-vjeçari Oroshi, po e prekte realitetin dhe shijonte atë liri, që prej kohësh e kishte bluar në mendje e dëshiruar me zemër.

Sërisht me libra dhe pranë tyre, ndjehej i gëzuar dhe krenar si bir arbëror. Më të mbërritur në Romë, fillon përpjekjet e takimet me klerikë, për të vijuar studimet e larta në Teologji.

Këtë dëshirë zemre e përkushtimi, për dituritë, shumë vite më parë, ia kishte shprehur ish-eprorit të lartë abatit ipeshkëv imzot Frano Gjinit.

Dhe sërisht Zoti e ndihmoi bariun e vet

Dhe sërisht Zoti e ndihmoi, për t'i hapur me bujari portat e dijës universale, mbasi kishte ndjekur nga afër kalvarin e vuajtjeve, për të ardhur deri tek Portat e Piazza di San Pietro në Itali.

Paralel me studimet e larta, i kërkoj Selisë së Shenjtë, që t'i miratoj kërkesën (*dekretin*), për të qenë kapelan katolik (bari misionar), për bashkëatdhetarët mërgimtar politik, që gjendeshin asokohe në Romë.

Një pjesë e grigjës së tij, kishin shprehur dëshirën, për të emigruar në SHBA, ku, imzot Oroshi i ndihmon vazhdimisht, falë bujarisë të gjithë pa dallim feje dhe krahine. Sikurse kujtojnë miqët e tij **prelati, ka ndihmuar me bujari një hoxhë shqiptar, për të ardhur i qetë në Tokën e Bekuar të Amerikës.**

Me bindje të plotë tek e ardhmja, menjëherë iu përvesh punës dhe filloi veprimtarinë intelektuale e baritore, duke u marrë pikësëpari me shqipërimin e librave të rëndësishme, me të cilat, do të përhapte fjalën Hyjnore të Krishtit dhe ruajtjen e gjuhës së bukur amtare, shqipen.

Por në Tokën e Bekuar të Botës së Re, një tjetër prelat katolik, kishte qenë përpara imzot Zef Oroshit. Ai ishte bashkëvendasi e atdhetari i flaktë, abati i Mirditës e rilindasi i madh burrshteti imzot Preng Doçi.

Kjo kishte ndodhur, në gjysmën e dytë të shekullit XIX. Ai, meqenëse e kishte të ndaluar të kthehej në Shqipëri nga Perandoria Xhihadiste Islame Otomane asokohe (mbas 11 vjet burg, që kaloi në qelitë e ftohta të osmanllinjve), imzot Preng Doçi (duke e marrë miratimin nga Selia e Shenjtë), u nis për mision në Amerikën e Veriut në vitin 1877. Ishte ky shqiptari i parë mirditor, që shkeli kontinentin e ri, si misionar klerik katolik.

Dy mirditas prelatët Doçi dhe Oroshi, në kohë të ndryshme, bëhen tribunë e mendimit përparimtar shqiptar, duke lënë gjurmë të pashlyeshme në ndihmë të besimtarëve dhe popullit shqiptar i ndodhur njeri mbas tjetrit në dy robëri: otomane islame barbare dhe diktaturën ateiste komuniste.

Studiuesi dr. Pjetër Pepa, saktëson: *"Natyrisht, kleri katolik, që kishte qenë historikisht urë lidhjeje mes Shqipërisë dhe Europës, që kishte kulturën perëndimore, kishte miq në Perëndim e bashkëpunonte me Perendimin, sa herë e lypte çështja kombëtare dhe fatet e atdheut, ishte gjithnjë kundër orientalizmit dhe e luftoi atë, me të menduarin, mënyrën e jetesës, administratën e veprimtarinë shoqërore e prapë, gjithsesi ishte në epiqendër."*

Falë pasionit e vullnetit të hekurt, për t'u marrë me libra dhe studime, që kërkonin shumë mund dhe kohë në përkthime, dr. Oroshi, përfundoi shqipërimin e librave: *Katekizmi (1953), Ungjilli simbas Mateut (1953), Studimet e Bioshme (1953)*, duke mos lënë mbas dore studimin e leksioneve të disiplinave të universitetit në vitin e parë akademik (1953-1954).

Po në vitin 1960, përkthen (shqipëron) dhe boton *Visarthin Shpirtnuer*, një lloj katekizmi doracak, për familjarët emigrantë shqiptarë katolik.

Dashuria e respekti, për shkrimtarët e shkollës së traditës geg veriorë, që kishin vulosur me erudicionin e përkushtimin e tyre, u bënë objekt i studimeve të tij.

Për të qenë më konkret, ai zgjodhi shkrimtarin e shquar dhe prozatorin modern prof. Ernest Koliqin dhe kontributin e tij shembullor shumëplanësh, në fushën e letërsisë bashkëkohore shqipe.

Një punim të plotë dhe dinjitoz: si vepër monumentale, kushtuar shkrimtarit Koliqi (*numër special*), ai e botoi të plotë, në revistën autoritative, shkencore, kulturore *Shejzat* (1975), në përkujtim të mikut të tij të madh.

Në Universitetin e famshëm të Romës *Angelicum* (1958), vijon studimet e vitit të pestë në degën e tij adhuruese të teologjisë, që ndryshe njihet si disiplina ose gjimnasitika e trurit. Këtu merr si subjekt, për të trajtuar gjerësisht e filozofikisht 20 teza në shkencën e Teologjisë, duke e mbrojtur (në vitin 1960) me sukses temën: *"Një reformator i madh i Kishës irlandeze të shekullit XII"*, për gradën shkencore **Doktor**.

Në komisionin e Këshillit Shkencor Vlerësues të Universitetit, bënin pjesë figura të shquara të cultures botërore dhe italiane, që punonin si lektorë në Universitetet e ndryshme italiane.

Ekipi prej pesë profesorëve të njohur italianë dhe një nga Universiteti i Oxford-it në Angli, e dëgjonte me vëmendje dhe interesim shpiegimin e tezave, sipas një këndvështrimi dhe studimi të hollësishëm, që kleriku shqiptar, i kishte bërë punimit voluminoz shkencor të disertacionit shumë-planësh filozofik, teologjik, të cilin, e përshkonte një bosht i ngjeshur en-ciklopedik.

Kjo u duk dhe në literaturën e përzgjedhur shoqëruese, që autori i palodhur e këmngulës kishte renditur në fund të temës shkencor hu-lumtuese.

Kujtimet e hidhura nuk i fshihen...

Ai përpiqej, t'a largonte vemendjen nga ngjarje të trishtuara të shoqëruara me plot të papritura, që i kishin ndodhur në Shqipëri vite më parë... Por sërisht, kujtime të një kohë të hidhur, që s'harrohen e ngac-monin, për të gjykuar se si ka mundësi, që shqiptari komunist urren për vdekje bashkëatdhetarin atdhedashës dhe idealist.

Jemi në vitet e inkuizicionit të zjarrtë komunist, ku, proletarët, ishin gati të grinin në morsën e tyre cilindo, që nuk mendonte, ushqehej e kën-donte vallen sllavo-ruse-kineze proletare kundërshqiptare...

Kështu, krimineli me nofkën sadisti i pamëshirshëm, i quajturi famkeqi **Hodo Hatibi** (i vetëquajtur si *Toger Baba*), me urdhër të treshës: *Rita Markos, Mehmet Shehut e Enver Hoxhës*, e ndiqte këmba-këmbës dom Zefin, për t'a vrarë, ashtu sikurse kishin masakruar pa gjyq 101 vetë në Qarkun e Shko-drës sëbashku me Malësi të Madhe (Kelmend), Lezhë dhe Mirditë.

Editorët e botimeve kulturore të kohës, me këmbëngulje i kërkonin eruditit të palodhur dr. Oroshit, artikuj të larmishëm me tematika të ndryshme.

Kjo duket gjatë letërkëmbimeve, që prelati katolik kishte me pendat e spikatura të mendimit elitar shqiptar në emigracion, si: *prof. Ernest Koliqin, prof. Karl Gurakuqin, prof. Rexhep Krasniqin, prof. Martin Camaj, atë Daniel Gjeçaj o.f.m. etj.*

Kështu, në një letër që prof. Ernest Koliqi, i shkruan nga Roma imzot Oroshit, ndër të tjera nënvizon: "*Ju falena nderës për letër. Presim si zogla verën ndoi shkrim t'Uejin. Shndet e punë të mbara.*"

Ajo që është interesante, është se imzot Zefi ka nënshkruar si antar i Urdhërit të shën Françeskut, kur në fakt kishte mbaruar studimet teologjike si klerik jezuit.

Edhe sot komuniteti katolik shqiptar në New York dhe rrethina, meshtarin aktual (një prift dioçezan) të Urdhërit Jezuit dom Pjetër A. Popaj, shpesh e thërret si *frat*.

Malësorët tanë, kanë pasur e ruajnë ende një respekt të veçantë, për antarët e Urdhërit të shën Françeskut (shek. XIII), në Veri të Shqipërisë, të cilët, me përkushtimin dhe dashurinë e tyre për popullin, kanë lënë gjurmë të pashlyeshme, në ndërgjegjën e kombit shqiptar ndër shekuj.

Don ose dom (*Dominus, nga latinishtja që do të thotë Zoti*) ose sikurse përdoret gjerësisht në trojet etnike shqiptare nga popullsia katolike si **dom Zefi, ka celebruar meshë së pari në kishën sllovene të shën Cirilit në St. Mark's Place 8th Street në New York**, në kapelen e Universitetit të Fordham-it në Bronx, në shkollën e kishës së Mount Cornel në Bronx, në kishën e St. Raymond's në Castle Hill Avenue në Bronx.

Emigrantët shqiptarë në Amerikë, kishin ardhur nga kampet e refugjatëve të Italisë e Austrisë. Për më tepër, Lidhja Katolike, u formua në një mbledhje të mbajtur në kishën katolike sllovene të shën Qirilit, në Saint Mark's Place, New York.

Në mbledhje, si mysafirë, morën pjesë, mes të tjerëve, prof. Rexhep Krasniqi, Kryetar i Komitetit Shqipnia e Lirë dhe aktivisti i komunitetit Stavri Qiriako nga Bashkësia Orthodokse Shqiptaro Amerikane.

Asokohe Monsinjori, që ishte meshtar i emëruar, për shërbesa fetare në St. Raymond (East Tremont Avenue, Bronx, New York), megjithëse çonte meshë në kishën amerikane, gjithnjë me shpirt e zemër rrinte pranë komunitetit të vogël katolik shqiptar.

Në vitin 1973, u realizua dëshira e madhe e klerikut të përkushtuar në trinomin Fe-Atdhe-Përparim, mbas fushatës fondmbledhëse prej bashkatdhetarëve, në praninë e besimtarëve, u bë më në fund bekimi i kishës së re, mes një atmosfere të madhe gëzimi, me të cilin ishte bashkuar, përmes mesazhit edhe ish *Kardinali i New York-ut, i ndjeri, Arqipeshkvi Metropolitan Eminenca e Tij Terence Cooke*.

Kisha e re, qendroi për shumë orë e hapur, për vizitorët e shumtë shqiptarë dhe amerikanë. Në një nga sallat e bukura të ambienteve të Fordham University, u mbajt programi i rastit dhe u shtrua darka madhështore, përgatitur nga Këshilli dhe Pleqsia e Lidhjes Katolike Shqiptaro Amerikane dhe tre komisione te formuara nga ata.

Ja sesi e përshkruan, **Mark K. Shkreli**, atmosferën festive të asaj dite gëzimi, për të gjithë bashkëatdhetarët, në faqet e revistës me të njëjtin emër, tek përcjell raportin:

"Saloni, megjithse me 400 vende, kje tepër i vogël, për të pranue të gjithë ata që dëshirojshin të merrshin pjesë në këtë solemnitet. Mbramjen madhështore e za-

madhe me praninë e tyne dhe mysafirët e grishun, për ketë rast e nderonin ndër të tjerë (mbasi drejtori i ynë, at Zef Oroshi dhe kryetari i mbramjes z. Fran Sokoli, morën vendet e veta) edhe: Dr. H. Begeja, përqafsues i Ballit Kombëtar, z. Ago Agaj, përfaqësues i B.K.I., dr. Rexhep Krasniqi, president i K.Sh.L., z. Imam Isa Hoxha i New York-ut, z. Peter Chickos, president i Vatrës, imzot Gustav Schultheoss, Vikar Episkopal i Bronx-it dhe perfaqësues i Eminencës kardinal Cooke, Arqipeshkëv i New York-ut; Imzot Stefan Lasko, ipeshkëv i Kishës Orthodokse Shqiptare n'U.S.A.; Dr. Anthony Athanas, ish-Kryetar i Vatrës dhe përkrahës i çdo të mire shqiptare; Dr. Çesk Ashta, Kryetar i L.K.Sh.; z. Sami Çaushaj, i Org. Balli Kombëtar; Dr. Arnold, i shkollës Mjeksore "Eistein" Bronx; Dr. Brown, Drejtor i Projekteve Shëndetësore në Fordham Misericordia Hospital; Dr. Athanas Gegaj, editor i gazetës "Diellit".

N'ora 5 mbas dreke, kryetari i darkës z. Fran Sokoli, shpalli fillimin e programit. Zonjusha shqiptare Lume Juka, këndoi Hymnin Kombëtar amerikan dhe atë shqiptar. Mbasandej lexuene referatet z. Ndoc Vulaj, n/kryetar i L.K.Sh.A. dhe z. Pashko Deda, antar i të njajtës. Hymnet dhe referatet kjenë të pershëndetuna me duartrokitje të zjarrta."

Po të shikosh me kujdes fotot e botuar, në koleksionin e revistës Jeta Katolike asokohe, syri dallon menjëherë pamjen arkitektonike të projektuesit, ku, Shtëpia e Zotit, (Kisha), kishte formën e kryqit latin, me kumbonare, me hapësirë mbas lterit, me drita të zbukuruara shumëngjyrëshe, që ndriçojnë fugurët e shenjtorëve dhe afresket e shënjtorëve në pikturë.

Këtu shquhej një ballkon, brenda ambienteve të kishës dhe në fasadet e saj, janë të vendosur truporet e shën Ndout, shën Nikolla, Nana e Këshillit të Mirë, etj., ndër më të adhuruarit me devocion të besimtarëve të krishterë e jokrishterë.

Bariu nacionalist e dijetari i ndritur i shqiptarëve, la një emër shumë të mirë në fushën e publicistikës e botimeve në gjuhën shqipe.

Ishte ai, që shqipëroi librin *Katër Ungjijt dhe Punët e Apostujve* (Romë, 1960, 1979), në gjuhën e ëmbël geg, aq të nevojshëm për shqiptarët.

Pjesë nga materialet e para të shqipëruara prej Ungjillit, nisin të botohen për herë të parë, në revistën e komunitetit katolik Jeta Katholike Shqiptare (1966-1978), në numërat e para të saj, por pa nënshkrimin e vet.

Kjo rubrikë, vijoi rregullisht, në shumë numëra të së përkohshmes, për pesë vite me radhë. Monsinjori ishte tepër enërgjik, në kryerjen me saktësi deri në fund të çdo detyre, që merrte përsipër.

Don Zefi, me modestinë tipike malësore, ishte një bibliotekë, që ecte me dy këmbë, sikurse shpreheshin të gjithë ato që e njihnin nga afër, *"një enciklopedi vërtetë e gjallë"*.

Ai nuk dinte të shterronte kurrë, për dijet akademike dhe bashkëko-hore fetare dhe kulturore shqiptare që zotëronte. Për nga kultura e pasur dhe e gjerë, ai kishte përherë në zotërim, një thellësi e pastërti mendimi logjik.

Mbas **Koncilit II Vatikanas** (1967), mesha e shenjtë, u caktua me dekret papal asokohe të mbahet jo në gjuhën tradicionale latine, por në gjuhën respektive të çdo populli, që ushtron besimin katolik.

Eshtë bërë traditë në çdo shtet, për meshtarët, kur emërohen si barinj shpirtëror në shtete të ndryshme të botës, duhet të flasin gjuhën e popujve që u shërbejnë me sakramente e çojnë meshën në kishë. Në këtë mënyrë, kuptohet dhe përjetohet më kjartë domethënia e doktrinës së krishterë.

Mbas 40 viteve (2007), papa Benedikti XVI, ka shprehur orientimin (sërisht me dekret papal), për t'u kthyer tek tradita e hershme kristiane.

Tashmë mesha, po mbahet në gjuhën e hershme tradicionale latine, për të qenë më pranë kohës së hershme, kur krishterimi u bë si fe zyrtare në botë.

Shprehja me fjalë të zgjedhura e mbresëlënëse, erudicioni dhe edukata e thellë ekumenike e imzot Oroshit, ishin ftesa e së dielës edhe për shqip-tarët e besimeve të tjera, shumë prej të cilëve shkonin për të dëgjuar predikimin e tij (homelinë) në kishë.

Si njeri me kapacitet human dhe mjek i mirë me ilaçet shpirtërore të Krishtit, shëron shumë plagë ndër shqiptarë, mërgimtarë të infektuar nga dhuna e ushtruar nga rregjimet e njëjta totalitare.

Dr. Oroshi, edhe gjatë meshëve në kishat amerikane, bëri apel, për të drejtën e popullit për liri civile, besimi, për të cilën vuante shpirtërisht e punoi me devocion me miqtë amerikanë dhe aktivistë të palodhur bashkëatdhetarë kudo nëpër botë, për lirinë e fesë në Shqipëri.

Projektues e aktivisti i flaktë, mbetet si frymëzuesi i bashkatdhetarëve në organizimin e disa tubimeve kundërkomuniste dhe liri besimi në Shqipëri, para Organizatës së Kombeve të Bashkuara (UN) në Manhattan New York.

Respekt e mirënjohje për mësuesin Mjeda

"Shekujt e parë letrarë shqiptarë, apo e thënë ndryshe, faza pararendëse e kulturës së shkruar shqipe, dallohet për një prani të gjithëpushtetëshme të autorëve klerikë katolikë... Në gjysmën e parë të shekullit të kaluar, nga 294 autorë që botuan të paktën një libër, 205 prej tyre ishin pjesëtarë rë komunitetit të krishterë shqiptarë..." - **Prof. dr. Stefan Çapaliku**[235]

Imzoti e adhuronte shumë mësuesin e paharruar klerikun, poetin dhe njeriun e shquar të përmasave botërore **dom Ndre Mjeden (1866-1937)**.

Oroshi, shpesh jetonte e vepronte, nën shembullin e edukatorit të zellshëm e frytdhënës, pranë Seminarit Papnor në Shkodër (1843-1946, 1991).

Për të gjithë shqiptarët asokohe, Ishte një ndër njohësit dhe propaganduesi më i shkëlqyer i jetës dhe veprës së poetit të dashtur Mjeda.

Ai, e përkujtoi me respekt të madh mësuesin e tij, në shenjë mirënjohje e nderimi në New York, duke organizuar përkujtimin, në 40-vjetorin e vdekjes.

Mjedja dhe nxënësi i shkollës e adhurues i tij, kleriku emigrant imzot Oroshi, kishte miqësi me klerikët shqiptarë të besimeve fetare.

Dom Ndre Mjeda e prifti Oroshi, ishin për dialogun ekumenik me ortodoksët, besimin islam, bektashit, protestantët e fetë e tjera.

Ai, kishte bërë shpesh takime me Kryepeshkopin Hirësinë e Tij imzot dr. Fan Stilian Nolin në Boston.

Për frymën e shëndosh në takimet ekumenike (midis kishave të krishtera), sikurse mësojmë nga studiuesi i rrymës shkencore të mjedjaologjisë prof. dr. Mentor Quku, *"...autoriteti i Mjedës, në këtë drejtim ishte absolut. Personaliteti i poetit, shihej si njeriu më i përshtatshëm në të gjitha rastet kur lindëte nevoja për dialog."*

Në mesin e shekullit XX, me rizgjimin e lëvizjeve për bashkimin e besimtarëve të krishterë në botë, filluan të thyhen shumë barriera e pengesa përmes ekumenizmit.

Kështu papa Pali (Paul) VI (1963-1978) e Patriarku i Konstantinopojës Atenagora I (1886-1972) me origjinë arvanitas, që jetojnë në Greqi, në

---

[235] Prof. dr. Stefan Çapaliku, **"Krishtërimi ndër shqiptarë"**, Tiranë, 1999, f. 440-441.

takimin e tyre në vitin 1964 në *Tokën e Shenjtë*, u munduan t'i afrojnë zemrat e të krishterëve të ndarë (shkizma) në vitin 1054.

Diskutimet e gjata, të dy barinjve të grigjës shqiptare në emigracion, gjenin gjithnjë frymën e ngrohtë të mirëkuptimit e respektin e ndërsjelltë.

Ata kishin menduar kohë të gjatë, për rikthimin dialogut ndërfetar (ekumenik), që kishin bërë pararendësit prelatë, për të afruar e më pas bashkuar kishën e ritit oksidental (catholic roman) dhe oriental (orthodox east), si një vlerë e re shpirtërore e bashkësisë arbërore në ShBA.

Me sa duket, përvojën e kishte mësuar nga eruditi i gjërë e i thellë poliedrik i poetit dom Ndre Mjedja shumë vite më parë. Fëmijëria dhe rinia asokohe, kanë qenë një bllok shënimesh në kujtesën e freskët të klerikut imzot dr. Oroshi.

Në revistën 3 mujore të përkohshme të komunitetit katolik shqiptar në New York, ai do të shkruaj artikullin me titull: *"Dom Ndre Mjedja me rastin e 40-vjetores së vdekjes."*

Ashtu sikurse për dom Mjedjen e madh dhe bariun në emigracion imzot dr. Oroshin, *"… feja dhe atdheu janë dy nocione, të cilat, nuk ishin në raporte përjashtuese me njeri tjetrin. Në çdo rast kudo dhe kurdo kishte vend për të gjithë… Devocioni fetar është brenda vetëdijës së Mjedës sëbashku me atdhetarizmin e flaktë. Ata nuk mund të përjashtonin njeri-tjetrin, sepse ashtu ishin dimensionuar; ata flinin bashkë brenda Mjedës"*

Kishte raste, që nga misionet e pambarim imzot Oroshi, gjente pak kohë të lirë, për t'u prerë në qetësi, vetmi e cila, i pushtonte mallin për atdhelindjen.

Meditacionin e thellë si ushtrim shpirtëror e bënte dy javë në vit. Vetmia e tij, ishte një adhurim i përshtatshëm mbushur me lutje, për një kontakt më imtim me Zotin.

Ai shpesh i mbushte sytë me lot dhimbjeje e malli të pashuar, për atdhelindjen Oroshin, familjen e shpërndarë në kampet e vështira të internimeve komuniste.

Gjatë shëtitjeve të lira në park, që miku i afërt studiuesi dhe publicist dhe autori i veprave biografik shqiptaro-amerikan **Tomë Mrijaj,** ka bërë me imzot dr. Zef Oroshi, biseda të lira për Oroshin, përsekutimin e klerit katolik në Shqipëri.

Dr. Oroshi, gjatë bisedës telefonike, i thotë mikut të vet: *"Tomë, a keni mundësi të vini pak tek unë!?"* Bashkëbiseduesi i përgjigjet prelatit, se në çdo kohë, jam i gatshëm të vi tek ju.

Toma, tregon: *"Kur hyra brenda shtëpisë, Monsinjori, u ngrit në këmbë, me buzëqeshi gjithë humor, duke thënë: "Pashë në dritare një diell të bukur, që më ngacmoi në shpirt frymëzimin. Menjëherë, më shkoj mendja tek ju, e u telefonova, duke qenë i sigurtë se do të vinit për të shëtit sëbashku me mua."*

Iu përgjigja, se jam gati të shkojmë për shëtitje, ku, të dëshironi ju. Ai dëshironte që të shkonim në brigjet e plazhit Orchard Beach. Atë ditë, në bregdet nuk kishte asnjë vizitor, përveç meje, imzot dr. Zef Oroshit dhe qindra pulëbardha, që fluturonin dhe ecnin të qetë rreth nesh.

Prelati ynë më pyeti: "I dashtun Tomë, nëse ia qëlloj a më thua të vërtetën?"

Ai nga sëmundja e rëndë, mendonte se e kishte humbur vetëdijën. Monsinjori, e ngriti dorën e djathtë lart e shtriu drejt ujërave të pambarim të Oqeanit Atlantik dhe me drejtimin nga Jugu më tha: "A i bie të jetë në atë drejtim Shqipnia?"

Unë iu përgjigja menjeherë, se në atë drejtim, që tregoni ju me dorë është Shqipëria. Pashë se mënjeherë i erdhi nga thellësia e shpirtit një buzeqeshje shumë e gëzuar.

U ngrit në këmbë, i çoi duart përpjetë dhe tha fjalët:

"E vraft Zoti Enver Hoxhën e at komunizëm të zi, që nuk na la me jetue në vendin tonë. Po ç'ka i bam na priftat, të cilët, u masakruan nga diktatura e tij. Na historikisht, e kena dasht dhe e dona vendin e popullin tonë, të cilit, i kena shërbye përherë me zemër e dashuni."

Atij i plasi një vaj i madh dënese dhe përshpërti emrat e vëllezërve të tij Prenit, Ndout dhe motrës Luçies, për të cilët, kishte marrë lajme jo të mira, se gjenden të internuar në Gradisht të Lushnjës.

Iu drejtova imzot Zef Oroshit, se ju jeni një personalitet i madh, që po vuani, sikurse kanë vuajtur historikisht njerëzit e shquar të këtij planeti.

Librin tuaj të shqipëruar: "Katër Ungjijt dhe Punët e Apostujve", e pashë në çdo Kishë gjatë vizitës sëfundit në Kosovë dhe meshtarët më pyesnin për ju. Ai u qetësua disi dhe mbas pak minutash u kthyem me makinë në shtëpinë e tij…"

Është thënë e shkruar gjithnjë, se Shtypi Katolik mbarëshqiptar, ka qenë ndër shekuj shtyllë e atdhedashurisë dhe jo më pak kulture kudo. Këtë e dëshmojnë objektet e panumërta arkeologjike: skulpturë, pikturë, letrare, vepra të ndryshme arti të shpërndara anekend vendlindjes; dhe këtë e dëshmon në veçanti një histori e larë me gjakun e tij në shekuj.

Ai, iu kundërvu me pendë dhe gjoks barbarizmave të huaja dhe servilizmave të opurtunistëve të brendshëm në trojet shqiptare.

Kjo ka qenë në shekuj dhe dekadat e porsakaluara arsyeja që kleri katolik, u gjet i pari në shenjestrën e të pazotëve, që poshtëruan vendin tonë dhe e kthyen atë, sikurse benë edhe osmanët, nga një kopsht i lulëzuar feje dhe kulture në një gërmadhë rrënojash fizike e shpërtërore, gërmadhë vuajtesh dhe mjerimi.

"Për të ripërtërirë lulëzimin e humbur, do të duhen dekada të tëra mundi dhe djerse, sepse brenda kësaj gërmadhe tragjike e do të thoja katastrofike, gjendet rinia e jonë e ikur në vendet e huaja, ndoshta për të mos u kthyer më."[236]

Të sjellësh ndër mend dhe të rreshtosh figurat e mëdha jo vetëm kulturore fetare, pot edhe morale, jo vetëm klerikale, por thjeshtë katolike, të kulturës së një vendi shumë të lartë është imperativi i çdo njeriu, që ka për zemër brumosjen e botës shpirtërore të fëmijëve e të rinjve tanë, ku kisha me shtypin e saj ka qenë një fanar drite, jo vetëm në lëmin fetar por edhe atë kulturor e atdhetar.

Kjo gjë duket e kjartë sapo të hapësh një antologji letërsie, qysh prej viteve 1934-1944, 1945-1990, të cilët kanë lënë gjurmë të pashlyeshme diturie ndër shekuj, por edhe brymosën tokën e shenjtë në vendlindje me gjakun e tyre martir.

Janë pikërisht Urdhëri i Jezuitëve, ata që zënë një vend nderi në publicistikën shqiptare. Qysh në ditët e para ata u ndeshën me Perandorinë e "pathyeshme" Osmane, duke ndërtuar Seminarin dhe Kolegjen Saveriane në Shkodër më 1870, sollën në qytet, pa përfunduar ende mirë institutet e mësipërme, një Shtypshkronjë E Zojës së papërlyeme, duke filluar pas pak edhe botimin e së përkohshmes "Elçija e Zemrës së Krishtit" (mars, 1891), me shpenzimet e vetë kuvendit.

---

[236] Don Ndoc Nogaj, **"Shtypi Katolik Shqiptar 1991 nëntor 2001"**, Shkodër, 2001, f .6

NJË JETË I PËRGJUAR NË DOSJEN E DIKTATURËS KOMUNISTE KUNDËR MONS. DR. ZEF OROSHIT

"Nga 6 ipeshkvinjtë dhe 156 priftërinj shqiptarë, të cilëve u duhet shtuar edhe nje grusht priftërinjsh të shuguruar, 65 kanë vdekur si martirë, 30 janë ekzekutuar dhe 35 janë mbytur gjatë torturave. Gjithashtu 64 meshtarë kanë vdekur pasi kanë provuar burgjet dhe kampet e përqendrimit".

Pas librave me vlerë historike: *"Mons. dr. Zef Oroshi - një jetë e shkrirë për fe e atdhe"*, jetëshkrim, New York, 2009, *"Long Kuvendit - në trinomin Fe - Atdhe - Perparim"* (New York, 2019) dhe *"Abati i Mirditës Imzot Frano Gjini - Martir i kishës katolike"* Shkodër, 2018 (bashkautor me studiusen Leonora Laçi), doli në qarkullim libri i ri: *"Një jetë i përgjuar"*(New York, 2020), që përbën **Dosjen** e Sigurimit për mons. dr. Zef Oroshin.

Vepra në fjalë, u përzgjodh, përgatit dhe u botua nën përkujdesin e veçantë dhe shpenzimet financiare të studiuesit e publiçistit veteran i komunitetit tonë Tomë Mrijaj.

Meshtari dhe personaliteti i shquar e i paharruar mons. dr. Zef Oroshi, rivjen mbas shumë dekadave para shqiptarëve kudo në botë dhe komunitetit shqiptaro amerikanë, me një libër original me titull: *"Një jetë i përgjuar"* e mbushur plotme dokumente të *Dosjes së tij keqdashëse*, hartuar me dorë dhe makinë shkrimi, për dekada me radhë nga punonjësit e polcisë sekrete të Sigurimit të Shtetit socialkomunist, pranë Ministrisë së Punëve të Brendshme të Republikës Popullore Socialiste të Shqipërisë.

Studiuesi Tomë Mrijaj në shkrimin e tij analitik: *"Dy fjalë hyrëse"*, ndër të tjera shkruan: *"Sapo përballesh me një Dosje të errët, të përpiluar me denigrime, trillime, shpifje dhe shkrime me paramendime direkte qëllimkeqe, të vetë punonjësve të Sigurimit të sistemit komunist, ju si lexues të kujdesshëm, duhet të jeni të përgatitur psikologjikisht të mësoni më shumë, se çfarë ju pret nga leximi, duke qenë të vetëdijshëm, sikurse edhe unë për këto "perla" të Dosjes, që mora në dorë.*

Njeriu në ditët tona, shokohet kur sheh nga afër sesa të paskrupullt, në manipulime dhe trillime (të ngjarjeve dhe figurës historike të përsonit që ata përbaltnin papushim) ishin strukturat informative policore të fshehta apo forcat e Sigurimit të shtetit komunist dhe më saktë të Ministrisë së Punëve të Brendshme në Shqipëri, gjatë harkut kohor të viteve 1944-1990.

Ata arritën deri aty sa të sajojnë histori të rreme mbi mons. dr. Zef Oroshin, kur ai ishte larguar nga ferri burg komunist i Shqipërisë...

Nga burimet e Dosjes, mësojmë se në Itali dhe SHBA ai përgjohej vazhdimisht këmba-këmbës nga hafijet e Sigurimit komunist shqiptar dhe informacioni mbi lëvizjet dhe takimet e tij në diasporë përgjohej dhe regjistrohej dhe më pas përcillej në Tiranën zyrtare komuniste, ku operativët e fshehtë komunistë hartonin tekstin e shpifjeve, duke krijuar kështu dora dorës Dosjen e Zezë të tij."

Veprimtaria e shumanshme e klerikut dhe intelektualit të shquar të botës shqiptare në diasporë mons. dr. Zef Oroshit, njihet shumë mirë, përmes librave monografikë, kujtimeve, artikujve kushtuar atij në përvjetore të ndryshme, të cilat janë shkruar nga autorë dhe studiues të ndryshëm për te, për shumë dekada me radhë deri në ditët tona.

Ardhja dhe "fitorja" me mashtrime absurde e komunizmit në vitin 1944 në Shqipëri, ishte vetëvrasja më e madhe që bënë shqiptarët, që e pranuan dh perqafuan ideologjinë e tij.

Meshtari katolik dom Zef Oroshi, bën pjesë në ato personalitete historike, që nuk u pajtuan asnjëherë me fitoren e komunistëve. Ai nuk e pranoi as në atdhe dhe as në Shtetet e Bashkuar të Amerikës fitoren mashtruese komuniste.

Ai nuk ishte vetem një predikues i thjeshtë fetarë, por dhe një studiues i zoti, pendë e spikatur dhe e mprehtë e botës shqiptare.

Përmes larmisë së artikujve, ne tani njohim një përkthyes cilësorë; një gjuhëtar shqiptar të apasionuar; shkrimtar i shkollës së traditës gegë dhe stoik i papajtueshëm me regjimin ateisto-komunist në Shqipëri etj.

Libri në fjalë, është i bazuar në dokumente origjinale, të siguruara fatmirësisht nga Arkivi Qendror i Shtetit në Tiranë, që ishte kthyer fatkeqsisht në makinë e madhe automatike me bateri propagandistike.

Në librin arkivor, përfshihen për herë të parë rreth 400 dokumente, të hartuar dita-ditës nga punonjësit special të Sigurimit të Shtetit, të cilët kanë hartuar një **Dosje** me shpifje dhe trillime, të cilat studiuesi shqiptaro amerikanë Tomë Mrijaj, i ofton sot para lexuesve mbareshqiptarë.

Ky libër është i veçantë në llojin e vet, për faktin, se i jep për here të pare dokumentet (faksimile) në mënyrë origjinale, ku, lexuesi dhe studiuesit e rinj kanë mundsi dhe hapësirë të shohin dhe vërtetojnë me kujdes fantazinë e proçesverbale, raporteve, akuzime pervese, dëshmi të rreme nga trathtarët dhe spiunët, përshkrimeve, thënieve të fabrikuara, dëshmitarëve shpifse sistematike të diktaturës komuniste dhe të hafijeve të Sigurimit të Shtetit komunisto ateist.

Në një qarkore, që Ipeshkvi imzot Bernardin Shllaku u dërgon dioqezave (shkruar nën torturë nga Sigurimi), tregohet sesa bujë kishte bërë arratisja e dom Zefit dhe jo vetëm Sigurimi ishte në kërkim të tij, por ishte ngritur dhe një komision kërkimi i përbërë nga Dekani i Tiranës, dom Mark Dushi, dhe Administratori Dioqezan i Lezhës dom Ndoc Sahatçija. Kështu vetë **dom Ndoc Sahatçija (1904-1993))**, në nëntor të vitit 1952 merr rrugën për në Veri të Shqipërisë, për ta kërkuar vetë dom Zef Oroshin.[237]

Për arratisjen e dom Zefit të pamposhtur, është shkruar dhe në studimet e mëvonshme: *"Dosjet e Diktaturës"* me autor studiuesin dr. Pjetër Pepa dhe në monografin: *"Monsinjor dr. Zef Oroshi – Një jetë e shkrirë për fe e atdhe"* të biografit të tij, që njiherazi është edhe Sekretar i Lidhjes së III Shqiptare të Prizrenit, studiuesit Tomë Mrijaj (SHBA); sikurse edhe në veprën e Nikollë Melyshit, *"Ngjarje Historike, të ndime, të pame e të jetueme"*, dhe së fundi në librin: *"Abati i Mirditës Imzot Frano Gjini"* shkruar nga bashkautorët: Tomë Mrijaj & Leonora Laçi, (Shkodër, 2018).

Momenti i arratisjes së bujshme të mons. dr. Zef Oroshit, është kthyer në një legjend. Për ta bërë më reale dhe në mënyrë që të mos mitizohet më tej me këto fakte, pata një bashkëbisedim me nipin e mons. dr. Oroshit, Prend Gjokën, i cili, më rrëfeu pas shumë dekadave të vërtetën se si dom Zefi i kishte shpëtuar arrestimit dhe ishte fshehur në mal deri sa u largua fillimisht në Europë e më pas në tokën e premtuar të SHBA, shkruan ndër të tjera studiuesja e re Lenora Laçi.

Kështu asokohe dikush nga banorët informoj meshtarin e ri dom Zef Oroshin, se kisha ishte e rrethuar nga forcat e Sigurimit.

Nga Tirana, forcat e Sigurimit mbanin në dorë një *Urdhër Arrestimi*, të ardhur direkt nga Mehmet Shehu. Sigurimi, po priste që mesha të përfundonte dhe prifti të dilte i fundit për ta arrestuar. Ata vëzhgonin nga dera kryesore daljen e popullit.

Plani ishte që të arrestohej në momentin e daljes së popullit nga kisha dhe dom Zefin ta arrestonin, që të mos mund të kundërpërgjigjej… Amerika, u bë atdheu i dytë për të dhe veprimtarinë e tij, atje la gjurmë të pashlyeshme, me themelimin e Kishës së Parë Katolike Shqiptare (1962).

Kjo tregon se ai i shërbeu më mirë atdheut larg tij, duke qenë se Shqipëria u kthye në një burg të madh për intelektualët dhe ndrydhi jo vetëm dëshirat për tu arsimuar, por shtypi e burgosi edhe mendimet e

---

[237] Referuar nga libri i dr. Markus W. Peters, **"Përballjet e historisë së Kishës Katolike në Shqipëri 1919-1996"**.

fjalën e lirë.

Prend Gjoka, rrëfen se halla e tij (motra e dom Zefit), Lukja përjetoi kalvarin nëpër burgjet e internimit. Ajo pas rënies së komunizmit ka jetuar në shtëpinë e nipit deri ditën kur mbylli sytë.

Motra e Monsinjorit, kishte qenë personi i fundit që dom Zefi kishte takuar para se të arratisej në mal. Ai në mal bashkohet me grupet antiko-muniste, ku do qëndroj për tetë muaj deri sa kaloi në Kosovë e cila ishte pjesë e Federatës Jugosllave, me gjithë vështirësitë dhe i plagosur kalon në Mitrovicë e nga aty sëbashku me atë Daniel Gjeçajn o.f.m, atë Ambroz Martinin o.f.m., dhe Nikollë Kimzen, pas garancive që i dhanë Dera e Gjo-markut e personalisht Kapidan Ndue Gjomarku, shkojnë në Itali.

Në faqet e librit, janë emrat dhe mbiemrat e të gjithë hartuesve të Dosjës, punonjësit apo oficerët e Sigurimit të Shtetit, hetuesit, dhe puno-njësit e tjerë spiunë të Ministrisë së Punëve të Brendshme në Tiranë, të cilët në bashkëpunim me njeri-tjetrin, ishin totalisht kundër meshtarit katolik shqiptaro amerikanë, kur ai ishte si meshtari i ri, në kishën e shën Maria Magdalenë, në Ungrej të Mirditës, kur arratiset në mallet e Mirditës dhe gjatë gjithë aktivitetit të tij antikomunist në Itali, SHBA për dekada me radhë.

Mons dr. Zef Oroshi (1912-1989), ishte dhe mbeti një ndër liderët krye-sorë antikomunistë të diasporës sonë shqiptaro amerikane, i cili, gjithë jetën e tij ia kushtoi komunitetit këtu dhe luftës kundër diktaturës komuniste dhe diktatorit otoman Dullë, alias Enver Hoxha.

Aktivisti veteran i komuniteti tonë këtu dhe studiuesi Tomë Mrijaj, është biograf i mirënjohur i monsinjor Oroshit, mbasi kleriku ishte kumara i familjes dhe të 4 femijëve të tij: *Adriana, Nikolla, Elizabeta dhe Donika.*

Libri i ri në fjalë, shoqerohet me një shkrim në hyrje të tij shkruar nga biografi i Monsinjorit studiuesi Mrijaj dhe mbyllet me një shkrim tjetër me titull: *"Kalvari i vujatjeve të të familjes së mons. dr. Zef Oroshit."*, shkruar nga studiuesja e re Leonora Laçi.

Vepra e re u përgatit me kujdes dhe përkushtim në New York, gjatë viteve 2019-2020 dhe u botua me sukses, nën kujdesin e Shtëpisë botuese dhe Shtypshkronjës "Volaj", në qytetin e lashtë të Shkodrës. Një falën-derim i veçantë nga zemra i shkon Shtypshkronjës "Volaj" dhe stafit të saj, të drejtuar profesionalisht, për punën e shkëlqyer serioze të bërë nga miku im i vjetër, *Martin Ndoja.*

Në kopertinën kualitative, është busti kushtuar mons. dr. Zef Oroshit (1912-1989), dhuruar kishës katolike shqiptare Zoja e Shkodtrës Hartsdale, New York nga **skulptorja profesioniste amerikane Carolyne D. Palmer.**

Disa nga temat e përmbajtjes së dokumenteve

Libri përmban tema interesante, ku disa nga nga ato janë: Inventari i materialeve, që ndodhen në dosje (9 faqe); Lista e personave që janë njohur me dosjen; Lista e personave që implikohen në dosje; Fleta e kontrollit në kartotekë; Të dhëna biografike të dom Zef Çokut (Oroshit) 13.3.1981; Vendim që t'i hapet dosja e kërkimit për përpunim, 26.6.1958; Lista e lidhjeve miqësore e farefisnore të të arratisurit dom Zef Çokut (2 faqe); Disa letra që mendohet se janë shkëmbyer mes dom Zefit dhe disa të tjerëve, gjatë kohës që ndodhej në mal i arratisur. *Vërtetësia e tyre është e dyshimtë.*

Në dokumentet e Sigurimit apo Policisë Sekrete Komuniste, shikohet dukshëm edhe "ekspertiza", që i është bërë letrave, (30.12.1951), relacionet dhe implikimet e ndryshme ose deponimi të personave pa karakter dhe të lëkundur kundër dom Zef Çokut, 18.1.1952. (2 faqe), sikurse edhe shumë informacione mbi levizjet e dom Zefit. (3 faqe); Raport propozim për regjistrimin e të dhënave mbi dom Zef Çokun në kategorinë II; Arrestimi i Ndue Jak Ndoj, për të dhënë informacione mbi strehimin e të arratisurve ndër to dhe dom Zef Çokun, kurse me datën 6.X.1952, njoftohet mbi kalimin në Jugosllavi të kriminelit dom Zef Çokut apo informata, ku përmendet dhe plagosja në krah e dom Zef Çokut, në muajin qershor 1952.

Sigurimi kishte informacione të hollësishme mbi lëvizjet antikomuniste të dom Zef Oroshit, sikurse është raporti i datës 5.V.1956: "*Raport informativ agjentural mbi emigracionin reaksionar, shkruhet dhe për takimet që dom Zef Oroshi realizon me komunitetin shqiptar, në kampin e San Antonit (Itali), ku flet me skepticizëm për amnistinë, që po jepte shteti shqiptar ndaj të arratisurve.*"

Sërisht, me datën 15.I.1957, dom Zefi takon shqiptarët në Romë (Italy), ku, i bënë thirrje emigrantëve nëpër kampe, që të mos gënjeheshin nga Qeveria komuniste shqiptare dhe një vit më vonë raportohet, se me datën 28.I.1958 zhvillohen takimet e dom Zef Oroshit me komunitetin shqiptar në Napoli etj.

Nga ana e tjetër, po atë vit, me datë 18.4.1958 brenda komunitetit shqiptarë, zhvillohen takimet e ngrohta me dom dr. Zef Oroshit dhe prof. Martin Camajt (arratisur nga Shqipëria) me emigrantët dhe përpjekjet e Komitetit "Shqipëria e Lirë", që të ndihmojë emigrantët politikë antikomunistë shqiptarë, për të udhëtuar drejt Amerikës.

Aktiviteti nacionalist i Oroshit, nuk ka ndalur. Ai i shkruan një letër drejtuar komunitetit të arratisur shqiptar në Belgjikë pas takimit që pati me ta. (dy faqe) dhe më vonë ai shkon vetë në në një takim me komunitetin shqiptar në Belgjikë, ku flet hapur kundër regjimit komunist në Shqipëri etj.

Edhe në këtu dhe më saktë në New York aktiviteti i Oroshit është i madh dhe i dokumentuar si prove e historisë dhe për brezat që do të vijnë, në revistën kulturore fetare **"Jeta Katolike"** (**New York, 1966**), që ai themeloi dhe drejtoi së bashku me disa nga intelektualët e shquara të diasporës në SHBA dhe Europë.

Kështu me datë 8.9.1962, dom Zef Oroshi krijon Këshillin e Kishës Katolike Shqiptare në Amerikë, ku ai bën propagandë sensibilizimi kundër komunizmit dhe në favor të Komitetit **Shqipëria e Lirë** dhe pak kohë më vonë meshtari patriot antikomunist dom Zef Oroshi takohet në Clevelend (Ohio) të SHBA-së me komunitetin shqiptar.

DHJETË PARIMET UDHËHEQËSE TË SË LUMES NËNË TEREZA NË NJË LIBËR TË RI

Ruma Bose & Lou Faust: "Nënë Tereza CEO" (2011, Berrett-Kohler Publishers, Inc. San Francisco, California), f. 127

Kur shumica e njerëzve mendojnë për Nënë Terezën, ata mendojnë për një shenjtore - një hero shpirtëror të arritjeve të jashtëzakonshme humanitare, një fituese të çmimit Nobel për Paqe.

Por, Nënë Tereza ishte gjithashtu drejtuese e një prej organizatave më të mëdha dhe më të suksesshme në botë: *Misionarët e Bamirësisë.*

Që nga themelimi i saj në 1948, ajo mblodhi miliona dollarë dhe, me mbi një milion vullnetarë në më shumë se 100 vende, ajo mbetet një nga markat më të njohura në botë.

Si e ndërtoi një murgeshë, që kurrë nuk mori ndonjë arsim formal në biznes një organizatë kaq mbresëlënëse globale!!!?

I sinqertë, realist dhe i bazuar në praktikë, stili i udhëheqjes së Nënë Terezës ndihmoi në frymëzimin dhe organizimin e njerëzve në mbarë botën.

Ky libër ndan 10 parime thelbësore të lidershipit të nxjerra nga shembulli i Nënë Terezës e i zbaton ato në botën e sotme të biznesit.

Autorët Ruma & Bose, një sipërmarrëse që doli vullnetare me Nënë Terezën dhe Lou Faust, një ekspert kryesor i biznesit, janë të parët që e shqyrtojnë atë në këtë këndvështrim, si një lider, stili i menaxhimit dhe përkushtimi i të cilit ndaj një vizioni të veçantë çoi në një nga më të mirat në botë, në një histori suksesi të pamundur.

Nënë Tereza mund të ketë qenë një shenjtore, por suksesi i saj spektakolar nuk ishte produkt i providencës hyjnore. Gjeniu i saj ishte në thjeshtësinë e vizionit të Saj dhe përkushtimin e Saj për zbatimin e tij.

Kjo ishte në mënyrën shumë e mire, se si Ajo i trajtonte njerëzit e saj, duke refuzuar të distancohej nga puna e përditshme e një motre tipike të Misionareve të Bamirësisë.

Gjithashtu, kjo në essence ishte në mënyrën se si Ajo i trajtoi zgjedhjet e vështira, si pranimi i donacioneve nga diktatori brutal haitian, Francois

"Papa Doc" Duvalier.

Këto ishin parimet, që e bënë atë udhëheqësen e madhe të një organizate globale dhe ato mund të zbatohen nga kushdo në çdo organizatë, nuk kërkohet shenjtëri.

Në fondin e artë të koleksionit të madh të librave biografik kushtuar të Lumes Nënë Tereza, bën pjesë qysh nga viti i kaluar vepra e re "**Nënë Tereza GEO**" me bashkëautorë *Ruma Bose & Lou Faust.*

Autorët amerikanë, vijnë para publikut vendas me një libër shumë serioz dhe cilësor në përmbajtje.

Duhet thënë, se gjatë shekullit XX dhe deri tani janë botuar një numër i madh artikujsh, librash, realizuar dokumentare televiziv, aktivitete përkujtimore në gjuhëe shtete të ndryshme në mbarë botën, qysh nga koha kur ndërroi jetë Gonxhe Bojaxhiu-Nënë Tereza e Kalkutës (1910-1997).

Esenca e përbashkët e tërësisë së tyre, është se në qendër të vëmendjes shkrimtarët dhe studiuesit botërorë, kanë pasur si personazh figurën e madhe të udhëheqëses së humanizmit botërorë, që ishte dhe mbeti e mishëruar tek **murgesha trupvogël, por fisnike e me zemër të madhe shqiptare ishte dhe mbeti der sa kaloi në amshim Nënë Tereza,** *si një shembull i mirësisë dhe përkushtimit njërëzor, duke jetuar e punuar mes dhe vetëm për të varfërit e më të varfërve kudo në botë.*

Në këtë linjë vlerësimi, është edhe libri i ri i sapodalë në qarkullim në Amerikë, në dhjetor të vitit 2011. Ai është shkruar me pasion dhe dashuri të veçantë nga bashkautorët **Ruma Bose & Lou Faust,** me të cilët unë jam takuar personalisht në New York, ku ato më bënë dhuratë librin e ri të tyre.

Kësisoj autorët si bleta punëtore pak nga pak mblodhën me durim dhe përkushtim materialet jetësore dhe e përpunuan nektarin e veprimtarisë dhe gjithçka ata ruanin në kujtesën e tyre për këtë udhëheqëse mirësie, që si mesazhere biblike u dha dritë e shpresë njerëzve më të përbuzur dhe më të varfër të planetit tonë.

Libri "**Mother Teresa, GEO**", është shkruar thjeshtë me ndjenjë të lartë dhe të pastër dashurie nga **Bose & Faust,** dy njërëz të njohur në komunitetin e madh amerikan.

Ato sëbashku na e kanë dhënë Të Lumen Nënë Tereza me tërë origjinalitetin e saj (përmes zbërthimit të dhjetë parimeve udhëheqëse në jetën dhe misionin e Saj), si një lidere shembullore sot, në shekullin XXI e mbërthyer nga plagë luftrash, plot male mjerimi në shumë anë të botës, ku dhembshuria e ka humbur kuptimin nga mospërdorimi i saj në shumë situata konfliktesh dhe luftrash të pakuptimtë.

Tashmë kushdo e di, se Ajo, ka inspiruar miliona njerëz në mbarë botën, që t'i përkushtohen vullnetarisht njerëzve të varfër, duke themeluar misionet e saj tëbamirësisë (*si motrat dhe vëllezërit e Nënë Terezës, sikurse njihen ne trojet tona etnike*), për të varfërit mes më të varfërve, duke u munduar me përkushtim e dhembshuri të zbusë sado pak plagët në shpirtin e tyre, mjerimin e thellëmaterial dhe shpirtëror.

Dhe për fat të mirë misionet e dashurisë, ndaj më të varfërve, të sëmurëve, të braktisurve, jetimëve, lebrozëve, malarikëve, njerëzve me të meta mendore e fizike, që janë braktisur nga shoqëria dhe familja, u kanë dhënë e japin prej dekadash dhe sot ngrohtësi me dashuri të vërtetë prindërore njerëzve në nevojë.

Vepra në fjalë, është e ndarë në 8 kapituj, që ndryshe mund të thuhet se jane titujt e 8 apo 10 parimet, që e kanë udhëheq në jetë kryemisonaren katolike. Ato ofrohen sot për herë të parë në gjuhën angleze në këtë vepër të re të vetme të mirëseardhur sot për lexuesit kudo në botë.

Ikona ose Bija e tokës së Arbërit, sikurse dihet nga të gjithë sëshpejti nga Selia e Shenjtë në Vatikan, pritet të bëhet e Shenjtë, duke rritur edhe me shumë në këtë mënyrë frymëzimin për brezat e rinj dhe njërëzit e ardhshëm, për të shpalosur gjithnjë principet udhëheqëse të vlerave të humanizmit dhe përkushtimit për të varfërit, të braktisurit dhe të sëmurëre planetit tonë.

E lumja Nënë Tereza në mendjen dhe zemrën
e bashkautorëve amerikanë

Në hyrje bashkautorët tanë Ruma & Lou, kanë vënë përkushtimin me nënshkrim, që ata i kanë bërë nga thellësia e zemrës së tyre librit të sapodalë në qarkullim.

Kështu bashkëpunëtorja në Misionin e Bamirësisëtë së Lumes Nënë Tereza, shkruan, se këtë vepër ia ka dedikuar dy engjëjve në jetën e saj, që janë: **E Lumja Nënë Tereza** dhe **babait të saj shumë të mirë Tapan Kumar Bose Roma**, ndërsa autori tjetër përkushtimin e vet e ka formuluar në adresë të nënës së dashur *JoAnn Devane Faust Lou*.

Me shumë kënaqsi, lexuesi mund të kundroi kapitujt: "**Ëndrrën e thjeshtë, thuajse me zë**", "**Për të fituar një engjell, bisedo me djallin**", "**Prisni! Pastaj merrni momentin tuaj**", "**Përqafoni fuqinë e dyshimit**", "**Zbuloni gëzimin e disiplinës**", "**Komunikoni në një gjuhë që njerëzit të kuptojnë**", "**Kushtoni vemendje pastrimit**", "**Përdorni fuqinë e heshtjes**".

Libri, mbyllet me konkluzionin që kanë nxjerrë në fund të veprës, hartuar me dinjitet dhe përkushtim nga bashkautorët amerikanë Bose & Faust.

Ato tregojnë, se në vitin 1948 Misioni i Bamirësisë i themeluar nga Nënë Tereza kishte 12 anëtarë dhe dekada më vonë arrijnë në miliona vullnetarë bamirës misionarë.

Sot organizata në fjalë, ka veprimtari në mbi 100 vende, duke përfshirë mbi 1 milion anëtarët e ekipit, duke qenë një nga më të mirënjohurat në histori.

Kryemisionarja me origjinë shqiptare, ka pasur një vision dhe besim të plotë në suksesin e misioneve të Saj në tërë botën, mbasi po arrinë sot të përmbush mrekullisht një detyrë vullnetare shpirtërore shumë të lartë të frymëzuar nga filozofia, jeta dhe pervujtëria e Jezu Krishtit Zot e Njeri, duke frymëzuar shumë pasardhës (e) në rrugën e Saj të madhe dhe të vështirë, plot përkushtim për të varfërit në botë.

Bashkautorja me origjinë indiane Ruma Bose, kaloi një kohë në Calcuta të Indisë, duke punuar si vullnetare me Nënë Terezën dhe misionarët e Saj të bamirësisë në vitet 1992-1993. Këtë përvojë ajo e ndan sot me lexuesit amerikanë dhe botërorë.

Me kalimin e kohës, Bose zbuloi, se suksesi i Nënë Terezës mbështetej tek përdorimi i kujdesshëm i dhjetë parimeve të thjeshta dhe të papritura tek paraqiten sot për lexuesit.

Duhet theksuar se shkrimtarja Bose, krahas bisnesit të saj, është e angazhuar aktivisht në bamirësi. Aktivistja e palodhur, bën pjesë si drejtuese e rëndësishme në një numër organizatash jofitimprurëse.

Përmes faqeve të këtij libri, lexuesi njihet mbas shumë vitëve me këto parime, duke mësuar në çdo faqe përvojën e Bose-së me Nënë Terezën, dhe sikurse përshkruajnë bashkautorët: *"zbuloni se si të aplikoni parimet e Nënë Terezës, nëse gjendeni para një projekti të vetëm, brenda një organizate ose në jetën tuaj."*

Bashkautori tjetër Lou Faust, është biznesmen dhe këshilltar me 30 vjet përvojë në koorporata, duke përfshirë dhjetë vjet në *Wall Street Brothers me Salomon*, ku ai ishte drejtor dhe sot punon si drejtor i operacioneve globale.

Gjithashtu Faust, është bashkëdrejtues dhe themelues i *Capital Partners Edge*, e cila ofron këshilla strategjike për kompanitë e reja që janë në rritje të aktivitetit të tyre tregtar.

Për librin e ri në qarkullim, kanë shkruar artikuj vlerësues gazetat e njohura amerikane **Finanacial Times, New York Post**, etj.

Mother Teresa, CEO

UNEXPECTED
PRINCIPLES
for
PRACTICAL
LEADERSHIP

RUMA BOSE & LOU FAUST

Ballina e librit të bashkautorëve amerikanë:
Ruma Bose & Lou Faust

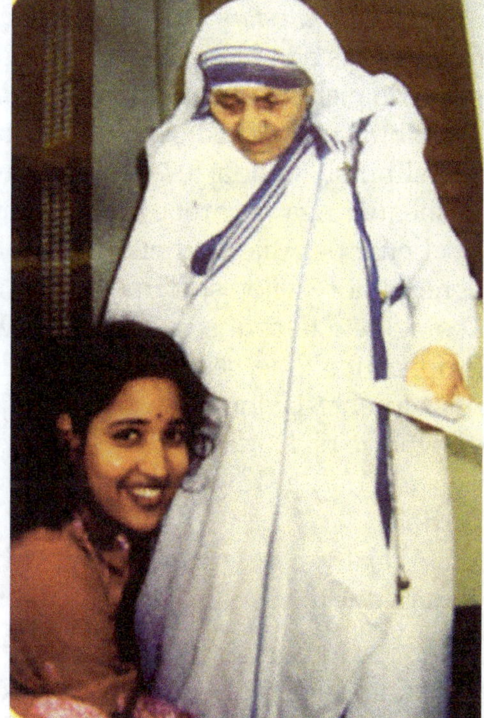

Bashkautorja indiane amerikane e librit Ruma Bose në një takim në Indi me humanisten e madhe botërore shën Tereza e Kalkutës.

MONS. DR. ZEF OROSHI DHE SOFRA E FESTIVALIT TË 30-TË SHQIPTAR TË MUZIKËS DHE VALLEVE NË NEW YORK

"Vetëm kush mbahet fort mbas traditës, tradita i siguron nji vend të merituem në botën e qytetnueme" – **Gjokë Vata, poet, këngëtar shkodran.**

Prelati mons. dr. Zef Oroshi themeluesi i Kishës së Parë Katolike Shqiptare në SHBA

Mons. dr. Zef Oroshi u lind më 23 nëntor 1912, në tokën e kathedraleve të pamposhtura dhe kryengritjeve liridashëse, zona e 12 bajrakëve dhe qendra e pastër e krishtërimit dhe rezistencës anti otomane dhe anti islame ndër shqiptarë, toka e shumë katedraleve apo kishave të famshme katolike, që ishte e mbeti **Mirdita**.[238]

Mësimet fillestare Zefi i vogël, i mbaroi në vendlindje, ndërsa mësimet e mesme i nis në vitin 1927, në seminarin e Jezuitve në Shkodër. 15 vjet më pas, i riu gjendet në auditoret e *Seminarit Papnor në Shkodër (1859).*

Librat, me sa duket ishin dhe mbetën pasioni i tij i vetëm. Përkushtimi i përshpirtshëm ndaj fesë e shërbesave fetare, ishte një traditë e hershme e trashëguar nga të parët e familjes Oroshi.

I etur për dije të thella e kulturë të pasur civilizuese dhe kristiane perëndimore, vijon studimet e larta më 1936-1940, në degën admiruese të Teologjisë e Filozofisë në Romë (Itali), pranë Universitetit të Urbino-s në Propaganda Fide, sëbashku me 14 djem të tjerë të rinj shqiptarë.

Mprehtësia dhe zgjuarësia si binjake, ishin të ngjizur thellë në mendjen e begatë të tij. *Kardinali italian Shkëlqësia e Tij Fumasson Biondi, Prefekt i Propaganda Fide,* e shuguron meshtar, duke i dhuruar petkat dhe koletin e bardhë.

Ai gjatë gjithë jetës së tij, u gjend afër dhe pranë popullit të vet, në ditë të mira dhe të vështira, si një ushtar besnik i Krishtit, duke nda me besim-

---

[238] Ndue Melyshi, **"Mirdita 12 bajrakë, tregime gojëdhanash dhe memorie bashkëkohore"**, New York, U.S.A., 2004, f. 1.

tarët gëzimet dhe hidhërimet e një jetë të vështirë plot tallaze në emigracionin e largët.

Pas 12 vjetëve (1940-1952), pasojë e përndjekjeve të Sigurimit dhe martirizimeve të vëllezërve në Krishtin, në kohën e ateizmit absurd të Enver Hoxhës, duke e parë se diktatori kishte vendosur ta arrestoj ai pasi thotë meshën, hoqi shpejt veladonin e tij dhe mori udhën e arratisjes nëpër male, duke iu bashkuar po atë ditë forcave të rezistencës kundërkomuniste.

Humbje dhe fitore

Kryqi i mundimeve të jetës e shoqëroi kudo në vendlindje dhe emigracion. Ai për 8-9 muaj, qëndron mes maleve të ashpra, në shpella të ftohta, shi e borë, me bukë e shumë herë pa bukë, i veshur keq në dimër, duke provuar kalvarin e mundimeve të vazhdueshme të Krishtit, që salvohet nga të pafetë ateistë.

Nga kujtimet e bashkëkohsve dhe nga biografi i afërt i tij studiuesi shqiptaro amerikanë **Tomë Mrijaj**, mësojme se *në ditën e Pashkës së vitit 1952*, për trimat e lirisë, mes maleve të Mirditës (*pyjet e Molungut*), thotë meshën në orët e para të mëngjesit, ku, Zoti i dëgjon lutjet, duke e shpëtuar e udhëhequr drejt tokës së lirë...[239]

Pas arratisjes nga burgu komunist shqiptar, në gusht të vitit 1952, ai gjendet në tokat etnike shqiptare në Dardani për disa muaj, duke kaluar e qëndruar për pak kohë në zonat e Gjakovës, Pejës, Mitrovicës dhe nga aty shkon në Beograd (Serbi).[240] Asokohe **Dera e famshme me histori të lavdishme e familjes Gjomarkajve** të atdhelindjes së vet, i dërgon një garanci udhëtimi, për të shkuar në Itali.

Tashmë 41-vjeçari Oroshi, po e prekte realitetin dhe shijonte atë liri, që prej kohësh e kishte bluar në mendje e dëshiruar me zemër. Sërisht me libra dhe pranë tyre, ndjehej i gëzuar dhe krenar si bir arbëror. Më të mbërritur në Romë, fillon përpjekjet e takimet me klerikë, për të vijuar studimet e larta në Teologji.

Këtë dëshirë zemre e përkushtimi, për diturtë, shumë vite më parë,

---

[239] Uran Butka, "**Në Mirditë**", në librin: "*Lufta Covile në Shqipëri 1943-1945*", Shtëpia Botuese "Drier", Tiranë, Dhjetor 2006, f. 457-552.

[240] Dr. Pjetër Pepa, "**20 janar 1952 arratiset D**", **Sht**ëpia Botuese**om Zef Oroshi**", në librin: "*Tragjedia dhe Lavdia e Klerit Kaotlik në Shqipëri*", Shtëpia Botuese "**55**", Volumi II, Tiranë, 2007, f. 259.

ia kishte shprehur ish-eprorit të lartë *abatit ipeshkëv imzot Frano Gjinit.* Paralel me studimet e larta, i kërkoj Selisë së Shenjtë, që t'i miratoj kërkesën (*dekretin*), për të qenë kapelan katolik (bari misionar), për bashkatdhetarët mërgimtarët politikë, që gjendeshin në Romë.

Një pjesë e grigjës së tij, kishin shprehur dëshirën, për të emigruar në SHBA, ku, imzot Oroshi i ndihmon ato, falë bujarisë të gjithë pa dallim feje dhe krahine. Sikurse kujtojnë miqët e tij **prelati ynë Oroshi, ka ndihmuar me bujari një hoxhë shqiptar**, për të ardhur në *Tokën e Bekuar të Amerikës.*

Me bindje të plotë tek e ardhmja, menjëherë iu përvesh punës dhe filloj veprimtarinë intelektuale e baritore, duke u marrë pikësëpari me shqipërimin e librave të rëndsishme, me të cilat, do të përhapte fjalën Hyjnore të Krishtit dhe ruajtjen e gjuhës amtare shqipe.

Dy mirditas Doçi e Oroshi, në kohë të ndryshme, bëhen tribunë e mendimit përparimtar shqiptar në diasporë, duke lënë gjurmë të pashlyeshme në ndihmë të besimtarëve dhe popullit shqiptar i cili kaloi në dy robëri: otomane islame barbare dhe diktaturën barbare ateiste komuniste.

Dr. Oroshi në vitin 1960, përkthen dhe boton librin **Visarthin Shpirtnuer,** një lloj katekizmi doracak me lutje shpirtërore në gjuhën shqipe gege, për familjarët emigrantë shqiptarë katolikë të shpërndarë udhëve të botës.

Dashuria e respekti, për shkrimtarët e shkollës së traditës veriore geg, që kishin vulosur me erudicionin dhe përkushtimin e tyre shkrimor brilant, u bënë objekt i studimeve të tij.

Për të qenë më konkret, ai zgjodhi shkrimtarin e shquar dhe prozatorin modern *prof. Ernest Koliqin* dhe kontributin e tij shembullor shumëplanësh, në fushën e letërsisë geg bashkëkohore shqipe.

Një punim të plotë dhe dinjitoz: si vepër monumentale, kushtuar shkrimtarit Koliqi (*numër special*), ai e botoi të plotë, në revistën autoritative, shkencore, kulturore *"Shejzat"* (1975), në përkujtim të mikut të tij të madh.

Në Universitetin e famshëm të Romës Angelicum në vitin 1958 vijon studimet e vitit të pestë në degën adhuruese të teologjisë, që ndryshe njihet si disiplina ose gjimnastika e trurit.

Këtu merr si subjekt, për të trajtuar gjerësisht e filozofikisht 20 teza në shkencën e Teologjisë, duke e mbrojtur (në vitin 1960) me sukses temën: *"Një reformator i madh i Kishës irlandeze të shekullit XII"*, për gradën shkencore *Doktor.*

Në komisionin e Këshillit Shkencor Vlerësues të Universitetit, bënin pjesë figura të shquara të kulturës, që punonin si lektorë në universitetet e ndryshme italiane.

Ekipi prej pesë profesorëve të njohur italianë dhe një nga Universiteti i Oxford-it në Angli, e dëgjonte me vëmendje dhe interesim shpiegimin e tezave, sipas një këndvështrimi dhe studimi të hollësishëm, që kleriku shqiptar, i kishte bërë punimit voluminoz shkencor të disertacionit shumë-planësh filozofik, teologjik, të cilin, e përshkonte një bosht i ngjeshur enciklopedik. Kjo u duk dhe në literaturën e përzgjedhur shoqëruese, që autori i palodhur e këmngulës kishte renditur në fund të temës shkencor hulumtuese.

Historitë e hidhura i mbetën thellë në kujtesë

Ai përpiqej, t'a largonte vemendjen nga ngjarje plot të papritura, që i kishin ndodhur në Shqipëri.

Por sërisht, kujtime të një kohë të hidhur, që s'harrohen e ngacmonin, për të gjykuar sesi ka mundsi, që shqiptari komunist urren për vdekje bashkatdhetarin atdhedashës dhe idealist.

Editorët e botimeve kulturore të kohës, si redaksitë e shumë revistave dhe gazetave të diasporës me këmbëngulje i kërkonin eruditit të palodhur dr. Oroshit, artikuj të larmishëm me tematika të ndryshme.

Kjo duket gjatë letërkëmbimeve, që prelati katolik kishte me pendat e spikatura të mendimit elitar shqiptar në emigracion, si: *prof. Ernest Koliqin, prof. Karl Gurakuqin, prof. Rexhep Krasniqin, prof. Zef Nekaj,*[241] *prof. Martin*

---

[241] **Prof. Zef Vorf Nekaj**, i larguar nga Domgjoni i Mirditës në vitin 1940, me "Lahutën e Malcis"në gji të atë Gjergj Fishtën o.f.m. dhe me shpirt të madh, për të hapur kudo dijën ne shkollat e para të gjuhës shqipe në Kosovë, me udhëzim të Minsitrit të Kulturës dhe shkrimtarit dhe prozatorit të parë modern i letrave shqipe prof. Ernest Koliqit, është një një nga emrat që nuk harrohen në historinë e lavdishme të Arsimit në Kosovë… dhe më pas në Europë si pjesë e revistë s zëmadhe dhe autotitative "Shejzat" e themeluar dhe drejtuar nga prof. Ernest Koliqit etj. e deri në Amerikë, si pedagog në Universitetin e Kolifornisë dhe institutin ushtarak në Monterey SHBA. Prof. Zef Vorf Nekaj, kishte lindur në fshatin Domgjon në vitin 1919, (dhe ishte një fis me familjen e famshme Paci, të origjinës së Fishtës), intelektual, dhe kontribues i çeshtjes kombëtare, një nga promovuesit më të medhenj të imazhit dhe veprës patriotike të Fishtës në diasporën shqiptare, në krah të Monsinjor dr. Zef Oroshit (1912-1989), prof. Ernest Kolqit, prof. Martin Camaj, prof. Arshi Pipa, prof. Rexhep Krasniqi e shumë intelektualëve atdhetarë të diasporës sonë asokohe.

Camaj, atë Zef Valentinin, atë Daniel Gjeçaj o.f.m. etj.

Don ose sikurse përdoret gjerësisht në trojet etnike shqiptare nga popullsia katolike si *dom Zefi, ka celebruar meshë së pari në kishën sllovene të shën Cirilit në St. Mark's Park 8th Street në New York, në kapelen e Universitetit të Fordham-it në Bronx, në shkollën e kishës së Mount Cornel në Bronx, në kishën e St. Raymond's në Castle Hill Avenue në Bronx.*

Për më tepër, *Lidhja Katolike, u formua në një mbledhje të mbajtur në kishën katolike sllovene të shën Qirilit, në Saint Mark's Place, New York.*

Në mbledhje, si mysafirë, morën pjesë, mes të tjerëve, **prof. Rexhep Krasniqi,** Kryetar i Komitetit Shqipnia e Lirë dhe aktivisti i komunitetit **Stavri Qiriako** nga Bashkësia Orthodokse Shqiptaro Amerikane.

Asokohe **Monsinjori**, që ishte meshtar i emëruar, për shërbesa fetare në St. Raymond (*East Tremont Avenue, Bronx, New York*), megjithëse çonte meshë në kishën amerikane, gjithnjë me shpirt e zemër rrinte pranë komunitetit të vogël katolik shqiptar.

Në vitin 1973, u realizua dëshira e madhe e klerikut të përkushtuar në trinomin Fe-Atdhe-Përparim, mbas fushatës fondmbledhëse prej bashkatdhetarëve, në praninë e besimtarëve, u bë më në fund bekimi i kishës së re, mes një atmosfere të madhe gëzimi, me të cilin ishte bashkuar, përmes mesazhit edhe ish *Kardinali i New York-ut, i ndjeri, Arqipeshkvi Metropolitan Eminenca e Tij* **Terence Cooke.** Për këtë ngjarje të madhe të komunitetit katolik shqiptar dhe meshtarin dom Zef Oroshin shkruajti edhe gazeta amerikane **The New York Times**.

Po të shikosh me kujdes fotot e botuar, në koleksionin e revistës Jeta Katolike asokohe, syri dallon menjëherë pamjen arkitektonike të projektuesit, ku, Shtëpia e Zotit, (Kisha), kishte formën e kryqit latin, me kumbonare, me hapësirë mbas lterit, me drita të zbukuruara shumëngjyrëshe, që ndriçojnë fugurët e shenjtorëve dhe afresket e shënjtorëve në pikturë.

Publicisti, studiuesi dhe botuesi

Bariu nacionalist e dijetari i ndritur i shqiptarëve dr. Oroshi, la një emër shumë të mirë në fushën e publiçistikës e botimeve në gjuhën shqipe. Ishte ai, që shqipëroi librin: *"Katër Ungjijt dhe Punët e Apostujve"* (Romë, 1960, 1979), në gjuhën e ëmbël geg, aq të nevojshëm për shqiptarët.

Pjesë nga materialet e para të shqipëruara prej Ungjillit, nisin të botohen për herë të parë, në revistën e komunitetit katolik **Jeta Katholike Shqiptare (1966-1978)**, në numërat e para të saj, por pa nënshkrimin e vet.

Mirditori i zgjuar dhe i kulturuar, nuk dinte të shterronte kurrë, për dijet akademike dhe bashkëkohore fetare dhe kulturore shqiptare që zotëronte. Për nga kultura e pasur dhe e gjerë e akumuluar prej vitesh, ai kishte përherë në zotërim, kishte një thellësi e pastërti të mprehtë të mendimi logjik.

Mirënjohje e përjetshme për mësuesin Mjedja

Imzoti e adhuronte shumë mësuesin e paharruar klerikun, poetin dhe njeriun e shquar të përmasave botërore *dom Ndre Mjeden (1866-1937)*.

Për të gjithë shqiptarët asokohe, Ishte një ndër njohësit dhe propaganduesi më i shkëlqyer i jetës dhe veprës së poetit të dashtur Mjeda. Ai e përkujtoi me respekt të madh mësuesin e tij, në shenjë mirënjohje e nderimi në New York, duke organizuar përkujtimin, në 40-vjetorin e vdekjes.

Dom Ndre Mjedja e prifti i ri Oroshi, ishin për dialogun ekumenik me ortodoksët, besimin islam, bektashit, protestantët e fetë e tjera.

Ai, kishte bërë shpesh takime me Kryepeshkopin Hirësinë e Tij imzot dr. Fan Stilian Nolin në Boston. Diskutimet e gjata, të dy barinjve të grigjës shqiptare në emigracion, gjenin gjithnjë frymën e ngrohtë të mirëkuptimit e respektin e ndërsjelltë.

Ata kishin menduar kohë të gjatë, për rikthimin dialogut ndërfetar (ekumenik), që kishin bërë pararendësit prelatë, për të afruar e më pas bashkuar kishën e ritit oksidental (catholic roman) dhe oriental (orthodox east), si një vlerë e re shpirtërore e bashkësisë arbërore në ShBA.

Malli i pashuar për Atdheun

Kishte raste, që nga misionet e pambarim imzot Oroshi, gjente pak kohë të lire meditimi, për t'u prerë në qetësi, vetmi e cila vazhdimisht, i pushtonte mallin dhe i rizgjonte nostaligjinë e madhe për vitet e shkuara plot trazime, atdhelindjen e tij të dashur dhe të paharruar.

Meditacionin e thellë si ushtrim shpirtëror e bënte dy javë në vit. Vetmia e tij, ishte një adhurim i përshtatshëm mbushur me lutje, për një kontakt më imtim shpirtëror me Zotin dhe mallin për Atdheun e tij përtej Oqeanit Atlantik në Europë, ku ndodhet vendlindja e tij e shqiponjave.

Ai shpesh i mbushte sytë me lot dhimbjeje e malli të pashuar, për atdhelindjen Oroshin, familjen e persekutuar non stop nga regjimi komunist dhe të shpërndarë në kampet e vështira të internimeve dhe vdekjeve të ngadalshme, sipas taktikave shfarosëse nazi-komuniste.

Gjatë orëve të pakta të shëtitjeve të lira në park, që miku i afërt studiuesi dhe publicist, autori i veprave biografike të prelatit tonë, shqiptaro amerikan Tomë Mrijaj, ka bërë me imzot dr. Zef Oroshi, me biseda dhe tematika të lira për Oroshin, përsekutimin e klerit katolikë në Shqipëri, artin, kulturë, letërsinë etj., që ata me devocion ia dhuruan grigjës dhe kombit shqiptar.

Një ditë prelati, gjatë një bisede telefonike, i thotë mikut të vet: *"Tomë, a keni mundësi të vini pak tek unë!?"* Bashkëbiseduesi i përgjigjet prelatit, se në çdo kohë, jam i gatshëm të vi tek ju.

Toma, tregon: *"Kur hyra brenda shtëpisë, Monsinjori, u ngrit në këmbë, me buzëqeshi gjithë humor, duke thënë:* **"Pashë në dritare një diell të bukur, që më ngacmoi në shpirt frymëzimin. Menjëherë, më shkoj mendja tek ju, e u telefonova, duke qenë i sigurtë se do të vinit për të shëtit sëbashku me mua."** Iu përgjigja, se jam gati të shkojmë për shëtitje, ku, të dëshironi ju. Ai dëshironte që të shkonim shpesh në brigjet e plazhit Orchard Beach, Bronx, New York.

Atë ditë, në bregdet nuk kishte asnjë vizitor, përveç meje, imzot dr. Zef Oroshit dhe qindra pulëbardha, që fluturonin dhe ecnin të qetë rreth nesh. Prelati ynë më pyeti: "I dashtun Tomë, nëse ia qëlloj a më thua të vërtetën?" Ai nga sëmundja e rëndë, mendonte se e kishte humbur vetëdijën.

Monsinjori, e ngriti dorën e djathtë lart e shtriu drejt ujërave të pambarim të Oqeanit Atlantik dhe me drejtimin nga Jugu më tha: *"A i bie të jetë në atë drejtim Shqipnia!!!?"*

Unë iu përgjigja menjeherë, se në atë drejtim, që tregoni ju me dorë është Shqipëria. Pashë se mënjeherë i erdhi nga thellësia e shpirtit një buzeqeshje shumë e gëzuar.

U ngrit në këmbë, i çoi duart përpjetë dhe tha fjalët: *"E vraft Zoti Enver* **Hoxhën e at komunizëm të zi,** *që nuk na la me jetue në vendin tonë. Po ç'ka i bam na priftat, të cilët, u masakruan nga diktatura e tij. Na historikisht e kena dasht dhe e dona vendin e popullin tonë, të cilit, i kena shërbye ndër shekuj përherë me zemër e dashuni."*

Atij i plasi një vaj i madh dënese dhe përshpërti emrat e vëllezërve të tij Prenit, Ndout dhe motrës Luçies, për të cilët, kishte marrë lajme jo të mira, se gjenden të internuar në kampet e përqendrimit nazi-komunist në katundin e humbur Gradishtë të Lushnjës.

Iu drejtova prelatit tone imzot Zef Oroshit, se ju jeni një personalitet i madh, që po vuani, sikurse kanë vuajtur historikisht njerëzit e shquar të kombit tonë dhe të këtij planeti.

Librin tuaj të shqipëruar: "Katër Ungjijt dhe Punët e Apostujve", e pashë në çdo Kishë gjatë vizitës sëfundit në Kosovë dhe meshtarët më pyesnin për ju. Ai u qetësua disi dhe mbas pak minutash u kthyem me makinë në shtëpinë e tij..."

Është thënë e shkruar gjithnjë, se Shtypi Katolik mbarëshqiptar, ka qenë ndër shekuj shtyllë e atdhedashurisë dhe kulture kudo në trojet etnike shqiptare dhe diasporë. Ai si një bllok solid, iu kundërvu me lutje, pendë dhe gjoks barbarizmave të huaja dhe servilizmave të opurtunistëve të brendshëm në trojet shqiptare.

Kjo ka qenë në shekuj dhe dekadat e porsakaluara arsyeja pse kleri ynë katolik, u gjet i pari në shenjestrën e të pazotëve, që poshtëruan vendin tonë dhe e kthyen atë, sikurse benë edhe osmanët xhihadistë islamë, nga një kopsht i lulëzuar feje dhe kulture në një gërmadhë rrënojash fizike e shpirtërore, gërmadhë vuajtesh dhe mjerimi me gjurmë të thella negative, që fatkeqsisht ndihen edhe sot.

Numëri i Parë i Revistës "Jeta Katolike" (New York, 1966)

Revista "Jeta Katholike Shqiptare" (**Albanian Catholic Life**) si organ shtypi, që në hyrje përcakton, se është organ i Lidhjes Katholike Shqiptaro Amerikane në New York.[242]

Redaktorët e parë ishin: Dr. Çesk Ashta e Kolë Çuni, ndërsa drejtor përgjegjës Rev. Joseph J. Oroshi, D.D. Adresa e parë e revistës është: 261 South Broadway Tarrytown, N.Y., U.S.A.

Më poshtë, në faqen e dytë thuhet, se dorëshkrimet dhe nëse nuk botohen nuk kthehen.

Karakterin demokratik dhe lirinë e debatit e shohim në përcaktimin se: *"Artikujt me karakter polemik, duhet të nënshkruhen me emen"*, një shembull ky për mediat "demokratike" shqiptare të shekullit XXI.

Në ballinë bie në sy dy shtegtarët arbër, që shoqërojnë me vështrimin e tyre ikjen në Genazzano (Itali) të Fugurës së Shenjtë të *Zojës së Shkodrës* mbas masakrave barbare të pushtuesve turq mbi popullsinë vendase.

Kjo vepër religjioze dhe artistike njëherësh, gjendet sot në tavanin pranë elterit të Kishës Katolike Zoja e Shkodrës (1998) në Harsdale New

---

[242] Prof. Zef Neka, **"Një vështrim i përcipët revistës "Jeta Katholike Shqiptare" (J.K.SH) dhe roli t'Imzot Zef Oroshi D.D. si Drejtor i saj"**, Material në dorëshkrim, California, f. 6.

York. Revista në fjalë, në #1, viti I (1966), ka 26 faqe. Këtu bie në sy, se në gjithë buletinin mungonte gërmes **ë**.

Ajo hapet me editorial-in e shkruar nga drejtori përgjegjës imzot dr. Zef Oroshi, me pseudonimin *Zodiaku (E më vonë ai do të përdorë pseudonimin Teologu, Redaksia etj.)*.

Ai, mbasi bën një përshkrim të shkurtër të përsekutimit të intelektualëve shqiptarë në Shqipëri në vitet e errëta të komunizmit ateist, shton se përballë masakrave elita intelektuale në emigracion, përkujton me nderim dhe respekt të thellë frytet dritëdhënëse të lëme të ndryshme të diturisë, duke përshkruar revistat, që botoheshin në Shkodër, gjatë kohës që vetë meshtari Oroshi ishte student në shkollën private katolike.

Me një nostalgji të veçantë, kleriku Oroshi, kujton dy pleqtë të veshur me kostume tradicionale vendase, që shëtisnin derë më derë, për të shpërndarë me një krenari e zë të lartë revistat: *"Hylli i Dritës"*, *"L.E.K.A."* etj.

Autori **Zodiaku**, shkruan: *"Natyrisht dhe per kete, megjithse do te dale tremujor dhe pa kurrfare mtese epersijet, na mungojnë mjetet dhe, ne rrethanat e sotshme, deri diku dhe pendat, sepse, secili asht i mbethyem ne tavoline ose fabrike me punen nga e cila nxjerr jetesen e perditshme.*

Meshtaret shqiptare, dhe ata qe kane mbete gjalle dhe jetojne ne boten e lire, jane te shkaperderdhun e te lidhun me pune aty ku i ka hjedhe rrethana historike, nen urdhnin e auktoritetevet fetare vendase.

Megjithate, derisa ndjetin e kemi te mire, me te gjitha flijimet personale qe parashifen, kemi uzdaje te plote se disa penda ma prodhueset nder ambjente te e sidomos meshtarevet e te katholikevet kane me na mungue…

Sot per sot "Lidhja Katholike Shqiptare Amerikane" e New York-ut ka caktue me e qite per nji vjete buletinin. Nese bamiresija, simpathija dhe penda e intelektualvet do te na perkrahin, u premtojm lexuesavet se grupit t'yne nuk do t'i mungojne vullndesa e flijimevet personale dhe e punes vullnedtare per vijimin e tij." (f. 2)

Artikulli vijues, në faqet 3-5, është shkruar nga **patër Andrew Nargaj, o.f.m., Ph.D.,** duke i lënë vendin më pas shkrimit redaksional: *"Rruga e Jonë"*.

Më tej në faqet e buletinit katolik të diasporës, shohim se një përkthim interesant, është bërë me passion nga **prof. Martin Camaj**, të titulluar: *"Adhurimi i Tre Dijetarevë nga Lindja"*, ndërsa autori tjetër *Kolë Nikoll Bajraktari*, përshkruan atmosferën e gëzueshme mbarëbotërore të Krishtlindjeve dhe vijon me poezinë *"Keshendellat"*.

Aktivisti i kishës dhe nacionalisti antikomunist Kol Çuni, në shkrimin e parë jep përshkrimin e Presidentit demokrat *"John F. Kennedy: Babë Familjet e Besimtarë i Vërtetë"*.

Intelektuali I mirënjohur I qarqeve intelektuale të diasporës kritiku *Prof. Mhill Marku*, paraqitet në këtë për lexuesit mërgimtarë me analizën: *"Gjuha Shqipe në Amerike"* dhe më poshtë ka ofruar një poezi nga patër Gjergj Fishta o.f.m.

Aktivisti i palodhur i kishës katolike në New York, emigranti *Zef Pashko Deda*, trajton marrëdhëniet mes Vatikanit e Washington-it dhe një vështrim mbi Atin e Shenjtë *papa Pali VI*, ndërsa për Gonxhe Bojanxhiun e veprim-tarinë e saj në dobi të të varfërve mes të varfërve, editori i revistë Jeta Katolike prelati ynë *atë dr. Zef Oroshi*, u tregon shqiptarëve në mërgim për bijën e harruar në tokën e të parëve në Shqipëri.

Revista, në #1 të saj, ka kronikën shoqërore, zgjedhjet e reja të Lidhjes Katolike Shqiptare Amerikane, si dhe stafin e shtypit, në të cilën janë emrat: *Loro Stajka, Ndue Gj. Markaj, Nikoll Melyshi, Kol Nikoll Bajraktari, Zef Pashko Deda, Tonin Mirakaj, Zef Hasani, Fran Sokoli, Lodovik M. Bajraktari.*

Ajo që është më interesantja, është se në revistën në fjalë, janë të shënuar vazhdimisht meshët përkujtimore si **mesha për deshmorët e At-dheut** (*pavarësisht se cilit besim i përkasin*), duke u quajtur tradicionalisht më vonë **si Meshë Kombëtare çdo 28 Nëntor,** kur është edhe Dita e Kremtimi të Shpalljes së Pavarësisë (1912).

Një jetë i përgjuar në Dosjën e diktaturës

Pas librave me vlerë historike: *"Mons. dr. Zef Oroshi – një jetë e shkrirë për fe e atdhe"*, jetëshkrim, New York, 2009, *"Long Kuvendit - në trinomin Fe-Atdhe-Perparim"* (New York, 2019) dhe *"Abati i Mirditës - Imzot Frano Gjini - Martir i kishës katolike"* Shkodër, 2018 (bashkautor me studiusen Leonora Laçi), doli në qarkullim libri i ri: *"Një jetë i përgjuar"*(New York, 2020), që përbën **Dosjen e Sigurimit** për mons. dr. Zef Oroshin.

Bariu ynë, meshtari dhe personaliteti i shquar e i paharruar dr. Oroshi, rivjen mbas shumë dekadave para shqiptarëve kudo në botë dhe komu-nitetit shqiptaro amerikanë, me një libër original me titull: *"Një jetë i përgjuar"* e mbushur plot me dokumente të *Dosjes së tij keqdashëse,* hartuar me dorë dhe makinë shkrimi, për dekada me radhë nga punonjësit e Hetuesisë dhe Policisë Sekrete të Sigurimit të Shtetit socialkomunist, pranë Ministrisë së Punëve të Brendshme të Republikës Popullore Socialiste të Shqipërisë.

Studiuesi **Tomë Mrijaj** në shkrimin e tij analitik: **"Dy fjalë hyrëse"**, ndër të tjera shkruan: *"Sapo përballesh me një Dosje të errët, të përpiluar me denigrime, trillime, shpifje dhe shkrime me paramendime direkte qëllimkeqe, të vetë punonjësve të Sigurimit të sistemit komunist, ju si lexues të kujdesshëm, duhet të jeni të përgatitur psikologjikisht të mësoni më shumë, se çfarë ju pret nga leximi, duke qenë të vetëdijshëm, sikurse edhe unë për këto "perla" të Dosjes, që mora në dorë.*

Ata arritën deri aty sa të sajojnë histori të rreme mbi mons. dr. Zef Oroshin, kur ai ishte larguar nga ferri burg komunist i Shqipërisë… Nga burimet e Dosjes, mësojmë se në Itali dhe SHBA ai përgjohej vazhdimisht këmba-këmbës nga hafijet e Sigurimit komunist shqiptar dhe informacioni mbi lëvizjet dhe takimet e tij në diasporë përgjohej dhe regjistrohej dhe më pas përcillej në Tiranën zyrtare komuniste, ku operativët e fshehtë komunistë hartonin tekstin e shpifjeve, duke krijuar kështu dora dorës Dosjen e Zezë të tij."

Veprimtaria e shumanshme e klerikut dhe intelektualit të shquar të botës shqiptare në diasporë mons. dr. Zef Oroshit, mbetet tashmë në përjetësi. Ajo njihet shumë mirë, përmes librave monografikë, kujtimeve, artikujve të përvitshme kushtuar atij, në përvjetore të ndryshme, të cilat janë shkruar nga autorë dhe studiues të ndryshëm për te, për shumë dekada me radhë deri në ditët tona.

Ardhja si fatkeqsis kombëtare dhe "fitorja" me zgjedhje të manipuluara të votave popullore, me mashtrime propagandistike absurde të komunizmit në vitin e zi 1944 në Shqipëri, ishte vetëvrasja më e madhe që iu bënë shqiptarëve, të cilët me ose pa dëshirë pranuan dhe perqafuan ideologjinë e tij të hurit dhe litarit.

Meshtari katolik dom Zef Oroshi, bën pjesë në ato personalitete historike, që nuk u pajtuan asnjëherë me fitoren e komunistëve. Ai nuk e pranoi as në atdhe dhe as në Shtetet e Bashkuara të Amerikës "fitoren" apo pushtimin mashtrues të komunistëve.

Dr. Oroshi, nuk ishte vetëm një predikues i thjeshtë fetarë, por dhe një studiues aktiv dhe kualitativ i zoti, mendje ndritur, pendë e spikatur brilante dhe prodhimtare e botës së letrave shqiptare.

Përmes larmisë së artikujve, ne tani njohim një përkthyes cilësorë; një gjuhëtar shqiptar të apasionuar; shkrimtarin e denjë të shkollës së letrare të traditës veriore geg dhe stoikun e papajtueshëm me regjimin antinjerëzor, antishqiptar ateisto-komunist në Shqipëri etj.

Libri në fjalë, është i bazuar në dokumente origjinale, të siguruara fatmirësisht nga Arkivi Qendror i Shtetit në Tiranë, që asokohe ishte kthyer fatkeqsisht në makinë e madhe automatike propagandistike pro diktaturës, ku materialet historike të marrë dhe vjedhur me force nga forcat e Sigurimit të Shtetit keqinterpretoheshin më vonë nga ndihmësit besnik të Partisë Komuniste (Socialiste më vonë 1944-1990), nga njerëzit pa shtyllë kurrizore si gazetarucët dhe "studiuesit" komunistë servilë të diktaturës dhe diktatorit Enver Hoxha.

Në librin arkivor në fjalë, përfshihen për herë të parë rreth 400 doku-mente, të hartuar dita-ditës nga punonjësit special të Sigurimit të Shtetit, të cilët kanë hartuar një **Dosje me shpifje dhe trillime**, të cilat studiuesi shqiptaro amerikan *Tomë Mrijaj*, fatmirësisht i ofron sot para lexuesve mbarëshqiptarë.

Ky liber, në të gjithë këndvështrimet është i veçantë në llojin e vet, për faktin, se i jep për herë të parë dokumentet (faksimile) në mënyrë origjinale (pa retushime dhe fabrikime), ku, lexuesi dhe studiuesit e rinj kanë mundësi dhe hapësirë të shohin dhe vërtetojnë me kujdes fantazinë e proçesverbale, raportëve, akuzime pervese, dëshmi të rreme nga trathtarët dhe spiunët, përshkrimeve, thënieve të fabrikuara, dëshmitarëve shpifse sistematike të diktaturës komuniste dhe të hafijeve të Sigurimit të Shtetit komunisto ateist.[243]

Në një qarkore, që *Ipeshkvi imzot Bernardin Shllaku*, u dërgon dioqezave (shkruar nën torturë nga Sigurimi), tregohet sesa bujë kishte bërë arratisja e dom Zefit dhe jo vetëm Sigurimi ishte në kërkim të tij, por ishte ngritur dhe një komision kërkimi, i përbërë nga Dekani i Tiranës, dom Mark Dushi, dhe Administratori Dioqezan i Lezhës dom Ndoc Sahatçija.

Për arratisjen e dom Zefit të pamposhtur, është shkruar dhe në studimet e mëvonshme: *"Dosjet e Diktaturës"*, me autor studiuesin dhe ish Ambasadorin shqiptar në Selinë e Shenjtë në Vatikan **dr. Pjetër Pepa (1942-2014)** dhe në monografin: *"Monsinjor dr. Zef Oroshi – Një jetë e shkrirë për fe e atdhe"* të biografit të tij, që njiherazi është edhe Sekretar i Lidhjes së III Shqiptare të Prizrenit, studiuesit Tomë Mrijaj (SHBA); sikurse edhe në veprën e Nikollë Melyshit, *"Ngjarje Historike, të ndime, të pame e të jetueme"*, dhe së fundi në librin: *"Abati i Mirditës imzot Frano Gjini"* shkruar nga bashkautorët: Tomë Mrijaj & Leonora Laçi, (Shkodër, 2018).

Momenti i arratisjes së bujshme të mons. dr. Zef Oroshit, është kthyer në një legjend. Për t'a bërë më reale dhe në mënyrë që të mos mitizohet më tej me këto fakte, pata një bashkëbisedim me nipin e mons. Oroshit,

---

[243] Fritz Radovani-de Angeliis, **"Një monument nën dhe"**, Botoi: Misioni Katolik Shqiptar në Kroaci, Zagreb, 2004.

Prend Gjokën, i cili, më rrëfeu pas shumë dekadave të vërtetën se si dom Zefi i kishte shpëtuar arrestimit dhe ishte fshehur në mal deri sa u largua fillimisht në Europë e më pas në tokën e premtuar të SHBA, shkruan ndër të tjera studiuesja e re e talentuar *Lenora Laçi, sot me banim në SHBA.*

Nga Tirana, forcat e Sigurimit mbanin në dorë një *Urdhër Arrestimi,* të ardhur direkt nga Mehmet Shehu. Sigurimi, po priste që mesha të përfundonte dhe prifti të dilte i fundit për ta arrestuar. Ata vëzhgonin nga dera kryesore daljen e popullit.

Amerika, u bë atdheu i dytë për të dhe veprimtarinë e tij, atje la gjurmë të pashlyeshme, me themelimin e Kishës së Parë Katolike Shqiptare (1962).

Kjo tregon, se ai i shërbeu më mirë atdheut larg tij, duke qenë se Shqipëria u kthye në një burg të madh për intelektualët dhe ndrydhi jo vetëm dëshirat për tu arsimuar, por shtypi e burgosi edhe mendimet e fjalën e lirë.

Prend Gjoka, rrëfen se halla e tij (motra e dom Zefit), Lukja përjetoi kalvarin nëpër burgjet e internimit. Ajo pas rënies së komunizmit ka jetuar në shtëpinë e nipit deri ditën kur mbylli sytë.

Motra e Monsinjori, kishte qenë personi i fundit që dom Zefi kishte takuar para se të arratisej në mal. Ai në mal bashkohet me grupet antikomuniste, ku do qëndroj për tetë muaj deri sa kaloi në Kosovë e cila ishte pjesë e Federatës Jugosllave, me gjithë vështirësitë dhe i plagosur kalon në Mitrovicë e nga aty sëbashku me atë Daniel Gjeçajn o.f.m, atë Ambroz Martinin o.f.m, dhe Nikollë Kimzën, pas garancive, që i dhanë Dera e Gjomarkut e personalisht Kapidan Ndue Gjomarku, shkojnë në Itali.

Mons. Oroshi, ishte dhe mbeti një ndër liderët kryesorë antikomunistë të diasporës sonë shqiptaro amerikane, i cili, gjithë jetën e tij ia kushtoi komunitetit këtu dhe luftës kundër diktaturës komuniste dhe diktatorit Enver Hoxha.

Këtë vit në muajin qeshor 2022, Shoqata Trojet e Arberit me qendër në Prishtinë organizuan në qytetin e Lezhës një Sesion Shkencor dhe *këto ditë pritet të dalë nga botimi librit i pestë kushtuar mons dr. Zef Oroshit,* i cili përmbledh të gjithë kumtesat shkencore dhe historike kushtuar atij nga ligjerues të trojeve etnike shqiptare dhe diaspora.

Po ashtu një grup intelektualësh dhe banorë të Oroshit, Mirditës dhe Lezhës, përmes një ceremonie mbarëpopullore vendosen në qytetin e Lezhës (Qershor, 2022) bustin e tij, në shej kujtimi, nderimi dhe respekti për gjithcka, që ai bëri për vendlindjen, komunitetin shqiptaro amrikanë dhe kishën katolike shqiptare në Mirditë, Itali dhe SHBA.

Mons. Oroshi në Logun e Kuvendit dhe të tjerët për jetën e tij

"Mirëse u ka prue Zoti në shtepinë tuej. Kjo sot asht nji shkëndi e vogël, por që do bahet nji flakë e madhe nji ditë në Atdhe. Sot të dashtun bashkatdhetarë, fal- enderja e mirënjohja mâ e thella u siellet të gjith bashkatdhetarëvet shqiptarë pa dallim, jo prej njajë, dy, tri a pesë krahinash të Shqipnisë, por prej **"Tivarit në Monastir – Prej Preveze në Kaçanik",** *prej të gjitha vendevet kû flitet gjuha e ambël shqipe, që aq vllaznisht na kanë dhanë zemër, ndihmue e përkrahë, dhe kam shpresë e deri diku jam i sigurtë se kanë me vijue me na ndihmue dhe në t'ard- hëshmen, pse rruga e flijimevet asht ende e gjatë per ne per ta përmbyllë këte nisme me randësi kombtare. Gëzonju prá, o vllazen e motra shqiptare, pse çerdhen tonë me i sherbye Zotit e në të njajten kohë Atdheut të dashtun e të largët, e kemi krijue me flijime tona të shkelqyeshme. Ai Zot që na ka krijue, nuk na ka harrue, e u thaft e djathta e jonë, në qoftë se në jeten tonë, Atë osè Atdheun që na lindi do ta harroj- më."* – **Mons. dr. Zef Oroshi 24 Dhetuer 1969, Krishtlindje, New York**

Meshtari dhe personaliteti i shquar e i paharruar mons. dr. Oroshi, riv- jen mbas shumë viteve para komunitetit shqiptaro amerikanë, me një libër origjinal postmortum të mirëfilltë atdhedashës, me titull kuptimplotë: *"Long Kuvendit – në trinomin Fe-Atdhe-Perparim"* (New York, 2019).

Libri, trajton shkrime të karakterit historik, shkencorë, enciklopedik, tradita, zakone, gjuhësorë e kulturorë etj., botohet *në Jubileun e 50-vjetorit të meshës së parë në SHBA (1969-2019).*

Vepra në fjalë postmortem, u përzgjodh, përgatit dhe u botua me shpenzimet financiare të studiuesit dhe publiçistit veteran të komunitetit tonë Tomë Mrijaj.

Intelektuali i shquar i komunitetit tonë prelati dr. Oroshi, ka një veprimtari të pasur dhe të ngjeshur intelektuale, në fushën e studimeve dhe publicistikës shqiptare.

Miditori inteligjent, për shumë dekada, ka botuar me qindra artikuj cilësorë, hulumtime me profile të ndryshme në shtypin e kohës së dias- porës, duke u mirëpritur me shumë interes nga redaksitë e organëve të ndryshme të shtypit si dhe nga albanalogët e shumtë të huaj, professorë të huaj dhe shqiptarë, që kishin studiuar në universitete më të famshme të Europës Perëndimore.

Në një letër, që prof. Ernest Koliqi i dërgon nga Roma monsinjor Oroshit, që jetonte në New York, në hyrje të saj i shkruan: *"I dashtun Mon- sinjor Zef! Shkrimet tueja i presim si zogla verën…".*

Duke pasur si mik të ngushtë prozatorin e shquar prof. Ernest Koliqin, dr. Oroshi për një kohë të gjatë bashkëpunoi me revistën e tij zëmadhe të kohës "**Shêjzat**", gjatë përiudhës së frytshme intelektuale të viteve 1957-1974-1978, kur themelues dhe drejtues i saj ishte Ministri i Kulturës së Shqipërisë shkodrani dhe prozatori modern brilant prof. E. Koliqi.

Dr. Oroshi, spikat apo dallohet edhe për natyrën enciklopedike dhe njohuritë e thella dhe të gjera që kishte për disa fusha të dijës shqiptare dhe botërore, të cilën tradicionalisht ndër shekuj e kanë levruar edhe ajka apo plejada më e ndritur e klerit katolik shqiptar.

Prelati Oroshi, me të mbërritur në botën e lirë në New York të SHBA, fillon të bashkoj komunitetin e pakët katolik shqiptarë, të ardhur në këtë shtet të madh metropolitan në kohë dhe rrethana të ndryshme.

Sikurse e ka shprehur në disa shkrime dhe homelitë fetare të botuara në revistën *Jeta Katolike*, del se qëllimi tij ishte për t'i ruajtur nga asimilimi, sa të jetë e mundur shqiptarët, bashkimi rreth vatrës së ngrohtë në Shtëpinë e Zotit, për të ruajtur vazhdimisht traditat, zakonet, gjuhën e bukur shqipe, kulturën, festat kombëtare, përkujtuar figurat e ndritura patriotike dhe veshjet e bukura tradicionale popullore.

Këto vlera të pastra shqiptare, sipas Monsinjorit, mund të arrihen vetëm duke hapur sa më parë Shtëpinë e Zotit.

Kjo kishë e re shqiptaro amerikane, sipas shembullit pozitiv të traditës historike në vendlindje, u kthye shpejt në një vatër të ngrohtë të atd-hedashurisë.

Paralelisht me këtë mision të vështirë, por jo të pamundur për te, Oroshi, i jep jetë edhe buletinit ose sikurse njihet në historinë e kishës sonë *Revista Fetare Kulturore Jeta Katholike Shqiptare* e cila sot vazhdon sërisht të botohet me emrin *Jeta Katolike* (1966-2024).

Në këtë revistë, figurojnë emrat e shumë shkrimtarëve, intelektualëve të shquar, albanologëve, klerikëve katolikë dhe të besimeve të tjera fetare, sikurse edhe artikujt e shumtë të shkruar me dashuri zemre nga njerëz të thjeshtë të komunitetit tonë.

Ai, ka përdor disa pseudonime, meqenëse në revistë ka botuar shpesh 2 ose 3 artikuj brenda një numëri. Më të lakuar janë emrat apo pseudo-nimet: *Zodiaku, Theologu, Redaksija, D.Z.* etj. I veçantë është shkrimi: "*Madre Tereza Bojaxhiu*", (1966, Nr.1 (*D.Z.*). Ky është ndër shkrimet e para të botuar në SHBA për shën Terezën e Kalkutës ose sikurse njihet *Nënë Tereza*.

Një jetë plot devocion për kishën dhe grigjen e tij

Kisha dhe kleri shqiptar, do ta pësonte më shumë nga gjenocidi komunist dhe kalvarin e mundimeve me persekutime, duke i dhuruar sot kombit tonë mbi 40 martirë elteri të kishës.

Mesha e parë në Qendrën Katholike Shqiptare në New York City, në Natën e Madhe të Keshndellavet të vitit 1969, është një përrmbledhje brilante oratorie, ku si gjithnjë shquhet fjalimi elokuent, me fjalë të zgjedhura dhe frymë patriotike nga prelati ynë mons. dr. Zef Oroshit.

Si dëshmi e historisë së kishës sonë **Monsinjori**, njoftonte vazhdimisht komunitetin e vogël katolik shqiptar në New York, mbi ngjarjet e rëndësishme, sikurse ishte asokohe blerja e Qendrës Katholike Shqiptare e New York-ut gjatë vitit 1969.

Ai si dëshmi historike dhe për brezat e ardhshëm këtë njoftim të mirëseardhur e botoi në faqet e numërit katër të së perkohshmes në gegnisht dhe dygjuhësh shqip-anglisht, që ai botonte dhe drejtonte me pasion.

Këtu janë botuar jehona e shtypit amerikan nga gazeta e famshme *The New York Times*, me autor *Murray Schumach* (Prill, 13, 1970, *E para kishë katolike shqiptare në ketë hemisfer u hap në Bronx*) etj.

Ai nuk ishte vetem një predikues i thjeshtë fetarë, por dhe një hulumtues apo studiues i zoti, pendë e spikatur dhe e mprehtë produktive.

Media bashkëkohore për jetën dhe veprën e mons. dr. Zef Oroshit

Studiuesi dhe publiçisti **Mërgim Korça**, është paraqitur me studimin: *"Konsiderata rreth vëllimit shkruar nga miku personal i Monsinjor Zef Oroshit, analisti Tomë Mrijaj"*.

Studiuesja e re shkodrane **Leonora Laçi** me shkrimin investigativ: *"Si i shpëtoi Sigurimit msgr. dr. Zef Oroshi!?"*, ndërsa ish drejtori dhe gazetari i Zërit të Amerikës **Frank Shkreli**, me shkrimin me kujtime: *"Në kujtim të Monsinjor Zef Oroshit"*.

Shkrimtare e Lidhjes së Shkrimtarëve Shqiptaro Amerikane Eleonora Gjoka: *"Studiuesi Tomë Mrijaj gdhend në mermer viganët e kultures shqiptare (Cikli: "Kultura Shqiptare në Shoqërinë Amerikane")*

Ish bashkëpunëtori i hershëm i revistës kulturore fetare Jeta Katolike dhe sot kryeredaktori i saj *Mark Shkreli*, ka botuar kujtimet e tij: *"Kujtoj me mall mikun tim Monsinjor Zef Oroshin."*

Monsinjor Oroshi dhe biografi i tij Mrijaj

Dy intelektualë, kanë lidhje me njeri tjetrin. Kjo bëri që miqësia mes tyre të rritet. Meshtari ynë, gjatë udhëtimeve me makinë, i tregonte Tomës shumë histori të familjes së kapidanëve të Mirditës, Oroshit dhe historisë së familjes së tij.

Qysh kur Toma mbërriti për herë të parë në SHBA (viti 1978), u interesua që të kontaktoj me emigrantë të hershëm politik, që kishin mbërritur më parë në New York e gjetkë.

Studiuesi Mrijaj, shkruan: *"Nga hulumtimet e mia shumëvjeçare, që i kam bërë jetës dhe veprës shkencore dhe historike të mons. dr. Zef Oroshit, kam konstatuar se artikujt e tij janë shkruar përgjatë viteve 1958-1978. Përmbajtjet e shkrimeve të shumta studimore i përkasin fushave të tilla, si: histori kombëtare dhe të huaj, jeta dhe vepra e shumë figurave të shquara kombëtare shqiptare qysh nga Mesjeta, si: heroin kombëtar Gjergj Gjon Kastriotin, Nënë Terezën, imzot Fan Stilian Nolin, poetin e ëmbëlsisë dom Ndre Mjedën, poetin kombëtar patër Gjergj Fishtën o.f.m., prof. Ernest Koliqin, prof. Karl Gurakuqin e shumë të tjerë."*

Meshtarët tanë shpirtëror mons. Oroshi
dhe vijuesi dom Pjetër Popaj

Kur mons. dr. Zef Oroshi ishte meshtar i kishës katolike shqiptare Zoja e Këshillit të Mirë dom Pjetër Popaj ishte gjakon dhe stundent i devotshëm në Universitetin Teologjik dhe Filozofik në New York. Ai më vonë do të bëhet bari shpirtëror ose famullitar me një përkushtim të vazhdueshëm i kishës së re (por me besimtarë të njëjtë) katolike shqiptare Zoja e Shkodrës në New York.

Është e rëndsishme të thuhet me bindje të plotë, se **dom Pjetër A. Popaj,** është sot vijues i denjë në rrugën e lavdishme të trinomit *Fe-Athe-Përparim,* nëpër të cilën kanë ecur për shumë dekada në vendlindje Mirditë dhe New York, me perkushtim dhe sukses të veçantë edhe para-ardhësi i tij imzot dr. Zef Oroshi.

Meshtari ynë dom Pjetër Popaj, në parathënien e librit në fjalë vlerëson: *"Në fillim, dua të theksoi se nuk mundet që një parathënje apo një libër të përfshijë të gjithë jetën e një figure të lartë, të shëndritur, të shquar, të një kalibër apo personi të tillë, sikurse ishte mons. dr. Zef Oroshi.*

Monsinjori, ka qenë shumë i përgaditur me një njohuri filozofike, shkencore dhe me një aftësi intelektuale për të sunduar një shtet.

Gjithashtu nga ana shpirtrore ka qenë shumë i thellë në teologji dhe në Shkrimin Shenjt. Ai i ka dedikuar shumë kohë e kujdes përkthimit shqip të katër Ungjijve dhe Aktëve të Apostujve prej gjuhëve të huaja, duke filluar prej greqishtes së vjetër. Ka qenë shumë i thellë në dogmën e kishës, shumëherë e citonte Summa Theologica të Shën Thomas Aquinas, që përmbledh kuptimin e shpjegimin e theologisë katolike, në një mënyrë të jashtzakonshme. Ky ka qenë Thomist, pothuajse sikur të gjithë priftrinjët dioçezan."

Dhe dom Pjetri, më poshtë vijon kujtimet e veta, kur vë në dukje disa detaje mbrëselanëse interesante jetësore, kur ai ishte student si seminarist: *"Gjatë përgatitjes në seminarin teologjik, të gjithë seminaristat kanë mësuar dhe përvetsuar Summa Theologica të Shën Thomas.*

Summa ka qenë udhëzuese për mësimet teologjike të kishës katolike... Ky me një shkathtësi trimërije të natyrëshme nuk u dorzohet dhe qëndron në protest për më se dy vite në mal kundër tyre.

Shumë herë kur bisedonte për veshtërsitë në mal u bënte emocjonal; shumicën e kohës pa gjumë, pa bukë, pa strehim është një gjë e pa-imagjinuar si kanë mundur ky me shokët e tij të qëndrojnë gjallë.

E përse!? Të gjithë këta vuejtje, vetëm për fe e për atdhe. Ai ka qenë një mbështetje e pashoqe e thirrjes sime për meshtar. Nuk ka mundur kush të më frymozojë më tepër se sa Monsinjor Zef Oroshi.

*Edhe tani që po shkruaj disa kujtime të tij, më përforcojnë në meshtarinë time. Gjithëherë më porosite: "**Mendo se kur predikosh, si respekt për popullin të jeshë gjithëherë i përgaditur.**"*

Kjo më ka ndihmuar gjithmonë. Edhe sot, kurr nuk dal të predikoj pa u përgaditur... Njëri prej atyre shqiptarëve kam qenë edhe unë.

Qysh në vitin 1973 që kemi ardhur në Amerikë dhe jam njohur me të nëpërmjet (atëherë) Dom Rrok Mirditës, më ka dashur dhe ndihmuar gjithëherë deri në vdekjen e tij.

Kur unë i kam treguar se kam dëshirë të bëhem meshtar, ai është gëzuar aq shumë, sikur të ju kishte çelë qielli.

Me ka këshilluar me fjalët më inkurajuese dhe më ka siguruar përkrahjen e tij.

Ai më ka çuar për tu regjistruar në seminar dhe qysh se kam filluar shkollën dhe kam mbaruar shkollën, kur jam shuguruar meshtar dhe kam filluar shërbimin si meshtar dhe deri në fund të jetës së tij ka vazhduar gjithëherë kujdesimin e tij ndaj meje...

Lutemi, që Zoti të ja ketë shpërblyrë në jetën e amshuar duke gëzuar lumturinë e Parajsës."

Mons. Oroshi dhe dom Anton Kçira barrikada të hekurta anti-komuniste në SHBA

E përbashkëta e dy meshtarëve Oroshi dhe Kçira, është se ata kanë një jetëshkrim me profile të njëjta atdhedashurie dhe antikomuniste të vendosur.

Mons. Oroshi arratiset nga ferri burg komunist dhe merr rrugën e malit, duke u bashkuar me nacionalistët e pamposhtur, që me armë më dorë në Mirditë dhe kudo luftonin komunizmin e zi.

Ai ndiqej këmba-këmbës nga forcat e Sigurimit komunist, të kryesuar nga Kryeministri i Shqipërisë asokohe krimineli Mehmet Shehu, i cili, me urdhër të diktatorit Enver Hoxha kishte vënë shperblime për atë person që jepte informacione se ku ndodhej ai. ç

Ata e kishin rrethuar të gjithë zonën e pamposhtur të Mirditës, për t'a zënë të gjallë, bariun e popullit mirditor, por ato deshtuan… *sepse atë e mbroj vazhdimisht grigja e tij dhe Zoti…*

Detaje interesante, zbardhen apo zbulohen nga vetë mons. Oroshi në letrat, që i dergonte në Itali Kapidanit të Mirditës Gjon Markagjonit nga ish Jugosllavia, ku, me hollësi e përshkruan jetën e vështirë në sketerrën komuniste ateiste…

Familja e dom Antonit persekutohet keqas nga rregjimi komunist sllav serb. Në këto kushte të vështira, ai detyrohet që të lërë me dhimbje Dardaninë martire dhe shkon për të jetuar në Shkup të Maqedonisë Veriore… dhe më pas në SHBA…

Të dy vëllezërit në Krishtin, meshtarët Oroshi dhe Kçira ndiqen nga komunistët trushpërlarë edhe në New York dhe Detroit, por qëndrojnë stoik dhe të vendosur në rrugën e tyre antikomuniste.

Për kontributin e madh, që ata kanë dhënë për çështjen kombëtare shqiptare, në kohë dhe rrethana të ndryshme, për të dy meshtarët në fjalë janë shkruar disa libra monografikë pas vitit 1991, artikuj dhe studime historike, në organet e ndryshme të shtypit në diasporë dhe vendlindje.

Për meshtarin e palodhur antikomunist, intelektualin dhe liderin e komunitetit katolik shqiptar në New York, mons. Oroshi, meshtari dhe lideri i komunitetit tonë personaliteti i shquar shqiptaro amerikanë **dom Anton Kçira**, shkruan: *"Gjatë jetës time të gjatë meshtarake, në mendjen dhe zemrën time ruaj kujtime të bukura dhe të paharruara për shumë figura të shquara të krenarisë sonë kombëtare të botës shqiptare në trojet etnike dhe diasporë…*

Mbas një periudhe të gjatë kohore, njeriu me vetëdije shikon me kujdes dhe qetësi bilancin pozitiv të punës dhe jetës së madhe meshtarake, intelektuale, kul-

turore, shkencore, atdhetare të meshtarit karizmatik të komunitetit shqiptar mons. dr. Zef Oroshit.

Unë, kur isha meshtar i ri, kam pas fatin, nderin dhe privilegjin e madh, që të njoh nga afër për disa vite në kohë dhe rrethana të ndryshme historike meshtarin e përvuajtur mirditor mons. dr. Oroshin, këtë bari të dedikuar tërësisht trinomit Fe-Atdhe-Përparim.

Në bazë të njohjes personale dhe historike të jetës dhe veprimtarisë së gjatë baritore dhe atdhetare të mons. Oroshit, jetën dhe veprimtarinë e pasur të tij mund ta ndaj në disa faza: Vitet e para në seminar dhe pasioni i madh për librat; Studimet meshtarake teologjike-filozofike; Meshtar i ri në vreshtën e Zotit; Braktisja e fa-mullisë, rezistenca antikomuniste dhe dalja në male; Vitet e vështira të kurbetit dhe historia e suksesshme e meshtarit patriot në vendet e ndryshme të botës dhe SHBA."

Sërisht, bariu shpirtëror i ditëve tona dom Antoni, kujton mikpritjen tradicionale shqiptare të mons. Oroshit në New York. Ai shkruan: *"Në vitin 1976 së bashku me intelektualin e shquar dhe autorin e librit studimor të famshëm "Ipeshkvia Shkup - Prizren gjatë shekujve" dr. mons. Gaspër Gjinin, shkuam në New York për t'i bërë një vizitë miqësore famullitarit msgr. dr. Zef Oroshit.*

Ai na priti ngrohtësisht dhe përzemërsisht, sipas traditës shqiptare në fa-mullinë Zoja e Këshillit t'Mirë (sot kisha katolike Zoja e Shkodrës), të komunitetit katolik shqiptaro-amerikan në Bronx.

Në ato ditë të qëndrimit tonë si mysafir, Monsinjori, na shoqëroi kudo, duke na treguar për historinë e famullisë dhe komunitetit katolik shqiptar në New York.

Gjatë gjithë jetës së tij meshtarake dhe intelektuale, Monsinjori, ruajti në shpirt dhe zemër dashurinë e pashuar për librat.

Ai na shoqëroi në disa biblioteka të famshme në Manhattan, New York.

Më kujtohet si sot biseda që kishim së bashku me dr. mons. Gaspër Gjinin, në zyrën e tij të mbushur plot libra në shumë gjuhë të ndryshme të botës, dorëshkrime të tij të pabotuara, koleksionin e revistes Jeta Katholike Shqiptare, etj.

Ai na tha: "Të dashtun miq të nderuem dr. mons. Gaspër Gjini dhe dom Anton Kçira! Kur isha në Jugosllavi, ipeshkvi Qekada, më pat afrue mundsi të shërbej si meshtar në famullinë e Zllakuqanit, në Lug të Drinit, por për shkak të rethanave që ishin, nuk e pranova sepse mendjen e kisha për me dalë në botën e lirë në Perëndim!"

Për të gjithë ne dhe në veçanti për grigjen tonë të shpërndarë rrugëve të botës, jeta e tij plot tallaze në emigracion nuk ka qenë e lehtë."

Mons. Oroshi dhe drejtori e gazetari profesionist Frank Shkreli

Ndër kujtimet më interesantë plot mbresa, që zënë vend të rëndë-sishëm në librin e mons. dr. Zef Oroshit janë edhe shënimet historike të Frank Shkrelit, ish *Sekretar i Lidhjes Katholike Shqiptaro Amerikane dhe anëtar i grupit redaktues të revistës, "Jeta Katholike Shqiptare", për periudhën e viteve 1971-1974.*

Franku, kujton: *"Ishte viti 1970, kur për herë të parë e takova mons. Zef Oroshin në lagjen Bronks të Nju Jorkut. Gjatë qëndrimit tim si refugjat në Itali, (1969-1970) për dom Zefin dhe për aktivitetin e tij fetar dhe atdhetar në komunitetin shqiptaro-amerikan në Nju Jork, më kishte folur miku dhe përkrahsi im në Romë,* **dom Prenkë Ndrevashaj.**

Edhe në dy-tre takime, që kisha pasur me prof. Ernest Koliqin në Romë, më kishte këshilluar që kur të arrija në Amerikë, të takoja dom Zef Oroshin dhe t'i rrija afër, pasi mund të më ndihmonte në vazhdimin e studimeve në Amerikë, duke marrë parasysh moshën time të re.

Ashtu edhe u bë. Me të ardhur në Nju Jork në fund të vitit 1970, kushëriri i nënës time Ndoc Vulaj, mik i ngushtë i dom Zefit, më prezantoi me Monsinjorin, të dielën e parë pas arritjes time në Amerikë, tek kisha e parë katolike shqiptare në Shtetet e Bashkuara të Amerikës, e themeluar prej tij në Bronks të Nju Jorkut.

Ishte një takim, pas meshes, me dom Zefin dhe me Ndoc Vulajn në qelën e kishës, sipër ndërtesës ku thuhej mesha.

Pyetja e parë që më bëri Monsinjor Oroshi ishte: "Si je me anglishten?" Unë iu përgjigja se kisha filluar ta mësoj gjatë qendrimit tim si refugjat në Romë, por jam i vetëdijshëm, i thashë, se do të më duhet kohë që ta përvehtësojë si duhet. Pa asnjë vonesë, madje edhe pa më pyetur fare, merr telefonin dhe i telefonon dikujt. Flet me të në anglisht për nja 5-6 minuta.

Merrshe vesh ndonjë fjalë aty këtu, por thelbin e bisedës nuk e kuptova fare. Sidoqoftë, dom Zefi i kishte telefonuar një prifti jezuit, që e njihte në Universitetin Fordham, i cili administrohet nga Kuvendi Jezuit, duke i shpjeguar se në zyrën e tij kishte në djalosh të ri shqiptar refugjat i porsa ardhur nga Evropa dhe i kishte kërkuar atij që të bënte çmos të më mundësonte me çdo kusht regjistrimin në Fordham për kurse anglisht, për të mësuar anglishten sa më mirë dhe sa më parë, me objektivin për të vazhduar studimet që i kisha ndërpre, si përfundim i arratisjes.

"Nëqoftse dëshiron të përparosh në këtë vend", më këshilloi dom Zefi, duhet të mësosh gjuhën e vendit, sepse pa gjuhën anglishte ke me mbetë mbrapa, mu drejtua ai me një fytyrë serioze. Monsinjor Oroshi ishte në dijeni se unë kisha kryer

5-vjet në një seminar katolik në Kroaci dhe natyrisht ai ia dinte vlerën asaj shkolle dhe donte që të mos habitesha duke gjetur çfardo pune në Amerikë, si të gjithë të rinjë shqiptarë të moshës time në atë kohë, sepse ashtu ishin rrethanat, shumë të vështira për imigrantët e ri, dhe si rrjedhim, dom Zefi më porositi të mos ndërprisja shkollën, por të vazhdoja studimet me çdo mënyrë. Në të vërtetë, ashtu edhe ndodhi.

Me rekomandimin e mons. Zef Oroshit u regjistrova në Universitetin Fordham për kurse fillestare për gjuhën anglisht dhe mbrenda 6 muajsh e përvehtësova anglishten në nivelin e duhur, sa që u regjistrova si student i rregullt në Kolegjin shtetëror Lehman në Bronks, pasi Univresiteti Fordham ishte shumë i shtrenjtë dhe nuk i kisha mundësitë financiare për tu regjistruar aty."

Ndërkohë, lexuesi mëson nga kujtimet e Frankut, gjestin fisnik të mirënjohjes dhe respektit, që ai ruajti gjithnjë për meshtarin Oroshi.

Franku, shkruan: *"Mbështetjen e mons Oroshit për mua gjatë atyre viteve fillestare kritike për çdo immigrant në një vend të huaj, e ruaj si një kujtim të pashlyeshëm dhe e kam vlerësuar gjithmonë si një besim të tij në mua personalisht, por edhe breznitë e ardhshme të shqiptarëve dhe në cilësitë pozitive të tyre.*

Autori me mons. Zef Oroshin në demonstratë kundër regjimit komunist të Enver Hoxhës, për të protestuar vrasjen barbare të dom Shtjefën Kurtit nga regjimi komunist në vitin 1973, para Organizatës së Kombeve të Bashkuara dhe përball Misionit të Shqipërisë Komuniste në OKB."

Fest XXX-të në kujtim të 110-vjetorin e lindjes së mons dr. Zef Oroshit

Kisha Katolike **Zoja e Shkodres**, me nderim, respekt dhe kënaqësi të vecantë ka njoftoj komunitetin shqiptaro-amerikanë dhe mediat në New York me rrethe, se me 5 dhe 6 nëntor 2022, do të mbaj në sallën e Illyria Community Center në Bronx NY, Festivalin e XXX-të Shqiptar, i cili në këtë jubile i përkushtohet themeluesit të Kishës së Parë Katolike Shqiptare në SHBA dhe në të gjithë Hemisferën Veriore mons. dr. Zef Oroshit, i cili themeloi me devocion Qendrën Shqiptaro Amerikane, botoi dhe drejtoi revistën fetaro-kulturore Jeta Katholike Shqiptare (sot Jeta Katolike 1966-2024).

Viti 2022 *shënon edhe 110-vjetorin e lindjes së prelatit të paharruar të komunitetit shqiptaro-amerikan, mons. dr. Zef Oroshit.*

Kjo është ngjarja më e Madhe Mbarëshqiptare në Amerikë, e cila si synim ka pasur dhe vazhdon të mbajë shpalosjen dhe ruajtjen e gjuhës, traditës dhe kulturës të gurrës shumë shekullore popullore, këngës e valleve burimore, shfaqjen e shumë e shumë ngjyrave të bukura që pasqyron vazhdimisht folklori shqiptar.

Kështu artdashësit këtu do të kenë mundësinë për dy netë festive të argëtohen me këngëtarë të njohur të shumë trevave, grupet folklorike nga New York-u, Boston-i dhe Michigan-i, Philadelphia, Connecticut, sikurse çdo vit e pasurojnë Festivalin me instrumente, kostume dhe valle të ndryshme.

Kisha e jonë tregon të veçantën e tij, se Festivali i 30-të Shqiptar, i cili i perkushtohet intelektualit dhe prelatit të shquar të komunitetit tonë mons. dr. Zef Oroshit, një ndër figurat më të shquara të mërgatës shqiptare, por edhe mbarë botës jashtë trojeve shqiptare.

Si për të mos mjaftuar me kaq, mesojmë se **Shoqata Trojet e Arbërit**, me qendër në Prishtinë të Kosovës, ka në proçes botimi një libër special voluminoz, kushtuar mons dr. Zef Oroshit, ku janë të përmbledhur të gjithë kumtesat e ligjëruesve, që i mbajtën në muajin qershor 2022, në qytetin historik të Lezhës.

Po ashtu në Lezhë këtë vit është përuruar edhe busti kushtuar anti-komunistit dhe intelektualit të erudit mons. dr. Zef Oroshit, që për shumë dekada ruajti të gjallë mes shqiptarëve kulturën dhe gjuhën shqipe.

Ai ishte mik i ngushtë i intelektualëve, si: **prof. Ernest Koliqit, prof. Rexhep Krasniqit, prof. Zef Nekaj, patër Giacomo (Jak) Gardini**, i cili ishte prift italian i dashuruar mbas Shqipërisë, si shpërblim diktatura ateisto-komuniste e plandosi në burg për 10 vjet (1945-1955)... **atë prof. Zef Valenini S.J., dom Pjetër Popaj** (meshtar aktual sot në New York), **atë prof. Andrew Nargaj ofm, prof. Arshi Pipës, Kapidani i Mirditës Gjon Marka Gjoni, Ndue Gjomarku, Mark Gjomarku, Llesh Gjomarku, studiuesi Tomë Mrijaj** (autori i 4 librave kushtuar klerikut dom Zef Oroshit, skurse e thërrisnin të gjithë këtu), etj.

Mons dr. Zef Oroshi dhe Grupi Kulturor Artistik Rozafati
(1978-2023)

Historia e Grupit Rozafati në New York zë fill 45 vjet më parë. Gjatë një bisede me aktivistin veteran të komunitetit shqiptaro amerikanë në New York publiçistin e palodhur Tonin Mirakaj një ndër përkrahësit krye-sor qysh në fillim të krijimit të Grupit Artistiko-Kulturor Rozafat, pranë Qendrës Katolike Shqiptare Zoja e Këshillit të Mirë, mësojme se ky grup u krijua 45 vjet më parë.

Më 31 maj 2023, Qendra Kulturore Nënë Tereza, pranë kishës katolike

Zoja e Shkodrës në New York, përkujtoi 45-vjetorin e krijimit të grupit të parë artistik Rozafati, në Qendrën Katolike Shqiptare Zoja e Këshillit të Mirë në vitin 1978 në New York.[244]

Dihet se institucionet e hershme të artit dhe kulturës në Shqipëri e kanë pasur zanafillën e tyre nga kisha katolike, gjë që dëshmohet nga burimet e shumta historike ndër shekuj. Kurse në diasporën shqiptare në SHBA dhe posaçërisht në shtetin e New York-ut dhe rrethina në këto përgatitje si gjithëmonë rol të rëndsishëm kanë luajt Të Përndershmit klerikë: **mons. dr. Zef Oroshi (1912-1989), imzot Rrok Mirdita (1939-2015), dom Pjetër Popaj**, aktivistit të palodhur Fran Shala dhe kryetari i Këshillit të Lishës Tonin Mirakaj etj.

Në New York komuniteti i vogël katolik shqiptar (i përbërë krysisht nga emigrantë politik (1944-1990), është vendosur vonë në krahasim me komunitetin e hershëm ortodoks shqiptar (shekulli XVIII nga emigrantë ekonimik dhe me 1944-1990 ato politik dhe mbas vitit 1990 ato ekonomik) me qendrën e saj në Boston rreth kishës ortodokse të shën Gjergjit, themeluar nga peshkopi metropolitan **imzot Theofan Stilian Noli (1882-1965)**, në vitin 1908.

Krahas ndërtimit të kishës së re, Qendrës Katolike Shqiptaro Amerikane dhe themelimit të shtypit pra revistës Jeta Katolike (1966) udhëheqësit shpirtëror meshtarët katolik shqiptarë dhe artëdashësit e kulturës tradicionale popullore, që kishin emigruar në Amerikë, bashkëpunuan dhe vendosën të themelojnë shoqëri, klube dhe grupe kulturore.

I tillë edhe grupi artistik Rozafati (1978), që është edhe bërthama e krijimit të Festivalit të Parë Shqiptar në New York, që këtë vit mbush vitin e 32-të në New York (1991). Kështu viti 1986 shënon dhe një ngjarje me shumë rëndësi në veprimtarinë e grupit Rozafati, me pjesëmarrjes kulturore në Statue of Liberty Centenial Harbor Festival, mbajtur në New York City nga 4-6 Korrik 1986, duke ngritur lart flamurin shqiptar, por pa yllin komunist rus.

Në këtë Festival të famshëm, morën pjesë më se 100 grupe nga shtete të ndryshme, në mes të tyre edhe grupi shqiptar Rozofati. Një vit më pas

---

[244] Klajd Kapinova, "**Historia e Rozafati në New York që filloi 30 vjet më parë. Bisedë me z. Tonin Mirakaj përkrahës në krijimin e grupit artistiko-kulturor Rozafati, pranë Qendrës Katolike Shqiptare Zoja e Këshillit të Mirë**, në New York, gazeta, **Illyria** (Manhattan, New York), **Dielli** (Bronx, New York), etj.

grupi artistik, u ftua në Boston, në një mbrëmje të organizuar me rastin e 75-vjetorit të lindjes së aktivistit të vjetër vatrist dhe një ndër më të mirënjohurit personalitet i nderuar dhe respektuar në komunitetin shqiptar në Amerikë të ndjerit Anthony Athanas (1911-2005), një përkrahës dhe dashamirë i kishës katolike që prej fillimit.

Meshtarët dhe bashkëpunëtorët e tyre, menduan se tashti ishin në gjendje të organizojnë një Festival më vehte. Në këtë drejtim ata patëm inkurajim dhe mbështetjen dashamirëse edhe nga *Martin Koenig dhe Ethel Raim të Ethnic Folk Arts Center*, me të cilët kishin bashkëpunuar në festivale.

Asokohe u vendos të mbahej Festivali i Parë Shqiptar. Për të mësuar më shumë mbi historinë e jetuar të grupit *Rozafat* deri tek **Festivali I-rë**, zhvillova një bisedë me aktivistin e hershëm të komunitetin tonë, publicistin veteran dhe ish kryetarin e këshillit të kishës Zoja e Këshillit të Mirë (sot Zoja e Shkodrës) aktivistin e palodhur të komunitetit shqiptaro amerikan Tonin Mirakaj. Kjo ishte një nga ngjarjet e rëndësishme historike dhe kulturore të komunitetit të vogël shqiptar asokohe.

Ky grup i vogël qëllim mirë asokohe përbëhej nga aktivistët: Fran Shalaj, Miliana Mirakaj dhe Gjon Junçaj, filloj shpejt të shtohej dhe me repertorin e pasur të këngëve popullore, që interpretonin sollën një kënaqsi tek besimtarët që frekuentonin meshën të dielave, ku edhe pjesëmarrja në meshën e shenjt çdo të diele po shtohej.

Nga ana e tjetër, meshtarët e palodhur dhe kudogjendur mons. dr. Zef Oroshi dhe imzot Rrok Mirdita, gjithëmonë kërkonin diçka me shumë, për të mbajtur të bashkuar komunitetin e vogël shqiptarë, ngaqë kishin një vizion pozitiv për të ardhshmen. Këta largpamës qëllimmirë u provuan shumë herë ndër aktivitete që pasuan më vonë në Qendrën Kulturore të kishës katolike shqiptare në New York.

Asokohe lindi ideja e formimit të një grupi dilitant muzikor, me antarët e korit të kishës katolike dhe të tjerë, që po afroheshin, duke menduar kësisoj që t'i shërbenin kishës dhe komunitetit ndër gëzime dhe festa, dasma e kremtime të ndryshme.

Në atë kohë, kujton aktivisti Mirakaj, në komunitet ekzistonin dy grupe, të cilët i merrnim ndër darka të kishës. Njeri nga grupet drejtohej nga *Ejup Mehmeti* dhe tjetrin Isa, të cilit nuk ia mbaj mend mbiemrin. Asnjëri nga këto grupe nuk mund t'i këndonin hymnet kombëtare të Amerikës dhe Shqipërisë. Për të kënduar hymnet, perdornim tape recorders. Organizatat shqiptare, si: Vatra, Albanian Center, Kisha Orthodokse, merrnin në kremtime një orkester greke me emërin *Michael*

Papas Orchestra. Ishte e kjartë dhe e nevojshme se kishte hapësirë për një grup të ri artistik me kostumet etnike popullore.

Të inkurajuar nga *mons. dr. Zef Oroshi, imzot Rrok Mirdita, Fran Shala me Loro Lulaj, Martin Gjelaj, Miliana Mirakaj, Martin Merturi* dhe të tjerë, asokohe u formua **Grupi Muzikor Rozafati**, që këtë vit mbushi 45 vjet. Grupi në fjalë, aktivitetin si grup muzikor e filloj sëpari ndër darka të kishës, mandej në kremtime të 28 Nëntorit dhe në ndonjë dasëm, dhe raste të tjera gezimi në komunitetin tonë.

Po ashtu aktivistët e palodhur të kishës katolike Frani dhe Miliana, filluan të këndojnë rregullisht hymnet kombëtare të Amerikës dhe Shqipërisë, si edhe hymnin e *atë Gjergj Fishtës o.f.m.* me titull: **Por si Fleta e Ejllit t'Zotit**.

Në shtator të vitit 1978, përfundoi ndërtimi i kishës se re, ngjitur me lokalin e vjetër, ku thuhej mesha më parë, kështu që kjo sallë prej kësaj kohe mund të përdorej normalisht për shkollë shqipe, mbledhje të ndryshme si edhe përgatitje të korit dhe grupit muzikor. Të gjithë këto aktivitete kulturore bëheshin gjithëmonë me pëlqimin e meshtarëve. Me shtimin e grupit me të reja dhe të rinj, shpejt lindi dëshira që të mësohen valle dhe kërcime, por duhej dikush qe t'i mësoj.

Këtë problem e zgjidhi *dom Pjetër Popaj*, asokohe seminarist në *Dun Woodie*, ku po përgatitej për shugurim meshtarak. Ky, u mësoj pjestarëve të Rozofatit disa valle të bukura, që sollën kënaqësi ndër kremtime të kishës dhe komunitetit.

Mbas përgatitjeve të vazhdueshme dhe sukseseve të arritura, Rozofati dha një koncert jashtë shtetit të New York-ut dhe doli para publikut bashkëatdhetarë në qytetin e Detroit (Michigan), me datën 16 Maj 1982.

Në Detroit bashkatdhetarët tanë u pritën ngrohtësisht nga ata mikpritësa që morën pjesë, ndonëse nuk ishte një numër i madh bashkatdhetarësh, për faktin se organizatorët (menaxherët) atje nuk kishin bërë lajmërimet në kohën e duhur për mysafirët.

Grupi punoi shumë për pasurimin e repertorit dhe se të gjithë shafqjet e saj jepen me kostume popullore, që shpesh janë përshëndetur me duatrokitje të ngrohta edhe nga spektatorët amerikanë. Rozafati kulturor, vazhdoj të kërkohej ndër aktivitete të komunitetit shqiptar në New York me rrethe. Një rast tjetër me rëndësi, është **darka që u organizua me rastin e shugurimit meshtararak të dom Pjetër Popaj, me datën 24 nëntor 1985**, mbajtur në *Imperial Manor në Rt. 4 New Jersey*, me një pjesëmarrje prej 1013 personash. Ishte darka më e madhe që mbahej mend deri asokohe në komunitetin tonë.

Governatori demokrat i shtetit të New York-ut *Mario Cuomo*, lëshoi një **Proklamatë**, me të cilën shënonte rastin e parë në histori, që një shqiptar shugurohej prift katolik ne shtetin e New York-ut.

Më 8 Maj 1976, komuniteti shqiptar mori pjesë në **Festivalin e Arteve Ballkanike**, mbajtur në *DeWitt Clinton High School*, në Bronx, organizuar nga *Ballkan Arts Center*, me pjesëmarrje të tre komunitetëve ethnikë: shqiptar, grek dhe jugosllav asokohe. Shqiptarët, ishin mjaft të sukseseshëm, por se në atë kohë nuk ishte pjesëmarrës grupi Rozafati.

Mbas 10 vjetëve eksperiencë vallëtarët, intrumentistët dhe këngëtarët ishin të gatshëm të përfaqsonin komunitetin shqiptar në aktivitetet përkrah kombeve të tjera në Amerikë.

Viti 1986, shënon një ngjarje me shumë rëndësi në veprimtarinë e antarëve të grupit kulturëdashës Rozafati. Kjo ishte pjesëmarrja në **Statue of Liberty Centenial Harbor Festival**, mbajtur në New York City nga 4-6 korrik 1986. Në këtë festival të famshëm, morën pjesë më se 100 grupe nga shtete të ndryshme, në mes të tyre edhe grupi shqiptar.

Në përgatitjen për këtë festival, Rozofati pati ndihmen e **kërcimtarit dhe korografit profesionist Gjergj Sinishtaj**, kontributi i të cilit ishte shumë i çmueshëm. Grupi artistik përformoj në stage #4, e ngritur në Maiden Lane, përpara mijëra spektatorëve amerikanë për 13 minuta. **Një pjesë e valleve popullore u shfaq në televizionin nacional**.

Në këtë përgatitje si gjithëmonë rol të rëndsishëm kanë luajtur mons. dr. Zef Oroshi, imzot Rrok Mirditës, dom Pjetër Popaj, aktivistit të palodhur Fran Shala dhe kryetari i Këshillit të Kishës Katolike Shqiptare Tonin Mirakaj.

Zonja duararte Prenda Shala, mundi në një kohë të shkurtër, të përgatisë kostumet e nevojshme për gjithë pjesëtarët e grupit aq bukur dhe në mënyrë profesionale, gjë që u bë asokohe një kontribut i rëndësishëm në suksesin që u arrit.

Në vitin 1987, grupi artistik Rozofati, u ftua në Boston, në një mbrëmje të organizuar me rastin e 75-vjetorit të lindjes së bisnesmenit të suksesshëm, aktivistit të vjetër vatrist dhe një ndër më të mirënjohurit personalitet i nderuar dhe respektuar në komunitetin shqiptar në Amerikë të ndjerit **Anthony Athanas**, përkrahës dhe dashamirë i kishës sonë që prej fillimit.

Në këtë kohë, shpesh paraqiteshin ide për organizime kulturore, ku mund të paraqesim anët positive të vlerave atdhetare autoktone të komunitetit tonë, si: folklorin e pasur, kostumet e traditat e bukura, por eksperienca për aktivitete të tilla na mungonte.

Ish kryetari i Këshillit të Kishës dhe publicist veteran Tonin Mirakaj, kujton sot, se ne ndiqnim me shumë vëmendje gjithë zhvillimin e ngjarjeve politike në trojet etnike shqiptare dhe në veçanti në Kosovë e Shqipëri.

Me dhimbje, **shton Mirakaj**, kemi përcjell eksodin e madh dhe futjen e shqiptarëve në ambasadat e huaja në Tiranë (2 korrik 1990), eksodet masive me anije drejt Italisë etj. Por nga ana e tjetër, ne ishim të gëzuar që edhe Shqipëria tashmë e kishte shkelmuar komunizmin dhe kërkonte një jetë më të denjë, përkrah familjes së madhe të Europës Perëndimore dhe vendit më demokratik në botë sikurse Shtetet e Bashkuara.

Asokohe shumë intelektualë, artistë, këngëtarë, piktorë, skuptorë, vallëtarë, shkrimtarë të dëshpëruar nga jeta mizerabël në komunizëm braktisën Atdheun e tyre për një jetë më të mirë.

Në vitin 1990, pranë kishës *u formua* **Shoqata e Prindërve**, që përbëhej nga prindërit e të rinjve dhe të rejave, që merrnin pjesë në korin e kishës, dhe në grupin muzikor Rozofati. Shoqata në fillim u kryesua nga zonja *Vera Lekocaj*, e më vonë nga aktivistët e palodhur *Marian Cubi* dhe **Tomë Mrijaj.**

Presidenti i Bronx-it **Fernando Ferrer** lëshoj një *Proklamatë*, në të cilën deklaroj datën 20 tetor 1991 si **Ditë e Shqiptarëve në Bronx**, të cilën e solli në mes të festivalit **Bill Adeguado,** *drejtor Ekzekutiv i Zyrës së Arteve në Bronx* dhe ia dorëzoj aktivistit Tonin Mirakaj kryetar i Komisionit Përgatitës të Festivalit I-rë Shqiptar.

Suksesi që u arrit, bëri që Festivali Shqiptar të kthehet në traditë, dhe festivalet kanë vazhduar çdo vi. Sërisht Grupi Rozofati, ka qenë grupi kryesor, që ka përfomuar në Festivalin e Parë, dhe në të gjitha festivalet që vijuan.

Vijimësia e shpalosjes së kulturës shqiptare në New York

Është bërë traditë zhvillimi i Festivali Shqiptar në New York, që përpiqet të indetifikojë, dokumentojë dhe paraqesë artistë të folklorit dhe njëkohësisht të mbajë të bashkuar komunitetin tonë, pa dallim feje, ideje apo krahine.

Çdo vit Festivali këtu, ruan dhe përkrah traditat muzikore dhe folklorike autoktone shqiptare si dhe siguron që ato do të vazhdojnë të ekzistojnë dhe të kenë domethënie për brezat e ardhshëm.

Ai i ofron spektatorit të thjeshtë, mundësinë e mishërimit me thesarin e pasur të kulturës sonë. Tubimi mbarëshqiptar kulturoro artistik, shpalos begatinë e pasur kulturore të komunitetit shqiptarë si një pjesë indetifikuese e komunitetit të përgjithshëm amerikan.

30 vjet këngë, valle dhe muzikë
nga trojet etnike interpretohen në Amerikë

Shqiptaro amerikanët u mblodhën në sofrën e gurrës popullore artistët nga diaspora shqiptare e Amerikës. Festivali i XXX-të i Këngës dhe Valles Popullore Shqiptare, që mbahet në New York këtë vit feston 30-vjetorin.

Si gjithnjë, parada artistike e grupeve të ndryshme të muzikës me instrumente popullore tradicionale dhe moderne, valleve me larushisë e kostumeve të trojeve etnike, krahinave dhe nenkrahinave, gjatë 30 vjeteve në Festival, është përpjekur të idenfifikojë e përkrah grupet artistike dhe kulturore, që gjenden në disa shtete të ndryshme të Amerikës, shumë ngjyrshmërinë e kostumeve, valleve, intrumenteve origjinale, traditave, zakoneve të lashta iliro-arbërore-shqiptare, të ruajtur ndër shekuj nga të gjithë bashkëatdhetarët që jetojnë këtu.

Në SHBA shpaloset thesari i shpirtit kombëtar popullor shqiptar

Ky është thesari i shpirtit të një populli të vogël, por me zemër të madhe, që ka një histori të lavdishme, me vlera kulturore shumë të pasura dhe të larmishme për t'i treguar kombit të madh amerikan.

Sofra muzikore dhe koreografike kulturore këtë vit iu përkushtua bariut shpirtëror brilant mons. dr. Zef Oroshit, që gjithë jetën punoi si misionar i Krishtit, pa u lodhur për komunitetin shqiptaro-amerikanë deri sa kaloi në amshim.

I shtrenjtë është ai njeri, i thirrur nga Zoti, në gjithçka që bënte derisa e mori në krahët mikpritës të Tij.

Larushia e perlave shpirtërore të kultivuar dhe ruajtur me kujdes dhe respekt brez mbas brezi edhe në Amerikë, u shpalosën me dinjitet në spektaklin **Fest'30-të** në New York, në kryeqytetin metroplolitan të kulturës shumetnike botërore.

Ky ka qenë dhe mbetet edhe objek qëllimi kryesor (prej tre dekadash), për ribashkimin në një vatër të madhe festive brenda mozaikut të vlerave folklorike të papërsëritshme burimore popullore të zonave dhe krahinave të ndryshme etnike gjithpërfshirëse.

Natyrshëm, organizatorët e Festivalit XXX, respektuan me fisnikëri tubimin, duke e kthyer me dinjitet në një vatër të madhe shumëkulturore rreth një flamuri, gjuhe të përbashkët shqipe komunitetin tonë pa dallim feje, krahine e ideje, duke përkrahur origjinalitetin e tabanit popullor, gjatë gjithë shfaqjes para artëdashësve kulturëdashës bashkëatdhetarë dhe miqve amerikanë.

Festivali i përvitshëm në New York, është shfaqja më masive në botën e diasporës shqiptare në Amerikë, ku marrin pjesë qindra festivalistë, me kostume, valle, muzikë, që përfaqsojnë trevat etnike nga Kosova deri në Çamëri.

Shqiptarët nga të gjithë trojet etnike, pa dallim feje sot kremtojnë së bashku, traditën tonë të bukur ruajtjen prej etërve tanë ndër shekuj. Shumë këngë u dedikohen herojve tanë historik, që nuk kanë kursyer veten dhe kan dhënë jetën për të ruajtur traditën dhe indetitettin tonë.

Shqiptarët, janë shumë krenarë, për të rinjtë dhe të rejat e komunitetit tonë, sidomos ata që kanë lindur këtu dhe nuk e harrojnë prejardhjen e tyre shqiptare. Ata e duan gjuhën shqipe dhe krenohen se janë shqiptarë.

Vijimësia e traditës së xhubletës 5000-vjeçare dhe valleve në skenat amerikane

Me datën 20 tetor të vitit 1991, Presidenti i Bronx-it Fernando Ferrer, para 32 vitëve lëshoj një *Proklamatë*, në të cilën deklaroj *Ditën e Shqiptarëve në Bronx*, të cilën e solli në ditën festivalit Bill Aguado, drejtor Ekzekutiv i Zyrës së Arteve në qytetin Bronx, New York.

Festivali Shqiptar u kthye në traditë, dhe përformimet artistike në skenë kanë vazhduar çdo vi. Me një thjeshtësi e ndjesi të thellë zemre bashkatdhetarët, me mendimet e tyre dashamirëse po sillnin pjesë nga toka e maleve mbuluar me borë, xhubletën e hershme dhe të lashtë në historinë e Europës, puset e ujit të ftohtë, që burojnë nga bjeshkët kreshnike, vallet e lashta sa vetë historia e Ilirëve në trojet autoktone, Shqipërinë, Kalabrinë, Kosovën, Malësinë e Dedë Gjon Lulit, simbolet e krenarisë nacionale, në veshjet popullore, në ambientet ku sërisht u bashkuan shqiptarët, me buqetën e këngëve, valleve, që hijeshojnë interpretimet e tyre veshur me kostumet e bukura popullore.

Së fundi, foklorin ynë në skenë, si thesar i madh për popullin e vogël, duke risaktësuar shkencërisht lashtësinë, unitetin dhe diversitetin e shpirtit të pasur arbëror.

Këto perla, janë ngjizur në shtresa të hershme historiko- shoqërore, duke dëshmuar unitetin krijues artistik të kombit tonë, që i përshkon një fill fin atdhetarizmi.

Shënim: Autori i shkrimit **Klajd Kapinova,** *është editor i revistës Jeta Katolike, New York. Ky shkrim si editorial, është botuar në librin-broshurë të Festivalit XXX, që u mbajt në vitin 2022 në Bronx, New York, dhe më pas edhe në numërin special të revistës Jeta Katolike; në numërin special të revistës kushtuar personalitetit të shquar të diasporës së SHBA-së prelatit katolik mons. dr Zef Oroshit, realizuar nga Shoqata "Trojet e Arbërit" me qendër në Prishtinë në vitin 2022; gjatë Simpoziumit Shkencor Historik, kushtuar figurës së prelatit imzot dr. Zef Oroshit, mbajtur në e qytetin historik të Lezhës në Shqipëri, si dhe ne disa gazeta e revista në Kosovë dhe disa shtete dhe website në Europë dhe SHBA.*

Poster i Festivalit të 30-të shqiptar të muzikës dhe valleve në New York 2022, kushtuar prelatit të shquar mons. dr. **Zef Oroshi**.

Ballina e librit kushtuar mons. dr. Zef Oroshit (1912-1989), shkruar nga studiuesi dhe publicisti shqiptaro amerikane Tome Mrijaj, New York, 2008.

Ballina e librit mbi Dosjen e plotë me shpifje dhe intriga të hartuar nga Sigurimi i shtetit komunist, e cila fatmirësisht është botuar nën kujdesin e studiuesit dhe publicistit shqiptaro amerikan Tomë Mrijaj.

Një numër special i revistës kulturore fetare "Jeta Katolike" (1966-2024), përkushtuar themeluesit të Kishës së Parë Katolike Shqiptare në SHBA (New York).

Bariu shpirtëror i shqiptarëve në SHBA mons dr. Zef Oroshi (1912-1989), në një audience private në Seline e Shenjte në Vatikan me papa Palin VI.

Dy mirditas të shquar dhe shokë të idealeve antikomuniste, Kapidani i Mirditës juristi Ndue Gjomarku (1914-2011) dhe mons. dr. Zef Oroshi në New York.

Pikturë e meshtarit tonë mons. dr. Zef Oroshit,
realizuar nga një piktor anonim në New York.

Studiuesi dhe publicisti Tomë Mrijaj, gjate në dy netëve të Fest XXX mbajtur në muajin nëntor 2022 në New York,
pranon dhuratën e piktorit shqiptaro amerikan Astrit Tota, dhuruar si një ndër biografët me të shquar të jetës dhe
veprës se prelatit tonë të shquar dhe të paharruar, mons. dr. Zef Oroshi.

Autori i librit dhe artikujve të shumtë mbi fesativalet e përvitshme shqiptare, që organizohen nga kisha katolike shqiptare "Zoja e Shkodres" dhe Qendra Kulturore Nënë Tereza, në Hartsdale, në New York, Klajd Kapinova përballë një nga logot e festivaleve mbarëshqiptare në SHBA.

Redaksia e revistës "Jeta Katolike" (1966-2024), dom Pjeter Popaj drejtor, Mark K. Shkreli kryeredaktor dhe Klajd Kapinova redaktor, Eastwood Manor, New York.

E SHKUARA MUND TË VRITET, PO KURRË NUK VDES

(Parathënie: *"Don Anton Kçira në jubileun e 50-vjetorit të meshtarisë"*)

Nga Tomë Mrijaj & Klajd Kapinova

Fituesi i Çmimit Nobel për Paqe, indiani i thjeshtë **Mahatma Gandhi**, thotë: *"Në fillim të injorojnë, pastaj të fyejnë, pastaj të luftojnë, dhe pastaj fiton."*

Këtë vit jubilar mbushën 50 vjet meshtari nga jeta dhe veprimtaria e meshtarit shqiptaro-amerikanë don Anton Kçirës. Gjatë 5 dekadave, ai ka provuar dhe kaluar me stoicizëm mbi shpinën e tij padrejtësitë, në rrugën e gjatë nga Kosova në SHBA, me shumë mundime, denigrime, përbaltje, injorime, fyerje, ku, keqdashësit titistë dhe enveristë, kanë përdorur edhe teknologjinë bashkohore si video poshtëruese, me montime absurde të krijuar nga përfaqësuesit nihilistë të së keqes.

E vërteta thjesht vonon, por nuk zhduket dot. Keqdashësit mund ta sulmojnë atë, injoranca mund ta përqeshë, por në fund e drejta, fiton dhe dominon.

Në situatën artificiale të krijuar nga antishqiptarët, përballë forcave të errëta, bariu ynë shpirtëror Kçira, me përvujtëri dhe stoicizëm ka ngallnjyer mbi të keqen si një ushtar i pamposhtur i Krishtit dhe atdhedashurisë.

Ai kurrë hequr dorë nga bindja e përbashkët *Atdheu dhe Feja*, të cilat si rreze drite ai ka përçuar gjithëmonë tek populli i tij, me punën dhe kontributin e madh, duke fituar falë durimit të fortë dhe shpresës së bindur tek e vërteta.

Personazhi kryesor i librit të dytë: *"Don Anton Kçira në jubileun e 50-vjetorit të meshtarisë"*, për ne bashkëautorët, është një vijim i pandarë i librit të parë monografik: *"Don Anton Kçira shërbestar i Zotit e i Atdheut"* (Shkodër, 2002), botuar 15 vjet më parë. **E shkuara mund të vritet, po kurrë nuk vdes.**

Tek patrioti bashkëkohorë don Antoni, nuk kishte se si të ndodhte ndryshe, sepse ai vjen nga një familje fisnike me rrënjë të lashta të atdhetarizmit shqiptar.

Në veprën e parë voluminoze, kemi trajtuar jetëshkrimin e fisit, familjes Kçira dhe të meshtarit të palodhur për Fe e Atdhe në rrjedhat e historisë, ndërsa tani libri i dytë trajton më gjuhën e fakteve të reja dhe dokumentëve origjinale rrugën e vështirë në të cilën ka kaluar patrioti i palodhur e i përkushtuar don Antoni, mes popullit dhe për popullin shqiptarë, në vendlindje dhe diasporën e SHBA-së.

Faktologjia shkrimore, përfshin jetëshkrimin me realitetin e përzgjedhur historik, të grumbulluar si bleta punëtore gjatë 50 vjetëve histori meshtarake të bariut tonë kristian, të cilat dora-dorës janë seleksionuar dhe sistemuar me kujdes, nisur nga ajo çfarë paraqet sot vetë libri i ri.

Historia si shkencë shoqërore njerëzore, njihet si mësuesja e njerëzimit. Themeluesi i saj filozofi dhe historiani i periudhës antike greke *Herodoti*, e krijoi duke argumentuar se historia e vërtetë duhet të ndertohet mbi bazën e fakteve burimore historike.

E vërteta përkufizohet përgjithsisht si përputhja e çështjeve me faktet dhe realitetin. Kushdo e di se e vërteta është një besim i njeriut, që bazohet mbi faktet dhe ngjarjet e vërejtura historike.

Përballë kësaj, ne jemi munduar të kryejmë detyrën para historisë, përmes këtij libri me fakte, duke i qendruar besnik vetëm kësaj aksiome filozofike dhe historike.

I pajisur me gjithë virtytet më të mira të atdhedashurisë, meshtari i pamposhtur Kçira kurrë nuk e ka pranuar nënshtrimin dhe servilizmin, por gjithnjë ka qenë në krahun e së drejtës, pavarësisht se kjo lloj padrejtësie u bë direkt në kurriz të tij.

Ky libër hap dritare të reja në këtë kohë të përmbytur nga politika moçalore pa moral, politikë që i kanë zënë sytë perde dhe shpesh kalon në verbim e tërbim përballë njerëzve të thjeshtë atdhetarë, që një jetë të tërë i kanë shërbyer atdhedashurisë.

Kisha katolike shqiptare e shën Palit dhe shën Pjetrit në Detroit (shteti industrial Michigan), është më e madhja në botën shqiptare dhe një muze i gjallë historik ose pasqyra e trojeve etnike shqiptare në miniaturë.

Don Antoni, u shërbeu shqiptarëve të Amerikës për disa dekada, ku gjurmët e punës së tij, duken qartë dhe gjenden në zhvillimet e jetës kulturore e fetare të shqiptarëve në mërgim.

Kushdo nga shqiptaro-amerikanët, që jeton dhe punon në Atdheun tonë të dytë, në Shtetet e Bekuara të Amerikës, gëzohet kur institucionet fetare, kulturore, patriotike, figurat e shquara të komunitetit tonë dje dhe sot, vlerësohen me mirënjohje të thellë, përmes medaljeve falënderuese simbolike, për punën dhe jetën e tyre, në shërbim të komunitetit dhe trojeve etnike shqiptare.

Por nga ana e tjetër lind pyetja retorike: Pse zyrat e shtetit amë të Presidencës së Shqipërisë dhe Dardanisë, ndajnë medalje nderi dhe vlerësimi të njëanshëm duke qenë shpesh subjektive në vlerësimet e tyre?!

Ato disa herë fyejnë me "harresë", tek anashkalojnë me ndërgjegje koshiente personalitetet më aktivë të komunitetit tonë, që vërtetë kanë shkrirë me pasion dhe atdhedashuri të papërshkruar veprimtarinë e tyre atdhetare, në dobi të trojeve etnike arbërore.

Një rast i tillë, që po bën bujë, është shembulli i bariut shpirtëror të nderuar dhe respektuar klerikut të shquar patriotit dhe aktivistit të palodhur të komunitetit tonë, liderit të përvuajtur katolik në Detroit, I Përndershmi don Anton Kçira.

Bariu ynë i përvuajtur prej dekadash, ka punuar e luftuar pareshtuar, për ndërgjegjësimin e çështjes shqiptare të Dardanisë, para senatorëve, kongresistëve dhe miqve të shumtë amerikanë, në shtetin e Michigan-it dhe gjetkë.

Ne mendojmë, se është bërë shumë mirë, që u dekorua kisha e shën Palit në Detroit, gjatë kohës që ka shërbyer don Anton Kçira. Logjikisht sërisht shtrojmë pyetjen: **Pse nuk është dekoruar për merita të veçanta patriotike meshtari ynë don Anton Kçira, që ka shërbyer në kishën e shën Palit!? A nuk e meriton ai një vlerësim apo dekoratë të tillë!?**

Dekoratën e mirënjohjes, më të madhe plot zemër, me falënderime të vijueshme nga shpirti i mirënjohjes don Antonit, ia kanë dhënë populli i Shqipërisë Etnike, sepse për t'a ka punuar dhe vepruar (vepron edhe sot edhe pse është në pension), sikurse shprehet shpesh, se: "*Unë do t'i shërbej popullit tim deri në frymarrjen e fundit*", pse kështu është betuar si shqiptar i përkushtuar para Atdheut e Fesë.

Së fundi, ndoshta për lexuesin është mirë të japim një lajm paraprak shumë të mirëseardhur. Gjatë vitit të ardhshëm do të mbahet një simpozium historik kushtuar figurës së shquar të atdhetarit të palodhur don Anton Kçirës, ku shumë intelektualë nga bota shqiptare po përgatitën me kumtesat e tyre, të cilat menjëherë do të botohen në një libër të veçantë.

(New York)

IN MEMORIAM: KISHA E MADHE NË SHKODËR NË 165-VJETORIN E NDËRTIMIT TË SAJ

"Së këndejmi, shikuar nga aspekti politiko-juridik, Kisha e krishterë është bartëse e institucioneve dhe normave shtetërore romake, zbatimi i të cilave nënkuptohet në sintagmën - unitas et libertas, gjegjësisht uniteti dhe liria - në të cilën shprehet funksionimi i pragmatizmit politik të Perandorisë Romake ndaj popujve të nënshtruar dhe kulturave të ndryshme. Sepse ky unitet dhe liria në të, janë korelativ i fuqisë shpirtërore përmes së cilës ruhet identiteti dhe entiteti i bartësve të një kulture. Kjo është dëshmuar me plotëkuptimin e fjalës në krijimtarinë intelektuale, politike e kulturore, filozofike e shkencore, në art, letërsi, muzikë dhe veprimtaritë tjera shpirtërore të njeriut të botës së krishterë."
- Akademik prof. Zef Mirdita, Kroaci

Dihet mirëfillti, se *Krishtërimi* depërtoi në vendin tonë, që në shekullin e parë të përhapjes së tij. Për këtë, historiani e albanologu i shquar i mesjetës së Ballkanit, kroati **dr. Milan Shuflaj**, shkruan: *"Fillimi i krishterimit ndër këto vise (të Shqipërisë, shënim i K.K.) bën pjesë në historinë e shek. I të këtij besimi"*[245]

Nga vetë përhapja e hershme e kësaj feje të hershme në Shqipëri, kuptohet, që kjo ka lënë gjurmët e veta të pashlyeshme në gjuhën dhe historinë e këtij vendi dhe populli stoik e martir.

Midis të tjerave, kjo mund të vëhet edhe në rrafshin e terminologjisë kishtare, që rezulton mjaft i pasur dhe përbën një nga shtresat më të vjetra të leksikut të gjuhës shqipe, sidomos ajo pjesë e pasur e terminologjisë, që rrjedh prej greqishtes së vjetër dhe të latinishtës sot të vdekur nga mospërdorimi zyrtarisht nga asnjë shtet në botë...

---

[245] Milan Sufflay, **"Serbët dhe shqiptarët"**, 1926, f. 121.

Shtatë prill 1858 dhe viti 2000...

Për qytetarët shkodranë, dita e 7 prillit e vitit 1858, është një nga ditët, që *ka mbetur e gdhendur thellë e ngulitur në kujtesën e Historisë së Lavdishme të Shkodrës Martire dhe për shumë besimtarë të rrethinave e krahinave të ndryshme të vendit tonë.*

Brezat, kujtimet, dorëshkrimet dhe hulumtimet e herë pas hershme, shpesh kanë shprehur me mall mendimin sinjifikativ: *"Eh sa ka parë e shikon kjo kisha jonë Kathedrale e shën Shtjefnit!?".*

Dhe ky realitet, është i njohur edhe sot mbas 14 dekadave, kur famulitarët pasardhës të katedralës së Shkodrës, shtojnë me pasion mundin dhe djersën e tyre, me përkushtimi të veçantë për realizimin me sukses të ruatjes së madhështisë dhe krenarisë së kësaj Kathedrale të mirënjohur në botën kristiane në Ballkan.

Rreziqet e mbarsura me ngjarje dramatike deri në ditët tona e kanë mbajtur krenarë e të papërkulur krenarinë e kishës së madhe të Shkodrës…

Po cila është historia e ndërtimit të kishës kathedrale të Shkodrës?

Historia e ndërtimit të kësaj kishe historike të rëndësishme për banorët e devotshëm shkodranë, ka një të veçantë të saj, mbasi kjo dëshirë e ekzistencës së këtij objekti të kultit, në fillim me të njëjtin emër, kishte qënë ngritur nga banorët e hershëm në brendësitë Kështjellës së njohur legjendare Rozafa e cila, më pas u kthye nga okupuesit islam turq me dhunë për dy javë ne xhami…

Vetë fjala aq e njohur në **Kisha e Madhe**, siç e thërrasin ende sot të gjithë, kishte si synim të rëndësishëm që në gjirin e saj të jenë të pranishëm sa më shumë besimtarë të përkushtuar me lutje të përshpirtme.

Këtu mendoj, se duhet shpjeguar edhe shkaku i vonesës së ndërtimit objektit të kultit kristian, mbasi thuhej se piketat e vendosura gjatë ditës prisheshin natën, mbasi popullit i dukej e vogël.

Prandaj, mbasi zunë vend këto piketa, atëherë mund të themi se filloi ndërtimi i rregullt i saj. Nga arkitektët ndërtues ishte menduar, që kisha të kishte mbi 7500 vende, për besimtarët qytetarë etj.

Nga burimet arkivore të Arqipeshkëvisë së Shkodrës dhe nga studimi serioz i përpiluar me kujdes nga studiuesi i shquar shkodran, mësuesi

Gjush Sheldija, mësohet se *Dita e vendosjes së gurit të parë u kthye në një ditë feste, veçanërisht për popullin e Shkodrës.*

Kuadri, ka qenë i vendosur tek lteri i madh dhe që u ripunua me rastin e 100-vjetorit të Kishës së Madhe Kathedrale të shën Shtjefnit nga mjeshtërit e pikturës **prof. Simon Rrota, pater Leon Kabashi, dom Injac Dema, dom Ndoc Nogaj,** etj., shkruan studiuesi **Lec Zadeja**.[246]

Ajo kishte këto dimensione 8 metër gjatësi dhe i lartë 3.5 m. Pas një lodhje të mundimshme bashkautorët mundën të realizojnë me sukses objeksionin e tyre kryesor të kultit kristian.

Sikurse mësohet nga burimet e kohës, del se leja për ndërtimin e kishës në fjalë, ishte kërkuar më parë prej Qeverisë turke, që daton kërkesën e bërë në vitin 1834, kur në Stamboll u dërgua një lutje për ndërtimin e nevojshëm të kishës për besimtarët e krishterë.

Gjithashtu, duke parë indiferentizmin dhe vonesën e qëllimshme të Qeverisë Islame të Turqisë, mësohet se kërkesat me shkrim u përsëritën edhe në vitet 1842 për të arritë në vitin 1849, kur më në fund u dha leja për fillimin e ndërtimit të saj.

Më të vjetrit e qytetit të lashtë të Shkodrës, kanë ruajtur në shenimet e tyre kujtime për këtë evenimet të qytetit. Kështu, si u vendos kryqi (ku sot është ndërtuar Lteri nga dom Ndoc Nogaj mjeshtër duarartë shkodranë)dhe u ngulën piketat, Avdi Pasha, Valiu i Shkodrës, lexoi formanin (dekretin) e Sulltanit.

Më pas e bekua me një ceremoni fetare guri i parë dhe u hodhën themelet, që ngritën më pas objektin madhështor, më të rëndësishëm kristian.

Gurin e bekoi **arqipeshkvi imzot Topich**. Në ceremoninë fetare të rastit morën pjesë famullitari i qytetit, me ndihmësat e tij: të ftuar ishin dhe hafiz Daut Efendi Boriqi, Trupi Diplomatik i akredituar në Shqipëri, me përfaqësitë e konsullatave që kishte në qytetin e Shkodrës asokohe, ipeshkëvi të dioqezëve të ndryshme, klerikë, seminaritë, autoritete të tjera të vendit dhe shumë besimtarë e qytetarë jo të krishterë të pranishëm.

Si detaj i rëndësishëm është se arkëtari i financës së qarkut shprazi në themel 700 lira turke florini, të cilat ishin të vendosura në një pjesë të mbuluar me shami mëndafshi, dhuratë kjo e Sulltanit asokohe të Turqisë.

Nëpërmes ipeshkvit të vendit, **papa Piu i IX**, dërgoi për ndihmë me rastin e fillimit të punimeve për kishën e Shkodrës mbi 1000 skuda.

---

[246] "Kultura dhe Jeta", Nr.1, 1993, Shkodër, f. 20.

Ambasadori rus dhuroi xhamadanin e tij të artë

Duke njohur shumë mire historinë e mbijetesës martire të popullit shqiptar dhe rezistencën e tij antiosmane dhe për të ruajtur fenë e të parëve të krishterë, *Ambasadori rus, duke shprehur dëshirën për praninë e tij, shprehu gatitshmërinë për ta marrë në mbrojtje nga ana e tij kishën kathedrale, si dhe në shenjë bujarie hodhi në themel xhamadanin e stolisur me ar.*

Sipas zakonit të stërlashtë, në themel u bë prerja e dashit, ndërsa për punëtorë dhe gostinë e tyre u prenë 30 pendë qe.

Dhe menjëherë puna filloi me vrull dhe dashuri të veçantë. Falë bujarisë si gjest fisnik, nuk u kursye asgjë nga populli zemërgjërë i qytetit ashtu dhe nga rrethinat e tij.

Kështu, sipas mundësisë dhe zemrës bujare, kush me të holla apo stolina të ndryshme (kryesisht gratë), materiale ndërtimi falas, si gurë gëlqere, zhavor, etj., që nga Taraboshi e deri tek Zalli i Kirit, bënë që jovetëm punimet të mos ndërpriten, por ato të vijojnë më me intensitet.

Për ndekjen e punimeve ishte caktuar një komision miks të kryesuar nga specialistë të kohës dhe përfaqësues të banorëve të Shkodrës. Inxhinieri që i realizoi punimet ishte austriaku, po ashtu nga Austria erdhën të gjithë elementët e konstrukcionit metalik i kapriateve të tavanit.

Tregohet, gjatë punimeve se dy herë rresht ishte shembur trajta e formës së gungës. Edhe për ndërtimin e tavanit prej dërrase, sikurse shihet edhe sot është dora e mendja e mjeshtrit të njohur shqiptar shkodranit të njohur **Kolë Idromeno (1860-1939)**.[247]

---

[247] **Nikoll Idromeno (Kól Idromeno (1860-1939)**, ka qenë artist: piktor, skulptor, fotograf, butaforist, skenograf, muzikant si dhe arkitekt. Ai ishte i pari përfaqësues i historisë së pikturës moderne shqiptare dhe bëri të parat shfaqjet kinematografike në Shqipëri në vitin 1913. Si arkitekt projektoi dhe zbatoi planet e mbi 60 ndërtimeve kryesore, private dhe publike në qytetin e Shkodrës. Prejardhja Idromenot kishin prejardhjen nga Parga, asokohe në Vilajetin e Janinës, prej ku u larguan në kohën e Ali pashë Tepelenës për t'u vendosur në Korfuz. Popi Andrea Idromeno ishte mësues në Korfuz, ku përpiloi dhe botoi historinë e Pargës dhe të Sulit, e gjithashtu ndihmoi Grigor Gjirokastritin në përkthimin e Ungjillit sipas Matheut dhe Dhjatës së Re në gjuhën shqipe me alfabet grek. Pop Andrea kishte dy djem, Mihalin që ishte jurist dhe Arsenin, që kishte lindur në Korfuz. Në viitn 1856 u shpërngul në Shkodër, ku ushtroi zanatin e tij të marangozit e drugdhendësit si dhe pro-

Mirëpo asokohe ndodhi edhe fatkeqësia katastrofike natyrore, sikurse ishte termeti i 1 qershorit të vitit 1905, shkaktoi shumë dëmtime serioze në qytetin veriperëndimor të Shqipërisë, Shkodra.

Po të hysh brenda dhe të shikosh me kujdes ambientet e objektit të kultit kristian, do të përshkosh këto dimensione hapsinore të Kishës së Madhe, që janë gjatësia 75.5 metra, gjërësia 40 metra dhe lartësia deri në

---

jektuesit autodidakt e zbatuesit të ndërtimeve private në qytet, si shtëpitë e familjes Lukaj te Arra Madhe, Rokacollëve në Serreq, ndërtesa e Kryqit të Kuq, liceu Illyricum dhe shtëpia e vet në Gjuhadol. Dy vite më pas Arseni u martua me një vajzë shkodrane, Dranden ose Rozen e Filip Saraçit, më 5 dhjetor 1858. Kola u lind në Shkodër më 15 gusht 1860, një vit pas së motrës, Tones. I vendosin dy emra të dytë: Rrok (si ditë emri) dhe Spiridon. Nisi shkollën fillore më 1867 në njërën prej shkollave qytetëse, ku mësim mund t'i kenë dhënë dy italianët Andrea Skanjeti dhe Marco Rebeschini. Ndër bashkënxënësit e tij në këtë shkollë ishte edhe poeti i ardhshëm Filip Shiroka, me të cilin do të kishte miqësi të gjatë e letërkëmbim të vazhdueshëm. Përpos klerit, vizatim i dha Pietro Marubbi; Kohës kur ende nuk kishte mbaruar klasën e katërt i përkasin vizatimet e hershme Krye fëmije, Malësorja dhe Gomari n'udhë. Në vitet 1871-1875 iu përkushtua akuarelave të parë E vorfna, Baresha, Fshatarja, kompozimi i tij i parë mendohet të jetë Pusija, më pas Netë kazanash dhe Dymdhetë luftarë të Pargës në lundër. Marubbi ndikoi te Arseni që ta niste në Akademinë e Arteve në Venedik më 1875, ndërsa Mati Kodheli studjonte për fotografi në Trieste. Pasi u kthyen në vendlindje më 1878, me Matinë iu bashkuan Daulles së Palokë Kurtit, ku Idromeno ishte trombist, dhe hynë çirakë tek Dritëshkronja e Marubit. Në vitin 1884 Idromeno u martua me Gjyzepinën e Gaspër Muzhanit, në llasë e quajtur Cina. Më 20 korrik 1886 u lindi një djalë, Zefi, i cili vetëm pas dy vjetëve më 15 korrik 1888, ndërroi jetë. Pas dy vjetëve do t'i ndërronte jetë edhe e motra, Tonja, dhe Idromenoja mori në përkujdesí vajzën e saj të mitur, Orsolinën. Gjatë viteve 1902-1906 si mësues në shkollën italiane të artizanatit, pikasi e afroi në rrethin e vet të pikturës dhe përkrahu piktorin e ardhshëm Simon Rrota. Në vitin 1904 ndihmoi në pajimin e shkollës së Mati Logorecit. Më 1911 hartoi programin e karnevaleve të organizuar nga klubi "Gjuha shqipe". Në gusht të 1912 nënshkroi një kontratë me kompaninë austro-hungareze Joseph Stauber për të importuar pajisje kinematografike dhe u bë njeriu i parë që hapi kinemanë e parë rudimentare ku u shfaqën pamjet e para filmike. Gjatë viteve 1912-1920, pasi përshtati një mjedis poshtë shtëpisë së tij në Gjuhadol një sallë për shfaqje filmash, hapi atë që atëkohë si në vendet e tjera quhej kinemaja, një theatër elektrik. (**Marrë me shkurtime nga Wikipedia**).

tavan që shkon në 23.3 metra.

Për të ruajtur normalisht punimet asokohe sipas burimeve historike tregohet se janë hedhur (investuar) shuma të ndryshme të monetare (të hollash). Kështu kur këto të ardhura financiare po mbaronin, një komision i ngritur dhe i përbërë nga qytetarë të njohur të qytetit të Shkodrës (gjithsej 35 vetë) mundi të mbledhë prej popullit shumën prej 1750 napolona floriri.

Për më tepër përmes një kërkese, iu kërkua ndihmë edhe **oborrit perandorrak austro - hungarez Franc Jozefit**, për mbështetjen e punimeve të ndërtimit të obektit dhe si moment i përshtatshëm asokohe u gjet ceremonia e ditës së martesës së tij.

Dhe bujaria e gjestit të tij fisnik nuk mungoi, duke dhuruar në këtë ditë të rëndësishme të jetës së tij shumën prej 150 napolona floriri...

Kurse gjatë vitit 1998, atdhetari dhe bamirësi i mirënjohur shqiptaro amerikan, aktivisti i palodhur i kishës katolike shqiptare Zoja e Shkodrës **Kolë Preka Cacaj** dhuroi për ndërtimin e kampanjelit të njohur të kishës kathedrale të shën Shtjefnit me lartësi 48 metra **shumën me vlerë 110.000 dollarë amerikanë**, duke qënë kësisoj kontributi më i madh i dhënë nga një individ me mallin e zhuritur për atdheun...

Shuma totale, që ka dhuruar ky bujar nga Triepshi i Malësisë është 160 mijë dollarë amerikanë, pa përfshirë këtu drekën në një restorant luksoz "Argenti", në hyrje të Shkodrës në ditën e fillimit të punimeve të Simpoziumit Ndërkombëtar "*Krishtërimi ndër shqiptarë*" që u mbajt për disa ditë në Tiranë në vitin 1999, ku unë i pranishëm si gazetar.

Duke u kthyer edhe një herë në momentet historike të kohës, kur ndërtohej objekti i kultit kristijan për besimtarët katolikë, është me rëndësi të evidentohet se punimet deri në përfundimin e saj zgjatën 9 vjet deri më 15 prill 1858 por pa vendosjen e kumbanares.

Për realizimin e saj u hap përsëri një fushatë financiare, duke trokitur tek zemra bujare shkodrane, ku edhe kësaj here popullsia i nda në tre kategori: ku secili mund të kontribonte sipas pasurisë që kishin.

Pjesa e sipërme e kishës e cila ishte e mbuluar me plumb, ishte sjellë prej Venedikut dhe paguar prej familjes **Parruca dhe vëllezërit Mark e Pjetër Pema**, të cilët shpenzuan 750 napolona floriri.

Edhe për ndërtimin e kumbanares punoi inxhinieri i talentuar e i palodhur Arsen Idromeno, që ishte i biri i piktorit te shquar shkodran Kolë Idromeno... Punimet inxhinierike të konstruksionit zgjatën 5 vjet.

Në vitin 1890, u vendosën tri kumbonet e para, kurse më vonë dy të tjerat.

Përurimi dhe riti i bekimit është bërë me ceremoni festive nga **imzot Pjetër Gjura**, që daton me 19 mars të vitit 1923.

Për herë të pare, tingëllimi kumbues i kumonëve u dëgjua me 19 mars, kurse tingëllimi i fundit i tyre po me datën 19 mars, por tashmë në një epokë të errët siç ishte e mbeti ajo e sistemit ateist antifetar të rregjimit komunisto-otoman të diktatorit antishqiptar dhe antikatolik Enver Hoxha.

Nipi i hoxhës, Dulla i Gjirokatrës: *"Të djegim me zjarr kishat...*

Kështu, në analet e errëta të histories, ka mbetur 19 marsi i vitit 1967…

Një muaj pas "fjalimit" perves më 6 shkurt 1967, të diktatorit antishqiptar dhe antikatolik ateisto-komunisto dhe otomano-arab **Enver Hoxha (1908-1995)**, u shpreh hapur dhe qartë: *"Të djegim me zjarr kishat…"*.

Dhe me të vërtetë, vetëm kështu mund të realizohej ai qëllim i diktatorit, që do të quhej **Revolucion kultural**, përmes së cilës do të kryente veprën më të shëmtuaren dhe më të ndyrën ndaj popullit të vet dhe kulturës shqiptare.

Kështu në Shqipërinë e Gjergj Gjon Kastriotit, apo të shenjtërve të Krishterimit, që nga Iliria, Kastriotit legjendar si mbrojtës i krishtërimit e popujve europianë, Atdheu i shën Nënë Terezës, do të shpallej me Kushtetutë (1974) si Shtet pa Fe…

Gjatë asaj kohe të zymtë në shtetin e madh burg, do të shkatërrohen (**me tritol dhe dinamit**) njeri mbas tjetrit (si gurët e dominos) veprat e artit të shekullit XIII, ku mendohet se është kurorëzuar Heroi kombëtar Gjergj Gjon Kastriotit, në Vau të Dejës, kësaj kishe plot vlera iu vu dinamiti dhe së bashku me afreskët e saj u holl në erë, duke e kthyer në pluhur e gërmallë…

Dhe historia do të flasë, si regjistruese e mirë e ngjarjeve të kohës

Të gjitha kumbonat u punuan me kujdes të veçantë në Itali nga Francesco de Poli dhe kushtuan 28609 napolona floriri për të realizuar punimin dhe shkrirjen. E para peshonte 608,300 kilogram, e dyta 436,500 kg., e treta 307 kg., e katërta 245 kg., dhe e pesta 175 kg. Secila kumbonë kishte nga një emër të veçantë. Pas djegies së kumbanarës, që ndodhi aty rreth vitit 1912, me kujdesin e veçantë të *imzot Pjetër Gjurës* u bë e mundur që të vendosën përsëri kumbonat e reja (mbasi tre të parat pësuan dëmtim).

Dhe bujaria shkodrane u shpreh me madhështinë e saj karakteristike. Kështu për të parën kumbonë ndihmuan **familja Kolë Kakarriqi** me 1400 lira, për të dytën familja e **Pashko Ashikut** dhe **Balto Çoba** me kontribut prej 500 lira, për të tretën dhuruan **Lazer Ristulli** e **Nush Topalli**, për të katërten **dr. Gjon Saraçi** dhe e **Kel Palit**, kurse për të pestën **Lin Luka** (i vogli) e **Rrok Daberdaku**, që dhuruan nga 5 napolona flori.

Po kështu, shkruan *mësuesi, studiuesi dhe publiçisti i njohur shkodran Lec Zadeja (1929-2011),* kanë kontribuar edhe **Cina e Ejell Çobës** dhuroi 37 napolona flori, ndërsa nga besimtarët të ndryshëm katolikë u grumbulluan mbi 1200 lireta e 750 korona. Sahatet (orët) i dhuruan me fisnikëri **familja Kaculini**, duke i sjellur nga Austria.

Disa detaje të veçanta

Kështu mund të përmendim edhe faktin se deri në vitin 1922, kisha katedrale ka qënë shtruar me dërrasa, ndërsa më vonë filloi shtrimi me pëllaka. Sipas burimeve historike, mësohet se bankat e para u sollën në vitin 1923 nga Italia prej zotni **Simon Kromiqi**.

Siç dihet, vepra më e madhe e kultit kristian në qytetin më veriperëndimor të Shqipërisë, përveç Lterit të madh, që ka mbetur i pandryshuar edhe (nga viti 1858) në vitin 1953, ka pasur edhe Lterë të tjera, ku, priftërinjtë celebronin meshen shenjte.

Kështu Lteri i Shejtes Trini, ka qënë paguar prej **Nush Gjon Kovaçi**, ai i Konakut të Shenjtë u dhurua nga **Gaspër Markiçi**, të *shën Marisë Madalenë* e dhuroi **Ejëll Çoba**, të *shën Lorencit* e fali si dhuratë **Gjon Muzhani**, të *shna Ndout* qytetari i nderuar **Kolë Çoba**, të *shën Kollit*, **Kolë Serreqi**, ndërsa *Lterin e Zemrës së Krishtit* u ndërtua me ndihmat e mbledhura në popull si dhe me stolitë e ndryshme që dhanë **gratë shkodrane**. Gjithashtu duhet kujtuar se *Dy ujëbekoret,* me material mermeri i dhuroi **familja Pema**.

Në të gjithë Lteret, ishin vendosur trupore të Shenjtorëve të ndryshëm, dhuratë këto të qytetarëve të familjeve fisnike bujare shkodrane... Gjatë Luftës Ballkanike, në kishën kathedrale u strehuan shumë familje shkodrane, e asokohe për shumë kohë nuk u krye asnjë ceremoni fetare.

Ata u zhvilluan në Kappelë e në oborr të zyrës së famullisë. Qendra e Arqipeshkëvisë (Rezidenca Ipeshkvore e Arkidioqezit të Shkodrës, shenimi im K.K.) u vendos me 6 maj 1871 dhe është **vepër e arkitektit Pjetër Marubi**. Ajo më përpara ka funksionuar në rrugën Sakak-Nemce, pastaj në Shtëpinë e Misionit Shetitës (në afërsi të Gjukatës së rrethit të Shkodrës sot).

Kthimi i kishës kathedrale në pallat sporti...

Është e vështirë të përshkruash ato vite që si kam jetuar, por që më vonë deri më sot i kam mësuar nga të moshuarit e qytetit. Sikurse flasin edhe burimet historike, kundër Klerit Katolik Shqiptar të shkolluar në universitetet më të famshme të Europës, nisi kalvari i anatemimeve dhe eleminimit fizik, burgje, litar, plumb, për të vetmin "faj", se ishin të krishte-rë, që me stoicizëm kundërshtonin rregjimin ateist të komunistëve.

Dhe kështu filloi njëluftë e hapur dhe e ashpër ndaj çdo gjëje që kishte simbolin e Kryqit dhe kulturës Perëndimore... Pas mbylljes së kishave, për më tepër mësohet se një pjesë e tyre iu nënshtruan dinamitit, tritolit, dhe kthimin në "vatra" kulture dhe "monomente" sporti.

Studiuesi Lec Zadeja, shkruan: *"Por pa shkue pak muej, gjoja me kërkesën e nji grupi sportistesh të rrethit, filluen punimet për kthimin e kishës në pallat sporti. Kështu në vitin 1968, krahas rrëzimit të kumbanarës, filluen në stil të gjanë punimet brenda kishës. E këto vazhduen me ritme të shpejta për të ardhë tek vitit 1969, kur do të bahej përutimi i pallatit të sportit, me sallë të lojnave me dorë, të ngritjes së peshave, të mundjes, tue u shfrytëzue edhe për koncerte, takime të zgjedhësve me deputetë gjatë fushave elektorale, etj."*

Një fat fatal të tillë do të kishin edhe kishat dhe kuvendet e tjera në Shkodër e në të gjithë Shqipërinë, ku ekzistonin qendrat e kultit kristian, ndërsa të gjithë materialet e tjera të kishave u grumbulluan në "Muzeun ateist", për t'u parë në formë të detyruar nga nxënësit e shkollave dhe populli. Ajo qëndroi e hapur 5 vjet, shëtiti e bredhi në fshatra, malësi, zona industriale.

Muzeu ateist ne Shkoder 1973-1990

U hap në Shkodër, në 9 qershor të vitit 1973 dhe funksionoi deri në dhjetor të vitit 1990, duke shtuar edhe një çudi tjetër në Shqipërinë e vogël komuniste.

Asokohe kujtojmë se Shqipëria komuniste, ishte nën ndikimin e plotë të Republikes Popullore Komuniste (Socialiste) të Kinës dhe shumë nga masat që merreshin ishin një përkthim, shpesh i papërshtatur, i atyre të marra nga **Mao Ce Duni**, megjithatë muzetë e ateizmit, nuk ishin një shpikje kineze.

Kishte 6 vjet që feja ishte ndaluar në Shqipëri, kur në Shkodër, në qershor 1973, u hap Muzeu Ateist. Nuk ishte as i pari, as i vetmi në botë, por me siguri mbetet një ndër të paktët. Bolshevikët kishin nisur të hapnin muze ateizmi në ndërtesat me karakter fetar që në vitet e para pas marrjes së pushtetit.

Disa dhjetëvjeçarë më vonë, kishte me qindra të tillë deri në skajet më të largëta të Bashkimit Sovjetik. Ata që u hapën në kryeqendra u bënë të vizituar nga turistët që mendonin se ishin para një muzeu unik, ndër më të vizituarit ishte **"Muzeu i Historisë së Fesë dhe Ateizmit"** në Leningradin e kohës i hapur në vitin 1932, në një nga katedralet më ikonike të qytetit, e ndërtuar në vitin 1811.

Sot, ky ish-muze ateist bën pjesë në sitet e trashëgimisë kulturore të UNESCO-s, bashkë me 3 të tjerë të këtij lloji, që të gjithë në ish-Bashkimin Sovjetik. Një muze atesit komunist ndodhet në Uzbekistan, në Lituani dhe në Lviv të Ukrainës, në mjediset e ish-Kishës Katolike Domenikane, që e kishin shndërruar për disa vite në magazinë.

Kështu kishte ndodhur edhe me katedralen e qytetit të Shkodrës që e kishin shndërruar në pallat sporti. Aty do të zhvillohej Kongresi VII i Gruas dhe pikërisht në këtë kohë, më 9 qershor të vitit 1973, u vendos që të hapej Muzeu Ateist.

Në Shkodër, më 10 korrik 1968, ishte hapur një ekspozitë me titull: **"Mbi rolin reaksionar të fesë"**, e cila ishte menduar edhe si ekspozitë shëtitëse. Pasi kishte qëndruar e hapur për pesë vjet, ajo u shndërrua në muze ateist.

Studiuesi **Pjerin Mirdita** shkruan, se hapësira ekspozuese e muzeut ishte e ndarë në të dy katet e godinës. Në katin e parë ishin vendosur dy pavijone që kishin të bënin me *"traditën e popullit shqiptar në luftën kundër fesë dhe klerit"* dhe me *"lëvizjen revolucionare popullore të vitit 1967 kundër fesë dhe bazës së saj materiale"*.

Në katin e dytë, ndodheshin tri pavijone të tjerë që përpiqeshin të vërtetonin *"karakterin anti-shkencor dhe reaksionar të fesë"*, t'a përshkruanin atë si *"vegël politike të klasave sunduese dhe pushtuese"* dhe si përfundim, të paraqisnin *"dështimin e veprimtarisë së klerit pas pushtimit të vendit"*.

Në stenda ishin ekspozuar dokumente, foto, materiale që synonin të "vërtetonin" gjithçka thoshte regjimi komunist për fenë. Por, sigurisht gjithçka servirej në formë të tillë për t'i shërbyer propagandës komuniste dhe pavarësisht që ishte një muze, autenticiteti apo vërtetësia nuk ishin kriter.

Hasan Bello, shkruan se në një fotografi të këtij muzeu paraqitej papa Gjon Pali XXII duke kërcyer tuist me Hrushovin. *"Ajo kishte si qëllim të argëtonte vizitorët dhe të demaskonte armiqtë e socializmit. Por në fakt nuk ishte gjë tjetër veçse një fotomontazh, pasi papa jo vetëm që nuk e kishte fizikun për të kërcyer tuist, por ajo që ishte edhe më e rëndësishme, protagonistët që paraqiteshin duke kërcyer nuk ishin takuar kurrë"*, sqaron Bello.

Muzeu vizitohej nga nxënësit e shkollave, kolektiva punonjësish, por edhe turistë të huaj, apo anëtarë të partive komuniste nga vende të tjera. Në një punim për Muzeun Ateist të Shkodrës, i cili funksionoi për më shumë se 18 vjet, *Ermela Broci* shkruan se *ky muze u vizitua nga 560 grupe të huaja dhe 2500 vizitorë.*

Fatkeqsisht **Muzeu Ateist,** qëndroi i hapur deri më 13 dhjetor '90, kur ndërtesa u sulmua nga protestuesit antikomunistë, duke i dhënë fund një prej veçantive të mbrapshta të Shqipërisë komuniste.

Të gjitë këto shërbyen për ngritjen e një muzeu lokal ateist (ku, sot është restorant Chicago, shënimi im K.K.), ku ishin të vendosur dokumenta, foto, materiale të ndryshme, të ekspozueme, kryesisht nga Shkodra.

Muzeu përmbante 6 sektorë dhe secili kishte pamje dhe pikësynimet e veçanta propagandistike antifetare. Në hyrje të tij kushdo të vizitonte këtë, lexonte citatin e gjermanit Karl Marks (1818-1883): *Feja është Opium për Popullin.*

Është me interes të theksohet, se **Muzeu Ateist** qëndroi i hapur, për aq kohë sa qëndruan të mbyllura kishat në Shqipëri.

Në te u zhvilluan me dhjetra sesione "shkencore", ku shumë servilë dhe *"ndihmës besnik të PPSH, (punonin me histerizëm), për edukimin komunist të punonjësve dhe nxënësve të cikleve të ndryshme të shkollave…"*, derdhen me afsh të zjarrtë dhumin e madh të urrejtjes ndaj Krishtërimit dhe prelatëve martirë të saj, të cilët njëri pas tjetrit nisin burgosen me dhe pa gjyq, të varen, pushkatohen dhe kalben në burgjet e hatashme komuniste dhe antiklerikale në Shqipëri.

Asokohe barra më e rëndë e Gjenocidit Komunist 1944-1990, ra në veçanti mbi ajkën e ndritur të **Klerit Katolik Shqiptar**, që ishte më i konsoliduari në kulturë organizim hierarkik kishtar dhe më atdhetari në vepra konkrete qysh me agimin e Krishtërimit në Shqipëri.

U shkruan libra, artikuj të ndryshëm perves, në gazetat antishqiptare si Ze(h)ri i Popullit, Bashkimi, Puna, revista Hosteni, Shqipëria e Re, etj., libra si: **"Veprimtaria reaksionare e Klerit Katolik Shqiptar 1944-1967"**, shkruar nga **Ragip Beqaj** në tre vëllime dhe shoqëruar me "vlerësime" fyese, përmes një parathënie që mban nënshkrimin e **prof.dr. Jup Kastratit** dhe të shumë komunistë dhe antikatolikë të tjerë të tërbuar manjak, ku, arritën që të mbrojnë "Doktoratura" dhe nivelin e lartë të "shkencës" titullin bastardh për ta "Profesor", kundër vëllezërve të gjakut të tyre.

Për shumë dekada vazhdoi propaganda antikatolike, ku, u mbushën me qindra e mijëra fletë rrufe, u shkruan artikuj, libra dhe broshura pervese, të cilat sot janë si njolla me e zezë e turpit të paskrupullt të tyre.

Dhe nuk janë pak, por një mal i tërë me gënjeshtra dhe mashtrime mediatike, që për brezat që do të vijnë do të ketë shumë mund e punë për t'i dlirë dhe për të nxjerrë në pah dufin patetik të urrejtjes, që kishin e kanë edhe sot shumë syresh, që pa të drejtë morale mbajnë dhe mburren me titujt bastardh të tyre.

Mbas dimnit vjen pranvera, Dielli mbas shiut agon

7 mars 1991. Mbi ndërtesën e pallatit të sportit rreth orës 10 paradreke, disa qytetarë shkodranë vendosën me dashuni kryqin.

Klerikët e qytetit të Shkodrës, kanë marrë në dorë çelësat e Kishës së Madhe, që pas 50 vjetëve tashmë shkëmoi gjumin e gjatë letargjik, ku e pllakosi ateizmi këtë tempull lutjesh të shenjtë për besimtarët katolikë.

Po në këtë ditë festive të rihapjes së kishës kathedrale, përmes një ceremonie të thjeshtë, kleriku i nderuar **patër Aleks Baqli**, në prani të një numëri të madh besimtarësh shkodranë dhe nga rrethinat bëri bekimin e kishës, të dhunuar egërsisht nga sistemi komunist, duke e kthyer se forcë në sallë sportive shumësportësh.

Dhe gëzime të tjera do të shoqërojnë kishën kathedrale, siç ishte dita e paharruar e 25 prillit të vitit 1993, kur Ati i Shenjtë polaku papa Gjon Pali II (**sot Shën Papa Pali II Carol Woytila**), në prani të shumë përsonaliteteve shqiptare dhe nga bota shuguroi katër ipeshkëvinjë të rinjë shqiptarë: **Imzot Frano Illinë (1918-1997), imzot Zef Simonin (1928-2009), Imzot Robert Ashtën (1918-1998) imzot Rrok Mirditën (1939-2015).**

Ish i burgosuri politik në Shqipëri, për shumë kohë, Shkëlqësia e Tij imzot Zef Simoni, drejtuesi i revistës popullore shkodrane: "Kumbona e së Diellës" (themeluar nga Eminenca e Tij Kardinal Mikel Koliqi, 1942), ku, unë kam qenë redaktor i saj, në librin e tij autobiografik: "*Ngjarje në Tokë*" (1998), e përshkruan kështu këtë epizodë të rëndësishme të kishës martire katolike shqiptare, që po i buzëqeshte ringjallja pas serisë së madhe të kalvareve të përgjakshme:

"Me këtë rast ishte lajmërue kleri, 31 persona, me asistue në meshën që do të celebrohej, në Kishën Kathedrale prej këtyne dy meshtarëve. Në homelinë Mons. Celli, tha fjalë shumë të bukura tue e lidhë ditën e parë të pranverës me pranverën e re të Ringjalljes së fesë.

Para e mbas bani një mbledhje me tanë klerin në një dhomë në Pallatin e Arqipeshkëvisë, që ende nuk kishte nisë rindërtimin e tij."[248]

Së fundi, Kurja Arqipeshkvnore Metropolitane e Shkodrës në përgjigjen e kërkesës së dy klerikëve të meshtarëve **dom Ndoc Nogaj** dhe **dom Nikollë Mazreku** njofton se miraton ndërtimin edhe një herë të Lterit të ri në kishën Kathedrale, kushtuar Zojës së Shkodrës (Nana e Këshillit t'Mirë), sipas idesë së arkitektit të ndjerit mjeshtër *Kolë Idromeno.*

Dhe punimet filluan dhe pas disa viteve përfunduan me sukses, duke dhuruar për kishën kathedrale këtë dhuratë të Nanes Hyjnore dhe të popullit të Shkodrës që gëzon sot të gjithë. E historia e Kishës Kathedrale është e hapur dhe do të pasurohet me ngjarjet që do ta pasojnë qytetin dëshmitare e së cilës do të jetë edhe ajo...

---

[248] Zef Simoni Ipeshkëv, **"Ngjarje në Tokë"**, Shkodër, 1998, f. 246.

SHPALOSJA E HISTORISË SË KONTRIBUTIT TË ELEMENTIT DHE KLERIT KATOLIK PËR ATDHEDASHUNINË DHE MALËSIA E MADHE SI KRYEFJALË NË VITE

(Flamuri i Gjergj Kastriotit në Bratile të Deçiqit (6 Prill 1911) ishte një shkëndi pararendse e Shpalljes së Pavarsisë më 28 Nandor 1912)

Në mënyrë të përmbledhur e pa shumë referenca të tjera historike (të cilat janë pjesë e nji libri në dorëshkrim), po paraqes punimin tim modest në 123-vjetorin e Kryengritjes së Malcisë së Madhe, duke përshkrue shkurtimisht **kontributin e shquem, që ka dhanë kleri katolik, me prelatët e vet në shërbim të çashtjes nacionale.**

Shqipnia, ka qenë historikisht përherë zemra e patriotëve të vërtet të djelmnisë të Malsisë së Madhe, trevë e cila shpesh herë është përmendur, se ka gjeneruar pa pushim burra kuvendi e pushke; duke i fal Atdheut e maleve tona kreshnike **Ded Gjon Lulin (1840-1915)**, i njohur për burrni, urti dhe autoritet.Me këto cilësi, Deda përballoi fuqishëm me armë në dorë ushtritë pushtuese turke e sulmet malaziase, duke ruajt me vendosmëni trojet e të parëve tanë.

Kryengritja e fillimit të dekadës dytë të shek. XX, i tregoi Europës kurvë dhe plakë, se kishte ardhe koha të shkundej nga soditja indiferente, që i bante vështrimit të ngjarjeve në trungun e vjetër të Europës Juglindore, në trajtimin e çashtjeve shqiptare, paralajmëroi fuqit e ndryshme ballkanike me nxitjen e shteteve europiane, që andrronin nji coptim midis tyne të Turqisë europiane, se trojet arbnore nuk do të ishin nji kafshat e lehtë, për t'u gëlltit nga orekset e tyne babzitëse dhe të pangopshme.[249]

Kryengritja në fjalë, i dha nji mësim shumë të mirë pushtuesit shumë shekullor turk *"tue provue në gjuhën e plumbave se kishte perendue tashma koha e ekspeditave ndërshkimore dhe e reprezaljeve, të udhëhequna nga gjeneral shum të zot dhe të sprovuem në mizori, si Shefqet Turgut Pasha me shokë".[250]*

---

[249] Kol Kamsi **"Kronikë e Agimit të Lirisë"**, Revista "L.E.K.A." 1937/VIII-XII, f. 371-372.

[250] Tef Krroqi, **"Hylli i Dritës"**, vjeti XXII, fq.11.

Kombet, që për shumë shekuj kishin vuejt nën robnin mizore dhe asilimiluese otomane (turke), u gëzuan dhe fatmirësisht nisën të gjallnohen, duke mendue se po fillonte nji shpresë e re. Jashtë këtij ndikimi jetëdhanës e politik të kohës nuk mbeti as Shqipnia e lodhun dhe e mjerë, e cila mbi kurrizin e saj kaloi keqtrajtime mizore me plagë të thella shumë shekullore në trupin e saj të brishtë.

Mirëpo, nuk vonoi shumë, se xhonturqit e rij si demagog dhe propagandë mashtruese, porsa erdhen në pushtet nisën metodën e kërbaçit dhe të mosprishjes së "*qetësisë*", duke vijue të merrnin nëpër kamb nacionet, që asokohe ende vegjetonin verbalisht brenda kolonizatorëve apo sikurse njiheshin si pushtues të mirëfilltë xhihadist islam otoman.

Historiani erudit **at Marin Sirdani** (**1885-1962**), duke vlerësue kontributin e elementit katolik shqiptar në drejtim të atdhedashunisë, mbi lëvizjet shtypse të xhonturqve të rij kundër nacioneve (që kërkonin liri), cek ngjarjen e randsishme të historisë me 6 Prill 1911, kur shkruan: "*Barbarit, mandej të kryesum prej Xhavit Pashës e Shefqet Turgut Pashës për të shtyp shqyptart çuen pesh zemrat e shumkuj, e Leket e Malcis qi nuk ishin ken msue me u ba rajë e askuj, tue provue se vetem arma muejte me u sigurue gjan, mallin, nderen e të drejtat qi kishin pas gzue per qindra vjet edhe nen Turki nisen me levis.*

Qysh n'prendveren e vjetit 1910 shifen faqe sheje paknaqsije: t'arratisunt shtohen e në krye të çetave kryengritse asht "Kreshniku i Malcis" Ded Gjo' Luli. Ky e Kol Toma, Bajraktari i Veles, ishin të vetmit në krahinen e Shkoders qi tuj mos zan bes njaj permirsimi me djelm t'vet e kushrit nuk kishin dorzue armt e ishin arratis.

Kaloi gjith ajo vjet pa ndonji ngjarje me randsi, por me 24 marc 1911 zuni fill nji luftë e vertet kundra Turkis.

Populli mbar i Malcis i lidhun me kryengrits, me pushk e pa pushk msyni njiherit të gjitha postat qi gjindeshin brenda kufinit t'Malcis e me at yrysh n'e e nesre, pushtuen Tuzin, e ashtu t'forcuem me arm e me municion u drejtuen kah Shkodra e qendruen n'Koplik.

Mali i Zi, i cilli mezi qi pritte me pa shtjellime në Turki, tuj e pa se malcort ia kishin nis punes pernjimend, u vu me i mprojt e e bane kufinin e liri me hi e me dal.

Lajmi se Malcia ishte çue pesh e dojte me msye Shkodren e qiti ne mendim Bedri Pashen, valin e atij qyteti, e me shkak se ishte Dini ne rrezik rrejti muhamedanet e vendit, e kush kje i zoti i armve u bashkuen me asqer e duel ne luft kundra malcorve. Kta pr me i diftue Fiqive t'Europes e shqyptarve qellimin e kryengritjes ban me 30 marc nji mbledhje n'Cetin e i çun nji "Memorandum" Fuqive t'Mdha e Malit t'Zi. Ne ket tubim pos krenve t'Malcis muren pjes e u lidhen me ta edhe disa kren me randsi t'vendeve tjera, t'krishtene e muhamedan". (**Material në dorëshkrim**).[251]

Studiuesi bashkëkohor malësor **Ndue Bacaj** ("**Qytetar Nderi**" i Malësisë së Madhe, viti 2022) shkruan, *se sukseset e dy javëve të para të Kryengritjes kundër turke-osmane (24 mars-06 prill), do të sillnin atë ditë të shenjtë, të enjtën e 6 prillit 1911 kur trimat kryengritës çuan në vend, amanetin e Gjergj Kastriotit dhe fjalën e prijesit atdhetar Ded Gjon Luli, duke e ngritur flamurin kombëtar me shqiponjën dy-krenore në majën Bratilës së Deçiqit…*

Me 6 prill 1911, Malësia e Madhe "Etnike", nxorri nga katakombet turko-osmane në dritën e diellit europian, Flamurin Kombëtar të Gjergj Kastriotit - Skenderbeu…

Në këtë ditë të paharruar nga mali i Deçiq u valvitë flamuri jonë kombëtar i larë me lot e gjak për 432 vite rrjesht. Deçiqi është "oxhaku" nga i cili ka dalë "tymi i bardhë" i ngritjes së flamurit kombëtar, por është edhe "oxhaku", që shperndau shkendijat që fluturuan nga Veriu në Jug, duke ndezur në të gjithë Shqipërinë ide-alet e flamurit dhe mvehtësisë…

Ky "oxhak" i shqiptarisë nuk u fik kurrë edhe pse mbi të u derdhën papushim; rrebeshe, stuhi, gjakë, lotë e mundime. Tash mbi një shekull në trojet tona bëhet be; pasha njatë flamur që u ngrit në Deçiq…[252]

Kush ishte Ded Gjo' Luli?

"Pash, o Pash, t' rrnoft bajraku,
Ndigjo Deden ç'asht kah flet:
Për pa rrjedh der n'sylah gjaku,
Knjazi vendin tem s'e shklet!
Ah! Qe prep don t'na dajn copa!
Prep mendimi i par asht ngjall!
Por ta marr vesht tan Europa:
Ded Gjo'Luli prap asht gjall!"

---

[251] At Marin Sirdani o.f.m., "**Flamuri në Deçiq**", Revista "**L.E.K.A.**", nr. 6/1937, f. 249.

[252] Ndue Bacaj, "**111 Vite nga ngritja e Flamurit ne Deçiq**" (6 prill 1911 - 6 prill 2022), **Dielli** /The Sun - Albanian American Newspaper www.gazetadielli.com

Ai ishte lind e rrit në bjeshkët e nalta të maleve tona, ku gurgullon uji i kristalt nga bora e shkrim, pyjeve, ku kumbueshëm dëgjohet zani në kor i zogjve, njerëzve, që si lisa të gjatë hijeshojnë, me shtëpitë e mbushuna plot me zanin gazmuer të fëmijve, që harlisën lirshëm, tek shëtisin mbi ato shkrepa të nalta e të lame me gjak e lot trimash, ku, Atdheu e feja e të parëve ilir u ruajtën ma shumë, se në asnji vend tjetër të Shqipnis.

Portreti i tij mbetet fisnik. *"Emni rron gjatë në veprat e mëdha"*, thuhet në nji fjalë të urtë popullore. Ishte i pari midis të parëve, i barabartë mes të barabartëve dhe trim mbi trimat.

Ai, u dallua për aftësi të madhe drejtuese, si nji ushtarak malor në zemër të Alpeve të nalta të bjeshkëve. Ende jeton në zemrat e kujtesën e malësorëve vlerësimet nga bashkohësit për Dedën, ku, midis të cilëve **Avni Rustemi** e quajti *"burr i pafrik e i panjoll i maleve tona"*.

Deda, ishte jo ma shumë se 38 vjeç si adjutant besnik i Çun Mulës në Lidhjen e Prizrenit, duke qenë pjesëmarrës në vjetin 1878. Kryetrimi, ishte e mbeti shpirti dhe zemra e kryengritësve, duke qenë trim si të gjithë trimat e tjerë të devotshëm të Malesisë, që me respekt dhe besnikri e ndoqën mbas, në qëllimin e mirë final të mbrojtjen së trojeve të vendlindjes.

Në betejën e hatashme luftarake asokohe u vranë trimnisht kelmendas, hotjan, shkrelas, koplikas, kastratas e shkodran, të cilët ishin të ndihmuem shpirtënisht dhe moralisht nga ajka e ndritur e prelatëve dhe klerit katolik shqiptar.

Pikërisht, për hir të së vërtetës së dokumentuem në shtypin e kohës, për llogari të ekspeditave famkeqe ndëshkimore të Turgut Pashës e Portës së Nalt, brënda ushtrisë pushtuese islame ishin të veshun me rroba e pagueshin rregullisht (mercenarë) disa trathtarë shkodranë, të cilët i shërbenin me besnikëri **baba dovletit**, duke iu kundërvue me armë në dorë drejtpërdrejtë fatosave malësorë të Ded Gjon Lulit, të cilët pa iu tremb syni dhe dridh pushka mbanin me krenari dhe vendosmeni njeni mbas tjetrit në maj të kodrës së Deçiqit Flamurin Nacional të Gjergj Gjon Kastriotit.

Tashma, dihet fundi i turpshëm i trathtarëve turqeli, të cilët trimat e Ded Gjon Lulit nuk i vranë, por i lanë të lirë të riktheheshin në vendlindjen (në këmish e brekushe), që e kishin trathtue dhe shit si mall tregu për disa aspra.

Publiçisti dhe patrioti i mirënjohur asokohe Risto Siliqi, në librin e parë: *"Pasqyra e ditëve të përgjakshme në të pestin shekull Shqypnis të robnueme"*, Trieste, korrik 1912, shkruan:

"Me 26 të marsit, bashkue ushtarët e Hotit, të Kelmendit, të Grudës, të Kastratit, të Shkrelit e të Shalës, e të sokoluem me fitime të përditshme, i ranë me nji rreptsi ushtris së përzieme me shkodran, sa mbas guximit e fatosish të rrall të ktyne ushtarve shqyptar, këta halldupa e pan se të gjith po jesin me krye e ran gjall në dor.

Ndër ta rob u xu dhe Abas Bekteshi, njaj trathtar qi në kohë të aksionit reformator ju pat kundershtue si shqyptar Shefqet Turgut Pashës, dhe pasi e patën burgosun e dy herësh, në të pamë të gjith popullit t'Shkodres, e patne shtrue n'dajak, e ky i poshtri u çue me i ndihmue anmikut të vet e me u vra me vllazën.

Për posë tij u xun rob dhe tjer, të cilve mbasi armët e fishekët ia morën, i lshuen lirë, të cilët ikën me marrë kah Podgorica, prej këtej me avullore përmbi liqe e shkuene n'Shkoder, ku ndoshta nana e gratë e tyne do t'i kenë pritun të padituna t'i ngjeshin furkat.

Këtë ditë dhe prej Jusuf Gjokajve të frigsuem prej plumbave të shqyptarëve ikën në Podgoricë 70 vetë të turkut.

Ne nesre si plasi (doli) drita, fatosat ton psyne përsëri si luana dhe xune rob edhe 90 vet të tjerë, I çarmatosen e i nisen kah Podgorica".

Risto Siliqi, si gjithë rilindasit patriot të tjerë të penës e pushkës, e njihte mirë fytyrën e trathtisë shqipare aoskohe. Me gjuhën e fakteve historike dhe si dëshmitar, ai fshikulloi pamshirë të gjithë trathtarët e nacionit, që iu kundërvun me armë në dorë flamurit kuq e zi të fatosave të lirisë.

Nga ana e tjetër, studiuesi dhe historiani i palodhur **at Marin Sirdani o.f.m.**, mbasi përshkruen pikat kryesore të *Memorandumit*, nënvizon frymën e bashkpunimin e ngushtë që ekziston midis malësorve pa dallim feje.

E randsishme ishte lufta e vendosun, kundër pushtuesit të përbashkët, që kishte shkel trojet tona. Në shënimet historike lexojmë: *"Ky 'Memorandum' kje i nenshkruem, pos dy kryetarve të kryengritsve, Ded Gjo'Lulit e Sokol Bacit, edhe prej Muharrem Beg Bushatit (n'emen t'Shkodres), Isa Beg Boletinit e Abdullah Agës (n'emen të Kosovës), Kapidan Preng Marka Kokes (n'emen t'Mirdites) e Mehmet Shpendit (n'emen t'Dukagjinit). Nji lidhje e atill dy elementash dukej n'e parë se do të prodhojn nji dobi të perbashkt, por muhamedanët e Shkodres vijuen me u mbajt me qeveri turke, e kta me asqer e nalen sulmin malsorvet derisa u erdh në ndihmë Shefqet Turgut Pasha me shtatdhet bataljona".*

E, natyrshëm, askush ma mir, se gjaku i derdhun nuk mund të flas për atdhetarizmin e fetarëve dhe besimtarëve të tyre katolik shqiptar: *Në Deçiq e Kaçanik, trimat e Kosovës luftuan për Shqipnin e besuan Perëndin. Ded Gjo'Luli e Isa Boletini, Themistokli Germenji e Shtjefën Gjeçovi kjen besimtar e fetar; Thimi Mitko e Papa Kristo Negovani, Sali Butka nuk kjen ateist e megjithatë luftuan dhe dhanë aq shum për atdheun e tyne. Jo besimi, por përkundrazi materializmi e dobson dhe e ligshton njeriun.*

Mbi kryengritjen në Malësi, **prof. Abaz Ermenji (1910-2003)**, në veprën e vet historike: *"Albania - Vendi që zë Skenderbeu në historin e Shqipërisë"*[253], nënvizon: *"Valiu i Shkodrës Bedri Pasha, u gjet ngushtë se s'kishte forca të mjaftueshme për t'iu bërë ballë kryengritësve.*

Prandaj, u vu të shfrytëzonte fanatizmin fetar të myslimanëve duke iu thënë se "Dini" ishte në rrezik dhe duke i gënjyer se gjoja të krishterët donin të sillnin në Shkodër Malin e Zi.

Me këto intriga mujti të mblidhte një turmë shqiptarësh myslimanë prej Shkodre dhe t'i dergonte për të luftuar kundër vëllezërve të tyre katolikë.

Por këta "mbrojtës" të "dinit" u shpartalluan shpejt; disa u bashkuan me kryengritësit. Për fat të mirë, ky dram i shemtuar vëllavrasjeje nuk u përsërit më në Shqipërinë e Veriut."

Eshtnat e at Gjergj Fishtës, Ded Gjon Lulit etj., hidhën në lumin Drin figura e tij asht lan në hije nga historigrafia moniste, të cilin u munduen me e ba ateist e kundërklerikal, kur dihet, se ai ishte nji mik e bashkpunëtuer me françeskanët e shquem të vendit.

Për ma shumë respekti i thëllë, që kanë treguar klerikët katolik ndaj liberatorit Luigj Gurakuqi thuhet se ai ka pasur nji zyre me shtrat (dhomë fjetjeje) në Kuvendin Françeskan në Gjuhadol të Shkodrës dhe kur të gjithë mendonin se ai asht në Itali, ai vijonte të ishte në qytet...

Kujtojmë se asokohe eshtnat e Ded Gjon Lulit dhe flamurin origjinal shqiptar, françeskanët i kanë ruajt si relike të rralla, për t'i vendosur në nji përmendore historike, që ato kishin menduar t'ia ngrinin në qytetin e Shkodrës…

A nuk asht nji domethanie e madhe dhe fakt kuptimplot, pohimi ipeshkvit imzot Zef Simonit (*ish-Sekretar i Arqipeshkvis së Shkodrës gjatë kohës, qi po bahej kataklizma antifetare prej komunistve dhe ma von arrestohet e bani 12 vjet burg në Spaç, Burrel, Sarand, etj., shënimi im K.K.*), në ligjeratën e tij në Kuvendin Ndërnacional **"Krishtenimi ndër shqiptar"**, pohon: *"sëbashku me eshtnat e klerikve shkodranë, nxjerr nga diktatura, ishin edhe eshtnat e Ded Gjon Lulit Dom Mark Gjanit, tue e torturue, i kërkuene të mohonte Krishtin.*

---

[253] Prof. Abaz Ermenji, **"Albania - Vendi që zë Skenderbeu në historin e Shqipërisë"**, *"Shqypnia e Lirë"*, Paris, 1968, fq. 279.

Përkundrazi Dom Marku, tha fjalët e fundit mes dhimbave "Rrnoft Krishti Mbret!". Vdiq i varun nder shpatulla, tuj ia hjedh trupin qejve e mbeturinat e tij i lshuen në prrue. Bash njiashtu si vepruen turqit me eshtnat e Gjergj Kastriotit e me prelatin e lavdishëm Imzot Pjeter Bogdanin, apo si vepruen ma vonë komunistat, tuej nxjerr prej vorrit eshtnat e Mons. Jak Serreqit, Mons. Lazër Mjedjes, Mons. Gasper Thaçit, Mons. Ernest Cocit, Mons. Bernardin Shllakut e At Gjergj Fishtës e sëbashku me atë, pa dijt gja, të Dedë Gjo' Lulit, eshtnat e të cilit françeskanët i kishin ruejt në vorret e tyne për t'i ba nji monument".[254]

Ky mik apo i armik i njerëzve të fesë?
Si po e quajmë tashma Deden!?

Nga historishkruesit që lam mbas, Deda u pa gjithnji i shkëputun nga bashkluftarët e tij, të afërm apo të largët, bile edhe nga pasardhësit e Derës së tij të përmendun, ku, këta të fundit u ndoqën e përsekutuan sistema-tikisht dhe mizorisht në Shkodër.

Sikurse shkruan i ndjeri **prof. dr. Simon Pepa** në lidhje me këte çashtje: *"Dhe është për të ardhur keq se kjo luftë, këta heronj dhe vetë kryetrimi Ded Gjo'Luli për vjet e vjet u lanë në harresë. Lufta dhe ngritja e Flamurit në Deçiq, përmendej sa me thanë, emri i heroi vetëm sa citohej. Dhe ajo që është rrënqethëse është fakti se mjaft nga nipat e stërnipat e Ded Gjon Lulit, si dhe mjaft klerikë që morën pjesë me mendje e penë në përpjekje për çlirim u masakruan në mënyrë të tmerrshme. Ata hynë në rrugën e mundimeve tamam si në ferrin e Dantes".*[255]

Ai sistem mos vlerësues veprash e vlerash, e la Ded Gjon Lulin vetëm me urdhnin *"Për veprimtari patriotike"* të Klasit I-rë dhe vetëm në vjetin 1962. Vetëm me kaq dhe asgja ma tepër, kur mjaft figura të tjera (natyrisht, secila me vlerën e tyne), u pasuan me urdhna, medalje e 'tituj' të shumt.

Asnji përmendore (të madhe apo të vogël), asnji rrug a rrugic (veç Tiranës), asnji emërtim tjetër me emnin e Dedes, kur mjaft burra të tjerë të historisë i kanë këto pengje nderimi.

Pikërisht, me 1962, shkodrani prof. dr. Jup Kastrati, boton librin: "Figura të ndritura të Rilindjes Kombëtare", ku Deden e len në vend të fundit (ndër 6 figura), pas Isuf Tabakut, Daut Boriçit, Hodo Sokolit.[256]

---

[254] Mons. Zef Simoni, **"Persekutimi i Kishës Katolike në Shqipni 1944-1990"**, Shkodër, 1999, fq.10.

[255] Prof. dr. Simon Pepa, **"Gjurmime kulturore"**, Shkodër, 2000, fq.224.

[256] Prof. dr. Jup Kastrati, boton librin: **"Figura të ndritura të Rilindjes**

At Gjergj Fishta o.f.m. dhe Ded Gjon Luli

Asokohe Poeti Nacional **atë Gjergj Fishta o.f.m.,** përmes poezisë epike, në veçanti rroku figurat e ndrituna, nji prej të cilëve asht edhe Ded Gjon Luli.

Në ato hapësina poetike, *Homeri shqiptar i kushton Fatosit të lirisë, si peng nderimi kangën prej 800 vargjesh, si rrallë ndonji heroi tjetër.*

Pasi e lexon me andje, kupton dukshëm melodin poetike epike të Fishtës, shpalosur me talentin e ngjyrave të ndezuna, qi ruhet në portretin e madh atdhetar, tek kryevepra e njohun **"Lahuta e Malcis".**

Ai me pathos pasqyron ngjarjet e mëdha të stuhishme në faqet e poemes. Ato, gjithsesi, janë të përcaktueme mirë historikisht, duke ruajt raporte të drejta të ngjarjeve me figurat historike, mbasi ai njihte shumë mirë historinë dhe vendin e herojve të nacionit.

Në hapsinen e atdhetarizmit të ndjeshëm, shquhen Ded Gjon Luli, Oso Kuka, si dhe të tjerë malësor trima, si: *Marash Uci, Tringa, Baca Kurti, Çun Mula* etj. Denjësisht Fishta, paraqet atdhetarin në mënyrë figurative:

"N'at Malsi, n'at Rapsh t'Hotit
Ded Gjo'Luli, burr si motit,
me' i qetë Lekë, bisha shkorretit,
ka nis pushkën m'asqer t'Mbretit!"

Poeti, mbasi e quan trimin e Traboinit Ded Gjon Lulin si **shpatë e gjallë**, i vë atij në goj atë ligjeratën e gjall e aq kuptimplote, drejtue Sulltanit, përmes Bedri Pashës, tuj e paralejmërue, se nuk do t'i shërbenin ma shqiptarët:

"Se me sotjet, emni i Zotit!
Sa jem nipash t'Gjergj Kastriotit
e "Shqiptarë" qi thonë vedit
ma duva nuk i bajmë Mbretit"

Fishta si poet e Deda si lufëtar, e kanë shumë të kjart, se si kishte jetue populli në thundrën e hekurt turke, duke i sjell atij aq e aq telashe e rreziqe të panumërta, të cilat vërehen, kur autori flet shum përmes pendës së poetit:

"Na shkoi moti si a'ma zi
ngran e pangran, e kryet në gershan

Kombëtare", Tiranë, 1962.

bje prej sherrit n'taksirat"
ose vargzimet e maposhtme të mbushuna me folje vepruese:
"Se ai s'po kish tjeter zanat,
veç pre e rep e digj e piq,
rrxo, rreno e vendin flliq".

Kishte ardh fundi. Vargonjt e gjat shtrëngues të zgjedhës së huaj gjysmijvjeçari duheshin këput, sikurse edhe ngjau, sepse Atdheu kishte thirrun fatosat e vet të lirisë, që t'a mbronin atë deri në flijim.

Epilogu i luftës me fitore, dihet. Kështu asokohe **ngrihet Flamuri kuq e zi i Shqipnis**, simbol i fitores mbulue me lumenj të shumtë gjaku, me thirrjen: ***"Rrnoft Shqypnia!".***

Historia me fakte historike

"Historia, asht mësuese e madhe, njerzit janë nxanës të kqinj" – **Bismark, kancelar gjerman**

Preokupimi me historinë asht i veçant. Ajo përjetohet e jetohet si kujtes, por edhe si ekzistenc-realitet. Historia në Shqipni, asht kontrollue e fsheh vijueshmenisht. Në fushatën e fshehjes dhe falcifikimit sistematik, e ka pësue pjesa ma e mirë e saj, ngjarje e situata, individ e proçese, të cilat shqiptarët tash duan t'i zbulojnë e përjetojnë intensivisht.

Diktatura e proletariatit, lufta ruso-kineze e klasave dhe koncepti i prolekulturës, ishin instrumente e mbules e mjaftueshme, që atje të bahen krime ndaj njerëzve dhe të asgjësohen dokumente, të falcifikohen epoka e ngjarje të historisë, të likuidohen përsonalitete e momente të kulturës.

Kësisoj atdhetarizmi ishte shndrrue në fraza e etik, që nuk thote asgja. Me këtë metod, stoliseshin ngjarje e situata, proçese e përsonalitete, të cilat sot historia po i harron shpejt ose mallkon rand.

Rizbardhja e ngjarjeve e individëve, asht nji punë e gjatë dhe e vështirë. Ai duhet të kuptohet jo si gjest a përcaktim patriotik, jo si zhurmë a retorikë stilistikore, por si punë e moral shkencorë. *Historia e historiani, vetëm tuj ken të sakt e kritik, krijojn dhe rrisin vetdijën nacionle e historike.*

Shpesh autorët, që kanë shkrue për ngjarjen dhe figurën e Dedes, nuk janë thellue në *'studimet'* e *'librat'* me tituj historik. Kështu mund të përmendim anglezen e njohur **Miss. Edith Durham,** *Kamilio Libardi, major V. Lepetiç,* atesheu ushtarak bullgar në Cetin, etj., për të ardh tek shkrimet e nëshkrueme nga **prof. Kol Martinaj** Sekretar i Komitetit Shqiptar të

Podgoricës, **Risto Siliqi** Anëtar, **Nikoll Ivanaj** etj.

Në librin e historisë hartue për nxansit e shkollave të mesme (me disa ribotime formale, ka ndryshue vetëm paraqitja, por jo përmbajtja, shënimi im K.K.), harta historike e ngjarjeve të kohës, e hartue për t'u njohur nga brezat e sotëm, përsëri ka shumë pasaktsina, ç'ka të krijon përshtypjen, se kemi të bajmë me nji kryengrije spontane.

"Historianët" (para e pas vitit 1990), kanë ra tek idet e synimet e hartume (në hart) nga turqit pushtues asokohe, mbasi e kanë ngushtue ose qeth rrethin e zgjerimit të kryengrijes.

Dhe këto për opinionin tim, për dy arsye: **së pari**, sipas marrëveshjes së përfunduem me kreshnikët malësorë, Qeveria turke ishte zotue të paguante damet e shkaktueme nga lufta e në këtë rast, Turkia, kërkonte t'a hapte qesen e damshpërblimit sa ma pak të jetë e mundun dhe se harta e paraqitur për damet e shkaktueme asht disa herë ma e vogël, formul kjo e njohun edhe ma parë, në shtetet e tjera, ku, turqit kishin pësue disfat.

Ja që 'historianët' tanë e kanë *"harrue"* këte argument që burimet arkivore historike e njohin shum mir. **Së dyti**, opinioni europian e botënor ishte i shqetësuem për dhunën, që përdorte pa kursim Turkia kudo, e që nuk donte të tregonte tjetërsimin, që po pësonte Perandoria e *'pathyeshme'*. Këtë synim, ajo kërkonte ta tregote duke i rrfye botës, se nuk ishte kryengritje e zemrimit popullor, por ishin disa 'rebel' joshqiptar malësor afër kufinit me Malin e Zi.

Për fat të mir, jehona e ngjarjes shqiptare gjeti pasqyrim në shtypin e atëhershëm shqiptar dhe të huaj. (Shih koleksionet: "Hylli i dritës" "Leka" (Shkoder), "Corriere d'Italia" (Itali), "Liri e Shqypnis" (Sofje), "The Times" (London), "Ora e Maleve", "Cirka", "Shqypnia e re", "Ora e Shqypnis", fletoret e qytetit të Shkodres, dorshkrimet (*e pabotueme të klerikve katolik, të cilat sot kan mund të mbijetojn, Arkivi i Vatikanit, Austris, Britanis Madhe, Hungaris, Italis, Malit të Zi, AQSH, fondi 270, Gjush Sheldija "Historija e Shkodres" (dorshkrim i vjetit 1945).*

Kushdo e di, se **papa Leoni XIII**, me 1880 vendosi të hap dokumentet e Arkivit Sekret të Vatikanit, për të gjithë studiuesit, që vinin nga e gjith bota, pa shikue se cilit besim a nacion i përkasin. Këtu ekziston nji dokumentacion shumë i pasun, që përmban informata, jo vetëm të karakterit kishtar e fetar, por edhe kulturës së popujve, gjendjes së tyne shoqnore, ekonomike, historisë, gjuhës etj.

Mbi luftimet e ashpra midis malcorve trima e taborreve të armatosuna deri në dhamb e të stërvitun për barbarizma kundërshqiptare, studiuesi

At Marin Sirdani, shkruen: *"Fletoret europiane t'asaj kohe i pershkruejn trimnit e tyne porsi ata t'herojve legjendar të kohve të hershme"*.

Pas shpërndamjes me forcën e armëve të Lidhjes Shqiptare të Prizrenit dhe gjunjëzimit të Turkis, përpara presioneve të Fuqive të Mëdha, që çoi ma vonë në copëtimin e trojeve shqiptare, rrethet patriotike në vend nuk ishin të bindun, se Turkia po merrte rrukollisjen dhe se nën ombrellën e saj rrezikohej seriozisht ekzistenca e trojeve shqiptare.

Por, gjithsesi kishte nga ata, qi kishin vizione të kthjellta iluministe, të cilët u shquan për veprimtari të dendur atdhetare.

Në këtë proçes të gjatë historik shohim se kontributi i prelatëve katolik shqiptar ishte i dorës së parë në veprimtari praktike të planit të brendshëm, për njisimin e plotë të faktorit shqiptar. Ndërsa veprimtaria e planit politiko-diplomatik të jashtëm, qëndronte në mbështetjen e kualifikuem të çashtjes së pamvarsisë së plot të trojeve etnike shqiptare.

Duke e analizue gjendjen e përgjithshme në Shqipni, politikanët europian paralejmërojnë nji shpërthim trazirash në pranverën e vitit 1911. Urretja, që kishin malësorët kundër regjimit xhonturk, bani që revolta në këtë pjesë të filloj ashtu siç e kishin mendue vet krent patriot malësorë.

Në Muzeun Nacional të Kuvendit Françeskan në Shkodër, klerikët, me dashuni prindore ruajtën për shumë vite në gji simbolin e lirisë shqiptare.

Për këtë dëshmojnë etnit françeskanë: **at Leon Kabashi o.f.m., at Viktor Volaj o.f.m., at Daniel Gjeçaj o.fm. e at Zef Pllumi o.f.m.,** të cilët për nji kohë janë marrë me mbarështrimin e institucionit.

Sikur të mos ishte ngrit Flamuri dhe sikur të mos kishte ekzistue ai Flamur, do të kishin pas guxim etnit françeskan me sajue nji gja të tillë? *Patriotizmi e ndërshmnia në pasqyrimin e ngjarjeve nacionale, kanë kenë ndër shenjat dalluese të françeskanëve shqiptarë, prandaj edhe nuk mund të vihet në dyshim vërtetësia e ngjarjes.*

Qëndrimi i klerit ndaj Kryengritjes së Malësisë, ka qenë dashamir e mbështetës pa rezerva, për trimat e prijsin e dashun Ded Gjon Luli. Klerikët, duke theksue nevojën, që të rezistonin me bashkatdhetarët e vet të arratisun dhe popullsisë së dëbuem, u larguan sëbashku me ta dhe qëndruan në Mal të Zi.

Midis tyne ishte famullitari i Kastratit **at Mati Prenushi o.f.m**. Pas disa viteve, në kohën, kur atij i bahej gjyqi komunist, i pyetun nga hetuesia, që zhvilloi gjyqin, pikërisht aty, ku kishte qenë redaksia e revistës kulturore **Hylli i Dritës,** ndër të tjera pohoi: *"Përveç muzikës me sakrifica të mëdha, kam* *përshkue nga antikuari i bibliotekës edhe të gjitha veprat qi flitshin për Gjergj Kastriotin nga populli shqiptar. Të gjith këto vepra janë këtu edhe sot në bibliotekën françeskane. Kur u ktheva në Shqipni, kam shkue famullitar nepër male. Kam marr pjes aktive në kryengritje bashkë me malcort e prim prej Ded Gjo' Lulit në vjetin 1911, e kam ndej disa koh me popullin i strehum në Mal të Zi".*[257]

Diplomacia e hollë e gjuhës fine të moderacionit, ka kenë nji tipar karakteristik e mbizotnues në përsonalitetin publik të arqipeshkvit të Shkodrës imzot Jak Serreqit. Misioni i tij, duhet të pozicionohet kjart në kontekstin e çastit kohor të zhvillimit të kryengritjes.

Jemi në korrikun e vjetit 1911, ku si rezultat i luftimeve të ashpra disamujore, energjit fizike e njerëzore të familjeve malësorëve po shkonin drejt nji kufini, pas të cilit do të kishin vetëm asgjësimin fizik.

A ishte vërtet e arsyeshme, njerëzore dhe kristiane për bariun shpirtnuer të malësorëve, të ndërmerrte nji vepër ndërmjetësimi, për të shpëtuar popullin e tij nga asgjësimi i barbarit!!!?

Mendoj, se për nji patriot e figurë të randsishme publike, siç ishte prelati imzot Jak Serreqi, nji veprim i tillë ishte krejtësisht i domosdoshëm dhe përbante nji detyrë morale, për çdo shqiptar të arsyeshëm...

Abat imzot Preng Doçi prelat i ndritur i vlerave shqiptare

Nji ndër punimet ma interesante e me shumë baza agumentuese shkencore dhe historike mbetet libri jetëshkrimor kushtue Abatit të Mirditës Preng Doçit, ku ka mendime dhe dokumente, qysh në shekullin XIX, duke bashkë rendue doket e virtytet e mira amtare, me normat e kanunit të maleve, që asokohe zinte vendin e ligjit në krahinën e Mirditës...

Ai vuni rregull në lutjen e festave, që e rëndonin ekonominë e vorfën të mirditasve. Si prelat katolik, fetar e atdhetar i ditun, ai gëzonte simpati e gjente mbështetje ndër besimet e tjera në Shkodër, Lezhë, Mat, Dibër e krahinën e Lumes. Ai nuk e fshihte kurrë shpirtin e vet të ndjeshëm atdhetar. Në çashtjen nacionale meshtari i përvujt, kundër vepronte gjithnji hapun e ashpër, jo sepse ishte kryeneç, por sepse kje patriot i papërkulun dhe i qendrushëm në karakter shqiptari.

Në mënyrë qëllim keqe e pa të drejtë, udhëtimi i Preng Doçit si Abat i Mirditës (duke qenë peng i Turgut Pashës), gjatë udhëtimit nga Shkodra në Orosh (në gusht të vjetit 1910) asht përshkrue nga mjeku i shtabit të

---

[257] Shih, Zef Pllumi, libri me kujtime "Rrno per me tregue", vëll.II 1944-1951.

ushtris pushtuese së Turgut Pashës, E. Jack.

Mirpo gjatë faqeve të librit në turqisht, gjendet e ruejtun nji foto, ku aty kanë dalë Preng Doçi përpara në kalë të bardhë e Turgut Pasha me kalë të zi... Pothuajse pjesa dermuese e autorëve të mavonshëm, gjatë komenteve apo interpretimeve të tyne, kanë marrë për bazë të dhanat e parashtrueme nga ky autor, i cili, nuk asht as politikan e aq ma pak ushtarak.

Në nji studim shumë të kujdeshëm e serioz të studiuesit **G. Robel** me titull "**Nopça dhe Shqipëria**"[258], vihet në dukje se: *"Ka të ngjar qi Jack të mos e ket kuptue shahun dinak të Doçit, por ka shkrue me hamendje"*.

E vërteta asht, se prelati nuk i ka prirë ushtrisë turke, për të dalë në Orosh, por ishte pikërisht Turgut Pasha, që e mori peng dhe e vuni përpara. Kushdo e kupton se tjetër asht të prijsh përpara e ndryshe asht me të marrë me forcë e me të nxjerrë me dhunë përpara.

Pse e mori peng dhe e vuni përpara abat imzot Doçin drejtuesi i ekspeditave barbare ushtarake otomane Turgut Pasha!!!?

Unë mendoj, se kjo vjen për dy arsye: **së pari,** për të sigurue veten. Duke pasun përpara Abatin me influencë në tanë krahinën me besimtarë besnik katolik, imzot Doçi, edhe po të kalonte në ndonji prit, askush nuk do të shtinte në të. **Së dyti,** për të tregue forcën e vet, për të përul abatin Preng Doçin, që ndonëse ka përkramjen e shteteve të Europës, e vuna përpara.[259]

Madje, tërthorazi, Turgut Pasha, donte t'i tregonte Austro-Hungarisë, që gëzonte të drejtën e mbrojtjes së kultit, se jam vet zot mbi 'shtetasit' e mi perandorrak. Por Turgut Pasha, megjithse e vuni në përpara bariun shpirtnuer të malësorëve, nuk mundi të arrestonte në Mirditë asnji nga krent, që ai kishte të dhana, se janë strehue atje, pra parashikimi i tij nuk u vërtetue; qëllimi fushatës nuk u arrit, mbasi vet fushata nuk u përligj.

Mbështetja vetëm tek libri i njianshëm mjekut Ernest Jack, që i shërbente përsonalisht Turgut Pashës don me thanë me marrë si të vërtetë nji pikpamje personale, subjektive të nji të hueji, madje aq ma keq të nji njeriu jo specialist.

Pra, sikurse shikjohet, kleri u përfshi pa ngurrim si shërbestar i grigjës së vet edhe atëherë, kur cënoheshin interesat e nalta nacionale, dhe jo sikurse ka shkrue me fantazi bashkëqytetari shkodran me banim në Tiranë

---

[258] G.Robel "**Franz Baron Nopeza un Albanien**" Uiesbaden, 1966, fq. 71.
[259] AQSH, Fondi 270, Dokumenti 53, fq.7.

prof. dr. Gazmend Shpuza e disa profesor të tjerë Akademisë së 'shkencave' me nji urretje patetike, se: *"Me veprimtarinë e vet përçarëse, kleri vështirësoi bashkimin e popullit shqiptar në luftë për liri. Pavarësisht se nuk ia arriti, ai u përpoç të fuste shqiptarët në një luftë vllavrasëse.*

Meqë pushtuesit osmanë nuk mundën të shtypnin kryengritjen, kleri veproi me të gjitha forcat për t'i mashtruar kryengritësit, që të hiqnin dorë nga kërkesat e tyre kombëtare, ose për të mbajtur larg nga kryengritja popullsinë e krahinave të tjera të vendi.

Reaksioni klerikal katolik me demagogji vazhdimisht që të spekullojë mbi luftën e pareshtuar të popullsisë katolike të vendit tonë kundër pushtuesve osmanë, *për të maskuar sadopak qëndrimin e vet reaksionar e bile antikombëtar.*

Prandaj jo më kot shtypi klerikal, veçanërisht me rastin e 25-vjetorit të shpalljes së Pavarësisë, i është referuar luftës së malësorëve të Mirditës dhe të Mbishkodres.

Por, kleri katolik, duke qenë në shërbim të papatit e të Perandorisë Austriake, ishte i detyruar për hir të interesave të padronëve të vet që të vihej edhe në shërbim të autoriteteve osmane.

Dihen përpjekjet dhe roli që luajtën klerikët reaksionarë me në krye arqipeshkvin e Shkodrës Jak Serreqin dhe Abatin e Mirditës Preng Doçin në ndihmë të Shefqet Turgut Pashës me 1910 dhe më 1911, për t'i mashtruar e detyruar masat e malësorëve që të ulin armët dhe të heqin dorë nga kërkesat kombëtare të Memorandumit të Gërçës.

Pra, lufta e malësorëve të udhëhequr nga Dedë Gjo Luli, nuk ka asnjë të përbashkët me qëndrimin reaksionar klerikal"[260]

Lavdia e një ngjarje të rëndsishme mbarëshqiptare

Intensiteti i zhvillimit të ngjarjeve flet, për shkallën e nalt të ndërgjegjës politike nacionale të malësorëve, të cilët, në të gjitha mënyrat ndihmuan kryengritjen.

Mirëpo, ka autorë, qi përpiqen t'i shfrytëzojnë këto veçori në kahje të kundërt, kur e shtrijnë ngjarjen në reduktimin e elementit të ndërgjegjës, për pavarësinë ndaj Portës së Nalt.

A mund të zvoglohen kërkesat e mirfillta politike të luftëtarve liridashës antiosman në pamundsi, për t'a mohue atë krejtsisht!!!?

---

[260] Prof. Dr. Gazmend Shpuza **"Qëndrimi antikombëtar i Klerit ndaj Kryengritjes së vitit 1911"**, Akademia e Shkencave, Tiranë 1980.

Duhet pranue, se autoritet shtetnore e sidomos otomane pushtuese asokohe e kishin të kjart karakterin e vërtet politik e zemërimin e madh popullor të mbledhun ndër shekuj...

Vlera e popullit matet me forcën e ndërgjegjës, aftësin vepruese, në mjedisin, ku jeton e punon, matet me forcën e qëndresës së tregueme gjatë etapave të historisë së pafavorshme.

Në rrafshin e përgjithshëm, intelektualët rilindas shqiptarë, kanë organizue në koh të ndryshme nji radhë protestash në formë kërkesash me shkrim. Asokohe njerzit e kulturës e penës në përgjithsi, jetonin me konceptin e shteteve me nivel kulturor disa herë ma të nalt, sipas së cilës, duhet të arrihet nji herë qytetnimi i popullit shqiptar e pas ndërgjegjësimit, populli do të luftoj për pavarësi ose çlirimin nga pushtuesit.

Situata në të cilën gjendej populli ynë, me përshpejtimin e zhvillimit të ngjarjeve, nuk prisnin gjersa të ndryshohej mendsia e vonueme e shqiptarit. mirëpo asokohe duhet ritheksue se vështirësitë ishin të shumta, të brendshme dhe të jashtme.

Së pari, vështirsia e brendshme ishte, në pamundsin e mbledhjes e përdorimit të enërgjive të nacionit shqiptar në nji drejtim të vetëm: *'nji nacion nji qëndri'*.

Së dyti, vështirësia e jashtme qëndronte tek Fuqitë e Mëdha të kohës, tue përjashtue ato forca (SHBA), që ishin në përkrahje të çashtjes shqiptare, tue mos dashun t'a linin popullin tonë si pjesë përbase e Perandorisë Xhihadiste Islame Otomane, nga e cila kemi trashegue prapambetje shumë shekullore deri në ditët tona...

Turkia pushtuese, asnjiherë nuk lejonte formimin e nji nacionaliteti shqiptar, sepse natyrshëm dhe menjëherë ai mund t'i rrshqiste nga dora. Turkia apo Perandoria edhe situatën e tjetërsimit të saj të brendshëm, donte t'a mbante në fshehsin e vet 522-vjeçare.

A u mbështet kryengritja e Ded Gjon Lulit?

Zhvillimi i lëvizjes e ndikimi i saj në popull, gjetën shprehjen e vet në formimin e rritjen dhe ndërgjegjës së vazhdueshme nacionale. Nivelin cilësor, ku ishte ngrit kjo ndërgjegje, e shpreh kjart përgjigja, që i dha Ded Gjon Luli përfaqsuesit diplomatik të Turkis në Cetin, Satedin Beut, në kohën kur diplomati otoman kërkonte, që t'i largonte malësorët nga synimet e tyne të mirfillta liridashëse të çlirimit nacional dhe pavarësi. Fatosi i lirisë Deda, tue mos pasun frikë deklaroi, se: *"Të drejtat e kerkueme nuk i dona vetëm për vet, por për tan Shqypnin"*.

Kryengritja e vjetit 1911, e drejtueme me aq urti, guxim e trimni nga Ded Gjon Luli, në histori nuk del si nji lëvizje e rastit, por si vijim i përpjekjeve të pandërprera të malësorëve e gjithë popullit shqiptar, për të fitue dhe jetue të lirë në trojet e veta autoktone.

Deda, me bashkluftarët e vet, ishin të edukuem me ndjenja të ngrohta atdhedashunie për liri, në shkollën e traditës popullore e familjare, nga e cila ata kishin mësue ndër të tjera, qi të ruanin gjuhën e zakonet e të parve, të ishin të gatshëm për të flijue jetën për liri e Atdhe.

Tronditja e themeleve të nji Perandorie, që kishte vite që po lëkundej seriozisht, si pasojë e kalbëzimit të strukturave të piramidës otomane, korrupsionit, përhapjes masive të veserve të ulëta persvese si të prirjeve homoseksuale dhe lesbike të të rinjve, brenda dinastisë apo oborrit familjarë, lufta e madhe për pushtet dhe pasuni etj., bani që edhe shtetet e vogla si Shqipnia t'u sillnin atyne shqetsime alarmuese.

Heroizmin e fatosave të lirisë të malësorëve kreshnik, ish funksonari i Parlamentit Otoman për shumë dekada, ma në fund i penduemi e i kthyemi në vendlindje plaku i Vlonës Ismail Bej Qemali, gjatë vizitës që i bani Ded Gjon Luli në Vlonë (pas shpalljes së Pavarësisë me 28 nandor 1912), kryetrimin do t'a përshkruante me nji mendim të pjekun: '**Dedë Gjo' Luli, asht pushk e ngrehun për Shqipnin**'.

Shkrimtari, folkloristi **at Donat Kurti o.f.m. (1903-1983)** (*që do të zbulohej gjatë komunizmit të zi, i braktisun e i vdekun fatkeqsisht në nji kasolle të zbuluem e pa kulm në rrugicat e vjetra të Shkodres së shkret, mes borës e acarit të dimnit, shënimi im K.K.*), në përkujtim të 50-vjetorit të shkollës së njohun françeskane thotë: *"N'at dit Shqyptari njimend mushi mushknit me frymët'liris e brittë n'zemer t'vet: "Rrnoft Shqypnja' tuj ba jeh në ket mnyrë Flamurit t'Shqypnis të ngrehun me guxim e trimni, po n'at vjet me 6 Prill 1911 prej Ded Gjo'Lulit në Bratile t'Deçiqit"*.

NJË KËNDVËSHTRIM MBI STUDIUESIN DHE PUBLIÇISTIN E SHQUAR IMZOT DR. LUSH GJERGJI BIOGRAFIN MË TË SHQUAR TË SHËN NËNË TEREZËS NË 50-VJETORIN E MESHTARISË SË TIJ

"Është njohës i gjuhës së vjetër latine, i gjuhës së vjetër greke, i gjuhës italiane, gjermane, frenge, angleze dhe i gjuhëve sllave që fliten në Ballkan. Mons. dr. Lush Gjergji është njëri nga intelektualët tonë me të mirënjohur në të gjitha viset shqiptare, dhe në diasporë. Deri më tash ka kontribuar në disa fusha të jetës e të dijës. Përveç që është çmuar në misionin meshtarak, për të cilën edhe është shkolluar, aktiviteti i tij ka qene i dalluar sidomos në misionin humanitar e fisnik, në pajtimin e gjaqeve, e atë të peshës së fjalës së gjallë, që e bëri të dalluar me aftësitë oratoriale e njerëzore, e cila i prek majat e ndërgjegjës së njerëzimit. Po ashtu ai është edhe një shkrimtar dhe publicist i miënjohur. Deri me tani ka botuar 60 libra shumica prej të cilave janë përkthyer në më se 35 gjuhë të botës". **– Valentin Lumaj, studiues, Detroit, Michigan**

"Çdo herë kur kam rast t'a kujtoj atë rrënqethem, emocionohem, sepse për mua dr. Rugova është i gjallë. Unë me Rugovën komunikoj vazhdimisht për çdo ditë, nëpërmes besimit, se njeriu jeton në amshin, nëpërmes uratës, e sidomos nëpërmes Zotit, se në Zotin, centralen tonë të mbarë jetës ne komunikojmë me të gjallët që i kemi larg e nuk i kemi përditë afër vetes, por edhe me ata që kanë kaluar në amshim dhe të cilët lusin dhe ndërmjetësojnë te Zoti për ne. Veprat e Ibrahim Rugovës e Nënës Terezë janë frymëzim për veprën e tij ndaj Zotit dhe popullit të tij. Figura dhe vepra e dr. Ibrahim Rugovës për mua kanë qenë dhe mbesin një frymëzim dhe një mundësi që në jetën time, të mundohem në stilin e Nënës Terezës gjëra të vogla me dashuri të madhe, të bëjë edhe unë diçka për Zotin dhe për popullin tim". **– Don Lush Gjergji, Kosovë**

"Dr. dom Lush Gjergji, emër që gjatë këtyre dy dekadave të fundit i dha sharm krijimtarisë kulturore e fetare, u gjend gjithandej, ku e kërkoi vullneti i mirë njerezor, për paqe, afri e unitet nacional, gjithnjë duke gjetur dhe shtigje të afrimit në botë të asaj që është krenari nacionale..." - **Ibrahim Kadriu**

Portreti i një njeriu që e njeh e gjithë bota dhe kapelani i ri i papa Françekut I

Vepra e deritanishme e mons. dr. Lush Gjergjit, është në përputhje të plotë me jetën e me formimin e tij solid shpirtëror, kulturor dhe nacional.

Të konturosh hap pas hapi portretin e imzot dr. Lush Gjergjit, këtë emër krijues që e njeh gjithë bota intelektuale e niveleve cilësore evropiane, është paksa e vështirë, mbasi mungonin të dhënat biografike.

Kjo për faktin, se intelektuali ynë i shquar erudit dhe shumë dimensional ishte dhe është modest dhe si një enciklopedi e gjallë që ecën me dy këmbë nëpër arkiva dhe librari.

Ai është vazhdimisht një njeri i thjeshte modest dhe largpamës, fjalë pak dhe punë shumë si një ndër shkrimtarëy më prodhimtarë të kohës sonë në trojet etnike shqiptare dhe jashtë saj.

Atë e gjen gjithnjë pranë librave dhe mes librave, në auditore dhe libraritë e vendeve të ndryshme të Europës si një hulumtues shumë serioz, në kërkim të burimeve të reja, dokumenteve dhe arkivave, rrugëve dhe shtigjeve të pashkelura të historisë dhe kulturës kombëtare shqiptare dhe asaj ndërkombëtare.

Kjo vjen për faktin, se ai është një poliglot, dhe shumë i ngritur kulturisht, pra zotërues i shumë gjuhëve të huaja, të cilat i ka përdorur me efektivitet të lartë, për të botuar veprat e tij letrare, historike dhe shkencore njëherazi.

Kësisoj, një pyetje e thjeshtë më lind fare normalisht:

Cila është biografia e pasur dhe e larmishme e këtij personaliteti të kulturës dhe botës së letrave shqipe dhe ndërkombëtare?

Nga sa kam mundur të shfletoj dhe hulumtoj me kujdes 32 vëllimet e botuara, si vlera origjinale në llojin e vet, prej mendjes dhe dorës së palodhur të **prelatit imzot dr. Lush Gjergjit,** del se është e vështirë të mësosh një *Curriculum Vitae,* që çdo ditë zgjerohet me informacione dhe aktivitete të larmishme intelektuale, shkrimore dhe studimore të reja.

Mirëpo, një proverb i lashtë afrikan thotë: *"Po e pate qëllimin rrugën e gjen!"*. Dhe në këtë mënyrë, **bota është tepër e vogël për një individ, që synon të arrij realizimin sa më mirë dhe saktë të zbardhjes së jetës dhe aktivitetit të pasur intelektual të personazhit të tij**, qe ka marrë përsipër të realizoj përmes misionit hulumtues dhe studimor me përkushtim.

Përballë kësaj, secili lidhet me një farë mënyre me obligimin shoqëror, duke shprehur gatishmërinë e vet, e cila ndalë e ngadalë ndërgjegjësohet dhe i dashuruar pas veprës dhe misionit të tij të begatë, mbart aspiratën njerëzore, për të qenë diçka për të dhe për bashkësinë, ku çliron vlera cilësore të dobishme.

Intelektuali me shpirt përherë të ri e si pa e kuptuar, bën edhe kryen një veprim, që kalon vargojtë e kufijve të meskinitetit, hidhet përtej gardhit të rutinës, nuk do të vegjetojë, por kërkon të jetë plot energji, tek kryen një veprim fisnik të pasurimit të panteonit të kulturës nacionale, që zë vend e lë gjurmë në kujtesën e brezave bashkëkohorë, e prandaj merr, ose do të marrë falënderimet që meriton.

Çdo ditëlindje e mons. dr. Lush Gjergjit, është një ditë falënderimi Zotit, për dhuratën e një meshtari të veçantë për mons. dr. Lush Gjergji, i cili me veprimtarinë e tij meshtarake dëshmoi Ungjillin e Krishtit dhe përhapi vlerat e vëllazërimit e të pajtimit.

Mons. dr. Lush Gjergjit çdo ditëlindje përkujtohet me nderim dhe respekt përmes një akademie solemne që mbahet rregullisht në qendrën **"Bogdanipolis"**, brenda objektit të katedralës shën Nënë Tereza në Prishtinë, në kuadër të kremtimit të përvjetoreve të lindjes së ketij meshtari e njeriu të fesë e kulturës.[261]

Dora-dorës, ne kemi tashmë portetin e shquar te një krijuesi të palodhur të vlerave të pastra nacionale dhe fetare (Fe e Atdhe), që një jetë të tërë ia kushtoi njeriut dhe Zotit në planin shpirtëror.

Por njeriu, duke kërkuar e hulumtuar vazhdimisht, me shpresën e madhe arrinë të gjejë, falë angazhimit të vendosur, atë që ka si objektiv, pikërisht ndërtimin hap pas hapi të skalitjes sikurse skuptori me durim të portretit (skulpturës) të spikatur të bariut-studiues dhe shkrimtar, ndërthurur me potencialin intelektual të fuqishëm të bashkatdhetarit tonë modest imzot dr. Lush Gjergjit, që gjithë jetën po ia kushton trinomit të pandashëm udhëheqës *"Fe-Atdhe-Përparim"* me krye e pendë.

---

[261] **Vatican News**, **"Dom Lush Gjergji, në 70-vjetorin e lindjes, një jetë për Zotin dhe popullin"**, Radio Vatikani, Programi shqip

Dhe jo pa qëllim, kjo ndërmarrje e re, por për t'u afruar shqiptarëve të kudondodhur dhe lexuesit në tërësi, këtë frymë aktive krijuese, atë që njihet si seriozitet në punën intelektuale njëherazi në disa gjuhë të botës, si për vëllimin që ka ofruar pas çdo botimi e ribotimi, po ashtu edhe për shtrirjen e madhe gjeografike të tyre.

Si përsonalitet, ai paraqitet si një bibliotekë e re, e formuar nga dora e mendja produktive, në lëmin shoqëror dhe kulturës amëtare, përmes dijeve solide tradicionale dhe ato të avancuara, që buruan nga asimilimi i rrymave dhe i kulturës progresiste bashkëkohore kombëtare dhe botërore.

Kush është portreti i pasur me vepra jetësore dhe shkrimor i intelektualit bashkëkohor imzot dr. Lush Gjergji?

Kur e sheh dhe bashkëbisedon ngrohtësisht me të, çlirohesh nga emocionet, që pushtojnë bisedën, falë ngrohtësisë, thjeshtësisë, butësisë, frymës së pastër të sinqeritetit, që e shoqëron këtë meshtar karizmatik, të pushton dëshira për t'a zgjatur bisedën, pavarësiht nga objektivi që i ke vënë vetës.

Ai, si shumë modest nuk dëshiron që të flasë për vetën e tij, mbasi para meje gjendet biblioteka e gjallë e pasur plot libra, me të cilat ai është i lidhur ngushtësisht.

Por, besimtarët e shumtë dhe intelektualët bashkëpunëtorë të klerikut tonë, të flasin me admirim dhe krenari për intelektualin, burimet e të cilëve, më bënë të përkushtoj këtë punim modest mirënjohje e respekti të thellë, për margaritarin e spikatur zëmadh të kulturës fetare dhe nacionale njëkohsisht.

Prelati ynë dr. Lush Gjergji, prift katolik shqiptar i Ipeshkvisë Shkup-Prizren, ka lindur më 21 mars 1949 në Stubëll të Epërme të Karadakut, komuna e Vitisë (Kosovë).

Sikurse mësojmë nga hulumtimet del se **familja Gjergji, ishte një shtëpi e përshpirtshme dhe e afërt me kishën e shën Gjergjit**. Që i vogël hapat e parë të thirrjes meshtarake i mori nëpërmjet uratës familjare dhe shërbimit të vazhdueshëm në kishë.

Kudo që ka shërbye ka lënë kujtime të mira, gjurmë të pashlyeshme në shpirtin dhe zemrat e besimtarëve, duke u dalluar si njeri i Zotit, uratës dhe meditimit, përshpirtërisë, kishës katolike dhe popullit tonë.

Nga kjo familje shqiptare dardane me tradita, doke dhe zakone të hershme etnike shqiptare, të imzot dr. Lush Gjergjit, kanë dalë disa klerikë katolikë, si: vëllai i tij dy herë së pari nga gjaku familjar dhe së dyti si vëllai në Krishtin meshtarin e devotshëm dhe të palodhur **don Ndue Gjergjin**.

Po nga ky fis me emër shumë të mirë në të gjithë zonën, është edhe hulumtuesi i mirënjohur e i palodhur i historisë kishtare dhe kombëtare shqiptare, hulumtuesi i disa bibliotekave europiane **don dr. Gjergj Gjergji (1948-2016)**, *të cilin kam fatur fatin dhe nderin t'a njoh nga afër në qytetin e Shkodrës.*[262]

Lushi i vogël, zuri të dallohej në mes shokëve bashkëmoshatarë për urtësi, bujari, zgjuarësi e devotshmëri tradicionale fetare të trashëguar brez nga brezi nga fisi dhe familja e tij.

Shkolla dhe librat ishin pjesë e pandashme e jetës së tij. Ai katër vitet e para të shkollës fillore i mori në vendlindje.

Nga burimet historike dhe nga ata që e kanë njohur dhe e njohin edhe sot, mësojmë se ai ishte ndër nxënësit më të dalluar e të dashur me të gjithë që e rrethonin.

---

[262] **Don dr. Gjergj Gjergji (Gashi)**, lindi në Stubëll të Epërme, Komuna e Vitisë (Kosovë). Ai kishte 4 vëllezër dhe 3 motra. Katër vitet e para shkollës fillore, i kreu në vendlindje, kurse vitin e pestë në Viti, ndërsa vitet tjera në Zhegër, duke udhëtuar në këmbë çdo ditë 24 kilometra, me vështirësi dhe rreziqe të shumta. Ai gjimnazin klasik e kreu në *Paulinum* në Suboticë (1963-1967), kurse në Romë studioj në Universitetin Papnor *Urbaniana*, ku ka magjistruar filozofinë (1971) dhe ka përfunduar studimet në degën e Teologjisë. I riu Gjergji është shuguruar si meshtar në katundin Stubëll në vitin 1974, së bashku me don Marjan Ukë – Ukaj Sheqeri. Për disa vite ishte kapelan i të ndjerit Don Rrok Matej, etj. Ai ka ftuar Nënën Terezën për hapjen e Shtëpisë **Misionaret e Dashurisë** (1982). Edhe pse me detyrime baritore, dom Gjergji qysh i ri kasnjëherë nuk iu nda librave, leximeve dhe studimeve. Në Universitetin *Urbaniana* në Romë, mbrojti me sukses disertacionin e doktoratës me temë shqiptare: **"Martirët shqiptarë të Karadakut gjatë viteve 1846-1848"**. Ai ka shërbyer ne Pejës, për 10 vjet më pas në Gllaviçicë, në Shqipëri (Elbasan), pas shembjes së diktaturës komuniste-ateiste, në Italinë Jugore, në Shkup të Maqedonisë (sot Maqedonia Veriore). Meshtari Gjergj Gjergji kishte njohje dhe marrëdhënie miqësore me shën Nënë Terezën si përcjellës dhe shoqërues i saj gjatë vizitave dhe hapjeve të kuvendeve të ndryshme të Misionareve të Dashurisë në Shqipëri. Studiuesi i palodhur Dr. Gjergji (Gashi) për shumë vite ka gjurmuar, hulumtuar dhe zbuluar shumë dokumente arkivore në Romë, sidomos në Arkivin e "Propaganda Fide", si dhe në Vjenë, Paris, Londër, Stamboll, Selanik, për të ndriçuar rrënjët e lashta dhe martire të Kishës Katolike dhe popullit shqiptar. Nga këtë gjurmime një pjesë ka arritur ta sistemonte dhe botonte në disa vëllime dhe botime në Shqipëri dhe në Kosovë.

Asokohe ai spikati për zgjuarësi, dhe vazhdimisht mësonte mirë e me rregull, ndonëse në shtëpi nuk kishte kushte të përshtatshme ekonomike, mbasi gjendja ekonomike e zonës dhe e gjithë Dardanisë nën pushtimin e egër të kolonizatorëve serb ishte shumë e vështirë.

Lushi asokohe studionte mbi një sofër druri karakteristike, që i shërbente si një tryezë për të përgatitur mësimet dhe më pas po aty pjesëtarët e familjes së tij mikëpritëse shtronin sofrën me bukë, krypë e zemër, sipas zakonit tradicional për miqtë e shumtë.

Së bashku me të vëllanë dyfish: në familje e në Krishtin, të devotshmin dhe të nderuarin don Ndue Gjergjin (famullitar në kishën Zoja Pajtimtare (Shqiptare) në Beverly Hills në Detroit të Michigan në SHBA), mësonin dhe bënin detyrat e përditshme, për të nesërmen në shkollë.

Ende i vogël, duke medituar dhe shkuar shpesh pranë kishës, binte në sy të tjerëve devocioni i thellë që ai kishte për të Lumin Jezu Krisht.

Por, mbi të gjitha, në shpirtin e vogël të Lushit, dhe në vitet e adolishencës, do të mbetën të pashlyera gjurmët dhe shembujt e lartë që jepnin meshtarët e kësaj treve pjellore, bijë martirë të Kosovës, përherë kreshnike në historinë e lavdishme të nacionit shqiptar.

Ngjarja shpirtërore e gëzim i brendshëm, lumturoi Lushin e vogël, thirrja e Zotit, për t'a pasur pranë si shërbestar besnik, duke e pranuar në gjirin e meshtarëve, që i përkushtoheshin ndër shekuj Zotit, njeriut dhe vendit, ku ato kryenin me përkushitm misionin e dashur baritor të popullit martir shqiptar.

Mirëpo **Stubulla e Eperme**, ndër shekuj ka histori të larmishme me ngjarje të vazhdueshme, që fatmirësisht ruhen thellë në kujtesën e historisë nacionale dhe fetare të këtyre trevave, ku, kulmojnë ndër të tjera edhe martirët dardan, që e falën jetën e tyre, në shërbim të krishtërimit (mbi të cilët sot ekzistojnë edhe libra studimorë, të realizuar nga autorë shqiptarë, në formë monografie me fakte e të dhëna të pasura me ndodhitë e historisë).

Këtu ruhen me dashuri, ende si jehonë pozitive të shekujve që kanë kaluar afresket e kishës plot kolorit të gjallë, që shfaqen hijshëm nëpër faqet e murale të objektit të kultit, të cilat, me stoicizëm i kanë rezistuar erërave të furishme të historisë, që ka përjetuar herë pas here kisha katolike martire shqiptare.

Këtu meshtari i ardhshëm lutej dhe vetëm lutej, për vete dhe të tjerët. Ai, do të kujtoj me mall ceremoninë e bukur të krezmimit të tij. Përsëri vitin e pestë, vocrraku që hidhte shtat, do të vijojë çdo ditë shkollën e Vitisë. Ndërsa tre vjetët e fundit nga klasa e pestë deri në të tetë i ndjek në shkollën e fshatit Zheger.

I riu, vijon studimet në gjimnazin klasik në Dubrovnik, ku vitin e parë gjendet si **student në degën e Filozofisë**, pranë qytetit të **Splitit**, kurse vitet e tjera të filozofisë, niset për t'i ndjekur në **Romë (Itali)**, ku më pas mbron magjistraturën me temë: **"Pavdekshmëria e shpirtit në Plotinon"**, në vitin 1970.

I etur për të zgjeruar dhe thelluar dijet, me të cilat nuk kënaqëj asnjëherë, përsëri në Itali, vijon studimet e arrin të marrë diplomën e teologjisë, pranë *Universitetit Papnor të Urbanias* ose siç njihet ndryshe si **Propaganda Fide** në Romë.

Hapësirat e reja kulturore për këtë meshtar ende të ri, nuk do të njohin asnjëherë kufi. Paralelisht me studimet e larta universitare adhuruese të Filozofisë dhe Teologjisë, ka bërë pronë të tij asimilimin e plotë të studimeve universitare dhe pasuniversitare në Insitutin e Psikologjisë në Universitetin Shtetëror **"La Sapienza"** të Romës, ku edhe ka doktoruar në vitin 1975, duke mbrojtur me pikë masimale temën e disertacionit shkencorë, me titull sinjifikativ: **"Gruaja shqiptare"**.

Studiuesi bashkëkohorë shqiptaro-amerikanë Valentin Lumaj, ndër të tjera shkruan: *"Qysh mbas shugurimit mons. dr. Lush Gjergji, ka shërbyer pa ndërprerje në Kosovë, pikërisht në Ferizaj, në Binçë, në Prizren dhe sot është Vikar i Përgjithshëm i Ipeshkvisë së Kosovës, dhe shërben në katedralen e re kushtuar shën Nënë Terezës në Prishtine."*[263]

Sipas vlerësuesve profesorë laikë dhe klerikë të famshëm në Itali, që kanë asistuar në këtë eveniment shkencor, theksohet, se punimi i autorit shqiptar Gjergji, shquhet apo spikat për një trajtim shumë korrekt dhe serioz, të pasur me argumente, dhe rrjeshmëri logjike, shoqëruar me burime të larmishme dhe të shumta shkencore të botës shqiptare dhe botërore, në fushën specifike të psikologjisë shoqërore.

Prelati dr. Gjergji, ka preferuar të rrokë temën e ndieshme të një forcë të shoqërisë shqiptare: **"Roli i femrës shqiptare në familje dhe shoqëri"**, të cilin nënshkruesi e botoi dhe ribotoi si vepër te veçantë për lexuesit shqiptarë. Shtypi i kohës, i ka kushtuar një kujdes të veçantë në shumë rrafshe.

Në veçanti shquhet një artikull vlerësues, konceptuar me kulturë nga studiuesi i letërsisë shqipe **prof. Isak Ahmeti**, ku midis të tjerave e ka cilësuar këtë vepër, si një **"... hap i guximshëm prometik në lëmin**

---

[263] Valentin Lumaj, **"Mons. dr. Lush Gjergji në 40-vjetorin e meshtarisë së tij"**, Kumtesë në dorëshkrim, Detroit, Michigan.

përkatës"[264]

Sapo e hap për të shfletuar, në hyrje të veprës së vet, sa të thellë në analizën e shumanshme shkencore, aq dhe aktuale, për pjesën e rëndësishme të komunitetit shqiptar sot.

Këtu bie në sy ndërthurja, zbërthimi me hollësi e maturi dinjitoze i analizave, që u ka kushtuar temave.

Lënda e parë e materialit faktik, ka të bëjë me gruan shqiptare, në të drejtat zakonore të Lekë Dukagjinit, me gruan shqiptare në tërësi etj.

Për me tej autori, thotë: "*Nënës time, personifikimit të dashurisë, të mirësisë, të vuajtjeve, të duresës, të qëndresës dhe të urtësisë, asaj e cila më rriti dhe me plot dashuri, gëzim dhe hare në shenjë falënderimi dhe mirënjohjeje!*"

Në vitin 1975, mbasi përfundon me sukses doktoraturën, kthehet në Kosovë, duke mbartur me vete një kulturë të shëndoshë, i paisur me cilësi të lartë morale, fetare, shoqërore e patriotike.

Ai bëhet një përkushtues deri në ditët tona i interesave të larta të devocionit të fesë dhe të nacionit shqiptar.

Studiuesi i shquar, është njohur sot, jo vetëm si prift i thjeshtë (*në një ndër zonat më të vështira të Kosovës, ç'ka të kujton shën Jeronimin dhe mons. Simon Filipaj-n, që përkthyen Biblën i pari në latinisht dhe i dyti në shqip në kushte shumë të vështira, duke mbetur të pavdekshëm për botën dhe shqiptarët, shënimi im K.K.*), por mbi të gjitha si një njeri me botë të madhe njerëzore, duke vënë të gjithë talentin e tij intelektual dhe njerëzor, vetëm për të mirën e popullit e vendit të tij.

Me erudicion, më përpara dhe tashti, diti me mjeshtëri, të ndërthurë e kanalizojë interesat nacionale, shoqërore të popullit tonë, me nevojat e brendshme shpirtërore të tij.

Edhe në ditët tona shpesh porositë, se: "*Në mënyrë graduale duhet të vijë ripërtritja e qëndrushme ose rindërtimi i shpirtit të njeriut veçanërisht për Shqipërinë, duke e shëruar nga plagët e thella, të shkaktuar nga konflikti me sietmin dogmatik ateist, i cili për pasojë solli edhe rënien e kulturës.*

Në këtë kontekst të nevojës imediate, njeriu duhet të ripërtërihet, duke rifituar drejtimin ndaj vlerave më të larta të jetës shpirtërore, ku inkuadrohen në unitet: feja, shpresa dhe dashuria.

Në këtë mënyrë, mund të rimarrim jetë dhe lulëzim, të ripërtërihen në gjerësi dhe thellësi tërësia e strukturave të shoqërisë dhe qytetërimit.

Në qoftëse duam të krijojmë njeriun e vetëdijshëm, si njëri të vërtetë brenda

---

[264] Isak Ahmeti, **"Drita"**, 3 Maj 1978.

*komunitetit të krishterë, domethënë njeriun e krijuar, sipas shëmbëllimit dhe ng-
jashmërisë së Perëndisë, duhet edhe në këtë rast t'i përshtaten strukturat e
mendimit të njeriut, në të cilin rregullat e drejtësisë po fuqizohen dhe plotësohen
nga dashuria, në fushën e marrëdhenieve njerëzore, të karakterizuara nga bashkësia
dhe solidariteti...*"

Vala e rëndë e keqtrajtimeve, që përfshiu Kosovën, si pasojë e push-
timit të gjatë nga kolonizatorët serbë, **bëri që imzot dr. Lush Gjergji të
gjendet më pranë halleve e shqetësimeve të përditshme të grigjës së vet,**
*duke qenë një bari model i populli besimtar, që si dele e urtë e ndiqte nga pas, për
t'iu gjendur në këto çaste të vështira, që po kalonin çdo ditë.*

Prelati ynë shquhet, për një aktivitet të ngjeshur si shkrimtar dhe studi-
ues edhe në poret e tjera të jetës në Kosovë, ku angazhimi aktiv shoqëror
dhe atdhetar zinin peshë të dukshme.

I palodhur u gjend në të gjitha tubimet, ku printe flamuri nacional,
duke i paraprirë misionit fisnik për pajtimin e gjaqeve, përkrah intelektu-
alit të shquar profesorit të nderuar dhe zëmadh **Anton Çettës.**[265]

Aksioma udhëheqëse e këtij akti sublim mbarëpopullor, për rëndësinë
që po merrte për imzot dr. Lush Gjergjin ishte e shkruar në ndërgjegjën e
zemrës së tij: "**Ne më parë duhet të shërojmë plagët tona, pastaj t'i kthemi
vetvetes**".

---

[265] **Prof. Anton Çetta (1920-1995)** në Prishtinë, ishte shkrimtar, profesor letër-
sie e patriot shqiptar, i njohur për pajtimin e gjaqeve në Kosovë. Ai kreu
shkollën fillore në vendlindje, ndërsa të mesmen në Tiranë dhe Korçë. Stu-
dimet i mbaroi në Universitetin e Beogradit, ku diplomoi në gjuhë dhe kul-
turë romane. Për një kohë punoi si asistent në degën e gjuhës shqipe. Në vitet
1960-1968 ai ligjëroi lëndët: Letërsia e vjetër shqiptare, Histori e letërsisë dhe
Gjuhë latine në Universitetin e Prishtinës. Librin e parë e botoi në vitin 1953
dhe deri në vitin 1987, prof. Çetta botoi 16 libra me përmbledhje folklori nga
të gjitha viset shqiptare të Kosovës, Malit të Zi dhe Maqedonisë. Në vitin
1968 prof. Çetta, ka qenë udhëheqës i Departamentit të Folklorit në Institutin
Albanologjik të Prishtinës dhe në vitin 1990, profesor Çetta është zgjedhur
kryetar i Këshillit Qendror të Lëvizjes Kombëtare për Pajtimin e Gjaqeve.
Duke qenë se gjatë mbledhjes së folklorit kishte vizituar të gjitha viset shqip-
tare, ai kishte fituar respektin dhe dashurinë e popullit. Ai ë shtë quajtur
"Plaku i urtë", nga populli kosovar, sepse kishte arritur të pajtonte me mijëra
familje të hasmuara dhe dukuria e tragjike e gjakmarrjes, e cila asokohe po-
thuajse ishte zhdukur krejtësisht deri në vitet '90. Në zgjedhjet e para paralele
të organizuara më 1992, Anton Çetta zgjidhet deputet në Parlamentin e Re-
publikës së Kosovës nga radhët e LDK-së.

Në ato çaste, kur gjakmarrja përmes normave kanunore të maleve ishte kthyer në një plagë dhe epidemi, u gjend me Kryqin në dorë dhe Biblën si fitimtare tash 2000 vjet, meshtari i matur e i urtë, humanisti brilant në realizimin me sukses të misioneve të pajtimit (të cilat nuk ishin të lehta asokohe) u gjend vazhdimisht bariu ynë shpirtëror mons. dr. Lush Gjergji.

Këtu, më tepër se kurrë, u pa karakteri i vërtetë i shqiptarit, ku, mbi të gjitha dominoi logjika e shëndoshë humane njerëzore, me vullnetin e vetë popullit fisnik, me një shpirt të gjërë që di të falë, u realizuan shumë pajtime midis kuvendeve apo odave të famshme të burrave, duke u dhënë normalitet dhe jëtë të gjatë foshnjave të reja, që nuk do të kërcënohen më nga armët vrastare për gjakmarrje.

Viti 1990, shënoi një ngjarje të rëndësishme për popullin shqiptar në Kosovë, ku, merr jetë themelimi i Shoqatës Humanitare me emërimin e një shenjtoreje, me emrin **"Nënë Tereza"**, në krye të së cilës u zgjodh si kryetar imzot dr. Lush Gjergji, që në vitet më të rënda mbajti gjallë me bukë, veshmbathje dhe me ilaçe popullin e Kosovës.

Imzot Lushi, njihet edhe si bashkëpunëtor i ngushtë i ipeshkvijve, së pari **imzot Nikë Prelës, imzot Mark Sopit dhe imzot Dodë Gjergjit.** *"Në 70-vjetorin e lindjes së dom Lush Gjergjit, falënderojmë Zotin, për të gjitha dhuratat e të mirat që na ka falur gjatë kësaj kohe, e një nga këto dhurata është edhe mons. Lush Gjergji, i cili me veprimtarinë e tij madhore dëshmoi Krishtin e kultivoi vëllazërimin në trevat tona"*, shkruan **Imzot Dodë Gjergji, Ipeshkv i Kosovës sot.**

Të përbashkëtat midis dy liderve atdhetare Presidentit dr. Ibrahim Rugova dhe biografit të shquar të Nënë Terezës imzot dr. Lush Gjergji

Sa më shumë që hulumtues qëllimmirë **hy në brendësi të jet**ës dhe veprës, **njohjes, përshkrimeve dhe analizave të dy figurave të shquar të kombit tonë, sheh se filozofia dhe paqja sipas prof. dr. Ibrahim Rugovës dhe imzot dr. Lush Gjergjit, gjenden tek** ligjeratat e përditshme publike, fjalët me sencë dhe qëllime paqësore, shkrime, ide, politika paqësore si një risi dhe befasi gati për të gjithë, shqiptarët dhe ndërkombëtarët, sipas parimeve të pararendësve shembullorë, që bënë historinë kulminante të njerëzimit ndër vite dhe shekuj, si: **Gandhit, të Martin Luther King-ut Jr., deri diku Havelit,** *"…apo sikurse thoshte dr. Ibrahim Rugova, ishte strategjia jonë* **"tereziane"***, duke u referuar dhe frymëzuar në jetën dhe veprën e Nënës Tereze Bojaxhiu. Këtë përcaktim e shpjegonte kështu: edhe jemi të detyruar, sepse* *nuk kemi as ushtri, as polici, as armë, dhe ndoshta kjo atë herë ishte edhe fatbardhësia jonë/vrejtja ime/, por edhe duam, sepse nuk besojmë në fitoren e luftës dhe të armëve, dhe ajo do ta përgjysmonte dhe pakësonte popullatën tonë, ndëra ne dëshirojmë ta mbrojmë çdo jetë dhe çdo njeri..."*[266]

Personazhet mbarëbotërore Rugova dhe Gjergji, janë studiues dhe krijues burimor sasior dhe cilësor, njohës të thellë dhe gjerë të traditës amtare dhe kulturës sonë të pasur dhe të lashtë, analistë brilantë ku secili në fushën e vet studimore shkëlqen me aftësi të rralla trajtimi dhe shkoqitëse, duke ofruar njohuri të sakta, stil elegant, qendrime gjithnjë pozitive dhe optimiste për kontekstin shoqëror dhe hapësinor mbarëshqiptar.

Prelati dr. Lush Gjergji, për mikun e tij të paharruar *prof. dr. Rugovën* do të shkruaj: *"Shpesh thoshte:* **"Politika nuk është matematikë"**, *duke menduar dhe theksuar se njeriu nuk është kurrë vetëm numër, por person, individ i pacenueshëm, dhe se pakica dhe shumica duhet të bashkëpunojnë gjithnjë në kërkimin dhe zbatimin e paqes.*

Pastaj vazhdonte: "Arma jonë e fuqishme është lashtësia, tradita, kultura, rrenjët dhe identiteti ynë, si dhe rinia jonë... Ne duam dhe kërkojmë mënyra demokratike që t'na pranojnë për atë çka jemi e pa e dëmtuar askend... Nëse ne do ta mposhtim urrejtjen, ndarjet dhe përprçarjet, sidomos traditën e gjak apo hakmarrjes, atëherë do të jemi të lirë dhe popull demokratik... Intelektualët shqiptarë duan të jenë në shërbim të popullit...

Çka na duhet Kosova e përgjysmuar nga masakrimet apo përjashtimet... Tani është e rëndësishme ta shpëtojmë poullin.

Do të kërkojmë prej bashkësisë ndërkombëtare një fazë kalimtare, protektoratin ndërkombëtar për disa vite, e pastaj do të punojmë së bashku për pavarësinë e Kosovës...

Në mua kanë ndikuar shumë pozitivisht dy personalitete botërore, Papa Gjon Pali II dhe Nëna Tereze...".[267]

Natyra e butë e dy liderve në fusha të ndryshme si politike dhe fetare, kanë të përbashkten, se niveli i tyre intelektual është shumë i lartë, largpamës, gjë që bëri ndër dekada Rugova dhe Gjergji të spikasin dhe dallohen në kohë dhe rrethana të ndryshme në vendlindje dhe përtej saj.

Imzot Lushi e njihte dr. Rugovën dhe bashkëpunuan qysh nga viti i

---

[266] Don Lush Gjergji, **"Dr. Ibrahim Rugova në vlerësimin tim"** (*Filozofia dhe politika sipas dr. Ibrahim Rugovës"*), **Shih tek Fjala e Lirë,** <u>www.shkoder.net</u>, **2013.**

[267] Po ai, po aty.

vështirë 1981, që fatkeqsisht përfshiu atdheun e tyre të përbashkët Dardaninë e lashtë martire deri në kalimin e Presidentit në amshim. Ato mes tyre gjatë kësaj rruge të gjatë të abshkëpunimit të ngushtë kanë pasur përshtypje dhe përvoja shumë pozitive.

Monsinjori ynë Gjergji, rrëfen detaje interesnte dhe të fuqishme të karakterit që në fakt do të thoja se janë edhe të tijat. Ai e rrëfen me shumë efekt mbresëlënës karakterin e fortë me vlera të pastra positive të dr. Rugovës, kur shkruan: *"Ibrahim Rugova, nuk "diti" dhe nuk deshi kurrë të mbrohet, por urtisht, guximisht dhe me shumë sukses e kudo e mbrojti popullin shqiptar, sidomos Kosovën.*

Ai nuk "diti" dhe nuk deshi kurrë ta sulmonte askend, përpos të keqen, padrejtësinë, diktaturën, urrejtjen, rrenën, mashtrimin, dhe atë gjithnjë me fuqinë e së vërtetës, me strategjinë këmbëngulëse dhe frymëzuese për falje, pajtim, bashkëpunim dhe bashkëjetesë me të gjithë.

Mu për këtë ishte dhe do të jetë përfaqësuesi ynë i denjë në luftë për liri dhe demokraci në skenën kombëtare dhe ndërkombëtare gjatë viteve 1989-1999 si dhe pas Luftës, deri në vdekje (21 janar 2006). Do të thoja së bashku me Nënës Tereze se dr. Ibrahim Rugova **"e dha pjesën më të mirë të vetvetes".**[268]

Unë mendoj, se bota e përbashkët e pasur e dy personaliteve të shqiptare dardane dhe botërore *Rugova dhe Gjergji,* qëndrojnë në të përbashkëten, se **bota dhe prof. dr. Ibrahim Rugova dhe trinomi:** *Liri, Pavarësi dhe Demokraci,* është i njëjtë me trinomin e mirënjohur ndër shekuj të **Imzotit** tonë dr. Gjergjit: **Fe-Atdhe-Përparim**: do të thotë **Fe**, secili në fenë e vet, **Atdhe**, është vendlindja e tyre e përbashkët *Dardania martire dhe stoike,* dhe së fundi **Përparim**, që është *Liri, Pavarësi dhe Demokraci* për vendin e tyre po të përbashkët.

Por, mbi të gjitha, **monsinjor dr. Lush Gjergji në Kosovë njihet si bashkëpunëtor i ngushtë i Presidentit prof. dr. Ibrahim Rugova (1944-2006)**[269], lider historik, që vendosi lidhje të fortë me Selinë e Shenjtë dhe

---

[268] Po ai, po aty.

[269] **Dr. Ibrahim Rugova (1944- 2006)**, ishte një politikan, studiues dhe shkrimtar shqiptar i Kosovës, i cili shërbeu si Presidenti i Parë i Republikës së Kosovës, në vitet 1992-2000 dhe sërish në vitet 2002-2006. Ai mbikëqyri një luftë popullore për pavarësi, duke mbrojtur një rezistencë paqësore ndaj sundimit të gjatë serbo–jugosllav dhe duke lobuar për mbështetjen e SHBA-së dhe Evropës, veçanërisht gjatë Luftës së Kosovës. Duke patur si pikëmbështetje Shoqatën e Shkrimtarëve, ai ishte njëri ndër bashkëthemeluesit e

papën Gjon Pali II, si dhe ndërkombëtarizoj çështjen e rendë e të përvuajtur të popullit martir të Kosovës, i pushtuar nga regjimi serb gjatë vitëve shumë të vështira të vitit 1990.

Lidhjes Demokratike të Kosovës e cila ishte lëvizja e parë demokratike mbarëpopullore, e cila u shndërrua në parti dhe filloi një fushatë paqësore kundër Serbisë. Ai ritheksoi trashëgiminë e lashtë të Dardanisë, mbretëri e pavarur dhe më vonë provincë e Perandorisë Romake që përfshinte territorin e sotëm të Kosovës, për të forcuar identitetin e vendit dhe për të promovuar politikën e tij të marrëdhënieve të ngushta me Perëndimin. Për shkak të rolit të tij në historinë e Kosovës, Rugova është quajtur **Ati i Kombit** dhe **Gandi i Ballkanit**, ndërsa *pas vdekjes është shpallur* **Hero i Kosovës**. Rugova shkollën fillore e kreu në Istog, të mesmen në Pejë më 1967. Fakultetin Filozofik - Dega Gjuhë e Letërsi Shqipe e kreu në Prishtinë, ku u diplomua i pari më 1971. Në fillim ishte redaktor në gazetën e studentëve "Bota e re" dhe në revistën shkencore "Dituria" (1971-1972), që botoheshin në Prishtinë. Një kohë punoi edhe në revistën "Fjala". Nisi të njihej ndër qerthujt letrarë të lidhura me universtitetin e Prishtinës. Gjatë vitit akademik 1976-77 qëndroi në Paris, në "École Pratique des Hautes Études", nën mbikëqyrjen e Roland Barthes, ku ndoqi studimet për doktoraturën në studimin e letërsisë, me përqendrim në teorinë letrare. Doktoroi në fushën e letërsisë në Universitetin e Prishtinës, më 1984. Në vitin 1986 Ibrahim Rugova u zgjodh anëtar korrespondent i Akademisë së Arteve dhe Shkencave të Kosovës. Pastaj, për afro dy dekada, veprimtarinë e veta shkencore i zhvilloi në Institutin Albanologjik si hulumtues i letërsisë. Një kohë ka qenë kryeredaktor i revistës Gjurmime albanologjike të këtij Instituti. Me krijimtari letrare u mor që nga fillimi i viteve gjashtëdhjetë. Më 1988 u zgjodh kryetar i Shoqatës së Shkrimtarëve të Kosovës, që u bë bërthamë e fuqishme e lëvizjes shqiptare, e cila kundërshtoi sundimin komunist serb dhe jugosllav në Kosovë. Si intelektual që i jepte zë kësaj lëvizjeje intelektuale e politike Ibrahim Rugova u zgjodh, më 23 dhjetor 1989, nga themelimi kryetar i Lidhjes Demokratike te Kosoves partisë së parë politike në Kosovë që sfidoi drejtpërdrejt regjimin komunist në fuqi. LDK, nën udhëheqjen e Rugovës, u bë shpejt forca politike prijëse në Kosovë, duke mbledhur shumicën e popullit rreth vetes. Në bashkëpunim me forcat e tjera politike shqiptare në Kosovë si dhe me Kuvendin e atëhershëm të Kosovës, Rugova dhe LDK-ja përmbyllën kornizën ligjore për institucionalizimin e pavarësisë së Kosovës. Deklarata e pavarësisë (2 korrik 1990), shpallja e Kosovës Republikë dhe miratimi i kushtetutës së saj (7 shtator 1990), referendumi popullor për pavarësinë dhe sovranitetin e Kosovës, mbajtur në fund të shtatorit 1991, qenë prelud përLDK fitoi edhe zgjedhjet e fundit nacionale më 2004.

Dhe imzot dr. Lush Gjergji do të vlerësonte kështu shokun e dashur të tij prof. dr. Ibrahim Rugovën: **"Mu për këtë unë do ta formuloja kështu vlerësimin tim ndaj tij: Dikush shkruan histori, dikush mbetet në histori, dikush është histori. Dr. Ibrahim Rugova shkruajti histori, si dhe mbeti në histori, dhe ç'ka është edhe më e rëndësishme, Ai është për ne jo vetëm histori, por edhe e tashmja dhe ardhmëri.**"[270]

Ai, pa kursim, por me vullnet të madh mori pjesë në hartimin e programit dhe të statutit të kësaj Shoqate. Mirëpo, ajo që e dallon këtë prelat, është thjeshtësia dhe devocioni i vazhdueshëm si virtyt cilësor i mons. dr. Lush Gjergjit, për t'i shërbyer popullit të tij pa dalim feje, krahine dhe ideje.

Ai shprehet: *"E kam parasysh një thënie të vjetër të Pjetër Bogdanit: "***Fati i popullit tim është edhe i imi***", prandaj (në çdo formë organizimi, që ka për bazë mirësinë ndaj popullit tij), kam ofruar mundësitë e mia organizative dhe krijuese"*.

Nënë Tereza "flet" në shumë gjuhë të botës
përmes biografit të afërt dhe të palodhur imzot dr. Lush Gjergji

Ka më shumë se katër dekada, që qarqet publiçistike botërore, përmes shkrimeve në gazeta e revista prestigjioze religjioze e kulturore, njohin pendën e palodhur të mendjes së ndritur të dr. Lushit, që një jetë të tërë ruan bashkëpunimin me shumë ente botuese dhe media bashkëhore botërore sot.

Si një intelektual cilësor dhe produktiv, është kërkues drejt horizonteve të reja të kulturës shqiptare e botërore, duke i dhuruar njerëzimit mbi 10 vepra të Nënë Terezës, me shifra astronomike me tirazh mbi 4 milion kopje, sikurse është **"Madre della carita"** (*Nëna e mëshirës*) etj.

Ashtu si për shën Nënë Terezën e Kalkutës, India ka qenë atdheu i dytë i saj edhe për mons. dr. Lush Gjergjin India dhe viset e tjera të botës, ku ndoqi jetën dhe mirësitë e Nënë Terezës kanë qenë atdheu i dytë, një lëndë e parë për hartimin e veprave serioze të mirëseardhura, të cilat vit pas viti janë bërë pronë e thesarit të artë të kulturës shqiptare dhe botërore.

Ai i përket mbarë njerëzimit, duke u rradhitur si shkrimtar bashkëkohor në panteonin e artë të kulturës, shqiptare, evropiane dhe botërore me dinjitet dhe reputacion si një shqiptar i vërtetë.

Duke ndjekur me kujdes dhe vazhdimisht veprimtarinë e pasur dhe

---

[270] Po ai, po aty.

të pandërprerë për shumë dekada të studiuesit dhe shkrimtarit tonë dr. Lush Gjergjit, sheh se ai fatmirësisht *është bërë burimi më i madh referimi dhe literature serioze, për të gjithë artikujt dhe librat e reja biografike, që vazhdojnë të shkruhen sot në botën shqiptare dhe ndërkombëtare, për personazhin e tij të dashur shën Nënë Terezën ose sikurse njihet sot me emrin e shenjtë të kishës katolike si shën Tereza e Kalkutës.*

Ky biograf e studiues i afërt i jetës së Gonxhe Bojanxhiut, u bë motoja e jëtës së tij, krahas detyrës baritore të përditshme, me arsyen e parë për t'i treguar mbarë botës, se kush janë shqiptarët, që Shkrimi i Shenjtë i Biblës i përmend me krenari tash 2000 vjet, për t'i përcjellë botës, se kjo Nënë e vogël, shpirtërisht dhe si humaniste e përbotshme kishte një zemër të madhe, sa mbarë bota, që e respektoi përjetësisht me veneracion.

Ajo, kur ka ndërruar jetë në lumninë e pasosun, së bashku njerëzimi ka ngritur zërin e kërkesës, për t'a bërë pjesëtare të denjë (beatifikuar) në familjen e madhe të shenjtorëve të paharruar të krishtërimit.

Këto vepra (*sikurse do t'i citojmë me radhë më poshtë*) janë shumë të rëndësishme, sikurse vlerëson studiuesi dhe shkrimtari i shquar **prof. Isak Ahmeti**, në librin e njohur "**Kleri katolik shqiptar dhe letërsia**", kur shkruan: "**...kanë vlerë monumentale, janë dëshmi e gjallë se kemi të bëjmë me një pendë të rrallë, që po krijon ura afrimi të botës shqiptare, të botës humanitare, në botën e komunitetit evropian...**"

Meshtari e publiçisti, mbrojti me stoicizëm identitetin shqiptar të Nënë Terezës, ndonëse në kohën që kishte botuar librin biografik "**Nëna jonë Tereze**", shtypi i atëhereshëm dashakeqas jugosllav, kishte mbushur faqet e saj me pretendimin, se ajo është jugosllave.

Ishte pikërisht serioziteti dhe ofrimi i fakteve autentike, që studiuesi ynë i palodhur dr. Lush Gjergji i ka bërë prej shumë dekadave kësaj figure madhore të njerëzimit dhe botës shqiptare ndër shekuj.

Më pas media dhe shtypi i huaj me të drejtë, ka marrë si pikë referimi dhe botoj shkrime nga jeta e Nënë Terezës, duke u mbështetur në veçanti nga burimet serioze origjinale të hulumtuesit shqiptar meshtar dhe atdhetar.

Kështu dhe vetëm kështu, në këtë linjë, duke u bazuar në punën e madhe hulumtuese serioze dhe faktografike, bariu dhe studiuesi mons. dr. Lush Gjergji do të vijojnë edhe me 6 vepra të tjera shkrimore biografike, që autori i ka përkushtuar po personazhit të tij kryesor, personalitetit të shquar botëror Gonxhe Bojaxhiut.

"**Lule për Nënën**", është libri ekskluziv, që u botua në shqip dhe italisht e kohët e fundit në gjuhët e tjera masive të folura dhe shkruara. Këtu përmblidhen kontribute arti, që në këtë rast i kushtohen Nënë Terezës.

Kjo është tema më e preferuar universale, që ka trajtuar shpesh penda e mendja e begatë e dr. Lushit, ku poezitë përkushtuar Engjëllit të përjetshëm të Paqes, do të mbesin si një lule që freskon zemrat e do njeriu, që ka pasur fatin ose privilegjin e madh të takojë ose të ketë mbi kryet e vet, për një çast solemn meditimi duart e shenjta dhe mrekullibërëse të shën Nënë Terezës.

Poezia shqipe, që është krijuar mbi Nënë Terezën e që vijon të krijohet, ka shpërblyer vrudhshëm e në tërë bukurinë e saj, sepse, *"kjo poezi, e frymëzuar nga triumfi i humanizmit nga vetëflijimi i Nënë Terezës për Njeriun, për Njerëzimin, pulson nga një Frymëmarrje e gjërë, nga Triumfi i metaforës poetike"*, vlerëson studiuesi i mirënjohur **prof.** Isak **Ahmeti**.

Ndërsa në 80-vjetorin e lindjes së saj, autori nxjerrë nga shtëpia e botimit me titull domethënës veprën: **"Madre Tereza"** (**1990**). Ajo, është në vetvete, një pasqyrë monografike dhe reale me vlera shumë dimensionale e historisë amtare shqiptare, mbasi këtu bëjnë pjesë shënime historike, mbi origjinën, traditën dhe gjuhën shqipe "**...që ishte mburojë e pathyeshme e Ballkanit dhe e Evropës**", siç vlerëson edhe vetë biografi i veprës në fjalë.

Në qoftëse, do të ndanim me kujdes librat firmën me mons. dr. Lush Gjergji, atëherë rezulton, se në biografinë shqiptare brenda trojeve etnike, *janë lëvruar mbi 14 libra në gjuhën shqipe, ndërsa të tjerat janë në gjuhë të huaj.*

Kështu, kujtojmë se vetëm libri më popullor: **"Nëna jonë Tereze"**, në fillim u botua në gjuhën amtare, më pas u botua me sukses edhe në 9 gjuhë të botës, si: *anglisht, italisht, gjermanisht, portugalisht, spanjisht, frengjisht, sllovenisht, hungarisht dhe kroatisht.*

Monografia monumentale, shpalos me madhështi dinjitoze botën e madhe humanitare të shqiptares, përmes një pende të rrallë të përdorur me efikasitet.

Në faqet e veprës jepet me një stil joshës dhe narrativ këndshëm jeta e përkushtimi i nobelistes së Paqes, si motër nderi e të gjithë botës, duke rradhitur me kujdes një mori dokumentash, që ka hulumtuar vetë studiuesi ynë në Indi e kudo, ku, mund të marrësh nga leximi i tyre, mesazhe, episode tërheqëse dhe emocionale.

Tek e lexon dhe rilexon me endje dhe përjetim, ndjen në thellësi të shpirtit pikërisht figurën e qetë, të kësaj krijese engjëllore gjithnjerëzore, fisnike në zemër e shpirt, të urtë e të dlirë, të dashur e të përkushtuar, të vendosur e vetmohuese, në një kontekst më të gjërë mbi gjithçka pozitive dhe humane, që me finesë Ajo bëri me përkushtim në dobi të njerëzimit, në çdo kënd të botës.

Ai si shkrimtar me përvojë, ka skalitur me kujdes portretin e Nënës së shekullit XX, me emrin: Nënë Tereza, këtë përfaqësuese të dashur të shumë konfesioneve (besimeve) të kombeve e të racave të ndryshme, ku *Ajo dhuroi dhembshuri, dashuri, jetën e vet kushtuar Zotit e njeriut të varfër kudo nëpër botë.*

"Madre della carita" (Nëna e dashurisë), mbasi u botua në shqip në vitin 1990, *u përkthye në: italisht, frengjisht, anglisht, spanjisht, gjermanisht e polonisht.*

Libri i ri, është një publikim i rrallë, i veçantë, duke rrezatur e vendosur një urë afrimi mes botës shqiptare me atë humanitare amtare, të mishëruar në piedestal, përmes Nënë Terezës, si shembull përsosmerie në tërë botën.

Shkrimtari dhe bariu ynë shpirtëror dr. Gjergji, me këtë vepër monografie të përmasave botërore, ai ka arritur në një shifër rekord në 4 milion kopje (tirazhi), çka do t'a kishin zili shumë shtëpi botuese dhe autorë botërorë njëhezazi, në Evropë dhe për disa dhjetëvjeçarë në Shqipëri.

Shtypi e ka përcjellë kështu: "*...një letrat me talent e kallzimtar që na e kujton Barlecin, përmes shkrimesh e ngjyrash të gjallë, ka përjetuar figurën madhore të Nënë Terezës.*"

Varianti në italisht "*Madre della carita*", në një numër prej 500 kopjesh janë speciale, pra, me një fjalë të mbështjellur me lëkurë ariu të bardhë të zonave polare.

Këto 500 libra si ekzemplarë i rrallë dhe special i janë dhënë Atit të Shenjtë papa Gjon Pali II (**sot shën Gjon Pali II**), i cili ua dhuron here pas here autoritetëve botërore të lëmeve të ndryshme.

Eruditi i palodhur dhe intelektuali i shquar dr. Gjergji, njihet për libra të tjerë: "**Kosova, strategji pa dhunë**", botuar në italisht më 1993. Vepra në fjalë është ribotuar disa herë në vit, duke u mirëpritur shumë mirë nga lexuesi italian dhe kritika kualitative letrare italiane.

Kujtoj, se ky është rast i vetëm, që një autor shqiptar me librin në fjalë shërben vazhdimisht si literaturë plotësuese e informuese për shkollat e mesme në të gjithë Italinë.

Ajo që është e rëndësishme të thuhet është se libri tjetër, që ka zgjuar shumë interesimin e botës e qarqeve kulturore dhe historike evropiane është "**Bosnje, s'mund të na detyroni t'ju urrejmë**".

Autori, ka shkruar një libër tjetër: "**Të falem për të jetuar**", dhe në vitin

1997 ai është botuar edhe në gjuhën italiane.

Ngjarjet si shkak në këtë libër, i ka marrë nga jeta e përditshme e bashkatdhetarëve të vet në Kosovë, që zë fill në pjesën më të madhe në vitin 1981 me ngarkesa dhe drama të mëdha politike në vendlindjen e tij asokohe të pushtuar nga kolonizatorët shumë shekullor serb...

Shkrimtari shumë i mirënjohur në qarqet kulturore mbarëshqiptare dr. Gjergji, për shumë vite me radhë ka qenë redaktor dhe kryeredaktor i revistës fetaro-kulturore "**Drita**", si dhe i shtëpisë Botuese me të njëjtin emër në qytetin Ferizaj të Kosovës.

Në botë emri dhe vepra e tij, veç shkrimeve origjinale (në gjuhë të huaj), ka pasur nderin të jetë si bashkëpunëtorë i shumë revistave kombëtare dhe ndërkombëtare, veçmas me punime dhe studime rreth edukimit të fëmijëve dhe rinisë, studiues e analist vizionar, i mprehtë dhe i kujdeshëm bashkëkohorë i shumë çështjeve të mprehta bashkëkohore familjaro-shoqërore.

Ai është bashkëpunëtorë i palodhur dhe shumë rezultativ me shkrime të bukura dhe tematika të larmishme i revistës së njohur kulturore-rinore "*Shpresa*" në Prishtinë, që botohet dhe drejtohet nga saleziani **don Nosh Gjolaj**.

Imzot dr. Lush Gjergji, është një fabrikë letrare e dhjetra librave të mirëseardhura, që prodhon përherë me cilësi për fenë, kulturën dhe temat bashkëkohore shqtësuese të nacionit (atdheun e tij).

Misionarët e Pajtimit të Gjaqeve në Kosovë
imzot dr. Lush Gjergji dhe prof. Anton Çetta

*"Populli shqiptar është i mirë dhe bujar, por ka ra pre nën ndikimin e së keqes, është robëruar nga shumëkush dhe shumëçka, e ne, bijtë dhe bijat e tij, duhet ta "zgjojmë" nga kjo kllapi, ta lirojmë nga ky robërim dhe kushtëzim i traditës së keqe, e cila nuk është e jona, mbi të gjitha është shumë e dëmshme dhe vdekjeprurëse, sepse vëllain e shndërron në vrastar...". - **Prof. Anton Çetta***

"Prandaj do të thosha, se prof. Anton Çetta ishte një kirurg shpirtëror i mbarë popullit shqiptar. Ai mbetet një figurë në mendjen dhe zemrën e popullit shqiptar. Dhe është fatkeqësi që nuk kemi ditur ta shprehim një nderim dhe falënderim jo ndaj tij, por ndaj Lëvizjes dhe fenomenit të pajtimit të gjaqeve. Fatkeqësia është që

nuk gjendet kurrkund e shënuar as në libra shkollorë. Fatkeqësia, është se ne e kemi kujtesën shumë të shkurtër, dhe të mirën po e zhvlerësojmë dhe po e harrojmë". - **Don Lush Gjergji, Vikar i Përgjithshëm i Kishës Katolike të Kosovës** [271]

Mons. dr. Lush Gjergji si një *humanist i shquar* ishte pjesëmarrës në faljen e mbi 1200 gjaqeve së bashku me më popullor **prof. Anton Çettën**, të cilët edhe me antarë të tjerë të Misionit ndalën vëllavrasjen, në kohën më të rrezikshme, kur regjimi ushtarak kolonizues i Slobodan Milosheviqit nisi zbatimin e masave të egra shtypëse të dhunshme, pas heqjes së Autonomisë krahinës së Kosovës asokohe.

Aksioni për Pajtimin e Gjaqeve, bëri që viti 1990 të futej në histori si viti mrekullibërës, kur kjo plagë do të zhdukej rrënjësisht. **Sot, më shumë se kurrë, shqiptarët kanë nevojë për pajtim, për pajtues dhe unifikues shembullor si profesor Anton Çetta dhe mons. dr. Lush Gjergji.**

Dhe Zoti ia dërgoi bijtë e tij të devotshëm dhe human kombit arbëror në kohën kur kishte më shumti nevojë për bashkim e pajtim midis shqiptarëve.

Për dy patriotët human dardan prof. Çetta dhe prof. Gjergjin, viti 2024 shënoi 34-vjetorin e pajtimit të gjaqeve, kthesës historike mbarë popullore në Kosovë e jashtë saj, që i kontriboi zhdukjes së hasmërive dhe shërimit të shoqërisë shqiptare, e pajtimit mes njerëzve.

Bariu ynë shpirtëror **mons. dr. Lush Gjergji, ishte pjesë aktive e Lëvizjes për Pajtimin e Gjaqeve**, të prirë prej misionarit të shquar dhe të palodhur prof. Anton Çettës, të cilën bënë një histori të lavdishme dhe humane për ndaljen e vëllavrasjes, e cila ishte shkëndija e pastër e lëvizjes antikoloniale për liri.

Ai ndër të tjera si drejtues i Shoqatën Humanitare Bamirëse të Kosovës "Nëna Terezë", asokohe thoshte: *"Synimi ishte i qartë: mposhtja dhe çrrënjosja e gjakmarrjes një herë e përgjithmonë, si parakusht qenësor për paqe dhe pajtim, për liri dhe demokraci, për një të tashme dhe ardhmëri më fatbardhë"*

Prelati dardan dr. Gjergji gjithnjë asokohe ruante dhe sot sërisht ruan një respekt të vecantë për mikun dhe shokun e tij të ngushtë të idealeve të pastra humane dhe patriotike burrin me shpirt të madh dardan prof.

---

[271] **Intervistë e don dr. Lush Gjergjit** dhënë gazetës KOHA Ditore, e diele, 5 gusht 2018, nr. 7566, f. 10-11.

Anton Çettën.

Ai kujton, për prof. Çettën: *"Ishte një njeri i cili e donte mbi të gjitha popullin e vet dhe të mirën e popullit të tij. Prandaj do të thosha, një kirurg shpirtëror i mbarë popullit shqiptar. Ishte ai i cili e hetoi, mbase më mirë se askush se kanceri më i madh i shoqërisë shqiptare është hakmarrja, siç e kam definuar unë, si vetëvrasje, vëllavrasje dhe vrasje"*.

Nga këto vlerësime të sakta mësojmë, se **imzot Lushi shihte tek prof. Anton Çetta**, një njeri të mrekullueshëm konservator të traditës amtare, të kulturës dhe qytetërimit tonë vijues ilir-arbëror-shqiptar, sepse ai mbi të gjitha me jetë dhe veprimtari konkrete e donte popullin e vet dhe të mirën e vazhdueshme të tij.

Akademikët prof. Çetta dhe dr. Gjergji, e dinin mirëfilli se fatkeqësia më e madhe e shoqërisë shqiptare është hakmarrja apo gjakmarrja, një plagë që fatkeqsisht pikon gjak arbëror ose sikur e ka cilësuar **imzoti ynë dr. Gjergji** se ajo është **vetëvrasje, vëllavrasje dhe vrasje**.

Të dy ishin njerëz fushës së letrave shqipe dhe të Zotit njëkohsisht, mbasi besonin në mirësitë e Tij. Profesor Çetta asokohe krijonte një atmosferë unike.

Dhe mons. dr. Lushi kujton: *"Para Anton Çettës ka qenë shumë e vështirë të thuash jo. Dhe ne kemi punuar shumë rreth vetëdijesimit, sepse pa u ndryshuar vetëdijesimi nuk ka ndryshim.*

Populli në fillim bëri një rezistencë të jashtëzakonshme, por më vonë e kuptoi se ne nuk donim asgjë, pos që populli të jetë i lirë dhe i mirë. I lirë dhe i mirë, pa falje, është e pamundshme. E kam definuar edhe këtë: Kush urren, jeton për të bërë keq. Krejt fuqinë e jetës së vet e drejton gabimisht.

Prandaj, të jetosh si individ, si familje dhe si shoqëri nuk është e drejtë. Robëria më e madhe e një populli është pikërisht robëria e së keqes. Dhe gjakmarrja ose hakmarrja ka qenë një fenomen i tillë."[272]

Botime të ndryshme brenda dhe jashtë vendlindjes

Mons. dr. Lush Gjergji është anëtar i Lidhjes së Shkrimtarëve të Kosovës, anëtar i Gazetarëve dhe Publiçistëve Katolik të Evropës dhe anëtar i Akademisë Evropiane.

---

[272] Po ai, po aty.

Prelati dr. Lush Gjergji ka botuar në gjuhën shqipe:

1. **Roli i femrës shqiptare në familje dhe në shoqëri,** (1977 dhe ribotuar në vitin 1990).

2. **Krishti ndër ne,** (katekizëm, 1978 dhe ribotuar në vitin 1991).

3. **Nëna jonë Tereze,** (1980 dhe ribotuar në vitin 1990); Kjo vepër është botuar edhe në këto gjuhë: **kroatisht** (1982, 1990), **sllovenisht** (1993), **italisht** (1993), **frëngjisht** (1995), **spanjisht** (1988; 2016), **hungarisht** (1990), **anglisht** (1992).

4. **Kah toka e premtuar,** (katekizëm, 1985 dhe ribotuar në vitin 1991).

5. **Zoti kujdeset për popull,** (katekizëm, 1985, 1991).

6. **Lule për Nënën – monografi kushtuar Nënës Tereze,** (1986); italisht (1989).

7. **Krishti me ne,** (katekizëm, 1988 dhe ribotuar në vitin 1991).

8. **Dashuria në vepër: Nëna Tereze,** (1992 dhe ribotuar në vitin 2010).

9. **Fitorja e kryqit,** (1992). 10. **Dëshmitarët e Krishtit,** (katekizëm, 1992).

11. **Shna Ndou - Shenjti i botës,** (1995).

12. **Atenagora – profet i bashkimit,** (1995); ribotimi në Shtëpinë Botuese "55" në Tiranë (2000 dhe ribotuar sërisht në vitin 2015).

13. **Jezusi ndërron jetën tone,** (1997).

14. **Zëri i heshtjes,** (1997).

15. **Gonxhja jonë - Nëna e botës,** (1998).

16. **Nëna e dashurisë,** 2000 dhe ribotuar në vitin 2011.

17. **Gonxhe Bojaxhiu – Nënë Tereza,** *Poezi dhe Uratë, zgjodhi*: Lush Gjergji (1998 dhe ribotuar sërisht në vitet 2000 dhe 2003).

18. **Jeta dashuria shërbimi,** (2001).

19. **Zbulimi i Zotit dhurata më e çmuar,** (2002).

20. **Prej dashurisë në DASHURI,** (2005).

21. **"I PAVDEKSHMI",** *Gjon Pali II* (2006).

22. **Dashuria nuk dashurohet,** (2006).

23. **Shën Pali – Apostulli i Popujve,** (2009).

24. **Imzot Nikë Prela, Njeriu i Zotit, Kishës dhe Popullit,** (2010).

25. **Shenjtëresha e Dashurisë – Nëna Tereze,** (2010).

26. **Të ftuar dhe të dërguar,** (2012).

27. **Dashuria që nuk vdes,** (2013).

28. **Miqtë e mi në amshim,** (2015).

29. **Jeta, dashuria,** shërbimi, (2016).

30. **Të mëshirshëm porsi Ati,** (2016).

31. **Virgjera Mari në histori dhe në përshpirtëri,** (2017).

32. **"Shenjtëresha e Dashurisë, Prej Shën Palit te Shën Nëna Tereze",** (2017).

33. **"E kam në zemër popullin tem Shqiptar",** (2019).

34. **"Shën Jeronimi ilir (347-420), përkthyesi i Biblës, dijetar i Kishës",** 2020.

35. **Jeta me Zotin dhe të afërmin. Feja dhe psikologjia,** 2023.

36. **Koncili II i Vatikanit dhe Shqiptarët,** 2023.

Imzot dr. Lush Gjergji botime në gjuhën italiane:

1. **La donna Albanese** (disertacioni i doktoranturës në psikologjinë shoqërore, 1975).

2. **Tutta la nostra vita è dire "Grazie e "Perdono",** (1989 dhe ribotuar në vitet 2003 dhe 2006).

3. **Madre della carità, dy vëllime,** (1990; dhe sërisht çdo vit disa ribotime). *Vepra në fjalë është botuar edhe në këto gjuhë:* **anglisht** (1991), **spanjisht** (1992), **frëngjisht** (1993), **polonisht** (1994), **gjermanisht** (1995), **shqip** (2000); **kroatisht** (2007); **sllovenisht** (2008).

4. **Vivere amare testimoniare (La spiritualità di Madre Teresa),** në dy vëllime, 1995; botimi anglisht (1998), polonisht (1999).

5. **Resistenza nonviolenta nel Kossovo,** (1993 dhe ribotuar në vitin 1996).

6. **Non potete costringgerci ad odiare,** (1996).

7. **Kossovo, un popolo che perdona,** (1997).

8. **Kossovo un popolo per la riconciliazione,** (1999).

9. **L'amore che non muore,** në dy vëllime (1998 dhe ribotuar në vitin 2010).

10. **Kossovo non violenza per la riconciliazione** (1999).

11. **Madre Teresa, L' amore in azione,** (2002; 2003; 2013; 2016), **polonisht** (2002; 2003, 2009); **litvanisht** (2003); **anglisht** (2010; 2015).

12. **Sant'Antonio, il santo del mondo,** (2006), **sllovenisht** (2008), **anglisht** (2009); **polonisht** (2010).

13. **La Santa dell'Amore – Madre Teresa,** (2010); **italisht** (2010); **anglisht** (2010); **rumanisht** (2010); **polonisht** (2016);

14. **Nikë Prela, Uomo di Dio, della Chiesa e del Popolo,** (2010).

15. **Sant'Antonio di Padova il Santo del mondo,** (2015).
16. **Canonizzazione di Madre Teresa** (2016); kroatisht (2017).

Prelati prof. dr. Lush Gjegji
ka botuar në gjuhën kroate këto vepra:

1. **Majka Terezija,** (1982, 1990).
2. **Život je naš hvala i oprosti,** (1984, 1986); italisht (1989, 2003, 2006).
3. **Živjeti ljubiti služiti,** (1987).
4. **Pjevaj i putuj,** (1988).
5. **Glas šutnje,** (1990).
6. Pobjeda križa, (1995).
7. **Ljubav na djelu: Majka Terezija,** (1995).
8. **Ljubav nije ljubljena,** (1995).
9. **Živjeti s Kristom,** (1997).
10. **Ljubiti s Marijom,** (1997).
11. **Svjedočitit s Crkvom,** (1998).
12. **Zraka Božje ljubavi,** (1998).
13. **Pozvani na zajedništvo** (2001).
14. **Majka Terezija, Bog ljubi danas preko nas, Pjesme i Molitve,** Priredio i preveo: Lush Gjergji, 2003; dhe **sllovenisht** (2009).
15. **Jedna Majka za sve: Majka Terezija,** (2009).
16. **Majka Ljubavi,** (2007).
17. **Velikani XX. Stoljeća. Ljubav koja ne umire,** (2007).
18. **Svećenik – Kristov učenik,** (2016).

Katër vëllime kushtuar çështjes së Kosovës

1. Valentino Salvoldi-Lush Gjergji, **Resistenza nonviolenta nella ex-Jugoslavia, Dal KOSOVO la testimonianza dei protagonisti,** *EMI Editrice Missionaria Italiana, Bologna, 1993, pag. 95.* (Resistenca jodhunore në ish Jugoslavi, Nga Kosova dëshmia e protagonistëve, pati disa ribotime si tekst për shkolla të mesme, të larta dhe universitare në Itali për strategjinë paqësore dhe jodhunore.)

2. Giancarlo e Valentino Salvoldi-Lush Gjergji, *Bosnia:* "**Non potete obbligarci a odiare**" *EMI Bologna, 1996, pag. 128.* Bosna: "Nuk mund t'na detyroni t'ju urrejmë". Botim për shkolla të mesme, të larta dhe universitare në Itali për strategjinë paqësore jodhunore. Tema boshte shthurja e

ish-Jugosllavisë dhe qëndrimet tona.

3. Giancarlo e Valentino Salvoldi – Lush Gjergji, **Kosovo un popolo che perdona**, *EMI Bologna, 1997, pag. 157.* (Kosova një popull që falë; Tekst për shkolla të mesme, të larta dhe universitare në Itali për strategjinë paqësore jodhunore).

4. Giancarlo e Valentino Salvoldi–Lush Gjergji, **Kosovo non violenza per la riconciliazione**, *EMI, Bologna, 1999, pag. 192.* (Kosova jodhuna për pajtim. Botim për shkolla të mesme, të larta dhe universitare për strategjinë paqësore dhe jodhunore në Kosovë).

Epilog

Dhe së fundi nga hulumtimet rreth veprimtarisë dhe kontributit të madh kulturor, letrar të intelektualit të shquar dhe bariut shpirtëror të përvuajtur e modest të meshtarit të devotshëm katolik **mons. dr. Lush Gjergji, mesojmë se ai deri tani ka botuar 70 tituj të ndryshëm me karakter psikologjik-shoqëror, katekistik, monografik, përshpirtëri, në veçanti 17 libra kushtuar jetës, veprës dhe përshpirtërisë së shën Nënës Terezës, shkruar dhe botuar në gjuhën shqipe, italiane dhe kroate.**

Studiuesi bashkëkohorë shqiptaro-amerikanë **Valentin Lumaj**, duke përshkruar intelektualin e shquar don dr. Lush Gjergji, ndër të tjera shkruan: *"Imzot dr. Lush Gjergji, është studiuesi më i mirfilltë i veprës dhe jetës së Nënë Terezës, nga e cila ai u frymëzua qysh nga takimi i tyre i parë në vitin 1968. Jeta, vepra dhe mendimi i mons. dr. Lushit, është i lidhur ngushtë me figurën e Nënë Terezës. Të flasësh për Nënë Terezën, nuk mund të rrish pa folur për dr. Lushin, dhe anasjelltas. Prandaj 13 nga librat e tij i kushtohen shenjtereshës Nënë Terezës, të cilin* **dr. Lushi e quan simbol i rilindjes, depërtimit dhe shpresës.** Të gjithë jetën deri më sot, imzot Lushi ia kushtoi në shërbim ndaj Zotit, Kishës dhe Njerëzimit dhe thelbi i veprës së tij, është siç ai thotë: **E vërteta në dashuri dhe për dashuri!"**[273]

---

[273] Valentin Lumaj, **"Mons. dr. Lush Gjergji në 40-vjetorin e meshtarisë së tij"**, Kumtesë në dorëshkrim, Detroit, Michigan

Biografi i shquar i Nënë Terezës imzot dr. Lush Gjergji, gjatë një autudience private me shën Papa Gjon Pali II në Vatikan, duke i dhuruar librin për shqiptaren humaniste, shën Nënë Terezën.

Biografi i shquar i Nënë Terezës imzot dr. Lush Gjergji, gjatë një autudience vëllazërore me Presidentin e Kosovës dr. Ibrahim Rogova, duke i dhuruar librin për shqiptaren humaniste, shën Nënë Terezën.

Biografi i shquar i Nënë Terezës imzot dr. Lush Gjergji dhe Arqipeshkvi i Tivarit dhe Primat i Serbisë imzot Zef Gashi, duke bashkëbiseduar ngrohtësisht me shqiptaren e madhe humaniste shën Nënë Terezën.

Biografi i shquar i Nënë Terezës imzot dr. Lush Gjergji dhe prof. Anton Çetta (1920-1995), duke marrë pjesë në shumë kuvende burrash të Pajtimit (Faljes) të Gjaqeve në mbarë Kosovën, gjatë viteve 1990..

NJË QIRI DRITE NË 121-VJETORIN E LINDJES SË KARDINALIT MIKEL KOLIQIT SI I PARI NË HISTORINË E KRISHTËRIMIT NDËR SHQIPTARË

*Refleksione rreth librit "**Simfonia e një jete: Kardinal Mikel Koliqi 1902-1997**" (Itali, 2001) të muzikologut prof. Gjon Simoni*

"Gjatë studimeve teologjike, në Milano, Mikelit i besuan drejtimin e korit të kolegjit. Siç duket, Mikeli nga Shqipëria ishte më i afti nga muzikantët seminaristë që kishte kolegji. Ai tregonte se për të shoqëruar korin, caktuan një tjetër seminarist që kishte përfunduar studimet në konservator dhe luante mjaft mire". - **Prof. Gjon Simoni (1936-1999), pedagog, muzikolog, studiues**

Çdo libër i shkruar nga studiues seriozë, prelat dhe intelektual të mirëfilltë, shkrimtarë të anatemuar dhe bashkëkohorë dhe kryesisht ato të shkollës së traditës shumë shekullore veriore geg, njerëzit e artit dhe kulturës, është gjithëmonë një dritare diturie për mua, për të njohur me kënaqsi personalitetet e shquara dhe të përbaltura dhe harruara të botës shqiptare këtu në SHBA dhe atje në vendlindje përtej Oqenianit Atlantik.

Kardinal Koliqi, është një nga figurat më të ndritura të *Kishës Katolike Martire Shqiptare,* njeriu që u bë simbol i gjallë i persekutimit të katolikëve dhe popullit shqiptar gjatë regjimit komunist 1944-1990, dëshmitar i gjakut të martirëve, derdhur për Fé e Atdhé në rrethana rrënqethëse e shumë tragjike, nën diktaturën komuniste ateiste në Shqipëri.

Ati i Shenjtë **papa shën Gjon Pali II (1920-2005)**[274] e emëroi prelat

---

[274] **Pope John Paul II (1920-2005).** Papa Gjon Pali II bëri histori në vitin 1978 duke u bërë **Papa i parë joitalian në më shumë se 400 vjet.** Ai u shugurua në vitin 1946, u bë peshkop i Ombit në 1958 dhe u bë kryepeshkop i Krakovit (Poloni) në vitin 1964. Ai **u bë Kardinal nga papa Pali VI në vitin 1967.** *Ai ishte një avokat i zëshëm për të drejtat e njeriut dhe përdori ndikimin e tij për të bërë ndryshime politike.* Vdiq në Itali në vitin 2005. Në korrik 2013 u njoftua se do të shpallej shenjtor në prill të vitit 2014. **Ai u shpall Shenjt.** I lindur Karol Józef Wojtyla më 18 maj 1920, në Wadowice, Poloni, jeta e hershme e tij u shënua nga një humbje e madhe. Nëna e tij vdiq kur ai ishte 9 vjeç, dhe vëllai

i tij më i madh Edmundi vdiq kur ai ishte 12 vjeç. Duke u rritur, **John Paul ishte atletik dhe i pëlqente të bënte ski dhe not.** *Ai shkoi në Universitetin Jagiellonian të Krakovit (Poloni) në vitin 1938, ku tregoi një interes për teatrin dhe poezinë.* Shkolla u mbyll vitin e ardhshëm nga trupat naziste gjatë pushtimit gjerman të Polonisë. Duke dashur të bëhej prift, Gjon Pali filloi të studionte në një seminar sekret të drejtuar nga kryepeshkopi i Krakovit. Pas përfundimit të Luftës së Dytë Botërore, ai mbaroi studimet fetare në një seminar në Krakov e u shugurua në vitin 1946. Gjon **Pali kaloi 2 vjet në Romë, ku mbaroi doktoraturën në teologji.** Ai u kthye në Poloninë e tij të lindjes në vitin 1948 dhe shërbeu në disa famulli në Krakov dhe përreth. Gjon Pali u bë peshkop i Ombit në 1958 dhe më pas kryepeshkop i Krakovit 6 vjet më vonë. I konsideruar si një nga mendimtarët kryesorë të Kishës Katolike, ai mori pjesë në Këshillin e Dytë të Vatikanit - ndonjëherë i quajtur Koncili i Vatikanit II. Këshilli filloi rishikimin e doktrinës së kishës në vitin 1962, duke mbajtur disa sesione gjatë disa viteve të ardhshme. Si anëtar i këshillit, ai e ndihmoi kishën të shqyrtonte pozicionin e saj në botë. I vlerësuar mirë për kontributet e tij në kishë, Gjon Pali u bë kardinal në vitin 1967 nga papa Pali VI. Si udhëheqës i Kishës Katolike, ai udhëtoi nëpër botë, duke vizituar më shumë se 100 vende, **për të përhapur mesazhin e tij të besimit dhe paqes.** Por ai ishte afër shtëpisë kur u përball me kërcënimin më të madh për jetën e tij. Në vitin 1981, **një vrasës qëlloi dy herë Gjon Palin në sheshin e Shën Pjetrit në qytetin e Vatikanit.** Për fat të mirë, ai mundi të shërohej nga plagët e tij dhe më vonë e fali sulmuesin e tij. Një avokat i zëshëm për të drejtat e njeriut, John Paul shpesh fliste për vuajtjet në botë. Ai mbajti qëndrime të forta për shumë tema, duke përfshirë kundërshtimin e tij ndaj dënimit me vdekje. Një figurë karizmatike, John Paul përdori ndikimin e tij për të sjellë ndryshime politike dhe vlerësohet me rënien e komunizmit në Poloninë e tij të lindjes. Megjithatë, ai nuk ishte pa kritikë. Disa kanë deklaruar se ai mund të ishte i ashpër me ata që nuk pajtoheshin me të dhe se ai nuk do të kompromentonte qëndrimin e tij të linjës së ashpër për disa çështje, si kontracepsioni. Në vitet e tij të mëvonshme, shëndeti i Gjon Palit dukej se po përkeqësohej. Në daljet publike, ai lëvizte ngadalë dhe dukej i paqëndrueshëm në këmbë. Ai gjithashtu dridhej dukshëm herë pas here. Një nga mjekët e tij zbuloi gjithashtu se John Paul kishte sëmundjen e Parkinsonit, një çrregullim i trurit i karakterizuar shpesh nga dridhjet, në vitin 2001. Por nuk kishte asnjë njoftim zyrtar për sëmundjen e tij nga Vatikani. Papa Gjon Pali II vdiq më 2 prill 2005, në moshën 84-vjeçare, në rezidencën e tij të Vatikanit. Më shumë se 3 milionë njerëz prisnin në radhë për t'i thënë lamtumirë udhëheqësit të tyre të dashur fetar në Bazilikën e Shën Pjetrit përpara funeralit të tij më 8 prill. Më 5 korrik 2013, duke tundur periudhën e zakonshme 5-vjeçare të pritjes, Vatikani njoftoi se Kisha Katolike Romake do ta

nderi (**Monsinjor**) në janar të vitit 1992, dhe e takoi personalisht, një vit më pas, gjatë vizitës së tij historike në qytetin dhe katedralen e madhe të shën Shtjefnit (protomartir) të qytetit të Shkodrës, më 25 prill 1993, duke e emëruar me titullin më të lartë të hierarkisë së Kishës Katolike si **Kardinal** (*Cardinal*) më 26 nëntor 1994, me një ceremoni madhështore, që u zhvillua në kishën e shën Pjerrit në Selinë e Shenjtë në qytet-shtetin e Vatikanit.

Menjëherë pas fillimit të proçeseve demokratike të Shqipërisë, kardinali Mikel Koliqi u nderua së pari me titullin "**Pishtar i demokracisë**", më pas me titullin "**Nënë Tereza**" dhe, vetëm pak ditë para vdekjes, me titullin më të lartë "**Nderi i Kombit**".

Ai kaloi në amshim qytetin e tij të lindjes në Shkodër, më 28 janar të vitit 1997. Prelati i ynë, ka një jetë të veçantë siç qe ajo e dom Mikel Koliqit, që shtrihet në gjithë hapësirën e shekullit të kaluar, një jetë e jashtëzakonshme për Fé e Atdhé që mbeti hallkë e pashkëputur nga tmerri i persekutimit ateist të komunizmit.

E thënë shkurt, **jeta tij është si një testament shpirtëror e kombëtar** *dhe është për të gjithë shqiptarët shembull e testament shpirtëror e kombëtar*, pra, një udhërrëfyes për të gjithë shqiptarët, se si duhet punojmë të bashkuar e në mirëkuptim gjithëmonë me njeri-tjetrin, për një të ardhme më të mirë për popullin, me një përkushtim e përvujtëri, duke kërkuar e përvetësuar gjithmonë vlerat e vërteta e të shëndosha, njerëzore, shoqërore e shpirtërore, kulturore dhe kombëtare.

---

shpallte Papa Gjon Palin II një **Shenjtor** dhe se ceremonia e kanonizimit do të ndodhte brenda 16 muajve të ardhshëm. Vatikani deklaroi gjithashtu se Papa Gjon XXIII, i cili drejtoi kishën katolike nga viti 1958 deri në vdekjen e tij në 1963 dhe mblodhi këshillin e Vatikanit II, gjithashtu do të shpallej shenjtor. Më 30 shtator 2013, Papa Françesku njoftoi se kanonizimi i Papa Gjon Palit II dhe Papa Gjon XXIII do të bëhej më 27 prill 2014. **Njoftimi i kanonizimit të Papa Gjon Palit II erdhi pasi Vatikani zbuloi se dy mrekulli i atribuoheshin të ndjerit papa.** *Pasi një murgeshë franceze që po vdiste, motra Marie Simon-Pierre Normand, iu lut Papës Gjon Pali II që gjatë betejës së saj me sëmundjen e Parkinsonit - e njëjta sëmundje që vrau* **Papën - ajo u shërua. Mrekullia e dytë përfshiu një grua 50-vjeçare, e cila pretendoi se ishte shëruar nga një aneurizëm i trurit pasi një fotografi e Papa Gjon Palit II i foli asaj.** Ceremonia zyrtare e shenjtërimit, e mbajtur më 27 prill 2014, mblodhi së bashku katër papë. Papa Françesku udhëhoqi ngjarjen për ngritjen e Papa Gjon Palit II dhe Papa Gjon XXIII në shenjtëri, ku mori pjesë edhe paraardhësi i Françeskut, Papa Benedikti.

Eshtë nder, kënaqsi dhe privilegj të rishfetosh me etje të reja diturie një libër me vlera, rrëfyer përmes një përshkrim shumë tërheqës dhe me një stil fin narrativ shumë të bukur joshës një nga më interesantet, që sapo përfundova së rilexuari këto ditë këtu në Manhattan, New York, në zemër të kryeqytetit të kulturës metropolitane botërorë dhe SHBA-së.

Saktësisht 212, është numri i faqeve të veprës së re jetëshkrimore, që **studiuesi muzikolog i njohur shkodran prof. Gjon Simoni**[275] i ka përkushtuar Kardinalit të parë në historinë e krishtërimit në popullin

---

[275] **Gjon Simoni (1936-1999)**. Ai u perfshi me pasion me artin e bukur të muzikës qysh në moshë të vogël në jetën muzikore të qytetit të lindjes (Shkodër), duke kontribuar si organist në kishën katolike, kontribut të cilin më pas e vazhdoi edhe kryeqytetin e vendit në Tiranë. Në vitin 1962-1966 ndjek studimet e larta në Konservatorin Shtetëror të Tiranës (sot Akademia e Arteve) për Kompozicion dhe Teori Muzike. Diplomohet me vlerësim shumë të mirë. Emërohet në Gjirokastër, ku punon në periudhën 1966-1969 si shef muzike. Më pas punon si redaktor i programeve muzikore deri në vitin 1980 dhe po atë vit emërohet shef i katedrës së Kompozicionit dhe pedagog i orkestracionit pranë Akademisë së Arteve në Tiranë. Në vitet 1993-1994, vijon aktivitetin profesional në Greqi, ku jep mësim në shkollën e muzikës dhe mësime private në qytetin Kardhica. Në vitin 1996-1997 emërohet Dekan i Fakultetit të Muzikës pranë Akademisë së Arteve në Tiranë. Pas vitit 1997 e deri sa vdiq shërben si pedagog i lëndës së orkestracionit në Akademi. Në vitin 1995 merr titullin **Profesor**. Është nderuar me çmime të ndryshme si **Artist i Merituar** në vitin 1989. Krijimtaria muzikore e Gjon Simonit është e pasur dhe e larmishme, ajo është luajtur në të gjitha aktivitetet e rëndësishme muzikore të Shqipërisë dhe jashtë saj. Në fushën e zhvillimit të mendimit teorik ka dhënë kontribute të rëndësishme si në mediat shqiptare, ashtu edhe në konferenca e seminare të ndryshme jashtë vendit. Ndërkaq kontributi i tij shtrihet edhe në zhvillimin dhe rivlerësimin e krijimtarisë së kompozitorëve shqiptarë të gjysmës së parë të shekullit XX. Punoi për plotësimin dhe për përfundimin e veprës së kompozitorit Tonin Harapi. Në vitin 1999 është nderuar me diplomë nderi nga International Biographical Centre Cambrigde England. Gjatë periudhës 1986-1999, ka përpunuar rreth 150 këngë popullore dhe mbi 300 orkestrime të këngëve të muzikës së lehtë si dhe ka realizuar mbi 50 aranxhime të pjesëve vokale instrumentale nga literatura shqiptare dhe botërore. Ka orkestruar operën e kompozitorit Pjetër Gaci "Toka jonë" dhe "Përtej mjegullës". Ka bërë shumë shkrime dhe artikuj, kritika letrare artistike të veprave në gazeta të ndryshme si dhe në organe periodike.

shqiptar, **Shkëlqësisë së Tij Mikel Koliqi,** të përmbledhur esencialisht në tre studime rë mirëfillta interesante shkencore: **"Jeta", "Veprat" dhe "Dëshmi".**

Vepra e re cilësore për nga përmbajtja e saj hapet me një *Parathënie të shkruar nga atë Francesco Botta S.J.* E parë me një sy kritik dhe analitik, vepra muzikore e **Kardinal Mikel Koliqit** ruan vlerën e rëndësishme për veprën muzikore të Kardinalit, të studiuar si bleta punëtore me skrupolozitet dhe profesionalizëm nga prof. Gjon Simoni, duke bërë një shprehje dhe nderim zemre ndaj një prelati, për një mik shumë të dashur të një bashkësie, dhe famullisë katolike së kishës së "Zemrës së Krishtit" në Tiranë, për një meshtar besnik shembullor dhe të përvuajtur të klerit katolik shqiptar.

Në faqet e librit shohim, se "Jeta", përfshinë pjesët interesante, që kundrohen me andje copëzat, si: Koha e parë: Allegro Giusto; koha e dytë: Adagio Lamentoso; koha e tretë: Allegro Maestoso dhe Coda, kurse në kapitullin e dytë "Veprat", bëjnë pjesë melodramat: "Rozafa", "Rrethimi i Shkodrës", "Ruba e kuqe".

Më rej kapitulli i tretë "Dëshmi" përfshinë tre nënçështje: "Një pikë referimi" (**Gjon Kapidani 1933-2009**), "Veprimtaria muzikore e imzot Mikel Koliqit" (**Tonin Zadeja 1926-2011**) dhe mbyllet me biografinë, shembujt dhe veprat, dhe disa fotografi origjinale historike.

Vepra e mirëseardhur, në komunitetin tonë shqiptaro-amerikanë, është shtypur me estetikë, cilësisht dhe me parametra bashkëkohore nga Shtypshkronja e njohur "*Laurenziana*" në Napoli të Italisë.

Kardinali, i pari i tetë fëmijëve të Koliqëve

Mikel Koliqi, lindi në Shkodër më 29 shtator 1902. I ati, Mark Koliqi, ishte tregtar dhe e ëma, Age Simoni, ishte bijë tregtari. Mikeli, qe fëmija i parë i një vargu prej 8 fëmijësh, ndër të cilat pesë djem dhe tri vajza: Mikeli, Ernesti (*babai i përhapjes së arsimit dhe shkollave shqipe në Kosovë, shkrimtari dhe prozatori i shquar modern prof. Ernest Koliqi, Ministri i Kultur*ës së Shqipërisë, *një ndër yjet e letërsisë shqiptare si shkrimtar dhe njëri me kulturë shumë të madh*) Leci, Gulielmi, Margerita, Antonieta, Viktori dhe Terezina.[276]

---

[276] Klajd Kapinova, **"Një qiri drite në 100-vjetorin e lindjes perms librit të muzikologut prof. Gjon Simoni mbi simfoninë e jetës së Kardinal Mikel Koliqit (1902-1997)"**, **"Illyria"**, Manhattan, New York, #1129, 9-11 Prill, 2002, f. 22.

Koliqi i ri studioi dhe arriti të luante në piano pjesë nga Moxart dhe Bethoven. Studioi pjesë pianistike të Shopen-it, duke luajtur sidomos valset dhe nokturnet e këtij autori. Ai asokohe njohu autorë bashkohorë, si: *Debysi, Ravel* etj.

Mikeli student i etur për dije dhe kulturë bashkëhore tradicionale botërore dhe italiane, lexoi dhe studioi me kënaqësi muzikën operistike, ndoqi me intensitet zhvillimin e veverizmit muzikor, por në të njëjtën kohë kishte adhurim të veçantë për *Vagnerin,* veprat e të cilit i njihte shumë mirë.

Ai shkonte për të ndjekur shfaqjet operistike në Milano dhe në qytetet e tjera të Italisë, dallonte qartë karakteristikat interpretuese të njërit këngëtar apo tjetrit, përshkruante atmosferën e koncerteve dhe operave si spektator.

Në periudhën kur vinte në qytetin e lindjes Shkodër, Kardinali shpirtëror i ardhshëm Koliqi shkonte në piknik në periferi të qytetit antik me histori të lashtë dhe të lavdishme ndër shekuj, si fshatrat piktoreskë në Shirokë, Zogaj e gjetkë, dëgjonte në shtëpitë e shokëve dhe miqve muzikë me gramafon.

Libraria e madhe e librave të tij filloi të pasurohej dhe zgjerohej në mënyrë të vazhdueshme me veprat dhe kryeveprat e autorëve të ndryshëm, si: *Moxart, Verdi, Puccini, Vagner, Rossini, Donixetti, Maskanji, Leonkavalo, Boito, Hendel, Bach, Hajden, veprat vokale nga Palestrina, Laso, Kerubini, Perozi, Kasimiri, Paxhela etj.*

Pas mbarimit të shkollës së mesme, ai filloi studimet e larta në Politeknikumin e Milanos, në degën e inxhinierisë mekanike.

Por, gjatë kësaj periudhe mori vendimin për t'u bërë prift, duke lënë përgjyshëm studimet në vitin e dytë për të vijuar *studimet teologjike në seminarin Corso di Venezia të Milanos dhe* më vonë në seminarin *Vonogonos.*

Atje studioi nga viti 1928 deri më 1930. Në 30 maj 1931, në moshën 30 vjeçare, u shugurua meshtar në Kishën e Jezuitëve të Shkodrës, nga Arqipeshkëvi i Shkodrës **imzot Lazër Mjeda (1869-1935).**

Studiuesi muzikolog shqiptar Simoni, me veprën e vet përkushtuar Kardinal Mikel Koliqit, hedh dritë për herë të parë në pasionin e madh që meshtari kishte për muzikën, krahas adhurimit për meshtarinë dhe punën e përditshme me **rininë shkodrane në Veprimin Katolik,** me shtypin, themelues dhe drejtues i revistës popullore të përjavshme shkodrane **"Kumbona e së dielës"** (viti **1942** e cila vijon edhe sot me hapjen e kishave në Shqipëri me të njëjtin emër dhe tematikë fetaro-kulturore).

"Gjatë studimeve teologjike, vlerëson studiuesi prof. Gjon Simoni, *në Mi-*

lano, Mikelit i besuan drejtimin e korit të kolegjit. Siç duket, Mikeli nga Shqipëria ishte më i afti nga muzikantët seminaristë që kishte kolegji. Ai tregonte se për të shoqëruar korin, caktuan një tjetër seminarist që kishte përfunduar studimet në konservator dhe luante mjaft mirë".

Duke ditur se priftërinjtë katolikë që shërbenin në atë kohë në Shqipëri konsideroheshin nga Selia e Shenjtë si misionarë, ky "status" u jepte lejen dhe mundësinë që, sipas rastit, të studionin e të diplomoheshin edhe në fusha të tjera të tjera të kulturës dhe artit.

Kështu, sapo mbaroi studimet, para se të vinte në Shkodër për të filluar punë (misionin e bariut shpirtëror) si ndihmësfamullitarë, Mikeli iu drejtua **imzot Luigj Bumçit (1872-1945)** që t'a dërgonte në ndonjë shkollë muzikore për të mësuar muzikë.

Me rekomandimin e Ipeshkëvit, Mikeli shkoi në Austri (*kryeqytetin e muzikës operistike botërore, ku çdo vit jepet me 1 janar Koncerti i Madh i Vjenës, shënimi im K.K.*), pranë një kori të famshëm.

Siç duket atje studioi elementët e dirigjimit lokal, duke vënë në bazë profesionale njohuritë, që ai kishte marrë nga leksionet private autodidakte dhe nga përvoja artistike e pasur.

Të gjithë e moshuarit e qytetit të Shkodrës dhe nga antarët e Veprimit Katolik asokohe, korit të famshëm të qytetit e katedralës së shën Shtjefnit (*sikurse njihet nga të gjithë si Kisha e Madhe*) e kujtojnë portretin e tij si një njeri të qeshur, të dashur, optimist, me kulturë të gjërë, amator i muzikës, fjalë ëmbël dhe të qetë nga karakteri, me të cilin kishte bërë për vete shumë miq e shokë.

Në libër, për këtë natyrë të dashur popullore, muzikologu dhe kompozitori produktiv prof. Gjon Simoni shkruan: *"Të gjithë në mënyrën e vet pritnim shumë prej tij, por më shumë se shoqëria, më shumë se Shkodra priste prej tij familja, e cila po kalonte një periudhë të vështirëshisë financiare dhe të gjithë shpresat për të dalë nga kjo gjendje i kishte mbështetur tek djali i madh. Ishte plotësisht e natyrshme. Megjithatë, e ëma, me një **"U bëftë vullnesa e Zotit"**, duhet të ketë hequr mendjen nga kjo shpresë, duke iu nënshktruar vullnetit të Perëndisë."*

Dhe natyrshëm, sikurse kishin vepruar gjatë 2000 vjetëve, edhe dom Mikeli nuk erdhi në Shkodër si prift i zakonshëm për t'iu nënshtruar rutinës, për të kryer vetëm detyrat fetare si ndihmësfamullitarë dhe më vonë famullitar në qytetin e tij të dashur.

Plane ambicioze dhe realizimin e menjëherëshëm të tyre kishte në kokë prifti i ri. Ai e kishte të qartë se çfarë duhej bërë dhe si duhej bërë sa më mirë. Me një përvojë të pasur evropiane, menjëherë i hyri punës për t'i shërbyer sa më mirë bashkësisë së tij katolike, dhe jo vetëm asaj.

Profesor Simoni, duke hulumtuar mbi jetën dhe veprën e Kardinal Koliqit, ndër të tjera vlerëson: *"Gjatë kësaj periudhe arriti të organizonte korin e Katedrales, të cilit i vuri emrin 'Scola Cantorum' (1932).*

Kompozoi dhe realizoi në skenë tri melodrama me theks të fortë patriotik. Kompozoi edhe 30-40 pjesë të ndryshme korale, shumica me objekt kishtar. Këto pjesë kishin formën e motelit që ishte shkruar për violinë dhe kor vajzash, ndonjëra edhe për solist e kor.

Themeloi dhe drejtoi për shumë vjet revistën e njohur "Kumbona e së diellës" dhe e drejtoi atë si kryeredaktor nga numëri i parë (1938), deri sa u mbyll nga censura komuniste në vitin 1945."

Kardinal Koliqi, kishte një aktivitet të pasur si muzikant, ekzekutues, drejtues kori dhe kompozitor. Pra, edhe pse famullitar, pasioni i tij për muzikën bëri që ai të merrej ne të seriozisht dhe në një masë më të madhe se i takonte.

"Si intelektual me kulturë të gjërë muzikore, i hyri menjëherë punës për krijimin e korit të Katedralës në baza profesionale... Ky grup koral përbëhej nga burra të aftë për të interpretuar meshën dhe pjesë të tjera të muzikës fetare gjatë ceremonive kishtare. Ai qe një fillesë e traditës së muzikës korale Scola Cantorum që do të lulëzonte më vonë", vlerëson muzikologu i njohur shkodran dhe nxënës i Kardinal Koliqit, muzikologu prof. Gjon Simoni.

Dom Mikeli, sikurse e thërrisnin të gjithë asokohe në qytet, mendoi të organizonte shfaqje skenike, në të cilat kori dhe elemëntë të tjerë angazhoheshin si elemëntë si aktorë që recitonin dhe ndonjëherë, edhe këndonin sipas rolit. Kështu, ai filloi t'u përshtaste muzikë të huaj teksteve teatrale të shkruar nga poeti i ëmbëlsisë, dom Ndre Zadeja (pushkatuar barbarisht nga komunistët më 25 mars 1945) ose nga poetë të tjerë shqiptarë.[277]

Me interes është përshkrimi që muzikologu dhe ish nxënësi i tij prof. Simoni i bën bashkëpunimit të ndërsjelltë midis poetit dhe kompozitorit që, njëkohsisht, ishin edhe vëllezër në Krishtin, respektitivisht dom Ndre Zadeja dhe dom Mikel Koliqi.

"Drama të ndryshme shqiptare u përshtatnin melodi këngësh të huaja, e kështu kori dhe solistët merrnin pjesë si aktorë në veprimet skenike.

---

[277] Klajd Kapinova, **"Dom Ndre Zadeja-bilbil i gojëtarisë e i shpirtbutësisë së krishterë"**, në librin *"Mes Kryqit e Atdheut"*, (Studime–Refleksione), Shtëpia Botuese "Camaj-Pipa", f. 111-158.

Nuk dimë sa kohë vazhdoi kjo lloj pune artistike, kur një ditë erdhi dom Ndreu në studion e dom Mikelit dhe, duke vënë "soleminisht" libretin e dramës "Rozafat" mbi tavolinën e punës, i tha: "... shkruaje vetë muzikën.

Një dramë shqiptare kërkon muzikë shqiptare...", dhe iku duke lënë tundimin pas vetes.

Dom Mikeli, që vetëm, një shkak donte, i hyri menjëherë punës dhe kompozoi shpejt, brenda pak javësh, muzikën për dramën "Rozafat"...

Kompozonte në mbrëmje, kur kthehej në qelë, në selinë e famullitarit dhe pas aktiviteteve të tjera.

Meqenëse nuk kishte shumë kohë, muzikën e shkruante pa e zbardhur në të pastër.

Këngët (ariet) dhe pjesët e tjera solistike, ndonjëherë gjenden të shkruara në një vijë melodike dhe shoqërimi i tyre pianistik ka vetëm disa kthesa harmonike dhe shënime të fakturës së shoqërimit si dhe ndonjë figurë instrumentale, e cila shërben për të përcaktuar emocionalisht edhe nga ana dramatike figurën artisitike, që ta karakterizojë dhe ta vendosë atë mirë në mjedisin artisitko-dramatik."

Autori i veprës kushtuar Kardinal Koliqit, ka bërë një studim profesional shterrues të të gjithë vlerës krijuese artistike muzikore, duke i paraqitur sot të freskëta pas shumë dekadash.

Ai me dashamirësi, respekt të thellë e nderim për maestron e tij të parë, ka ruajtur në thellësi të kujtesës dhe shpirtit dashurinë për çdo partiturë dhe notë muzikore nga perndjekjet e përbinshme komuniste që kërkonte të asgjesonte çdo notë dhe muzikë të progresit botëror, një pjesë të të cilat i trashëgoi edhe Kardinali ynë Koliqi.

Prof. Gjon Simoni, përmes një pune hulumtuese, sistemuese dhe analitike të materialit faktografik, ka mundur të na dhurojë meshtarin e krijuesin, Krishtin dhe muzikën kushtuar Atij në emër të një populli që ndër shekuj i ka qendruar besnik fesë dhe traditës kulturdashëse të të parëve.

Përmes një stili ta pasur narrativ dhe një elegance në të shkruar ofron për lexuesin mbarëshqiptar melodramat e muzikuara nga dom Mikeli, sikurse njihen sot, si: *"Rozafa"*, *"Rrethimi i Shkodrës"* dhe *"Ruba e kuqe"*, të tria të shkruara nga poeti i njohur i ëmbëlsisë **dom Ndre Zadeja (1891-1945)**.

...Ideologjia e Revolucionit të kuq kinez përsekutonte intelektualët e klerikët katolikë shqiptarë

Muzikologu dhe studiuesi prodhimtar prof. Gjon Simoni, gjatë hulumtimeve të kujdeshme shumë vjeçare ka dhënë të shkrira në linjat e veprës së vet për Koliqin të gjithë jetën e tij dhe për të parë në një profil më të ngushtë, si muzikolog i gurrës shqiptare.

Por, autori ynë nuk ka lënë pas dore edhe gjeografinë e kalvarit komunist me të cilin u përballë drejtpërsëdrejti Kardinali ynë Mikel Koliqi.

Kështu në vepër mësojmë se në vitin 1952-1953 filluan presionet dhe përpjekjet e diktaturës për të krijuar Kishën Katolike Autoqefale, pra të pavarur nga Selia dhe Ati i Shenjtë në Vatikan. Në vitin 1953-1954 kjo valë arrestimesh përfshiu shumë intelektualë nga mbarë Shqipëria dhe Shkodra më së shumti dhe më e madhja.

Prof. Gjon Simoni, duke shkruar për këtë dramë tragjike që preku mbarë popullin shqiptar dhe më së shumti klerin katolik shqiptar në Shkodër, për Kardinalin Koliqi vë në dukje: *"Mbaroi kështu koha e parë e simfonisë së jetës së tij. Akordet dramatike mbyllnin këtë pjesë. Megjithatë, buzëqeshja e tij e vazhdueshme që vinte nga qetësia shpirtërore bënte që tragjedia e kësaj jete të merrte një pamje pothuaj joreale, gati-gati teorike. Si lufta e së mirës kundër së keqes. Kështu për dom Mikelin filloi epoka më e zezë e jetës, ajo e privimit të përhershëm të lirisë, pa asnjë kuptim për botën e tij intelektuale dhe të misionit të tij si meshtar. Gjithçka për te zbret në banalitet. Nga ana e tjetër vuajtjet dhe torturat rriteshin, duke lënë përshtypjen se do të vazhdonin përgjithmonë."*

Megjithëse i burgosur ose i internuar, ai vazhdoi të kryente detyrën e vet fetare fshehtas. Ai ushtronte dhe zhvillonte me shumë kujdes ungjillizimin e bashkëvuajtësve, kur ata e kërkonin, kryente ritet fetare, si pagëzim dhe kungimin, dhe megjithëse larg nga Shkodra, jepte këshilla dhe udhëzime dhe së bashku me kolegët meshtarë merrte vendime për problemet e famullive, që ishin në gjendje përndjekjeje të jashtëzakonshme.

Kështu në vitet 1954-1986, kaloi në burgim dhe internim edhe 32 vjet të tjera. Në vitin 1977, në moshën 75-vjeçare, dënohet për të tretën herë me 15 vjet burgim.

Absurdi kishte logjikën e vet djallëzore. Vitet e burgimit dhe internimit i kalon mes vuajtjeve në disa krahina të Shqipërisë, si në Lushnjë, Fier, në zonën e maleve të Vlorës dhe në vende të tjera syrgjynimi.

Më vonë do të tregonte për torturat e tmerrshme që pësonin në burg: *rrahje deri në gjakosje, elektroshok, varje nga duart e lidhura disa ditë me radhë, përve urisë, etjes e të ftohtit.*

Gjatë kohës së gjatë të burgimit shumë qenë shokët e tij klerikë, por edhe bashkëvuajtës të tjerë, që u vranë ose vdiqën nga torurat mizore.

Pra, me të drejtë çuditemi kur shohim se dom Mikelin nuk e zhdukën fizikisht, që në vitet e para të vendosjes së regjimit komunist të hurit dhe litarit, gjatë viteve të errëta 1945-1950 dhe më pas gjatë kohës së sundimit dhe zgjedhimit të dhunës sistematike kudo dhe kudohere.

Me të drejtë konstaton në librin e tij prof. Simoni, se siç duket, ishte një peng i çmuar në dorën e diktaturës për t'i bërë presion vëllait të tij shkrimtarit dhe burrit të shtetit dhe kulturës geg prof. Ernest Koliqit, që të mos merrte inisiativa dhe të zhvillonte aktivitet politik kundër pushtetit komunist në Shqipëri. Madje kur e pyetnin dom Mikelin për vuajtjen e tij përgjigjej: *"... të tjerët kanë vuajtur më shumë se unë nga torturat...".*

Gjithsesi, ai kaloi 40 vite burg... dhe Zoti shtriu dorën pranë Nënës Shqipëri, për të vlerësuar prelatin e përvuajtur deri në madhështi si Kardinal... Për këto dhe shumë episode të rëndësishme të jetës së Kardinalit Mikel Koliqi, do të mësoni më shumë në veprën në fjalë.

Autori dhe studiuesi muzikolog prof. Gjon Simoni, në planin human kryen një detyrë dhe detyrim të madh moral ndaj qytetit të tij të lindjes Shkodërlocës, si besimtarë i devotshëm katolik dhe ish nxënës në korin e njohur *Scola Cantorum* dhe në *Veprimin Katolik* të qytetit të lashtë, që drejtohej nga themeluesi i saj Shkëlqësia e Tij Kardinal Mikel Koliqi.

Kardinal Mikel Koliqi, papa shën Gjon Pali Ii dhe Arqipeshkvi Metropolitan Tiranë-Durres imzot Rrok Mirdita, Shkodër, 25 Prill 1993.

Dy emetime të reja të pullës postale në Republikën e Shqipërisë, në nderim të Kardinalit të Parë në historinë e Krishtërimit ndër shqiptarë, Kardinal Mikel Koliqit.

MBYLLJA SI PARATHËNIE E GEGNISHTES FATKEQE

(Dhuna ndaj gegnishtes fillon nga koha e errët e Perandorisë Xhihadiste Islame Otomane deri më sot)

"Mbrojtësi i rrejshëm të lëshon në kurth. Me ose pa dashje, disa mbrojtës të standardit të sotëm janë të rrejshëm. E trajtojnë si lule mos më prek. Çdo vështrim kritik të tij e shohin me drithërimë, e përjetojnë si lëndim. Çdo përmendje e gegnishtes ua çon flokët përpjetë, thua pasuritë e këtij dialekti nuk janë gjuhë shqipe. "Mos e rrok fort, se po ia da frymën"!, thotë populli. E rrokin nga dashuria për shqipen, apo nga ndonjë dashuri a nostalgji tjetër? Gjuha, nuk mund të përparojë e shkëputur prej ligjërimit të rrjedhshëm popullor. Nuk mund t'a ruajë freskinë, e mbyllur me shtatë palë dryna. Është qenie e gjallë, rikrijohet çdo ditë. Nuk mund të mbijetojë në formalinë. Në mos u çeltë shtegu për reformë gjuhësore, mbetet hapur rruga për anarki gjuhësore. Te shkallëshkallshme. Për "rebelim" të heshtur kundër gjuhës zyrtare. Spontan, të rrëmujshëm, të ç'organizuar. Më fort se sot, pasojat do të dhembin nesër, kur do të jetë vonë. Uroj të jem gabim, por ndeshtrasha kështu thotë. "Fanatizmi pjell herezinë", na kujton Niçja me gojën e Zarathustrës. Lasgushi thoshte "kam frikë nga historia". Fanatikët "Mister njet" s'kanë frikë nga historia? S'e kuptojnë, apo nuk duan ta kuptojnë Kohën? Pse kaq armiqësi ndaj ndryshimit, ndaj një reforme që s'kërkon përmbysje, përkundrazi, kërkon ringritje, rijetësim, ose, po të përdor një fjalë të huaj, "rivitalizim" të kryevlerës, që na njëjtëson si shqiptarë? Nga syri i cilit Big Brother druhen sot, apo dikush e ka Big Brotherin brenda vetes? Rishtazi na shti në mendime Niçja, me Zarathustrën: "A di të bëhesh gjykatës dhe xhelat i ligjit tënd?". Heshtja për të keqen të bën pjesë të së keqes. Unë nuk dëshiroj me u ba pjesë e së keqes. Unë kam frikë nga historia. Prandaj flas." - **Mehmet Elezi, studiues, publiçist**[278]

---

[278] Mehmet Elezi, **"Kongresi i Drejtshkrimit pa grim"**, ExLibris, 1 nëntor 2022.

Hyrje dhe dalja me guxim tek e vërteta

Autori i shumë librave seriozë historikë etj., studiuesi dhe publicisti cilësor dhe bashkëkohor **Kastriot Myftaraj**, i del zot gegnishtes, sepse vetë gegët vendas duan të fshehin të vërtetën e hidhur të tyre historike, mbasi i ekspozon ato gjatë dekadave të kaluara si bashkëfajtor të gjuhës së tyre amtare gegë.

Shkrimi kritik e i hollësishëm studimor i Kastriotit Myftaraj, është gjithëmonë aktual sot dhe për gjeneratat e reja apo dekatat e ardhshme, që do të popullojnë apo banojnë Shkodrën geg me rrethina.

Mendoj, se sipas logjikës futuriste, se kritika realiste nuk do të ketë ndikim në drejtim të reagimit pozitiv për ringjalljen apo ripërtëritjen e gjuhës amtare të lashtë geg, sepse pasuesit e tyre fatkeqsisht po vijojnë të flasin dhe shkruajnë me intensitet pa ndërprerje 24/7 dhe 365 ditë të vitit gjuhën letrare toskësishte, të imponuar me dhunë politike dhe fizike nga regjimi antigeg komunist i Enver Hoxhës.

Faqja e gegëve, që *bën zhurmë të madhe, por kokrra aspak,* me emrin e çuditshëm **Pro Gegnishtes,** në rrjetin social Facebook (lexo Fakebook) apo Grupi në rritje i tij, i përbërë 99.99% nga banorët geg me ose pa shkollë, fatkeqsisht nuk duan që të hapet kjo histori-vetëvrasëse si plagë reale e cila ishte dhe mbetet edhe sot e shëmtuar, por duan që ata që e kanë bërë këtë masakër të vetëdijshme politike gjuhësore asokohe me ndërgjegje Nënshkrimin Kundër Gjuhës Amtare Gegnishte të vijojnë të nderohen dhe respektohen, për inerci të shprehjes absurde, se shkodranët nënshkrues të persekutimit të gjuhës geg, janë zotni të nderuar dhe respektuar, me emër të mirë të qytetit tonë…

Gegët ndër shekuj

Sikurse dihet përcaktimi **gegë, është klasifikim original nën-etnik i shqiptarëve dhe përfshin banorët e viseve autoktone mbi lumin Shkumbin** (në Shqipëri) **ose folësit e gegnishtes.** Trojet e banuara nga gegët etnik janë të miënjohura historikisht dhe gjeografikisht si shtrirje territoriale me qendrat e tyre të banimit qysh në kohërat e hershme.

Sot **fatkeqsisht, gegnishtja si gjuhë etnike fatkeqsisht nuk zotëron status e saj zyrtar si gjuhë e shkruar, lexuar, studiuar etj., e gjuhës shqipe.** *Ajo ka dekada që nga komunizmi është futur forcërisht e me ligj special në gjuhët* *e vdekura të njerëzimit.*

Për më tepër, gegnishtja në vetvete ka 2 nëndialekte dalluese, që gjeografikisht ndahen te kufiri i lumit me emrin Shkumbin. *Gegnishtja veriore* shtrihet në të djathtë të Matit: në Mirditë, në Pukë, në Lumë, në Has, në malesinë e Gjakovës, në të gjithë Kosovën, në Maqedonin e Veriut, në Malësinë e Dukagjit, në Malësi të Madhe (në të dy anët e kufirit të Malit të Zi me Shqipërinë), në qytetin Shkodër e në rrethinat e saj, në krahinën e Krajës dhe të Ulqinit; ndërsa gegnishtja jugore, shtrihet në të majtë të Matit: në zonat e Elbasonit (Elbasanit), të Durrësit, të Tironës (Tiranës), të Krujës, të Matit, të Lurës, të Peshkopisë e të Maqedonisë Perëndimore, nga zona e Dibrës deri në Shkup dhe Kumanovë. E thënë ndryshe **Kufiri natyror** në mes të gegnishtes dhe toskërishtes, është lumi Shkumbin në Shqipëri të Veriut, e cila sikurse dihet përshkon Shqipërinë e Mesme nga lindja në perëndim.

Historia dhe personazhet geg të Kongresit të Zhdrejt apo Ç'Drejtshkrimit të Gjuhës Shqipe

Kongresi i Ç'Drejtshkrimit të Gjuhës Shqipe, *u mbajt në Tiranë dhe zgjati 6 ditë nga 20-25 nëntor të vitit 1972*, me nismën e Institutit të Gjuhësisë dhe Letërsisë dhe me praninë e 87 delegatëve nga Shqipëria, Kosova, Maqedonia, Mali i Zi dhe arbëreshët e Italisë, pra nga të gjitha krahinat e Shqipërisë.

Nëse shikohet me shumë kujdes qëllimi i mbajtjes së saj, lexohet shumë lehtë, se ai *ishte një tubim i mirëfilltë politik komunist "shkencor" gjithëkombëtar dhe jashtë saj, për të rritur artificialisht sasinë dhe shtrirjen gjeografike gjithëshqiptare pavarësisht se si e sa ato e flisnin gjuhën shqipe. Propaganda dhe zhurma për ato asokohe kishte më shumë rëndësi se sa dhuna gjuhësore e pakicës toskë, kundër shumcës geg në trojet etnike shqiptare...*

Kjo mbledhje e madhe partie, u thirr gjoja për të nxjerrë përfundimet e diskutimit të "gjerë", për drejtshkrimin e gjuhës shqipe, që kishte filluar në vitin 1967, pas botimit të "Rregullave të drejtshkrimit të shqipes" që ishte asokohe në projekt.

Sikurse shkruan edhe **studiuesi Myftaraj,** *del se* aty u mbajtën 150 "kumtesa" me referime, të cilat me shpejtësi rrufeje janë botuar në dy vëllime si njolla turpi në faqen e zezë të historisë së popullit tonë: **"Kongresi i Ç'Drejtshkrimit të Gjuhës Shqipe" I, II, Tiranë, 1973.**

Kongresi i madh politiko-propagandistik në fjalë, ishte natyrisht më e keqja që mund të pritej nga regjimi komunist i diktatorit Enver Hoxha, i cili përgjithësisht kishte prirjen t' i bënte keq, duke qenë se gjithçka e shikonte nën prizmin e tij të shtrembër stalinist.

"Stalini, ati ideologjik i Enver Hoxhës, para vdekjes e shpalli veten edhe gjuhëtar." – Kastriot Myftaraj (1966-2022), Tiranë, Shqipni, 2012

Produkti i Kongresit të vitit 1972, duhet rishikuar ose anulluar menjëherë, duke e shfuqizuar… edhe për shkakun se ata që e morën vendimin nuk e kishin nivelin shkencor, për të marrë vendime të tilla.

Është krijuar miti intelektual, sikur delegatët e Kongresit të Ç'Drejtshkrimit, që vendosi për standardin e gjuhës shqipe, që është në fuqi edhe sot (viti 2023), qenë "specialist" të gjuhësisë.

Mjafton të shikosh biografinë e "intelektualëve" apo delegatëve të Kongresit të Ç'Drejtshkrimit, që të bindesh se ata nuk kishin formimin e duhur akademik dhe intelektual, për të marrë një vendim afatgjatë mbi standardin e gjuhës shqipe.

Sipas një investigimi kritik dhe studimi në detaje, që studiuesi realist **Kastriot Myftaraj** ka bërë me shumë kujdes, del se: *"Nga 87 delegatët e Kongresit të Ç'Drejtshkrimit, që nënshkruan Rezolutën për standardin e gjuhës shqipe, 72 nuk kishin asnjë gradë shkencore!!!*

Nga 15 nënshkruesit me grada shkencore, pesë prej tyre nuk i kishin ato në gjuhësi. Këta qenë: Aleks Buda, Dhimitër Shuteriqi, Bedri Dedja, Josif Ferrari, Zihni Sako.

Nga pesë gjuhëtarët me titull "profesor", njëri, Androkli Kostallari kishte diplomuar për rusisht. Ndër delegatët me tituj shkencorë, kishte pesë docentë dhe shtatë bashkëpunëtorë të vjetër shkencorë.

Ndër bashkëpunëtorët e vjetër shkencorë, njëri Osman Myderrizi, nuk kishte as diplomë të shkollës së mesme. **(!!!!)**

Pjesa më e madhe e delegatëve qenë shkolluar në Bashkimin Sovjetik dhe gjuha e huaj e vetme që njihnin mirë ishte rusishtja.

Në fakt, për shkak të pranisë së delegatëve nga trojet shqiptare në Jugosllavi, të shkolluar në Beograd dhe në shkolla ku gjuha e parë pas shqipes ishte serbokroatishtja, mund të thuhet se **80% e delegatëve nuk zotëronin mirë asnjë gjuhë të huaj përveç këtyre dy gjuhëve sllave.**

Madje edhe në vitin 2008, pra 36 vjet pas Kongresit, nga 87 delegatët e Kongresit të Ç'Drejtshkrimit, 37 prej tyre, nuk përmbushin kriteret e vëna për të hyrë në Fjalorin Enciklopedik Shqiptar, do të thotë nuk kanë

marrë grada shkencore!

Kjo shifër do të dilte edhe më e lartë nëse llogaritet se **disa delegatë të Kongresit të vitit 1972, kanë hyrë në Fjalorin Enciklopedik Shqiptar thjesht si shkrimtarë mediokër të realizmit socialist si Ali Abdihoxha, Fatmir Gjata, Llazar Siliqi, Shevqet Musaraj, Sterjo Spasse, Dhori Qiriazi.**

Nëse Fjalori Enciklopedik Shqiptar i viteve 2008-2009 do të ishte bërë në 1972, atëherë 55 delegatë të Kongresit, nga 87, nuk do të mund të përmbushnin kriteret për të hyrë në Fjalorin Enciklopedik!

Merret vesh, firmëtarët e Rezolutës nuk përbënin një forum serioz shkencor. Apologjia e tyre do të kishte qenë nëse ata, pas rënies së regjimit komunist do të kishin thënë se vepruan në rrethana emergjente dhe të kërkonin që të mbahej një kongres i mirëfilltë shkencor për të vendosur standardin e gjuhës shqipe.

Disa prej tyre në fakt e kanë thënë këtë gjë. Por pjesa më e madhe qenë përzgjedhur nga regjimi komunist të tillë që nuk kanë as minimumin e deontologjisë profesionale, dhe nuk mund të pritej tjetër gjë prej tyre, se profesioni bazë i tyre është ai i sharlatanit.

Në vend që të mbanin qëndrimin e thënë më lart, ata pas vitit 1972 dhe madje pas vitit 1990 vazhduan që të shpërblejnë njëri-tjetrin me grada dhe tituj shkencorë që në thelb nuk qenë gjë tjetër veçse një ritual i zbatimit të "religjionit" të krijuar në 1972, në trajtën e standardit të gjuhës shqipe.

Nëse sot, në vitin 2012 (**kur është publikuar studimi origjinal i studiuesit Kastriot Myftaraj**) do të mblidhej një forum prej 87 vetësh me një përbërje të ngjashme me atë të vitit 1972, nga pikëpamja e kualifikimit shkencor, dhe do të diskutonte për standardin e gjuhës shqipe, ai do të kritikohej si joserioz, joprofesional, qesharak, madje edhe nga ata firmëtarët e mbetur gjallë të Rezolutës të vitit 1972.[279]

Gegnishtja e persekutuar qysh në kohën e Perandorisë Islame Otomane dje dhe sot

Autori shkodran i Grupit **Pro Gegnishtes**, shkruan sa më poshtë: "**As turku për 500 vjet, nuk i bani dam gegnishtes sa i bani për 40 vjet regjimi komunist**". (Citali i mësipërm është marrë nga faqja *Pro Gegnishtes*.)

---

[279] Kastriot Myftaraj, "**Biografia e fshehur e delegatëve të Kongresit të Drejtshkrimit të vitit 1972**", EuroAlbemigrant.com

Unë mendoj, se duhet të jemi të kujdeshëm dhe të mos i paraqesim në media (show televiziv, gazeta, revista dhe website) dhe opinone publike, mes njerëzve apo simpoziume kulturore dhe shkencore ish pushtuesit shumë shekullor mizor otomanë si xhelatë të butë, "përparimtarë", "paqësore", që erdhën nga Azia në trojet e Arbërit me daulle të frikshme dhe zhurmshme; me taborre të mëdha ushtarake zombie të armatosur deri në dhëmbë; me ekspedita masive horror, që ishin vazhdimisht kriminale ndëshkimore barbare, të cilët kudo i mbuluan trojet tona etnike me gjakderdhje, shkatërrime dhe asimilime totale…

Ata nuk erdhën për të na ndihmuar apo shpëtuar ne asokohe, me hap rrugë, shkolla, ndërtuar ura, universitete diturie, qendra kulturore dhe sportive, shtypshkronja apo biblioteka, spitale apo qendra shëndetsore, për të rindërtuar qytetet dhe fshatrat, ngritjen e ushtrisë dhe shtetit etj., arbëror!!!?

Le të vazhdojmë argumentin tonë për gegnishten dhe kalvarin pambarim të saj ndër shekuj deri në ditët tona…

Në kohën e Perandorisë Xhihadiste Islame Otomane, **nuk ka pasur shkolla shqipe, se me dekret otomanët antishqipe, me ndihmën e 39 kryeninistrave muhamedanë me origjinë shqiptare nuk i kanë lënë të parët tanë arbërorë në trojet e veta të kenë ligjërisht të drejtën e hapjes dhe fuksionimit të shkollave shqipe, sikurse serbët, grekët, sllovenët, maqedonasit, kroatët, etj.,** duke qenë i vetmi vend i pushtuar mizorisht nën otomanizëm, ku shqipja Nuk u lejua që të ushtrohej me ligj.

Nga ana e tjetër, për hir të së vërtetës historike, duhet thënë se **Perandoria Xhihadiste Islame Osmane, nuk njihte në zotërimet e veta si etni autentike apo kombësinë arbërore-shqiptare, por vetëm komunitete fetare**, si të vetët myslimanët (islamët), rumët (sikurse njiheshin asokohe ortodoksët) dhe latinët (popullsinë etnike vendase pra, katolikët).

Në këtë mënyrë, del se edhe arbërorët (shqiptarët) ishin grupuar në këto tri komunitete fetare dhe nuk njiheshin si një njësi kompakte nacionale më vete.

Pra, teorikisht dhe praktikisht "vëllezërit" otomanë na kishin mohuar drejtpërdrejtë me forcën e skllavopronarit gjuhën dhe identitetin e shqiptarëve asokohe deri në vitin 1912, kur na japin pa dashje Pavarësinë, meqenëse Perandoria e tyre e hurit dhe litarit ishte tjetërsuar për shkak të plasaritjeve të thella dhe konflikteve të brendshme serioze dhe rebelimeve te vazhdueshme familjare për pushtet (fron), trashigimi dhe pasuri; korrupsionit masiv, vjedhjeve masive të vetvetes, homoseksualitetit epidemik

brenda të njëjtit seks etj., fenomene dhe dukuri negative të pasuesve peran-
dorak të Osmanit...

Popullsisë shqiptare, asokohe u lejohej vetëm ushtrimi i funksioneve
arsimore-kulturore vetëm në gjuhët turko-osmane-arabe, greke dhe latine-
italiane. Kështu, *te popujt fqinjë ortodoksë sllavë u ruajt* (kundër vullnetit të
Patrikanës greke), *tradita e përdorimit të gjuhës popullore në kishë e në arsim*,
**shqiptarët ishin privuar nga përdorimi i gjuhës amtare shqipe në kisha
e në arsim**, ku komunitetet e tyre fetare ishin të varura nga tri qendra të
ndryshme të huaja kishtare e kulturore.

Nga burime historike, shohim se institucionet primitive kryesore ar-
simore, që u shfaqën në periudhën e sundimit barbar osman islam në
Shqipëri, ishin shkollat e komuniteteve myslimane, ku mësoheshin si pri-
mare gjuhët e huaj pushtuese osmane dhe arabe.

Ndryshe për të njëjtën periudhë në vendet e përparuara të Europës,
shohim se në fillim të shek. XVI, feudadalët "shqiptarë" të otomanizuar
dhe islamizuar si servilë dhe të nënshtruar ndaj pushtuesve, hapën me sh-
penzimet e tyre private (*në disa qendra të Shqipërisë të mesme dhe jugore*), krye-
sisht pranë xhamive shkolla fillore ose mektepe, ku për çudi në vend të
gjuhës amtare shqipe, mësuesit-hoxhallarë u mësonin nxënësve islam lex-
imin e librit të tyre kur'anin dhe shkrime të shenjta me shkronja arabe.

Kjo metodë e njejtë pedagogjike otomane-arabe, u ringjall dhe ripërtëri
fatkeqsisht me përpikëmëri ekzakte mbas shumë dekadave në vitin 1991,
ashtu sikurse po ndodh ende sot në vendet radikale islame në disa shtete
të kontinentit të Azisë, sikurse edhe në disa shtete të kontinentit të zi të
Afrikës, Lindjes së Mesme dhe pellgut të vendeve arabe.

Pra, asokohe duhet thënë se niveli kulturor dhe mësimor në Shqipërinë
Islame Otomane, ishte i njëjtë me metodat dhe pedagogjinë mësimdhëse
islame të kohës e cila fatkeqsisht është rishfaqur pas periudhës post-ko-
muniste të rifimit të lirisë fetare në trojet shqiptare, ku sot dominjnë shkol-
lat e mirëfillta kur'anore si kopje identike të vendeve ku ushtrohet
fatkeqisht edhe në ditët tona ligji i Sheriatit.

Në shek. XVII kur ndodhi islamizimi i dhunshëm masiv i shqiptarëve
me shpatë, kur'an dhe gjak, filloi të shtohej numri i mektepeve dhe
shkollave kur'anore, që hasen tani edhe në disa fshatra.

Kështu, nga historia e hidhur e trojeve tona etnike shqiptare mësojmë,
se pranë mektepeve në qytetet-katunde kryesore të prapambetura të ven-
dit u çelën edhe shkolla të një shkalle më të lartë prapambetjeje, si
medresetë, ku nxënësit mësonin gramatikën dhe leksikun e arabishtes, të

persishtes dhe të osmanishtes, retorikën e letërsisë orientale me përralla dhe doktrinën e huaj islame.

Fatkeqsitë vetëvrasëse nuk na ndahen në trojet etnike shqiptare tashmë të islamizuar dhe otomanizuar. Dhe kësaj radhe edhe për fajin e vetë prindërve të këtyre nxënësve apo njeriut të ri, të formuar apo krijuar në mënyrë ekzakte sipas orientimit didaktik të formatit apo modelit kopje të kulturës së huaj otomano-arabe. Asokohe mumri i nxënësve në këto medrese kur'anore ishte shumë i madh, ku përgatitja fanatike e fëmjëve "shqiptarë" (arnautë) bëhej direkt nga klerikët radikalë, që shërbenin në institucionet e kultit islam dhe njekohsisht në aparatin shtetëror otoman të kohës.

Fatkeqsisht, asokohe në tokat shqiptare u krijua një shtresë "intelektualësh" të pajisur me kulturë islame ose shpërlarje masive të trurit, disa prej të cilëve fatkeqsisht kishin studiuar edhe në medresetë e Stambollit, të Aleksandrisë (*në shtetin e Egjiptit të Afrikës Veriore, ku shtriheshin territoret e pushtuara nën sundimin islam otoman*), **ose të Bagdatit në Iraq etj.**

Ndryshe nga sa thamë më lart, shumë katastrofike ishte gjendja e arsimit të popullsisë së krishterë, e cila nuk gëzonte mbështetjen e shtetit otoman e i nënshtrohej diskriminimit të hapur kombëtar, fetarë dhe gjuhësor, ku u mohohej hapur përdorimi dhe studimi gjuhës amtare shqipe në shkollat amtare.

Ortodoksët dhe katolikët kishin pak shkolla fillore (fetare) që ishin ngritur zakonisht pranë ndonjë manastiri ose kishe dhe në raste të veçanta pranë ndonjë fshati.

Shkollat katolike ishin nën drejtimin e kishës katolike me qendër Romën, e cila filloi të përdorte gjuhën fshehurazi gjuhën shqipe në shkollat fetare katolike. Në këto kushte dhe rrethana të reja u hapën disa shkolla të tilla, ku mësohej edhe gjuha shqipe dhe ku shërbenin si tekste mësimore katekizmat e hartuar nga shkrimtarë klerikë si arqipeshkëvi imzot Pjetër Budi etj.

Këto shkolla shqipe, ishin ngritur kryesisht pranë famullive dhe manastireve. Kështu mësojmë nga burimet historike të kohës, se një shkollë shqipe funkspiononte qysh në vitet 1628-1675 në Pedhanë, dhe po në atë kohë edhe në Blinisht (të dyja në rrethin e Lezhës), si dhe në Kurbin (rrethi i Krujës).

Në vitet 1669-1670 funksiononte një shkollë katolike në gjuhën shqipe edhe në Himarë (Shqipëria e Jugut). Në Pedhanë e në Blinisht, u krijuan më vonë edhe shkolla më të larta, gjimnaze, ku përdorej gjuha shqipe.

Këto shkolla u ngritën nga murgj kulturdhashës të Urdhërit Françeskanë, të vendosur në Shqipëri në fillim të shekullit XII. Shkolla të mesme shqipe katolike ku flitej gegnisht, u hapën edhe në Janievë të Kosovës (viti 1671), në Velje të Mirditës (1699), në qytetin e lashtë të Shkodrës (1699) etj.

Në këto shkolla të mesme nxënësit, që ishin destinuar për t'u bërë klerikë, studionin teologjinë, gjuhët latine e italiane, gjuhën geg shqipe dhe disa prej tyre dërgoheshin për studime më të larta në Itali. Mësimi i gjuhës shqipe në këto shkolla, edhe pse tepër i kufizuar, si pasoj e kufizimeve otomane asokohe dhe theksoj se ishte në interes të popullsisë vendase, që i përkrahte moralisht dhe mbështeste në çdo formë ato.

Nga burimet historike mësojmë, se **gjimnazi i Blinishtit u ngrit me kërkesën e krerëve të vendit dhe kur në vitin 1648 shkolla e Pedhanës u rrafshua nga një ekspeditë totalisht shkatërruese ndëshkimore osmane, por banorët e fshatit e rindërtuan atë përsëri.**

Zhvillimi i arsimit në gjuhën shqipe në shek. XVII u pengua direkt për shkak të ndjekjeve të qeveritarëve osmanë të ndihmuar nga spiunët dhe trathtarët shqiptarë, që tregonin se ishinn hapur shkollat shqipe. Megjithatë, në shek. XVII, në shtresat e larta të shoqërisë shqiptare ishte zgjeruar rrethi i njerëzve të kulturuar dhe që kishin mësuar disa gjuhë të huaja dhe gjuhën vendase shqipen.

Në çerekun e parë të shek. XVII, kleriku katolik më me influencë në botën shqiptare asokohe imzot Pjetër Budi arqipeshkëv në disa relacione kishtare drejtuar Vatikanit, ai shprehej shumë ashpër për një pjesë të klerit të lartë katolik shqiptar, që tregohej indiferent dhe mospërfillës ndaj lëvrimit të gjuhës shqipe, si dhe ndaj gjendjes së mjerueshme kulturore të grigjës apo më saktë popullit të vet.

Rrethana më të favorshme për arsimin shqip u krijuan, kur në fronin shpirtëror të papës në Selinë e Shenjtë në Vatikan erdhi papa Klementi XI, me origjinë shqiptare. Kështu nga historia e dokumentëve arkivore dhe nga zbardhja e tyre nga studiues të ndryshem të arkivave të shtetit të Vatikanit, mësojmë mbi nismën e re të tij, ku në vitin 1703 u mblodh Koncili i Peshkopëve (Ipeshkvinjëve) të Shqipërisë, që njihet me në histori emrin **"Koncili i Arbërit"**, i cili asokohe vendosi të përhapte letërsinë fetare në gjuhën shqipe. Kjo shtoi interesin për gjuhën shqipe dhe kështu mbas 8 vitëve **dhe më saktë në vitin 1711, në shkollën e Montorinos në Romë u hap edhe Katedra Studimit të Gjuhës Shqipe...**

Edhe në shekujt apo vitet e mëvonshme shkollat e para shqipe të hapur pranë kishave katolike në Kosovë dhe Shqipëri, i kanë mbyllur mënjeherë "vëllezërit" otomanë si zakonisht me gjak dhe hekur, duke vrarë pa mëshirë mësuesit klerikë katolikë në rrethana dhe pusi të ndryshme...

Otomanët dhe komunistët apo komunisto-otomanët dje dhe sot

Pra, nga përvoja e përgjakur dhe e hidhur historike e popullit tonë ndër shekuj dhe deri në vitet 1990, mësojmë nga faktet konkrete, se otomanët islam dhe komunistët të pafe janë njësoj në forma dhe metoda radikale antishqiptare dhe anti-gjuhësore geg dhe nuk mendoj se duhen paraqit pushtuesit si më të butë se sa nazi-komunistët 1944-1990.

Në kohën e Rilindjes Kombëtare apo Rizgjimit të Ndërgjegjës Kombëtare Shqiptare, **abetaret në gjuhën amtare shqipe, të shtypur jashtë shtetit amë, otomanët "vëllezër" i kanë quajtur vazhdimisht si heretike dhe kundër padishahut e islamit**...

Pra, asokohe theksoj gegnishtja ëshë mësuar dhe ruajtur brez mbas brezi vetëm me të folurin e përditshëm në çdo shtëpi, mes miqëve në odat e burrave, nga përkushtimi i klerikëve katolikë vendas shqiptarë, që e thonin meshën në gjuhën geg shqipe me pak fjalë latine të kohës etj., por jo zyrtarisht në shkolla të mirëfillta private apo publike.

Edhe në kohën otomane kanë qenë pikërisht trathtarët e spiunët arnautë, ato që **Nuk** na kanë lanë të mësojnë me gramatikë gjuhën gegnishte, ashtu sikurse ndodhi edhe në kohën e diktaturës komuniste të Enver Hoxhës (alias Dullës), kur fatkeqsisht po shqiptarët me mentalitet dhe kulturë otomane, ishin ato që përmes të ashtëquajturës Kongresi i Zhdrejt-Shkrimit apo C'Drejtshkrimit 1972, bënë që gegnishtja me ligj të ndalohet të flitet, studiohet dhe shkruhet, duke u futur kështu shumë shpejt në kalendat greke si një gjuhë e huaj e vdekur e pa shkruar dhe mësuar gramatikisht...

Edhe sot në neo-komunizëm gegnishtja nuk mësohet, studiohet dhe nuk flitet me gramatikë të unisuar të saj si gjuhë e vjetër etnike vendase dhe as ajka e figurave kryesore të saj ndër shekuj si në fushën e linguistikës, historisë, kulturore dhe evolucionit të saj ndër shekuj, artistike, politike, atdhetare, apo figurat apo heronjtë geg të kombit tonë ndër shekuj, patriotët, mendimtarët, intelektualët, historianët, albanologët, shkrimtarët etj.

Fatkeqsisht konstatohet, se sot nuk ka asnjë shkollë shqipe, ku fëmijët të mësojnë realisht me libra shtetërore geg gramatikën e tyre letrare etj., sikurse mësohet dhe studiohet në të gjithë nivelet e shkollave zyrtarisht toskënishtja politike jugore letrare...

Disa thonë ose mund të rishprehen sërisht se ashtu ishte koha, duke justifikuar me djadhëzi trathtinë tinzare zyrtare të vetë gegëve e toskëve komunistë kundër gjuhës së të parëve ilir-arbërore-shqiptar të gegnishtes.

Lind pyetja: *Po ajka e ndritur e klerit katolik pse vazhdoi të fliste dhe shkruante pa pushim dhe pa frikë dorëshkrimet e tyre brilante të fliste kudo dhe pa u trembur para gjyqeve të Dullës vetëm gegnishten edhe nëpër burgjet nazi-komuniste... edhe pse e dinin shumë mirë se komunistët fatkeqsisht shqipfolës geg e toskë ishin dhe janë edhe sot neo-komunistët kundër tyne!!!?*

Anti-gegët komunisto-otomanë si provë të urretjes kundër gegnishtes **bënë punime "studimore" shkrimmore gjoja të ashtëquajtur shkencore të mirëfillta që atakonin drejpërdrejtë gjuhën gegnishte e i botuan si paçavure turpi** (*që të gjithë sëbashku pjesëmarrësit apo të ashtquajtur delegatë të Kongresit të C'Drejtshkrimit*) **në dy vëllime, të cilat sot fatkeqsisht janë njolla prova faktike turpi nga servilizmi i tyre ndaj komunistëve me dhe pa tesera antarësie partie...**

Disa vijojnë të thonë edhe sot, se dikush (**Profesori i Univesitetit të Shkodrës prof. Kolë Ashtës**) shkoi në spital dhe ia morën kmunistët firmën me zor e pa vetëdije a thua se asokohe ata që tregojnë këto përralla historie të vetëkrijuara ishin në vendngjarje... Ja po e pranojmë përkohsisht këtë versionin e forcës imponuese apo "detyrimit" absurd...

Sërisht lind pyetja logjike dhe retorike: *Po shkrimet e gjata kilometrike të shumë autorëve geg me shumë faqe kundër gegnishtes që janë si dëshmi prove edhe sot të shkruara dhe botuara si njolla të zeza turpi në dy vëllime në Tiranë pas Kongresit të vitit të zi 1972 kush i bëri autorët, që t'i shkruajnë me pasion kundër gjuhës geg!?*

Gjuha otomane bëhet zyrtare në Shqipëri dhe Kosovë, ndërsa gegnishtja etnike vazhdon të ndalohet me ligj që të mos mësohet

Së fundi, edhe sot në Shqipëri dhe Dardaninë antike, zyrtarisht ka filluar mësimi i gjuhës ish pushtuese otomane në të gjithë ciklet e shkollave atje. Dhe kjo në saj të një dekreti absurd antishqiptar, që kanë miratuar qeveritë neo-komuniste dhe neo-otomane erdoganiste respektive të Tiranës së kuqe me K/Ministër Edi Ramën 3 dhe erdoganistin fanatik otoman K/Ministrin Albin Kurti në Prishtinë.

Pra, zyrtarisht gjuha e pushtuesve otomanë lejohet dhe ligjërohet me dekret special të mësohet si gjuhë amtare në Shqipqëri dhe Kosovë (në dy shtetet e pushtuara dikur për 700 vjet me radhë nga barbarët otomanë) nga mësuesit formalisht me pashaportë "shqiptare" çdo ditë në bankat e shkollave dhe auditoret e universitetëve otomane në mënyrë serioze dhe masive, sikurse dikur gjuha bolshevike ruse...

Pse them unë gjuha otomane dhe jo turke!? Kur Osmani si i pari i osmanëve pushtoi vendet e Azisë dhe mbërriti deri në atë që quhet sot territori turk apo Turqia, ai si kryebarbar manjak rrafshoi mizorisht të gjithë fshatrat, qytetet dhe vetë civilizimet asokohe të shtetit multifetar etnik turk (Turiqinë).

Asokohe dhe deri në fillim shekullin XX, gjuha vendase që flitej në kohën e Perandorisë Xhihadiste Islame Otomane ishte turqishtja etnike e vjetër me bazë arabe. Ajo u zëvendesua më vonë (gjatë periudhës se reformave, që përfshiu vendin pas degradimit të Perandorisë në fjal), me gjuhën turke të re tashmë me bazë latine, ku 60% e fjalëve të përditshme janë me rrënjë guhësore europiane.

Kjo gjuhë dhe kulturë e mbisunduar dhe më pas e deshtuar dikur tek ne fatkeqsisht so po ri-mësohet zyrtarisht në shkollat shqiptare atje tek ju. Dhe për çudi asnjë antar apo "patriot" i Grupit tuaj më të madh online në rrjetet sociale **Pro Gegnishtes me 20 mijë antarë** dhe të tjerë, që shtohen çdo ditë dhe ku na i paraqet edhe administrator i faqes me emra, **nuk Kundërshtoi këtë fakt të turpshëm, sepse Qeveria Neo- Komuniste Rama 3 lejoi zyrtarisht mësimin e otomanishtes së ish pushtuesve dhe jo të Gegnishtes,** gjuhës amtare etnike të ish të pushtuarëve dhe sot të nënshtruar para të njëtit pushtues arbëror tokësor dhe gjuhësor.

Unë nuk di deri më sot që në zonat me popullsi geg nga kufiri i rrjedhjes së mesme të lumit Shkumbin (*Qyteti Elbasan, që thuhet se është kërthiza e Shqipërisë, sepse e ndan atë në dy pjesë të barabarta fiziko-gjeografike*) dhe deri në Dardani të mësohet gjuha geg.

Kështu popullsia e pjesës Veri-Lindore të Shqipërisë ose qytetet malore, si: Peshkopia (Dibra e Madhe dhe e Vogël), Kukësi, Tropoja, Mirdita, dhe me pak Lezha (qytet i cili përbëhet kryesisht nga banorë të ardhur nga Malësia e Madhe dhe Mirdita) në zonën Perëndimore (që shtrihet në Ultësirën Perendimore të vendit) etj., kanë humbur fatkeqsisht të folurit dhe të shkruarit original të gjuhës geg, sepse atje prej shumë dekadash nga presioni i madh politik komunist dhe gjuha toskërishte zyrtare e folur dhe e shkruar ka bërë që ata të humbin gjuhën etnike të tyre.

Po jap vetëm një fakt apo shembull të vogël historik. Dikur krahina malore e Mirditës është quajtur si toka e katedralëve geg, kurse sot muslimanët jugor të ardhur si fuksionar dhe sundues në kohën e invazoneve komuniste, kanë ndërtuar atje edhe një xhami në mes trevës apo qytetit të Rreshenit, dikur të pamposhtur nga islami asimilues otoman. Këtë shembull negativ imponues nga të ardhurit jugor (*dhe shoqatat asimiluese "bamirëse" otomane-arabe, që fatkeqsisht veprojnë atje*), nuk e permenda si argumentim fetar, por si pushtim i hapur e i mirëfilltë afatgjatë (1944-1990) gjuhësor dhe fetarë otomano-arab...

Sot, fatkeqsisht në kishat tona katolike puthuajse dhe në qytet dhe fshatrat apo katundet e thella në zonat malore; në kishat katolike meshet jepen pothuajse të gjitha fatkeqsisht në gjuhën toskërishte letrare, sepse edhe e gjithë literatura e botuar fetare e mirefilltë, si: Bibla (Shkrimi i Shenjtë), riti i meshës, thënia e uratave fetare, libri shujtja shpirtnore, tekstet lirurgjike etj., (revistat, gazetat, radio televizori shtetëror dhe private), janë të botuara dhe thuhen në gjuhën letrare toskërishte dhe jo vendase të banorëve etnik gegë.

Ky është fatkeqsisht një presion i madh propagandistik apo shpërlarje e vijueshme e trurit non stop 24/7 dhe sistematikisht, që dhunisht me forma të ndryshme po ia merr edhe sot frymën gjuhës amtare geg. Kjo diktaturë 70-vjeçare e fortë dhune, është një gur i madh i rëndë në qafën e hollë të vuajtjeve pambarim të gegnishtes.

Për më tepër meshtarët e rinj katolikë vazhdimisht 24/7 vetëm flasin gegnisht, në mënyrë formale dhe rutinë në takimet me njerëzit, pra, besimarët e popullin e thjeshtë, kurse në realitet të gjithë librat e reja janë shtypur dhe botohen pa ndërprerje atje janë vetëm toskërisht...

Shumë shpejt ata nuk do të kuptojnë më se çfarë veprash dhe perlash historike, letrare, linguistike, folklorike, etj., kanë shkruar dikur ndër shekuj paraardhësit e tyre klerikë geg mbi krahinat, gjuhën, historinë, kulturën, traditat, zakonet shqiptare etj., sepse do t'u duhet të mësojnë më parë gjuhën e tyre etnike gegë si gjuhë të huaj.

Bibla e përkthyer me një mund dhe përkushtim të madh shumëvjeçar nga meshtari ulqinak shqiperuesi dhe studiuesi i perkushtuar mons. Simon Filipaj është e përkthyer nga latinishtja në gjuhën letrare toskë, të pakuptuar në fillim në të gjithë zonën e Malësisë së Tuzit dhe zonat bregdetare të qytetit antik të Ulqinit me trojet e tjera shqiptare.

Nga ana e tjetër, *në mes të qytetit të Shkodrës, intelektuali i shquar një ndër helenistët dhe studiuesit më të famshëm shqiptar shkodrani prof. Gjon Shllaku të gjithë librat kulturore dhe historike helene (geke) të famshme i ka përkthyer në gjuhën toskë letrare...*

Ky status, që citova në këtë foto, ka marrë pa vetëdije me qindra miratime dhe klikime pozitive nga antarët e grupit edhe pse statusi është i pasaktë e i bie ndesh drejpërdrejtë historisë geg dhe kulturës së tyre me vlera të pa çmuara geg ndër shekuj...

Kjo tregon fatkeqsisht nivelin e ulët të grupit dhe antarëve të saj, që **bëjnë Like pa lexuar dhe kuptuar statuset**, që hidhen herë pas here këtu, në Grupin në fjalë... Kam shumë për të thenë, por kaq për sot…

21 delegatë ishin gegë ose ¼ ku 9 prej tyre ishin shkodranë, që vulosen pa Referendum groposjen e gjuhës së tyre geg

Nga burimet historike mësojmë, se nga 87 delegatët e Kongresit të Zhdrejt apo Ç'Drejtshkrimit, që nënshkruan me dëshirë Rezolutën për Standardin e Gjuhës Shqipe 21 (pra, gati ¼ e delegatëve ishte e lindur e rritur në territoret, me popullsi ku flitet 24/7 dhe 365 ditë të vitit gjuha e nënës dhe baballarëve të tyre po gegë) ishin gegë nga zonat ku flitet non stop gjuha e gegë e trashëguar nga të parët e tyre, si: **Shkodra (9 delegatë), Kosova, Mali i Zi, Peshkopia (1 delegat) dhe Kukësi (1 delegat).**

Nga shikimi i vendlidjes së tyre del se 7 (shtatë) prej tyre ishin nga Kosova, 6 (gjashtë) nga Prishtina dhe 1 (një) nga Prizreni.

Po cilët ishin nënshkruesit me emër dhe mbiemër që bënë historinë e faqes së zezë të gjuhës gege!!!?

Më poshtë po japim listën e plotë të delegatëve geg të Kongresit të Ç'Drejtshkrimit të Gjuhës Shqipe si dhe ato nga Shqipëria e Veriut, Prishtina dhe Prizreni (Kosova):

Prof. Idriz Ajeti Dekan i Fakultetit Filozofik, Prishtinë (Kosovë).

Dr. Rexhep Qosja Drejtor i Institutit Albanologjik, Prishtinë (Kosovë).

Doc. Jup Kastrati (1924-2003), pedagog i gjuhës shqipe në Institutin e Lartë Pedagogjik, Shkodër.

Ahmet Kelmendi (1929-2916), pedagog i gjuhës shqipe në Shkollën e Lartë Pedagogjike, Prishtinë (Kosovë).

Ajet Bytyci, pedagog i gjuhës shqipe në Shkollën e Lartë Pedagogjike, Prizren (Kosovë).

Bahri Beci, (Shkodër, 6 mars 1936 - Paris, 20 gusht 2023), gjuhëtar në Institutin e Gjuhësisë dhe të Letërsisë të USHT, Tiranë.

Besim Bokshi (1930-2014), pedagog i gjuhës shqipe në Shkollën e Lartë Pedagogjike, Gjakovë (Kosovë).

Drita Garuci, Mësuese e gjuhës dhe e letërsisë shqipe, Shkodër.

Fadil Podgorica (Shkodër, 11 gusht 1918-1993), pedagog i gjuhës shqipe në Institutin e Lartë Pedagogjik, Shkodër.

Ferdinand Leka (Prof. Ferdinand Leka lindi në Shkodër më 18 prill 1930 dhe vdiq në Tiranë në vitin 2022), gjuhëtar në Institutin e Gjuhësisë dhe të Letërsisë të USHT, Tiranë.

Henrik Laçaj, (Shkodër, 11 shkurt 1909 - Tiranë, 12 mars 1991), pedagog në Fakultetin e Historisë dhe të Filologjisë të USHT, Tiranë.

Isa Bajçinca, pedagog i gjuhës shqipe në Fakultetin Filozofik, Prishtinë (Kosova).

Ismail Bajra, drejtor i NGBG "Rilindja", Prishtinë (Kosova).

Ismail Doda (1939), drejtor i shkollës "Gjergj Kastrioti Skënderbeu", Ostros (Krajë, Mal i Zi).

Kolë Ashta (1918-1997), pedagog i gjuhës shqipe në Institutin e Lartë Pedagogjik, Shkodër.

Llazar Siliqi (1924-2001), i lindur në Shkodër, ishte shkrimtar, që banoi në Tiranë.

Luigj Franja, mësues i gjuhës dhe i letërsisë shqipe, Shkodër.

Mufit Trepça, mësues i gjuhës dhe i letërsisë shqipe, Peshkopi (Shqipëria e Veriut).

Pjetër Fusha, mësues i gjuhës dhe i letërsisë shqipe, Rubik (Mirditë, Shqipëria e Veriut).

Shefqet Hoxha (1934), pedagog i gjuhës shqipe në Filialen e USHT, nga katundi malor Bicaj-Kukës (Shqipëria e Veriut).

Tomor Osmani, pedagog i gjuhës shqipe në Institutin e Lartë Pedagogjik, Shkodër.

PARATHËNIA E LIBRIT "ME KRYQ E PENDE"
TË AUTORIT KLAJD KAPINOVA

"U linda për dashuri dhe jo për urrejtje". **Antigona – ESMLI**

I nderuari lexues, po merrni né dorë atë libër, i cili pas dhjetëvjeçarësh do të klasifikohet në kategorinë e librave të autorëve që u formuan dhe sprovuan pendën pas vitit 1992.

E veçanta e librit **"Me kryq dhe pendë"**, qëndron sa në përmbajtjen e tij, ashtu edhe në formën e prezantimit.

Mënyra bindëse dhe e sinqertë e të treguarit, e bën veprën e zotit Klajd Kapinova shumë më të besueshme (edhe më të besueshme se shkrimet e disa poetëve të "oborrit që dje shanin, e sot lëvdojnë" që e shohin artin e të shkruarit siç e sheh tregtari, dyqanin e vet; vetëm si një burim të ardhurash e asgjë tjetër).

Per autorin, glithçka është realitet, është shpirt, është detyrim i brezave të sotmm ndaj brezave që shkuan dhe që do të vijnë, është detyrë, që shpirti, ndjenja, vetë të qënit shqiptar, ia vë autorit për të mos lënë, që të bien në harrim ato figura të ndritura të kombit shqiptar, nën petkun klerikal të të cilave vlonte i pastër dhe i ndritshëm shqiptarizmi.

Themi me bindje, se autori i përket një kategorie tjetër shkrimtarësh, nga ata që kanë shkruar e shkruajnë në ditët e sotme, sepse ai është i zoti të bëjë një hap prapa në kohë, por jo në art, të arrijë në themelet e pastra dbe të paideologjizuara të letërsisë dhe të publicistikës shqiptare.

Si në stil, si në konceptim, si në ndjenja njerëzore dhe kombëtare, libri është një lidhje me kohët e sotme të letërsisë së viteve '30 – gjysma e parë e viteve '40. Është një filiz i trungut të prerë në 44-shin. Pra, të gezohemi, trungu i vjetër s'është tharë, shqiptarizmi jeton tek shqiptari i ri, i cili i pastruar nga çdo lloj ngjyre komunizmi dhe kozmopolitizmi, vazhdon rrugën e të parëve per të integruar Shgipërinë në Evropë, sipas parudhës së famshme **"Të ndryshëm, por të barabartë"**.

Ashtu si në gjyq, që sado që t'i të kesh të drejtë, dhe sado bukur ta mbrosh të drejtën tënde, po s'pate fakte vihet në dyshim çdo gjë, edhe në shkrimet e llojit të këtij libri, – faktet janë faktori vendimtar.

Këtë gjë e ka pasur mirë parasysh autori, kur sjell një blografi shumë të pasur, gjë që jep një efekt të dyanshëm: e bën shkrimin bindës dhe të pakundërshtueshëm, dhe nga ana e tjetër dëshmon kulturën e thellë dhe me baza të shëndosha të autorit.

Jeta ecën, duke lënë gjurmë të thella, të qarta që dëshmojnë botëkuptim, përpjekje, synime, ndjenja, vlera e antivlera, fitore të pashfrytëzuara dhe humbje që të japin forcë e të çlirojnë energji jetësore për të ecur, për të bërë çka s'u bë; për të ngritur lart flamurin shqiptar, shqipen kombëtare, që, siç shprehet *imzot Fan Stilian Noli*: "**Flamurin që lind Shën Konstandinin***,[280] pajton islamin dhe krishtërimin". Këto gjurmë të jetës të zëna në grackë në fletë të zverdhura librash, janë objekti apo thelbi, që i jep jetë dhe justifikon ndjenjën dhe idetë e librit, të cilat më pas fjala shqipe e përdorur me art, i bën të kuptueshme, të qarta, duke i dhënë né këtë mënyrë një vlerësim të drejtë raportit përmbajlje – formë.

Libri, hapet me një histori të krishtërimit në Shgipëri, duke evidentuar qartë atë çka përfitoi Shqipëria dhe krishterimi nga shqiptarët. Dallohet kontributi i shgiptarëve, në përhapjen e krishtërimit. Paraqiten faktet, që vërtetojnë përhapjen e hershme të krishterimit në, Shqipëri - Iliri.

Kjo ngjarje, ndodhi ndërkohë, që etniciteti ilir ishte në shuarje nga trysnia e madhe e kulturës greko-romake dhe nga veprimtaria shtetërore e Perandorisë Romake, që, nëpërmjet kolonializimit dhe organizimit shtetëror, synonte asimilimin e ilirëve.

Pranimi i krishtërimit nga ilirët, para se këtë ta pranonin popuj të tjerë, u shërbeu ilirëve, per t'i bërë më të dokumentueshëm nga latinët, pagan atëherë.

Gjithashtu, të jetuarit sipas mësimeve të krishtera, e shëroi dhe e forcoi shogërinë ilire, përballë shogërisë së degraduar dhe të zvetënuar pagane të popujve përreth, duke shënuar një rilindje të lashtë të etnicitetit ilir. Ky është, sipas mendimit tim, ndihma e parë e krishtërimit për etnicitetin iliro – shqiptar.

Më pas, me përhapjen e krishtërimit në botë, autori dallon tri kulme të krishtërimit shqiptar. Në Perandorinë e vonë Romake, në mesjetë dhe në kohën e re. Në Perandorinë e vonë Romake, apo në Perandorinë Bizantine, vlen të përmenden, përveç martirëve të fesë, edhe Konstandini i Madh, që e bëri krishtërimin fe zyrtare të Perandorisë. *Euseb Jeronimi* apo

---

[280] Konstandinin e Madh – Perandorin e Bizantit, ilir me origjinë nga Nishi, që zyrtarizoi kristianizmin.

Emërshenjti i Ilirisë, siç e quan **prof. dr. Aurel Plasari**, që redaktoi versionin zyrtar të Ungjillit dhe që u quajt "**Vulgata**", studiuesi Plasari vëren tek ky version përdorimin e shumë frazeologjive, që ishin të huaja për latinishten klasike, gjuhë zyrtare e Kishës Katolike Romane, por që për shqipen nuk tingëllojnë aspak të huaja.

Përmendim *Nikolitën e Remizians*, që thoshte "unë jam dardan" dhe që krijoi hymnin e hershëm të krishtërimit "**Te Deum Laudamnus**". Në shek. V do të përmendi një poet, *Gjoni i Durrësit apo Gjon Epidamnasi* etj. Pra në një fare mënyre, etnosi iliro-shqiptar u bë mendja dhe kurora e krishterimit të hershëm, kundër paganizmit.

Më tej, autori Klajd Kapinova sjell kalvarin e krishtërimit në Shqipëri në kohën e mesme. *Kur kushtet politike e lejuan, kleri katolik u vu në ballë të kulturës së re të Rilindjes Evropiane.*

Por më parë s'duhet të lëmë pa përmendur rolin e urdhërave fetarë katolikë, që u përhapën në Shqipëri, në fillim të mijëvjeçarit, citojmë **Patër Marin Sirdanin** O.F.M.; "*Skënderbegu mbas gojëdhanash*" 1926, fq. 127 i cili shkruan: "*Përhapë nëpër Ballkan sllavët, tuj pas marrë ortodokson, e tuj pas shtrij sundimin nëpër shumë krahina të Shqypnis, shumë shqyptar muerën gjuhën e besimin e tyne e u njisuen me ta, tjerë mueren vetëm besimin… për me ndalue të përhapunit e ortodoksisë nëpër Shqypni kje shumë numri i Benediktinëve e i Bazilianëve qysh në të XI shekull, e në vjetë 1240 u erdhën në ndihmë edhe Françeskajt e ma vonë Domenikajt*". Pra, **katolicizmi pengoi edhe një here shkatërrimin e shqiptarëve.**

Per të parë se ç'përhapje mori kultura në Shqipëri në shek. XV para pushtimit turk, citojmë të njëjtin libër, fq. 119, "*Nji qytet i vogël si kje Oboti, pat nji shtypshkronjë që në vjetë 1493. Glodstane shkruante: "Kjo shtypshkronjë duel në shesh 7 vjet mbas asaj të Dardanit. Në këtë kohë nuk kishte shtypshkronjë as në Oxford, as në Cambrige, as në Edinburg.*

Gjashtëmbëdhjetë vjet më vonë u mkamb e para shtypshkronjë në Romë…" (Vr. de Montenegro davarit la Conlerence de la Paix – Paris, 1919, fq. 12).

Në epokën Skënderbejane, mbrojtja e katolicizmit, ishte një arësye më shumë për të mbrojtur Atdheun. **Shqiptarët, kishin një atdhe dhe një fe, që i bashkonte.** Interesant dhe për t'u përmendur është fakti se, vetëm 100 vjet pasi turqit derdhën gjithë atë gjak, për të pushtuar Shkodrën, shkodranët, së bashku myslimanë dhe katolikë, nën udhëheqjen e Ibrahim Pashë Begollit, luftuan dhe fituan me gjak të drejtën nga turqit, që Shkodra të kishte geveritarë vendas.

Pra, shqiptari i çfarëdo feje, ka parë tek shqiptari i fesë tjetër një

bashkëkombas, me të cilin ka bashkuar fuqitë për të mbrojtur Atdhenë nga çdo armik.

Për të sjellur një shembull të përparimit të Shqipërisë, para pushtimit turk dhe për të treguar pastaj humbjen e madhe të kulturës dhe të gytetërimit me këtë pushtim, mjafton të citojmë **Pader Marin Sirdarin**, në librin e tij: "**Skanderbegu mbas gojëdhanash**" (fq. 119): "*Nji gjytet i vogël si kje Oboti pat nji Shtypshkronjë që më 1493…*

Kjo shtypshkronjë duel në shesh shtate vjet mbas asaj të Londonit. Në këtë kohë nuk kishte shtypshkronja as në Cambridge, as n'Oxford, as n'Edinburg".

Më poshtë, autori na paraqet veprimtarinë e madhe të klerit katolik, nën pushtimin turk dhe nën "pushtimin" e kuq komunist, periudhë në të cilën ai, ka dhënë një shërbim dhe një vetsakrifikim në shërbim të Atdheut dhe të fesë, siç thonte Fishta i madh, apo në shërbim të fese dhe të Atdheut, siç thuhet sot.

Vargu i gjatë i atyre, që të veshur me veladon i shërbyen Shqipërisë, është i pafund siç qenë të pafundme edhe sakrificat e tyre.

A ka shërbim më të madh për një komb, se sa t'ia mbash gjallë e të mos lejosh t'i humbasë kombësia. Dhe katoliçizmi shqiptar e ka bërë këtë aty ku ka qenë e nevojshme.

Mjafton, të përmendim arbëreshët e Italisë, të cilët e mbajtën giallë gjuhën shqipe, kryesisht nga veprimtaria fetare, e cila bëhet kryesisht në gjuhën arbëreshe

Po kështu, kisha katolike në Mal të Zi, Kosovë dhe Maqedoni, e mban gjallë shqiptarizmin tek besimtarët, duke mësuar shqip. Kjo është vetëm një pjesë e vogël e asaj që kristalizohet në binomin për "**Atdhe e Fe**".

Në mes të martirëve të katoliçizmit dhe shqiptarizmit njëkohësisht, renditet edhe mendjendrituri **Faik Konica**. Mos vallë, rastësisht?! Patjetër që jo.

Është kulturë e njëjtë, e njëjta shkollë, e njëjta frymë kritike dhe realiste dhe mbi të gjithë, të njëjtat qëllime dhe ideale, të cilat e bëjnë Konicen të ndihet njeri i shtëpisë në këtë panteon.

Duhet të jesh tepër i guximshëm të përshkruash jetën e kolosëve të tillë, si **Fishta, Mjeda, Harapi, Zadeja**, e shumë të tjerë, që, kush më pak e kush më shume, flijuan për Atdhenë e fenë e të parëve, sepse ishte në shpirt ajo dëshira e përkushtueshme që "**t'ua lëmë pasardhësve nje Shqipëri edhe më të mirë se sa ajo që trashëguam nga të parët**".

Ata bënë shumë për njësimin dhe forcimin e ndjenjës kombëtare dhe për të bërë asgjë çdo anti-shqiptarizëm. Citojmë **dom Ndre Zadejën**, në revisten "**Cirka**" (fq. 320) "… *emnit të kruetanit të madh Gjergj Kastriotit, s'ka për t'ju dhanë kurrë randësia e dej deri sa mos t'i mbushet mendja gjithkuej se ky Fatos nuk kje vetun nji hero i krishtenë, por Heroj Kombëtar për antomazi, ashtu, për nji analogji të çuditshme, katholiçizmit të kësaj zone s'ka për t'iu rrëfye kurrë bindja e plotë, derisa të mos provohet me fakte të pakontestueshme, se populli i Gegnisë i udhëhjekun prej klerit katholik, tuej i ndejë besnik traditave fetare, u ba de facto eksponenti i gjallë i idesë kombëtare"*.

Në këtë fundshekull, kohë kur materiarizmi praktik po shkatrron çdo gjë që e shkatrron njeriun nga kafsha, kombi shqiptar nxori nga gjiri i tij dhe i fali botës **Nënë Terezen**, atë që së shpejti do të bëhet **Shën Tereza e Kalkutës**, por që **ne do të donim të bëhej Shën Tereza e Shqipërisë**.

Dhe me këtë, nuk u mbyll cikli i viganëve shqiptarë, që nisin ndoshta me Aleksandrin e Madh dhe Shën Konstandinin dhe vazhdojnë me Skënderben e të tjerë.

Shqipëria, i dha botës të gjithë njerëzit e vet më të medhenj, nuk i mbajti për vete, ndoshta nga altruizmi apo nga pazotësia e Shqipërisë për të vënë në shërbim të saj shqiptarët e mëdhenj e të zotë.

Kaq munda të shkruaj, për një libër të tillë, që, me shumë zotësi e pluhurin e harreses nga disa figura të historisë së Shqipërisë dhe të krishtërimit në trojet shqiptare. Por, përveç asaj që ka shkruar autori, ka edhe një meritë tjetër. Gjuha, e përdorur nga autori ndryshon shumë nga ajo e përdorur nga gazetarët dhe publicistët e tjerë shqiptarë. Ajo është shumë e pastruar nga fjalët e huaja, dhe, njëkohsishf fjala shqipe është përdorur me ekonomi, por asnjë paragraf, radhë apo fjalë nuk janë të tepërta, duke iu dhënë shkrimeve një karakter të përqëndruar dhe njëkohësisht tregimtar, ku kryesorja është informacioni i pasur.

Ndriçim Mlika – *Shkodër, Nëntor, 1997.*

"MES KRYQIT DHE ATDHEUT", TË AUTORI KLAJD KAPINOVA PËRJETËSOHEN FIGURAT E SHQUARA TË FESË KATOLIKE DHE KULTURËS SHQIPTARE

(Parathënie)

Libri, që po u paraqitet lexuesve ka vlerën e vet të madhe për të njohur edhe më mirë disa figura të shquara të fesë dhe të kulturës shqiptare, veç atyre shkrimeve, që janë bërë nga autorë të ndryshëm për disa nga këto figura, ndonëse këto të fundit kanë pasur trajtim të pjesshëm, sipas qëllimit të këndvështrimit të kësaj apo atij shkruesi.

Autori i, librit të pranishëm *"Mes Kryqit dhe Atdheut"*, Klajd Kapinova, i ka vënë vetës detyra të tjera, më një hapësirë paraqitjeje më të gjërë të këtyre figurave, duke përjashtuar këtu dom Ndre Zadejën, për të cilin ka një monografi dy pjesësh, kryesisht me shkrime të vetë Zadejës, pa shumë analiza e komente.

Për këtë a atë shkrues, për këtë a ato shkrime, diçka esenciale, duhet veçuar, se sa herë të bëhen objekt studimi dhe trajtimit klerikët tanë dhe historia e gjatë e kishës shqiptare, të gjitha penat, të djeshme dhe të sotme, kanë pasur kurdoherë çfarë të shkruajnë.

Asnjëherë studiuesit nuk duhet të kenë mbetur të kënaqur plotësisht me artikuj dhe monografitë e tyre. Dhe kjo është e kuptueshme dhe e pranueshme, sepse të merresh me jetën dhe veprën e klerikëve tanë dhe të vetë kishës, do të thotë të besh historinë e gjatë të vetë popullit dhe të vendit të shqiptarve, të përshkruash vetë kulturën e këtij populli, si drejpërdrejtë ashtu dhe tërthorazi.

Për këtë të fundit, flet sidomos vetë literature jonë e vjetër, rreth së cilës, *prof. Eqrem Çabej (1908-1980)* ynë i ditur, njohës i mirë i gjuhës dhe kulturës shqiptare, ndër të tjera shkruante: *"Si shumica e literaturave t'Europës, edhe literatura shqiptare fillimet e saj i ka me përmbajtje fetare"*.[281]

E, vetëkuptohet që kur themi literaturë, bëhet fjalë për kulturë. Rikujtojmë në këtë mes, që vetë dokumenti i parë i shkruar në gjuhën shqipe, është pikërisht *"Formula e Pagëzimit" (më 8 nentor 1462)* e *imzot Pal Engjëllit*.

Po kështu, vepra e parë e shkruar dhe e botuar në gjuhën shqipe, është

---

[281] **Dr. Eqrem Çabej**, **"Studime gjuhësore"**, Prishtine, 1977, vëll. VI, fq. 24.

përsëri me karakter fetar, "*Meshari*" i *dom Gjon Buzukut* (në vitin 1555), bile shkruar edhe me motivin patriotik, "*prej dashurisë së Atdheut tonë*" (Buzuku: "*në së dashunit së botësë sonë*"), ku fjalën "botë", ky dhe ndonjë tjetër, e përdor me kuptimin "Atdhe" (Patria).

Trajtimi dhe, veçanërisht, mbrotja e jetës dhe e veprimtarisë së klerit shqiptar është mjat e vështirë dhe serioze, si nga ana e historisë së gjatë të tyre, ashtu dhe nga kalvari i pafund në të cilën kaluan klerikët tanë.

Këtu nuk është fjala vetëm për ato 40 vitet e mohimit të fesë dhe e mbylljes së institucioneve të saj prej regjimit ateist, vite, që domosdo, përbajnë atë natën e gjatë të errësirës, pus të zezë, por edhe për periudhat e tjera të historisë kishtare shqiptare, ku duhen veçuar sidomos atë kohën e gjatë të mesjetës, ku veproi fuqishëm lufta kundër ikonave, ikonoklastia, lufta e ashpër e skizmatikëve kundër kishës katolike, skizmë, që çoi deri edhe në rrënimin e mjaft kishave dhe manastireve, sidomos në Veri të vendit.

Aty shtohet ai vrull i fuqishëm i sundimit turk 5 shekullor, i cili veproi në Shqipëri në shumë plane: *politike, ekonomike, ushtarake, por, mjerisht, edhe në psikologjinë dhe në ndërgjegjën fetare të popullit shqiptar.*

Këtu nuk mund të harrohet kurrësesi vdekja e parakohshme e Pjetër Bogdanit, i cili u mbyt ose më mirë të themi e mbytën në lumin Drin, dhe s'ishte një vdekje aksidentale.

Nuk duhet harruar vdekja dhe përndjekja e vazhdueshme e *imzot Pjetër Bogdanit* në shërbimin e tij fetar nga politika e ngushtë serbe dhe turke, i cili pati dhe raste të mbyllej edhe me vite të tëra nëpër shpella. Edhe sot kemi toponimin "*Shpella e Bigdanit*" në Rrjoll të Mbishkodrës e cila flet gjithçka. Dhe pasoja e rënda të pashlyeshme, dihen mirëfilli, ku më se 2/3 e popullsisë e islamizuan.

Vetëkuptohet, pastaj se ç'hoqi e, më shumë, ç'do të ketë hequr kleri katolik dhe ai ortodoks gjatë këtyre qindravjeçarëve, ku edhe objektet e shumta të kultit po atë fat të zi patën, me shndërrimin e kishave në xhami dhe mjat të tjera të rrënuara përtokë, krejtësisht të shuara.

Por, falë qëndresës së një pjese të popullit dhe të meshtarëve të tij, mjaft kisha ortodokse në Jug të vendit vazhduan jetën e tyre, duke na ruajtur, veç të tjerave, edhe mjaft objekte të rëndësishme të artit tonë të mrekullueshëm kishtar, të cilat sot ngrejnë kryet lart dhe qëndrojnë si përmendore të fuqishme përpara historisë, kulturës dhe fesë kristiane të vendit tonë.

Kishat katolike në Veri, vërtet, që pësuan më tepër rrënime, por vetë ky rrënim flet për lashtësinë e tyre, ku shati i arkeologut ka vepruar dhe duhet të veprojë edhe më tepër për të zbuuar, jo vetëm muranat, por dhe objektet e tjera të artit të tyre, mbuluar nga shekujt e gjatë.

Ato objekte kristiane, që u takojnë kohëve të mëvonshme, bile, edhe ato të malëve tona, përsëri duhen gjurmuar si më të reja e si më të lehta në kërkim, ku janë zbuluar dhe duhet të zbulohen mjaft piktura, skuptura me afreske të ndryshme bizantine dhe romake, një pjesë e të cilave ende mbetën ndër disa muze të vendit, ndonëse janë pakësuar dhe demtuar shumë kohët e fundit.

Këtyre mangësive dhe kufizimeve të drejtim të kërkimit arkeologjik, u ndihmojnë, domosdo, të dhënat dhe burimet historike, të cilat për jetën dhe veprimtarinë kishtare janë të bollshme, një pjesë e mirë brenda bibliotekave dhe arkivave të vendit, pjesa tjetër jashtë vendit, veçanërisht në Vatikan, Venedik e Napoli. Natyrisht, që kërkime të tilla janë bërë edhe në të kaluarën, sidomos nga të huajt, si: albanologu patër *Fulvio Cordignano (1887-1952)*, patër Danjel Farlati (*Daniele Farlati Society of Jesus 1690-1773) e Koleti, Stefan Gaspri, Eman Armao*, etj.

Por, vetëkuptohet, një punë fort më e madhe, e vazhdueshme, sistematike dhe serioze duhet të ndërmerret prej vetë shqiptarëve, meshtarë e shekullarë, për të hartuar një histori sa më të plotë kishtare shqiptare me një jetë dhe veprimtari kaq të gjatë të krishtërimit ndër trojet tona, për të cilin, mjaft popujt na e kanë lakmi. Kjo histori do të plotësonte fort mirë gjithë historinë e përgjithshme të Shqipërisë.

Duke u kthyer më për së afërmi librit të Klajd Kapinovës, do të verejmë se aty ka përpjekje të mira nga autori për të nxjerrë sa më mirë në dritë figurat dhe personalitet fetare, të cilat i kanë marrë në studim autori.

Vepra nis me Malësinë e Madhe, shikuar në një plan të gjërë: si një trevë e madhe, që ka kontribuar fuqishëm në drejtim të luftës dhe përpjekjeve të vazhdueshme për liri dhe pavarësi nga sundimi i gjatë turk, udhëhequr e frymëzuar prej trimit fatos të Hotit, Dedë Gjo' Lulit. Këtu vihet mirë në dukje lidhjet e shumta dhe të ngushta të Dedës me klerikët shqiptarë të kohës, të cilët ndihmuan dhe frymëzuan me fjalë e me kryq luftarët e lirisë.

Mos të harrohet se këto lidhje shihen edhe në fund të jetës e të veprimtarisë së Dedës dhe të klerikëve, duke pohuar vetë mons. Zef Simon ipeshkëv në këtë mënyrë "*apo si vepruen ma vonë komunistat, tuj nxjerrë prej varrit eshtnat e Mons. Jak Serreqit, Mons. Lazër Mjedës, Mons. Gaspër Thaçit, Mons. Ernest Cozzit, Mons. Benardin Shllakut e At Gjegj Fishtës e së bashku me atë, pa dijtë gja, të Dedë Gjo' Lulit, eshtnat e të cilit françeskanët i kishin ruejtë në vorret e tyne për t'i ba një monument".[282]*

Dhe a s'është sot paradoksale dje krejt e habitshme, që e gjitha Shkodra nuk ka asnjë rrugë a rrugicë, asnjë objekt tjetër të madh as të vogël me emrin e këtij Njeriu, kur atje në Tiranë së paku një rrugë është me emrin e Dedë Gjo' Lulit.

E, pra, françeskanët e djeshëm e paskan pasur ndër mend t'i ngritnin një permendore bile!? Po vetë patër Gjergj Fishta o.f.m., që i thuri mbi 800 vargje në "Lahutën e Malëcisë" këtij Heroi, mos bëri gabim!?

Më tej, Kapinova vë ne dukje kontributin e madh të klerit shkodran në Kryengritjen e Malësisë së Madhe dhe në Memorandumin e Gërçës, duke ia bërë të ditur edhe diplomacisë evropiane të kohës, mbështetur, domosdo, në mjaft burime historike.

Vend të rëndësishëm në këtë kapitull, autori ynë i ka lënë polemikës me dy historian, që kanë trajtuar Kryengitjen e Malësisë së Madhe dhe ngritjen e Flamurit të parë shqiptar në Majë të Deçiqit, pas pesë shekuj robërie, më 6 prill 1911.

Autori kritikon ashpër mungesën e seriozitetit shkencor të këtyre historianëve, Xhevat Repishtit dhe Gazmend Shpuzës, ndonëse të dy shkodranë dhe njohës të ngjarjeve dhe momenteve të rëndësishëm historike në trajtimin e problemeve kyçe të luftrave dhe përpjekjeve të shumta të popullit për liri e pavarësi.

Për çudi veçanërisht G. Shpuza, ndryshe ka shkruar për Kryengritjen në vitin 1967 e ndryshe krejt në kohën e fundit. Si ka mundësi, që i njëti autor, për të njëjtën ngjarje, në një hapësirë kohore jo shumë të madhe, të mbaj qëndrim mjaft të lëkundur e bile të kundërt, duke kundërshtuar, kështu, edhe vetën e tij me një kontradiktë të ashpër?

Po tjetri Xh. Repishti, si guxon të verë në pikëpyetje, e bile të mohoj ngritjen e Flamurit të vitit 1911? Si u bie ndesh dhe mohon gjithë atë literaturë të pasur dhe burime të shumta historike të atyre kohërave e të atyrë të mëvonshmeve për dëshminë e vërtetë të Flamurit tonë?

Por, autori i librit "Mes Kryqit e Atdheut", për Repishtin reagon, veç të tjerave, edhe kështu: "ndonjë "doktor" i shkencave historike vë në dyshim (për të mos thënë se lë të nënkuptosh se a është ngritur ndonjëherë Flamuri Kombëtar me 6 Prill 1911 në Bratile të Deçiqit) se ku dhe si është shkruar ky dhe ai fakt në fjalë!!!?" Dhe menjëherë bën pyetjen, që s'do fare

---

[282] Mons. Zef Simoni Ipeshkëv, **"Persekutimi i Kishës Katolike në Shqipni 1944-1990"**, 1999, f. 10.

përgjigje për çdo atdhetar dhe shqiptar të ndershëm: "Kështu nderohet simboli i kombit nga vetë shqiptari!?".

Polemikë bën autori me këta e të tjerë studiues dhe përsa i pëket lidhjes së klerikëve me Dedën e me luftarët e lirisë dhe veçanërisht, me kontributin e madh e të pamohueshëm të këtij kleri në këtë ngjarje të shënuar të historisë sonë kombëtare.

Autori mohon kategorisht dhe e shpreh me ironi të theksuar ato epiketet e turpshme, që iu vunë priftërinjve tanë nga regjimi ateist i 50 vjetëve, si kleri "antikombëtar", "reaksionar", njerëz në shërbim të të huajve, në shërbim të Vatikanit, apo të Austro-Hungarisë e sa e sa akuza e proçka të tilla të shemtuara.

Autori për këtë e për të tjera, shkruan: "*Në gjakun e komunistëve ishte asimiluar aq shumë fanatizëm dhe urretje ndaj katoliçizmit, se petku i meshtarit u krijonte tërbim deri në sadizëm, prandaj edhe salvimi ka enë më i rrepti dhe më i tmerrshmi se në gjithë vendet e ish-kampit socialist, dhe ëpr më tepër i pakrahasueshëm disa herë në atë çka u realizua barbarisht në Shqipërinë martire.*"

Në veçanti, për rolin e madh, që ka luajtur Austro-Hungaria në formimin e intelektualëve shqiptarë, në fushën e fesë dhe kulturës, Kapinova shkruan: "Për të parë veprimtarinë "armiqësore" të imperialistëve austro-hungarezë, ndaj Shqipërërisë si armiq të jashtëm të saj, për hir të interesave të padronëve të tij, kleri katolik, sipas "historianit" Shpuza, edhe kësaj here iu "kundervu" lëvizjes sonë kombëtare. Mirëpo, këtë mendim të "historianit" nuk e ka prof. dr. Uran Asllani, i cili, argumenton shkencërisht: "*Në sajë të këtij programi politik e klerikal të Perandorisë së Hasburgëve, gjatë kësaj periudhe u përgatitën personalitetet klerikale, por edhe politike, shoqërore, arsimore, të cilat do të luanin role të rëndësishme në historinë e kombit tonë.*" Ku ka veprimtari antikombëtare dhe reaksionare të këtyre prelatëve, kur lexojmë fjalët e historianit *patër Marin Sirdani o.f.m.*: "*Bashkë me malësorët ishin edhe të gjithë famullitarët e tyre, ...qi kshillojshin nalt moralin, me shpresë me fitue prej asajë lufte të drejtat jo vetëm për ato male, por edhe për Shqipninë mbarë*".

Një analizë të hollë, për kontributin e klerikëve tanë në drejtim të lëvizjeve çlirimtare të popullit, duke ndjekur gjallërisht binomin "Fe e Atdhe", na e jep patër Konrrad Gjolaj o.f.m., i veçuar mirë në librin e *Klajd Kapinovës*, ku ndër të tjera, patri i mençur, shkruan: "*A nuk ishin Françeskanët tonë përkrah Dedë Gjo' Lulit, që nën zhgunat e tyne, ndër ato gjokse që ma vonë pritën plumbat e komunistëve, futën në Shkabë dykrenare që u valëvit ndër ato Bjeshkë kreshnike?...*"

Në përfundim të kontributit të këtij kleri, në problemin madhor të çlirimit të vendit nga zgjedha e gjatë otomane (turke) dhe të mohimit të lloj-lloj akuzave e farsave ndaj klerit katolik prej disa historianëve, autori i librit shkruan: "*Të gjithë sa u thanë më sipër, hedhin poshtë falcifikimet e pretendimet e tij* (Gazmend Shpuzës - shënimi im F. Luli) *për rolin gjoja negative që ka luajtur klerik katolik në lëvizjen kombëtare, argumente të cilat shformojnë "mendimet" më tepër të fabrikuara dhe të njëanshme…*".

Një artikull të ngjeshur autori ia ka kushtuar Kishës Katedrale të shën Shtjefnit të Shkodrës (1858), si më e madhja kishë në vend dhe si kryqendër e hierarkisë kishtare shqiptare, me një histori rreth 150 vjetësh. Klajd Kapinova, është përpjekur të hyj sa më thellë në historinë e ndërtimit të kësaj kishe, fatin, që pësoi ajo më vonë, mjerisht e fatkeqsisht, duke u kthyer në pallat sporti prej kazmës së mësuesve të sistemit ateist 5-vjeçar, rindërtimin e plotë të saj pas viteve '90 dhe vendosjen e 7 këmbanave, natyrisht, mbështetur edhe në studimin serioz të historianit *Gjush Sheldia*, "*Kryeipeshkëvia Metropolitane e Shkodrës e Dioqezat Sufragane*".

Për përfundimin e punimeve, autori shkruan: "Si datë e përurimit mbahet 7 prill 1858". Pastaj hyhet në hollësi të këtyre punimeve, kontributin financiar e material që njerëzit kanë dhënë për ndërtimin e Kishës dhe ngritjen e këmbanave dhe të kompanjelit, si dhe të lterit të madh e të tjerëve më të vogël.

Autori vë në dukje se për anën figurative dhe përgjithësisht, për artin e bukur kishtar, kanë marrë pjesë artist të njohur, si: *Kolë Idromeno, me të jatin Arsen Idromeno, Simon Rrota, Pjetër Marubi*. Autori ynë edhe në historinë e lashtë të kishave të Shkodrës, ku shkruan: "*Rezidenca Ipeshkvnore e Shkodrës ose siç njihet ndryshe si shtëpia e ipeshkëvit, që përmendet si domus episcopate zë fill në vitin 1521. Ajo gjendet në qytet, afër kishës katedrale kushtuar shën Shtjefnit protomartir e cila përmendet në vitin 1403…*" dhe na vë në dijeni: "*Arqipëshkëvi i parë i kryeipeshkëvisë së Shkodrës ka qenë Bassus, rreth vitit 387 mbas Krishtit*".

Në një pikë të veçantë, autori trajton proçesin shkatërrues të kumbanares së kësaj kishe (më 1967), kthimin e këtij institucioni të rëndësishëm fetar në pallat sporti, rindërtimin e kumbanares dhe pajisjen e saj me 7 këmbana. Me të drejtë, autori thekson: "Tempolli i Zotit shndërrohet në pallat sporti. A nuk flet kjo mjaft për veprën "satanike" të atij viti të mbrapshtë, të vitit 1967", ndërsa patër Zef Pllumi, për ato ditë të zeza të mbylljes së Kishës, ndër të tjera, thekson: "*Kje data 19 mars afër orës 5 mbasdreke, e Diela e Larit (dafinave) dhe fillonte Java e Mundimeve; të dielën tjetër me 26 t'atij mueji ishin Pashkët, të cilat nuk u festuan ma, pse java e Mundimeve për Kishën e besimtarët vazhdoi e gjatë: për 24 vjet rresht"* (sipas librit të Klajd Kapinovës).

Për ndërtimin e kumbanores së rrënuar dhe për pajisjen me 7 këmbana, ka kontribuar totalisht financiarisht bashkëatdhetari ynë Kolë Preka Cacaj nga Trieshi (Tivari), me banim në Neë York (SHBA). Vetëm për 7 këmbanat dhe 4 sahatet janë investuar rreth 70.000 dollarë amerikanë.

Ishte pikërisht kjo Kishë, në të cilën Papa Gjon Pali II shuguroi katër ipeshkëvij shqiptarë më 25 prill 1993, si: imzot Frano Illia, imzot Zef Simoni, imzot Robert Ashtën dhe imzot Rrok Mirditën.[283]

Pikërisht, ky Papë, i cili, edhe pse kishat tona ishin mbyllur, atij i qante zemra për komunitetin katolik shqiptar, ku autori i librit shkruan: *"Selia e Shënjtë gjithnjë ka ndjekur me vemendje të vazhdueshme mbi atë çka ka ndodhur në Shqipëri dhe në veçanti për udhëheqësit shpirtëror të popullit shqiptar dhe për vetë këtë popull martir"*, duke cituar edhe disa fjalë të Papës: "Kisha heroike në Shqipëri, e tronditur nga persekutimi i rëndë dhe i gjatë, por e pasuruar nga dëshmia e martirëve të saj, siç e kam kujtuar gjatë vizitës baritore në Arkidioqezën pulieze të Ontrantos në tetor 1990, ka ndarë deri në pikën e fundit dhimbjet dhe shpresat e Kombit...".

Regjimi komunist ka vepruar jo vetëm në objektet e kultit, por edhe mbi bibliotekat dhe arkivat e kishave dhe kuvendeve françeskane, biblioteka aq të pasura, sa që ishte një krim jashtëzakonisht i madh dhe një humbje e pazëvendësueshme për kulturën tonë në përgjithësi, ku me mijëra libra fetarë e shkectore, të fushave nga më të ndryshme, ose humbën, ose u bllokuan për të mos qarkulluar, ose ranë në duart e individëve për të mos u shfrytëruar nga masa e lexuesve.

Fatkeqsisht, edhe edhe sot e kësaj dite, ndonëse kanë kaluar 10 vjet, nga liria e fesë dhe e besimit, fondi i asaj pjese të literaturës së kishës, që ka mbetur, përsëri nuk është tërhequr nga hierarkia kishtare, por ka mbetur ndër bibliotekat dhe institucionet shtetërore. Për këtë humbje të madhe të literaturës, Kapinova shkruan: *"Një fat të tillë të zi, do të kishin kishat dhe kuvendet e tjera në Shqipëri, ku ekzistonin qendrat e kultit kristian dhe literature e pasur e krishterë botërore.*

Breshëritë komuniste u drejtuan edhe kundër asgjësimit të bibliotekave shekullore me vlera të pakrahasueshme të Kuvendit Jezuit, Kuvendit të Provinçës Françeskane, Muzeve të Kolegjës Saveriane e Provincës Françeskane, që përbënin

---

[283] Klajd Kapinova, **"...Papa Gjon Pali II shuguron hierarkinë kishtare katolike... dhe Shqipëria"**, në librin: **"Mes Kryqit dhe Atdheut"** (studime-refeksione), Shtëpia Botuese "Camaj-Pipa, Shkodër, 2002, f. 103-110.

koleksione të rralla arkeologjike, etnografike e numizmatike."

Problemi i literaturës kishtare dhe përgjithësisht, i trashigimisë kulturore, që kishte kisha shqiptare, është mjaft serioz dhe delikat, problem jo shumë i trajtuar nga shtypi i këtyre viteve të fundit, por që kurrsesi s'e ka lënë pas dore autori i këtij libri të ri.

Duke hyrë tek disa figurat e shquara të disa klerikëve tanë, të trajtuara në këtë libër, vërejmë se autori ka bërë përpjekje për të gjurmuar këto figura, natyrisht, me ato material dhe burime që atij i kanë rënë në dorë, të cilat, si për çdo shkrues, nuk janë të plota, për disa arsye objektive. T'i mbrosh me konserguencë dhe përgjithësi fugurat e klerikëve tanë, është mjaft e vështirë. Vështirësia qëndron në disa pika: njohja e jetës së tyre me hollësi mbetet relative, mbasi duhen burime më të sigurta rregjistrat kishtare janë të pjesshëm, arkivat janë të mangët, ku një pjesë zhdukur ose demtuar, ndërsa pjesa tjetër gjendet në arkivat shtetërore; aktet dhe dokumentacioni ndodhet më tepër në institucionet dhe organet gjyqësore (një punë të mirë në këtë kërkim kanë bërë sidomos Pjetër Pepa dhe Uran Asllani); analiza e veprave të shkruara, është një punë jo aq e lehtë për çdo lexues, gjë që varet nga niveli kulturor dhe formimi i përgjithshëm i shkruesit; njohja e teologjisë dhe literaturës kishtare kishtare nuk mund t'u takojë çdo studiuesi.

Me gjithë këto kufizime, njohja dhe mbrojtja e figurave të tilla mund të bëhet deri-diku, duke shfrytëzuar shtypin e kohës, sodomos atë kishtar, duke u lidhur me bashkëkohësit dhe të afërmit, ndonëse këto duhet të jetë mjaft racionale dhe të matura, nëse duam të bëjmë diçka serioze, që t'i qëndroj kohës dhe njerëzve.

Ndër këto figura të analizuara në këtë libër, për mendimin tonë, duhen dalluar disa nga të tjerët. Kështu, në radhë të parë vijnë në vështrim nha katër a pesë personalitete të mëdha klerikësh të shquar në veprimtarinë e gjërë fetare, por edhe kulturore e shkencore-letrare, si: patër Vinçenc o.f.m., mons. Simon Filipaj, imzot Frano Illia, dom Ndre Zadeja, të cilë me veprën e tyre janë bërë tashmë e më parë të njohurn për lexuesit e besimtarët.

Figura të tjera janë dalluar në veprimtarinë dhe përkushtimin fetar, si: dy imzotët Zef Gashi, Zef Skana. Vend të veçantë nderi zë Nënë Tereza, brenda Shqipërisë dhe në të gjithë botën, si Nëna më e Madhe për besimtarët, të varfërit, të sëmurët, murgesha hyjneshë, regjinesha për të gjithë fetë dhe njerëzimin, Zoja e dytë pas Zojës së Bekuar, Ëngjellesha e Rojës e të gjithë njerëzve, si vetë Engjëlli i Rojës.

Sipas renditjes në librin e Kapinovës, vjen në vështrim dom Ndre

Zadeja, meshtari i vuajtur e i përvuajtur, i butë dhe i ëmbli, si Jezu Krishti zemërbutë e i përvujtë. Është quajtur poeti i ëmbëlsisë, por unë e quaj edhe prifti i ëmbëlsisë, sepse para se të ishte poet i afrimuar, ishte prift, me fjalët e ëmbla të mësimit të fesë. Vargje e tij të ëmbla e të thuara me art e mjeshtëri, kurdoherë me limë në dorë, na kujtojnë dom Ndre Mjedën, po i atyre anëve të Zadejës.

Autori, i ka kushtuar një ndër artikujt më të gjatë këtij meshtari e poeti, të cilin e quan *"Bilbil i gojëtarisë dhe shpirtëbutësisë së krishterë"*. Ai u pushkatua barbarisht, sit ë kishte bërë sakrilegjet më të mëdha kundër njerëzve, por veç asgjë më tepër kishte kundërshtuar idetë komuniste ateizmin dhe anatemën e regjimit 50-vjeçar. Dhe autori i librit shprehet kështu për atë krim: *"A mund të vritet zemra e butë e një meshtari karizmatik, që nuk e njihte në asnjë drejtim armën e urretjes vrastare, por predikonte gjithnjë urtësi, paqe, mirësi midis njerëzve..."*

Poeti Zadeja, është autor i mjaft krijimeve artistike, ku dallohen: "Ora e Shqypnisë", "Rozafa", "Hija e zezë", "Rrethimi i Shkodrës", "Ruba e kuqe", duke lënë në dorëshkrim, sipas Kapinovës veprën "Shpella e Bigdanit" si dhe disa poezi: "Mizhika", "Piktura", "Natyra e Zojës", "Falni", "Të kryqëzuemit", "Kunora e bylbylave", "At Gjergj Fishta", etj.

Siç shihet, krijimet e Zadejës kanë tematikë të ndryshme, nga vetë prodhimtaria e madhe e poetit. Aty dallohen, sidomos dy motive, si ai patriotic, përmes 5 krijimeve të para dhe ai fetar në poezitë e fundit, duke ndjekur kështu binomin e njohur "Fe e Atdhe".

Studiuesi *akademik Zef Mirdita*, nga ana e tij, për kontributin e klerit në fushën e kulturës, në lidhje me poemën "Kunora e bylbylave", shkruan: *"Poema liriko-filozofike anon kah vargu popullor, duke zbritur në trualllin konkret të jetës me elemente didaktike"*.

Për melodramën "Ruba e kuqe", që flet për ngritjen e Flamurit Kombëtar Shqiptar në Deçiq nga trimat e Dedë Gjo' Lulit, mjaft studiues kanë dhënë mendimin, se ajo ka një motiv patriotik të fortë patriotik, duke u paraqitur Zadeja, me letra në dorë, si një atdhetarë i flakët, gjë, që vërehet edhe tek "Rrethimi i Shkodrës" e ndonjë tjetër krijim.

Për Nënë Terezën, Klajdi nuk është e para herë, që shkruan, me gjithë përkushtimin e tij të madh. Por, kësaj here ai domosdo zgjatet nga vetë përmesat e librit. Me saktësi, në mënyrë kronologjike, në fillim jep datat dhe çastet më të rëndësishme të jetës e veprimatrisë fetare bamirëse të kësaj Nënë të Madhe të përbotshme, të cilat Klajdi s'ka përtuar t'i ndjek, ku ka mundur ndër shkrime të ndryshme nga shtypi i kohës. Më pas jep çmimet e shumta dhe medaljet e pakursyera, që i kanë ofruar institucionet, shtetet, personalitetet e mëdha nga e gjithë bota.

Me mjaft interes janë vlerësimet, që i kanë dhënë Nënë Terezës figura dhe personalitete të shquara e të larta nga bota mbarë, ku po rendisim disa prej tyre, si: Papa Gjon Pali II: *"Nënë Tereza shënoi historinë e shekullit tonë. Ajo mbrojti me kurajo veten. Ajo u shërbeu të gjithë qënieve njerëzore, duke i inkurajuar dinjitetin dhe respektin e tyre"*, Bill Clinton, President I SHBA-së: "Me vdekjen e Nënë Terezës bota humbi njerin prej gjigandëve të epokës sonë, që ishte në të njëjtin kohë një frymëzim dhe një sfidë për të gjithë", Presidenti i Italisë Oscar Luigi Scalfaro: "Nënë Tereza është mbretëresha e mëshirës dhe e përkshtimit botëror njerëzor"; Helmut Kohl, Kancelari i Gjermanisë: "Nënë Tereza ishte një shembull i mirësisë e humanizmit të të krishterëve dhe jo të krishterëve, shembull se si duhet të kalojmë këto aspekte të jetës"; Zhak Shirak, President i Francës: "Nënë Tereza mishëronte për mrekulli atë dhunti me atë virtyt të solidaritetit që sot është një nevojë për botën moderne. Tashmë bota ka më pak dashuri, më pak mëshirë, më pak dritë"; Toni Bler, Kryeminsitër i Britanisë së Madhe: "Bota do të trishtohet nga vdekja e Nënë Terezës"; Kofi Anan Sekretari i Përgjithshëm i OKB-së: "Nënë Tereza, e cila kishte vizituar dy herë Kombet e Bashkuara, ishte një shembull brilant bamirësie, gatishmërie dhe bote shpirtërore."

Nga bota shqiptare, po veçojmë këtu, edhe disa, si: imzot Rrok Mirdita Arqipeshkëv i Arqipeshvisë Tiranë-Durrës: "Nënë Tereza është një nga personalitete më të mëdha, që populli shqiptar ka dhënë, në këtë shekull, për të mos thënë edhe gjatë historisë së tij"; imzot Nikë Prela Ipeshkëv i Kosovës në pension: "Ajo lufton kundër luftës, që u tërbua kundër jetës. Ajo është ndërgjegja e njerëzimit. Ajo është ambasadorja e së vërtetës dhe e dashurisë, e drejtësisë"; imzot Frano Illia, Arqipeshkëv Metropilitan i Arqipeshkvisë Shkodër: *"Një grusht plakë më çudit dhe lëkund botën! Jo, jo nuk është plaka që ka që ka ndonjë fuqi në vetvete, por është Zoti, që me anë të kësja plake të pafuqishme i bën punët e mëdha… Ajo është vegël e Zotit, vegël e lirisë dhe e arsyeshme, e, si e tillë, njerëzore"*; Rexhep Meidani President i Shqipërisë: "Bij e shquara me zemër të madhe, kësaj titaneje të shpirtit njerëzor, me dhembje të thellë e devocion për veprën e saj hyjnore, përkulem ne emër të të gjithë shqiptarëve"; prof. Martin Camaj: *"Nënë Tereza është legjendë e gjallë. Luftare kundër mjerimit njerëzor"*; prof. Mark Krasniqi, akademik: "Simbol i traditës sonë"; Imzot Mark Sopi, Ipeshkëv i Kosovës: "Do të mbetet në kujtim të përhershëm deri sat ë ekzistojë njerëzimi" (të gjitha këto vlerësime, nxjerrë nga libri i Klajd Kapinovës).

Dhe këto e të tjera si këto, të shkruar për Nënën e Madhe, Klajdi i shpreh me emocione, gjë, që shihet edhe në bisedat e tij të lira. Jo kot ky autor i ka kushtuar asaj afërsisht, po aq faqe sad he çdo figure tjetër klerikësh.

Duke kaluar tek prelatët kishtarë të së sotmes, vërejmë se vendin e parë autori ia ka lënë imzot Frano Illisë, jo for si kryeparë i hierarkisë kishtare, por më tepër si kryeparë i veprimtarisë meshtarake dhe kulturore bile si një kërkues dhe studiues shkencor, veçanarisht në kulturën popullore, aq të pasur e të vlerë, duke u renditur, kështu, përkrah at Shtjefen Gjeçovit o.f.m., dhe të tjerëve në fusha të tjera.

I shkolluar brenda seminareve dhe kolegjeve të Shqipërisë, por edhe jashtë saj, në Gjenevë të Italisë, i lauruar për teologji. Edhe ky veprat i ka me karakter fetar dhe shkencor, ku për të parat flasin shkrimet: "Testamenti i ri" (përkthim), "Jeta e Krishtit", "Papa Vojtila", "Shën Françesku i Asizit", ndërsa për të dytat: "Kanuni i Skanderbegut", "Illyricum Sacrum" (Vol. VII), "Zakonet e Kurbinit", "Toponomastika e Jubanit". Nuk duhen harruar edhe veprat letrare "Dava" (roman), me karakter historik.

Kapinova në plan të parë, me të drejtë, ka vënë veprën kapitale me karakter etnografik "Kanuni i Skanderbegut" të imzot Illisë, vepër simoter me "Kanunin e Lekë Dukagjinit" të atë Gjeçovit, bile me material më të pasur. Autori i bën një analizë të hollësishme "Kanunit", sipas pjesëve, krerëve e shpesh sipas neneve, që janë me mijëra e mijëra, duke dhënë edhe emërtimet e pjesëve e të krerëve, në mënyrë që lexuesi të informohet sa më mirë për këtë vepër.

Për disa pjesë të "Kanunit" autori jep vlerësimet e duhura, ku, midis të tjerave ai shkruan: "Duke e studiuar me vemendje këtë vepër kapitale, rezulton se vend kryesor kanë zënë: "famija dhe organizimi i saj, ndëshkimet dhe gajet dhe dëmet. Këto pika janë trajtuar me hollësi nga vetë rëndësia dhe problematika e tyre në shoqërinë tonë, të cilat mbetën nyja kyçe edhe në ditët e sotme, natyrisht në shfaqje të ndryshme të kohëve më të vona.

Më poshtë Kapinova, vë në pah vlerat e mëdha gjuhësore e, veçanërisht, leksione të këtij "Kanuni", duke u mbështetur edhe tek punimi ynë për "Fjalorët e Kanunit të Skanderbegut" (dorëshkrim), duke e ndarë atë në disa pjesë, si: leksiku, sintagmat, frazeologjitë, fjalët e urta e proverbat, përshëndetjet dhe ngushëllimet. Për çdo pjesë, autori i librit jep shembuj konkretë.

Kapinova, nuk lë pa trajtuar dhe punën e madhe të disavjetëshme të mons. Illisë në hartimin e veprës, si dhe pengesat, vështirësitë dhe peripecitë e tjera, që ka kaluar Monsinjori për të ndjekur, ruajtur dhe botuar veprën, duke kaluar dekada të tërë.

Dhe këto vështirësi, patjetër, ishin ato të sistemit politik të mbrapshtë të së kaluërës 50-vjeçare. Shumë e sorollati Insituti i Kulturës Popullore, natyrisht, i orientuar nga "lart" për t'a diskutuar veprën e tij, por, më në fund, në vend që të miratohej botimi i veprës, u gjet një "botim" tjetër, siç i referohet Kapinova vetë mons. Illisë. "*Ajo mbledhje* (përfundimtare për miratim-F.L.) *nuk u ba kurrë, por në vend të saj u ba nji tjetër, tuj m'u vu hekurat e tij më plandosë në burg me 23 shtator 1967...*".

Se sa vuajti ky Njeri në burg dhe sa e hëngri atë ulli, na e shkoqit Kapinova kur thekson: "*Pas tetë muajve me radhë në hetuesinë dhe burgun e Tiranës, në 25 prill 1968, sentencës së pritur të dënimit me vdekje, do t'i jepnin perfundimin me motivacionin "për spiunazh në favor të Vatikanit""*.

Më vonë, dënimi iu kthye me 25 vjet burg, por e vuajti vetëm me 5 vjet më pak. E, pra 20 vjet të plota i kaloi nëpër burgjet dhe birucat e komunizmit. Se si, qysh e tek, vetëkuptohet, por jo më mirë se në Mat'hauzen e Aushvic.

Është për t'u habitur seriozisht se si ky Njeri i vuajtur burgjesh, për 10 vjetët e fundit ndonëse me liri shtypi, nuk shkroi as artikull as vepër për vuatjet e veta ndryshe krejt nga të tjerët, që kanë qarë e sharë me lot e faqe. Siç pohojnë njerëzit e rrethit të hierarkisë kishtare, "Kur e pyesnin se pese nuk shkruan, Monsinjor, për vuatjet e tua?, ai na përgjigjej me humor: "nuk më besohet se i kam kaluar ato vuajtje".

Në lidhje me veprën "Dava", ku trajtohet jeta dhe qëndresa e një vajze shqiptare, për të ruajtur karakterin e vet dhe të familjes së saj, autori bashkë me vetë imzot Illinë, e kanë kapur dhe analizuar mirë, objektivisht, pozitën dhe rolin e femrës shqiptare, ndryshe shpesh nga ç'është trajtuar dhe gjykuar nga studiuesit. Kështu, Kapinova, gjykon në këtë mënyrë: "Figura e Davës, si personazh kryesor, përfaqson femrën shqiptare të historisë së gjatë të vendit, e cila nuk është një robinë, as "një kosh me bajtë", dhe më poshtë vazhdon: "*Përkundrazi, me këtë figurë, autori i dokeve, zakoneve dhe i normave të shumta kanunore, imzot Illia, donte të "thonte se gruaja shqiptare ka zënë vendin e saj të merituar në shoqëri dhe familje*".

Vepra "*Illyricum Sacrum*" (vol. VII) i *P. Daniele Farlatit S.J.*[284][285] në

---

[284] **Illyricum sacrum** is a multi-volume historical Ëork Ëritten in Latin dealing with history of the Catholic Church in the Balkans. The Work was published in eight

volumes in the period 1751-1819, with the ninth tome printed in the period 1902-1919 as an appendix to Frane Bulić's Bulletino di archeologia e storia dalmata. The first five volumes (issued 1751-1775) were authored by O. Daniele Farlati S. J. ; the volumes 6 (1800) and 7 (1817), were coauthored by Jacopo Coleti, who also published the last volume in 1819. References: "Illyricum sacrum", Croatian Encyclopedia (in Croatian), Leksikografski zavod Miroslav Krleža, 1999–2009, retrieved February 18, 2014.

1. Volume I - Ecclesia Salonitana, ab ejus exordio usque ad saeculum quastum aerae Christianae (1751)

2. Volume II - Ecclesia Salonitana, a quarto saeculo aerae Christianae usque ad excidium Salonae (1753)

3. Volume III - Ecclesia Spalatensis olim Salonitana (1765)

4. Volume IV - Ecclesiae suffraganeae metropolis Spalatensis (1769)

5. Volume V - Ecclesia Jadertina cum suffraganeis, et ecclesia Zagabriensis (1775)

6. Volume VI - Ecclesia Ragusina cum suffraganeis, et ecclesia Rhiziniensis et Catharensis (1800)

7. Volume VII - Ecclesia Diocletana, Antibarensis, Dyrrhachiensis, et Sirmiensis cum earum suffraganeis (1817)

8. Volume VIII - Ecclesiae Scopiensis, Sardicensis, Marcianopolitana, Achridensis et Ternobensis cum earum suffraganeis (1819)

9. Accessiones et correctiones all'Illyricum sacrum del P. D. Farlati (1909).

[285] **P. Daniele Farlati S. J. (22 February 1690 – 25 April 1773)** was an ecclesiastical historian. Farlati was born in San Daniele del Friuli in the present Italian province of Udine. After having studied in Gorizia he entered, in 1707, the Society of Jesus in Bologna. He was for five years teacher of classics at the Jesuit college in Padua, and then went to Rome, where he completed his theological studies, was ordained priest, in 1722, and was again sent to Padua, to assist Father Filippo Riceputi in his historical labours. Riceputi intended to write the ecclesiastical history of Illyricum, and in 1720 had issued, at Padua, a prospectus of this enterprise. For twenty years they both searched in all the libraries and archives of ancient Illyria for the material for their work; the matter they collected filled three hundred manuscript volumes. In 1712, just as two of the larger divisions, the martyrology of Illyria and the life of San Pietro Orseolo, were about completed, Riceputi died. Thus Farlati was left alone to work into presentable shape the prodigious amount of material collected. As co-labourer he chose **Father Jacopo Coleti**. The first volume of Illyricum Sacrum appeared in Venice, in 1751; it contained the history of the Church Salona up to the fourth century. Three further volumes appeared in rapid succession; while the fifth was in press Farlati died. His assistant Coletti finished the fifth volume, which appeared in 1775, and issued three more, the last being completed in 1818. The whole

gjuhën latine, e përkthyer prej imzot Frano Illisë, ruan gjithë vlerën e saj për historinë e kishës dhe të shenjtorëve ilirë, më tepër në tokën e Shqipërisë mesjetare e më tej, me një hapsirë fort më të gjërë se të sotmen.

Është një punë e vështirë dhe mjaft serioze për kohën e sotme, ku latinistët shqiptarë numërohen me gisht, gjë që flet për një formim solid edhe në gjuhën klasike të Monsinjorit tonë.

E mbetur dorëshkrim, kjo vepër kërkon, patjetër të botohet e të publikohet për studiuesit dhe kolegët, ashtu siç presin edhe mjaft vepra të tjera me karakter *historiko-hagjiografikë*[286] për t'u përkthyer e botuar, vepra të cilat do të ndriçonin më mirë historinë tonë kishtare dhe atë të përgjithshme të Shqipërisë.

Vepra përmban kryesisht kishat e Doklesë, të Tivarit, të Shkodrës, Drishtit, Dejës, Budves, Lezhës, me ipeshkvinjtë, ipeshkvitë, kapelanet, shenjtërit kushtuar kishave dhe famullive të ndryshme, etj.

Për meritat e tij në fushën e shkencës dhe të fesë, në vitin 1993, imzot Frano Illisë i jepet titulli *Professor*, ndërsa në vitin 1997 *"Qytetar Nderi i Shkodrës"*.

Në mbyllje të shkrimit të Kapinovës për këtë Njeri, shkruhet: *"Mons. Frano Illia, është një figurë e madhe, një burrë i urtë, klerik i përkushtuar dhe një personalitet shkencor, i cili, po me urti e burrëri, zbatoi binomin "Fe e atdhe", mbajti gjallë kishën, fenë katolike e besimtarët e saj"*.

Dom Simon Silipaj, më vonë *imzot Simon Filipaj, renditet i pari që përktheu Biblën, të plotë në gjuhën shqipe*, Testamentin e vjetër dhe Testamentin e ri duke u dhënë, kështu, në dorë lexuesve, meshtarë e shekullarë, Shkrimin e Shenjtë, Fjalën e Zotit, në gjuhën amtare.

Autori i librit tonë, Kapinova, këtë Njeri të madh të letrave, këtë biblist të vërtetë, quan *"Imzot Simon Filipaj një Sh'Jeronim i dytë i Kishës në trojet shqiptare"*, kurse mons. Zef Gashi, një artikull të tij kushtuar kësaj Figure, e titullon: *"Mons. Simon Filipaj kolosi brilant i përkthimit të Fjalës së Zotit në shqip"*.

Work fills eight folio volumes. References: This article incorporates text from a publication now in the public domain: **Herbermann, Charles,** ed. (1913). **"Daniele Farlati"**. Catholic Encyclopedia. New York: Robert Appleton Company.

[286] **Hagiografi** është biografia ose historia e një shenjtori të Kishës Katolike ose e një udhëheqësi shumë të shquar shpirtëror në ndonjë prej feve më të njohura ekzistuese. Ai ndryshon nga format e tjera të biografive sepse nuk përmban të gjitha elementet e tij dhe as nuk lidh kronologjikisht jetën e një personi nga lindja deri në vdekje.

Me këtë përkthim, veçanërisht, ne mësuesit e gjuhës shqipe jemi entuziazmuar më shumë se të tjerët, sepse aty kemi parë aftësitë e mëdha shprehëse të gjuhës sonë, e cila qenka e zoja për të dhënë të gjithë kuptimet me nuancat më të holla të fondit të pasur të fjalëve të Biblës, natyrisht me leksikun e pasur dhe të larmishme të kësaj gjuhe, siç është shqipja e jonë. Dhe kjo punë kolosale, në dobi edhe të leksikografisë së shqipes u arrit në sajë të kulturës së mirë gjuhësore të imzot Filipajt, i cili zotëronte mjaft mirë gjuhën e vet amtare, por, siç na njofton Klajdi, ai dinte dhe kroatishten, gjermanishten, frengjishten, italishten bashkë edhe me latinishten e greqishten.

Ky prift, në të vërtetë njihet si biblisti më i mirë i kohëve të fundit në Shqipëri e në "trojet e vendet e tjera, ku ka shqiptarë e ku flitet shqipja". Vdekja e parakohshme e tij solli një boshllëk të madh në liturgjinë kishtare e, në veçanti në studimet biblike. Ai mund të na jipte, ndoshta, edhe një fjalor biblik të përsosur, që shqipes i mungon, për fat të keq, ndonëse ne e kemi hartuar një fjalor të tillë (që është në proces botimi) por nuk premtojmë të jemi të plotë, natyrisht, si një fjalor i parë i kësaj natyre ("Fjalori biblik" i imzot Nikë Prelës, përmbledhje artikujsh, pas vdekjes është mjaft i kufizuar, vetëm me 100 fjalë).

Imzot Simon Filipaj, ka përkthyer edhe libra të tjerë fetarë, si: *Tekste biblike, Tekste liturgjike, Tekste ritual-sakramendet, Tekste katekistike*, duke kompletuar, kështu, deri-diku, të gjithë librat biblike dhe ata të meshës.

Zelli i këtij njeriu të fesë ishte më i madh nga ç'kuptojmë. Ai rindërtoi, pothuajse plotësisht, kishën e shën Gjergjit të Bunës, një ndër kishat më të vjetra të Mesjetës në Shqipëri, duke e oajisur me të gjitha objektet e tjera të një institucioni fetar.

Siç nga njofton mirë Klajd Kapinova, ai mblidhte e ruante si relike të çmuara mjaft objekte të kultit kristian, që ruanin gjithë vlerën e tyre muzeale, si këmbana e vitit 1768, një kelk i vitit 1783, dy piktura druri, ku shquhen dy shenjtërit: Shna Rroku dhe shën Mëhilli.

Parë në kompleks, imzot Simon Filipaj mbetet një njeri i fesë, i kulturës kristiane, njohës më i mirë i Biblës, përkthyesi më i aftë i Shkrimeve të Shenjta dhe shumicën e kohës, atje në një kishë të famullie krejt të thjeshtë, larg qendrave të rëndësishme kishtare. Si e bëri gjithë këtë punë kolosale? Me punë, vullnet të fortë dhe me një bibliotekë, duket, shumë të pasur. Me bese e shpresë në Zotin, njeriu ia arritka të bëj vepra të mëdha, kudo që qenka.

Prifti tjetër i diasporës shqiptare, gjithnjë në Mal të Zi, patër Vinçenc

Malaj o.f.m., renditet përsëri dhe ky ndër ato njerëzit e fesë, por dhe të kulturës shqiptare, bile në një plan më të gjërë, në atë të albanologjisë, përkrah albanologëve të tjerë të vendit.

Deri sot i njohur si doktor i shkencave, por sipas Kapinovës edhe si profesor e akademik. Patër Vinkoja,[287] është një ndër ata dijetarë, që studio në Universitetin **"La Sapinza"** të Romës (themeluar në vitin 1303.)[288] veç

---

[287] Klajd Kapinova, **"Akademia e Diokles i jep titullin "Akademik" një kleriku shqiptar në Tuz"**, Dossier- Supliment, Gazeta **"Republika"**, Tiranë, E Diel, 13 Shkurt 2000, f. 15.

[288] **Sapienza – Università di Roma** (*Universiteti Sapienza i Romës*), i quajtur gjithashtu *thjesht Sapienza ose Universiteti i Romës, dhe zyrtarisht Università degli Studi di Roma "La Sapienza"*, është një universitet kërkimor publik i vendosur në Romë, Itali. Është një nga universitetet më të mëdha evropiane, sipas regjistrimeve dhe një nga më të vjetrit në histori, i themeluar në 1303. Universiteti është një nga universitetet më prestigjioze italiane, zakonisht renditet i pari në renditjen kombëtare dhe në Evropën Jugore. Në shtator 2018, ai u përfshi në 100 më të mirët e renditjes së QS Ëorld University Rankings Graduate Employability Ranking dhe në 2022 dhe 2023 u rendit si Universiteti më i mirë italian sipas ARËU. Në 2018, 2019, 2021 dhe 2022 ajo u rendit e para në botë për kulturën klasike dhe historinë antike. Shumica e klasës drejtuese të shtetit italian studiuan në Sapienza. Në auditoret e saj kanë studiuar shumë studentë të shquar, duke përfshirë shumë laureatë të Nobelit, Presidentë të Parlamentit Evropian dhe Komisionerë Evropianë, krerë të disa kombeve, figura të shquara fetare, shkencëtarë dhe astronaut. **Universiteti Sapienza i Romës u themelua në vitin 1303 me demin Papal In Supremae praeminentia Dignitatis, lëshuar më 20 prill 1303 nga Papa Bonifaci VIII**, si një studim për studime kishtare më shumë nën kontrollin e tij sesa universitetet e Bolonjës dhe Padovës, është universiteti i parë papnor. Në vitin 1431 Papa Eugjeni IV riorganizoi plotësisht studimin me **demin In supremae**, në të cilin ai u dha masterave dhe studentëve privilegjet më të gjera të mundshme dhe dekretoi që universiteti të përfshinte katër shkollat e Drejtësisë, Mjekësisë, Filozofisë dhe Teologjisë. Ai vendosi një taksë të re për verën për të mbledhur fonde për universitetin; paratë u përdorën për të blerë një pallat i cili më vonë strehoi kishën Sant'Ivo alla Sapienza. Megjithatë, ditët e shkëlqimit të universitetit morën fund gjatë grabitjes së Romës në 1527, kur studioi u mbyll, disa nga profesorët u vranë dhe të tjerët u shpërndanë. **Papa Pali III e rivendosi universitetin** menjëherë pas zgjedhjes së tij në pontifikat në 1534. Në vitet 1650 universiteti u bë i njohur si Sapienza, që do të thotë **mençuri**, një titull që ai ruan. Në vitin 1703, me fondet e tij private, Papa Klementi XI bleu një pjesë të tokës në Janiculum, ku krijoi një kopsht botanik, i cili shpejt u bë më i famshmi në Evropë, përmes punës së vëllezërve Trionfetti. Historia e parë e plotë e Universitetit Sapienza u shkrua në 1803-1806 nga Filippo Maria Renazzi. Studentët e universitetit

atij të Zagrebit, për t'u formuar mirë, kështu, si njeri i letrave humane në veçanti.

Është një studiues mjaft prodhimtar,, me artikuj, studime e vepra të plota. Njeri i gjallë jashtë mase, gjithmonë me një zemër të re e forcë rinore, me vullnet, zell të veçantë, i kudondodhur në rrethe dhe institucione kulturore e shkencore, brenda Malit të Zi dhe gjithë Jugosllavisë, por edhe në Shqipëri e në vendet perëndimore, për të cilat flasin bashkëpunimet e tij me sa e sa revista e organe të tjera botuese, andej e këtej.

Veprimtaria e Patrit është e gjërë, por më fort, ai dallon në historinë e kishës e të klerit shqiptar, veçanërisht, për françeskanët e paharruar, që pajisen vendin e kombin me fe, dije e kulturë, duke shtuar dhe tekstologjinë, foklorin, biografinë e klerikëve, toponiminë, pa harruar edhe ato punët e dyta, muzikën, skulpturën e pikturën.

Me të drejtë, Kapinova shkruan: "Krijimtaria shkencore, dhe trashëgimia e albanologut (patër Vinkos-F.L.) është e shumanshme dhe e fushave të ndryshme". Vepra kryesore e V. Malajt është "Kuvendi i Arbërit, 1705" (në dy pjesë), ku dallon si tekstolog i rrallë, duke u krahasur kështu me Çabejn, Rrotën, Ashtën e ndonjë tjetër. Është një punë e lodhshme, ku shpeshherë është e vështirë të transkriptosh e të transliterosh se sa të përkthesh, meqë ke të bësh me një gjendje gjuhësore mjaft të vjetër, edhe pse gjuhë shqipe është.

Por, kuptohet, që këtu duhet të zorërosh edhe latinishten, si gjuhë e kohës dhe e liturgjisë, zotëri, që nuk i ka munguar patër Vinçencit. Ky Sinod, veç rëndësisë së tij të madhe në planin fetar, për të ruajtur dhe forcuar fenë kristiane ndaj trysnisë islame, kish edhe vlerën tjetër të madhe në planin nacional, social dhe kulturor.

Për këtë, vetë Patri shkruan: "*Vetëm tradita kishtare e përhapi kultin e fesë s ëtë parëve, të mësuesve e të mbrojtun me gjuhën e zemrës e të votrës shtëpiake e vetme e fisit të ndamë e të shprishun, dhe mjet i vetëm dhe symbol*

---

u animuan rishtazi gjatë ringjalljes italiane të shekullit të 19-të. Në 1870, La Sapienza pushoi së qeni universiteti papal dhe u bë universiteti i kryeqytetit të Italisë. Në vitin 1935 u përfundua kampusi i ri universitar, i planifikuar nga Marcello Piacentini. Më 15 janar 2008, Vatikani anuloi një vizitë të planifikuar në Universitetin La Sapienza nga Papa Benedikti XVI, i cili do të fliste në ceremoninë universitare për fillimin e vitit akademik 2008, për shkak të protestave të disa studentëve dhe profesorëve. Disa studentë dhe profesorë protestuan si reagim ndaj një fjalimi të vitit 1990 që Papa Benedikti XVI (atëherë Kardinali Joseph Ratzinger) mbajti, në të cilin ai, sipas mendimit të tyre, miratoi veprimet e kishës kundër Galileos në 1633.

i njësissë etnike".

Më poshtë dhe më hollësisht, për vlerat kulturore, autori vazhdon: *"Qëllimi ynë është të vemë në dukje vetëm rëndësinë historiko-letrare, së bashku me atë gjuhësore-leksikore"*. Gjithsesi, kjo vepër ka gjithë vlerën e madhe për studiuesin e gjuhës shqipe, veçanërisht në planin e gjuhësisë historike.

Një artikull i ngjeshur, pothuaj, me përmasat e një vepre, është artikulli, që flet për jetën dhe veprimtarinë e gjërë të at Gjeçovit, ku shihet, jo vetëm puna e këtij studiuesi, por edhe aftësia e patër Vinkos në analizën e shkrimeve të tilla, si dhe nxjerrja e vlerave të kësaj përmbledhjeje bio-bibliografike si një studim vërtetë kritik.

Vepra e vëllimshme: "Të dhënat albanologjike, folklore, bibliografi, histori", përbën një lloj korpusi për historirinë e albanologjisë e të historisë, përgjithësisht, për foklorin tonë të pasur e mjaft të vjetër, të cilat i ka njohur fort mirë patër Vinçenci, përmes edhe një literature të pasur, pa të cilën ky njeri nuk ecte kurrsesi, bile edhe nuk mund të jepte pa këto thesare kulturore, shqiptare dhe të huaja.

Për vlerat e këtij libri dy vëllimësh me 600 faqe, Klajd Kapinova shkruan: *"Këtu veçohen shumë punime me interes, që i kushtohen personaliteteve të shquara të shkencës shqipare e posaçrisht lçmit të albanologjisë, si: arbëreshë, hqiptarë të mëmëdheut, albanologëve të huaj, etj."*.

Dom Zef Gashi, i njohur dhe i emëruar më vonë si imzot (1998), shquhet si ndër prelatët e Urdhërit të Kongretatës Saleziane, themeluar nga Shën Gjon Bosco. Eshtë një prift me një kohë të gjatë të shërbesave fetare, në Kosovë dhe në vitet e fundit në Shqipëri.

Në Shkodër, veçanarisht njihet si themelues dhe drejtues i Institutit Katekistik Kombëtar, ku mësojmë me dhjetra dhe qindra të rinjë, me disa drejtime, si: formimi i katekistit, katekeza sipas moshave, katekeza aplikative, me 11 lëndë me përmbatje teoriko-liturgjike, bibliko-katekistike, pedagogjiko-juridike, siç na informon Kapinova në librin e vet.

Kudo e kanë njohur imzot Zef Gashin ndër rrethinat e Shkodrës, si një meshtar i përkushtuar dhe jepte e mësonte fjalën e Zotit. Ndër përshtypjet e shumta të Klajd Kapinovës për këtë njeri gojëmbël, që e njihte nga afër, janë edhe këto: *"E kush nuk e njeh në Shkodër, Berdicë, Malësi e Madhe, Lezhë, Durrës, Tiranë e gjetkë, dashamirësin, bariun karizmatik bujar e gohëmbël, shqiparin e dhënë pas përhapjes së fjalës jetësore të Krishtit, që përsëri plot energji punon me cilësi të virtytshme për "Fe e Atdhe" ... Kushdo shpesh ka dëgjuar në fjalët e tij të matuna, dinjitetin e urtësinë për të na udhëzuar të rifitojmë ndërgjegjën qytetare kombëtare, vlera morale, fetare e universal, cilësitë e larta sh-*

pirtërore...".

Imzot Gashi është dalluar edh si nismëtar për hapjen dhe mbajtjen e mjaft revistave me karakter fetar e kulturor, jashtë e brenda Shqipërisë, ku me disa ka bashkëpunuar, si: "Rreze drite", "Drita" etj. Njerëzit e fesë të përkushtuar dhe të gjallë në veprimtarinë e tyre, Papa dhe Vatikani i kanë vlerësuar vazhdimisht, duke u dhënë vendin e merituar në hirerarkinë kishtare, shoqëruar me tituj, simbole e drekrete të veçanta. Një prej të shumtëve është edhe dom Zef Gashi, i cili, në vitin 1998 emërohet nga Papa si Kryeipeshkëv i Tivarit dhe Primat i Serbisë, ku, menjëherë na kujtohet imzot Pjetër Bogdani ynë i madh. I erdhi mirë Shkodrës dhe Kosovës për këtë nder që i bëhej imzot Zef Gashit, por edhe iu dhimbtë, që u largua fizikisht prej tyre, ndonëse aid he besimtarët nuk e harrojnë njeri-tjetrin.

Autori i librit të pranishëm, Klajd Kapinova, duke marrë shkas nga një monografi e shkruar prej tre mirditorëve, Nikollë Leka, Ndue Dedaj dhe Nikollë Doda, me titull: *"Imzot Zef Skana"*, jep refleksionet e veta për këtë figurë. Me të drejtë, Kapinova vë në udje në fillim të shkrimit të tij se Mirdita shquhet për ruajtjen e fesë së krishterë nga banorët e saj, nga vetë hologjeniteti i kësaj popullsie, ku vetë kjo ruajtje e vazhdueshme u kthye në traditë fetare. Duke iu referuar shtypit të viteve '30, Kapinova sjell thënien: *"Mirdita asht ma e zgjedhuna pjesë e Shqypnisë katolike".*

Autorët mirditorë, vënë në dukje se fisi "Skanaj" është nga më të vjetrit në Mirditë, ku jetone dhe sot në Orosh. Imzot Zef Skana na paraqitet si një meshtar i përkushtuar gjithnjë afër abat Prend Doçit, i ciki, më 1914 e emëron Zefin kapelan të abacisë së Oroshit. Vend të rëndësishëm auori i ka kushtuar imzot Skanës, në periudhën e veprimtarisë si dekan i Dekanatit të Mirditës së Epërme, titull e nder që i bëhej këtij meshtari *"për meritën e treguar ne ndërtimin e veprave të reja të kultit kristian, të ltereve, salikimin e vorreve për fshatrat"*, siç shkruan Kapinova.

Imzot Skana mbajti qendrim edhe në problemet e shumta shoqërore të kohës, i cili, ishte kundër monarkisë dhe përkrah opozitës. Si shumë klerikë e njerëz të Zotit, Skana ish për mëshirën dhe tolerancën e njerëzve, sidomos për plagën e rëndë të gjakmarrjes, duke pajtuar ky vetë disa gjaqe atje në Mirditë, ku dhe kjo plagë ishte më e përhapur.

Si njeri i kulturës, imzot Skana e donte arsimin e njerëzve, ndonëse në një zonë të thellë, siç ishte Mirdita, ku vetë hapi dy shkolla shqipe (viti 1929), siç na njofton Klajdi. Edhe në drejtim të mbledhjes së pasurisë gojore të popullit, imzot Skana ka kontributin e vet, duke bashkëpunuar me revistën e njohur "Leka". Aty ai botoi shkrimin "Omomastika e Mirditës", si një degë shkence e re për kohën, e cila studion emrat e viseve, të njerëzve dhe të fiseve. Kapinova i përgëzon ngrohtësisht autorët e kësaj monografie, veçanërisht, bibliografinë e pasur të përdorur.

Marrë në tërësi dhe vlerësuar me syrin kritik, libri: "Mes Kryqit e Atdheut" i Klajd Kapinovës, ka vlerën e vet në drejtim të kontributit të mëtejshëm të biografisë, jetës dhe veprimtarisë së gjërë të klerit katolik shqiptar, brenda dhe jashtë vendit, ku kjo e fundit e dallon dhe e rrit nivelin më tepër të këtij libri.

Libri i ri, që po sheh dritën e botimit, i shtohet kështu bibliotekës së pasur, dhe veçanërisht, fondit të literatutës kishtare vështruar në rrafshin historik, shoqëror edhe me qendrimin politik të autorit, për historinë e vështirë të klerit tonë.

Unë e përgëzoj përzemërsisht autorin, për vullnetin dhe nismën e tij për libra të tillë.

Dr. Fran Luli, *pedagog pranë Departamentit të Gjuhës Shqipe në Universitetit "Luigj Gurakuqi" në Shkodër*

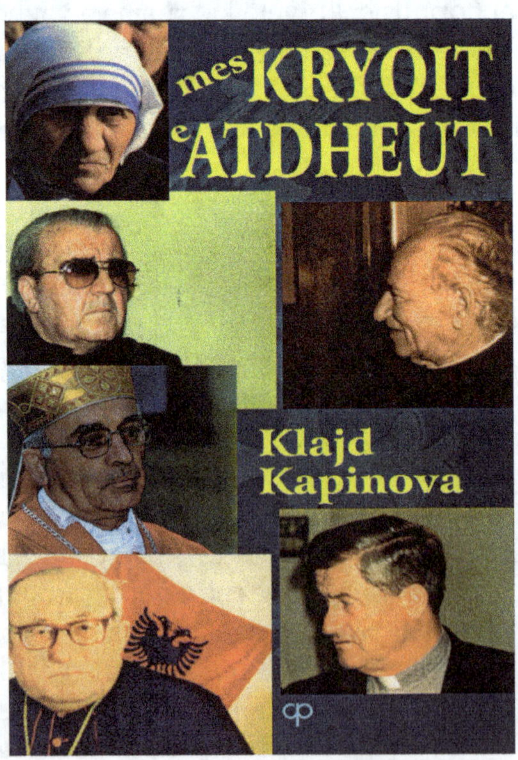

Ballina e librit të autorit Klajd Kapinova

Klajd Kapinova, ka lindur në qytetin e Vlorës në vitin 1963. Ai është rritur deri sa ka mbaruar shkollën 8-vjeçare në qytetin e Shkodrës, kurse Shkollën e Mesme Bujqësore "Sherif Hoxha" e ka kryer në vitet 1978-1982, në qytetin Koplik të Malësisë së Madhe.

Për një vit ka punuar si punëtor në Stacionin Zooteknik, në lagjen Kiras të qytetit Shkodrës. Në vitet 1983-1987, ai ka vazhduar studimet e larta në Universitetin e Tiranës, në Fakultetin Histori Filologji, në Departamentin e Gjeografisë, e cila sapo ishte hapur si degë e re në universitet.

Në shtator të vitit 1987, është emëruar si mësues i Gjeografisë në zonën e thellë malore në fshatin Vukjakaj, Shllak, ku ka qëndruar deri në vjeshtën e vitit 1990. Gjatë vitëve të ndryshme ai ka bërë specializime pasuniversitare për mjedisin dhe si metodist i gjeografisë në Tiranë.

Për disa vite ka punuar si mësues i Gjerografisë në Shkollën e Mesme të Gjuhëve të Huaja "Shejnaze Juka" në qytetin e Shkodrës deri më 4 prill të vitit 2002.

Kur erdhi këtu në Amerikë, u vendos qysh në fillim dhe deri sot në qytetin metropolitan New York, ku dhe mori kontakte me anëtarë të komunitetit shqiptaro-amerikan.

Këtu njohu shumë miq dhe shokë të rinj dhe veteranë shqiptarë dhe amerikanë. Miku i tij më i ngushtë këtu qysh në fill kur mbërriti në SHBA dhe deri tani është studiuesi dhe publicisti kosovar Tomë

Mrijaj, i cili njëkohsisht ai është edhe kumbara i familjes dhe djalit të tij.

Studiuesi Kapinova, është anëtar i zgjedhur në forumet "The World Forum of Professionals in the Secular and Religious Media" në Geneva të Zvicrës, i Bashkimit të Publiçistëve të Rinj Katolikë në Shkodër (UCIP) dhe ish anëtar i stafit të disa redaksive të gazetave e revistave në Shkodër dhe diasporë.

Ka qenë kryeredaktor i revistës kulturore fetare "Rrezja e jonë", "Illyricum" dhe redaktor i revistës "Kumbona e së diellës", "Rreze drite", "Mbas Teje", etj. Ai ishte gjithashtu z/kryeredaktor i revistës kulturore-rinore "Vagues" (Valët), në katër gjuhë të huaja (anglisht, italisht, gjermanisht dhe frengjisht), në Shkollën e Mesme të Gjuhëve të Huaja në qytetin e Shkodrës.

Në qytetin e madh metropolitan Manhattan, New York City, ai ka punuar në redaksinë e gazetës shqiptaro amerikane "Illyria" si staff writer, me zyrat e saj në Manhattan, New York, duke shkruar shumë artikuj të ndryshëm për trojet shqiptare në Shqipëri, Kosovë, Mal të Zi, Maqedoni dhe pasqyruar me reportazhe dhe analiza veprimtaritë e ndryshme të komunitetit tonë në SHBA.

Studiuesi dhe publicisti bashkëkohor Klajd Kapinova prej shumë vitesh vazhdoi të jetë editor i revistës "Jeta Katolike" (1966), si më e vjetra në komunitetin tonë, themeluar dhe drejtuar nga intelektuali dhe eruditi i shquar prelati imzot dr. Zef Oroshi (1912-1989, themeluesi i Kishës së Parë Katolike Shqiptare në SHBA), që vijon të botohet edhe sot pranë kishës katolike "Zoja e Shkodrës" në Hartsdale, New York.

Sot jeton në qytetin Bronx dhe punon prej 20 vjetësh me kompaninë Brown Harris Stevens në Manhattan, New York. Ai është martuar me një amerikane filipinase Janice Ladia Kapinova, një vajzë me origjinë nga ishujt e bukur dhe ekzotikë Philippines dhe kanë një djalë, që trashëgon emrin e tij Klajd Kapinova Jr.

Shkrimtari dhe gazetari shqiptaro amerikan Klajd Kapinova, është anëtar i Shoqatës së Shkrimtarëve Shqiptaro Amerikanë, qysh nga dita e themelimit në vitin 2002. Për punën e madhe intelektuale, ai në vitin 2015, është përfshirë në librin: **"Fjalor enciklopedik i hapësirës shkodrane"** I (**A-K**), në faqet 614-615, vepër e autores **dr. Zenepe Dibra.**

Veprat e tij të botuara janë:

- **"Me Kryq dhe Pendë"** (Refleksione) Shkodër, 1997.

- **"Mes Kryqit e Atdheut"** (Refleksione), Shkodër, 2000.

- **"Engjëll vuajtje dhe shprese"**, monografi kushtuar Shën Nënë Terezës, Shkodër, 2002,

- **"Dom Anton Kçira shërbestar i Zotit e i Atdheut"**, Monografi, Shkodër, 2002, me bashkautor studiuesin dhe publicistin Tomë Mrijaj.

- **"Lidhja Shqiptare e Prizrenit" (1962-2002), themeluesi e udhë-heqësi Ismet Berisha"**, New York, 2002 bashkautor me studiuesin dhe publicistin Tomë Mrijaj.

- **"Dom Anton Kçira në jubileun e 50-vjetorit të meshtarisë"**, New York, Shkodër, 2018, me bashkautor studiuesin dhe publicistin Tomë Mrijaj.

- **"Presidenti Trump dhe këneta globaliste"** (Këndvështrime), New York, Shkodër, 2021, amazon.com barnesandnoble.org eBay.com etj.

- **"Trump kishte të drejtë për gjithëçka"** (Këndveshtrime), New York, 2023, amazon.com barnesandnoble.org eBay.com.

- **"Amerika në pasqyrë"**, (Këndvështrime), New York, 2024, amazon.com barnesandnoble.org eBay.com etj.

- **"Nëpër faqet e historisë së klerit katolik"** (Figura, analiza, reçensione dhe këndvështrime) New York, 2024, amazon.com barnesandnoble.org eBay.com etj.

9 798218 330538